U0722668

杨适文集

杨适 著

④

人民出版社

目　录

古希腊哲学探本

绪　论

第三部分　希腊化时期的哲学

古希腊哲学探本

一个民族想要站在科学的最高峰，就一刻也不能没有理论思维。

　　这种能力必须加以发展和锻炼。而为了进行这种锻炼，除了学习以往的哲学，直到现在还没有别的手段。

—— 恩格斯

　　希腊哲学和其他的希腊精神产品一样，是一种原创性的创造品，并在西方文明的整个发展过程中具有根本性的重要意义。

　　除了科学思想的独立之外，希腊哲人与众不同之处，正在于他按照自己意愿生活的自由，那就是尼采所谓"哲学生活无所畏惧的豁达坦诚"，这也是他在现代哲学家的生活中未曾发现的东西。

——E. Zeller

前言　学习希腊哲学的意义

　　关于希腊哲学的意义，人们早已说过很多，似乎无需再说。只是作为当代中国人，我和读者在学习研讨它时会有一些特别的关怀和角度，所以我觉得把这方面的几点体会讲讲，或许对读者有点提示性的参考作用。

　　在人类的思想和文化里，希腊哲学原是一种特别的智慧形态。正因为如此，它对作为同样有自己的原创文化智慧的中国人和中国学者的我们，就会有一种特别重要的对话的意义。大家都知道和承认世界上有几个原创性的文化，其核心是它的智慧。但是它们的形态并不相同：中国自古就有人伦伦理的高度智慧，是中国历史和文化辉煌的根源；希伯来和印度则原创了另一类型的高级智慧，他们的犹太 — 基督教、伊斯兰教、婆罗门教、佛教至今仍是占世界人口大多数的崇高信仰，靠它获得生命的意义和生活方式。所有这些智慧都有无可否认的伟大意义，但是从科学技术 —— 它是影响近当代人类历史最重大和显著的要素 —— 得以产生和发展的角度来看，它们并没有起到什么作用。唯有希腊哲学才是科学的母亲。事实上，若没有从泰勒斯到原子论者这些希腊哲学家对自然的探究（physics），就不会有后来的物理学、生物学、天文气象学等自然科学；没有泰勒斯特别是毕达哥拉斯派对数的哲学研究，就不会出现严格意义上的数学和几何学；而若没有培根和笛卡儿，

1

也不能开始近代科学的伟大复兴；要是爱因斯坦缺乏哲学的头脑和思考，他也不可能提出相对论超越牛顿。同样，若没有苏格拉底到斯多亚派的伦理哲学，伊壁鸠鲁对于社会契约的哲学假说，近代西方各国古典哲学的发展，也就不会有给近现代社会历史发展奠定理论基础的那些社会科学伟大成果，包括霍布斯、洛克、卢梭、亚当·斯密和马克思等关于人类社会、经济和国家的学说。

西方一直有科学的传统，在近代和现代科学发展上一路领先，实在是同源于希腊哲学的求真精神及其精益求精的逻辑理性思维方式，完全不能分开的。因为没有求真就不可能有科学，但是"真"本身并不是任何科学的对象，唯有一种智慧才研究它，那就是希腊人特别地创造出来的那种对于智慧的追求。它的中译名"哲学"虽然也指明了这是一门关于智慧的大学问，却未能表达出在原文里显示的唯有希腊哲学才具有的那个对真理的热爱之意。因为 φιλοσοφία（philosophy）是由 φιλο（爱）和 σοφία（智慧）合成，表示的并非一个现成摆在那里的智慧，而是必须由人努力寻求才能获得的，这寻求需要有巨大的动力，那就是"爱"字所要说的含义。关于这个对智慧的爱，柏拉图在他的《会饮篇》中有过精彩的描述，而在《苏格拉底的申辩》和《斐多篇》里还有更深刻的表达。这种让人献身的爱有类似宗教信仰的虔诚，并且还多了一层经过艰辛寻求和赢得真知后的幸福感觉，这正是爱智慧的魅力所在。它锻炼出了一种永远不懈的求真精神和方法：研究分析一切事物，打破砂锅问到底地找出它的真正依据（希腊人称之为原因，它是该事物之真，而最终的原因就叫本原），依据事物的真相（对象本身和它的原因）审查、讨论、分辨、判断各种意见（命题）的理由（理由是对原因的陈述）的真假。这样希腊人就创造了一整套锐利无比和确切严密的批判方法。科学研究的能力，进而科学上最可贵的原创能力,就是由此构成。人们知道,近现代西方科学的思维创造力,始终同他们的哲学发展紧密相关,而它们的原创基因不在别处,就在希腊哲学。所以恩格斯才会说:"一个民族想要站在科学的最高峰,就一刻也不能没有理论思维。""这种能力必须加以发展和锻炼,而为了进行这种锻炼,除了学习以往的哲学,直到现在还没有别的手段。"

我认为这是应当提到的第一点。赶上西方先进的科技和经济是当前第一要务,其中科学是主干。中国人要学人家最新的成就,但是正像一个故事所说,吕纯阳点石成金,把它送给一个农夫,这位农夫说:我不要你的这块金子,请你给我一只也能点石成金的手。我们要真的想在科技上也成为先进者,就要取法乎上,直取根本。亚里士多德早就阐明了科学得以建立的根据最终还在探讨第一原理的哲学。当代最有影响的科学哲学家托马斯·库恩再度指明,使科学得到重大创新的原动力,是对科学中成为范型的依据的东西进行新的审查和批判的思考,它是科学上的冒险,需要的是一种既科学又比科学更深刻和更严密的思维能力和方法,这就超越了科学而进入了与之相关的哲学探讨。唯有这种科学上的原创思维能力,才能实现科学上的"范型转换"。可见科学离不开哲学,科学研究中最有价值的原创能力更离不开对哲学的学习和研究。这种原创思维能力的源头就是希腊哲学。科学家不必都成为哲学专家,但是你若想成为比较像样的科学家,更进一步说如果你要做些带有原创性的发现或突破,你就需要懂得一点哲学,尤其是希腊哲学。

科学是中国新文化的一大旗帜。从"五四"突破愚昧风气开始亮明这面旗帜,到如今科学得到尊重,人们学习科技知识蔚然成风,实在是中国文化史上划时代的一大进步。与此相比,"五四"

所亮出的另一面大旗在中国的发展就更艰难曲折些,因为它触及更直接的社会结构和机制的问题、利益问题和更深层次的文化传统问题。但是我认为只要坚持发展科学这面大旗,也能为民主奠定其知识的基础。这是因为科学知识有这样的特点:它不是神秘的特权性东西,而是每一个有正常智力的普通人都能学会的;只要有接受教育的机会,它就向一切人开放。同时,科学也只有在平等、民主和自由的气氛下,在能够容许独立思考和坚持真理的知识人存在的社会机制的环境中,才能真正扎根和得到健康持久的发展,赢得对它生命攸关的原创动力。所以,同科学是民主的基础(从知识说)一样,民主和自由也是科学的基础(从社会和人本身的条件说)。中国的新文化还需要德赛两位先生做旗帜,而它们本是一对孪生兄弟,在人类历史上原初产生它们的正是希腊文化,特别是那个文化的核心 —— 希腊人的"爱智慧"活动,即哲学。

第二点,我还要强调指出:希腊哲学对我们中国文化及其伦理道德的改造和建设,也有重大的助益。我说这句话时,知道一定有人会讥笑说,杨适这人真是数典忘祖,我堂堂中华文化历来以精深的伦理道德智慧著称于世,何需别人来教导?但是请先容我说话,如果您听着觉得不对,再批判也不迟。理由在后面正文有关部分再予详说,这里先简单讲几句。不错,中国智慧最看重的正是伦理道德:"大学之道,在明明德,在亲民,在止于至善。"我们不妨就以"明德求善"四个字甚至就用"求善"二字表示中国原创智慧和传统根本学问的特征。但是大家知道,善恶在实际生活中总是有真有假、真假难辨的,其原因不仅在于有隐瞒真相和作伪证的现象,更重要的是人们生活处境无限多样而变动,民族、家族、地域、时代、性别、年龄、职业和文化教养的差异,个人在群体和社会中的地位,都会引起利益、情感、意愿的差别与对立。所以人们对善恶的看法和理由彼此是不同的。从言辞上说没有人会承认伪善就是善，但实际上这个问题却最难解决和澄清。但人在群体和社会中才能生存，又需要共同认可的善恶准则指导，否则社会和每个人都无法生存下去。这是一个极大的矛盾，虽然解答这个问题最重要，却显然要比在自然科学中判别真假是非更难，因此更需要智慧。从这个角度审查，我们就会看到最重伦理道德的中国文化智慧是有重大缺陷的，有需要向希腊哲学和世界上其他智慧学习之处。

中国的文化智慧自有其最深厚的根底①，但是它在原创中未曾突出过知识论问题，也一直没有认真研讨过分辨真假的问题。它只是素朴地认定人性本善，用人伦之道直接规定了善恶标准。中国伦理智慧的主流总说人性善，人皆可以为尧舜。既然如此，岂不是至少应当得出这样的一个推论：人人都该享有说出他认为什么是善恶是非的看法的权利，有进行平等讨论的自由权利？但实际上并非如此，中国人的伦理善恶标准实际上总是君父和圣贤说了算，包括知识分子在内的人民都只有遵从的义务而没有什么参与讨论的权利。善恶是对人事上的是非判断，需要知情和独立的判断力，需要当事人和关心者参与作平等的讨论，但是普通人极难知情，更不容许参与讨论，做出自己的判断。因此即使在思想相对宽松的先秦，讲名辩的也只是末学。中国智慧从来就不喜欢严格的逻辑理性的真假分辨，为亲者尊者讳成了中国文化深层中最流行的不成文习惯法，因此在实际生活的善恶问题上"假作真时真亦假"成为司空见惯的现象。秦始皇焚书坑儒，汉武帝独尊儒术，这类现象虽然人们总引以为训希望从此不再发生，但是实际上收效极少，因为仅仅把这视为个人的罪孽，或认为原因只在政治专制主义，实在是

---

① 参见杨适《中西人伦的冲突》（中国人民大学出版社，1991年）中的有关论述。

一些太浮面的意见,绝不能找出对付这类痼疾的方法。

希腊人同我们不同,他们对什么是善恶总是要争论的。雅典的公民都可以发表意见,智者说了许多意见,而苏格拉底在以伦理道德问题为中心研究哲学时,也是取同人对话的方法。这些讨论都涉及怎样做一个好公民、一个合格的人的问题,从根本上说也就是善恶的问题。苏格拉底同人谈话的中心问题总是:究竟什么才是善?你认为你对它有了真知了吗?在他的反复追问下,那些智者和自以为对善恶已经了解得很好的人,都暴露出他们对善恶其实并无真知。这是他们以前决不愿意承认、实际上也没有认识到的。苏格拉底从不给人一个现成的结论,只是通过平等的生动的对话,让对方根据事实和理性自己否定其原有的错误和有局限性的观念,"自知其无知",从而开启了让人重新开始观察、思考、检查、追寻真正的善的道路。可见在他看来,求善和求真是不能分的,我们需要追求的只是真善。希腊哲学家所说的知识指的是真知,苏格拉底要把分辨真假善恶智慧同真知联系起来,所以他提出了"美德即知识"的命题。

上面第一点说希腊哲学智慧的最突出的特点是求真,现在我们看到这个特点在伦理研究中也得到了贯彻。苏格拉底为了揭露种种无知偏见和伪善及其根源,在哲学中寻求真正的善,无畏、安详、高贵地献出了生命,感人至深,我想他的思想和实践同中国的圣人、以色列的先知和佛陀相比是绝不逊色的,并且确实有如上所述的特殊优点。

我想强调的是,虽然各民族都有道德上最伟大的人物和学说,但是如要找到一种把求善和求真如此密切联系起来的反思和研究,只有在源于希腊哲学类型的智慧中才能见到。正因为如此,以看重伦理而著称的中华民族,就更应当学习他们的这种研究。孔夫子说三人行必有我师,早就要我们见贤思齐。我认为这个话不仅适用于学人家的科学精神和方法,也指要深入借鉴希腊哲学的求真善的探究和方法。

第三点,学习希腊哲学对我们从全体上认识西方文化有本质的意义。现在的世界还是西方文化占主导的,改革开放面向世界就得重点同西方打交道。中国如今同西方交往的水平已经超过了以往任何时期:经济和科技正实现着同西方的接轨,人员大量交流和学术文艺体育诸多领域日益频繁的交往,使中国人真的大开眼界。但也正因如此,某些文化深层的差异和对立也就更显得十分突出了,例如在人权、宗教之类问题上年复一年的尖锐争论。这些争论尽管有很强的政治斗争背景,但它本身还是属于基本价值观的文化核心问题。因此在观察和思考这些问题时,政治的视角固然必要,但如果我们对决定价值观的哲学人论和宗教信仰问题还缺少相应水平的研究与真知,也会很成问题。因为这类问题都涉及各种智慧的根本关怀,没有相应的智慧水准和知己知彼的尊重和理解,是不容易进行高层次的对话的。大家知道西方文化有两大精神支柱:一个是科学、民主、自由和人权,另一个是基督宗教信仰。而它们又主要来自希腊和希伯来这两个原创文化和智慧的源头,核心便是希腊哲学和希伯来的《圣经》教导。基督宗教是两希文化智慧核心碰撞结合的产物,而源于希腊罗马的民主、自由和科学的世俗生活传统同基督教信仰之间,也既有深层次的对立冲突,更有深层次的紧密联系与结合。在这类问题上,只从外面看和表层去看,常常不能得其要领,容易弄错。这类教训,我们实在已经太多。兵法说知己知彼百战不殆,这对文化之争也同样适用,而且要求是更高的。我们要真正了解西方,就应当全面了解他们的文化,不要只凭自己的口味而忽视人家珍视的;而要真正知道西方文化,就要研究它的智慧,进到它的原创源头。可是在这些要紧的地方,我们许多干部乃至学者却还没有意识到自己所知甚少甚至相当无知的境况,更有甚者还有以无知为荣而使自己陷于可笑境地的现象。这不能不令人感到遗憾,我以为扭转这种毛病是必要和急需的,在这方面,认真学一点希腊哲学会有重要的帮助。

第四点,当我谈到以上几点的时候,我知道读者中一定会有这样的疑问和想法:与其要我费力去学西方那些古代很遥远的东西,何不直接去学他们的现代科学和哲学的研究成果,了解其最新的文化和宗教? 对此我想谈点认识作为回答。事实上现在绝大多数中国人学西方都把重点放在现当代,我也认为是应该的。不过我认为这里面需要分别对待:对于科技和接近物质技术层面的文化,应当承认确实是越新越好,此外某些制度层面的东西也与之类似。但是要说一切文化都是越新款越好,就未必正确。如果有人说中国的诗书礼乐诸子典籍,希伯来和基督教的《圣经》,希腊的史诗、悲剧和哲学,有一天也会像过时了的汽车、电脑那样变成陈旧的只好抛弃的东西,你会同意而不认为这是绝顶荒唐的意见吗?当然不会。因为它们讲的是对我们人本身最要紧的东西,是宇宙和人之为人的根本,是人的原创能力的源泉,是一直被称作智慧之源的所在。所以,对它的研讨可以不断进步,但这些研讨和不断进步的源头本身却是具有永恒存在的价值的。而且,在这类属于本原和根本智慧的问题上,同物质技术产品总是越新越好的情形完全不同,那些原创了智慧的古人,由于受到的历史灰尘的遮蔽和异化污染较少,他们对宇宙和人的真、善、美、神圣的感觉领悟和思考,容易接近本真。如尼采所说,希腊哲人与众不同之处,除了科学思想的独立,正在于他能按照自己意愿自由地生活,实践一种无所畏惧豁达坦诚的生活。人原是他真实的自我。毕达哥拉斯就说过,当个

"哲学家（爱智慧者）"的意思就是指一种生活态度和方式，它超脱了对一切外在东西（名利之类）的追逐。赫拉克利特也强调"寻求自己"。斯多亚派的爱比克泰德更建立了一种实践"认识自己"的深刻哲学。这种追求真实自我的自由生活态度，才是求真的科学得以产生和得到深刻发展的真正源泉。但是，正如尼采以极为强烈的语言和情感所指出的：这是他在现代哲学家的生活中再也找不到的东西了！现代的哲学家过的是完全另一种生活方式，他们的绝大多数不管自己愿意与否，事实上都把哲学变成了一种职业，一种谋生和获取名利的手段。所以我不认为当代的大多数所谓的哲学家是真正能配得上这称号的。当然，也还有一些能够穿透重重异化显出其伟大原创性的人，仔细去看就会发现他们首先也会有一种在现代极为难得的做本真的人、过本真的生活的态度，这样的哲学家和思想家才能称得上是古代哲学事业的真正合法继承人。这并不是说我们可以忽视当代哲学的众多成就，但是也需要鉴别高下。而这种鉴别力，也只有在对希腊哲学有些真切了解时才是可能的。

最后，也就是第五点，我想从时代赋予中国文化更新使命的角度，谈一点与研究希腊哲学有关的意见。

在一个由高科技和市场经济推动的世界迅速走向全球化的时代，一种新的现象显得十分突出备受关注，这就是文化冲突已经日益上升为世界的首要问题。原先最尖锐的矛盾总是经济政治问题，许多战争都是由它引起。但是从20世纪后半叶开始，由于人们逐渐认识到战争常常只能造成两败俱伤，开始学会了通过适当的妥协和协调以取得对双方都有利的办法，或至少是都可以接受的办法，更明智地处理这类矛盾。WTO和联合国所做的许多事情便是证明。不仅如此，通过这种方式从前总是冲突和罪恶之源的这类矛盾居然转变成了一条把各国人民联系起来的友好纽带。可是与之对比奇怪的是,恰恰在最讲文化和智慧的问题上人们纷争不已,反而显得最没有智慧。其中,以宗教和人权的名义引起的斗争和战争似乎最可怕、最悲惨和最难解决,我们看到原本是同一种族或表兄弟的人民,在波黑、科索沃和巴勒斯坦打得死去活来,成了没有尽头的悲剧。美国学者亨廷顿说今后世界面临的主要挑战就在几大文明之间的冲突。无论他的实际想法如何,总提醒我们应当特别关注这一现象。我现在要问的问题是:为什么在诸如宗教和人权这类与人的本性和善恶最有关系,处于智慧的核心之处的问题上,现代人反而显得最缺乏智慧?

现代人总自以为比古代人要聪明得多,但是上述情形却表明其实未必全然。人是历史的,但历史和人的文明史总是在异化中发展的。因此在我看来,现代人固然有很多优长,却有一个致命的大毛病,那就是由不断分化和异化的历史所积淀下来的所谓"传统"所造成的牢固的印记,以及由此而来的层层文化偏见。它对我们有着特别深刻和顽固的影响和束缚作用。柏拉图的洞穴比喻,依然是当代人被捆绑而见不到阳光和真理的写照。

因此,海德格尔在同原创文化和智慧的对比下,特别强调了现代人有必要重新审视各种所谓的传统,去掉它们对真理的重重遮蔽。他所写的下面这一段话,我以为是可以发人深省的:"传统把承袭下来的东西当作是不言自明的,并堵塞了通达原始'源头'的道路,而流传下来的许多范畴和概念一部分本来曾是以真切的方式从这些源头汲取出来的。传统甚至根本使这样的渊源被遗忘了。传统使人以为甚至无须去了解一下是否有必要回溯到渊源处去。……结果是:此在① 无论具有多少历史学的兴趣以及在文字

———————
① "此在(Dasein)"是海德格尔对"人"这个名词的存在主义的哲学表述。

上进行'实事求是的'阐释的热衷,它仍然领会不了那些唯一能使我们积极地回溯过去(这里指的是有创造力地占有过去)的最基本的条件。"[①] 我赞同他的这一个洞见。

在一个走向全球化的世界上,在加速全球化进程的中国面前,如何正确对待和处理中西文化之间的关系和冲突,从前是、现在是、今后也将是关系到我们国家民族兴衰的重大问题。中西文化都有自己的原创智慧与悠久历史传统。全球化进程使之以空前的全方位的规模和深度相遇,有时对立达到非常尖锐的程度。但是它是否只是坏事、只能对抗,而不能通过对话使之变成对双方都大有益处的好事? 难道在这些文化智慧的领域,我们不该表现得比经济和政治的协调更加有智慧,取得双赢,共同建设既灿烂多样又和谐一致的良性互动的全球新文化?

在这个时候重新思考原创与传统的关系,就特别有现实意义。在我看来,讲传统的多而注意到原创的少,是如今流行的文化讨论的一大毛病。人们对传统很少分析而一味当作至宝来颂扬,很容易走进误区。因为正如孔子所说,人总是"性相近,习相远"的。传统就是"习"得的东西,它虽然也得从原创发源,但在历史演化中它总是改变了和越来越远离了原创的精神。这些演变虽然有历史的理由,绝大多数却不能免于扭曲。并且越来越会分成许多门派,又各自形成其特有的传统。因此,传统一般说来总是使人分离的东西,例如不少所谓对话往往是聋子的对话,纵有意愿,但因为缺少共同语言,话不投机,还是讲不到一起,不会有真正的实效和进展。但是如果我们从原创的文化智慧开始对话,由于它们更接近于人的本真,为一切世人所喜爱尊敬,我们就容易找到共同的语言。据

---

① 海德格尔:《存在与时间》,三联书店1986年版,第21页。

我所知,西方人和某些跟着也很牛气傲气的民族(如日本人),在中国的老子、孔子面前,在希伯来人原创的《圣经》和上帝面前,还是不敢骄傲,而只能取毕恭毕敬态度的。反之对西方有某些强烈反感的某些中国人东方人,也不会对他们的科学和哲学反感,尤其是在接触到希腊文化与哲学典籍时深深的敬意就会油然而生。至于高级宗教的智慧原创,我以为中国人也是乐于进行对话的。唐僧去西天取经和佛教在东土的传播就可证明。明清到近代中西在基督教传入中国问题上的尖锐冲突,多数是政治因素引起,种种偏见和傲慢也起了不好的作用,追究起来也有固执“传统”的根由。在这样的问题上,如果双方能抛弃政治因素的干扰,在思想上又真的回到中西文化原创作深入的切磋,那么我们就不仅可以改变至今仍存的对立,必能都获得巨大的益处。

希腊哲学正是这样一种人类最可珍贵的原创智慧。当然人类还有其他几种最可珍贵的原创智慧。它们之间没有高低贵贱之分,只有特色的差异,因为那是由于最初创造出他们的各个民族的历史遭遇不同引起的。不同境遇使人类本性所得到的发展各有侧重,就显出了各自特有的形态和彼此差异:如希腊智慧取求真知的哲学形态,中国智慧取伦理道德形态,希伯来和印度取崇高信仰的宗教形态,等等,但是这绝非彼此无关的并列,因为伦理、宗教和哲学这三种成分本来是不可分的,稍稍细心地观察就能见到:希腊哲学中也充满着伦理和神话宗教问题的深刻思考,中国伦理智慧决不缺乏对天命的神话宗教意识和关于自然天理的知识追问,而在希伯来圣经中对伦理的极端尊重和彻底批判以求真和善的意识更是到处贯穿。可见从原创文化和智慧开始,连带着对传统进行反思,这样的研究讨论,必是能够帮助我们走出文化之争困境的良方,它不仅有消极的意义,更重要的是积极的意义。对于历史上曾经处于极其光荣地位而近代以来直到如今还处于后进状态的中国来说,尤其是这样。

处于新的全球化高速发展中的中国,需要新思维新智慧。总是抱着中国老传统的一维性文化精神状态,如今必须让位于由包含多维要素综合而成又仍保持中国特色的新文化。我们必须大大扩展我们的精神空间。改变单纯强调传统的办法,突出原创文化的比较研究,是真正可行和有效的路。它似乎很迁远,真正说来却是最好的甚至是最直接和切近的通途。希腊哲学既然是诸原创智慧中最重要的一个成员,那么,研究它的意义也就更加显得重要了。事实上,也唯有这样的高度、眼光和研究方法,才真正符合它原来应有的身份和价值。

绪　论

第一章 希腊哲学研究的历史：
一个简要的回顾

第一节 希腊哲学家本身的研讨

对希腊哲学形成历史性的批判研究,始于希腊哲学家自身。

希腊哲学既然是一种探求自然、人生和思维的本真的"爱智慧"活动,它的本性就要求从事这种活动的哲学家(爱智慧者)对人对己有一种批判的精神。任何意见、观点,无论它已经有过怎样的论证,被认为多么正确和权威,人们都可以根据一定的理由和方法向它质疑,给予审查批判。每个哲学家都会对他的前人的成果进行再思考再分析,指出它哪些说得"真"哪些还"不真",从而提出自己的更有说服力的新观点。他的后人也要继续这样做,同样如此地对待他。所以,不断地对以前的哲学进行批判研究,便成为希腊哲学自身存在和发展的内在环节和生命。例如,苏格拉底就专门回顾过他对于在他之前的全部哲学发展的见解[①],而柏拉图和亚里士多德则更深刻系统地总结过在他之前的全部希腊哲学史发展的主要问题线索。[②] 亚里士多德的《形而上学》A卷就是一篇非常系统的哲学史论文。希腊化时期的怀疑派也为了批判的目的写

---

① 见柏拉图《斐多篇》中的有关记述。
② 如柏拉图在《智者篇》等著作中的论述。

了大部头著作,从他们的角度总结了全部希腊哲学史。伊壁鸠鲁派和斯多亚派在提出自己新说时,都对前人和其他各派进行了批判。这种种批判的反思进程和论证进程,原来就是希腊人追求真理的历程,也就是希腊哲学史的自我形成过程本身。

此外,希腊哲学的有些学派很注重对自己派别的成果的整理编纂,并会涉及其他派别的有关成果。还有人全面地编纂整理了以往全部哲学家的生平和思想。这类著作在希腊化和罗马时期有很大的数量。由于古代哲学家中许多人的著作严重阙失,很少留存下来,而在这类编纂性作品中收集整理了当时人们还能见到的不少资料,所以它们对后人研究希腊哲学史就有着特殊的重要价值。

以上两类成果对于我们研究希腊哲学史都重要,比较起来,前者以具有高度批判和创造性的洞察力见长,后者则以提供资料见长。

第二节　中世纪的希腊哲学研究

基督教在希腊化世界的兴起,用神的智慧否定了人的智慧,希腊哲学就逐渐没落了。当基督教成为罗马帝国的官方宗教后,查士丁尼(Justinian)皇帝于公元529年解散了最后一个希腊哲学的学派——柏拉图学园。这一年就成了希腊哲学终结的标志。

不过这种取代,并不像表面看上去的那样真的是一个简单消灭了另一个。它还是人类精神智慧的一种转换方式。基督教本来是希伯来和希腊两种文化智慧的对立和结合的产物。保罗的传道如此,始于菲洛(Philo)并贯穿于希腊和拉丁的教父们对《圣经》和希腊哲学所做的大量互相诠释的工作尤其如此。基督教重信仰,同重理性的希腊哲学显然是对立的。但是若与原先犹太教信仰相比，它也有了重大改变，因为它把希腊哲学的理性精神和论证方法系统地吸取进来加以改造，使之成为建立基督教自身的神学体系的根本方法。这一努力到奥古斯丁那里达到了一个顶峰。他本人对基督信仰至诚，对柏拉图哲学的造诣也很深，因而他能在西罗马帝国末期，集数百年教父哲学之大成，建立起系统的基督教神哲学体系。其根本特点正是用理性论证信仰，让哲学为宗教服务。后来基督教神哲学家们都继承了这一路线，其努力贯穿于整个西欧中世纪，以经院哲学的形态存在发展。托马斯·阿奎那是奥古斯丁之后的又一顶峰。他认为同柏拉图的哲学相比，亚里士多德哲学对于论证基督教神学真理是更适当和有效的武器。所以在罗马时代后期和整个中世纪西欧虽然没有独立的哲学和希腊哲学研究，但在督教教神学的形态里面仍然保持着哲学，保持着对希腊哲学的继承和研究。

在这个时期尤其应当提到的一点是，希腊哲学除了在西方基督教世界里得到了某种继承，在东方各民族如叙利亚人那里，尤其是在伊斯兰世界，更得到了高度的尊重和研究。在中世纪初期的西欧，文化几乎陷于一片蛮荒的地步，好几百年间连个能读懂希腊文的学者都很难找到。希腊罗马古典文化的重要文献，包括希腊哲学家的著作在内，除了很少数被教会特别看重的篇章之外，在西欧几乎全部失传。与之成为明显对比，这时的伊斯兰世界不仅对希腊古典著作高度尊重，还出现了不少著名的哲学家和对希腊哲学很有水平的研究著作。感谢他们的努力，文艺复兴后西欧才得以重新从伊斯兰世界的文化宝藏里把希腊文献发掘和迎接回来，使之在欧洲重新得到了研究和发展。

这也告诉了我们：希腊哲学本来并非仅是西欧人及其文化的

专利。它也属于东方,属于全人类。

第三节　西方近现代希腊哲学研究

比较严格意义上的希腊哲学史研究是从西方近代开始的。

从近代和现代观点看,古代的哲学家和史料编纂家所做的事情只是非常初步的,还算不上是一门科学。哲学史作为一门专门的研究学科,是近代才创立的。黑格尔的《哲学史讲演录》给它奠定了基石:他用一种统率全局、一以贯之的宏伟历史观,驾驭了以往全部哲学思想史及其资料,使之成为一个有清晰线索的、有生命有规律的有机过程,从而对人们理解哲学及其发展提供了一种洞见,起到了深刻的指导作用。他对希腊哲学史有极大热情,《哲学史讲演录》一大半论述的都是希腊哲学,比中世纪到近现代部分的总和还要多。从此西方人对哲学史的研究便开出了一个新局面,形成了一门严格的学术,并且在尔后的约两个世纪以来得到了长足进展。

在希腊哲学史方面,以一贯严谨和富于创见著称的德国和英国学者成就最大最多。大体说来,其主要成就在两方面:用新的哲学观点重新诠释古人的思想;用新的科学方法不断发掘、整理、考证原始文献资料。二者侧重不同,彼此互动。在诠释上最具新意的以黑格尔、罗素和海德格尔等人最为著称。他们在哲学上有自己的重要新见解,因而常常能在希腊哲学中看见别人所未见的东西,给人以深刻启发。不过这种长处也常常容易带来另一方面的短处。我们读他们作品时也要留点神,不要以为他们所说的希腊哲学都符合本来的原意。我们不能什么都只听他们说,来代替自己直接研读希腊哲学家原著和运用自己头脑来分析思考的努力。只是在自己的这种努力中,应当参照他们的许多深刻洞见,同时也会发现他们的错误和诠释不当的毛病,引以为戒。

对希腊哲学原著和有关原始资料的考证研究,在近现代得到了特别重要的成绩。许多最重要的希腊哲学家并不写作,如毕达哥拉斯、苏格拉底、犬儒派、怀疑派皮罗和斯多亚派的爱比克泰德等,全靠后人的记载以至传说,他们的思想教导才为人所知。有些哲学家写过一些著作却又没有留存下来。幸运的是柏拉图和亚里士多德两位大师的著作保留得较多较好,柏拉图的著作完整地得到了保存,而亚里士多德的情况要复杂些:有许多是他的讲稿、札记甚至是学生笔记之类,并非由他本人写定;另外,所有稿本后来经历了动乱、长期窖藏和后人重新编辑整理的过程。

近代学者继续前人的努力做了大量整理注释工作。在柏拉图著作方面,1578年由H.Stephanus在巴黎出版的希腊文版,所编定的分卷、页码和分栏(A、B、C、D、E)后来为各国学者广泛采用。1823年 J.Bekker 于柏林出版的校刊本,收入了历来的注释。而由英国哲学史家 J.Burnet 校刊的牛津版六卷本《柏拉图著作集》(*Platonis Opera*, 1899—1906)是迄今人们公认为较好的希腊文版本。

在亚里士多德著作方面,公认的标准版本是德国柏林研究院于1830—1870年校印的希腊文《亚里士多德著作集》(*Aristotles Opera*),又称 J. Bekker 本。

在整理希腊早期哲学思想资料方面,最重要的成果是 H.Diels 于1903年发表的《苏格拉底之前的哲学家残篇》(*Die Fragmente der Vorsokratiker*)。这部书主要是将古代可信资料中收集到的直接引用希腊哲学家的原话加以编定,并将有关哲学家的生平材料和某些疑伪残篇也分别编出。该书受到学者的高度重视,公认为研究苏格拉底之前哲学家的主要材料,从1903年起不断修订,一直是研究希腊哲学的重要依据。此外,W. Capelle, K. Freeman, G. S. Kirk & J. E.Raven, C. J.De Vogel 等学者也编辑了有关苏格拉底以前哲学家的原始资料和解释,各具特色,有重要的价值。

希腊化罗马时期哲学历时约800年,著作和资料极为宏富,但大多也佚失了。如早期和中期斯多亚派哲学只留下一些辑佚得来的残篇;伊壁鸠鲁著述有41种300卷,留下来的只有第欧根尼·拉尔修《著名哲学家生平和思想》中引录的三封书信全文和一个学说摘要,还有伊壁鸠鲁派著名罗马诗人卢克莱修的《物性论》。怀疑派 Sextus Empiricus,晚期斯多亚派的塞内卡、马尔库斯·奥勒留有比较完整的著作传世,还有由阿利安记述的爱比克泰德《论说集》,新柏拉图派柏罗丁的《九章集》,均是重要的原著或原始材料。

随着西方学者到20世纪后期对这段哲学日益重视,A. A.Long & D.N.Sedley 从各种古代资料中收集编订的辑佚《希腊化时期的哲学家》一书于1987年在英国剑桥问世(其规模和体例与 Kirk 和 Raven 所编的《苏格拉底以前的哲学家》相仿)。该书两卷,一卷是希腊、拉丁文原文,一卷是英译和评注。这是对一个重要缺口的很有价值的弥补。

与资料考证辑佚的进展和哲学中新思潮冲击同步,西方专门的希腊哲学史研究取得了持续的重要发展。在黑格尔《哲学史讲演录》之后,德国著名哲学史家 E. Zeller 从19世纪40年代起陆续出版了三卷五大本的《希腊哲学史》,为近代西方的希腊哲学史研究奠定了一个权威性的基础。此后,维也纳的 T. Gomperz 的三卷本《希腊思想家:古代哲学史》(1896—1909),英国 J. Burnet 的《早期希腊哲学》（1892）和《希腊哲学：从泰勒斯到柏拉图》（1914），法国 L. Robin 的《希腊思想和科学精神的起源》（1923），是享有盛名的几个成果。而离我们最近的则是英国剑桥的 W. K. C. Guthrie 编写的《希腊哲学史》（1962—1982），作者原想一直写到希腊化时期和新柏拉图派，当1982年他去世时只写到亚里士多德，共六大卷。此书吸取了百年来资料考证的成果，纠正了以前的错误，在观点上也反映了近现代哲学研究的某些重要进展，所以是当代研究希腊哲学的一部必读参考书。

上述种种成果说明，近现代西方学者对于希腊哲学研究确实达到了一个前所未有的水平，不仅成就巨大，也形成了一些严格的学术标准。这些成就是我们中国学者研究希腊哲学时必须认真学习的，我们也应遵循这些严格的科学性规范。

我们高度评价西方近代和现代的希腊哲学研究，但这绝不等于它没有可以商榷检讨的地方。例如以前它的注意力几乎全放在柏拉图、亚里士多德上面，然后才是这两位大师之前的，而对希腊化罗马时期长达七八百年之久的哲学发展却非常轻视，研究极少，便是其中很值得质疑的一点。按照培根和黑格尔的说法，在亚里士多德（公元前322年去世）之后，直到近代哲学开始（1620年培根的《新工具》出版），其间近2000年的哲学几乎是一片荒漠地带。因为培根宣称唯有对自然科学形成发展有价值的哲学才能算数，其他那些与伦理和与宗教相关的哲学就都是没有价值的。而黑格尔则只用思辨做标准来衡量哲学水平的高下，他认为希腊哲学在柏拉图、亚里士多德那里已经达到了顶峰，以后的希腊化哲学就没有创意而不过只是对前面成果的运用罢了。这些意见是片面偏颇的，却在几百年来一直支配着西方学术界，成为西方近现代哲学史观中的一个固定的偏见。直到文德尔班的《哲学史教程》，我们依然明白可见其深刻印记。

这样，希腊化罗马时期的哲学在西方近代以来的研究中就成了一个无人过问的孤儿。这种情况只是到了20世纪才有所转变。罗素在其《西方哲学史》中对希腊化哲学开始给予了较高评价，认为在某些重要观点上它要比柏拉图、亚里士多德的观点高明。但是真正明显的改变还是新近的事情，A. A. Long 在他所著《希腊化哲学》一书第2版序（写于1985年）中写道："现在不仅需要对希腊化哲学给予赞扬，更需要有一次实质上的复兴。除了少数专家，一般说来关心古代哲学的人，在同对柏拉图、亚里士多德及其先辈的重视相比，都是忽视和轻视这段哲学的。但是十年来情况有了戏剧性的改变，有了比较广泛的读者关心斯多亚派、怀疑派和伊壁鸠鲁派，这是古代以来还不曾有过的情形。"①

我认为，这是一个很有重要性的变化动向，值得我们给予高度的注意。遗憾的是，即使如罗素，甚至 Long 也没能对造成这种状况的思想原因做认真的清算分析。因此西方学者至今还不能说在哲学史观上得到了扭转澄清。坦率地说，这反过来也会影响到他们对希腊哲学的研究深度。

第四节　中国学者研究希腊哲学的成就

中国人最初接触到有关希腊科学和某些哲学的知识，在明末西洋传教士利马窦（Matteo Ricci）来华传教时。他不仅给中国带来了《圣经》和西方的基督宗教，伦理学说，也带来了西方的科

---

① A. A. Long, *Hellenistic Philosophy*, Duckworth, 1974, 1986.

学知识和哲学思想的某些要素。是他最先把欧几里得的《几何原本》介绍给中国，万历年间由徐光启笔述刻印，后来清朝康熙帝又命译为满文。当利马窦逝世明廷赐给葬地有人反对时，叶向高反驳说："仅其所译《几何原本》一书，即宜钦赐葬地矣。"可见当时人们对此书的珍视。康熙皇帝让传教士张诚（Joannes Franciscus Gerbillon）教他欧几里得原理和哲学，每天授课早晚各两小时。他天天学习，亲自作图，必熟习而后已，并为其满文译本写序。[①]这件事显示出西方和希腊的科学与哲学思维一旦进入中国，就展现了它对中国人的特殊魅力。但是这种文化接触由于当时只限于极少数上层人物，哲学方面并不突出，而且不久又中断了，所以并没有产生大的影响。

清代末年受到西方大举入侵的刺激，中国学人才普遍地开始重视学习西方。而说到思想学说以至哲学方面，还要更晚一些。从严复先生开始认真翻译介绍西方学术，在国人中引起重大反响，开始了一个崭新的阶段。以此为正式的开端，至今不过百年。与佛教佛学自印度传入中国过程相比，时间实在是太短了。在对西洋哲学的译介中，其近现代的哲学无疑是重头；但希腊哲学由于是整个西方哲学的源头，有其特殊的魅力，也一直为中国学者所钟爱。

民国初年便有郭斌和、景昌极开始翻译柏拉图对话在杂志发表，并于1933年以《柏拉图五大对话集》为题结集出版。1921年还有吴献书所译柏拉图《理想国》出版。这时期的研究翻译工作总的来说是比较零碎的，而且用文言文译，依据的也多为英、日文转译版本，所以是非常初级的起步阶段。

到20世纪40年代贺麟先生主持西洋哲学编译会期间，我国学

---

① 方豪：《中国天主教史人物传》，中华书局1988年版，上册第79页，中册第264页。

者研究和编译西方哲学和希腊哲学的工作开始走上了系统、深入和提高质量的阶段。就希腊哲学而言,1944年出版的陈康先生译注的《柏拉图的巴曼尼得斯篇》,是这一时期成就的一个重要标志。

陈康留学德国10年学习希腊文、拉丁文和希腊哲学,主要师从著名学者哈特曼,并在耶格尔的影响下,学习到如何以严格的精神和方法从事希腊哲学研究,在对亚里士多德和柏拉图的若干重要问题的研究上,做出了重要成绩。抗战时期他回国在西南联大任教,《柏拉图的巴曼尼得斯篇》就是在课余陆续整理写出的。凡认真读过此书的人都会感受到它的分量:这里没有任何空话废话,都是言之有物的切实和必要的知识及针对性极强的有论证的见地。所以虽然此书和其中的见解发表在半个世纪之前,但只要这些问题在中国学界还没有解决好,他的意见就必定会继续保持它的意义。我想有几点很可注意。第一点是他坚定地主张对希腊哲学的翻译必须以忠实于希腊哲学的原义为准绳。那时他已明确指出:对于柏拉图的主要范畴 ιδεα 或 ειδος,是不可译成"理念"二字的,因为它既非"理"更非主观的"念",而是指真实即客观的东西。我们只应依照希腊语文中该词的原来词义和柏拉图使用它所表示的哲学原义,把它理解和翻译成比较恰当的汉语词,如"相"或"型"。他更强调对于希腊哲学中的核心范畴 τò òν(即英文的being)不能译成"有"和"存在",认为那样翻译不合人家的原义,而应译成"是",尽管汉语说话方式对此还不能习惯。他严肃地指出,为了迁就中国人说话和思想的习惯而牺牲掉希腊原义,是对哲学爱智求真精神的违背,因而是决不可取的。① 他是中国学者中严

---

① 陈康译注:《柏拉图巴曼尼得斯篇》序,商务印书馆1981年版(重印本),第8—12页。

肃提出应该如何正确理解希腊哲学根本概念的第一人。

与之同时，陈康强调从事哲学研究最重要的事情是在方法。在商务印书馆所出的《陈康：论希腊哲学》这部选集中有几篇谈方法的文章，"编者的话"中摘引的陈康一段话对此更有集中阐述。他还认为，中国学者应当有志气在希腊哲学这个领域作出并不亚于西方人的贡献："现在或将来如若这个编译会里的产品也能使欧美的专门学者以不通中文为恨（这绝非原则上不可能的事，成否只在人为！），甚至因此欲学习中文，那时中国人在学术方面的能力始真正昭著于全世界。"而这种志向正是以科学方法的运用，包括高度尊重希腊哲学的原义，而非用中国人的思想语言去牵强附会，等等，为其前提的，"否则不外乎是往雅典去表现武艺，往斯巴达去表现悲剧，无人可与之竞争，因此也就表现不出自己超过他人的特长来。"不过是自吹自擂的虚夸而已。①

新中国成立后我国的西方哲学研究进入了一个新的发展时期。从50年代起，以北京大学哲学系外国哲学教研室的名义组织了系统的西方哲学史原始资料的编译工作，分成多卷本在商务印书馆陆续出版。参与此项编译工作的有贺麟、洪谦、宗白华、郑昕、齐良骥、方书春、王玖兴、王太庆、苗力田、陈修斋、任华等我国著名的哲学家和翻译家。这样大规模的系统而又认真地对于西方古典原著的编选和翻译工作，在我国还是第一次。中国学者对西方哲学的

____

① 近来在《读书》杂志上发表了一位有点名气的人物的文章，借着赞扬罗念生来反衬说陈康对中国的柏拉图和希腊哲学研究没有贡献。这位先生的治学方法本来正属于陈康先生反复批评的一类，所以他的攻击我以为并不足怪。另外，他对希腊的了解只能以其文学如悲剧的仅仅某些方面为限，要求他对希腊哲学包括苏格拉底所说的"自知无知"命题有所领悟，我想恐怕都是过高的要求。遗憾的是有些人总是喜欢在自己并不懂得的事情上，特别显示出自己的聪明才智，其结果岂不可想而知吗？

研究,从此有了自己语文版本的初步资料依据,因此这项工作的功劳是很重大的。在这多卷本的原著编译中,第一卷就是《古希腊罗马哲学》。

此外,吴寿彭所译亚里士多德《形而上学》,方书春译卢克莱修《物性论》,朱光潜译《柏拉图文艺对话集》,严群译柏拉图对话多种,等等,也在新中国成立后陆续出版问世。中国读者开始能接触到较多希腊哲学的中译原著,大大开阔了眼界。

这里也应当提到顾准在这时期所写的《希腊城邦制度》。它是作者在"左"的思想禁锢、压制和迫害的情况下为真理而斗争的一部研究著作,不仅资料丰富翔实,观点和论证有力,更重要的是显现出极有见地 —— 中国人对希腊文明的见地。它虽不是哲学著作,却对我们认识希腊哲学的真实背景和思想意义大有助益。

改革开放以后,由于思想上比先前宽松,又得到了与国外交流的种种便利条件,我国的西方哲学和希腊哲学研究便进入了一个新的发展阶段。汪子嵩等四教授所编写的四卷本《希腊哲学史》,是我国第一部全面系统的希腊哲学史研究专著,现在前两卷已经出版,后两卷正在努力撰写和修订之中,不久即将问世。这部大作以资料丰富、学风严谨见长,是一部奠基性的著作。苗力田主持编译的《亚里士多德全集》是我国学者对希腊哲学大师原著的第一套全译本,已经出齐。王太庆晚年集中精力翻译柏拉图著作,原来计划译出全集,可惜因病逝世未能完工,所译出的部分由友人帮助整理,不久将以《王太庆译柏拉图对话集》为题出版。作为毕生从事西方哲学和希腊哲学研究和翻译工作的著名专家,王太庆通过自己的切身经验总结和提出了一些重要意见,也收入这部集子里,可供学者参考。

在上述老一辈学者的带领培育下,涌现出一批颇有成就的希腊哲学研究学者,如叶秀山、陈村富、姚介厚、范明生等,其研究和论著为人们瞩目。现在又有一批新秀正在茁壮成长。研究条件的极大改善,思想的敏锐,知识结构的更新,使他们进展很快。他们中间如今也已经出现了许多令人重视的成就。

以上事实说明我国学界的希腊哲学研究成绩很大,已经有了一定的规模和基础。整体说来,学风比较严谨,工作十分努力,令人欣慰。

但是实事求是地说,中国学者接触和研究希腊哲学依然处于比较初级的阶段。首先仅有百年的历史,同西方对它的研究,或中国研究印度佛学相比自然显得过短,大量的工作还没有来得及去做。再说现在懂外语和懂点希腊语的学者虽然比从前多了,但精通仍属不易。还有,研究希腊哲学除了语文条件,还要进入希腊的历史文化对其内外社会结构、生活习俗、伦理和神话宗教有些真切认识体会,这些前提和背景知识都要费力才能掌握。最后,由于希腊哲学并非一般知识,而是与人的生命生活之根本相关的对于天道、人性、天人关系的智慧的学问,并且同我们中国人血液中原来流淌着的智慧在类型上有所不同,更属必须认真对待的问题。例如他们那种特别注重反复辩难和逻辑分析的思维方式,便是中国学者常常很不习惯的,此外还有许多别的容易产生心理抵触和误解之处。这样,要想学得贯通消化获得真知,实属不易。因此尽管成就不小,我以为还是不宜估计过高。从目前看,我们与西方的研究相比,多数还有较大差距;不过另一方面,这也并非只能跟着人家亦步亦趋的理由。

在一个迅速走向全球化的世界上,既然我们中国人今天迫切需要认识西方和世界,做全方位的对话,并且要尽可能深入,那么研究西方哲学,特别是希腊哲学,就应当努力尽快地升堂入室。我想关键还在这种研究的思想水准和方法途径如何,那是起决定作用的东西。急功近利和才子气在诸如希腊哲学的学习阐述上是不中用并且容易坏事的,希望能改一改。我提议运用一种原创文化研究的思路和方法。它要求我们:(1)不仅要深入到西方和希腊的原创源头,也要求重新审视中国自身原有的原创源头,通过比较对双方都加深分析批判的认识;(2)在这样做的时候,也要参照希伯来和印度的重要原创,因为它们也是人类智慧的一个极为重要的方面和部分,同中国和希腊的文化智慧有内在的可比较的关系,有助于我们解剖中国和希腊的文化智慧形态本身;(3)在这样做的时候,我们还应当参考西方在希腊和希伯来两大文化源头的冲突中,如何解决各种难题并达到结合与不断创新的丰富经验(事实上这个过程现在仍在继续着),也可参考中国以往学习研究印度佛学智慧并将它融入中国传统的某些经验。我想,一个有自己原创的文化和智慧的民族,能否善于对待和运用自己和他人的这份财富,差别是极大的。因此中西文化和智慧的差异,固然可能是坏事,更有可能还是一件极大的好事。这全要看我们能否对这种矛盾冲突有恰当的观点,即从本真深处观察人我双方的胸怀和眼力。因此尽管有诸多困难,我对中国人研究希腊哲学也有可能后来居上的前景,或至少在某些方面有自己的特别眼光和成绩,愿意持一种较为乐观的态度。

第二章　当代希腊哲学研究的新问题

在简要回顾了以往研究希腊哲学的成就之后，我们来着重谈当代研究中的新问题和新进展。

正如亚里士多德所说，欲做研究而不先提出疑难，正像要想旅行而不知向何处去的人一样。那不明白疑难之结的人就被疑难捆住，无法进行研究以解开这个结。[①]当代希腊哲学研究中涉及的问题很多，但只有抓住了带全局性的关键问题，才知道应当在哪些地方下切实功夫。对于研究希腊哲学总的还处于新手地位的中国学者，能否准确抓住主要问题显然是更要紧的，唯有如此，我们才能抓紧努力走向前沿研究。所以我们迫切需要对当代希腊哲学研究的新问题新进展有一个认真的考察和估量。

那么，在当代希腊哲学研究中，究竟哪些问题是最重要和最普遍的，是我们最迫切需要研究的？

根据整个西方20世纪和中国大半个世纪的希腊哲学研究的实

---

① 见 Alistotle，*Metaphysics*，B，995a26-b4。

际进程，我认为那些涉及希腊哲学核心范畴 ὄν[①]（拉丁写法 on，英文 being）的各种问题是焦点。这个问题原是希腊哲学里的中心问题。因为照亚里士多德的说法，第一哲学就是关于 ὄν 本身的研究（ontology），后来西方便一直用这个提法来定义和研究哲学。但是

[①] 在希腊文中 ὄν 是动词 εἰμί 的中性分词形式，用拉丁字母写作 on，就是中文译成"本体论"的 ontology 那个词中的那个 on。所以，它在哲学中具有举足轻重的关键作用。但是，希腊文中的 εἰμί 和英文 to be 一样有许多词形的变化，在哲学上用到这个词也决不限于 ὄν 一个形式。其不定式 εἶναι，还有与其阴性分词 οὖσα 有关的词 ουσία（即通常中译为"本体"或"实体"的那个希腊词），也非常重要和常用。特别是那个 ἐστί（ν），在希腊哲学史上扮演了关键性的角色，尤其必须注意，而它是 ευσία 的单数第三人称现在时陈述语气的用法。印欧语系语言和汉语不同的一个重要之处就在于，汉字没有词形变化，所以翻译就遇上了麻烦，因为用一个词形不变的词，难以表达人家那个有许多变化的词义。对于普通的词语，翻译是加上些表示时间、语气之类的汉字就能表达了，但当词形变化形成了某些哲学含义的表达方式时，就没有那么简单。

因此，学习希腊哲学的不能没有最起码的语文知识。下面这个 εἰμί 的动词变格表是读者应当知道的。与之相关，读者至少应当能读希腊字母。本书将在附录中提供这个字母表。这不难学，而有了这点知识，在碰到有关的问题，就不至于陷于完全不知所云的境地了。

εἰμί 的动词变格表（陈述语气）

	现在时	未完成时	未来时
第一人称单数	εἰμί	ἦν	ἔσομαι
第二人称单数	εἶ	ἦσθα	ἔσει
第三人称单数	ἐστί(ν)	ἦν	ἔσται
第一人称复数	ἐσμέν	ἦμεν	ἐσομθα
第二人称复数	ἐστέ	ἦτε	ἔσεσθε
第三人称复数	εἰσί(ν)	ἦσαν	ἔσονται

不定式：εἶναι

分词：ὤν（阳），οὐσ-σ（阴），ὄν（中），或 ὀντ-

另外，εἰμί 也还有命令、祈使、假设语气的形式。

英、德等西方语文同希腊文同属印欧语系，大体上容易表达，但也有某些重要差异，以后必要时再予以说明。

这个传统在当代遇到了前所未有的挑战，某些哲学家对 ὄν 的语义提出重大质疑，另一些则认为应当对其原义作出与传统大为不同的新诠释。这些挑战引发了热烈持久而深刻的争论和探讨，对当代西方哲学的发展产生了十分重大的影响。中国学者在讨论这个问题的时候，关注的兴趣和视角、提法当然要受到西方思潮的影响，但也有自己的特点。无论如何，ὄν 的问题对于当代西方和中国的希腊哲学研究者来说，都是一个最具挑战性的首要问题。

这个问题我想大体可以表述如下：我们究竟应当如何理解和翻译希腊哲学和希腊语言中的 ὄν，才有助于我们认清希腊哲学的原义及其真正秘密？

第一节　半个多世纪以来中国学者提出的问题

对于中国学者来说，如何理解希腊哲学中的 ὄν 范畴，最突出的问题常常首先表现为翻译问题。因为我们是用汉语来思维的。我们的学习、思考、讲授、写作、诠释和所有的研究工作，对大多数人主要只能用汉语。即使有些人可以用英、德、法语来学习，甚至个别的也能够知道一些希腊文，但是作为中国人，其理解的最后落实还得靠他的母语来实现。所以如何用适当和准确的汉语词来翻译 ὄν 这个希腊哲学中作为中心范畴的词语，就成为一个必须通过的关口。如果译得明白又准确，中国人学习和领会希腊人的意思就相应地明白而准确；如果译得不当，就一定会引起误解和曲解。可是 ὄν 这个词就是不好翻译。下面我们也会常常谈到，即使西方学者，其语言和希腊语同属印欧语系，也常会感到翻译希腊概念的艰难。我们的汉语同印欧语差别巨大，中国文化和思想智慧更有与希腊和西方相比某些重大的整体性和系统性的差异,因此要找一个恰当的汉语词来明白又准确地表达希腊人的这个语词和哲学概念,更是难上加难。所以,如何翻译这个希腊哲学中的 ὄν,亦即后来西方哲学中的 being(英),das Sein,Seiend(德)等,就成为中国人学习、阅读、讲解、理解、研讨希腊哲学和源于它的全部西方哲学中必定要碰到的首要问题。

大体说来,中国学者中对于 ὄν(being)有"存在"、"有"、"在"、"是"诸种译法。与之相关,对 τὸ ὄν ᾗ ὄν(being as being)也有"存在之为存在"、"有之为有"、"是之为是",或"有本身"、"存在本身"、"是本身"等多种译法。亚里士多德说这个 τὸ ὄν ᾗ ὄν 即是 οὐσία(substance);对这个 οὐσία(substance),我们又有"本体"、"实体"等译法。因此,对于 ontology 我们也有多种译法,最常用的是"本体论",也有许多人译作"存在论"、"有论"(或"万有论")的,近来更有人主张译成"是论"或"是(者)论"。这些译法虽然各有一定的理由,却没有一个得到一致公认和赞同。

由于这个关键术语在翻译上的意见分歧,涉及对希腊和西方哲学本身的理解,因此如何澄清,就成为一个瓶颈式的难题。下面把有关争论和研讨的发展情况作一个简要的回顾介绍。

1. 陈康

陈康是中国学者中明确而郑重提出这个问题的第一人。我在上一章已谈到他对希腊哲学研究的功劳。作为一位在西方经过严格训练和对希腊哲学和语文有精研,对中国古典又有深厚根底的学者,在亲身翻译柏拉图原著中,他对于如何用汉语翻译表达其原义的思考,往往比别人更能入木三分。他提出的问题有很强的挑战性。

在1944年出版的那本《柏拉图巴曼尼得斯篇》译注里,他把 ὄν 译为"是"。其突出表现是把柏拉图这篇对话中反复研讨的那个基本命题, εἰ ἕν ἐστιν[①] 译成"如若一是",把它的反命题译成"如若一不是"。这种译法是以前所不曾有过的。他承认他的这两句翻译将会是最受人攻击的,因为这两个句子根本不是中国话,中文不通。他说:

> 毋庸讳言,它们不是中文里习惯的词句,因为自从有了中国语言文字以来,大约还没有人讲过这样的两句话。其所以还未有人讲过它们,是因为还没有人这样思想过。正因为还未有人这样思想过,所以我们才翻译这篇"谈话";否则又何必多此一举?

这里指出翻译柏拉图和希腊哲学之难,根本原因是中国人和希腊人在思想和语文上从头起就不同。问题的根子不在语文,而在本来想法就不一样,在于中国人从来没有这样的思想。我们之所以要学它,正是为了要学这个人家有而我们还不曾有过的思想。

作为一个抱着极端严肃态度来译介希腊哲学给中国读者的学者,陈康强调:

> 翻译哲学著作的目的是传达一个本土所未有的思想。但一种文字中习惯的词句,只表示那在这种文字里已产生了的思想 …… 因此如若用一个在极求满足"信"的条件下做翻译工作的人希望用习惯的词句传达在本土从未产生过的思想,那是一件根本不可

---

① Plato, *Parmenides*, 137 c;等等。

能的事。在这样的情况下,如不牺牲文辞,必牺牲义理;不牺牲义理,必牺牲文辞。

他以佛经翻译为例,认为只要追求准确,就不可避免地会出现被人认为"不通"的翻译。为了真实地表达原义,他主张的翻译原则是:宁以义害辞,毋以辞害义。① 他以翻译柏拉图哲学中最重要的术语 εἶδος, ἰδέα 为例,在指出通常译作"理念"(还有观念、概念、理型,等等)何以不合原义,主张译为"相"之后,进一步讲到他何以认为应当作这样的翻译的道理:

> 这样的翻译表面上看来有一个毛病,即是生硬不能让人望文生义。然而仔细考究起来,这正是它的特长。因为人不能望文生义,必就这术语每一出处的上下文考求它的所指。欲确定一个广泛应用的术语在某处所指为何,本来只有一法:即是从它的出处的上下文去确定。这生硬的译词正逼人走这应走的路。再者,术语的广泛应用皆从这字的原义演变而来。我们必须先紧握着这个原义,然后方可就每一出处的上下文探求这样变的痕迹②。

为此他在当时就已明白地提出了不把 ὄν 译为"有"或"存在"。他说,若把上述两句话译成"如若有一"和"如若没有一",容易使人习惯,而若译成"如若一存在"和"如若一不存在",则不仅合乎中文习惯,还能被普遍了解。"这大约是两句投合一班人的口味的译文,然而它们所表示的不是原文中的意义。"陈康强调:为了避免不忠实,以不符合原义的代用品贻误热爱智慧又只能从翻

---

① 陈康译注:《柏拉图巴曼尼德斯篇》序,商务印书馆1981年版,第11—12页。
② 陈康译注:《柏拉图巴曼尼德斯篇》序,商务印书馆1981年版,第41页。着重号是我为了请读者注意而加上的。以后一般也如此,不另注明。

译里求知的人们,他宁可采取令人不习惯的和会招致指责的译法。

陈康的这个意见写于1944年之前。我至今依然高度尊敬他这种强调翻译必须忠实于原义的严谨科学精神。我认为：学习和研究希腊哲学是一件具有重大深远意义的文化智慧大事业,对于中国人尤其要紧。在这样的带根本性的智慧事业上,中希两种原创思想智慧最需要的是切切实实的知己知彼的对话。为此首先就必须认真倾听对方的想法,明白人家的原义。一般交友都要尊重和理解体贴对方,然后才可能有真实的对话,何况是同一个深刻的原创智慧对话？ 翻译必须表达原文中的原义。陈康的这个观点击中根本,非常正确。这是第一点。

第二点,他深刻认识到哲学的翻译何以十分困难的原因,强调不得已而用生硬的办法来译,正是为了堵住中国人最易犯的望文生义、用冒充的东西代替理解原义的错误之路,逼人去了解原义。对于他的这层良苦用心,我从自己经验中认识到它也有相当重要的道理。因为中国和希腊的文化和思想本来不同,要得到人家的本意,就必须去除主观性的附会。可是这种附会是容易发生的,中国人是通过译文的中文词句来理解对方意思的,因此稍不留意就会通过望文生义的途径,就把对方的原义给篡改了；并且由于这种主观臆断是不知不觉顺顺溜溜地发生的,因而难以自觉其为错误,也就更难纠正。翻译既是关键的通道,稍有不当也就能成为妨碍学到真经的巨大障碍。陈康的“生硬”、“不通”的译法和他为此所作的辩护,确实起到了大喝一声,警醒我们克服惰性的作用。不止不行,不塞不流。我自己正是在陈康这一逼下,从此学会不再轻信看来顺顺溜溜的翻译,留意老老实实弄清原来文本的意思,学会对照分辨人我双方本来的思想,在学习希腊哲学中寻到入门的途径。所以尽管我对他的这种译法有保留,还是认为它有某种重要的作用。

现在我就来把我的保留意见谈一谈，作为评论的第三点。对于他的"宁以义害辞，毋以辞害义"的主张，我想至多只能承认它是一种暂时的不得已而为之的过渡办法，却不宜认作"翻译原则"。这是因为，义终究要靠辞才能表达，要真正实现中希思想的对话，必须靠义与辞的统一，而不能是相害相妨。不同文化系统虽因思想不同、语言有很大差异而很难翻译，却不能说原则上"根本不可能"。事实上对话总在进行并逐步深入，它本身就证明着双方是可能逐步理解会通的，思想也是有共性的。若说中希思想和语言"根本不可能"会通，那就谈不上彼此学习和对话的任何可能性，这显然是不合事实的。因此，我们对翻译困难固然要有足够的估计，也承认在某个阶段"生硬"甚至"不通"的译法不能避免，并有逼人注意的功效，却不能停留于此，而应当力求找到更为恰当的翻译表达方法。总之我认为：只要承认中国人终究能理解世上其他民族和文化的思想的原义（无论是来自印度的佛经、希腊的哲学经典，还是希伯来的《圣经》），那么无论多么艰难，我们也一定能找到用汉语加以清晰表达的翻译之法。它可能不会在中国原有思想和术语框架中得到解决，但却可能并一定能够在原来汉语及其规则的基础上，通过突破与创新来求得解决。

陈康的见解虽然深刻和切中要害，但他所主张的翻译原则，和将 ὄν（being）译为"是"的译法，却并没有被人们接受。后来我国哲学界中通行的译法仍然是"存在"，贺麟翻译黑格尔《小逻辑》时也仍然把 Sein 译成"有"。人们会看到甚至陈康本人也没能贯彻其译 ὄν，being 为"是"的译法。如他把 ontology 译成"本体论"甚至"万有论"而没有把它译成"是论"，便是一个证明。因为"体"显然指"存在"的东西，而"万有"即一切之"有"，还是用了"存在"和"有"的译法，不是系词"是"。可见陈康强调 ὄν（being）的系词含义时,也不能否认它是有其"存在"和"有"的用法和含义的。因此我以为陈康完全排斥 òv 有"存在"和"有"的用法和含义的说法,是可以商榷的。①

2. 王太庆和汪子嵩

这两位我国希腊哲学史著名专家都是陈康的亲炙弟子。但即使他们在很长时期中,也没有照老师的意见办。只是到了最近即过了半个世纪之后,他们才回到陈康的意见上来。他们再次郑重地提出了这个问题,引起了相当强烈的反响。

王太庆参与了50年代北大编译西方哲学原著的工作。他不但担任了重要角色,而且直接担任了翻译巴门尼德残篇的任务,巴门尼德是希腊哲学史上把 τò òv 这个概念提出来的第一人,并且首先是以 ἐστίν 这个希腊动词的形式(第三人称单数)提出的,王在译这个范畴最初的经典出处的原文句子时,把 ἐστίν 译成"存在物是存在的"②。

40年后(1993)他在一篇文章中特别对这个译法做了自我批

---

① 我认为陈康所说否定"有"、"存在"的理由还不清楚、不充分。他说过的理由,主要见于《柏拉图巴曼尼得斯篇》一书的〖注149条〗中:他说"这 ἐστίν 在中文里严格讲起来不能翻译。第一,它所表示的比较'存在'广得多,第二,若用中文里外延最广的哲学术语'有'来翻译('如若每一个有'),至少是不成词。"最近汪子嵩先生在阐述他的意见时又再度引用了陈康这一说法。但是,陈康这个意见并不清楚:何以"是"比"存在"广得多? 又,如果"有"的译法不可取是因为它"至少是不成词",那么更不成词的"是"何以有理?

② 这个 ἐστίν 所在的原文是:ἡ μὲν ὅπως ἔστιν τε και ὡς οὐκ ἔστι μὴ εἶναι(DK 28 B2, 9).王译为"存在物是存在的,是不可能不存在的",见《古希腊罗马哲学》,商务印书馆1961版年(原系三联书店1957年版),第51页。

评,十分郑重地写道:

> "我所造成的那个误解必须消除。""我认为把 τὸ ὄν 译为'有'
> 不合适,把它译为'存在'或'在'更不合适,因为这会使人望文
> 生训,或者想入非非,远离原意。"

他认为不能用"有"来译,理由是说中西哲学传统不同,中国
传统哲学的主要范畴"有"不能套用到希腊。因为希腊哲学的 τὸ
ὄν(being)的意思是从它的系词作用来的,而"有"字完全没有
系词作用。而不能用"存在"的理由是:他认为中文"存"、"在"
二字是和时、空相关的,所以"存在"一词只与英文中的 existence
相当,也与 being 不同,不适合翻译 being。于是他说:"剩下的还有
一个'是'字可供考虑。……'是'字包含着'有'所没有的系
词意义,这个意义正标志着西方哲学的特色,需要表明。因此我建
议选定'是'字译,把'estin'译为'它是'……以杜绝'存在'
造成的误解。但是'是'的确没有 estin 原来的那个'起作用'、'能
够'的意思,是一个缺点。我觉得这个缺点可以通过说明来克服:
说清楚了,读者就可以增广'是'字的含义了。这是可能办到的。
因为'是'字原来只是个指示代词,并没有系词的意义,后来通过
实践才产生了这个意义,可见新的意义是可以培养出来的。为了培
养,我建议把巴门尼德说的第一条途径'estin'(it is)译为'它是',
加注说明这'是'字的本义为'起作用'、'有能力',并在课堂上
和专著里讲明此意。同时,在译笛卡儿的 cogito ergo sum 时也把'我
思故我在'改为'我想,所以我是',并加注说明这样改的道理。"①

---

① 王太庆:《我们怎样认识西方人的"是"?》,载《学人》第四辑,江苏文艺出版社
1993年版,第434—435页。

对于他的这些建议,后面我们再加讨论。无论如何有一点是很清楚的:在经过长时间考虑研究后,王太庆回到了陈康的观点上来,并再次提出了如何理解与翻译 ὄν 的问题。

汪子嵩经历了类似转变,由于他在国内西方哲学史学者中长期形成的重要地位,并直接领导着国内第一部多卷本《希腊哲学史》的编写工作,他的改变便更加令人注目。

他虽然早就熟悉陈康的观点,但直到80年代后期编写《希腊哲学史》第一卷时仍然把柏拉图的 ειδος, ιδεα 译为“理念”。他回顾说:“我总觉得‘理念’这个译词已经为一般读者所习知,换成‘相’容易产生不习惯,不如约定俗成,仍旧译为‘理念’。我将这本书寄呈美国陈先生后,他回信中对别的没有提什么意见,但对‘理念’这个译词,他一再指出是不妥当的。太庆批评我说:‘约定俗成’实际上是‘约定错成’。我在《希腊哲学史》第二卷论述柏拉图哲学时,下决心将‘理念’改译为‘相’,就是他促成的。可惜陈先生已经看不到我纠正错误了。”这段自述,表明他认为当某种译法会影响到原义的正确表达时,不可再以随俗为准则。

然而在如何翻译 ὄν 这个更加重大的问题上,他的转变还要晚些,直到最近他在编写《希腊哲学史》进到有关亚里士多德即第三卷时,由于亚里士多德是希腊哲学上的代表人物,其“第一哲学”(Metaphysics,通常中译为“形而上学”)就是专门以“ὄν 本身(或 ὄν 之为 ὄν、being as being)”为对象和目标的研究或学问。因此,汪子嵩感到在这里 ὄν 原义究竟是什么和如何翻译的问题,必须有一个明确的解决或处理。他吸取了王太庆的意见,合作发表了题为《关于“存在”和“是”》的文章。[1]

---

[1]　汪子嵩、王太庆:《关于“存在”和“是”》,《复旦学报》2000年第1期。

这篇文章回顾了我国哲学界关于 being 的译法的历史。从陈康开始提出问题，50 年代吴寿彭在亚里士多德《形而上学》中的有关译法，说到王太庆和余纪元文章的论点，然后他说：

> 我们经过再三考虑，觉得以上这些意见是有道理的，将 on, estin，einai 这些词译成"是"比较合乎原义，能较好地理解亚里士多德的哲学，以及理解整个西方哲学。

关于为什么不该用"存在"和"有"而只应用"是"来译，汪子嵩把各种理由系统总结概述了一遍。主要有：

（1）我们现在通常所说的"存在"的明显的意义是：①它是实实在在的，是在那里的；更明确地说，是在时间空间中的。因此一切具体的事物，如这个人、这只杯子、中国、地球等等都是存在的。②尤其是多少年来，我们已经习惯了承认：存在和意识的关系问题，和物质与精神的关系一样，是哲学的基本问题。因此我们已经习惯于将"存在"和"物质"等同起来，是和意识对立的客观的实在。以上两点是"存在"的最通常、也是最典型的用法。③至于抽象的概念如人、白、美、正义等是不是存在？当然也可以说它们存在，但至少不是像上述那种个别具体事物那样的存在。照亚里士多德的说法，它们不能独立分离地存在，只能在个别事物之中。[①]

（2）在同"存在"的反面"不存在"的对比中，他说因为"不存在"就是无，是虚无，所以"存在"是最普遍、外延最大的概念。

（3）然后他说"是"在汉语中一般都作系词用，亚里士多德说十个范畴都可以说是"是"的谓词，都是"所是的东西"，不但具体实在的东西，而且抽象的概念以及实际上不存在的神、鬼，等

---

① 汪子嵩、王太庆：《关于"存在"和"是"》，《复旦学报》2000 年第 1 期，第 22 页。

等,都可以说它是,是"所是的东西"。所以"是"是最普遍的外延最大的概念,凡是名词、动词、形容词,都可以说它"是"。

这些说法中有汪自己的认识,也吸收了王太庆说汉字"存在"有时空限制的具体事物之存在,不能表达西文 being 指最普遍一般的存在的含义的说法。还吸收了陈康的说法,认为"是"的外延和意义比"存在"广泛得多,"存在"只是一种特殊的、分化了的"是",而"是"是未分化的、普遍的。① 所以我们可以认为,汪子嵩在《复旦学报》上发表的这篇最新文章,正是陈康 — 王太庆 — 汪子嵩三人观点的系统总结表述。

我认为汪子嵩先生的核心观点是有力的,是对陈康、王太庆主张译 ὄν 为"是"、认为唯有如此才能实现忠实于希腊哲学的原义的思想的进一步明确阐述。这个阐述达到了一个新的高度:紧紧抓住希腊哲学的本质特征的高度。因为他谈到了如下意见:

> 更重要的一点是:只有作为联系动词的"是"才能构成命题和判断。"是"和"不是"构成肯定命题和否定命题;又可以通过"是"的单数和复数构成单称命题、特称命题、全称命题。亚里士多德说只有命题才有真和假。而逻辑和科学最根本的,就是要研究真和假的问题,如果不分辨真和假,也就不可能有逻辑和科学了。可是"存在"并不能构成命题,它是亚里斯多德在《范畴篇》中所说的单纯的非组合(asynthete)的词,如"人"、"白"、"跑"、"胜利"等,它自身是没有真和假的。……"是"是西方哲学的核心范畴,所以西方哲学重视分析,重视分辨真和假,从而促进逻辑和科学的发展。如果要将中国传统哲学和西方哲学比较的话,应该说这一点是很重要的。②

---

① 汪子嵩、王太庆:《关于"存在"和"是"》,《复旦学报》2000年第1期,第23页。
② 汪子嵩、王太庆:《关于"存在"和"是"》,《复旦学报》2000年第1期,第24页。

扼要地说,汪子嵩先生认为希腊哲学最要紧的精神在求真。靠了这点,希腊人和后来的西方人才有逻辑、科学和理性的发展,并给今天全世界人民带来相关的巨大变化和进步。这是希腊哲学原义中最要紧的所在。所以,我们应当看到以求真为特征的希腊哲学同它的核心范畴 òv 的深刻关联,在语言表达中要充分肯定 òv 的系词的功能和意义。因为唯有系词"是",才是能够构造表达命题和判断的真值的关键成分。

对于陈康 — 王太庆 — 汪子嵩突出希腊哲学的求真本义,我完全赞同。求真确实是希腊哲学最中心的特征。[①] 本书对希腊哲学史的全部阐述都将以这一要点为纲。由于中国传统哲学另有特征,对于求真的注重和研讨不如希腊哲学那样获得了比较充分的发展,因此希腊哲学对于中国人就有了一种特别重大的借鉴意义。我认为陈、王、汪三位先生在半个多世纪时间里不断提出的关于 òv 该如何翻译的问题,其主要意义和贡献正在于此。

但是他们否定 òv, being 的"存在"或"有"的译法,在道理和史实两方面却都有可商榷之处。上面说到陈康有关说明有些勉强,论证并不清晰,运用中也有矛盾。王太庆新说也有同类的问题。如他所举的不能用"有"来译 òv 的理由,只说是因为中西哲学传统不同,中国传统哲学的主要范畴"有"不能套用到希腊。希腊哲学 òv 范畴是从它的系词作用来的,而汉字"有"完全没有"是"字的系词作用。但是我们知道,印度的佛学也不同于中国传统哲

---

① 并且照我的学习所知,希腊哲学的求真的含义除了陈、王、汪三位曾经说到的,还可以或应该做更进几步的理解和研究。因为希腊哲学家的求真确实有许多角度和层次:它不仅涉及自然科学领域和纯逻辑理性的思维方法,也涉及社会学说和伦理学问题、神学问题,即对什么是真实的善恶和什么是真正的神这些更大的问题、更高的层次。

学，它所用的梵语与希腊语都属印欧语系，印度梵文佛典中所用的基本术语 as 和希腊语的 εστι（根词 es）原是一个字，可是对这个梵文 as 及其相关词，在中国古代的佛经翻译中却一直是译成"有"，并没有译成"是"或"是者"。

至于不能用"存在"来译的理由，王说是因为中文"存"、"在"二字是和时、空相关的，所以"存在"一词只与英文中的 existence 相当，不适合翻译 being①。但是我们也知道，与希腊人属于同一语系的西方学者，在他们翻译 ὄν 的时候也不仅用 being 译，并且也同样常用 existence 这个英文词来译（包括翻译和诠释亚里士多德 *Metaphysics* 的著名学者 Ross 在内）。事实上，希腊人和西方人所理解的 ὄν（being），确实有"存在"即 existence 含义，它包括：（1）"生"、"活"的含义（这一点在西方存在主义哲学家的希腊哲学诠释中最为突出。中文可用一个"在"字表示）；（2）通常所说的"存在"即有某个东西的含义。这个东西，又既可指抽象的（如宇宙自然总体、事物的种属、本质、规律之类的东西），也可指感性具体的在时空中的事物。在希腊哲学中，其指感性事物的含义虽然是初级的，却总是基础性的。不仅自然哲学家强调的主要是这一含义，就是以抽象的"数"和"相"为本原本体的毕达哥拉斯和柏拉图，也不能完全排斥这个基础，更不要说亚里士多德。王文以中国人常常会把"存在"望文生义为只限定为时空中的东西而狭义化为由，就否定有其 existence 含义，否定汉字"存"、"在"、"存在"的译法，看来也同陈康先生那里的情形类似，是有问题的。

最后，王太庆主张只能用"是"而不可再用"存在"和"有"

① 王太庆：《我们怎样认识西方人的"是"？》，载《学人》第4辑，江苏文艺出版社1993年版，第434—435页。

的译法,实际上同他本人认为 ǒν 本来兼有三义的说法也是有矛盾的。因为既要承认它有兼有之义,却又不同意兼用汉语中相关含义的语词来表达,如何行得通呢? 岂非实际上取消了汉语中表达此兼有义的可能性了吗?

我感到陈、王、汪问题既有极重要的意义,也有亟待进一步研讨的方面。这里先作以上简短评论。王先生已经离我们而去,我的想法原是要同他细细当面讨论的,现在只好自己写出来了。①

---

① 我对三位提出的问题一直比较关注,有着很自然的长期的背景。我在北大学习和从事西方哲学教学与研究几十年,受汪子嵩、王太庆和齐良骥几位先生的教导和影响比较深,在希腊哲学研究上与王、汪两位先生交流更为紧密。再则,汪、王两位都是陈康先生的亲炙弟子,经常向我谈到陈康的研究精神;而我甚至早在上北大之前就已经读过陈康的《柏拉图巴曼尼得斯篇》,有极深的印象。关于陈康和我从他那里学的东西,我曾写过一篇文章刊于1991年第4期《哲学研究》和该年7月号的《新华文摘》上。因此,这个由陈康提出和汪、王一再强调的问题及其思考,自然在我的头脑中有重大分量。几十年来,我同王太庆先生一直保持着亲密的交往和认真的学术切磋,我的写作和译作绝大部分都会请他过目、向他请教,他的翻译和重要文章也常常会征求我的意见,如他译柏拉图对话时,要我做他的参谋。我同汪子嵩先生也有某些类似的交流。所以我比较了解他们的想法,而且以相当深厚的师生和朋友情谊,有认真诚恳的学术讨论空气。

正因为如此,认真对待他们郑重提出的问题,对于我来说不仅是学术的必需,还有着做人的意义。我在应友人之邀接受撰写本书的时候,本来是很犹豫的。因为我明白这次我必须直接面对这个大问题,深感难以胜任。王、汪两位先生都给我鼓励,给予期望。我这才硬着头皮接受下来。我希望继续在同他们的切磋中做成这件事,其中也包括同他们有若干重要之点上的商榷。直到我最后一次看到王太庆先生,即他突然去世前的那天我去医院看望他的时候,我们还说等他出院后再讨论,遗憾的是这已不再可能了。好在我仍能继续向汪先生和其他朋友求教,和读者一起商讨。我的具体意见不一定都与他们一致,但推动我努力的依然是他们的崇高品德和学术风范。

3. 用一个汉语词翻译和表达 ὄv 原来所兼有的含义是否可能

中国学者中对于如何认识与翻译 ὄv 或 being，历来有不同的看法。上面先谈陈、王、汪提出的问题，并不是因为他们的意见占了主导，恰恰相反，是因为他们同多数人中流行的意见对立而具挑战性。无论如何，由于这三位先生是我国希腊哲学学者中至少两代人的老师和领头人，他们一再提出的意见，总还是显明了这个问题的分量。它至少告诉我们：对于这样一个关系到中国人对希腊和西方哲学中的核心之原义该如何认识、表述和翻译才算恰当的基础性大问题，是再也不应当继续耽误和忽视下去的了。

大体说来，治希腊和西方哲学并通其语文的学者都承认：ὄv 和 being 在希腊语乃至印欧语中，原来兼有实义动词和系词的功能，故兼有"存在"（以及"有"）和"是"两方面含义。问题只在于用一个汉语词能否表达出这种兼有之义。王太庆认为这是不可能的：

> 他们 to be 之类的词里头同时包含着我们的"是"、"有"、"在"三个意思，他们认为这三个意思是一个意思。这个三合一的含义就体现在 being 这个范畴里。我们说中国话的人从古到今都没有这样的想法，因此也没有这样的说法，更没有这样的哲学理论。[①]

可见他和陈康、汪子嵩主张 ὄv 和 being 只能译成作为系词的"是"，既是由于他们极端强调希腊哲学的根本特征在求真和讲究命题和判断，也是因为他们认为汉语中根本没有一个能与 being 相

---

① 王太庆：《我们怎样认识西方人的"是"？》，载《学人》第4辑，江苏文艺出版社1993年版，第425页，另见第420页等处。

当的兼有此三合一的含义的词。人家能用一个词表示的,汉语就得分别用两个或三个;可是他们又认为一个概念术语只能用一个词来表示,于是问题就很不好办了。在他们看来,唯有作为系词的"是"才能表现希腊哲学的求真特征,而译成"有"和"在"则不能,所以结论就只有把 ὄv(being)译成"是",把 ontology 译为"是论"或"是者论"了。在他们看来,唯有这样译法才能表示 ὄv 或 being 原义中最重要的那一点。

苗力田先生不赞同他们的意见,不过他的主张也同样是从上述一个汉语词不能兼有 ὄv 的两义的观点来的,只是解决办法不同。他写道:

> 问题主要出在,古希腊语的 einai 按 Liddell & Scott 希英字典所举分 substantive(实体的)和 copulative(系词的)两类用法,substantive 是表实的, copulative 是表真的,而在我们汉语里不论"有"还是"在",都没有这样两类用法。"是"本身也没有两个用法。而实事求是的成语,恰恰表明"是"不是"实事"。

苗先生说,因为这个理由,他翻译亚里士多德的办法就是:表实时用"存在",表真时用"是",在分不清是实或真时就重叠着用"存在"或"是"。到一般用 ὄv 的时候,因按语法规律它是表示东西,是实的,所以要译成"存在";除非非常敢肯定它是表真。对于巴门尼德那句引起问题的话,他坚持认为那里用的 εστιν 和 ειναι 都是表实的,是可认知可谈论的实实在在的存在,所以应译为"存在"。

赵敦华的观点与之有某些类似。他认为对于这个词应该采取多种译法,具体译成什么可视上下文来定。其默认的前提也是任一汉语词都不能胜任与 ὄv 一样的兼有含义。

但是,我愿强调指出:实际上也有另一种观点和考虑,认为可以用一个统一的汉语词来表示 ὄν 的兼有义。我指的就是吴寿彭先生翻译亚里士多德的《形而上学》中的做法。他的观点只见于译文本身和脚注之中。亚里士多德的《形而上学》卷(Γ)四,是专论什么是哲学(第一哲学),给哲学下定义的地方。他的第一句话就用了 τὸ ὄν ᾗ ὄν(being as being)这个核心概念词,吴先生把它译为"实是之为实是"①。然后他对何以译为"实是"在脚注里作了如下重要阐述:

> ὄν,出于动字 εἰμί,意谓"是"或"存在"。凡"物"各为其"是",各"有"其所"是"。故"是"为物之"本体"οὐσία。或问"这是何物"?答曰"这是某物"。又问"这怎么是某物"? 答"这因这么而是某物"。故"怎是"(τὸ τι ᾗ εἶναι)为某物之所以成其本体者,包括某物全部的要素。卷 M ηὸ τί ἐστι ἀρχή δέ τῶν συλλογισμῶν(1078b25)谓"怎是"为综合论法(三段论法)之起点。本体之学出于柏拉图"巴门尼德篇"与亚里士多德"哲学"两书,本书译 τὸ ὄν 为"是"或"实是"。"是"通于"有","非是"通于"无"。"是"通于"事"与"物"及"行为"。非是通于"无事"、"无物"及"无为"。旧译或以"是"为"有",以"万物"为"万有"(众是),义皆可通。本书均译"是"。"是"之语尾变化甚繁,近代西方语文多渊源于拉丁与希腊者,其语尾可得为相似之变化。汉文无语尾诸变化,故译文中于此特为费劲而仍不免有疵赘之处。②

---

① 这句话亚里士多德原文是:ἔστιν ἐπιδτήμη τις ᾗ θεωρεῖ τὸ ὄν ᾗ ὄν καί τά τούτῳ ὑπάρχοντα καθ' αὐτό。著名的 Ross 英文译本译为:There is a science which investigates being as being and the attributes which belong to this in virtue of its own nature。吴译:有一门学术,它研究"实是之所以为实是",以及"实是由于本性所应有的秉赋"。

② 亚里士多德:《形而上学》,吴寿彭译,商务印书馆1962年版,第56页脚注2。

这段简练扼要的话表明：虽然汉语和西语不同，翻译特别费劲，但仍能用一个词作中心串通其余含义。他也认为这个词应当是"是"字，但他和陈、王、汪看法之重大分别在于：他不认为用这个词就必须排斥其他，而是强调："是"能和"有"、"存在"相通并用。因此，在这个亚里士多德给哲学下定义的关键之处，吴寿彭主张把 τò ὄν 译为"实是"。细心的读者也可以发现，这个意见也和上面引用的苗力田的看法正好相反：苗认为 τò ὄν 的表实与表真含义不能并容，"实事求是的成语，恰恰表明是不是实事"；但吴则主张并容和结合，因而译成组合词"实是"。

吴先生这个意见和译法，在我看来，其实是更加值得注意的，因为一方面它比较切合亚里士多德使用这些词的原义，另一方面在汉语中也有相当可行性，可以突破"说中国话的人从古到今都没有这样的想法，因此也没有这样的说法"、一个汉语词不可能兼容 ὄν 既表真又表实之双义的思考模式。吴先生以"实是"一词指明"实（在、有、事、物、存在）"和"是（真）"在汉语中也是可以相通的，并将两者结合成一个新的汉语词表示 τò ὄν 原来的兼有之义。这个试验至少表明用一个汉语词来忠实译出原义的可能性。

我还可以补充一点，我们中国话最常用的"真实"一词，不就是把 ὄν 原来兼有的表真和表实给予了统一结合的表示了吗？说"实事求是的成语，恰恰表明是不是实事"，这个话并不恰当。虽然就每个汉语词（西语词其实也一样）各有个性而不会同别的词完全一样，因而我们总能说某词不是另一个词。但是有个性决不等于同别的词没有关联，我们更可以说："'实事求是'的成语，恰恰表明'是'和'实事'有深刻的关联"。因为若无存在（实在、事物），其中的是（本真或本质、规律）将从何而来？故无实即无真。反之，不得其真的所谓实在，只是表面的虚幻东西，也非真的存在或实在，故无真亦无实。可见真和实、是与在，本来就有贯通一致性。在这些根本问题上凡人都会有共识，只是思考的深度不同罢了。希腊人通过原创了哲学的智慧，对从事实中求真理的一整套问题思考和研究得很深入严密，值得我们学习。但这并不等于中国人就没有类似的想法和说法。"实事求是"的成语，由"真"和"实"组成的"真实"这词，在汉语中也很习用，就表明中国人的思想心理是可以和希腊哲学相通的。在希腊人的 ὄν 和西方人的 being 用一词兼通两义（或三义乃至更多）和中国人的思想和语词之间，并没有不可逾越的鸿沟，因此，我认为相比之下，吴寿彭先生的意见似乎要比陈、王、汪、苗等先生的更为合理。我们也应当继续尝试。

如上所述，中国学者提出的问题和争论，迄今为止主要仍在翻译方面。但是从根源上说，困难首先还在如何认识希腊哲学本身的原义，和 ὄν 在希腊语言中的原词义；其次才是中国人的话语和思想能否与之相通，或如何能够做到与之相通。所以涉及的问题有如下几项：

（1）希腊语言中的 ὄν 的原词义；

（2）希腊哲学中的 ὄν 范畴的原来哲学含义；

（3）汉语词有无表达希腊词 ὄν 的原词义的可能和途径？这里对相关汉语词的分别研究和相关研究是必要的；

（4）在中国哲学中，或更确切地说，在中国人的文化和智慧中，有没有和希腊哲学的 ontology 相近和相关的思想和表达成分？如果有，它们又是什么？是否可能以此为桥梁寻求中希会通之路？

（5）在上述几方面研究的基础上，我们可以进而在中希智慧的高层次作比较研究，澄清两者的各自特征，在明确其差异对立中寻求关联和互相促进丰富的可能性。真正说来，我们的翻译问题只有进到这些层次才能最终解决；反过来，这样也就推动了我们对希腊哲学的研究和认识,推动了我们对中国文化和智慧本身的反思。

因此我们应当把翻译的问题,转化为中希文化、智慧、思想和语言的分别和综合的研究。这种自觉将能大大提高我们的讨论和研究的水准。

第二节　当代西方学者对传统哲学的挑战和对 ontology 研究的新发展

现在来谈西方学者当代的有关研讨。

如果说中国学者在翻译和理解希腊哲学时面对着语义和哲学含义的双重困难,西方学者也有类似的问题。只不过他们和希腊均属印欧系语言,其间差别不像中希那么大。再则西方文化和哲学一直以希腊为源头,有贯穿下来的传承。因此他们对希腊哲学的认识,总的说来更易于触及实质。因此他们的有关研讨对我们理解这个问题,更为重要。

简要地说,从20世纪初,以罗素和海德格尔为代表的一大批西方学术重镇就对怎样理解和诠释 ὄv 和 ontology 提出了尖锐的新问题。这当然和希腊哲学特别有关。因为按照传统,西方一直把哲学定义为 ontology,即 "研究 ὄv 之为 ὄv 的学问"。而这提法本是从希腊来的,从亚里士多德来的。它流传了2000多年,可到20世纪初突然间成了问题。

1.罗素对 to be 语义的质疑引发的对 ontology 即整个传统哲学的质疑

首先,罗素在自己的数理逻辑分析研究中,对 being 的语义提出了质问和挑战。他说:

> 语词 is 有着可怕的歧义,我们必须十分小心以免混淆了它的不同含义:
> (1)当它断言 Being 时的含义,如在"A is"中[①];
> (2)认同的含义(identity);
> (3)表示对主语有所表述的含义,如"A 是人";
> (4)在"A 是一个人"中与认同很接近的含义。
> 此外还有一些用法,如"to be good is to be happy"[②],其中 is 意味着所肯定者之间的联系……[③]

对于一个词有如此不同的含义,罗素认为是不能容忍的。有一次他写道:这是"人类的一种耻辱,会用同一个词 is 来表示两个全然不同的观念,既作陈述之用,又用来表示认同"[④]。

---

① 这里用大写字母开始的 Being,或"A is"的用法也是唯有印欧语系中才有的一种,它的含义是"活着",中文中通常用"生存"或"存在"来译。莎士比亚戏剧《哈姆雷特》中的台词:to be or not to be, that is a question 就译成"活着还是去死,这是一个问题。"中文里既没有巴门尼德的"it is"那种"A 是"的句子或含义表达法,也没有这种"A 是"的用法和含义。
② 这类句子中文只能大致意译为"善即幸福",但按西文原来语法语义,严格说来就得译成"是善的,就是幸福的"那样中文不大通的句子。我们虽然不必这样译,但是应该知道人家语言中的这层含义。
③ Russell, *The Principles of Mathematic's,* London, p.64n,该书写于 1902 年。
④ Russell, *Introduction to Mathematical Philosophy*, London, 1919, p.172.

从罗素起,大多数逻辑哲学家都认为必须分清 to be 至少有的三到四种含义:(1)表示活着、生存、存在的含义(可用 existence 翻译);(2)表述的作用,如在 Fx 中;(3)认同的含义,即 x=y;(4)表示种属包含,可用符号 x⊂y 来描述。20世纪的分析哲学家强调,也可以需要有关于上述四种含义的哲学陈述,但是不能用一个单纯的 being 概念把它们统一在一起。他们认为:传统哲学 ontology 就是以这个语义混淆不清的 on 作基础和中心的。既然如此,他们就对 ontology 这门学术的合法性提出了根本性的质疑和挑战,主张否定传统哲学,另行建立一种新的哲学,逻辑实证主义的哲学。

这种意见虽然受到了多数哲学家的抵制和反对,但面临这一严重挑战,却必须给予明确的回答。于是,在西方哲学界就引发了一场前所未有的对 being 和 ὸν 的含义的追根究底的研讨。它涉及对 to be, εἰμί 的一系列语言学(包括语法、语义学、语源学和比较语言学,等等)研讨,追溯到印欧语系根动词 es 的原义,更涉及哲学、哲学史、逻辑学各领域,成为一个历时数十年的多学科综合交叉的研究热潮。它取得了丰硕成果。

2.Lesniewski 的回答:关于 be 的不同用法和含义的系统统一说

针对罗素等提出的问题,首先在1920—1939年期间,波兰著名逻辑学家 Lesniewski 提出了自己的观点,为 ontology 的正当性作了针锋相对的辩护。他的观点的中心点是:提出用原初单称表述关系"ε"来定义 is:在 xεy 中,这个 ε 即是传统的系词。它跟在一个单称主语 x 之后,表示 x 与一个名词性表述语 y 有关系。他认为像"苏格拉底是智慧的","苏格拉底是苏格拉底","苏格拉底是桑提浦的丈夫"或"桑提浦的丈夫是智慧的",这几种用法都适合 xεy。对于个体认同,可以视为 ε 关系的一个特例,即当"xεy"和"yεx"两者都真时。这是对罗素说用同一个单纯词既表示陈述又表示认同为"人类的耻辱"的挑战的回答。Lesniewski 至少已经证明这两种用法有联系,都有其正当性。他还认为像"it exists"也能用 ε 关系加以说明(用或不用限量词):如果 x（和 y）是单称原初名词,"it exists（它活着、它存在）"可定义为:x exists $\equiv$ xεx $\equiv$ （$\exists$ y）xεy。[1]

　　奎因（Quine）和 Lesniewski 见解类似,而同穆勒（Mill）、罗素、卡尔纳普（Carnap）的观点对立。罗素等认为 be 的含义和功能是分歧或分裂的,各种用法和含义不能并容,因而造成了语义混乱；Lesniewski 和奎因（Quine）则主张 be 是一个系统,其不同含义,包括作为系词和作为存在动词的含义,有着观念上的联系,能够互相规定或彼此包含。

3. 海德格尔对 ontology 的存在主义诠释

　　如果说以上几位学者提出的问题和探讨主要是在 being 的语义方面,由此关联到它在哲学中的意义,那么海德格尔则是倒过来,首先关注的是它的哲学含义,由此再去谈论其语义。1927 年他发表 Sein und Zeit（中译《存在与时间》）,提出了他那对当代西方

---

[1]　关于 Lesniewski 的有关论说,参见 E.C.Luschei, *The Logical System of Leniewski*, Amsterdam, pp.144 ff., Lejewski, *On Lesniewski'Ontology*, Ratio 1（1958）, pp.150-176。

哲学有重大影响的存在主义学说。而他提出这个学说的方式就是以返本归根地追溯希腊人的 ontology 的原义,或即澄清 ὄν 这个希腊哲学核心概念的原义入手。毋庸讳言,这种追溯源头的"原义"的发现,其实是在海德格尔的存在主义眼光下对 ὄν 所作的重新诠释。不过,他确实是以研究希腊人的思想和语言作依据来进行讨论的。在该著卷头语中,他首先引用了柏拉图《智者篇》中的一句话:

> 当你们用"存在着"① 这个词的时候,显然你们早就很熟悉这究竟是什么意思,不过,虽然我们也曾相信领会了它,现在却茫然失措了。②

然后他说了如下一段话:

> "存在着"这个词究竟意指什么? 我们今天对这个问题有答案了吗? 不。所以现在要重新提出存在的这一意义问题。我们今天之所以茫然失措仅仅是因为不领会"存在"这个词吗? 不。所以现在要唤醒对这个问题的意义之领悟。……③

由此可知,海德格尔在20世纪之初也同罗素一样郑重地提出了 ὄν 的问题。不过同注重逻辑语义分析的罗素不同,他是从人的

---

① 这里引用的是海德格尔《存在于时间》三联书店中文版译法。它在一些地方把 ὄν,德文中的 seiend 译作"存在着"。Seiend 是 Sein 的现在分词,正如英语中的 Being 是 be 的现在分词那样,都是对希腊文中的 ὄν(εἰμί 的现在分词)的对应的翻译。对这个词,中文里一般不译作"存在着"而是译作"存在者"或简单直接地译作"存在",即当作名词而非当作形容词。至于现在有人主张译成"是"或"是者"则更是由于语义上的歧义引起。读者须知这些不同译法其实指的都是同一个词。

② Plato, *Sophists*, 244a.

③ 海德格尔:《存在与时间》,三联书店1986年版,第1页。

存在、生存的意义的角度提问题的。所以他认为问题不仅在领会
ὄν 的词义，而在我们作为人的存在或生存的意义问题，这才是哲
学或 ontology 的真问题。从人的存在问题出发，他对语言问题，首
先是对与 ὄν 相关的语词问题从各个方面作了大量的研讨。读过他
的著作如《存在与时间》、《形而上学导论》和《在通往语言的途
中》等的读者，都会对此有深刻的印象。对于他的哲学和语言的阐
释有人赞同也有人并不赞同，但无论如何也应当承认他对于 ὄν 和
ontology 所作的大量诠释总是当代哲学和语义学中的重大成就。可
以认为他和罗素是 20 世纪提出这个重大问题的两个主要人物或影
响最大的人物。

4.Gilson 关于语词 be 及其印欧根词 es 的原初含义为"存在"
（活、生命、生存）说

　　法国著名哲学史家 Gilson 提出一个见解，认为 be（印欧语 es）
原来并非空洞的系词，而是有自己的动词功能的不及物动词，即存
在动词。它的最重要的功能不在于肯定或表述了关于主语的某些
属性，而在于树立了主体自身：主体的第一个活动就是它活着（存
在着），然后它才可能成为其他活动（用其他动词标志）的主体。
在作出这种解释中，他对于和 es，εἰμί 相关的某些动词，如 go（去，
εἶμι, ἰέναι）, make to go, send（让 去, 送, ἵημι, ἰέναι）, say（说,
φημί）, set upright, stand（竖立, ἵστημι, ἱστάναι）, place（安排,
τίθημι, τιθέναι）, give（给, δίδομι, δοῦναι）, 作了比较。指出这
些希腊语中不同于一般 ω 动词形式的 μι 动词都是些非常古老的
动词，所以 es, εἰμί 无疑是最古老的具有独立含义内容的动词，因

而原初含义只应是实义动词,它作为表示存在和活着的实义动词含义(existential)应当早于它的系词用法和含义。[①]

显然,Gilson 的观点和海德格尔是一致或接近的。

5.Kahn 关于希腊语言中动词 be 的语义问题的系统研究

在上述著名学者所提出的著名问题的刺激推动下,在 20 世纪里西方的哲学、哲学史研究得到了新的巨大推动,与之相关在对于 be 或 es 的语法功能和语义语源的比较研究方面也取得了深入进展,产生了许多新的重要成果。于是在 20 世纪后半期,由 John W.M.Verhaar 编辑和陆续出版了一套包括世界上十几个语种的有关动词 to be 的哲学 — 语言学研究著作(其中也有论汉语的"是"字的),便是例证。在这部丛书里,美国的希腊哲学史家 Charles H.Kahn 专论古代希腊动词 be 的大作[②]颇具分量。现在中国学者中也已经有人非常注意它了[③],我想这对于提高我们研讨的水平是很有好处的。

Kahn 这本书的一大特色,是在语言研究中特别重视古典文献

---

① Gilson,*L'etre et l'essence*,Paris,1948,p.275.

② *The Verb "Be" In Ancient Greek*,该书为 W.M.Verhaar 编辑的哲学和语法研究丛书 The Verb "Be" And Its Synonyms 中的第六卷,D. Reidel Publishing Company,1973。

③ 最近来中国社会科学院的王路教授先后写了十多篇介绍 Kahn 此书的文章。他认为这是理解 be 和 being 最有权威的著作。应当说这些介绍对于唤起我国学界关心这个问题的研究起了一定的作用,但是他和他所依据的 Kahn 的见解却实在只能代表一种意见(无论西方还是国内),是有争议的。陈村富教授已经向王路教授提出了不同看法。

的材料依据。为了弄清与哲学相关的希腊动词 be（εἰμί）含义的整个语言背景，Kahn 选择了荷马史诗作为分析的首要依据，此外还用了从荷马直到希腊哲学兴起之间的其他几部古典文献作旁证。他把这些文献中各种使用了 εἰμί 的句子都找出来，对其中与 εἰμί 有关的各种句型加以系统分类统计，然后从中找出 εἰμί 的各种用法和含义，进行了比较细致的语法和语义分析。我认为这种工作是很扎实的基本功，值得我们中国学者高度重视和借鉴。

其次 Kahn 强调，对于 εἰμί 的几种不同用法和含义，我们不应看成是无关的罗列，而应当认为其中有着内在的联系。为此他做了大量的研究，提出了不少有重要意义的见解。我认为这对于认识 ὄν 何以能够兼有那些似乎无关的不同的含义，是有帮助的。其实一切语言中稍微重要一些的语词，都有一个中心含义和由此生发出多种含义的现象。初学者常常会认为学一个单词要学会和记住它的许多不同的含义是很难的事，因为它们似乎彼此毫无关系，并列在那里，只好强记。但是对一个研究过这个词的本义及其引申转借的人来说，他的理解就非常不同。所以，如果说 Lesniewski 从语法逻辑上证明了 be 可以一身兼任多种用法和含义，那么 Kahn 则通过语词语义的大量研究，发展了前者的方法。这种方法对于我们中国学者还有一层重要的启发：我们对汉语词岂不是也应当做这样的研究吗？ 我们上面提到的吴寿彭先生的想法和做法，应当说是靠近这种观点和方法的。所以我认为这也是 Kahn 这本书很值得我们参考的一个地方。

最后，Kahn 的观点有一种倾向性的代表性，是更值得我们注意和分析的。他说根据他在荷马史诗等文献中对 εἰμί 的各种用法的分类统计，发现在其中作为系词用法占到其全部运用方式中 80%~85%，而其他用法，包括表"存在"和表"真"的各种用法，加起来不到20%。他强调：这表明在荷马时代，εἰμί 作为系词的用法和含义已经占了绝对优势。他认为这个事实对 Gilson 和海德格尔的观点（即认为 es 原来主要是或根本是作存在动词，然后才成为系词）不利。

因此，Kahn 对 εἰμί 的考察，始终是以它的系词用法和含义为中心来进行的。εἰμί 的系词含义及其种种语法形式和语义功能的分析，占了全书一半的分量。他是以 be（εἰμί）的系词含义和用法作中心来解释它的其余含义，即表存在和表真的含义及其用法的。

我想应当指明：尽管 Kahn 的研究注重从古典资料的事实出发，也做得相当严格细致，但实际上他的观点也只是一派的看法。因为西方的哲学家和哲学史家中对这个问题本来有两种见解：多数人主张把哲学中的 being 范畴理解为系词"是"，而海德格尔和存在主义者则主张把它理解为"存在"（existence，其含义又不像我们中国学者通常所以为的那样，只指"实在的东西"和"物质"，而主要是指"生存"、"活着"）。而哲学家和哲学史家对语词 to be 的研究，尽管必须考虑到语言学本身（语义、语法、语源和比较语言学）的各种因素，却不能不受到他们作为哲学家、哲学史家的本人的哲学倾向的影响。看来 Kahn 所作的语言学论证，体现的也只是一种倾向的主要成就，尽管主张这种倾向的可能占多数。

因此，如果我们试图在现代西方学者这两种倾向中不得不决定有所抉择，Kahn 的论据和分析就需要受到更严格的检验。这时我们就会发现它还是很有可以质疑之处的。因为希腊语言的存在不知早于荷马时代多少万年，所以严格地说，用荷马时代 εἰμί 用法以系词为主或最大量的事实，完全不能证明希腊语言原来就是以系词用法为主。我们必须承认印欧语系（包括其中任何一支）中的根词的原初含义，并不是容易澄清的。我们所能达到的只是如实地认定：单从希腊有文字可查的历史文献来说，以流传下来的荷马史诗为最早，却完全无法论证它就是最早的希腊语言用法。因此在作出追根溯源的和具有重大意义的判断时，我们还需要更谨慎些，要收集更多的证据。例如，古印度的梵文经典，和比希腊罗马语法著作要早得多就已存在的已经相当严密的梵语语法著作，对于我们认识印欧语的语源含义，可能就更有权威性，至少也应视为最重要的参照。在这方面，Kahn 所做的同海德格尔和 Gilson 相比就显得不足了。当然，他在认真研究荷马等古希腊文献方面有特别的长处。注意到他们各有长短，我们就应当再做些比较分析，在作出判断或选择时就能采取更为谨慎一些的态度。

总之，由于西方各国语言和希腊语在动词 be 上同源（es）同义，不存在汉语词表达它的兼有之义时的那种特别的困难，所以西方学者对罗素所说 be 有歧义的问题，差不多都认为不难解决，可以兼容。但由于观点不同，也有两种对立的讲兼有的办法和答案：一种以系词用法和"是"的含义为中心，另一种则以实义动词或存在动词的用法和"存在"含义为中心。如果说海德格尔和 Gilson 代表后者，Kahn 就代表着前一种答案。

我认为注意到这一点是必要的。我们现在面对着使我们产生重大困惑的问题，正在急切寻求答案，在这时，西方最新研究成果无疑对我们显得特别重要。但是，他们也有两派不同的看法，在他们的哲学史著作里和语言学著作里，都不能不烙下这两种观点的不同印记。所以，我们在吸取这些成就的时候，我认为始终让自己的头脑保持一份清醒是非常必要的。这会使我们的研究减少片面性，促使我们保持更加活跃的主动和更加深入的分析精神。

第三章　梵语相关词的知识和翻译问题

为了准确认识希腊语 εἰμί 的本来语义,我们需要对它的印欧语根词有更多一些的知识。在这方面,古印度梵语在时代的久远和语文的经典性上和古希腊语地位大致相当,而其语法知识的建立比希腊罗马人要更早、更严密、更有权威性,因此是比较研究的最好参照系。

第一节　印度古梵语语法在研究印欧语中的意义

欧洲人比较熟悉的语言可分为三个语族,日耳曼语族、罗曼语族和斯拉夫语族。每个语族的内部有十分相似的地方,彼此却不相同。但是它们之间也有某些相似之处,并且这些相似之点还可以在一些别的语言中找到,最明显的是希腊语。例如下列词语:

	希腊语	拉丁语	俄语	英语
母亲	μήτηρ 或 meter[①]	mater	mat'	mother
二	duo	duo	dva	two
三	treis	tres	tri	three

---

① 为了比较方便,下面用拉丁字母改写的方式来表示。

| 是 / 在 [①] | εστι 或 esti | est | jest' | is（ist） |

从16世纪起通过传教士的活动，有关梵语和印度语法的知识传到了欧洲，到了18世纪有了准确的介绍，而到了19世纪，梵语知识已成为欧洲学者必须具备的修养的一部分了。在这种知识的刺激和影响下，欧洲人的语言观得到了重大的革新。

印度的婆罗门教徒把一些古老的赞美诗集当作神圣经典加以维护，其中最古的《梨俱吠陀》（Rig-Veda）至少产生于公元前1200年。人们在梵语中惊异地发现欧洲诸主要语言竟然有个姊妹语言远在印度，例如上面提到的那些词，在梵语中便是极其相似的：

> "母亲" mata，"二" dvau，"三" trayah，而"是 / 在"便是 asti（第三人称单数）。

这种相似性的发现有力地证实了亲属语言的概念，并从此有了"印欧语系"这个术语。

不仅如此。古印度的婆罗门为了保持《吠陀》语言的纯正性，经过长期努力，在公元前4—前3世纪编出了一部《波你尼经》（Paninisutra）的语法经典。它总结了以前对《吠陀》的分析和各派语法研究，成为严密体系的高峰，也就结束了这类语法经典的创作。它把全部梵语的语音、语词的构成和变化规则，隐括在3983条经句之内，又把这样分析出来的全部词根归结为1943个，这样便概括描述了整个梵语的语言现象。当西方语言学家得知这部精确而有系统的语法后，无不为之惊叹。它被称作"人类智慧的丰碑之一"。因为"它极其详细具体地描写了梵语的每一个词的曲折变化、

---

① 均用其第三人称单数的形式来讨论。

派生词和合成的规则,以及每一种句法的应用。直到今天,还没有别的语言曾经得到这样完善的描写"。①

由于印欧语最古老的经典就是印度的吠陀和希腊的荷马史诗,二者同源而梵语语法又如此具有权威性,因此,当人们为澄清希腊语中这个关键词 εστι(esti)的语义而烦恼的时候,自然要求助于古梵文语法对 asti 的有关解说。海德格尔和 Kahn 在追溯希腊语 ὂν 的原义时也是这样做的。但问题恰恰在于从同一源泉得出的解说却似乎正好相反:海德格尔强调的是根词 es 的原义在于和bhu(中文:自然)的一致性,即它所表示生生不已的自然生命活动的动态的含义;而 kahn 强调的是 es 的静态的稳定或确定的存在含义,即与 bhu 那种表动态的自然相对的含义。这样,我们的困惑不仅没有解决反而更加深了。

因此我们要对梵语语法本身有所了解,而不能仅仅听西方哲学家的议论。在这方面,我国研究梵语的著名专家金克木先生给我们提供了若干重要的有关知识。② 这里我把同我们最有关系的几点介绍一下。

第二节　bhu 和 as 在梵语词中的核心地位

据金先生说,公元前6世纪(佛陀时代)到前4世纪(波你尼

---

① ［美］布龙菲尔德:《语言论》,商务印书馆1997年版,第10页。
② 如《试论梵语中的"有一存在"》、《梵语语法〈波你尼经〉概述》和《梵语语法理论的根本问题》等,这几篇论文是同我们的问题关系最密切的。现在都收录于他的自选集《梵佛探》中,河北教育出版社1996年版。读者可以很方便地读到这些论述。

时代）这段时期，古印度思想领域出现了特别热闹的情况，各种问题争论尖锐而激烈。它反映了当时社会、政治、经济的大变化，其变革的性质尚无公认的结论。仅就语法原理的辩论来说，在公元前5世纪即波你尼以前约一个世纪，出现了耶斯迦的《尼录多》一书。从它的记载中可知，其一，那时已经分析出语言中的不同的词类，归纳为四种：名词（包括名词、代词、形容词）、述词（动词）、介词（玄奘在《成唯识论》卷六中译为"助词"）、投词（投入词，即不变词，包括感叹词等）。而到了《波你尼经》则只承认名词和述词，认为介词是与述（动）词连用的，投词是加上了名词词尾却又失去的，没有独立的存在和语法变化。这趋势在《尼录多》中已经有了，因为它在进一步讨论词类关系时就只追究有变化的名词和述词而不提其他两类，明显和波你尼的体系一致。其二，在名词和述词的关系上《尼录多》记录了尼录多派（即语源学家）与不同观点的争论，尼录多派认为一切名词都出于述词（即：名出于动）的观点得到胜利，这一观点在《波你尼经》中得到了确认。其三，《尼录多》中说当时有一派把述词又分为六种：生、存、变、增、减、灭。这显然是以哲学视点为依据的意义分类，而不单是词源和语法的讨论了。《尼录多》第一章第一、二节谈道：表示存在的两个词，一个词根bhu，一个词根as，一个指行为过程，一个指行为完成。有前后阶段起头结尾可分的便是动作，要用述词表达；如果固定了，完成了，成型了，那便是一件事，要用名词表达了。金先生评论说：由于"名生于述"的理论得到胜利，成为语法的根本原则，《波你尼经》就以1943个表示动词意义的词根作为梵语的构词基础。在梵语语法体系中，词根都是表示动词意义的。从哲学观点说，这种思想就是认为宇宙间万物根本都是行为和动作,动是根本,而静是表现。[①]

有了这些预备知识,再来集中考察我们最关注的梵语中的词根 as,其单数第三人称 asti 就是希腊语中的 εστι(esti),也是拉丁语的 est,俄语的 jest',英语的 is 或德语的 ist。

在《波你尼经》的《界读》中列举了全部的"界"即梵语词根及其意义。这些词根分为 10 组,各以排在第一名的词根为这一组的名称。如第一组的第一个词根是 bhu(存在),这一组就是 bhu 群。这一群又分为许多小组,包括词根 1000 个以上,是最大的一群。它们照一种方式变化。另九组是 ad(食)群,hu(祭)群,等等,是按生活行为来区分的各词根群。

我们看到:梵语语法研究从把一切词语分为 4 类进到只承认名、述两类,再进到明确"名出于动",最后到确立 1943 个动词词根作为建构全部语法体系的基础。因此《波你尼经》对全部词根的分析确实在全部阐述中占有关键地位。它们分为十组,而排在第一、又数量最大的便是以 bhu 为首和命名的这一组,可见 bhu 在全部梵语根词中所处的枢纽意义。而 as,正是一个几乎能够与之并列的根词,其地位和语义也就不难考订了。

金先生指出梵语中常用来表示存在本身的词根,除了 as 和 bhu 外还有 vid(见)、vrt(转)、stha(立)、vas(住)这几个(那些表示出生、死亡、行动等尚非指存在本身的词还不算),共有 6 个。前 2 个是基本的,后 4 个各有本义,但都可用以表示存在本身。这些词在日常使用时似乎没有多少区别,但在哲学用法中,各词却依其本义而有不同的含义。

---

① 　金克木:《梵佛探》,河北教育出版社 1996 年版,第 30—31 页。

第三节　bhu 和 as 在语义上既同一又对立的关系

下面我们来看看金先生依据《波你尼经》对这"两个最通用而又几乎一样的 as 和 bhu"的根词的说明：

> 《波你尼经》的《根读》中注 bhu 是 sattayam（存在，出于词根 as），注 as 是 bhuvi（存在，出于词根 bhu）。两者互注，似乎没有什么分别。经文的二章四节五十二句说：aster bhuh（as 在过去时和将来时等形式中改用 bhu）。过去时虽有出于 as 的 asa（过去、完成）和 asit（过去、未完成），但常用出于 bhu 的 babhuva。过去和将来的合成形式则仍可用 as 作为成分。由此可见，表示有时间性的存在主要用 bhu，而表示不含时间变化限制的存在则用 as。
>
> 概括说，这两个词根的含义的主要区别是：
>
> as 指单纯的、抽象意义的存在，或静的、绝对的存在。
>
> bhu 指变动的、具体意义的存在，或动的、相对意义的存在。

在实际应用中，可互换的情况很多，区别不突出。但在互换就会改变意义的地方，就可看出有上述分别。比如，asyahkim abhavat？ 她遭逢了什么事？ 直译：她的什么事发生了？ 这里的 bhu 能换成 as。

最明显的例子是佛教的"缘生"公式：asmin sati, idam bhavati. 这个公式的意思是：有了这个，就出现了那个。说的是前因和后果的关系。前半句中的存在用从 as 来的 sati（分词依格），指单纯的存在，不算其过程，只作为已具备的条件；而后半句中的存在用从 bhu 来的 bhavati（现在时），指变动的存在，发生，出现，形成。前一存在单指其有，后一存在指其从无到有。前一意义的语法形式只能用 as，而后一意义的语法形式可用两根，但这里的意义只能用 bhu。因此金先生认为汉译"此有故彼有"①,"依此有,彼有"②和"有是事故是事有"③ 都未能译出其动词的区别。但唐代波［罗］颇蜜多罗（明友）所译《般若灯论》引这个公式时,改译为"此有,彼法起",用"有"、"起"两个动词,就显出不同了。④ 这种译法更能表示原义。

汉译《中论》中还有一个明显经过推敲的例子。作者龙树要论证永恒不变的"我"（肉体的及精神的个体灵魂）不存在,便问:"我"在过去存在吗?"我"在未来存在吗? 即现在的我是否存在于过去和将来,因此动词当然要用"出现"即 bhu,以表示是指在不同时空中的出现,而不是指无时空限制的绝对的存在。在梵文本中他用的都是从 bhu 变来的 abhum（不定过去时）和 bhaviysami（未来时）。金先生引录了梵文原文和两种汉译文（后秦鸠摩罗什、唐波［罗］颇蜜多罗）相对照,说明汉译何以把这里的"存在"译成"作"、"起"比较清楚。因为佛教要破"我",否定有一个永恒存在的自体（灵魂）。按照佛教理论,要说有个"我"在过去和未来存在,或说它不存在,都会自相矛盾;因为存在总是变动不居的,只能是"出现"、"作"、"起";但又不是"造作"出来的,"无因"而生的,所以只能是"缘生"。在这些经文中,唯有说到"无我"时用了从 as 来的 nastyatma 这是断言其不存在,故不用 bhu。

---

① 敦煌本《佛说大乘稻杆经》。
② 玄奘译:《阿毗达摩俱舍论》卷九。
③ 鸠摩罗什译《中论》中的相关引文。
④ 鸠摩罗什译《中论》,第97—98页。

第四节　作为印度哲学和佛教宇宙观关键术语的 sattva 和 bhava

再看颇为接近 òv 和 being 的出于 as 再加后缀 –tva[1] 的 sattva,同出于 bhu 的 bhava。二者在指生物、存在物时似乎相同,但含义却有区别。

《波你尼经》1.4.57用 sattva 兼指生物和无生物即一般存在物。

出于 as 的 sat 是"有",又是"真",又是"善"。存在首先是真实,所以 satya（再从 sat 变来的）指"真理"。在哲学和一般著作中经常出现的"sad–asat",就指有无、真假、善恶、是非这些对立统一方面,也就是印度人所谓的宇宙根本。

作为哲学用语的 sattva,在数论派哲学中用来指"三德"之一,即真实存在、光明、欢喜；在佛教术语中音译"萨埵"意译"有情",即芸芸众生,弥勒在《辩中边论》中有一句用它专指存在而不是存在物,是为了强调这个存在的确实性。这些用法和含义虽有差别,却都是从对存在的分析认识而来。

在最古的经典《梨俱吠陀》的一首诗的开头写道：nasad asin no sad asit tadanim（那时既没有"有",又没有"无",这里的"无"原词是"非有"）。从这接下去是一连串的 asit（as 的过去时）,但到最后两颂提到世界出现时,两次都用了 a–babhuva（a+bhu 的过去时）,应译作"出现"、"发生"。这清楚表明这位问宇宙起源的哲学诗人使用 as 和 bhu 的用意是不一样的。

吠檀多唯心哲学体系的两个口号,om tat sat（"唵彼真","那个真实存在的"）和 sac cid ananda（"真、心、喜",用以标明绝对精

---

[1]　表示性质的抽象,如英文的 ness。

神存在的性质），用的都是从 as 来的 sat 一词，不能用从 bhu 来的
bhava。因为 bhava 所表示存在、存在物、生物在时空之内，而 sattva
可有超越时空的抽象含义。前者有不变的绝对性，后者含义是有变
化的过程。一指无限，不计始终；一指有限，有始有终。

bhu 作为名词是大地和世界。bhuta 也是存在物，是"出现过
的"。它所构成的 mahabhuta 就是汉译为"四大"的"大"，即地、水、
火、风四种元素。这些物质元素是可变的、可分析的、可集合的，所
以只是 bhuta。

正因为 sattva 和 bhava 都出自表示"存在"的不同词根 as，
bhu，而一静一动，一成事物一显变化，所以《尼录多》会直接用它
们的分别来定义名词和述词（动词）：

sattvapradhanani namani〔以存在（sattva）为主体的是名词〕。

bhavapradhanam akhyatam〔以存在（bhava）为主体的是述词〕。

这些都证实：这两个词根既有原初的同一性，因为它们最初
是互注的，并且在许多情况下可以互换使用；同时又有鲜明的对
立性，因为它们正好分别表达了存在含义的两个最重要的侧面。当
需要表达单纯的和抽象意义的存在，或静的绝对的存在时就必须
用 as 和 sattva，而在需要表达变动的、具体意义的存在，或动的相对
意义的存在时就必须用 bhu 和 bhava。

金先生总结说，以上极简略的描述可以显示古印度哲学中一
个很大的争论是与"常"和"无常"，或绝对相对，静与动有关联的。
所以在语言中便有区别为 as 和 bhu 两个词根的两种"有"，二者
同中有异。在欧洲语中如英语的 being 和 becoming，德语中的 sein
和 werden，与之类似，但也不像梵语中自然配对，通用而又有区别。

第五节　梵语词 as 和 bhu 语义的同一
和差异给我们的重要参考意义

　　我非常赞赏上述金先生的精要论述,并且认为应当补充指出,在古希腊语尤其是在其哲学语言中,εστι（es= 梵语的 as）和 φυω（=bhu）之间那种既同一（可以互注、互换、互补）又有分别（静与动、绝对和相对、确定性和不确定性等对立）的含义特征不仅同样突出,而且比梵语有更重大的发展。两者的比较对我们思考当前的问题有重大的参照意义。

　　希腊哲学也是从研究宇宙万事万物的存在或实在开始的。最初这"存在"主要是用 φυσις 来表示的,这个词的动词就是 φυω,亦即梵语中的 bhu,即我们后来理解和翻译为"自然"的这个词（在汉语可以是名词,也可作动词、形容词）。早期希腊的"自然哲学",Physics,其哲学上的根本特征,正在于关注的是自然万物连带着它的本原的不确定性（如米利都派的阿那克西曼德提出的"无规定者"）,在于强调自然及其本原永恒流变和对立统一法则（赫拉克利特）。后来巴门尼德对此不满意,认为总在变动的东西没有确定性,人便无法抓住事物的真相,也无法论证认识的真理性；因此他改弦易辙,开始用 εστι 这个同样表示"存在"的词语取代了 φυσις,以便显示出真实存在的确定性,认为不断流变的"自然"本原不合适作哲学的基础,唯有用 εστι 和 ὸν 表示"存在"才合适,我们的认识才能绝对可靠可信。从此希腊哲学就在这一强烈对比之下走上了形成 ontology 之路,这种情况在巴门尼德和柏拉图（尤其是早期柏拉图）哲学中表现得真是再清楚也不过了。因此亚里士多德才能进一步总结概括出"第一哲学是研究 ὸν 之为 ὸν 的学问"的结论。

　　Kahn 指出,希腊语从荷马时期就广泛运用了以 εστι 作陈述句中的系词的用法。这种情况无疑给希腊哲学能够从自然学的(physics)形态转向存在论(ontology)的形态提供了语言条件。但我们也可以反过来看这个问题,即,使 εστι 作为系词的语言学功能变成一整套逻辑理性的哲学思维方式的决定性力量,却并非此系词功能本身,而主要是希腊人的哲学科学活动,是从他们探求世界万事万物真相的努力中锻炼出来。因为要把捉事物的真相,首先需要把对象确定,把它视为稳定的而非总在流变的东西,否则它就会像是天上的飞鸟抓不住了。于是对象即存在的确定性就被高度突出了:"它就是如此,不能不是如此的一个东西。"而在思维和语言上,就必须采用判断命题的句型,用句中主体的"是"行为(是认、肯定、规定、确定)来表明。正是这种哲学实践和认识的发展,造成了希腊哲学从自然哲学到第一哲学的转变,也使希腊语言中根词 es 的系词用法在哲学中获得了空前的认识论意义,并使其作为存在动词的表静含义获得了空前的发展,成为表示本体的关键词。这些就不是梵语和古印度哲学和宗教学说中的用法所能够完全涵盖的了。

　　顺带说,从梵语的语法和用法看,显然无论 as 和 bhu 的根本语义都是"有 — 存在"。按照梵语语法,bhu 才是更根本的动词词根,但是它并没有成为"是"系词,而和汉语中的准系词"为"字,或希腊语中的 γιγνομαι,英语中的 become 相当。可见 as 能兼有陈述句和判断句中的系词"是"的作用,显然同它所表达的存在有静态、抽象、确定的含义是有关系的。因为只有对于这样的对象,认识才能开始建立具有确定性的思维逻辑。

　　但是如果说到底,真实的存在和人的相关知识,难道真的可以脱离流变和对立统一的自然来谈论和研究吗？ 不！所谓静和动、相对和绝对、确定性和不确定性、具体和抽象、现象和本质，在真实存在中总是既有分别又是不能分离的。即使被人视为最有确定性的东西，当我们再追究时就会发现它还是有着不确定性。而在一切被认作不能确定的东西里，也仍然总会有某种可信的东西和确定性。所以这两种意义上的"有"和"存在"，归根到底又还是要统一的。Es 和 bhu，是一而二、二而一的一对孪生兄弟。这样来解读希腊哲学的核心范畴，对于说明和认识它的全部过程史将会有重大帮助。

第四章　汉语相关词知识和中译问题

　　以上关于印欧语动词 to be 的有关知识和研讨的介绍,为我们探讨哲学的核心范畴 ὄν 和 ontology 的希腊原来含义作了些语义上的预备。但是要恰当地实现汉语的翻译和思考,我们还需要对相关的汉语词做研讨。如第二节中所介绍分析的那样,现在我们中国学者所面对的困难主要是:对于西文 to be 本来兼有的存在动词和系动词的双重含义,汉语中是否可能找出相应的语词来做恰当的表达? 我们已经指出吴寿彭先生尝试的意义,它至少说明有此可能,开始突破了那些认为决不可能的框架。因此我们还要从汉语言文字学方面做些探究,看看能否寻求到恰当的对应汉字词,并且对其适应程度也作些实事求是的考量。

第一节　汉语“是”字的古今含义和研究方法

　　说到如何用中文翻译西方的 to be 和 being 的问题,我们需要汉语专家的帮助。可是对于这个主要是哲学界的问题,现在他们还没有多大关心参与,而我国做西方哲学的也还很少钻研自家的语言文字学,因此还不能产生类似于西方学者如 Kahn 那样的成果。

不过王力等先生关于汉语系词和"是"字有过一些专门的研讨①，亦属难得，可作为我们研究的参照。

王力强调在先秦古汉语中"是"字只有两个含义和用法：一是用作指示代词，和"此"、"斯"通用，而与"彼"相对，如《论语》没有"此"字，凡该用"此"字的地方都用"斯"和"是"替代。这是最广泛的一种用法。另一个用法为"是非"之"是"，这是当形容词和名词来用的。因此他得出结论说：汉语词"是"字原来不是动词，更非系动词。据王力和后学的考证，"是"字用作系词大约起于汉代。如在王充《论衡》中已经可以找到确切的证据。

据王力说，闻一多先生认为先秦"是"字虽分为两种含义，但可认为"彼是"的"是"与"是非"的"是"来源相同。"非"、"彼"双声，可以相通。因此可认为"是"即"此"，"非"即"彼"。不过王力对此并不赞同，他说："我仍旧认为这两种意义在先秦已经是分道扬镳，各不相涉的了。"②

就事论事说，闻的意见说理似不充分。不过他至少是认为此"是"字原来的两个含义应当彼此有关，而王却没有理会这层意思，也没做这类探究，就断然判定"是彼之是"和"是非之是"这两个含义"各不相涉"。在接着谈到汉代以后"是"又成了系词的变化时，他也不认为这新用法同原来两个含义有关，而是突出这三个含义还是"各不相涉"。我感到他的这些说法，虽然从分清几种字

---

① 主要根据有：王力先生的《中国文法中的系词同源辞典》中关于"是"字的材料，《文言语法鸟瞰》中的（一）句子成分，《中国现代语法》的第三章十七节系词、十八节否定作用；吕叔湘著《中国文法要略》第五章有关判断句的部分；以及1985年出版的《汉语大字典》中的"是"字条目。

② 王力：《中国文法中的系词》，《王力文集》第十六卷，山东教育出版社1984年版，第383页。

义及其词性方面来说不错,仍然是值得商榷的。因为无论如何这三种基础性的字义的承载者总是同一个"是"字,要说它们彼此毫无关联,总是不大合理的。

这里有一个考察语词的基本方法问题。各种语言,凡重要一点的词几乎都有多义,这事实是研究语言的人必须承认的。像 to be 和汉字"是"这样的字词更加是这样。问题是一个词的几个不同含义之间有没有关系,或有怎样的关系。中外古今的语文学家都知道,凡重要的和基础的字词一般都会在实际运用中衍生出众多含义。《汉书·艺文志》说:"古者八岁入小学,故周官保氏掌养国子,教之六书,谓象形、象事、象意、象声、转注、假借、造字之本也。"许慎沿用了班固的说法(名称稍有不同)加以申说,已成传统。这些造字的方法说明了汉字的衍生是有章法可循的。当然由于汉字的词义和用法经历了长期复杂的演变,字形从大篆变成小篆再变隶书楷书,笔画有许多讹变和简化,后人要想弄明白每个字的由来变迁常常是很不容易的。就像许慎这么伟大的汉字学家,他的《说文解字》里也有不少字是讲错了的。因此需要艰苦复杂的考证,这种被称作"小学"的学问是中国学问家的传统基本功。这恰好表明:虽然弄清楚一个字词的诸种不同含义之间的联系有时候很不容易,但原则上总该肯定这是可能的。因为这样想才是合乎规律的。因此过分强调同一字词的几个基础性的语义在原则上"各不相涉",并不妥当,会堵塞我们的探求之路。

由于一个字词的几个含义里总会有一个是作为起点的含义,所以我们应该承认和肯定:汉字"是"同印欧语的 to be 一样,都必须会有一个作为起点的基本含义,在它和由此衍生出来的多义之间,在这些多重含义的相互之间,会有意义的联系。这些联系总起来说便会形成一个关于"是"或 to be 的语义系统,好像一个家

族那样。我们应当致力于找出这种意义系统。首先应分别地研究
希、中各自所用的 to be 和"是"的语义系统；然后加以比较，对
双方的同异之处心中有数；最后才能找出较为恰当的翻译方式，
其中包括必要的限定。这样做了，就有可能为解答翻译的难题带来
光明。

　　许慎《说文解字》中指出："是，直也。从日正。"段注："以
日为正则是，从日、正，会意。天下之物莫正于日也。"对于这个重
要解说，王力仅以这"未必是最早的意义，金文里的'是'字也不
像从'正'"①这样一句话，就让它靠边站了。②

　　查对金文，虽然在有的器物如毛公鼎上所铸"是"字其象形
可释为从矢从靶（即认为"日"不是太阳而是个射箭的靶子的象形。
参见《金文大字典》戴家祥说）。不过其他金文的象形，和多数金
文研究者的看法，仍持《说文》的解说（见《甲骨金文字典》和《简
明金文辞典》）。而更重要的是，无论认作"从日、正"还是认"射
箭中鹄"为其本义，在认定"是"的初义为"正"③这一点上并无二致。

　　这个"正"的基本含义，正是"是"字具有它的其他的几个
含义的基础。这一点并不难于认出：因为作指示代词的"是"="此"
或"这一个"，指言说者心中"正"对着的那个对象，而不是"另
一个"非正对着的对象"彼"；而作为形容词与"非"相对的"是"，
也是指"正是如此"而与"弄错了"相对着；而作为系词的"是"，

---

①　王力：《中国文法中的系词》，《王力文集》第十六卷，山东教育出版社1984年版，
　　第382页。

②　当然，即使权威如许慎的《说文》，人仍可质疑，但总该有像样的理由，可是王力并
　　没有指出来。另外，他在扔开许慎的解说后，也未能寻求出其他更好的说法，因此实
　　际上他等于否定了汉字"是"有一个原初的意义。

③　《金文大字典》，学林出版社1995年版。

更是指判断句中的主词（表示主体）和谓词（表示关于主体的陈述）之间有着"正相符合"的关系和联结。此外，"是"字还通于"寔"（即"实"）①，也是指"事情正是如此"之义。

其实王力在他精心编纂的《同源字典》里，已经提供了这样的可靠资料。其中列出了"是"字具有三个方面的（由音韵通转）与其他字词同义的情形：（1）与"此"、"斯"、"兹"同；（2）与"諟"同；（3）与"寔"、"實"同。②这就涉及古汉语"是"字的三种含义。其中第（2）方面所突出的，正是王力所不以为然的（《说文》中所说的）"是"的原初含义："正"。这里列出了不少古典文献材料，如：

《易·未济卦》："有孚失是。"虞注："是，正也。"

《礼记·乐记》："而凝是精麤之体。"疏："是，谓正也。"

《广雅·释言》："諟，是也。"《广韵》："諟，正也。"

《书·太甲》："顾諟天之明命。"传："諟，是也。"《礼记·大学》引《书》："顾諟天之明命。"注："諟，正也。"

查对经文，可以见到其中《书·太甲》所说"伊尹作书曰，先王顾諟天之明命，以承上下神祇"之语，有很强的宗教与哲学的意义。疏："顾，谓常目在之；諟，是也；言敬奉天命，以承顺天地。"用现代汉语说，即为"先王观察各种事物，以肯定、确认天的明命，用以顺应天地的法则。"这里"是"字之为"正"的含义和使用，具有"肯定"、"确认"、"与之一致"等义，并且也有动词的功用。它证明："是（諟）"本来确有表示"正"的原初语义，并且早已

---

① 《甲骨金文字典》卷二，巴蜀书社1993年版，第一〇九页；《简明金文词典》，上海辞书出版社1998年版，第235页。

② 王力：《同源字典》，《王力文集》第八卷，山东教育出版社1984年版，第143—145页。

用来表达宗教和哲学的思想，是极可注意的。

　　至于（3），则表明"是"字早有"实"即表"实在"和"真实"的用法和含义。这是和希腊及西方语言的 to be 一致的。

　　这三种含义里，唯有（1），即作指示代词的用法，是王力在《中国语法中的系词》一书中讲到"是"字在古汉语中的含义时所强调的，这种说法实在同他在《同源字典》里收集的资料不能符合。在《中国语法中的系词》里他强调"是"字这三种含义"各不相涉"，而在其《同源字典》里虽然未论及"是"字诸种含义是否有关，但由于同时列举了三义，实际上还是提示了其中确有联系。

　　另外，王力和吕叔湘都讲"是"字有许多活用。如王力列举出一大串活用，如：1. 在先秦早就活用为动词：如《庄子·齐物论》："欲是其所非，而非其所是"，《韩非子·显学》篇："是墨子之俭，将非孔子之侈"等例，说明可以把作形容词和名词用的"是"活用为动词。2. 成为系词之后，有"是认或否认"、"追究原因"、"判断事情做得对不对、好不好"等含义的活用。①。3. 他还认为现代汉语中"是"字从系词用法中伸出了许多非系词的用途和含义，如"是认或否认某一事实"，"解释原因"，"略等于'有道理'"，"恭敬的答应语"，以及表示"实"的意思，等等。② 可见他还是承认"是"字诸种不同含义之间是有联系的。不过他的主张似乎仅限于如下框架内：1. 应把先秦作为指示代词的"是"当作起点；2. 演变为系词的"是"（东汉之后）；3. 再从其系词的运用中产生出其他含义。这个解释框架的缺点是：1. 过窄，首先就没有也不能

---

① 王力：《中国文化中的系词》，《王力文集》第十六卷，山东教育出版社1984年版，第400—403页。

② 王力：《中国现代语法》，《王力文集》第二卷，山东教育出版社1984年版，第173页以下。

解释先秦时两种含义的联系；2.只说了现象没有说出原因。为什么"是"作为指示代词就能"很自然地"变成系动词？自然不自然正在于意义，可是王力没能说明其"很自然"的理由究竟何在。他看不见作为指示代词"是"（＝此、斯）和语句中在主语和谓语之间起系缚作用的系词"是"有着内在联结。我认为这些盲点，首先在于他否认了"是"字有一个原初的词义。

总之，王力对"是"字的解释还不能给出一个有根据和有说服力的词义解释系统。但问题恰恰在于如何找出对这一系统的说明。

第二节 汉字"是"的意义系统的词源研究

要找出汉字"是"的意义系统，关键和入手处还是要找到它的原初含义。中西都重视词源或词根的研究是有道理的，因为从这里才会在运用中生发出该词的其他语义和用法。

Kahn 对古希腊语 εστι 的研究告诉我们，从其词根 es 和 bhu 的对比中显示出来的一表静、一表动的原初含义，对于我们了解该词由一系列变形所产生的词语形式的各种含义是何等重要。而金克木对古梵语根词 as 的说明则更进一步：通过指明梵语以动词为根词，指明 bhu 在全部 10 类根词中处于第一类第一名的核心地位，指明 as 是唯一能够在地位上与之并列的词，在语义上一方面能与之互释和（在许多场合）互换，一方面又与之正好形成表静与表动的鲜明对照。这种研究和说明，为我们理解印欧语这个关键词及其衍生而来的一系列词语，理解在印度哲学和佛教中和在希腊哲学中这个核心术语的种种含义，提供了钥匙。因为许多难题的谜底就在这个原初词义里。

　　例如 to be 为何能把主语和表语紧紧地确定地"系缚"在一起,充当陈述句判断句中起关键作用的系词? 岂不是因为它(来自词根 es)本来具有静态的意义或确定的性质,适于表示事物和事物之间、事物和属性之间的稳定持续的关联? 再说它能表示"存在"、"有"和"活着"的动词和名词含义,岂不也是因为它原来与根词 bhu(φυ-)同样都是最根本的"存在动词",表示自然和生命的活动与持存的含义? 因而将它名词化的 ὸν(being)也就可以标志"存在(者)",而 being as being(ὸν 本身)也就适于表示"本体"(根本性的存在),实即自然本身和生命本身。 还有,何以它又能表示"实在"或"真实",岂不是因为对于人的认识来说,只有稳定持续的东西我们才能抓得住,才能确认,而变动之物则总是意味着是抓不住的或虚幻不实的? 所以,判断句必须用 to be 而不会用 become 作系词,而 to be 系词本身就具有判断真假的作用。它的分词形式 being 除了表示持存者的含义,也同时表示了此一持存者的实在或真实。

　　当然,同一个根词在梵语和古印度经典中的含义,同它在古希腊语和希腊哲学中的含义,既很相似又有明显的差别。前者主要意思是"有 — 存在",因此汉译佛经一般都译作"有"。而在希腊则早已大量用作系词"是",哲学中则主要表示"真"。此种差异是可理解的,因为尽管印度和希腊在语言上同源,后来的文化和精神发展却有很大差别。因此梵语词的语义和印度哲学及佛教术语含义,对于考察希腊哲学范畴虽有重要参照意义,却不可照搬。这并不影响我们的词源考察,而是要求考察应落实到具体语境和文化情境。

　　这个方法,我认为在汉语中也是适用和有效的。只是汉语词的源起和形成方式和印欧语的非常不同,不可照搬。印欧语言讲究词类和词形的区别和变化,而汉字是用象形、指事、会意、形声的方法造成,套路很不一样。说到这里,其实我们应当看到我们的幸运,因为中国很早就非常重视对字词源流的研究,留下了丰富的研究成果。其中《说文解字》至今依然保持着首要的地位,后来金文的考释,特别是当代大量甲骨文和简策材料的出土和考释,起到了非常重要的证实、补充和修正的作用,使汉字研究提高到了一个新的阶段。遗憾的是王力先生由于认定古今"是"字的几种用法和含义"各不相涉",就把诸如《说文》等重要的解说资源丢弃不用,否则他的研究本来是可以做得更好的。

现在我们就来考察汉字"是"的词源解释。

按《说文》:"是,直也。从日、正。……(昰)籀文是从古文正。""是"是一个会意字,从日、正而得到"直"的含义。所以它的原初字义是"正"和"直"。段注说天下之物莫正于日,故以日为正便表示了天下之至正,而这个"正"也就是"直"。显然这里"直"和"正"的含义一致,都是"是"的原初义。

那么"直"和"正"的原义是什么? 先说"直"字《说文》诠释说:

> 直,正见也。从ㄥ,从十,从目。

再看进一步的解释:

> ㄥ,匿也,读如隐。
> 十,数之具也。一为东西,丨为南北,则四方中央备矣。

这就是说,ㄥ的象形是一段弯曲的墙垣,以示隐匿;十表示完备(如十分、十全十美);而"目"是眼睛。由此三者组合的"直"

便会意为（人的）目力越出隐匿而达到了完善。这意思同海德格尔常常喜欢用来讲希腊词 ἀλήθειᾱ（真理）的说法很相像，这个由 ἀ 和 λήθεια 组合的词，意思就是去掉遮蔽。《说文》认为这样得到的认识便是"正见"，正确的认识，同我们现在用的"真理"类似。

再说"正"，《说文》：

　　　正，是也。从止，一以止。古文正，从二；二，古上字。古文正，从一、足，足者，亦止也[①]。

古字"正"有三种写法，即三种相近的象形和会意。在这三种表示方法中，"一"和"止"都有很深的含义。大家知道，"一"在中外古今都不仅作数词，更表示着"全"和"完满"。进而，都用它表示了根本的宇宙观或哲学概念，如"太一"、"大全"，等等。在这里我们可以先朴素地把它理解为一个标准。而"止"，在甲骨文中原像人的脚趾，又可作足讲，表示步伐止于何处，以及到达、停留、静止、禁止等含义。《说文》说"是"的词义就是"正"，现在又说"正"的词义就是"是"，可见两者是互释的关系。这是不错的：因为"是"字原来画作"昰"正对着太阳，还不是正吗？而"正"字画出了人用脚站定在一条标准线的位置上，对着这个标准，或对着上天（即从二的写法，古"上"字写成下边一横弯的"二"），那还不"正"吗？而这也就是"是"的本义了。

由此可见，汉语"是"字的原始含义"直"和"正"及其相关诠释，本来就蕴含着一大群能在各种情形下运用的丰富而深刻的含义。从这里来开始我们的研讨，阐释就能做到比较有根据和有贯通能力。

---

① 　照《汉语大字典》本。

例如,从这里开始就能比较容易说明先秦"是"字的两种含义,作为与"此"、"兹"、"斯"同义而与"彼"相对的"是"(指示代词),同与"非"相对的"是"(形容词、名词),其实是相通的。何以相通?因为它们都在"正"和"直"(眼睛见到了正)上相通了。因为同远处事物"彼"的模糊性相比,近处事物总是我们直接指着的、知道得更为确切的东西,当下的"这一个",我要说的"就是它"、"正是它"。而"是非"之"是"指我们认作最"正"即正确、真实的性质或事情。

还有,由此我们也能确切地解释何以"是"字后来很容易地就形成了系动词的普遍用法。喜爱简练经济原是汉语表达的优点。在一般陈述句中,我们至今也很少用"是"系词。例如,"马跑"、"花红"已经能表达意思的句子,就没有必要说成"马是在跑着(的)"和"花儿是红的"。那叫啰唆。因此在先秦当人们用指示代词的"是"和是非的"是"已经能够表达"正"、"直(=真)"的意思时,不用"是"做系词是可理解的,并不妨碍思想家和实践家说出他们的判断。而随着中国人思想语言的发展,系词"是"也就逐渐用起来了,这并不难,因为"是"的原义和先前用法里就表示了"正对着"、"就是这样"等含义。如《论语·里仁》:"富与贵,是人之所欲也"这句话中的"是"确实不是系词而是指示代词,所以这句话也不是很严格意义上的逻辑判断句。但这个当"此"讲的指示代词"是",却因一方面指代了所指的"富与贵",一方面又表示出说话者把它同"人之所欲"确定地"正对起来"的意思,也就已经起到了把二者系缚在一起的作用了。所以我认为这句话至少也可以称得上是一个"准判断"。所以把这句话变成后来的判断句,把其中的指示代词变成后来的系词用法,确实"十分自然"①。

可见从《说文》所阐明的原始含义出发,我们确实可以把汉字"是"当作一个意义系统。并且按照即使王力先生也同意的见解,汉字原来在词法上的分别（属于名词、形容词或动词、副词,等等）并不严格,可以在活用中变化,比印欧语更灵活。那么,特别强调汉字"是"原来只是代词而不是系动词,便意义不大了。

这还给人一个启发。所谓"系词"本身表示了一个什么意思?许多人说那是个"空",不过是把句子的主语和表语联系起来罢了,它本身没有什么意思。但是这样想的人忽视了：这个"系"或"系缚"本身的含义或功能是可以小看的吗? 不!以后我们会讨论到巴门尼德对这个"是"的"系缚"作用的高度强调。事实上,一切科学和哲学所讲的"必然性",严密的命题和推理,无不与"系缚"所形成的确定性相关。而"是"作为系词的"系缚"作用绝非凭空而来的,在印欧语系,它是由其表示稳定、持续、静态等语源含义来的,并同表示"事情正是如此"之类的表示"实在"、"真实"的含义相关。由此可见,系词的意思并不"空"。

汉语系词"是"和印欧语系词 to be 的系缚作用相同,只是来源有些差异。To be 的系词作用源于它作为存在根词原初所具有的偏重于静态和确定的含义,而汉字"是"乃源于其原初表示"正"或"直"的含义。中国人认为,对于任何事物,当我们看到、抓住、肯定它的"正（是什么）"时,就能下"它是什么"的判断了。换言之,如果某个事物同另一东西有正对着、正相当、正相符的关系,我们就应当在语言表述上把二者系缚在一起。

在陈述句中,系词"是"已经表示了主谓词之间有肯定的关

---

① 王力说这种转变"十分自然",一点不错。只是他讲这话只是凭感觉,没说出缘由。

系（其反面"不是"则表示了否定的关系）。如"苏格拉底是雅典人"这个陈述句，用西语的说法，系词"是"就表示了苏格拉底同雅典人身份之间有确定的存在关系；而用汉语的意思来说，就是讲二者有"正相对应"的关系。两种讲法虽有差别意思完全相同，后者对我们中国人更好理解。我们认为判断句的作用和意义，只不过是把陈述语句中已有的"正对"的关系更加正规地突出地指明和强调出来，从而使陈述句中已经包含的肯定更加确立，表示言者心中认定这个陈述为"真"。简言之，汉语句中系词"是"的陈述和判断功能，都源于此字有"正"的本义（包括"正对"、"正当"、"真实"、"确指"等）。而其他用法，如作指示代词的"这一个"（与彼相对的是 = 此、兹、斯 = 正是它），作形容词（与非相对的是 = 正确）的含义，我们也能相当清楚地认出它们源于原初意义"正"。

第三节　汉字"是"与希腊及印欧语 es 的相似和差别

从以上所说，可以说明汉字"是"在某些关键之点上能够同 to be 契合。这主要是指：源于"正"和"直"的本义的"是"字在成为系词后，能很好地承担起和印欧语系词 be 一样的作用，所造出的陈述句和判断句可以说是等价的，也同样有表真实的功能。从这方面说，陈康、王太庆和汪子嵩先生主张用"是"字翻译希腊哲学的术语 εστι 和 ὸν 是恰当的。与之相关它那由"正"的初义所形成的指示代词用法则表示了与"此、兹、斯"（表示"这一个存在或实在"）相同的意思，所以吴寿彭先生用"实是"来译希腊词 ὸν 可通。

　　但是这只是问题的一方面。从另一方面说，1.希腊语 εστι 和 ὸν 原来还和 bhu 所表示的"生命"、"自然"、"存在"等根本含义相通，这两个根词有着原初的二而一、一而二的根本关联。这层含义是汉字"是"所不具备的。2.另外，当我们用"存在"一词的时候，无论中西都可以指两种含义：一层是只简单地表示有没有某个事物存在；另一层是指"生命"、"自然"这类根本性的"存在"。两者不应混同。汉字"是"在古代作指示代词用时有前一种存在的意思，但没有后一种存在的含义。这层根本性的存在的含义，在汉字中是用"自然"、"生生（不已）"、"太极"、"太一"、"天（天道）"等词语（或用"阴阳"、"有无"等对立统一的词语）来表示的。如果素朴地说，就是个"在"字。因为汉字"在"字从古至今都表示"生存"、"活着"的意思[1]。正如对英文句"I am."我们只能用"我在（＝我活着）"而决不能用"我是"来表示和翻译那样。"在"字在金文中的象形是草木初生的样子，由此而有"初"、"才"、"始"诸义，并可作"存在"讲。[2] 因此那些过于强调"在"字有太具体的指示时空的含义的说法并不是很妥当的，因为那只是"在"字的某一衍生义而并非原初义。如上所说，它表示的不仅是一般的存在，也指根本层次的存在即"生存"。因而，我认为：在翻译 εστι 和 ὸν 时，汉字"在"和"存在"一词也是必需的。因为印欧语词 es 中和 bhu 一致的那个含义，即表示万事万物生存总根源的"自然 — 存在"的含义，单用汉字"是"还是表示不出来。

　　总之，根据以上中西字词意义的分析比较，我认为至少必须并用汉字"是"和"在"（这里主要是指存在的深层含义），才能译

---

① 如《论语》说："父母在，不远游。"现在仍然说：某某人还在，某某人不在了。

② 《简明金文辞典》，上海辞书出版社1998年版，第122页。

出希腊和印欧语中 es 的全部根本含义。由于在希腊语和印欧语中 es 的这两个含义是结合相通的,所以我现在提出的建议是：在翻译这个词的时候,一般地都把这个希腊词译成"在 / 是"或"是 / 在"。这样翻译意思明白,也表达了原义中的兼有之义。

同时我认为还必须指明,"在 / 是"或"是 / 在"的译法也只是最概括的一种。由于在希腊语言和哲学的运用中情景和语境不断有发展变换, εστι 和 ờν 就会出现更多的具体用法和含义。我们在后面正文中涉及这些情况时会再加说明,相信细心的读者能够有贯通的理解。因此在翻译中有时还会选用更贴切的汉字词,不好千篇一律地简单重复"在 — 是"译法。在这点上我的意见似乎同苗力田、赵敦华两教授又接近了。不过我想也须指出,分别情况来译是为了贴切,和上下文一致,但却不应造成误解,好像这些不同的汉语词（都是对 ờν 的翻译）本来没有任何关系；这显然是很成问题的。我们应当努力向读者指明：这些不同的术语其实所译的是同一个希腊语词和哲学概念的几种含义,因此彼此有关,是它的种种运用、发展和显现。

第五章 探讨 ὄν 的哲学原义的方法论问题

上面用许多篇幅讨论了 ὄν 的语义和翻译的问题,已经给我们以许多重要收获。不过对本书主题来说,它还属于外围的准备工作,并未进到研究 ὄν 的哲学含义本身。哲学的概念虽然以日常语言中的语义作出发点,但在哲学用它们探求宇宙人生的究竟的过程中,必定要使这些语词从里到外,从外延的广度到内涵的深度,都发生深刻改变。这些人类智慧的辛勤劳作,经过一代代哲学家的批判性的推陈出新,才凝结成种种哲学思考向之集中的哲学概念。我们在语义方面作了大体澄清之后,更重要的对事情本身的考察就可以着手了。

对 ὄν 和 ontology 的哲学含义的真实探讨,一定要涉及希腊哲学的全部发展。因为离开希腊哲学的全部思想及其内容与形式的演变发展过程,不进入事情的实际和实质,孤立地抓一个概念,尤其是一个中心概念,就希望能真正理解,那如何可能? 在我看来,如果我们想对 ὄν 和 ontology 的哲学真意有所领会,得到较为确切的解说,就必须在展开地阐述全部希腊哲学发展史中才能寻求到。这是本书正文应当努力的工作。

但是在绪论里,我想还是有两件事情需要先来谈谈的。其一是关于方法论的：对于一个像 òv 这样具有如此轴心意义的哲学范畴，采用怎样的方法来研究才是恰当和正确的？另一则是我对希腊哲学发展的一个轮廓解说。前者是特别重要的。而后者只是为了帮助读者容易把握本书的内容阐述，就像出门的人带张地图比较方便那样。地图虽有些用，当我们真的理解了事情本身之后，就不必再需要它了。这一章先谈方法问题。

第一节　哲学范畴与科学概念的重大分别

语词含义在不同的运用中会变化，因此要弄清某个词的确切内涵，总要联系到它所处的语境或上下文，这是大家都知道的。但是人们对于哲学上的范畴，却常常容易忽视它所处的特有的情境、场景和语境。

最常见的一种现象，就是把它等同于科学上的概念，总试图用"种属关系"去考察和定义哲学的概念或范畴。例如，我们在科学上会把猴子放在灵长类下面作为它的一个分支来定义。我们总认为，只要能找出与之相关的"生物 — 动物 — 脊椎动物 — 哺乳动物 — 灵长类 — 猴类"种属关系，就不难把它放到它所应有的位置，规定它的外延和内涵，给它一个准确的定义。这种方法是合乎逻辑的科学方法。因此许多人就指望在考察哲学范畴时也能采用这种方法。但是这样一来，他们的努力就注定是不能成功的了。因为这种方法只适用科学而不能适用于哲学。

这种情况在研究"存在 / 是（òv）"上表现得也相当明显。亚里士多德早已明白指出：

οὐχ οἷόν τε δὲ τῶν ὄντων ἓν εἶναι γένος οὔτε τὸ ἓν οὔτε τὸ ὄν.

（无论"一"或"存在/是"都不可能成为事物的一个"种"）^①

这个提法显然是对柏拉图说法的一个重要修正。^②但是人们常常没有注意到亚里士多德这个提法有着怎样的意义。就是西方哲学家和逻辑学家的绝大多数人在谈到 ὄν 以及其他各个哲学概念时，也仍然沿用着"种属"的说法，用这种思想框架和方法来研究，好像亚里士多德根本没有提醒过他们那样。但海德格尔敏锐觉察到了这一点，他在《存在与时间》开头就指出："存在"虽然是最普遍的概念，但存在的普遍性却不是"种"的普遍性。并且认为亚里士多德凭着这一揭示"把存在问题置于全新的基础之上了……因此人们要是说'存在'是最普遍的概念，那可并不就等于说它是最清楚的概念，再也用不着更进一步的讨论了"^③。海德格尔对 ὄν 的解说并不是我们都能赞同的，但他所强调的这一点实在很重要，因为它提醒我们在观察 ὄν 的问题时必须采用一种全新的思考角度。

种属关系的规定方法有确定性甚至精确性的优点，是科学研究中不可缺的方法。但不能用来规定无限性的事物，因为它只适用于有限事物。哲学研究无限性的对象，不能仅用研究有限性事物所使用的科学的方法，包括科学中广泛运用的种属关系规定方法。确实，像"自然"、"自由"、"存在"、"本原"、"逻各斯"、"太一"，等

① Aristotle, Metaphysics, 998 b 22.
② Plato, Sophist, 254 A-D. 柏拉图在这里提出了他著名的"通种论"，把是—在（ὄν）和动、静、同、异这几个概念作为最高的"种"来研讨。这种研讨其实已经是哲学的辩证推理的研究，但是他把这些哲学的范畴称之为"种"，就仍然有种属的观念和方法的印记。
③ Martin Heidergger, Sein und Zeit, 3-4, Max Niemeyer Verlag Tubingen, 1979.

等,哪一个是能够用"种 + 属差"的方法来定义的呢?

可见"存在(òv)不是种"并非孤立的提法。亚里士多德指出"存在 / 是"和"一"类似,是一个无限性的哲学概念,它的无限性同科学上所说的普遍性也不同,前者充满着辩证性质,后者只是种属关系意义上的规定。因此对哲学对象及其概念的探讨就需要采用与之相适应的方法。这种方法是什么呢? 它可以不讲科学性、逻辑性吗? 不,不能简单化成这种说法。事实上,哲学的概念、范畴是对于科学概念的进一步提升,是进到科学和逻辑的根本或本原。因此这种研究方法虽然同科学的逻辑有别,却是更深层次的思考和更辩证地确切的逻辑方法。

第二节　希腊人关于知识和逻辑的观念　归纳和演绎

为了说明研究希腊哲学范畴所适用的方法和逻辑,我们需要对他们的知识、逻辑、推理中的演绎和归纳作一点扼要的说明。

希腊人说的"知识",是明确地和"意见"相对立的。他们认为"意见"是可对可错、可真可假的言说,只有能揭示真相的言说才配得上"知识"的美名。中希都讲究思想、认识、言说的真实性,但是中国人比较偏重"实",而希腊人却偏重"真"。他们也重视实际经验,但是相比起来更突出的是论证。古代中国、埃及也相当早就发现了直角三角形两直角边平方和等于斜边的平方这种现象,并且会运算。这在我们看来当然是一种重要的数学知识,但是希腊人的看法则大不相同;他们只是在毕达哥拉斯通过推理给予了严密的论证,确立其为"定理"之后,才承认那是"知识"。毕达哥拉斯是第一个作出这个证明的人,因而受到了希腊人的极大尊崇。他们认为没有经过证明的认识还不能算作真正的知识,而"证明"是科学所必须使用的一种逻辑推理,其形式就是三段论。唯有经受住了理性的检验而被证明了的结论才是确实可靠的真知,才能在严格的意义上称作知识。这种知识的概念,用我们中国近现代人的观念来说,其实就是科学知识。科学的逻辑形式是证明推理。

　　用严格的推理来检验和论证一切认识和知识,是希腊人原创的逻辑方法。上面先说了科学的证明即三段论这种演绎的推理形式。但是这并不是推理和逻辑的唯一形式,因为追求真理的希腊人还要追根刨底地追问:那作为证明的三段论式即演绎逻辑的根据,也就是作为科学的原始前提又是从何而来的? 任何一门科学拿来作为根本前提的那些东西,如数学中的数和一以及演算的公理,几何学开端所设定的点、线、面、平行的概念和公理,是这些科学本身不去加以证明,也无力加以证明的东西,这些科学只是把它们视为当然、作为原始的前提,一切证明推理的出发点。换言之,这些知识的前提并不是科学本身或演绎本身所能回答的问题,只能由探求最根本的原因(终极性的元素、原理)的哲学来承担了。这就是对"本原"或"本体"的探讨。这种探讨当然也必须是严格论证性的,因为它比演绎出科学知识所需要的证明更高级、更确实,否则它所确立的原因怎能承担起三段论前提的作用,怎能由此演绎出科学知识? 然而这种寻求和论证显然不是演绎法所能胜任的,而是正好与演绎相反的一种逻辑:因为演绎是从前提推出结论,而现在的任务是要寻求和论证这些作为科学知识的前提,和这些终极性的知识的前提的真实可靠性。

　　演绎的方向是由上而下、由前提到结论,而要寻求和论证演绎的前提的真实可靠的推理在方向上正好相反,就叫作归纳。归纳也有几种,在科学之内,也需要有从经验事实或某些结论寻求它们的原因或前提,那是科学里面所用的归纳法。但是更重要的是为科学寻求其基础及其更新的哲学的归纳①,因为唯有哲学才是寻求最高原理的学问,它的工作主要就是归纳。因为唯有哲学,才把寻求宇宙自然、人生、社会的万事万物的终极本原,作为自己的使命。

可见,演绎三段论推理固然重要,但是它本身或内在地就少不了归纳;并且从根本上必须依赖哲学的归纳,即对最高本原(本体和原理)的寻求和论证。

演绎和归纳的区别和内在关系,说明希腊人的理性或逻辑,根本上是从认定事物必有其因果关系而得来的。正如亚里士多德所说:

> 它(三段论的前提)同结论的关系必须是因和果的关系。②
> 当我们认为我们知道了事实所依据的原因就是该事实的而非别的事实的原因,并且事实不能是别的样子时,我们就认为我们具有了关于某个事物的不受限制的科学知识,且与智者以偶然的方式对它的认知相对立。③
> 当我们知道原因时,我们就认为我们有了科学知识。原因有四种……这四种原因里的每一个都能作为一个证明的中辞。④

演绎证明推理中的"中辞"就是逻辑语言所表示的事实中的"原因",它决定着演绎推理的结果是正确的。反之,"当我们已

---

① 像非欧几何学或爱因斯坦物理学就是从修正欧里得几何学和牛顿物理学的基本前提中开创出来的。
② 亚里士多德:《分析后篇》71b20-22。
③ 亚里士多德:《分析后篇》71b9-22。
④ 亚里士多德:《分析后篇》94a20-23,这里所说的"原因"就是他在其《自然学》和《形而上学》中所说的著名的"四因"。

确认了这联系是事实或这事物的存在,进而探求这联系的理由或这事物的本性时,我们探求的就是它的'中辞'是什么。…… 因为在这里'中辞'正是原因,而原因是我们一切研究所要寻求的东西。"①

一切推论的逻辑过程无非是事物的因果关系在我们思维和语言中的种种表现形式。在科学中,最重要的是从最原始可靠的前提出发,然后推出正确的结论,是为真知。这种真实知识的求得,正如我们在欧几里得《几何原本》中所见到的那样,是希腊科学运用三段论的典型形态。不过即使是这样确实的知识,也还不是最高最确实的知识。因为人们还会追问:几何学等科学的原始前提又是怎样得来呢? 如果说它们是真的,又如何论证?

推理如果是可靠的,就要找出事实或结论的确切原因。希腊哲学家和科学家始终把求知看作是寻求事物的原因的工作。因为只有找出原因,演绎才能有起点,才能够进行,否则根本建立不起来。所以归纳、寻求原因,"是我们(希腊人)一切研究所要寻求的东西。"它同样要求论证,不过不是证明式的论证,而是寻求和对寻求的结果提出理由的归纳论证;它在形式上似乎不如演绎证明准确严密,因为它永远包含着寻求和试探,但是在本质上却又要比证明、演绎更确切,因为它所归纳得来的是原因,而原因当然应比结论更确切。

所以归纳比演绎更困难:1. 它是寻求,当然要比从已有的前提得出结论困难;2. 它寻求的是原因,而对原因的知识显然必须比对结论的知识更精确才行;3. 最后,由于原因还有原因,直至宇宙和万事万物的根本原因,终极原因,一切分门别类的科学所赖以

---

① 　见亚里士多德:《后分析篇》89b23-90b5。

建立的即超科学的原因。因此它只能到哲学研究中去寻求。——说到这里，我们才说到了希腊哲学最本质的所在和它的理性性质，这就是希腊哲学的归纳逻辑方法。希腊哲学一直在寻求的"本原、本体、存在/是（òv)"，其实就是这种终极性的原因。而希腊哲学的归纳逻辑方法正是与之相关的唯一与之配套的方法。

顺带要请读者留意：上述希腊人所讲的"原因"一词的含义，其分量要远重于我们如今习用的意思。亚里士多德在其《自然学》和《形而上学》两部主要哲学著作中把"四因"作为自然整体和万事万物存在动变的本原，即质料、形式、动力和目的四种根本原因。

由于唯有归纳论证才能确立我们所寻求的关于原因的知识为真，所以亚里士多德在《分析前篇》讲过有关科学的证明知识及其演绎三段论的问题之后，就在《分析后篇》转入了对哲学知识及其经归纳来寻求原因的逻辑方法论探讨。

归纳法同样要用三段论，不过和演绎中的运用有所不同。因为演绎是由已知原因推出结果，其形式直接就是三段论式：但归纳却是由果溯因，这种逆推当然无法简单照套三段论。归纳首先当然是要弄清事实本身；接着我们就会按三段论思考，认为这一事实总是有其原因的，或者说它必是某个我们现在还不知道的原因所导致的必然结果，于是我们就尽一切努力来设想这原因是什么，这样我们就提出了假设（其中有生动的猜测和大胆的想象力的参与）；这时对可能原因所提出的假设是否正确当然不能确定，在许多情况下这些假设是错误的或有毛病的，甚至是完全荒谬的，但是我们不能因此就否定假设的必要性，因为对原因和本原的真知唯有从假设的思考活动中才能开始出现。但这也告诉我们：提出假设是归纳的一个逻辑起点，重要的是严格检验这个或这些假设。这个检验的逻辑方法基本上也是三段论：我们把某一假定暂时视为真实可靠的知识,用它作为三段论的前提,看看从它能推出怎样的结果来。如果从它所推论出来的结果与事实和我们已有知识不一致、有矛盾,那就显明了这个假定即设想的原因并不真实或者部分不真,需要抛弃、纠正或修正；而如果一个假定经受住了反复严密的检验,都与事实和已知的知识相一致而无矛盾,我们就可以认为这一假定的原因得到了证明,是一个真实的关于原因的知识。所以在归纳里,我们也用了三段论式,只是和演绎时的运用有重要的分别。归纳是由果寻因,要提出假设,比演绎要更突出思维的创造性作用,也带有较大的不确定性；但是我们能有根据有信心地设想事物必有原因,这种理性的思维方式是同我们信任三段论式的逻辑相关的；而更重要的是：我们检验假设的方法是三段论式。因此我们认为尽管和演绎相比归纳总会带有不完全确定的性质,也是一种严密的非常讲究逻辑的理性思维方式。这种归纳逻辑是古希腊科学知识的灵魂,它同哲学研究更有深刻的关系；因为它正是从那些伟大的希腊哲学家起源的。

　　请看看苏格拉底的方法吧！这是一幅不断同人对话,不断通过提出问题进行探索,对各种说法进行审查检验,使我们对事情的原因的认识越来越深入和上升的生动画面。这也正是希腊人的归纳法本身的创造过程,正如亚里士多德所说的那样："有两样东西完全可以归功于苏格拉底,这就是归纳论证和一般定义。这两样东西都是科学的出发点。"①

　　发源于哲学对本原的探索而逐步形成的希腊的归纳法,是一种生动的创造性的思考和寻求原因的根本思维方法。但是包括像

---

① Aristotle, *Metaphysics*, 1078 b 28-30.

罗素那样的大哲学家和逻辑学家在内,竟然会看不见希腊人建立归纳法的伟大贡献,确实是一件怪事。① 这里我想强调指明:希腊人所说的归纳和理性逻辑思维方式,同西方近现代的归纳法及其关于逻辑的规定,实在有很大分别。以科学性自傲的所谓现代"科学归纳法",指望用无例外的枚举或统计上的概率显示其科学性并建立自身,尽管费了九牛二虎之力,直到如今也没能成功,实在说也注定是不能成功的。这里我们看到了今人智慧未必总是胜过古人的又一例证。我的理由是:无论如何,归纳的目的总是要寻求和澄清事物的原因或原理,因此它不能没有生动的探求:这是一个虽然必须有真凭实据,却又绝对不可缺少大胆的猜想、创造性的想象和勇敢的假定的飞跃的。它当然需要有严格的检验,可再严格的检验也不可能建立绝对真理,哲学上的归纳寻求本原本体的优点,正在于它永远给人类创造性思考保留了一定的自由的空间和余地,使人的思想既要有对真理的足够信任和信心,又不要变得过于机械和僵化。但是所谓"科学的归纳法"却要把这一切生动的寻求都化为死板的数量和统计。靠这种所谓科学性能搞出什么归纳逻辑呢? 我们并不否认"科学归纳法"也有它的某些功用,但也

---

① 罗素说亚里士多德"对演绎法估计过高",虽然"一再承认归纳法的重要性","可是他也和其他的希腊人一样,在他的认识论里给予了演绎法以不适当的重要地位。"(罗素:《西方哲学史》上卷,商务印书馆1982年版,第211页)他认为希腊人特别是亚里士多德只重视演绎法而不重视归纳法,在归纳法上没有什么可称许的贡献,这观点我以为是错误的。他所承认的只是从培根以来的近现代意义上的而且主要只是用于自然科学中的归纳法,那是同古代的归纳法非常不同的。照我看来,希腊哲学所说的归纳法,由苏格拉底、柏拉图和亚里士多德所发现的从事实寻求原因和本质的方法,其实要比西方近现代的归纳法更高明一个层次(尽管近现代的科学归纳法包括完全枚举和统计概率的方法有其重要意义)。关于这个意思我在16年前曾有过比较详细的阐述。参见杨适《哲学的童年》(中国社会科学出版社1986年版)第631页等处。

要大着胆子问一问：如果把它同苏格拉底、柏拉图和亚里士多德的哲学创造力相比，究竟有多大资格傲视古人呢？

对于那些否认希腊归纳逻辑成就的人们，我请他们读一读芝诺对巴门尼德论点作辩护的卓越论证，尤其要请他们读一读柏拉图在《巴门尼德篇》中的那八组推论。那里的归纳论证的周密严整性，至今还没有其他例子能够超过。而他使用三段论推论反复严格检验的对象，正是柏拉图本人所假定的前提：关于"一"和"存在／是"范畴本身的含义。通过这一检验，柏拉图实现了哲学上的伟大自我更新，同时也就成为希腊哲学史上的一个重大转变和跃进。

第三节　希腊哲学寻求本原中所创造的辩证推理归纳方法

现在我们就可以谈到哲学方法的主要特征所在了。

亚里士多德在其《正位篇》（τόπος，英译 *Topics*）中对此有重要阐述。该篇开头就说，"推理是一种论证，它陈述某些事情之后，其他事情就必然地由此发生。"接着他把推理区分为三种类型：1. 证明的推理。它的前提是真实而原初的，或者我们对它们的知识来自原始而真实的前提，所以它的结论是可靠的知识。2. 辩证的推理。它的前提是一个被人普遍接受的意见，特别是哲学家的重要意见。3."好争辩的"推理。其前提是些似是而非的意见，它实际上算不上是推理，不过貌似推理而已。①

在这里给推理下的定义，同他在《分析前篇》给三段论式所

---

① Aristotle, *Topica*, 100 a 25 - 101 a 4.

下的定义完全相同。① 他指出推理有三种类型,就说明三段论决不限于演绎,也可以有另外一些非常不同的应用。其中辩证的推理是特别和哲学的研究相关的。

先说希腊人的"辩证的"（或辩证法）,διαλεκτικὴ（dialectic）。它本来意思很单纯,就是对话的方法或艺术。② 我们知道希腊哲人有一种同其他民族圣贤不大一样的特色,那就是他们的智慧从来都不是用"一个人说了算"的方式,而是在一种自由论辩的进程中表现和形成的。苏格拉底的探求就是这种对话的生动典型,所以它的方法和逻辑也就是"对话法 — 辩证法"。亚里士多德在《正位篇》（Topics）中所说的辩证的推理正是从这种对话方法中脱胎和加工来的。

《正位篇》的主题就是研究"辩证推理"。亚里士多德说,辩证法的推理有三种功用：智力训练；用来考察各种意见；对哲学有用。三者彼此有关,中心还是对哲学研究有用：

> 它对哲学的研究作用,是因为从一个问题的正反两方面提出探求的困难之点的能力,将使我们易于发现这些论点里的真理和错误。
>
> 因为辩证法是一个批判的过程,其中便有探求一切根本原理的途径。③

---

① Aristotle, Prior Analytics, 24b18-20："三段论是论说,在其中某些东西陈述出来后,与之不同的另一个东西就由之必然地得出来。"那先陈述出来的叫前提,那由前提能必然推论出来的叫结论,而从前提到结论之间的必然联结的结构本身就是三段式。

② διαλεκτικὴ 从动词 διαλώγω 变来。其中 λεη(κ)是动词"说"的词根,δια 是相互联结、交通之意。διαλεκτικὴ 作为名词,重在表示对话的方法、艺术、技巧。

③ Aristotle, Topica, 101a34-36；101b3-4.

这种"辩证法"探求方式,从逻辑上说,中心之点是怎样提出一个"论题"或"问题"。因为要讨论的是一些重要的意见及其分歧,如多数人同哲学家之间的分歧,哲学家之间的分歧。讨论首先要把这些分歧的意见集合在一个恰当的"位置"上才能进行和有效。亚里士多德指出,哲学研究首先要考虑的方法,就是要研究和知道安排好一个论题,使分歧的意见能够相遇,形成一个恰当的问题,以便分别真理与错误,有助于探究真理。因此哲学研究首要的方法就是善于提出问题:

　　一个辩证法的问题是这样的一个讨论的主题,它给探讨提供了选择和避开[的机会或条件],或提供真理的知识,还能靠提问题本身或借其他问题的解决来帮助问题的解决。①

善于提出问题的重要性很明白。古今中外大思想家没有不注意提问题的,因为不知道问题所在的人就不可能解决问题。问题提得粗浅笨拙的人也不可能解决好问题。而一个提得恰当和深刻的问题,本身就能为解决这个问题提供钥匙和开辟道路。亚里士多德不仅教人明白这个道理,而且指明辩证法或辩证推理的方法,才是研究如何正确地提出问题和正确地开展讨论的形式和规则;指明这就是哲学探求真理的基本途径和方法。至于智力训练和批判地考察重要分歧意见两项虽然可以有另外的用处,其根本意义也还是为了有利于研究哲学的真理。

为什么他强调的是研究哲学的意义而不是对科学研究的意义呢? 因为各门科学在设定了它们的基本前提之后,就能通过证明而前进,如几何学那样。问题是这些科学借以出发的根本前提如何

---

① Aristotle, *Topica*, 104b4.

得到确证。这件事已经超出了科学本身的研究范围和能力而进入了哲学。因为科学研究的都在有限事物的（形而下的）领域,一旦要再去追问它的根本前提有何根据,就进入了"本原"、"本体"的终极原因的无限东西,进入了形而上学的领域了。但是在哲学研究领域,显然必定会遇到各种被人们普遍接受的意见和哲学家的重要意见,它们是不同的和彼此矛盾冲突的,所以唯有通过对话和辩论,来对这些意见一一地给予考察检验,使其真实或虚假的性质得到显现和澄清,才能分清正确与错误,为寻求和论证什么是真理开辟道路。

第四节　考察 ὄν 的哲学含义的方法从根本上说就是考察它在希腊哲学全部对话中的"位置"和作用

《正位篇》篇名希腊文 τόπος 一词的原义,指的就是一个地方、场所、位置。亚里士多德用的这个词告诉我们,哲学研究的首要方法就是把问题提好,即把各种重要的有分歧的意见安排在一个最适当的地方,以便于人们的注意力和理性能力都能集中于此并正确地进行探求。事实上, ὄν 这个哲学范畴本身正是希腊全部哲学的讨论探求都集中于此的地方,都围绕着它来旋转的焦点,即中心论题。那么,如何探讨它的哲学含义的方法岂不也就明白了吗?

我认为应当得到一条最重要的方法论结论就是：我们不应孤立地考察 ὄν 的含义,也不应把对它的日常语义的考察代替对它的哲学含义和功能的考察,而要把它当作希腊哲学中的一个核心的讨论主题（问题、论题）来考察。说它是个核心论题,是指它在希腊哲学的全部对话或辩证探求进程中占据了中心的"位置"。正如一个圆的圆心不能脱离其圆周，一张网的总纲不能同与之相连的各条线索和众多网点分开那样，ὄν 的哲学意义只有在同希腊哲学的其他各个重要概念（它们就是网上的其他结集点）的联系贯通之中，在希腊哲学全部发展即探索中，才能展示它本身的起源、萌芽、发展及其不断的论证和修正，使我们对它获得真实的认识。这种认识才可能是如实的、丰富的和深入的，而不会仅仅是几点贫乏和空洞的规定。

在下一章里我将对希腊哲学发展史作一个轮廓性的描述。这对读者掌握本书内容会有点用处。由于它是上述方法的初步运用，相信读者从中能够对 ὄν 的希腊哲学原义得到进一层的了解。

第六章　希腊哲学史的轮廓、
主要线索和分期

第一节　ὀν 和 φύσις 以及它们和"神"的关联

　　希腊哲学的历史告诉我们,尽管"存在 — 是"(ὀν, being)和"存在本身 — 是之为是"[1]后来在希腊和西方哲学中扮演了最核心的角色,但它并不是最先出现的主要概念。最先出现的主要哲学概念是"自然"(φύσις, nature) 及其"本原"[2]。黑格尔为了他的哲学逻辑体系硬说"存在 — 是"[3] 应当是哲学的第一个范畴,那是对史实的显然违背。[4]。这个错误对我们正确认识希腊哲学的精神会形成很大的阻碍。因此不仅要指出这是错误,还要揭示它的危害。

　　中西都译成"自然"的这个词,虽然译得不坏,也还是容易误解。最明显的例证是把希腊哲学家《论自然》的作品几乎都译成了《物理学》,用现代的物理学的含义去了解希腊人对自然的研究,就差得太远了。所以我们对这个词也需要澄清原义。前面说过在印

---

① 　τὸ ὄν ἧ ὄν, being as being。

② 　ἀρχὴ,英译 principle。

③ 　德文为 Sein,贺麟译为"纯有"。

④ 　参见杨适在《哲学的童年》(中国社会科学出版社1987年版)第80页中给予的批评。

欧语中，作名词用的"自然"（φύσις）一词原是第一个根词 bhu（即希腊动词 φύω）的名词化。而 as（εστι）是个与之地位最近的根词，语义上既几乎与之完全一致，又有鲜明的对比。因此希腊哲学从研究"自然"开始，后来它才转到以研究"存在－是"为中心，绝非偶然，希腊哲学不是从 ὄν 而是从 φύσις 开始，这个事实值得我们深思。

φύσις 来自动词 φύω（bhu），这个动词原义就是生生不已，所以作为名词的 φύσις 指的也就是生生不已的一切，自然界及其万事万物。中外古人都素朴地认为万物有生命，生生不已，这就是自然。毕达哥拉斯派说整个世界就像一个大动物，赫拉克利特说万物永恒流变，讲的正是 φύσις 的这种本来含义和特征。中国人说的"自然"一词，就是自己如此、本来如此、自然而然的意思，孔子指着河水说"逝者如斯夫，不舍昼夜"。老庄说"道法自然"，也是指生动的自然而然的生灭变化，用作名词也是指自有永有的存在，并且都指万象的总根源。因此人类的知识和智慧从研究"自然"开始是最自然的，不仅希腊，中国人也是这样。注意到这一点，对于寻求中西哲学比较和会通之点是有重要帮助的。假如我们看不到这一点而只看到他们的 ontology（对 ὄν 和 ὄν 之为 ὄν 的研究），就会只见差别而找不到相通对话的渠道。

"自然"是希腊哲学研究的第一个对象和基础，这时要探求的存在是生动流变的，它的根本原因用 ἀρχή 来表示，汉译"本原"是合适的，但也需要了解这个希腊词的原义。ἀρχή 原是开端、起头、beginning 的意思，希腊哲学家最初思考自然的根本原因时用这个词的意思也很素朴，讲的就是"自然万物的由来"，是一种宇宙起源论意义上的本原。他们认为水、火、气、土或无规定的混沌是本原，猜测和研究了使自然生生不已和变化运动的原因，如泰勒斯说磁石也有灵魂，赫拉克利特说对立统一是自然中普遍存在的逻各斯。很清楚,这些"本原"(ἀρχή)突出的特点是存在的生命和流变。它同后来希腊哲学 ontology 中"本体"(οὐσία)以存在的确定、不变性质为特征,形成了鲜明的对比(在巴门尼德和早期柏拉图那里表现得最明确)。

说到这里,还有要紧的一点也要注意,那就是希腊哲学中的自然和它的本原概念,φύσις 和 ἀρχή,同更古老的"神"或"天"观念①也有深刻关联。当希腊思想家开始用自然本原来寻求新的世界观时,一方面是同神话和宗教分离,从而使哲学和科学得以诞生;另一方面仍然与这个母胎保持着最深刻全面的思想联系。因为在人类最古老的神观念中,不仅包含着对周围自然及其由来的猜测和思考,更突出了对人本身和人间正义的伦理准则,还有最神圣的敬畏的情感,因此它总是更早的人类智慧的起源地。因此,哲学固然与神话宗教有别,更有无数千丝万缕的联系。

注意到上述几个观念(后来都加工成重要的哲学概念或范畴)的关联和差别,对我们认识希腊哲学,考察 ὄν 和它们各自的含义都是极端重要的:

第一点,希腊哲学决不是唯 ontology,而首先是"自然(哲)学"。生生不已的自然不仅是哲学最深层的全面的考察对象,也是后来"第一哲学"(=存在/是论=本体论)这种最能显出希腊哲学特点的哲学形态的深层基础,或与之不能分的基础。希腊哲学从"自然学"开端,通过"数(哲)学"过渡到古典时代的"存在/是论(本体论)",最后又在晚期希腊哲学中返回以"自然(哲)学"为中心的形态,与 ontology 合为互相诠释的一体。所以我们可以看到:

---

① 它们是希腊、近东神话和宗教的中心观念,中国古代宗教和人们思想一直保留下来的天、天道、天命、上帝等词所表达的也是同样的意思。

考察 ὀν 和 ontology 是不可孤立进行的,首先要把它同考察 φύσις-ἀρχὴ 联系起来；并且要首先着重考察"自然"和"自然学"的原义。

第二点,当我们考察希腊哲学(从早期"自然学"、"数哲学"到"存在／是论"再到晚期希腊化哲学的"自然哲学")时,始终不要忽视它同希腊神话和宗教的"神"观念的关系。哲学从它而来又始终同它相关,一方面从中吸取智慧,另一方面又总是用新的哲学本原本体观念对"神"作新的诠释,彼此互动。这也是我们需要留意的。

上面所说,实际上也就是希腊哲学的大轮廓。如果我们要把希腊哲学的思想概念及其全部发展表述成一个总线索或一个大网络,那贯穿始终的主要概念就是"自然 — 本原"(φύσις-ἀρχὴ)、"存在／是 — 存在／是本身"(ὀν, being—τὸ ὄν ἧ ὄν, being as being)和"神"这三个。这三者是支撑希腊哲学大厦的主要支柱,它们的互相联系和区别,互相作用、转化和互相诠释,就构成了希腊哲学的主线。这样来了解希腊哲学主要突出的是 ontology,才不致发生大的偏差,并且可以避免对它作空泛的理解。

第二节　研究中心从 φύσις-ἀρχὴ 转换为 ὀν-οὐσία 的意义：希腊哲学 "求真"的严格逻辑思维方式的形成

从巴门尼德把 εστιν 和 ὀν 作为主要问题提出来之后,希腊哲学在表述其研究对象时就从主要使用表动的"自然"改为以表静和具有确定性的"存在／是"一词为主了。这一转变明显表示出哲学家思想中的一次重大转变。这个转变至少从最初看来,是更适合于寻求本原的研究之需的,因为我们对自然的知识如果要可靠真实,它的根本原因就必须更真实更确定,唯有如此它才适合作为一切解说和论证的出发点和前提。确定性、不变性或稳固性,被认为是保证知识真实性的一个必要条件或基础。因为人们觉得那不断变动的东西不可靠,不能充当严格推理中的原始起点和前提。所以巴门尼德一改先前"自然(哲)学"强调流变和对立统一的思维方法,而把不变性、确定性、无矛盾性当作哲学寻求的本原和世界的根本特征,同时也要引进这种完全新的思维方法。因此:(1)他把世界和万物论证为绝不变动生灭、绝不可分的东西。这时继续使用那个表示存在的词语 φύσις,对他来说就变得很不相宜了;尽管那是希腊语或印欧语中表示存在的第一个根词。于是他改用了另一个可以与之相近乃至并列的词语 εστι 和 ὀν。(2)这个 εστι 在希腊语中早已大量用作系词"是",和 φύω(bhu,自然)那种表示生命活动、带有运动变化的语义有别,巴门尼德便充分发挥了这个系词在表述和判断中的系缚作用(如他在诗中一再强调的"正义的锁链"或"命运的锁链"),用它造成确定真理的知识;而攻击主张万物流变的哲学只是一些意见而已。从而证明唯有他提出来的新哲学才是真理,才符合存在的真相。[①] 前期的柏拉图认为关于感性的和流变的事物不可能有知识,唯有绝对不变的"相"才能给我们以真知的学说,其理由和论证基本上和巴门尼德完全一致。这种世界观尽管包含着严重的错误,但它却是由思维把握实在首先必须讲究确定性,思维言说必须前后含义一致而不可自相矛盾,

---

① 如残篇 DK 28 B 11.8:"真理的力量决不容许从不是'如此'的东西中产生出是'如此'的东西来。……正义决不松开它的锁链听任'实在/是(的东西)'产生和消灭,而是牢牢地抓住'实在/是(的东西)'不放。"又如 11.4:"命运已经用锁链把它捆在那不可分割的、不动的整体上。"

这样一些必要的要求所引起。读者将能清楚见到,希腊哲学家在提出自己的学说、与不同意见进行辩论时,都必须有逻辑论证。这种严格的理性思维就是从巴门尼德和他的学生芝诺开始的。因此,后来希腊哲学虽然扬弃了巴门尼德和早期柏拉图的错误,但是用 ὸν 表示存在的主张,知识、真理必须具备确定性,论证必须合乎严格的逻辑,等等,则为希腊和西方的哲学家和知识界普遍接受,成为他们理论思维中最显著的特征。

由此可见,用 εστι 和 ὸν 这个词取代 φύσις 和 φύω 在哲学中的主导地位,并不是一件小事,而是希腊哲学和人类思维发展史上的一大转变。这个转变的实质是∶希腊思想从生动感性自然的水平向着严格确定的理性逻辑水平,实现了一个伟大的飞跃。它的意义并不仅在于各个哲学家相继提出的学说中的那些结论,而主要在于原创了、确立了一种人类前所未有的严密的求真思维方法。

这个转变从巴门尼德提出 εστι 和 ὸν 开始,经历了希腊城邦古典时代的全部时期,包括恩培多克勒、阿那克萨哥拉和原子论者,特别是苏格拉底和柏拉图的推进发展,直到亚里士多德把第一哲学定义为研究"ὸν 本身(或 ὸν 之所以为 ὸν)"即"οὐσία,本体"的学说,系统阐述了逻辑思维的原理和演绎法、归纳法和辩证法的推理学说为止。希腊哲学的求真精神和逻辑方法,在亚里士多德这里达到了高峰和基本完成。

第三节　在人事和伦理问题上能否
求真或求真与求善能否结合：希腊哲学求真
含义的更高层次是"求真善"

　　包括西方学者在内,绝大多数学者都认为柏拉图和亚里士多德是希腊哲学中的伟大导师。我同意这个看法,除了其他种种吸引我们的让我们赞美的魅力之外,我要强调我们上节所说的正是决定性的理由。因为正是他们对 ὀν 本身, ὀν 之所以为 ὀν,柏拉图称之为最高的"相"的,亚里士多德称之为"本体, οὐσία"或"第一原因"的深刻系统研究,完成了希腊哲学作为真理的知识体系。但是我在这里也要提出另一个看法,那就是,从另一意义上说他们还不是最伟大的。希腊哲学家中还有比柏拉图和亚里士多德更伟大的导师：苏格拉底,也许还可以把斯多亚派的爱比克泰德算在里面。当我提到苏格拉底时,我猜想人们或许还略可同意；而说到后者恐怕问题更大。不过我要请读者也听听我说的是否也有点道理,主要在正文去说,这里只讲个要点。

　　先说苏格拉底,就可知我的论点其实并不离谱。因为我的论点本来就来自柏拉图的几篇主要对话如《斐多篇》(*Phaedo*),其中记录了苏格拉底本人对什么是哲学的思考和表述[①],那显然是柏拉图赞同的。还有,柏拉图和亚里士多德都把他们寻求的最高的"相"或"形式"称作"善",它所默认和蕴含的意义也直接导源于苏格拉底。实际上人们都必须承认,无论柏拉图或亚里士多德多么伟大,其原动力或原创性的思想是苏格拉底提供的,是苏格拉底使希

---

① 　尤见 *Phaedo* 中的 69 a-d；82 d-83 e；以及苏格拉底关于自己学习哲学过程的回顾和反思的一长段。

腊哲学和雅典哲学发生了同以前相比的根本性变化。那么我们在赞扬柏拉图和亚里士多德的时候,是否真的对他们的导师的原创性的思想要点抓住了、研究了? 还是几乎忽略了呢?

　　苏格拉底思想里最重要的东西是什么? 他认为人和哲学家的本分是要"认识自己",不在外物;探求生活和心灵的善的本原,才是哲学家该关注和悉心研究的主要问题。他把善恶问题提到了哲学的首位。仅就此而论他同其他民族和文化中的圣贤是类似的;但比较就会显示出各自讲法又大不相同。苏格拉底的特点显然是希腊哲学式的,就是说,虽然他也论及人伦日用(有类似中国之处),也以天上的神为归依(类似犹太之处,另外中国人也把至善最后归到天道),但却唯有苏格拉底发展了一种"对话法"即辩证法,或辩证的逻辑推理方法。他用这种既生动感人又极理性严格的方法,对人们关于善恶的各种意见一一加以检验,使人"自知其无知",从而启发和推动了希腊哲学从此开始了寻求真善的新长征。

　　这里最突出的要点就在于:他认为人要赢得真正的善,就必须对善恶有本原性的真正的知识。如果我们对人们所说的种种善恶的观念和学说没有辨别真假的能力,没有学会如何严格审查和检验它们,岂不是很容易是非颠倒,把伪善当作真善,使求善反成了为恶? 所以从他开始希腊就从古老传承的城邦习俗伦理和智者鼓吹的以感觉为标准的善恶相对主义诡辩风气,向着强调理性主宰的自觉"求真善"的伦理哲学转变。这是希腊伦理道德中的一次重大转折。

　　为此,苏格拉底提出如下著名的问题来讨论:美德是不是一种知识? 他认为"美德是知识"。这个著名的命题,就标志着他主张"求善"和"求真"结合,并且认为这是能够实现的。

　　但是由于这个问题的高难度,苏格拉底所试图作出的回答并不完善,便留下了很多需要质疑、需要发展的地方。这些只能由他的门徒或学生去完成,其中柏拉图和再传弟子亚里士多德无疑是最著名的大人物,但也有众多的被后人称作"小苏格拉底各派"的哲学派别。他们都继续着和发展着苏格拉底的事业,但是各有特点,非常不同。如果说苏格拉底向雅典人及其哲学提出来重大新问题使他的学生们心灵激动,给希腊哲学以极大的推动,那么人们从中抓到的和加以发展的东西就各不相同了。

实际情况是:他提出的求真善的问题,不仅是对希腊人先前伦理观念的批判转变,也包含着对先前哲学求真努力的重大批判和转向。因为以前希腊哲学研讨的主题是自然界事物,在这里求真毕竟比较单纯,远没有人事问题和心灵问题那样丰富、曲折、复杂和深刻;所以这时,也唯有在这时,希腊人的逻辑思维才得到了空前的刺激而迅速地发展起来。看看苏格拉底那些无所不包和深刻入微的对话和研讨吧,从这里我们才能理解何以柏拉图、亚里士多德能发展出那样高级的哲学学说而在水平上远远超出了苏格拉底之前的哲学家。

我认为,柏拉图和亚里士多德对苏格拉底的发展,主要还是在知识、逻辑即思辨的理性的求真方面。亚里士多德说苏格拉底贡献了"归纳论证"和"一般定义",是"科学的出发点",他自己的主要成就正在于继承和大大发展了这个方向。当然他们在思辨中也不会抛弃苏格拉底所追求的真善目标,问题在于:苏格拉底所要寻求的真善原是实践的,其理性知识也首先是同利益和情感深刻联系着的实践理性(思辨的知识和论证要与之相关才真实),而不是纯思辨的理性。这样,他们既有同苏格拉底深刻一致的方面,也有不同甚至对立的因素。柏拉图已经有认为道德不仅与理性有关更与情感有关的二元论说法,亚里士多德更指责了苏格拉底的"美德即知识"论点,认为道德关乎实践,知识才关乎真假,二者不应混淆。因此他们不同意更未能大力发展把美德和知识结合起来的哲学研究。这是一个明白的事实。

于是这个任务便落到了另一些哲学家肩上。首先是犬儒派,后来是斯多亚派,按照伦理道德实践的方向发展了苏格拉底学说。斯多亚学派从犬儒那里学到了苏格拉底的哲学和伦理实践理性思考,建立起了包括自然哲学、逻辑学和伦理学在内的有机统一的新哲学,对于人论、人性论和行为心理学进行了深入的探讨,结出了极为重要和丰硕的成果。他们在这样做的时候,同先前和当时的各派哲学争论,尤其是同柏拉图、亚里士多德的有关论点进行了辩论,其努力前后长达数百年。直到罗马时期的爱比克泰德,才终于获得了突破性的进展,解答了种种难题,使苏格拉底求心灵真善的哲学追求目标终于得到了阐明和实践。

由于求真之中以求得真正的善最重要,因此我们应当批评轻忽希腊化罗马时期的哲学的那些错误观点和倾向,对这段哲学史给予重新估价,开展研究。这对于以"明明德"和"止于至善"为"大学之道"的中国人,尤其具有参照比较的益处。

第四节　出没于神话宗教和神学的希腊哲学及其概念

希腊哲学是科学之母,但若因此便以为它和神话、宗教及其神学不能一致,那就错了。这种想法完全不合事实,并对我们认识哲学智慧的本性不利。希腊哲学成为科学之母只是第二件事实,而在此之前的第一件事实则是:希腊神话是希腊哲学之母。不错,哲学的产生是对于先前神话宇宙观的根本变革,它用对自然本原的研讨取代了神话传说。但是这说的也只是事情的一面,而另一面恰恰是,若没有原先神话宗教中所蕴含的无所不包的宇宙观和智慧,这场变革便无从说起。全部希腊哲学史的史实证明,哲学出于神话宗教,一直在同它进行对话中互相推动而上升发展,最后又返回宗教,终于和基督教相汇合。这个历史事实,值得我们搞科学和哲学的人们三思。关于这个大问题的更多阐述分析,留待正文再议。这里只把问题提出来,请读者有个思想的准备和留意 : 因为有还是没有这种准备和留意,读希腊哲学时的收获将会很不相同

例如对我们一直在讨论的 ὸv 范畴,已经说明它有 :(1)指"存在"和"是"及表"真"的语义 ;(2) 与 φύσις 对比而表"静"的语义 ;(3)在哲学研究中它进而获得表示真理、真相、本原、本体和逻辑之"真"的深层含义 ;(4)在深入到关于人、人的生活实践和心性的善恶问题时,它又得到了"真善"的含义。那么,这是否到底了呢? 没有。因为上述一切含义,包括人和人事人心在内,终究都是属于"自然"的,而 φύσις 和 ὸv 一起所表示的无所不在的存在 / 实在或宇宙万事万物,其终极根源"ὸv 之为 ὸv"(ὸv 本身,本体或自然的本原),在一切民族和各种文化中原来都用"神"或"天"来表示。所以在苏格拉底、柏拉图、亚里士多德和斯多亚派那里,表示真善和终极因的 ὸv 本身,也仍然叫作"神"并把哲学叫作神学。

人们关于"有神论"和"无神论"的争论已经有了长久的历史。这个争论当然是有意义的,但是应当提高,不应当永远停留在比较低的层次上。那种认为"神"或"天"的观念只是迷信和愚昧的说法,恰恰也是属于较低层次的意见。我们知道孔子也信"天命"、"天道",唯物论者斯宾诺莎也说整个宇宙是神,而苏格拉底、

柏拉图和亚里士多德都把他们寻求的终极真实称作神,难道我们也要说他们愚昧迷信吗？　真正高级的宗教从来都是反对愚昧、迷信和偶像崇拜的,都是主张批判迷信和最坚定最坚决求真的。换言之,在这种层次上它也反对一切低级的宗教或有神论；而反过来,最高级的"无神论者"也必然要坚信宇宙的真实及其生生不已、出神入化的根本原因或规律。因此我们建议读者更实事求是地看待这个问题,这样来读希腊哲学的历史和思想,才能合乎实际,得到更多的收益。

第五节　希腊哲学发展历史的分期问题

现在来简要谈谈我对希腊哲学史分期的意见。在这个问题上,我们既要考虑到实际的社会史情况,也要考虑到哲学本身发展的特点。从社会史的角度,希腊哲学经历了希腊城邦民主制的形成时期和古典时期,然后是希腊化帝国和罗马帝国时期。这些社会的巨大变动,先给希腊人,后来又给希腊化罗马世界中的各族人民,带来社会制度、生活方式和精神文化上的深刻改变,为哲学在希腊的产生和发展提供了种种现实条件和契机,所以需要认真考察。但是哲学史是思想和智慧的历史,它的特点不是仅用社会因素所能说明的,还有它自身的规律性。所以我们还应把二者结合起来考虑,希望能提出一条有贯通性的清晰的阐述线索。

我认为这条线索可以用 ὀν（以及 ὀν 本身,本体, οὐσία）作主轴和标准,把全部希腊哲学史划分为三大阶段。

希腊哲学的产生和最初的发展时期,同希腊人从氏族制度向民主制城邦国家过渡的时期相当,其时约在公元前6世纪之初到希波战争决战之前,约一个世纪。其主要的人物派别是米利都派、毕达哥拉斯派和赫拉克利特。这个时期哲学的最重要的特征和标志是:探求的对象为"自然"和创生自然宇宙与万物的"本原",用对立统一解说生灭流变的自然,把感性物质元素当作自然的根本原因,并以感性经验和观察的事实解说、证实和推进这些探求。

如前所述,bhu 或 φνω 是印欧语根词第一组(有关存在的动词)中的第一个,因为它表示的是自然而然的存在本身和自然的生命变化和运动,实在是存在的第一根本含义。希腊哲学从它开始实在是最自然不过的,并因此包含着素朴原始的丰富性。

这个阶段除了"自然"研究外,也出现了以"数"为对象的哲学,它在某些关键之点上对上述特征有重要突破。此外这时的吟游诗人塞诺芬尼对神话中的神观念提出了重要的批判,并通过这一批判第一次提出了新的唯一神论的神观念。这二者为巴门尼德转向"存在一是,ov"的研究提供了启示和重要支持。

这个第一时期,根据上述种种特征,我想称之为"原始素朴哲学"可能是适当的。

第二个时期从巴门尼德提出 ov 的存在概念和逻辑论证开始,直到亚里士多德把哲学规定为研究 ov 之所以为 ov 的学术,即以"本体论"(ontology)为"第一哲学"止。以此为特征,希腊哲学在这个时期充分展现出它的"求真"的关键特征,并在思辨的理论意义上达到了高峰和基本完成。这一哲学发展在时间上同希腊城邦制度的古典时期一致,因此我将称之为"希腊古典时代的哲学"。

这个时期的哲学发展中,苏格拉底起到了极其重大的转折作用。他把希腊哲学引向了认识人自身,这个人自身所指的是人的生活和行为中起主宰作用的理性灵魂,是灵魂所要寻求的善。他看到传统习俗所认为的是未加反思的,智者又以许多诡辩使善恶是非混淆颠倒,因此他认为哲学家最重要的使命就在于探求是否可能和如何可能把求真和求善统一起来。这样,他一方面把伦理道德这些原来主要靠习俗传统来维护的东西彻底变成了人的自求和拷问,给希腊哲学的求真开辟了一个主战场;另一方面,由于这类有关人自身的主题,比自然研究更值得关切,内容更错综复杂,更难于也更需要分辨是非真假,也就给哲学求真提出了重大问题,推动它上升到一个崭新的水准。苏格拉底是古典时期希腊哲学家中间最有原创性的中心人物或灵魂。他提出的问题,柏拉图和亚里士多德主要回答的是前一半。那后一半更困难的任务,就留待希腊化时期的哲学去完成了。

在希腊化罗马时期,无论是原来的希腊人还是东方和西方的其他民族,都由于被征服而成为亚历山大大帝及其继承者的帝国的臣民,后来又成为罗马帝国的臣民。社会巨变带来了空前的生活动荡和精神危机。于是哲学的首要任务就不再是思辨的求真,而是如何能为人们在这样一个动荡和罪恶的世界上生存下去提供一个精神上的药方。新的哲学派别如皮浪怀疑派、伊壁鸠鲁派和斯多亚学派,在亚里士多德逝世之后不到一代人的时间里就纷纷登台,并且很快就占据了哲学上的主导地位。伦理的问题和神学问题占着这个时期哲学思考的中心,其研究取得了重大进展。斯多亚派在自然(神)哲学、逻辑学和伦理学三方面都取得了系统的成就,而新柏拉图派在神学的思辨方面成果和影响很大,为基督教在希腊化罗马世界的传播准备了道路。

第一部分

希腊哲学的开端：
原始素朴哲学

第一章　希腊文明的兴起和哲学的前史

第一节　希腊世界的繁荣和城邦民主制度的兴起

古代希腊从地域上说不仅指希腊半岛和邻近岛屿,往东爱琴海对岸的小亚细亚沿岸和附近许多岛屿,往西到南意大利与西西里一带,同样是它的主体部分；此外通过海上殖民,它还远远地扩张延伸到北非、远西和黑海沿岸。这是一个星罗棋布于地中海地域由多达数百个城邦交织而成的繁荣的希腊世界。在罗马势力兴起之前,整个地中海几乎都是由希腊人和另一海上霸主腓尼基人两家瓜分的天下。

不过创造出希腊伟大文明的并不是这里的原住民,而是从公元前2000年起才分批从北方通过民族大迁移来到这里的讲希腊语的人。他们征服了这块土地,吸收并同化了原住民,成了这里的新主人。同邻近的西亚和埃及那些已经有了几千年文明成就的民族相比,他们当初实在是些非常年轻的小伙子。其中首先到来的一支叫作亚该亚人,他们在希腊本土伯罗奔尼撒半岛上所建立的迈锡尼文明,便是最早的希腊文明。迈锡尼城堡约建于公元前16世纪,是亚该亚人的中心王国所在地。荷马故事讲的就是迈锡尼的“万民之王”阿伽门农统率各地亚该亚人远征小亚细亚特洛伊的事迹。这是希腊人在其英雄时代创造的最显著的业绩,其时约在前12

世纪。

这时,另一支希腊人多立斯人又大举迁徙南下。他们趁着特洛伊战后迈锡尼王国实力削弱之机,占领了它的中心地区,建立起了斯巴达和其他多立斯人的城邦,还迫使被征服的迈锡尼遗民做他们的奴隶(如斯巴达的希洛人),或迫使他们逃亡边远山区和海外。这一历史后果是深远的,希腊人从此形成伊奥尼亚、多立斯和埃俄利斯三大集团,伊奥尼亚和多立斯人之间,尤其是各自的主要城邦雅典和斯巴达之间,一直彼此嫌恶不和和处于争夺与战争之中,便由此开始。还有一个明显的后果,便是使希腊本土文明遭到严重破坏,停滞达数百年之久。不过从另一方面看,它也刺激和推动了希腊历史出现了积极的后果。

如上所述,亚该亚人很早就有海上殖民和贸易的历史,他们在爱琴海两岸和诸岛之间,在东地中海沿岸和埃及、利比亚之间的海上往来中进行扩张。远征特洛伊其实也是这种海上扩张的一次重大行动。不过他们虽然在海上颇有优势,却抵挡不住在陆上占优势的多立斯人的入侵,在这种情势下迈锡尼遗民的主体部分当然主要从海外移民找出路。在各自的氏族贵族首领的带领下,他们从雅典出发前往小亚沿岸及其附近岛屿,建立起了诸如米利都、爱非斯、福开亚、科罗封、萨摩斯、开俄斯等著名的伊奥尼亚城邦。这一带不仅经济贸易发达繁荣,文化上也得到了极好的发展条件而非常昌盛:荷马史诗从这里开始吟唱,后来又成为哲学的最初发源地。在希腊文明终于返回本土的雅典之前,小亚西岸的伊奥尼亚各城邦便成了希腊文明的中心地带。

希腊文明的发展首先从小亚细亚的伊奥尼亚城邦揭开序幕,耐人寻味。这里不仅同本土雅典一直保持着亲密的历史文化关联,同科林斯等希腊本土城邦有频繁的贸易来往,而且由于邻近腓尼基、亚述、赫梯和巴比伦尼亚，同埃及、北非和黑海一带有大量的海上交往，从东方文化中吸取了深厚的营养。追根溯源希腊文化确有其亚非古老文明的血脉，并不是什么"纯种"的欧洲文明。

希腊人包括伊奥尼亚在内，当初来到这里的时候，都还处于原始的氏族部落状态，文化上比周围的西亚和埃及落后很多。但这个精力充沛的毛头小子确实很特别，他不仅很快就从腓尼基人那里学到了航海和海上贸易、殖民和战争的本领，不久就与之并驾齐驱地成为地中海的海上霸主；而且向有着数千年文明积累的各古老民族学习知识和文化智慧，加以改造创新，使之成为希腊自己的文化的成分。他们从腓尼基人学到了字母文字，那是人类最早的一套音节文字，但只有辅音字母。希腊人把这套字母学来加以改进，加上了元音字母，便创造出了希腊文字，成为人类文字史上第一套能准确表达音节语言的字母文字。腓尼基人的玻璃、榨油、纺织、造船业在古代是最先进的，早已使用了双层桨，这些希腊人也在学习其航海和海上活动本领中一起学到了。在两河流域和埃及早有天文学数学知识的诸多积累，成就重大，如汉谟拉比时代就有的太阳历，对恒星和行星的分辨，测量星座，确定闰月，数学上的十进位和六十进位法，能解有三个未知数的方程式，等等，特别是关于几何测量的知识。希腊神话中的众神灵，也大多来自埃及、赫梯、腓尼基、吕底亚、伊朗等地。[①] 我们从许多著名的希腊哲学家和其他学者的经历可以知道，他们大多都有游历埃及、巴比伦和访问那里的神庙和祭司、僧人的经历。这是希腊人当时获得知识和智慧的一个主要源泉。此外，希腊人同腓尼基人、埃及人之间还有许多政治的

---

① 参见希罗多德《历史》，商务印书馆1985年版，第299页："可以说，几乎所有神的名字都是从埃及传入希腊的。我的研究证明，他/她们完全是起源于异族人那里的，而我个人的意见则是，较大的一部分是起源于埃及的。"还可参见其311页等处。

和其他方面深入交往的故事。在这种文明极深厚又极其多元的历史地理环境中,心胸开放的希腊人获得了各种文化元素,并以其自身的创造性给予了深刻改造,迅速成长为高度文明的民族,不久就赶上甚至大大超过了他的邻人和老师。

在与周围环境的相互作用下,希腊人以其自身的特点和活动产生了一种很有特色的文明。他向周围邻人学习了很多,但创造出来的文化却是新的,同他们的并不相同。例如,一般说来在西亚和埃及,宗教的神庙经济和祭司阶层势力很大,控制着城市里的商业手工业、科学和技术以及整个的制度和文化。这些工商业者依附神庙经济不能独立出来成为新的阶级,与之相关,科学知识和精神文化也始终要受祭司集团的严格控制。在希腊就不一样,它的神庙经济小,祭司只从事宗教活动,不管政事也不去控制意识形态。在全希腊享有盛誉的宗教中心德尔菲神庙的祭司们,最关注的事情是搜集各方情报,以便为各地来此求神谕的人们提供准确的预言以显示阿波罗的神灵。有许多故事,都说到这些男女祭司们所传的神谕显示出高超的智慧,预言果然十分灵验。这里面除了用神话方式积累的深厚历史智慧和经验之外,显然善于收集情报是最重要的,而这又和希腊宗教超越城邦和党派之争有关。又如,希腊的工匠、艺人、吟游诗人同城邦的关系松散,可以在各城邦之间自由地往来活动。除了斯巴达等少数地区,工匠、艺人都很受人尊重。希罗多德认为在这点上希腊人与其他民族习俗和看法很不同。[①] 由于手工业者是独立生产者不受歧视,商业和手工作坊不受宗教势力支配,

---

① 参见希罗多德《历史》第351页。他把斯巴达等地鄙视工匠的风俗归于波斯等地的外来影响,认为在那些地方和手艺没有关系的人,特别是单单从事军务的人,被认为是最高贵的人。他对此显然很不以为然,并指出在科林斯人那里,手艺是最不受蔑视的。

便于表达他们对旧的土地贵族的不满,工商业主阶级这种新型的社会势力也易于形成。这些因素显然对希腊社会的民主与进步和新文明的形成有着重要的作用。

如果我们要进而探求理解上述特点的原因,那么我们将不能不谈到希腊文明最深层的奥秘：城邦共同体的独立和自由与城邦内部公民个人的自由。无论自由带来的是好事或是坏事,在古代世界各民族中,似乎唯有希腊人注定了一直要沿着这条自由之路来发展。因为首先,希腊人一直是由三大集团和许多彼此独立的城邦（在其全盛时期达数百个）所组成的民族,从来没有形成为一个中央集权式的国家,因此永远多中心。对于希腊人来说,城邦始终是他们的共同体的根本或主导的形态,他们建立的国家从来没有超出城邦范围。希腊人作为一个民族,其共同性主要表现在：共同的语言和神话,通过神话大家都承认有一个共同的远祖,因而彼此是兄弟①；从公元前776年开始的四年一次的全希腊奥林匹克赛会；等等。此外只是在强敌（如波斯）入侵威胁到全希腊各邦的危急关头,才会因共同对敌的需要而实行暂时的联合。众多城邦国家彼此之间的关系是独立自由的,互不统属,这一点是与众不同的,因为古代其他民族虽然有些也经历过城邦国家阶段（例如中国的春秋战国及其之前）,但大多都逐步变成了大国和一统,而希腊却始终只有彼此独立自由的城邦。我们知道,分散的城邦国家很容易同

---

① 古希腊人的名称来自一个人们普遍接受的神话。在赫西阿德《神谱》附录有《母系》100多条残篇,其中说道：普罗米修斯和普洛诺亚生丢卡利翁和皮拉,这两人是大洪水后唯一的幸存者,他们有一个儿子叫希伦,他就是整个希腊民族的始祖。希伦有三个儿子：多鲁斯、克苏索斯和埃俄罗斯,即多立斯人、伊奥尼亚人和埃俄利斯人的祖先。丢卡利翁还有一个女儿,生了马其顿,是马其顿人的祖先,所以马其顿人和希腊人是表兄弟。

邻邦产生纷争,又势小力单难于持久生存,一部希腊史几乎从头到尾都是对外战争和内部纷争的历史。战争既给他们带来发展的机会,也带来了灾难和希腊本身最后的灭亡。但无论如何,这一持续的多元多城邦国家的环境,每个城邦的独立自由,总有另外一种长处,它能为发挥发展人的本性和能力提供机会和条件。中国先秦诸子有周游列国的自由选择,才能产生百家争鸣的局面,其前提正是许多独立邦国的存在和纷争,有个性的杰出人物方能脱颖而出。秦汉大一统后就容易产生焚书坑儒、独尊儒术或文字狱之类的事情,就是明显对比。另外,希腊的城邦国家除了斯巴达外,几乎都是人不过数千或数万、地不过中国一个县大小,这样的蕞尔小邦人们彼此熟悉了解,对于古希腊人创建民主制国家制度和实现共同管理公共事务,也提供了便利和可能。希腊公民个人自由的高度发展是同城邦自由密切相关的,通过多次重大改革而创建的雅典城邦民主制度是这两种自由的高度对立统一物,城邦的独立和自由是该城邦内的公民个人自由的主要源泉和根本保障。

但希腊人所开创的"自由"文化的最有价值处,仍在于它第一次唤醒、调动、培育和相当充分地发挥出了城邦共同体中所有公民个人的自由本性。尽管这种个人自由在当时只是一种很少数人才能享有的特权,因为公民权只限于本邦的成年男性,而女性、外邦人、异族人都是排斥在外的,更不必说奴隶无份。而公民权的登记和行使还有许多其他条件和限制。不过无论如何,即使希腊人的公民个人自由是很局限性的,但只要我们对比一下其他几乎所有的古代文明就会发现,这毕竟是独一份。正是靠了这种与城邦的利益和自由相一致的公民个人自由权能的发挥,希腊人的天才在极短暂的历史时期里(从梭伦改革算起到希腊被马其顿征服,其古典时代尚不足300年)爆发出来展现出来,创造了让后人永远眷念和学习的业绩。请注意：在城邦希腊和古典时期，这种公民个人自由和城邦共同体的自由二者是既对立又保持着统一的，从本质上说是和谐一致的。这种和谐使城邦和公民个人的自由同时得到了保持、推动与促进，成为希腊文化原创力的深厚源泉。

这种自由最终是通过几次重大改革所铸造出来的城邦民主制国家制度得到完成的，而城邦民主制度又使希腊人的自由登上顶点。雅典所发生的事情是全希腊的典范。而所有这些得以产生和成为可能又有其更深远的历史原因。除了上述希腊民族几次历史大迁移及其内外环境的条件，还有一个希腊社会结构的历史演化进程。

各民族都是由氏族部落群体向文明转变的，而转变的实质就在于氏族公有制变成了阶级所有制，但是转变的形式和结果却有巨大差别。一般来说，在父权制氏族社会中这类转变都是以自发的方式进行的：那些原先因品德能力卓越而被氏族成员推举担任公职的人逐渐成为氏族部落共同体中的显赫人物——贵族。他们手中掌管的公共权力和氏族部落的组织、制度、习俗传统的形式，使他们很容易地就把自己从公仆变成了社会的主人，于是氏族就分裂为贵族和平民两个阶级，公有制便成为实际上的贵族所有制。这是包括希腊人在内的人类各民族起初大致相同的经历。但是后来的演变就逐渐不同了，在大多数地方，贵族对原来的氏族共同体和土地公有制形态几乎没有作任何改变，便"跟这种形式完全不矛盾地"[①]走向了专制主义。然而在希腊人那里却出现了非常不同的场景：开始时氏族共同体内部的贵族和平民的对立，不久就让位于一个新的工商业主阶级所领导的人民反对贵族的胜利的斗争，

---

① 《马克思恩格斯全集》第46卷（上），人民出版社1979年版，第473页。

它使一种崭新的和原先氏族制度共同体非常不同的社会共同体形式：独立自由的民主制的城邦国家形态，第一次出现在人类历史中。于是，一种新型的人——自由的希腊人出现了。[①]

希腊自由的古典形态完成于雅典，而在此之前希腊文明的中心在小亚伊奥尼亚，尤其是米利都。公元前8世纪后半期米利都被誉为"伊奥尼亚的骄傲"，它拥有海上霸权，子邦遍布各地多达70多个，十分强盛，成为当时全希腊在经济、政治和文化上最先进发达的中心。

第二节　哲学的前史：神话中的宇宙起源、世界秩序和灵魂意识

在哲学之前，荷马史诗是希腊最脍炙人口流传最广的文化思想宝库。它把英雄故事和富于人情味的诸神的活动交织在一起，表现了希腊人的生活、想象和世界观。实际上希腊的神灵多数来自西亚各国和埃及，从他们那里接受过来然后按照自己的方式加以改变，组织在自己的宇宙和人生的画卷之中。在荷马之后，公元前8世纪末7世纪初的诗人赫西俄德，写出了《神谱》和《田功农时》，开始把流传下来的各种神话传统整理成有系统的世系，企图给宇宙自然找出创生演化的某种说明，给哲学的最初出现以几乎是直接

[①] 马克思指出，希腊这种独特的以"自由"为特征的文明形态从起源上说"是原始部落更为动荡的历史生活、各种遭遇以及变化的产物"。要说明这点需要从人类学角度从各个方面加以阐述。本书不是专门讨论这个问题的适当场合，故略。但读者仍然可以从以上关于希腊民族的迁徙史、海上殖民活动与贸易史、土地个体占有制因素的早已产生，等等，窥其大概。

的铺垫和促进。而大约和哲学出现的同时流行于希腊各地的奥尔菲神话传说和宗教教义，更以其灵魂转世与净化的基本思想，给毕达哥拉斯、恩培多克勒、苏格拉底、柏拉图以极其深刻巨大的影响。本节只能先谈一些要点。赫西俄德《神谱》对宇宙创生是这样描述的：

> 最初出现的是混沌（Chaos）。然后出现的是宽广怀抱的盖娅（Gaia，即大地），作为奥林帕斯白雪皑皑山峰上不朽诸神的永久可靠住地；还有阴雾弥漫的冥狱之神塔塔如斯（Tar-taros）；和诸神中最秀美的爱神厄洛斯（Eros），他麻软了众神和人们的肢体，制服了他们的意志。从混沌中产生了厄瑞波斯（Erebos，黑暗）和黑夜，黑夜同厄瑞波斯做爱怀孕生下了以太（Aither，清气）和白昼。盖娅首先生出和自己匹配的闪耀着繁星的乌拉诺斯（Ouranos，天空），来覆盖她自己并使幸运诸神永远有安定住所；她还生出群山作为宁芙女神（Nymphs）在山林中美好的栖息地。她还不经甜蜜的爱的动作就产生出波涛汹涌的大海蓬托斯（Pontos）；然后在同乌拉诺斯同床以后生下了有深深漩涡的大洋之神奥启安诺斯（Oceanos）……①

这个神话叙述说，最初是混沌，它产生黑暗和黑夜；但没有说最初的混沌是如何分开成为天地的，只是说在混沌之后出现了大地盖娅、冥狱塔塔如斯和爱神厄洛斯。是大地女神生出了天空，然后再天地交配产生出群山、海洋。对此赫西阿德没作说明。但是后来阿里斯托芬在喜剧《鸟》中保存了如下传说：

> 一开始只有混沌、黑夜、黑暗和茫茫的冥府，那时还没有大地

---

① Hesiod, Theogony, 116—138行, 英译文转引自 Richard D. McKirahan, Jr., *Philosophy Before Socrates*, Hackett Publishing Company, Inc., 1994, pp. 9-10。

盖娅、没有清气以太，也没有天乌拉诺斯。从黑暗的怀里，黑翅膀的黑夜首先生出了风蛋，经过一个时候，在季节的实现中渴望着的爱情之神厄洛斯生出来了。他像旋风一样的背上有灿烂金翅膀。在茫茫的冥府里，他与黑暗无光的混沌交合，生出了我们，首先将我们带进了光明。最初世上没有天神的种族，情爱交合后才生出一切，万物交会才出了天地、海洋和不死的天神。所以我们比所有的天神都要早得多。①

它的有趣之处首先是对混沌、黑暗和黑夜是最先存在者的肯定，并说天地以及随后的万物还是从混沌（黑暗、黑夜）的风蛋（如中国古代所说"混沌如鸡卵"）中产生出来。而特别强调的一点无疑是，从混沌、黑夜和季节中产生的爱情之神在产生天地万物和人与神过程中的作用。②

赫西俄德《神谱》的创世说，当然还是拟人化的神话形态，不过对最主要的神圣形象：混沌、大地、冥界实际上拟人的描述很少，主要只是给了拟人的名字而已；而对于山川河海这些自然现象之神常用的描述也是地理、天文和气象学的；再者，对于自然中越来越分化事物和现象的出现主要用爱情和交配来说明，使用的是人所熟知的性生殖方式。只是用在某些自然现象上似乎并不很合适时，说法有些紊乱，有时便说未经交合就生出了什么。

可以见到在这种创世神话中，已经包含了新产生的哲学所要探究的问题，主要是：本原问题，世界产生和持存的秩序问题。最早的哲学家泰勒斯和阿那克西曼德认为水或混沌是世界万物的本

---

① 阿里斯托芬：《鸟》，见中译本《阿里斯托芬喜剧集》，人民文学出版社1954年版，第297页。
② 格思里说这个材料是奥尔菲教派的神话传说。无论如何它总是在赫西阿德之后的，因此我们可以视为一个重要的补充。

原的思想，都可以在神话中找到来源。而哲学家们极为关注的世界秩序问题，在赫西俄德把神话系统化的努力中也包含着重要的思考了。

第一，按照《神谱》第720—760行诗句，近人认为可以归纳为以下几点关于宇宙结构的描绘：1.顶上是天；2.分开的天地，白天光亮、夜间黑暗；3.大地为大河奥启安诺斯所环绕，水流从它流出又流入（第776行）；4.大地和冥狱之间也有为黑暗的混沌所分开的裂口，总是黑暗、阴郁和风暴交加的；5.最底部是冥狱塔塔如斯。如图：

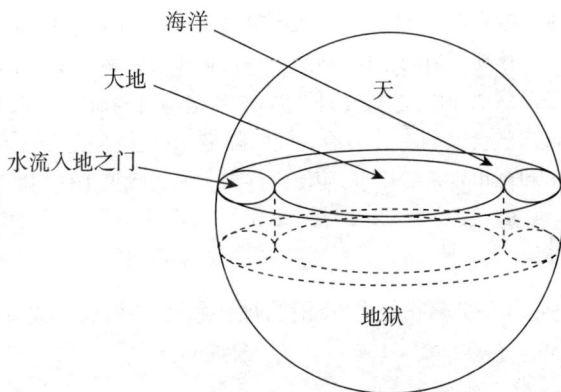

第二，更重要的是关于神治理世界的秩序的思想。《神谱》在描述了奥林匹斯系的新神在战胜了古老神灵和泰坦巨人后，按照老祖母盖娅的意见推举宙斯为王，宙斯有权威，不仅因他在能力上超越别神，也有众神一致欢呼的类似选举的过程而具有合法性，此外他还授权给别的神灵使之各尽其责。而最重要的一点是：宙斯是智慧和善的，他由于吞吃了自己的第一个配偶 Metis（忠告，智慧）而得到了她的品德，他的第二个配偶 Themis 是秩序和正直女神，他

的子孙有 Eunomia（好的治理）、Dike（正义）和 Eirene（和平）。在《田功农时》中赫西俄德强调了宙斯的正义,凡努力于正义能正直审判的城邦和人民,宙斯就将使他们避免灾难、饥饿和瘟疫,而能平安享用自己的劳动果实,农产富饶、牛羊肥壮,子孙众多;而凡是邪恶的,宙斯就必降灾祸、饥荒等给他们,妇女不能生育,家庭遭殃,城墙和军队也要毁坏灭亡。①

约一个世纪之后雅典伟大改革家梭伦在其诗篇中,几乎用同样的思想却更深刻地揭示出为什么必须改革的理由:

> 人们总想用不正当的行为来发财致富;他们彼此明抢暗偷,甚至对于神圣的或公共的财产也不放过,并且没有防备给 Dike（正义女神）找到可怕的把柄,她对于一切正在发生和已经发生的罪行总是默默地加以注意,并且及时地、丝毫不爽地加以报应。那时整个城邦就会遭到一种不治之症的降临,不久便会丧失自由,诱发战争和自相残杀的斗争,而使许许多多的人毁灭于他们的青春时代。②

他还强调人要赢得这种公正的社会秩序必须靠智慧:

> 要看到那唯一能维持事物界限的内在智慧的尺度,是多么困难啊!③

这时正是希腊人进入文明的关键时刻。氏族贵族对金钱财富的贪婪使他们极力盘剥平民、用高利贷逼人卖身为奴,原始和谐的

---

① Hesiod, *Works and days*, line 225 - 247.
② 《梭伦残篇》,3,11 - 20。转引自汤姆逊《古代哲学家》,三联书店 1963 年版,第 258 页。
③ 见汤姆逊《古代哲学家》第 261 页。

氏族共同体完全瓦解并进入尖锐对立状态。当时在雅典,如亚里士多德所说,"多数人被少数人奴役,人民起来反抗贵族,党争十分激烈",几乎达到爆发内战的地步。①。可见哲学一开始就关心的世界秩序问题,其实是有深刻的历史背景的。它在阿那克西曼德那里已经有明显的显示,而在赫拉克利特则在更广阔的背景下得到了深刻思考,形成了他的关于逻各斯的重大哲学思想的创造。

在奥尔菲神话的教义中,包含着更为深刻的激动哲学家思考世界和人本身的主题,这就是它所提出的关于灵魂的崭新解说。在荷马的《奥德修记》中说到英雄死后作为鬼魂时,认为那还不如当一名活着的奴隶。② 而奥尔菲教义则认为肉体是灵魂的坟墓,只有通过死亡,灵魂才能得救。一切人死后灵魂都要受到神圣的审判,如果它被肉体腐化得无可救药,就要送到冥狱中去受永恒的惩罚；而尚可救治的灵魂,在加以清洗之后便能开始新的生活；如果灵魂在世上经过三世都不受肉体的玷污,它就能同天上的快乐神灵同游。这是一种已经把生死置之度外的新型人生观或世界观：灵魂的洁净和光荣被视为人的根本存在和最高价值。英国学者汤姆逊在分析了当时希腊社会大量资料后认为,这种教义代表着公社瓦解过程中的下层人民的思想倾向。丧失了土地陷于无望境地的人们,不得不到矿山深井下劳动的人们,在挨饿和皮鞭下度日如年,自然会产生人生如地狱的观念和对现实的批判态度,并转向一个幻想世界,希望在那里能恢复他们做人的权利。③ 他们已经失去了现实的物质的一切,包括对自己的肉体人身,但终于发现自己还

---

① 亚里士多德:《雅典政制》V,商务印书馆1978年版,第8页。

② 荷马:《奥德修记》,中译本第144页。

③ 汤姆逊:《古希腊社会研究》第二卷《古代哲学家》,三联书店1963年版,第267—276页。

是有"灵魂"的,因为这是他们唯一尚存不可剥夺的东西,也是他们作为人的自我存在的最后依据和证明。因此他们就要通过自己的灵魂来进行正义的斗争。一个同肉体清清楚楚地分开来并严格对立的灵魂观念,就这样最初诞生在希腊人的神话宗教形态之中。它给希腊人重新认识自己和社会、世界,提出了尖锐的问题和新的思路,因此受到哲学家们尤其是毕达哥拉斯和苏格拉底及柏拉图的高度尊重和注意。

第二章　米利都学派

第一节　泰勒斯

米利都人泰勒斯（Thales）出身于带有腓尼基血统的希腊高门望族，他和梭伦同时而且是好朋友。当时在全希腊有 7 位被认为最有智慧的人物，所谓"七贤"，他和梭伦是其中最著名的。梭伦和其他诸贤以政治和实践的智慧闻名，唯有泰勒斯在具有实践智慧的同时还开创了一种新的智慧：哲学和科学。关于他留下了不少传说。他的生卒年没有可靠记载，据说他预言了一次日食，人们便根据那次日食发生在公元前 585 年 5 月 8 日，这时他应处于鼎盛年 [①]，即 40 岁，推算他应生于公元前 624 年；但按另一说法则是前 640 年。有的说他活了 78 岁，另一说法是 90 岁。[②] 因此他大约生活在公元前 7 世纪后期到公元前 6 世纪上半期。他是第一个希腊哲学家，据此我们可以认为希腊哲学诞生于公元前 6 世纪初。

泰勒斯是一位多方面的活动家。据说在吕底亚王克娄苏和波斯王居鲁士发生战争时，他帮助了克娄苏，设法让河水改道以便军队涉水渡河；他也阻止了克娄苏同米利都结盟的计划，从而在居

[①]　鼎盛年是希腊早期讲到人的年龄时的一种标记法。

[②]　Diogenes Laertius（以下用 D.L. 表示），I.37-38，R.D.Hicks 希英对照本，第 1 卷，London，1938，p.39。

鲁士胜利时米利都能幸免于祸；他还设法使伊奥尼亚各邦联合起来对付波斯人，在政治上有好策略。这都说明他虽不当权但在政治舞台上还是很活跃的，有智慧。他同梭伦很有交往和友谊，但他还是以研究自然闻名。他到埃及和巴比伦旅行，向那里的僧侣和星相家学到许多东西，于是他便向希腊人介绍了几何学和天文学的知识。在几何学方面，据说他在圆里画出了直角三角形，也已经知道了等腰三角形两底角相等，相似三角形之间的边长成正比，两个三角形若两角夹一边相等就必然全同。所以他能根据自己影子长度和金字塔影子长度的比例，从自己的身高来求金字塔的高度，也知道如何从岸上测量海上船只距离的方法。天文学方面，据说他第一个测量过小熊星座，测定过春分、秋分、冬至、夏至，还预言了那次日食。

关于他还有一些逸事。传说有一次他因为仰望星空而掉进一口井里，在场的一个女仆不禁笑了起来。这个善意的嘲笑似乎是说他是个不切实际的科学家。可另一个传说则说他由于有科学知识而远远胜于实际家。他预见到一次橄榄的丰收，便事先以低价租进所有的榨油机，到收获季节以高价出租赚了大钱。这就表明只要科学家想发财致富，又是多么容易。

他没有留下任何著作，但拉尔修记录了几行据说是他的诗句："多说话并不表示心里理解，去寻找唯一的智慧吧，去选择唯一的善吧，这样你就会钳住唠叨不休的舌头。"①

这一点是重要的：作为一种新型智慧——哲学——的开创人，泰勒斯的特色并非仅在博学多识，而在于他能从关于各种事物的知识和意见里探求自然的根本原因，以求得统一或唯一的智

---

① D.L.，I.35 R.D.Hicks 希英对照本，第1卷，London，1938，p.35。

慧。① 他对哲学的开创性贡献可以归结为提出了一个看来是极其单纯的命题："水是本原（ἀρχή）。"然而正是这个命题开始了人们世界观从神话向哲学的根本性转变，因而泰勒斯被公认为希腊哲学的创始人。

亚里士多德的明确陈述和评论②，是我们了解泰勒斯思想的主要依据。其要点是：（1）他说"本原"是早期哲学家提出的核心哲学概念："万物由它构成，最初都从它产生，最后又归于它（它作为本体是持存的，只是形态有变化），那就是他们所说的万物的元素和本原了。"不过早期哲学家的大多数只把物质性的东西当作本原，他们对这种本原究竟是什么，数目多少和有怎样的性质，

----

① 以水作本原，这个提法包含着对宇宙万物用统一的原因来加以解释的思想，这即是"从各种知识和意见里寻求统一的智慧"。为什么泰勒斯能有这类思考？迄今为止我还没有看到有说服力的说明。我猜测这种想法可能有其西亚的来源，例如希伯来民族有一神观念，不过它是这个民族特殊严酷的历史锻炼才终于形成的，而希腊人的生活和文化是多元性的，很少有产生肯定"唯一的智慧"的动力和必要。因此我怀疑最初的希腊哲学家在追求一元性的本原观念上有其西亚的起源。

② Met.，983 b 20。详见 983 b 6-984 a 2。关于泰勒斯是提出了"水是本原"的命题的哲学的家这一事实，我们所根据的资料来源是亚里士多德。但是由于辛普里丘说阿那克西曼德是第一个称"无规定者"是"本原"和使用了"本原"一词的人，黑格尔便说"泰勒斯还没有这一思想范畴，他认为 ἀρχή 是时间上的起点，但并不是内在的根据"（《哲学史讲演录》第1卷，三联书店1956年版，第47页）。此后便引起一些疑问：我们还能否讨论泰勒斯"水是本原"的思想？我认为我们大可不必受这种纷扰的影响，因为：一、亚里士多德对泰勒斯的命题的表述并不抽象而是有其论点论据的，这些内容的哲学含义若不用"水是本原"将无从表达。除非有证据证明泰勒斯用了别的什么语词来表达他的哲学思考，我们便不能轻易否定亚里士多德报道的可靠性。二、黑格尔也没有否认泰勒斯用过 ἀρχή 一词，不过认为他把 ἀρχή 一词只当作"时间上的起点"，还没当作"内在的根据"和"范畴"，或认为他对 ἀρχή 一词的哲学意义还没有作充分的反思和规定，阿那克西曼德才做到。这个说法可能有些道理，但若没有前面泰勒斯对本原的思考，说阿那克西曼德一下子就做到这点倒是突兀的。

在意见上并不一致。（2）他明确表述了泰勒斯的观点和依据：这一派的创始人泰勒斯说水是本原，据此他宣称地在水上。他得到这个看法也许是因为看到万物的养料都是湿的，而热本身就是从潮湿东西产生、靠潮湿东西维持生命的（那万物得以从它产生的东西便是万物的本原）。他从这里，也从万物的种子都有潮湿的性质，而水是潮湿东西性质的本原，得到他的看法。（3）他指出"水是本原"的说法同神话创世说的一致：早先的古人和最早讲神话的人对自然有类似的说法，他们把水神夫妇奥启安诺斯、忒提斯当作创造万物的父母，并说神灵也对着水起誓，因为最受尊敬的总是最古老的，而对着起誓的见证总是最受尊敬的。这种对自然的看法是不是最初的或最古老的，也许还不一定，不过无论如何，泰勒斯被认为是这个第一原因的宣布人。

让我们注意，泰勒斯和早期哲学家所用的、汉语中译作"本原"的这个希腊哲学概念，ἀρχὴ，本来只是个很普通而朴素的表示"起初"、"开头"（beginning）的词。在最初哲学家研究自然时，它表示着"自然"从何而来的源头和原因的意思。因为 ἀρχὴ 这个词就像讲故事要从"起初……"讲起那样素朴，古人讲神话创世说也是这样，哲学要讲述"自然"（φύσις）的故事也要这样开始，于是这个词就包含着全部叙述的萌芽，逐渐变成了一个哲学的概念或范畴，这时我们就应当正经地称之为"本原"了。当泰勒斯说自然的本原是水、统一于水时，他心中的 φύσις 并不是我们现代人在自然科学或物理学中所讲的"物理界"和"自然界"，而是包罗万象生机无限的"πάντα πλήρη θεῶν（万物充满神灵）"① 的世界，这才是古人心中本来的"自然"。古人要讲的自然故事总要有一个开头，

① Aristotle, *de Anima*, 411a7.

例如希伯来《圣经·创世记》第一句话"起初神创造了天地"，《新约圣经·约翰福音》第一句话"太初 ① 有道……道就是神"。泰勒斯等最早哲学家所说的自然本原 ② 这个词，同神话中创世的太初的神（或道）之间的思考一脉相通，原是再清楚不过的。它显示出哲学正是从创世神话中脱胎而来。

那么哲学又凭什么区别于神话而开创自身的呢？这是我们必须澄清的又一重点。万物的本原是水的说法虽然同神话有关，然而泰勒斯得到这个看法，靠的却不是神话而是人对自然的切实观察，是靠着观察而说出的理由。他注意到生命离不开水：因为一切饮食养料都有水分，生物有热气，能维持生命要靠水分，一切种子都是潮湿的。他还提出了"地浮在水上"的观点来讲世界的结构，这个看法据说是从埃及人那里得来的，因为尼罗河每年洪水泛滥给埃及人带来沃土，使人们得到丰饶的衣食之源，那里的人们就认为大地是浮在水上的。他还以此解释地震，说这就像船在水上由于水的运动船要发生摇摆那样。③ 这些看法都来自生活经验和观察。从而泰勒斯就开始了一种新型世界观：它是人能凭自身认识能力（观察和思考）的切实运用来获得的关于自然实在的客观性知识，而不再是靠神话的想象和某些特别权威（祭司、圣王）来建立的世界人生图景。并且这样做也就开辟出一条道路：任何人都可根据观察到的新事实和别的理由，对已有的某种看法表示赞成或反对，提出他们认为更合适的意见来进行讨论，推进我们的认识和知

---

① 在新约这句话的原文里"太初"一词用的正是希腊词 ἐν ἀρχῇ（in the beginning）。

② 关于 ἀρχή 的各种用法直至哲学中的语义，亚里士多德做过相当详细的说明，见《形而上学》第五卷第一章，那里专门讨论了 ἀρχή 的六种含义。

③ G.S.kirk & J.E.Raven, *The Presocratic Philosophers*（以下简称 P.P.），p.77，第 70—73 条资料；p.92，第 90 条。

识。所以从泰勒斯起，我们便看到，一种科学和批判的精神就鲜明地出现在希腊人中间，并在关于"太初"或"本原"这一世界观的核心阵地展开了它的活动和工作，而哲学便由此开始了。这是泰勒斯的功绩，与之相比他那以水为本原的意见本身究竟是否正确或正确到什么程度，反倒不是什么最重要的事情。

按照亚里士多德的看法，他和大多数早期哲学家只承认物质东西是本原，水平不高。说最初的哲学水平不高固然不错，可是哲学从感性的物质本原开始却并不是错误，因为哲学和科学的根本对象原是自然，而自然原是感性物质的万物运动的世界。哲学得以建立自身的基础原本就是自然和感性存在，事实上人本身首先就是感性自然的存在，他面对的世界首先也必是感性自然的世界。因此尊重感性物质绝不是早期哲学家的错误，恰恰是他们天生的优点。因为他们直接面对"自然"（φύσις），虽然那时他们还没有把"自然"作为一个范畴来专门研讨。并且他们绝没有后来那种纯被动的毫无生气的"物质"概念。[①] 相反，他们把水和其他物质东西都看作能动的赋有形式的活生生的东西。关于这点，泰勒斯也有说法，他认为那能引起万物运动的东西是灵魂。例如他说过"磁石有灵魂，因为它吸动铁"的话。[②]

---

① 这个被哲学异化了的"物质"概念，在亚里士多德的形式、质料学说中得到了经典的完成。所以把早期哲学家的物质本原译成"基质"似乎比译成"物质"要妥当些。

② 亚里士多德承认：或许泰勒斯有认为万物都充满着神灵的想法。P.P., pp.93-94，第91、93条。

第二节　阿那克西曼德

从泰勒斯起，出现了一种哲学家前后相继的关系。希腊早已出现了行吟诗人、建筑师和雕刻家的师承或派别的关系，哲学家们也有与之类似之处。但希腊哲学家的继承从最初起就表现出一个与众不同的突出特征：后人并不因对前辈的继承而使自己受束缚，相反，批判和创新倒成为这种继承关系的命脉。这对哲学的发展是特别重要的，因为哲学正是凭事实讲理由的思考才得以生存。这种特征在米利都派就开始了。

米利都本地人阿那克西曼德（Anaximander）是泰勒斯的学生，他的生卒年代大约是在公元前611—前547年，主要活动在前6世纪中前期。他在科学活动方面很著名，据说他第一个发明了日晷以测定冬至、夏至和昼夜平分点；第一个绘制出海陆轮廓的地图[1]和天象图。对于宇宙和自然他提出了许多解释和大胆的假说，有明显的科学探索的性质。有些很有意义和价值。他说最初的动物是从水里产生出来的，后来才到干燥的地方；从温暖的水和土产生鱼和像鱼的动物，从这些动物里长出人来。他还对人是从另一种动物变来的说出理由，其他动物一出生就能照顾自己，而人的婴儿必须长时间喂养照顾，所以若是一开始就有人，那时人是不能生存的。据说他写了著作，公元2世纪时还有人读过，所以关于他我们能够知道比泰勒斯要多些和确切些的材料。

这位富于科学探求精神和有深刻思想的哲学家继续了泰勒斯

---

[1]　这是受到广为传扬的事迹。公元前3世纪的著名地理学家、亚历山大图书馆馆长 Eratothenes 说过，阿那克西曼德是泰勒斯的学生和绘制了第一张地图的人。见斯特拉波：《地理学》第1卷第1章11节。

关于本原的研究,但他认为本原不是水,而是 ἄπειρον（有人以汉字音译为"阿派朗",我们更希望读者学会用希腊字母直接辨认）,这是他的哲学的基本概念。

希腊词 ἄπειρον 中,α 表示否定,即"没有"、"无"的意思,后面的部分 πειρον 来自 πειραρ 或 πέιρας,有"限制"、"界限"、"规定"的意思。这样对 ἄπειρον 就可以有几种译法,英译也有 unlimited, boundless, infinite, indeterminate 等不同。以前中文一般均译作"无限（者）"。但对阿那克西曼德所用的这个范畴,这样译的含义是很不清楚的,后来便有改译为"无定形"等意见。1985年我提出应该把它译成"无规定者"的看法,认为这样可以比较准确表达其指称在性质上没有特殊规定性的东西的含义。[①] 这个意见经过检查看来可以站得住。[②] 我的理由是,亚里士多德已有过如下评论："有些人在那些元素之外提出了这个 ἄπειρον,它不是水或气,这样其余的就不会由于它们基质无限而毁灭;因为这些元素是彼此对立的（如气是冷的,水是湿的,而火是热的）,如果其中一个是无限的,其余的就早已毁灭了。但是如上所述,他们说这 ἄπειρον 同那些元素都不同,这样各种元素就能从它产生出来。"[③] 这就指明阿那克西曼德要提出不同于水的 ἄπειρον 作为本原的关键性理由在于:他发现要用水或某一种特定的东西去解释万物及其生成是有问题的,甚至是根本不可能的。因为水只是湿的、冷的;如果只用它或类似的东西做本原,而本原又是无限多的,那么干的和热的东西岂

---

① 杨适:《哲学的童年》,中国社会科学出版社1987年版,第89页。

② 这个看法已经得到了公认。例如汪子嵩等编著的《希腊哲学史》第1卷（人民出版社1988年版、1993年版,第188、191页）主张把这个词译成"无定体",但其理解亦为:"它是一种没有任何规定性的物体。"

③ Aristotle, *Physics*, 204 b 22 ff.

不是必定要毁灭,还如何能存在? 自然万物原是多样的异质的东西,用一种特质东西作本原如何能解释? 这是一个很大的矛盾。因此,他认识到本原不能是具有特质的东西,相反,它必定应是在性质上没有规定的东西。这里"性质"一词指的还是希腊人常说的冷热干湿之类的感性性质,这是早期自然哲学家对万物观察首先注意的东西。另外辛普利丘说,阿那克西曼德"被认为是那些说本原是唯一的、能动的和无规定的人之一。显然他是由于观察到水、土、气、火四种元素的相互转化的途径,因而想到不以其中的某一元素,而以另一种高于这一切元素的东西作本原才合适"①。这条材料也认为,阿那克西曼德既不主张水,也不以气、火、土等元素作本原,是由于想到在性质上对立的东西相互转化是用某一种元素(它只有一种特定的质)无法说明的,因而主张用另一种高于这一切特质元素的东西作本原才合适。

阿那克西曼德的 ἄπειρον 是高于各种特质元素的东西,是在质上没有特殊的规定性的"无规定者"。这是 ἄπειρον 的一个基本含义或规定性。

ἄπειρον 的另一个基本含义是：它是能动的,它包含着对立和分离的作用。亚里士多德指出,自然哲学家们关于万物如何产生有两种不同的意见,一种用元素(如气、火等)的密集和稀散来解释；另一种则主张用从一种混沌或混合的本原中通过分离作用来产生。阿那克西曼德和恩培多克勒、阿那克萨哥拉都是主张后者的。"阿那克西曼德说,对立物都包含在一个东西里,并靠着分离作用

---

① Simplicius, *On Aristotle's Physics*, 24, 13; DK 12 A 9. 引自 P.P., pp. 105 - 107,第 107 条 A。辛普利丘(Simplicius,公元 6 世纪的柏拉图派、亚里士多德的评注家),他的评注据说是根据亚里士多德的学生和继承人特奥弗拉斯特(Theophrastus,公元前 322— 前 287 年)的《论自然哲学家的意见》来的,因而受到人们的高度重视。

从这个东西里产生出来"①。辛普利丘："阿那克西曼德说,对立物藏在基质之内,基质是个无规定者,从这个无规定者中分离出对立物……对立物就是热和冷,湿和干等等。"②"无规定者"自身所具有的分离作用,是对它何以能够产生万物的根本回答。

无规定者作为本原包容一切驾驭一切,是永恒的神圣的东西。③它神圣、不朽、能动,像泰勒斯的水一样永远是活的,所以能产生一个活生生的世界。阿那克西曼德说,从这个永恒的无规定者里分离出冷和热,产生出世界秩序(κοσμος):围绕着地产生出火球和黑色雾气,产生出围着地旋转的太阳、月亮和星辰④,并使开始是潮湿的大地被阳光晒干,分别出陆地和海洋。⑤

乍一看来,"无规定者"似乎只是一个纯粹否定性的概念,然而恰恰由于这种否定,它获得了无所不包的存在以及能动性的积极意义。阿那克西曼德和我们后面要谈到的阿那克萨哥拉都主张,为了能够产生和说明各种各样性质的万物,本原就必须能包容一切,因而它本身就必须是混沌的无规定的(或一切混合在一起最初无法分开)。这种情形犹如艾修斯所记述的那样:"他(阿那克西曼德)说出理由来证明本原是无规定的(ἄπειρον),因为那化生一切的产生作用应当什么都不欠缺。"⑥这个"什么都不欠缺"说

---

① Aristotle, *Physics*, A, 187a20.
② 辛普利丘《〈物理学〉注释》第150页,转引自《古希腊罗马哲学(原著选读)》,商务印书馆1982年版,第8页。
③ "无规定者(ἄπειρον)不再有其根源(αρχή),它是其余事物的根源,包容一切驾驭一切,如那些除了无规定者之外不承认有其他原因的人所主张的那样,并且无规定者是神圣的东西。因为如阿那克西曼德和大多数自然哲学家所说,它是不会死亡和毁灭的。"(Aristotle, *Physics*, 203b10-15)
④ 伪普鲁塔克:《汇编》(*Stromata*) 2=Dk 12 A 10。
⑤ 亚里士多德:《气象学》(*Meteorologica*) 353b6-11=DK 12 A 27。
⑥ 《古希腊罗马哲学(资料)》,商务印书馆1961年版,第8页,第7条。

得很好：要能产生一切，本原就不能有欠缺。那么，在各种物质性的基质中谁能够格呢？ 在阿那克西曼德看来这就唯有无规定者才够格了。因为只要有某种规定（特质）的东西，就必定会欠缺与之相反的另一规定。另外，什么都不欠缺的东西里就包含了能动性，因为它蕴含着一切有规定的东西，它们彼此对立就要分离开来，这分离就是能动的显现，就是有规定的万物的产生了。这情形正如古代神话讲由混沌分出天地那样，赫西阿德如此说，中国的盘古开天辟地也如此说。

阿那克西曼德提出的"无规定者"，同中国老子哲学的根本范畴"无"非常相似。老子把"道"作为万物的本原①，它有"无"和"有"这两方面的规定性。② 这里所谓"有"就是可以命名或有形象、性质的意思，也就是有规定的东西了。③ "道"的原始状态是不会有形象的④，只是在"惚兮恍兮，恍兮惚兮"中"有象"，"有物"，即蕴含其中的有规定者还没有从中分离开来。正因为它是混沌、混成、惚恍，没法规定的东西，所以是"无"。这些思想和阿那克西曼德的不是十分相近，很可以互相发明的吗？

同主张以水为本原的泰勒斯相比，阿那克西曼德对于本原的思考显然深刻了很多。哲学少不了经验观察，更少不了理性思考，这一点在哲学开端时已经表现出来：有时突出观察（泰勒斯接着创世神话的问题来思考，但要靠切实的观察才能改造其思想内容以形成哲学）；有时则更要突出理性（阿那克西曼德也重视观察，

---

① 《老子》二十五章："有物混成，先天地生 …… 可以为天下母。"

② 《老子》一章："无，名天地之始；有，名万物之母。"

③ 中国人是用象形文字的民族，从象形然后会意来分辨认识事物，并给它们命名，所以有名有形也即是有规定。

④ 《老子》二十一章："道之为物，惟恍惟惚。"

但他在发现以水为本原有难以说通的大毛病之后,对本原的哲学含义进行深入反思,便特别显出理性思考的作用)。

ἄπειρον,"无规定者"这个哲学重要范畴,以其深刻的思想内涵给希腊哲学刻下了重要印记。这种情形似乎还同阿那克西曼德的社会思考有关,因为他说过这样的话:

> 万物由以产生的源泉,万物又毁灭而复归于它。这是"按照必然性"发生的;因为万物都按照一定的时序为它们的不义相互作出报偿。这是他用带有诗意的辞句说的。[①]

这里"作出报偿"(δίκην καί τίσιν διδόναι)这个短语,原是希腊人在处理氏族争端时的用语,指应公正地对侵夺他人的人给予惩处和报复。所指的"公正"或(正义女神)本是原始社会氏族制的习俗传统,那是氏族成员尚未分化为贵族和平民、富人和穷人、有权和无权的时期所留下的伦理道德观念。但是情况改变了,阿那克西曼德见到的已经是氏族制度瓦解、贵族和平民对立激化的时代,如我们上一章说到梭伦改革前夕雅典的情形。所以,看来只是涉及自然观的本原,其实更深刻涉及的还是人自己生活的自然:其源泉与原始的尚未分化的氏族部落状态和那种公正相关。在还没有分化、分离的意义上它也正是混沌不分的"无规定者"。从这里分化出贵族与平民,造成侵夺和彼此攻击,在人们道德观念中和宗教与哲学的思考中,这些不义最终必然要受到惩罚。那多行不义的必然会自取灭亡,为自己的行为付出代价或作出报偿,使社会回到和谐恢复正义。可见,阿那克西曼德的哲学实在是包括了人

---

① 见辛普里丘《物理学》(Simplicius, *Physics*)24.13=DK 12 B 1,参见 P.P.,pp.105-107,第103条英译文。

自身的自然在内的思考,这一点也具有重大的启示作用。在这方面我国古代的老子也和他很接近。

第三节　阿那克西美尼

阿那克西美尼（Anaximenes）是米利都派最后一位重要代表。他是阿那克西曼德的学生,约小于后者24岁,主要活动于公元前6世纪的中后期。据辛普利丘报道,他和他的老师一样主张"基质是唯一的和无规定的（ἄπειρον）,不过不像阿那克西曼德所说的那样不确定,而是确定的东西,因为他说它是气。它通过稀散和浓聚而分别成为不同的实体。当它稀薄的时候便成为火；浓密时便成为风、云,再浓就成为水,再是土,再是石头,和其余从这些东西里产生的东西。他同样认为运动是永恒的,还说由于运动也就有了变化。"[1]

希波吕特记载得更加详细："阿那克西美尼说无规定的气（ἀέρα ἄπειρον）是本原。一切生成的东西,包括正在产生的、已经产生的和将要产生的,以及众神和各种神圣的存在,都是从它来的,气的形式是这样的：当它处于均匀状态时是不可见的,但由于冷、热、潮湿和运动它就显现出来了。它总是在运动着,因为如果没有气在运动,那不断变化的万物就不能变化。当它浓缩或稀薄时,显现出不同的外貌：分散成很稀薄的东西时它变成火,浓了就成为风,气擀成毯子形状就成为云,再浓就成为水,更浓成为土,最浓就

---

[1]　Simplicius, *Physics*. 24, 26,见 P.P., p.144,第143条。

成了石头。"①

他主张"气"是本原虽然不同于老师,但他仍强调那是"无规定的气",说明他还是赞同本原应是非特定性质的东西,不过他认为若只说它是无规定者就难以说明它的存在,而用气作本原就可弥补这一不足了。因为气一方面是人眼看不见手抓不着的东西,无形象无定质,可算是无规定的东西,但另一方面我们还是能通过呼吸、刮风和雾气等认知和确证其实存。在阿那克西美尼看来,以气作本原,既可继承本原应当是无规定的合理想法,又可避免其难以捉摸的缺陷,所以最合适。

他以"无规定的气"浓聚或稀散来说明世界万物的产生时,是同冷和热联系着的。据说他用人的呼吸来说明二者的关联,如果嘴唇紧闭呼吸的气由于紧缩就是冷的,嘴巴松开时呼吸的气由于松散就比较暖和。② 从这里似乎表示出他的一种看法,就是冷热的性质是从浓聚和稀散来的。我们知道希腊人总是把干湿冷热看成生命和宇宙的最重要性质,泰勒斯提出水是本原首先就是考虑到生命最少不了水,而阿那克西曼德在说世界及其秩序的产生时说的也是从"无规定者"里分离出冷和热,干和湿,来形成万物及其运动。现在阿那克西美尼则进一步讲出人们可以把握得住的理由:用气的分散和聚合,来说明不同形态的万物来于同一个本原,说明它们何以有冷热及干湿的性质。这就开始了一种新思路,用同一种元素的量变来解释万物的质变。从此希腊哲学家对世界万物的认识就不仅注意到它们显示给人的最直接的感性的质,也进到较为间接的数和量的方面。这种新的思考和观察,很快就在接下去的毕达哥

---

① 希波吕特:《驳异端》(Hipplytus Ref.) 1, 7, 1-3=DK 13 A 7,参见 PBS, p.48-49。

② 普鲁塔克:《冷的原理》(Plutarch, *The Principle of Cold*) 7, 947F=DK 13 B 1,参见 PBS, p.50。

拉斯派中得到了重大发展，并显示出它对科学和哲学的重要意义。

无论冷热干湿的质变或分散聚合的量变，都是自然物质的运动状态。以气为本原，不仅要说明万物的存在和形态，更要说明这些运动的来源。同泰勒斯和阿那克西曼德一样，阿那克西美尼的本原也是永恒的生命和运动的根本原因。在他保留下来的唯一的一句话里，讲的就是这一要点：

> 正如我们的灵魂（ψυχὴ）是气，它把我们结合在一起并支配着我们，同样呼吸（πνεῦμα）和气也包围着整个宇宙。①

我们的生命离不开呼吸或气，这正是生命的本原，也就是我们的灵魂。人和人体是靠呼吸和气才活的，所以阿那克西美尼认为气也是把身体聚集在一起和支配人的力量。这句话还表明他和阿那克西曼德一样把人看作宇宙秩序的一部分，是一个小宇宙，其本原或原理相同。我们从人的生命、灵魂、呼吸离不开气，就可知道宇宙和自然万物的生命或存在同样离不开气。从这一意义上，气既是人的生命和灵魂的根据，也是整个自然宇宙的生命和灵魂，所以阿那克西美尼又称之为"神"。②

我们应当承认，阿那克西美尼用气作本原来解释宇宙的生命和秩序的原理，会使人感到要比用水和无规定者更亲切，更易于为人理解。因为人的呼吸就是气的运动，它给人带来了生命、存在、生活、带来了支配人的身体和一切行为的灵魂。在大宇宙那也就是自然万物由以产生的气，也是继续围绕着宇宙的气，宇宙内外都是气在运转、呼吸，所以整个宇宙是活生生的、有灵魂（也就是神）的

---

① 阿那克西美尼，见 DK 13 B 2，参见 PBS，p.54。

② 西塞罗在《论神的本性》1.10.26（=DK 13 A 10）中说："阿那克西美尼确定气是神。"

秩序的存在物。

第四节　米利都开创哲学的贡献

米利都派是希腊哲学的最初开创者,开辟了一条不同于神话世界观的新型的世界观或智慧的道路,为之奠定了最初的基石。

1.最初的哲学从神话创世说脱胎而来,有着同等的宇宙观高度和想象力高度,但它不再只凭想象,而是第一次完全从经验观察的事实出发来寻求对世界万物的合理解释,因而把世界观建立在人可以靠自己的认识能力取得知识的基础之上。于是哲学就从神话世界观中分别出来。而它也即是人类最初的科学知识,随之而来的便是人的观察和理性的能力的真正进展。

2.他们向之提出经验观察和合理解释的对象,是我们所接触到自然事物和现象,包括外在的事物和我们人本身和人事,也包括这些事物的关联和全体、过程。而这个对象希腊人是用"自然"这个词来表示的($\varphi \acute{\upsilon}\sigma\iota\varsigma$,其动词形式为$\varphi \acute{\upsilon}\omega$,即梵文十大类根动词中的第一个存在动词 bhu,其含义是活着、生长、存在。这存在偏重于指自然流变的存在)。因此米利都派作为希腊最初的哲学家,是"自然(哲)学家"。

3.他们对自然的研究的中心,是寻求自然的"本原"究竟是什么。与神话和宗教不同,他们开始了一种新的解释方式:用事实和理由来说出原因或理由,因而可以检查讨论。这就为希腊哲学这种新型的智慧及其寻求奠定了最初的基石。古老创世神话中的"起初"和"神"的观念,变成了以知识作支撑的可以论证其真假是非的"本原"。这个概念对往后全部希腊哲学和西方哲学都具有根本意义。

4.照亚里士多德的看法,用研究"自然"作标志的"自然学(physics)"属于哲学的早期阶段或初级形态,只有研究"在 / 是"和它本身(being as being)的学问才称得上是"第一哲学"①。对这个大问题我们以后会有许多讨论。② 这里只想提请读者注意,以自然为研究对象的"自然(哲)学",包括米利都派在内,固然有其局限性,更有其不可取代的原初重要性。对于米利都派来说,整个世界和万物都是活生生的、感性具体的、永远在运动变化的存在,有生命的存在,这正是用"自然"一词做标志的存在所具有的根本特征,最初的哲学从研究"自然"开始,这件事本身就是最自然的。当然在这时他们所能达到的自然观只能是极素朴的,其知识和探索在思维和语言上也是很感性的,所以后来会被"数(哲)学"和 ontology 所代替。但是无论"数"还是"在 / 是",尽管被认为比感性的自然万物更真实,终究还是离不开"自然"即生命,生生之道的。从印欧语的语词研究和希腊哲学全部历史发展两方面来说,

---

① 亚里士多德在《形而上学》第四卷中说,研究自然知识的自然哲学家也有智慧,但还不是第一等的智慧。Met. Γ . 3 1005 a 30 - b 1.

② "自然"这个词,希腊文为 φύσις,英语为 physics 或 nature,是从印欧语系的词根 bhu (如梵文所示) 来的。在印欧语系中表示"存在"含义的词根有好几个,最普通常用的除了 bhu 而外,另一个便是 es (梵文 as),属于印欧语的希腊文 εστιν、英文 is、德文 ist 这些动词 be 的第三人称单数形式,都是从它来的。这个 es- 或 as-,就是动词 Be 的词根,即我们通常译成汉字"是"的那个词,但在印欧系语言中仍始终保持着"存在"含义。按照梵语古代语法说明,es- 和 bhu- 二词原是互释的同义词,后来在运用中才分别开来,取得了不同的含义。金克木先生指出,在梵语中,这两个互训的根词有了如下的重要分别 : as 指单纯的、抽象意义的存在,或静的、绝对的存在 ; bhu 则指变动的、具体意义的存在,或动的、相对的存在。见他所著的《梵佛探》,河北教育出版社 1996 年版,第 97 页。参见 Charles H. Kahn, *The Verb "Be" in Acient Greek*, Ch. V , 3, pp. 195 ff.

"自然"（bhu）都要比"数"以至"在 / 是"（es）更根本。这样说来，亚里士多德的讲法也不是没有片面性的。

5. 米利都派哲学的探讨集中在自然的"本原"和"万物"的关系上。自然的万物是感性的、殊异的，如何用一个感性的本原来解释？ 开始用"水"作本原，似乎能解释许多现象，特别是生命现象。但很快就可以检验出它有毛病：一个本身是湿的东西怎能做自然中那些干的东西的本原？ 从这里还必定会想到：凡是感性的东西都是殊异的，每一种只能有某一种感性的性质，而不能同时具有与之相反的感性性质，因此它们中的任何一个都不适合充当万物的本原，因为那是和自然界万物的多样性并存相抵触的。这个逻辑矛盾已经推动了哲学思想的发展：因此有阿那克西曼德的新的本原"无规定者"的提出：唯有任何一种感性性质都被否定了的东西，才可能充当具有感性多样性的自然的本原。这两端相反相成，其联合的道路便是从原始的"无规定者"本身分化、分离出对立殊异的万物及其对立殊异的感性性质。用感性性质上的无规定者来作感性自然世界和万物的根本原因 —— 是哲学最初在思想上的最大突破。但是，这时的"无（规定者）"终究还是在感性范围里活动的东西，不能离开感性的自然界，所以它只能是"混沌"之物，和《老子》所说的无名无形恍兮惚兮的东西类似。把这个既无规定又确实能为人们感知的东西落实下来，它就成为"无规定性的气"。

6. 这种哲学虽然带有突出的素朴性和原始性，却具有深刻的潜力。由于提出了"无规定者"概念，便预示着"有"、"无"问题即将提上哲学的主要议事日程。由于本原的统一性和万物感性多样性有矛盾，思维便进入了从感性具体向理性抽象的对立发展进程。由于一个本原要能解释万物生命、运动和感性性质的对立多样性的由来,对立统一关系的考察一开始便进入了哲学家的视野,预示着这个宇宙根本规律即将得到发现和深入考察。此外,米利都派的发展还预示着从最初关注的只是事物的感性性质转向注意其与数量变化的关系的趋向。

第五节　哲学从米利都向伊奥尼亚各地的扩展

历史的变动打断了米利都城邦及其哲学的发展。公元前500年即前6世纪的最后一年,米利都联络小亚希腊各邦发动了反波斯统治的暴动,但于公元前494年失败了。它遭到了波斯军队的洗劫和掳掠。米利都的陷落在全希腊引起巨大的震动和悲痛,成为希波战争的引线。哲学在米利都发展的历史结束了,然而希腊民族正在方兴未艾地勇敢地向着新的文明奋进,他们一旦已经赢得了这种新的世界观和思维,就必定要继续前进,于是我们便看到一幅更宏伟生动深刻的希腊哲学发展图景,接着就在广阔的希腊土地上迅速发展起来。

这个发展还是从米利都出发的,从这里哲学思想的种子首先传播到邻近的几个伊奥尼亚城邦,在萨摩斯,是毕达哥拉斯;在爱菲斯,是赫拉克利特;而塞诺芬尼则来自科罗封。这几位对希腊哲学作出了特别巨大贡献的人物,都是在公元前6世纪后期至公元前5世纪初期进行其活动的。所以米利都派开始的希腊哲学活动一点也没有中断,相反,它立刻就以更为宏伟的步伐向前大踏步地迈进。

第三章　毕达哥拉斯及其学派

第一节　毕达哥拉斯的生平及其时代

在公元前6世纪最后30年间即紧接在米利都派之后，在希腊世界的西部南意大利，出现了著名哲学家毕达哥拉斯所创立的哲学派别。

毕达哥拉斯（Pythagoras）是萨摩斯人，生于公元前570年左右[①]，出身平民。父亲是一名宝石雕刻匠，照希腊风俗他会跟着学这门手艺。萨摩斯是和米利都、爱菲斯邻近的一个伊奥尼亚城邦，由于地处海上交通要道，有广泛的贸易往来，从公元前7世纪起就是希腊最富裕的城邦之一。在毕达哥拉斯的时代，由波吕克拉底实行僭主统治的萨摩斯，海上军力强大，经济繁荣，并兴建了一些巨大工程，成为当时希腊著名的政治、经济和文化中心之一。毕达哥拉斯在这里出生成长，据说他在青少年时已热衷于学术和宗教仪礼，曾往米利都问学于泰勒斯。泰勒斯说自己年事已高，把他介绍给自己的学生阿那克西曼德，还劝他像自己一样到埃及去游学。[②] 他直

---

① 希腊人的习俗以40岁为一个人的鼎盛年，历史上记述人物的年龄常以他的鼎盛年在第几届奥林匹克赛会时期为标志。后人便据此推算其出生年代。据阿波罗多洛说，毕达哥拉斯的鼎盛年在前532/1年，见 P.P.，p.217.

② 杨布利柯：《毕达哥拉斯传》，第11—13节。

接听过阿那克西曼德讲演,并去埃及住过很长时间。据说他学习了埃及文字,当过那里的僧侣,参与神庙中的祭典和秘密入教仪式,因而洞悉埃及的宗教思想和制度。① 后来又去过巴比伦,和那里的僧侣也有交往。

在这之后,大约40岁时他"回到萨摩斯,发现他的母邦正处于波吕克拉底的僭主统治下,他就航行到意大利的克罗通去了"②。意大利南部的各希腊城市有类似萨摩斯和米利都那样的富庶繁荣,又不像它们那样受到外来威胁。克罗通是这里两个最大的城邦之一,商业繁荣,并以医学闻名;这里的德莫克底斯做过波吕克拉底和波斯王大流士的御医,据说毕达哥拉斯移居克罗通的选择很可能同他的劝说和影响有关。这里还有一位比较年轻的医学学者阿尔克迈翁也很有名,他的学说和毕达哥拉斯派思想很有关系。

毕达哥拉斯到克罗通后,很快就以其思想与博学赢得了人们的极大尊敬。他有门徒三百,参与了克罗通和南意大利的许多希腊城邦的政治活动,这是毕达哥拉斯派团体和学派的起源。 第欧根尼·拉尔修说,他们管理城邦事务有如一种真正的"贵族政治"。有人以此为据把毕达哥拉斯派看成是代表贵族阶级利益反对改革和民主制的保守反动势力,但柏奈特、格思里和汤姆逊通过仔细研究否定了这种看法。他们都指出,第欧根尼·拉尔修关于"贵族政治"(aristocracy)的说法,不能证明毕达哥拉斯派代表土地贵族的利益,因为这里的 aristocracy 一词用的是它的字面本义,即"最贤明者的治理"(government by the best),是一种赞美之辞,并非阶级

---

① 扬布利科：《毕达哥拉斯传》,第18节。
② D.L. XIII, 3.

政治的专门术语。^① 此外,汤姆逊和格思里还对毕达哥拉斯派的社会地位和政治倾向提出了相当正面的看法和论据。首先,他们都很重视赛尔特曼(C.T. Seltman)在20世纪中期新近提出来的一种观点。赛尔特曼对希腊古钱币做过专门的考证研究,他认为南意大利最早出现的铸币同毕达哥拉斯有不可分的关系。他写道:

> 居住在萨摩斯的宝石雕刻家内撒库斯生有一位赫赫有名的儿子毕达哥拉斯。他擅长于金属工艺、数学和音乐,又是一位深沉的思想家。他大约是在公元前535年离开本乡前往克罗通的,在那里他设计了一种铸币,创立了一种哲学,建立了毕达哥拉斯的兄弟会。这个集团不久就在好些繁荣的城邦中取得了政权,同时在有些城邦中出现了和克罗通性格相同、只是面貌不同于其他希腊货币的铸币。这些铸币的正面有阳文的国徽,并在一圈圆周形的边纹内镌有城邦的名称,它的反面有同样的图形,只是成阴文的。……这些铸币看来都是在公元前510年以前的三十年当中铸造的。^②

格思里和汤姆逊很重视这一说法,认为是毕达哥拉斯把统一的铸币引入克罗通和其邻近的南意大利各邦,设计了这些图样,从而产生了这里的最早货币的。这些铸币的特别美丽的形式,需要精湛的艺术才能和雕刻技艺,它们突然在这里出现而没有经过一种演变过程,在当时只有一个人的名字适于担任这种角色,这就是毕达哥拉斯,因为他是雕刻家的儿子,有这种技艺,还有无可怀疑的思想和艺术才能。格思里说,毕达哥拉斯几乎不可能与这里显

---

① J.Burnet, *Early Greek Philosophy*, pp.96-98, London, 1930。汤姆逊:《古代哲学家》,三联书店1963年版,第280页;以及 Guthrie, W.K.C., HGP, Vol.1, p.175; D.L.VIII, 2-4.

② 赛尔特曼:《希腊铸币一览》,第10—11页。引文转引自汤姆逊:《古代哲学家》,第282页。

然同时出现的铸币无关,这就说明,毕达哥拉斯的社会地位和实际利益同采用铸币有重大关系,他必定属于对国际市场有经验的新兴商人阶级。

另外,格思里还引用了亚里士多德的学生阿里斯多克森(Aristoxenus)的两个记述作为有力的旁证。阿里斯多克森说,毕达哥拉斯"赞美和推动数的研究超过了别人,从商业转向数,并把一切看成数",又说毕达哥拉斯是最早把秤和尺介绍给希腊人的人。秤和尺都和商业有关。因此格思里认为毕达哥拉斯所领导的"贵族政治"并非和旧的土地所有制而是和商业贸易有强有力的联系的。[①]

毕达哥拉斯派影响的上升时期发生过一件事,克罗通的邻邦西巴里斯在人民派领袖泰吕斯的影响下驱逐了500名最富有的公民,分了他们的财产。这些人跑到克罗通寻求保护,泰吕斯便以战争相威胁要克罗通引渡他们。克罗通人开始倾向于交出他们,但在毕达哥拉斯的干预和说服下还是保护了他们。于是发生了战争,结果在毕达哥拉斯派的米罗的统率下,克罗通军队取得了胜利。

毕达哥拉斯团体影响增长并取得政治领导地位约有20年之久。后来克罗通有个名叫库隆的人鼓动人民起来反对毕达哥拉斯派的统治。库隆是在财产和门第上居于显要地位的公民。据阿波罗纽斯报道,当时反对毕达哥拉斯的人们来自两方面,库隆代表上层阶级,另一名叫涅农的人代表民主派。这两部分人联合起来反对毕达哥拉斯派,似乎都不喜欢权力集中在这样一些少数人手里,而且许多人都讨厌他们种种奇奇怪怪的秘密。这件事件发生在公元前6至前5世纪之交,它使毕达哥拉斯派遭到重大损失。毕达哥拉本人可能在库隆事件发生前已离开了克罗通,移居到梅大邦丁并死在

---

① HGP,第一卷,pp.174-178;汤姆逊:《古代哲学家》,第282页注①及第283页。

那里,据说是躲在缪斯神庙里饿死的,70多岁。这些事件的详情已经难于弄清楚了。格思里认为毕达哥拉斯同情西巴里斯的财富派,也表明他是站在新兴商人一边的。汤姆逊说毕达哥拉斯的反对者来自库隆和涅农两个方面,说明他是处在这二者中间的地位。[①] 后来又过了几十年,约在公元前454年南意大利又掀起过一场反毕达哥拉斯派的大浪潮,放火烧毁了他们的聚会场所,如米罗在克罗通的房屋,许多毕达哥拉斯派领袖人物被杀害。此后除少数还留在南意大利外,多数人便迁回希腊本土,在弗琉斯和底比斯建立了他们的中心。

毕达哥拉斯派的历史持续了很长时期,直到公元前4世纪在意大利和希腊的不少地方都有他们的存在和活动;后来在希腊化时期直到公元后3世纪还有新毕达哥拉斯派在活动,直到他们融入新柏拉图派为止。

如上所述,毕达哥拉斯派的数论哲学很可能同商品货币经济发展的时代背景有密切关系,不过他们并非只是关心物质财富的人们,作为新兴阶级的思想代表,他们还有更主要的关注,那就是在当时社会生活的对立冲突中如何寻求一种最好的解决办法,一种社会秩序和好的生活道路。我们还需从更广泛深刻的角度来探究他的学说的根源。

第二节 哲学与生活 毕达哥拉斯派的宗教意识和活动

毕达哥拉斯派有一个最重要的显著特点,那就是追求一种他

[①] HGP,第一卷,p.177;汤姆逊:《古代哲学家》,第280—281页。

们认为最好的生活道路或生活方式。他们是为了这个目的才研究哲学的。

柏拉图特别看重毕达哥拉斯首先就是因为这一点。所以他说：

> 即使抛开公众事业不谈，我们听说过荷马在他活着的时候成为某些个人的指导者、教育者，这些门徒因他的启发而爱戴他，并传给后人以一种荷马的生活方式了吗？ 毕达哥拉斯才是这样的人物。这位导师因此受到热爱，他的后继者至今还在讲着毕达哥拉斯派的生活方式，并显著地区别于其他的人。①

赫拉克利特讲过一个故事，照这个故事所说，毕达哥拉斯可能是历史上第一个使用"爱智慧"即"哲学"这个用语的人。故事说，毕达哥拉斯有一次同弗琉斯的统治者雷翁交谈，雷翁称赞他的天才和雄辩，并询问他的技艺是什么。毕达哥拉斯回答说他不是什么技艺的大师，只是一个爱智慧的人（philosopher，哲学家）。雷翁对这个词感到陌生不解，这时毕达哥拉斯就解释说：生活好像是奥林匹克赛会，聚到这里来的人抱有三种动机：参加竞赛，夺取荣誉的桂冠；做买卖；最后一种是单纯地当个观察者。在生活里有些人为名，有些人为钱，可也有少数人作了最好的选择，他们把自己的时间用来思考自然，做爱智慧的人，这就是哲学家。②

从柏拉图的说法和上述故事，可以认为毕达哥拉斯把哲学（爱智慧）首先理解为一种新的生活态度，是人们所选择的一种比追名逐利要好的生活方式。

毕达哥拉斯派的另一显著特点是它的宗教团体的性质。他们

---

① Plato，*Republic*，600 B.

② Cicero，Tusculan V，3.8.，见 HGP 第 1 卷，p.164。

的生活、行为和思想有着强烈的宗教性质。其宗教观念主要是主张灵魂不死、轮回和净化。

毕达哥拉斯本人主张灵魂轮回说,这件事比较确实。这有同时代人塞诺芬尼的诗句为证。塞诺芬尼说,有一次毕达哥拉斯看到一个人打他的狗,就上前止住他的手臂并且怜悯地说:"住手,别打它啦,因为这是我的一个朋友的灵魂,听到它的声音我就认出了是他。"①

有报道说,毕达哥拉斯能保持住他多次灵魂转世的记忆。他说自己曾是赫尔梅的儿子埃台利德,赫尔梅给他以选择除不死之外的任何禀赋的机会,他选择了保持住自己无论活着还是死去时的记忆能力。后来他转世成了荷马时代的英雄欧福布斯,常常讲述他的灵魂在动物、植物和人体内漫游以及在冥界里的遭遇。后来他的灵魂进入了赫尔莫梯姆斯,能确凿地讲他前世生活的故事。然后又成为渔夫菲鲁斯,最后才成为毕达哥拉斯,仍保持着以前的那些记忆。②这一传说究竟是毕达哥拉斯本人还是后来门徒以他的名义编造的已无法查明,但它总表现了这一派的灵魂轮回说。坡菲利保存的狄卡埃尔库斯的报道也证实了这一点,他说:"他(毕达哥拉斯)向门徒说了些什么,没有人能确切告诉我们,因为他们保持着那种特殊的沉默。但下面这些是众所周知的:首先,他认为灵魂是不死的;其次,灵魂转移到别种有生命的东西里;还有,事情在某种循环周期里会再现,因而没有什么绝对的新事情;最后,一切有生命的东西被认为是亲属。毕达哥拉斯似乎是把这些信仰最早引入希腊的人。"③

对于灵魂来说最重要的事情是净化:要上升为纯洁的灵魂,

---

① P.P., p.222,第268条。

② D.L.VIII 4-5=DK 14,8.

③ P.P., p.223,第271条;并参见 HGP 第1卷,p.186。

达到摆脱一切肉体中的轮回而达到神的境界。这被视为人所能企求的最高幸福。它本是奥尔菲教义的核心，毕达哥拉斯派也把这当作追求的根本目的。

前面谈到奥尔菲教义时我已指出，把灵魂同肉体分离独立出来的观念虽有其宗教神秘性，却并不是简单的胡说，而是有深刻社会意义和思想意义的一件大事。在奥尔菲派那里它表现了下层人民最初的觉醒和自我意识，源于对现实生活和社会压迫的深刻抗议。由于他们失去了对物质世界乃至对自己身体的支配权利，就只能诉之于灵魂，诉之于一切人死后都要受正义之神的审判。这种观念出现后很快就传播于希腊各地，在社会各阶层中引起了巨大的思想震动，也迫使思想家更关注人生命运和伦理道德的种种问题，给哲学家提出了重大课题。毕达哥拉斯派对此的强烈反响便是突出的一例，问题是他们对生活和灵魂究竟作出了怎样的解释和加工。

毕达哥拉斯派的宗教意识同奥尔菲教义形式上的相似，并不妨碍两者在内容和思想水平上有重大差异。

首先，这两派崇拜的神灵有鲜明的区别，显现出彼此在文化和思想上的重要差异。希腊多神教神话里有不同的神系，本来就表现着社会冲突中人们的不同意识。奥尔菲教崇拜的是酒神狄俄尼索斯，形象为一裸体的男青年，他们还崇拜男性生殖器，以狂热的舞蹈甚至纵欲为宗教仪式。而毕达哥拉斯派崇拜的是日神阿波罗，他的形象是典雅气派的青年英雄，手里弹着七弦琴。他是希腊文化的保护神，掌管着音乐、预言和医药。毕达哥拉斯本人就被克罗通人神化为阿波罗的降生或北方乐土的阿波罗。酒神表现了对原始生命力的崇拜，为民间所喜爱，具有浓厚的朴素粗犷的气息；而那优雅的阿波罗则标志着新兴的文明和文化，体现了上层的、富有的、有教养的阶级的趣味和事业。

再者,与之相关,两者在对灵魂净化的理解和实践方式上也大不相同。像奥尔菲教派那种令人神魂颠倒的狂热舞蹈仪式之类,在毕达哥拉斯派这里是没有的;这里的宗教神秘需要相反的方式来实现,即沉默的思考,道德的戒律以及他们那种特别的科学研究。正如亚里士多德的学生阿里斯多克森所指出的那样:"毕达哥拉斯派用医药来进行身体的净化,用音乐来进行灵魂的净化。"① 他们在音乐里找到了理想,这就是和谐;因为音乐体现了和谐,特别能使人的情感和顺,得到升华和净化。他们也非常重视天文研究,因为在他们看来,天体是宇宙最神圣的存在和表现形式,这也是和谐。最后,数和由数形成的和谐,则对这一切和谐提供了最后的依据和说明。所以他们极力从数、音乐和天文的研究来领悟整个世界和神圣究竟是什么,社会人生和灵魂应如何由此得到说明,并使之改进和净化。总之,正是对于和谐和净化灵魂的追求,引导和推动着他们去从事科学和哲学的事业。

毕达哥拉斯派在发展中分化为"口传派"(Akousmatikoi)和"研究派"(Mathematikoi)。前者取名于希腊文 ἀκουσμα,意为"听到",即主张按照毕达哥拉斯口传下来的教导行事,偏于宗教团体性质。而后者所取的 μάθημα 这个希腊语词本来含义是"研究",只是由于毕达哥拉斯派以之为名并以数为研究对象,后来才成为专指"数学"的词。"研究派"发展了毕达哥拉斯的"数(哲)学"研究。我们的主要考察对象是在他们的这一方面。

---

① P.P., p.229,第279条。

第三节 毕达哥拉斯派哲学的基本面貌和主要问题

1. 自然哲学和第一哲学之间的数哲学

毕达哥拉斯及其学派创立的"数学"使他们万古流芳，但它同后来作为纯科学的数学大有不同。它不仅包括了音乐、天文、算术、几何四种学问在内，并且从根本上说是一种哲学。它在哲学史上有一种特别的性质和地位。大家知道，希腊人进入哲学研究最初是以自然为对象的形态，叫作"自然（哲）学"；到巴门尼德提出"存在/是"的问题之后，哲学的研究对象便有了转移，研究方法更有巨大的改变，这种发展到亚里士多德达到了一个高峰，他把研究"存在本身"（being as being）当作第一哲学的对象，明确地同"自然（哲）学"区别开来。这两种类型的哲学是希腊哲学史发展中最具基础性的划分，而在这二者之间，毕达哥拉斯派的"数（哲）学"实在充当了一个极其重要的环节，起着一种特别的中介作用。

在一个意义上，他们的"数（哲）学"依然是一种"自然（哲）学"，因为他们讨论研究的对象还是关于自然的各种事情，和其他自然哲学家一样。但是他们把非感觉的东西 —— 数 —— 作为万物的本原，又同其他自然哲学家非常不同。按照亚里士多德的说法，"他们提出的那些原因和本原，本是可以导向更高的实在领域的步骤，并且比自然理论更适合于这些更高的实在"，所以他们的数哲学是超出自然哲学的一个重大进步。但从另一方面说，数虽然不同于感性的运动的自然事物，又同用"是/存在"判定其为真的东西不同，后者才能对事物及其根本原因作出确切的解释，而数在解说自然时不免常常是牵强的，还不是真正适当的形式。毕达哥拉斯派的"数

（哲）学"体系中既有许多精彩之处又充满着混乱,原因盖出于此。[①]

2."数是本原"的两义和理由

亚里士多德指出:

在这些时候,甚至更早些时候,所谓毕达哥拉斯派曾经从事数
学的研究,并且第一个推进了这个知识部门。他们把全部时间用在
这种研究上,进而认为数学的本原就是万物的本原。由于在这些本
原中数是最基本的,而他们又认为自己在数中间发现了许多特点,
与存在物以及自然过程中所产生的事物有相似之处,比在火、土或
水中找到的更多,所以他们认为数的某一种特性是正义,另一种是
灵魂和理由,另一种是机会,其他一切也无不如此;由于他们看到
在音乐中音阶的性质和比例是用数表示的,而一切其他事物就其
整个本性来说都是以数为范型的,数本身则先于自然中的一切其
他事物,所以他们从这一切进行推论,认为数的元素就是万物的元
素,认为整个的天是一个和谐,一个数。因此,凡是他们能够在数和各
种和谐之间指出的类似之处,以及他们能够在数与天的特性、区分
和整个安排之间指出的类似之处,他们都收集起来拼凑在一起。如

[①] Met. 989 b 29 ff. :"毕达哥拉斯派对本原和元素的看法比那些自然哲学家较为奇
怪,其原因是他们从非感觉的东西中寻求本原,他们所说的数学对象除天文事物
外,都是一类没有运动的事物。可是他们讨论研究的正是关于自然的各种事情,他
们谈到诸天体的产生并观察诸天体的各部分及其性质与作用,并用一些本原和原
因来解释它们,这就意味着他们同自然哲学家一样,认为实在正是一切可感知事物
以及诸天体中的事物。但是他们提出的那些原因和本原,如我们所说,本是可以导
向更高的实在领域的步骤,并且比自然理论更适合于这些更高的实在。可是他们却
全然没有告诉我们如果只有规定者和无规定者,奇与偶,运动是如何可能的,如
果没有过程和变化如何会有生灭……"

　　果在什么地方出现了漏洞，他们就贪婪地去找个东西填补进去，使它们的整个系统能够自圆其说。例如他们认为十这个数是完满的，包括了数的全部本性，所以他们就认为天体的数也应当是十个，但是只有九个看得见，于是他们就捏造出第十个天体，称之为"对地"。
　　这些哲学家显然是把数看作本原，把它既看作事物的质料因，又看作形成事物的样式和持存状态的本原。他们认为数的元素是偶和奇，前者是无规定的，后者是有规定的；一来自这二者（因为它既是偶又是奇），而数来自一；而整个的天，如上所述，是一些数。①

　　这里指明：他们说数是万物的本原有两种含义，其一，数是事物的质料因，也就是说，用数能造成实际的自然事物，它是万物的实际的材料；其二，数是万物的样式或范型，抓住了数的这种特性也就知道了事物是什么。前者是从感性的存在意义上说数是万物的本原，指质料；而后者则是从形式和特性上说的本原，即原理。②这两种含义虽然相关却并不相同，并和他们认为数是本原的理由一致：其一，他们认为在万物的各种本原中数按本性是第一的、在先的；其二，他们发现数的特性与事物中的特性相似，认为数的原理或范型可以作为世界秩序和万物的原理和范型。毕达哥拉斯派的数学哲学都是围绕着数作为本原的上述两重意义展开的。

3. 数是原理（范型、形式）和世界万物的秩序

　　我们先来考察一下数作为范型的本原含义。毕达哥拉斯派最

---

① Met. 985b22ff. 着重点是笔者加上请读者留意的。
② 这里 ἀρχή（principle）一词，汉语译成"原理"要比译成"本原"更适当些。

有天才和智慧的发现主要就在于此,虽说也有许多牵强附会。这一意义首先在他们的音乐研究中得到了显现。据说毕达哥拉斯有一次走过铁匠铺,听到打铁时发出的谐音得到启发,他从不同重量的铁锤打铁时产生的不同音调,测出其间有数量关系。以后他又在琴弦上作了进一步的试验,发现了数的比率决定了谐音音阶的音程。[①] 简单说来是这样:用一个一根琴弦的乐器,在琴弦下面设置一个可移动的琴徽,那么随着徽的移动,琴弦就能发出不同的声音,那是变动和不确定的。但是当把徽位固定在弦长二分之一的位置时,发出的就正是全长时的高八度音。在这里,琴弦多长,是什么材料,等等,全没有关系。八度音的本质只在数量比例2:1。而五度、四度音程的音调,也能用数量比例3:2和4:3准确规定。所以音乐就是靠了数,把规定性和秩序引入了无规定和连续的可能音调之中而形成的。

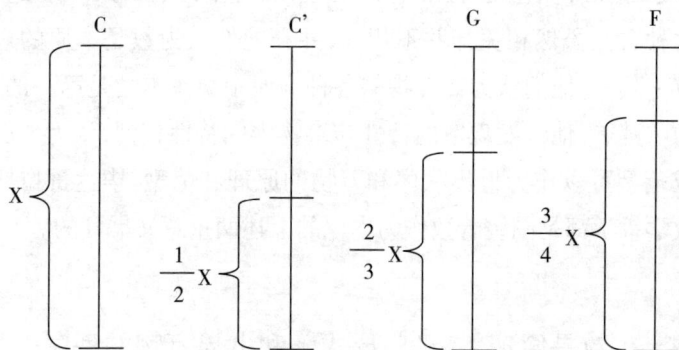

$$C \quad X \qquad C' \quad \frac{1}{2}X \qquad G \quad \frac{2}{3}X \qquad F \quad \frac{3}{4}X$$

这一发现不仅奠定了科学的声学理论,而且是物理学定律第一次用数学公式得到的表达。用可以严格测定、检查加以确定的数

---

① 在塞克斯都·恩披里科的《皮浪学说概略》第3卷第18、155节;《驳数学家》第4卷第6—7节,和扬布利科的《毕达哥拉斯传》第66—67节,均有记载。

量（quantity）关系，规定各种事物（诸如颜色、声音、光和电磁波等物理现象，以及社会现象）的性质（quality），是西方学术一直运用的主要科学方法，或科学本身得以存在的根本标志之一。可见毕达哥拉斯在音乐中发现的数的原理，实在是人类认识史上的一件大事。它第一次把事物的性质归结为数量关系，发现了用严密的数量关系可以确切规定事物及其性质和运动。作为这一科学方法与传统的原创者和奠基人，毕达哥拉斯理所当然永垂青史。

不过，这一发现对于他本人和他的门徒来说，主要的意义还是给解释宇宙自然和人事提供了一种前所未有的启发和刺激。真的，音乐不就是和谐，harmony 吗？ 如果音乐能归结为某种数学模型，那么自然整体和世界秩序（cosmos），神圣的诸天体，我们的社会结构和生活法则，特别是人本身和我们的灵魂，所有这些由于和谐才能存在并总是趋向和谐的事物，岂不同样可以归结为某些数的模型？

正是这种想法和热情推动了他们作出了许多极为重大的发现。他们提出了奇数和偶数，质数和组合数，平方数和立方数等重要概念，又对它们作了科学的解释，更作了哲学世界观的重大诠释。在几何学上他们最早提出了点、线、面、体的元素概念，可能已经发现了平行线公理。著名的毕达哥拉斯定理（勾股弦定理）就是由他发现才如此命名的，据说他因为这一发现举行了百牛大祭的庆典。[1] 人们还认为他们已经发现和证明了正方形的对角线和边长不可公约，还有关于三角形、多边形、圆、圆球和正多面体的一些定理。在天文学上他们不仅认识到了地是球形的，而且最早认为地球并不处于宇宙中心，因为在宇宙中心的必是一个火团，地球作为诸天体之一和其他星球一样都围绕着这个中心火团作环行运

---

[1]　D.L. VIII, 12.

动。这些都是科学上的重大发现,方法论上也具有极高的价值,当然给哲学提供了新的强大支持和推动刺激力。

第四节　数作为本原的范型含义和质料含义

他们认为数能作为本原(原理)的理由是,数在存在上和可认知性上都先于整体自然和万物。其中有某些数意义更加重大,如奇数和偶数,从一到十的数,其中以"一"和"二"最重要,但仍以"一"为一切数和万物的终极本原。①

1.奇数和偶数

他们说奇数和偶数是万物和数的元素。它们体现和表示了宇宙中两个根本对立着的特性和原理:有规定和无规定。对此他们有如下说明:

如果用角尺围限着1,所产生的图形永远是奇数3、5、7、9……奇数形成的图形永远是正方形,长和宽的比例为2∶2=3∶3……

---

① 亚里士多德残篇,见 Fragments,F 203 R.3,40.11-15,*The Complete Works of Aristotle*,Princeton University Press,1985,p.2444。以下用缩写 CWA 表示该书。亚里士多德的原话是:"由于认为数先于整个自然和自然万物(因为没有数一切都不能存在或被认知,然而没有别的事物数仍然是可认知的),他们把数的元素和第一本原当作万物的第一本原。他们说这些元素是偶数和奇数,认为奇数是有规定的而偶数是无规定的;而在数中他们认为"一(单元,unit)"是第一本原,由偶数和奇数两者组成,因为"一(单元,unit)"同时是偶数和奇数,他用加上一偶数就生出奇数、奇数也生出偶数来证明这一点"。

即永远相等，为1 ∶ 1，不会改变（图A）。这就表明：奇数或方形的数，是有规定或确定性的，并且这规定性是可认知的，是可以完全确定的知识。所以奇数便象征着"有规定者"。

而用角尺围限2所产生的图形就必是偶数4、6、8……偶数的图形是长方形；它们的长和宽的比例是2 ∶ 3，3 ∶ 4，4 ∶ 5……永远不相等，处于不断改变过程之中，因此这些长方形永远彼此不同（图B）。可见偶数总是表示着不确定性，因此毕达哥拉斯派就用偶数表征"无规定者"。

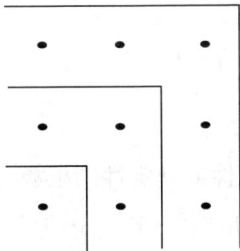 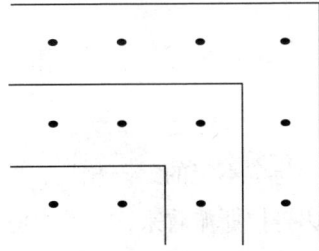

图A　　　　　　　　　　　　　　　　　图B

上述说法表现出毕达哥拉斯派非常重视"有规定"和"无规定"的问题，因此他们在奇数和偶数中能发现这两个范畴的含义，并把它当作表达这两个范畴的数。奇数偶数的这种含义同它们的根源"一"和"二"有密切关联。

2.　"不定的二"

由图B可知，偶数的不确定性起因于"二"，它是第一个偶数。在毕达哥拉斯派看来，"二"本身正是无规定的本原（"无规定者"）

或原理("无规定性")。他们说"二"和"意见"是一回事,因为"二"就指既可以这样也可以那样,是朝着两个方向的对立和变动。[①] 因此"二"又叫作"不定的二",这个用语后来一直长期地为毕达哥拉斯派和柏拉图派所沿用,并成为在哲学上表示感性自然物质的别名,因为在希腊人和哲学家看来,自然万物及其感性性质永远处在运动、对立和生灭变化之中,如阿那克西曼德所说是无法找出一个确定的本原的,因此本原只能用"无规定者"来指称。毕达哥拉斯派所说的"二"正是这样的东西,所以叫作"不定的二"。

3.第一本原"一"和"不定的二"的对立统一关系

与"不定的二"相反,"一"才是规定性或确定性的根源。在毕达哥拉斯派看来,"一"才是一切数和事物的第一本原,因为"二"也是从"一"而生的。

"一"作为一切数和事物的第一本原有两方面的意义,其一是说它先于一切数和自然万物而存在,其二是说数比其他事物可知,而"一"又先于一切数而可知,是第一可认知的。因此它是一切数和事物存在的终极本原,是一切数和事物可认知的终极原理。

从存在的意义说,毕达哥拉斯派的一整套数论的创世体系是从"一"开始的:"万物的本原是单一。[②] 从这个单一产生了不定的二作为这个单一的质料,而单一是原因。从单一和不定的二产生出各种数;从数产生点;从点产生线;从线产生面;从面产生

---

① 见亚里士多德残篇,F203 R3,39.15-17,p.2444,CWA。
② 原文为 μονάδα,monad or unit,单元、单位、单一。

体；从体产生可感觉的物体。可感觉的物体有四种元素：火、水、土、气；这些元素都互相转化并结合，产生出有生命的、有智力的、球形的宇宙。"①

　　这里对"一"的创世作用和过程主要是分两步说的。首先，从"一"产生不定的"二"，这样"一"在自己之旁就增加了另一个极端重要的本原"二"，它既是创世所必要的无规定的质料，又是自然中对立、运动、生灭的根源。第二步，在这样的基础上，即从"一"和"不定的二"再产生各种其他的数；然后再一步一步地产生感性自然的宇宙和事物，直到产生人。这种创世之所以可能，是"单一"对"无规定的物质材料"不断加工的结果。"一"能做到这点，因为它就是规定：最终的有规定者，最根本的规定作用本身。

　　因此毕达哥拉斯派把"一"称作创世者，有时比作诸神之父、宇宙的创造主宙斯，有时比作太阳神阿波罗，因为太阳或中心火是宇宙中生命的源泉。他们还说"一"是宇宙的秩序和心灵。②他们把心灵、本体同"一"等同起来，因为"一"是不变的，到处都一样的，而且是一个统治的原则；他们把心灵叫作统一体（单位、unit）或"一"，也把本体这个根本的东西称为"一"③。这里所说的"不变"、"到处都一样"，即是有确定性和普遍必然性的意思。他们也说"一"就是真理。显然这里"一"作为在本原和作为知识原理的含义是相关联的。因为知识离不开心灵、秩序、规定，而规定总有稳定不变的特征；只有规定才有知识、真理，所以最终的本原"一"能起规定一切数和事物的第一原理的作用。

　　因此，除了最开头从"一"产生"二"的意义上说"一"是

①　D.L.VIII，25-26.

②　Gorman，PythagorasA:life，London，1979，pp.137-139.

③　参见Fragments，F203R.3，39.11-15，p.2444，CWA.

第一本原的说法之外,真正说来,全部创造都是"有规定的一"和"不定的二"这两个始祖共同工作的结果。所以毕达哥拉斯派说"一"是诸神之父宙斯,而那"不定的二"就是诸神之母瑞亚。按照讲神话的诗人和米利都派自然哲学家中占优势的观念,"混沌"(Chaos)或"无规定者"ἄπειρον 是万物的终极本原或原初创造者,而规定性事物是从它产生的,这是"从无到有"。但毕达哥颠倒这一次序,"从有到无"。如果说前者是母权主义或女性中心论,他们便是父权主义或男性中心论。从毕达哥拉斯开始,哲学中突出了"有规定的一"的伟大作用。虽然他们还保留了"无规定的二"的本原位置,但地位已经贬为第二位。后来柏拉图只以"相"[①] 为本原,"不定的二"只有质料的意义而不再是本原。亚里士多德在一个层次上承认"形式"和"质料"都是本原彼此结合而不能分离,但在再分析中最终还是认定唯有"形式"才是第一本体。他们的观点也同毕达哥拉斯一样,都是由于认为唯有形式和规定性的东西才能给我们带来知识、确定性和真理,它是科学和哲学的基石。而质料或无规定、不确定的东西和思想言说是不可能提供知识和真理的。所以虽也不可少却只能放在次要地位。

4. 几个重要的数

除了"一"和"二"、奇数和偶数之外,他们还对某些数高度重视,给予了重要的哲学世界观的诠释。有的有些意思,有的牵强

[①] 柏拉图哲学中的核心范畴 ἰδέα, ειδος,以前中译为"理念"是不妥的,我们按照陈康的意见改译成"相"。

附会。如：

"三"，他们说这个数表示开端、中间和终结，也就是"全"；它还表示长、宽、高，可以象征世界；还指三角形，它是第一个封闭的平面图形，由于他们认为各种多面体都是由三角形构成，而水、火、土等元素和由它们组成的一切物体又是由各种多面体构成，所以三角形可以表明"三"是组成万物的最基本的元素；最后，它还同阿波罗神庙中青铜三角祭坛等联系起来，赋有神秘的意义。

"四"是神圣的：它是正义，因为4是第一个平方数；它是音阶中四个主要的谐音，其比率是4：3，3：2，2：1，4：1，它们都包含在数的系列1、2、3、4中，这些简单的比率是最悦耳的，可以敲响灵魂中同类的谐音，可以通神；它还表示四种元素；象征四季；象征点、线、面、体；象征人生的四个阶段；认识的四种能力；等等。

"五"是婚姻，它是男女（雌雄）的结合，因为他们说奇数是男性，偶数是女性，而"五"是从第一个偶数"二"和第一个奇数"三"产生出来的第一个数。关于"六"、"七"、"八"、"九"都有种种说法，兹不赘述。

他们把"十"当作最完满、和谐之数，用一个三角形的图形来表示：

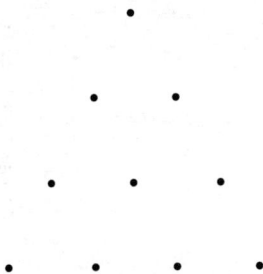

它如海妖迷人之歌那样美，如德尔菲神庙的神谕那样神秘，因

为它是最初的四个数组成的第一个最完美的数（1+2+3+4=10），因为世界秩序按照和谐构成，而和谐来自八度、五度和四度音阶，它们是由最初的四个数的比例构成，所以"十"便表示了最完满和谐的世界秩序。为此，他们说神圣的天体必定是十个，但是只能看见九个，为了凑足十的数，他们就捏造出第十个天体叫作"对地"。

第五节　数和对立面

毕达哥拉斯派的数哲学还有一套十对本原的学说。亚里士多德说，和他们同时而比毕达哥拉斯年龄稍幼的克罗通的阿尔克迈翁也有类似的观点，也许是他的看法来自他们，但也可能相反。不过他所提出的对立带有随意性，不像毕达哥拉斯派那样明确地规定了有多少对立以及它们是什么。他们把这十组对立列成两行：

有规定者	无规定者
奇	偶
一	多
右	左
雄	雌
静	动
直	曲
明	暗
善	恶
正方	长方[①]

---

① Met. 986a22-b9.

　　他们把对立的数目规定为十,显然同他们以十为完满之数有关,不免拼凑的嫌疑。但无论如何还是表现了他们的整个世界观,其中关于数和形的有五组（奇偶、一多、右左、直曲、正方长方）；而其他则涉及自然和万物几方面重大性质的规定：静动、明暗是自然界的最普遍的对立现象,雌雄是人和生物的性别差异,而"有规定者"和"无规定者"（ πέρας 和 ἄπειρον）、一多、静动、善恶这几对范畴,对希腊哲学整个发展都十分重要,可见这个范畴表有很高的价值和意义。

　　最根本的一对范畴"有规定者"和"无规定者"列在第一。其含义同中国哲学中《老子》以及魏晋玄学中的"有"、"无"相同①。毕达哥拉斯派把"有"、"无"列在十对范畴之首,在"一"和"不定的二"之前,是更高一层的概括,清晰显示出他们和米利都派的差异。

　　虽然他们把"有"放在第一位,突出了对世界和本原的规定性的强调,但也没有否认"无"的本原意义。因为无规定者是世界必备的质料,也是使万物和数得以分离开来的因素：虚空。他们说宇宙像一个有生命的大动物（它属于"一"、"有"）,通过呼吸把虚空即"无（规定者）"吸入,才一生二、二生三、三生万物地产生了自然中的一切。如此说来,这"无"的作用岂不是极大吗？并且它岂不是也起到了规定者的作用了吗？因为规定决不能没有分离和区别的作用。

　　从"有"、"无"然后有奇偶、一多等"数"的本原。一和奇数因其确定性和不变性属于有规定者,多和偶数则因其不断变化而

---

① 因为,有名无名、有形无形中的"形"、"名",指的也是对事物有无确定的认识和语词的意思。所说的"无"指的并非绝对的空无,而是恍兮惚兮不可言说不可规定的自然混沌本原状态。

归于无规定者一边。而"静"和"动"这对范畴，就更明白地挑明了何以正反两系列所有范畴分别列在"有"和"无"的大旗之下的含义的语义由来。

这个对立表包含着素朴和丰富的辩证思想因素。它把善恶好坏也列入这个系列，使正反系列的划分带上了价值评价的含义，显示了希腊哲学原创智慧中的伦理要素，其自然观是包括了人事的全面宇宙观。他们分别正反带有价值评价上的好恶或肯定否定意味，但毕竟认为正反两面缺一不可："有"不能没有"无"，数不脱离感性的质，确定性不能脱离不定性，静不脱离动，而善恶好坏也是相对立而存在的，两方面尽管对立，也是统一的。

第六节　数作为本原的范型或原理的意义及其局限性

毕达哥拉斯派的"数学"是一种很有原创性的智慧，它既是哲学的也是科学的，还是伦理的、政治的和宗教的，或者说还远未区分开来。这正是人类早期文化智慧原创的特色。从现代人眼光说，这好像是太幼稚的想法做法，但这却恰恰是它们之所以特别有深度、有想象力和创造性的魅力的缘由。他们把"数"及其起点"一"，进而其本质含义"有规定（者、性）"看作万物的范型和原理，为哲学和科学都作出了极大贡献。同米利都派认本原为"无"的"自然学"相比，能说明的东西和说明的能力都前进了巨大的一步。

通过数，希腊哲学第一次找到了一种在解释自然时比直接用物质元素更合适的本原和理由：它们是一些用数来表示的万物的原理和范型。让我们记住，在毕达哥拉斯派那里，二、三、四、

五、……十,等等,最后,一之为一本身,都绝非一些单纯的、纯数目字的数,而是每一个都是活生生的、有性格的、有内涵的东西,是一些范型、模式、原则、原理,因为它们每一个都既是某数又是"单一",某个特别的整体性的东西。例如"三"并不是简单地数1、2、3所得的数,而是个整体性的"三"。这就是说它既是三也仍然是个一,是个用"一"(统一性、单一性)来规定三使之成为一个整体的叫作"三"的东西,即,它是一的规定作用(主动的)和作为质料的三(受动的)彼此结合而构成的单一物。用这种方式,希腊哲学开始超越了感性对象范围的思维方式,向形式的、范型的、概念性的思维迈出了重大一步。我们看到,上述这些数,如"不定的二"、"三"、"十"、奇数偶数、方形数长方形数,等等,哪一个不是实际上已经是某个概念甚至哲学范畴了呢? 正因为如此,所以亚里士多德说这是可以导向说明更高实在的步骤。

但是介于自然哲学(以自然物质东西作本原)和第一哲学(以存在/是作本原)之间的数哲学(以数为本原),还是在两头都遇到困难和麻烦。一方面它要解释自然整体和万物,但是数毕竟已从感性的物质抽象出来了,它如何能产生、构成具有感性性质的自然万物? 本身没有运动生灭的数又怎能解释充满着运动生灭的自然和事物? 另一方面,用数来表示的范型、模式和观念,毕竟同用语言和概念思维所表示的这类东西不同。语言、概念、判断、推理的形式,一句话,λόγος(逻各斯),才是哲学世界观的合适表现形式。数是可以协助哲学和科学的重要工具,但是它不能代替哲学和科学的概念形式本身。

因此,毕达哥拉斯派的"数(哲)学"乃是从"自然(哲)学"到"存在/是(ὄν)之学"即后来亚里士多德称作"第一哲学"(ontology)的过渡,或中介环节。

第四章　赫拉克利特：
原始素朴哲学的光辉顶点

第一节　生平、时代和著作文献

　　紧接着毕达哥拉斯,赫拉克利特登上了希腊哲学史的历史舞台。他批评过毕达哥拉斯、赫卡泰和塞诺芬尼,而巴门尼德又向他提出了挑战。据说他的鼎盛年在第六十九届奥林匹克赛会期间（公元前504—前501）。因此可以判定他的哲学活动时期大致在毕达哥拉斯和巴门尼德之间,约在公元前6世纪末至前5世纪最初的20年间。

　　他是小亚伊奥尼亚城邦爱菲斯人。爱菲斯在米利都之北,相距不远,在公元前6世纪里它处于吕底亚王国势力影响之下,后来又受波斯势力影响。在米利都被波斯人毁灭（公元前494年）时它幸免于难,便代替米利都而成了小亚最大的希腊城邦,但无疑处于波斯控制之下。赫拉克利特生活和哲学活动的年代,正是整个希腊准备同波斯决战的前夜：波斯王大流士在公元前512年占领色雷斯,已威胁希腊本土；接着前494年镇压了小亚希腊各邦的暴动；前492年又西征希腊,前490年曾占领和毁灭了那克索斯和优卑亚的爱勒特利亚,这年9月,雅典人在马拉松战役击败了波斯海军,尔后希波双方便酝酿和准备着更大的战斗。前482—前481年终于爆发

了大决战,希腊联军(兵力不过10余万人)战胜了不可一世的强
大的波斯(号称数百万大军,据近代学者研究实际约50万人),保
卫了自己的生存、文化和光荣,从此希腊历史便进入了它的古典全
盛的繁荣时代。赫拉克利特生活在希波激烈冲突和决战的准备时
期,即希腊社会向古典时代转折的关口,给他的哲学打上深刻的时
代印记。

　　他出身希腊最高贵的名门之后,人们用以下事实说明赫拉克
利特的品格是多么高尚,因为他把世袭的"王位"让给了他的兄
弟。① 系谱可以一直追溯到雅典王卡德鲁斯之子安德洛克鲁斯,
他是希腊最早海上移民于小亚细亚的著名领袖,爱菲斯城邦的创
建人。据说赫拉克利特性格孤傲,离群索居②,是一位极有性格的思
想家。

　　据说他写了一个诗篇,虽然没有原样保存下来,但留下了一百
几十条残篇,内容还是非常丰富的。在最早的哲学家中,米利都派
只留下极少几条残篇,毕达哥拉斯本人的原话几乎全无留存,人们
要了解他们只能靠古代文献中的某些报道。但是赫拉克利特就很
不同了,由于后人经常要引证他的原话来讨论各种问题,在古代哲
学家著作和文献编纂中便保存了大量佚文。我们现在看到的这100
多条残篇,就是从1000多年间的各种比较可信的古文献中辑佚而

---

① D.L.IX 1.6. 关于王位,斯特拉波说明如下：爱菲斯城邦的创立者安德洛克鲁斯的
　　后裔被称作"王",享有某些特权,如在宗教庆典上就坐于前席之类。

② 关于这点有种种说法,我在《哲学的童年》中曾有所分析,参见该书第169—172页。

成。[①] 这一事实本身也表现了他的哲学在古代就受到人们高度尊重的情况。

第二节　自然"秩序"：永恒活火

赫拉克利特把自然本原说成是火。亚里士多德把他的"火"同泰勒斯的水、阿那克西美尼的气并提，说他们都是主张用物质元素作本原的自然哲学家。残篇中有说火转化为水，再转化为土的几条可以为证[②]，所以这话不算错。但是真正来说，赫拉克利特的火的主要含义并不在质料，而在用"火"的形象表达他要反复深入阐发的 κόσμος（秩序）即 λόγος（逻各斯）的意义。

残篇 K37（DK30）[③] 是最著名的一段话。Kirk 说："这是一篇庄严的、精心推敲过的、令人肃然起敬的宣言，它以英雄史诗般的语言显示出它的来历不凡，这种纪念碑式的风格表明：它很可能被赫拉克利特视为自己最重要观点的表达。"[④] 我赞同 Krik 的这个评价，让我们就从这里入手来谈他的哲学吧。这段话重要却又容易误解，为了便于澄清它的原义，我们还是从原文来读才好：

---

① 对于赫拉克利特的残篇，除了有 Diels 的整理，Kirk 和 Kahn 也有重要的重新整理著作（见以下两条注）。其中 Kahn 所著 The Art and Thought of Heraclitus（An edition of the fragments with translation and commentary, Cambridge, 1981）中提出的次序更合理可信，我在《哲学的童年》第 168—169 页中有所说明，兹不赘述。本书主要采用 Kahn 整理的为标记，如 K1 即指他所整理的残篇的编号。同时也附上 DK 编号以便读者自己查找。

② 见 K38，DK31A；K39，DK31B。

③ H. Diels, Die Fragmente Der Vorsokratiker, W. Kranz 修订本，Weidermann, 1992（以下简称 DK），22.30。

④ Kirk, Heraclitus, The Cosmic Fragments, Cambridge, 1954, p.311.

κόσμον τόνδε, τὸν αὐτὸν ἁπάντων, οὔτε τις θεῶν οὔτε
ἀνθρώπων ἐποίησεν, ἀλλ᾽ ἦν ἀεὶ καὶ ἔστιν καὶ ἔσται πῦρ ἀειζωον,
ἁπτόμενον μέτρα καὶ ἀποσβεννύμενον μέτρα.

（这个到处相同的秩序，不是神也不是人造作来的，而是过去、
现在和将来都永远如斯[①]的永恒活火，按尺度燃烧也按尺度熄灭。）

这里有几个关键词。第一个是 κόσμος（英文写作 cosmos），它
是由动词 κοσμέω 来的，原义为安排、配置、使有条理、秩序，从荷
马、赫西俄德直到德谟克里特都把这个词用于讲军队、政治、音乐
这类事情的安排配置上，而用来指世界（world）则是较晚的事。所
以赫拉克利特用这个词的含义只应指"秩序"，那使自然和万物有
秩序的根本原因。他说这就是"永恒的活火"。

米利都派的"无"（无规定者，混沌）和"气"虽然质料性质
比较显著，也已有了原理和规律的蕴涵，因为它表示了有规定的殊
异东西原是从无规定的原始统一的自然中通过对立而分离出来
的，因此必将返回统一。毕达哥拉斯用"数"和"一"淡化了本原
的质料含义，突出了它的范型和原理含义。到了赫拉克利特这里就
更深化了一大步：说本原是"火"似乎比数更像质料，可精神全
在于强调自然中到处一样的秩序是永恒的流变。显然这里的"火"
就是"自然永恒活动"的表征，和中国人说的"天道自然"一
样[②]，用今人的话来说即是"普遍适用的自然规律"。这和赫拉克利

① 这里译作"过去、现在和将来都永远如斯"中的"斯"字就是汉字"是"、"此"。
原文用了同一个"存在—是"动词的单数第三人称形式 εστι 的过去、现在、将来
三个时态：ἦν, ἔστιν, ἔσται。所以这句话既可作上述译法，也可译为"过去、现在、
将来都永远存在的永恒活火"。
② 汉字"然"本是燃烧之义（《说文解字》）。所以汉语词"自然"的意思，正是赫拉
克利特所说的一团永恒的自己燃烧的活火。它自本自根，自己运动，这就是人们常
说的"自然而然"的存在和规律性。

特另一个关键语词"逻各斯"（λόγος）的意义是一致的。

按照"尺度"（μέτρα）燃烧熄灭的"永恒活火"是一个鲜明的象征。因为 μέτρα 就是量度、衡量，在天文、航海和日常生活中，在毕达哥拉斯派那里，都有规范、规矩、规定的含义。永恒活火象征着自然万物永远处在活生生的生灭运动之中，但这种生灭变化是按规矩的，是有规律而不是乱来的；所以称作"秩序"。这是第一点。

其二，ἐποίησεν 是希腊动词 ποιέω（做，make）的过去时态，即做出、做成之义。赫拉克利特说这个"秩序"不是神也不是人做出来的，而是它（永恒活火）自己永在（永远如斯、如是）的。有人从这里发现了一个"彻底无神论"的命题，但实际上是误解了赫拉克利特的意思。因为他从没有否认神，他说的只是这个秩序或道（逻各斯）就是神本身。它就是神本身，还有谁（包括人或神）能把它造出来呢？ 下面这条几乎可说是他对神下定义的残篇就可证实这一点：

> 神是日和夜、冬和夏、战争与和平、满足与饥渴。它经历着变化，如火同各种香料混和时按照每一种香料的气味而得到不同的名称。（K 123，DK 67）

日和夜、冬和夏、战争与和平、满足与饥渴，这些自然中最普遍常见的事实和生灭变化秩序，就是他心中的神本身。确实，当他把这"自有永有"的"自然—秩序"看作神本身时，这个神岂不自己就是最根本的存在和真实，还需要别的什么来把它产生出来吗？

赫拉克利特对神的观念显然有了新的重大提炼阐发。在他看来，神就是自然的秩序，就是上述种种对立的统一，就是道 —— 逻

各斯,就是美、善和公正 ①,就是智慧 ②,也就是这个意义上的"永恒
活火"本身。为此他已开始批判流行的各种宗教教派,认为它们向
人们传授不虔诚 ③,"他们向神像祈祷,就像对房子讲话一样,不知
道什么是神或英雄。"④ 就是说,这些教派搞的只是偶像崇拜,不明
白为什么敬神,不知道什么是真正的神。

由此可见,他和其他早期哲学家其实并没有主张过什么无神
论;相反,他们对自然本原的探求一直是同他们的神观念结合的。
同时也很明白,正是在他们的哲学进展中,又都对自然、本原、神的
观念本身作了批判、审查和不断净化的加工提高。我认为这样考察
才符合他对神的看法。这也是很重要的一点。

第三点,原文 ἦν ἀεὶ καὶ ἔστιν καὶ ἔσται,是对 εστι 即"是"字
的过去、现在、未来三种时态的并用,还加了一个词 ἀεὶ,即永远,
always,用来说明这个"秩序 — 永恒活火 — 逻各斯"的永在和永
是如此的性质。赫拉克利特哲学以讲流变著称,但他讲的流变本身
仍然是有秩序的或有确定性的,是可以言说的"逻各斯"(λόγος
的原义就是"言说"),而并非如后来的克拉底鲁所说,由于万物流
变,我们一切都不能说,只能动动手指示意而已。还有赫拉克利特
在这里用的也是 εστι 即"是"字,同后来提出 ὄν 范畴和 ontology
的哲学家所讲的"是"使用的是同一个语词。这一点我以为也可
以注意。

这些就是他对于自然(φύσις)和神(θέος)本身的根本理解。

----

① K68,D102:对于神,一切事物都是美的、善的和公正的,但是人们认为有些不公
　　正,有些公正。

② K118,D32:智慧者唯有一个,既不愿意又愿意被称作宙斯之名。

③ K115,D14.

④ K117,D5.

下面我们再来对他的一些重要方面作进一步阐明。

第三节　赫拉克利特"逻各斯"的语义：对自然秩序的智慧言说

残篇第1条就提出了"逻各斯"的问题。亚里士多德和塞克斯都说这一条是赫拉克利特所写的那本书的开头[1]：

> 这个"逻各斯"虽然常在，人们在听说它以前和听到它时却老是不能理解。一切事物都按这个"逻各斯"发生着，但是我在分别每一事物的本性并说明它如何如此的那些话语和举止，人们在加以尝试时却显得没有体验。另一些人对他们醒着时所做的茫然，就像忘了他们在睡梦中所做的那样。（K1，D1）

古希腊词 λόγος，理解和翻译都是困难的，中文"逻各斯"不过是简单的音译罢了。Guthrie、Kirk 对它作过考证研究，指出它有多种用法如：说话、言辞、表述、说明、理由、原理；尊敬、声誉；采集、点数；比例、尺度；等等。Guthrie 认为赫拉克利特用的"逻各斯"的主要含义是：（1）人们所听到的。这是最一般的含义；（2）规整万物的，类似于某种普遍的规律；（3）它有一种独立于表述它的人的存在。[2]Kirk 强调其作为尺度、公式和规律的含义，认为不亚于其作为言辞的本义。他们的解释虽略有差异，但都认为它主

---

[1]　见亚里士多德《修辞学》1047b16，塞克斯都（Sextus Empiricus）《反数学家》VII，132。

[2]　HGP，Vol.1，p.425．

要指客观规律和人的言说这两个含义。与之相比 Kahn 似乎更进了一层，因为他特别注意到赫拉克利特有意运用了 λόγος 语义的双关性，强调由此出发对哲学诗的全部内容作有机的理解。我认为这是很有道理的。

　　既然残篇第 1 条是赫拉克利特哲学诗的开场白，按照希腊古典诗篇的格式，开场白通常是"我现在要对你们说的是 ……"，这里最初出现的"逻各斯"无疑有"言说"之义[①]，但赫拉克利特哲学诗的重大特征恰恰是：从一开始就以"逻各斯"一词的双关含义提出了哲学上一大问题：一切事物都按照这个常在的逻各斯发生着，但是人们听了这个逻各斯却不能理解。

　　这段话里的"逻各斯"一词既关乎人的说与听（A. 言说之义），更关乎每一事物的本性，即一切事物都按照它而发生的自然普遍规律性，亦即上节所说的"秩序"（B. 客观规律之义），所以它有两个方面的含义是可以辨认出来的。

　　但是只说到这里还不行，还不是赫拉克利特给予这个词的哲学语义。因为最重要的事情恰恰在于把握这两个含义的对立统一关联，由此才能引出整个哲学诗所要强调和展开的主要论说。一方面，单是"言说"绝非赫拉克利特所说的"逻各斯"。人的思想言说只有洞察到大化流行的"秩序"的时候才称得上是"智慧"和符合"逻各斯"。换言之，言说的含义由于顺从自然秩序，扬弃了原先的主观性，而赢得了客观真理性，这样的思想和言说才配叫作"逻各斯"。因此认识"逻各斯"便是一场通过批判主观意见而寻求客观真理的斗争；另一方面，作为自然"秩序"的"逻各斯"

---

① 　参见 ATH，p. 90 及 p. 160 注 1。Kahn 引述了赫卡泰、赫西阿德的诗篇为例。赫卡泰就用 λόγος 表示下面他要说的话。

虽然客观存在,但如果我们不能把它认识和说出来,那对我们来说
也是枉然。因为对于人来说,最要紧的事情是必须认识自然和自
己,按照它的本性和秩序而生活。所以对人有意义的"逻各斯"只
能是被我们认识和言说的,因其指明了自然和人的本性而成为我
们行动指导的东西。在这个意义上"逻各斯"的纯客观的含义也
被扬弃了,它必是我们人可以思想言说的智慧。

可见在"逻各斯"词义的双关中,蕴含着非常丰富的内容。上
节说到它与自然中的"秩序"同义,既如此又何需另起名称? 看
来赫拉克利特特别采用"逻各斯"一词是有讲究的,因为只讲其"秩
序"之义必然会偏在客观性方面,而"逻各斯"这个词的词义首
先与"言说"相关,就把其主体性也突出了。这个词就能使作为自
然"秩序"的客观真理性和作为智慧"言说"的主体能动性二者
在一个概念下结合互动,扬弃双方各自的片面性而高度统一起来。
因此尽管"秩序"和"逻各斯"都是他的哲学的重要和相近的范畴,
他的学说的重点仍在对"逻各斯"的阐发上。

这个过程的起点是首先值得我们关注的。按古代人素朴想法,
神圣智慧的言说同客观真理是能够一致和统一的。他们深信有神
和普遍真理客观存在着,也深信智慧的话语能把它显现给我们。不
仅希腊人经常会把"主观逻辑"和"客观逻辑"混同起来,古代
别的民族和文化中的原创智慧也都有类似的观点。①

---

① 希伯来人认为先知能讲出神的话语;基督教认为耶稣基督就是神的话语本身;中
国的《老子》也是一部讲"道"的哲学诗,北京大学哲学系郭世铭教授用逻辑方
法重新诠释它时得到了若干重要意见,其中第一条即是推翻了王弼以来的版本和
解释,指出按帛书甲本,应标点和译为"道是可说的,但不是人们一向所说的那样"
(见郭世铭:《〈老子〉究竟说什么》,华文出版社1999年版,第37—44页)。我认
为郭说合理。这样看来《老子》的开宗明义和思想论述,就同赫拉克利特有非常近
似和更多可以相比之处。

　　这是同现代思潮很不同的一点。早期维特根斯坦有一句话：
"我们不能说的，我们就必须缄默。"①这句话的意思可以参照他自
己的其他说法来澄清。他说："除了自然科学的命题即与哲学没有
关系的东西之外，不说什么事情"，还明确说，关于伦理、生命和哲
学形上学的话，都是我们不能说或必须保持缄默的。②

　　此话一出，竟成了现代学术界最风行的一句名言，真是咄咄怪
事。因为这个所谓名言实在太荒唐。如果承认这种语言观，人类从
古到今说过的大部分话岂不是都不能算是说话，而包括《圣经》
在内的文化典籍和全部文学作品就全该销毁了？因为那里面说的
理想、追求、爱情、悲伤、期盼的话语，都不能算是"自然科学的命
题"，也就都"没有意义"了。另外人人每天都要面向他的未来，而
未来总是无法完全确定的，如果"除了自然科学的命题不说什么
事情"，那么这个世界就只有机器人才能活下去了，而活生生的人
就该当哑巴，要不就得说他说的话大部分都不能算"说话"。因为
就是自然科学家也做不到说每句话都是科学。据说用准确性作标
准，唯有自然科学的语言才有意义，伦理的、宗教的乃至形上学的
话都"没有意义"。那么，1.什么是意义？所谓意义岂不总是指
对人有意义？如果人关于自然和自身的生命、生活、愿望和努力的
言说都"没有意义"，自然科学又还能有什么意义？2.逻辑实证
者要用这句名言否定形而上学，包括希腊哲学，实在是数典忘祖。
他们以尊重自然科学和逻辑自诩，但是忘记了它们是从哪里来的。
儿子可以努力超过自己的父母，但否认自己的父母总是荒唐。

　　我认为这种语言观是一种现代流行病。它主要表述了现代科

---

① 维特根斯坦：《逻辑哲学论》，最后一条，即7。

② 维特根斯坦：《逻辑哲学论》，6.53及6.421—6.521等条。

学主义逻辑拒不承认任何超出其认可范围的一切智慧语言的合法性,另一方面也迎合了当代社会中相当流行的某种神秘主义精神需要和风气。在科技时代人们容易患科技至上的思想病,但它竟高烧到企图独霸语言,否认人类语言的本性和生命,倒恰好暴露了它的狂妄和自不量力。这是不通的,后期维特根斯坦也看到了自己早期的这个偏差,并有重大改正。但是好多人却舍不得这个宝贝,仍在不断重复这句"名言"。这就说明问题的根子还在现代科技的洞穴偶像。

我认为赫拉克利特提出"逻各斯",蕴含了表示人能用语言表达自然和生命的普遍秩序的主张,进而指明唯有智慧的语言才能胜任这种表达。这个洞见,从当时希腊人广为传颂来看显然受到了高度赞赏,而从人们多说他是个"晦涩的哲学家"来看,又表明它的智慧之言达到了何等深刻层次,因而引起了巨大困惑。这一切从"逻各斯"原初语义的蕴涵来说,都是何等的自然!

第四节　从认识论角度看"逻各斯"的思想层次

让我们接着来研究这"逻各斯"的含义。赫拉克利特用许多方式展现了人们的理解与"逻各斯"之间的矛盾:

> 不理解,他们听了像聋子。关于他们有俗话为证:在场如不在。[①]

> 虽然逻各斯是大家共有的,多数人生活着就像他们的思想是

---

① K2,D34.

一种个人所有的东西。①

　　多数人对他们所遇到的事物不加思考，对他们经验到的也不认识，只相信他们自己的意见。②

　　人们忘了道路通向哪里 …… 对于他们片刻不能离的，他们格格不入。对于他们每天遇到的东西，他们显得生疏 …… 我们不应该像人们睡梦时那样去行动和说话。③

　　世界对于醒着的人们是一个和共同的，而对于睡着的人们来说每个人就转入了他个人的世界。④

　　说"逻各斯"人人随时实际遇到、不能离开，大家共有，都是在说明它作为真实规律的普遍性和客观性。只有认识它并按它行动的人才是清醒的。但是人们并没有认识它，所以他说多数人对它视而不见、听而不闻、不加思考，就像聋子和睡梦中的人一样。因为睡梦中的人脱离了现实世界这个大家共同具有的东西，只知道个人的主观的梦。

　　因此问题就引导到如何才能认识和把握这个逻各斯。赫拉克里特认为这可不容易，因为"自然喜欢隐藏起来"⑤，"它是难以追寻和探究的。"⑥

　　赫拉克利特已经看出单凭感觉知识和多闻博见不足以认识逻

---

① K3，D2.

② K4，D17.

③ K5，D71-3.

④ K6，D89.

⑤ K10，D123.

⑥ K7，D18.

各斯。虽然他承认"从经验中看到、听到和学到的东西,是我所喜爱的"①,并说"爱智慧的人必须真正好好探究许多事物"②,但是,他更强调:"如果人们的灵魂粗鄙,眼睛和耳朵对他们来说就是不好的见证"③。正如"寻找金子的人挖土很多而所获甚少"④,"学到很多东西并不能教人以理解"——说到这里,他就对前人进行了批判。他说,如果博学就是智慧的话,那么它就教给赫西阿德、毕达哥拉斯、塞诺芬尼和赫卡泰以智慧了。⑤这口气分明是嘲笑和蔑视的。

他认为荷马被人们当作全希腊最有智慧的人,是不对的,因为他也同其他人一样被明显东西的认知所欺骗了。荷马在临终前猜不中抓虱子的小孩子们所说的谜语:"什么是我们看见、抓到而又扔掉的东西? 什么是我们没有看见、没有抓到而又带着的东西?"⑥赫拉克利特在这里说了一个隐喻。人们看见甚至摸到逻各斯或真理的显现,却没有去理解它,把它扔掉了;但同时,那没有被看到和抓住的逻各斯,却仍然时刻同我们在一起。荷马虽然博识多闻,但并没有理解逻各斯,所以他认为这个被认为是最智慧的人其实并不智慧。

关于赫西阿德,赫拉克利特说多数人以他为师,认为他知道得最多,但他却认识不到白天和黑夜是同一个东西。⑦这也是只知其多(现象)而不知其统一(逻各斯)的一例。他认为毕达哥拉斯也是如此。他说,毕达哥拉斯进行探究胜过其他人,并从一些诸

---

① K14, D55.
② K9, D35.
③ K16, D107.
④ K8, D22.
⑤ K18, D40.
⑥ K22, D56. 参见 ATH 第111页上的说明。
⑦ K19, D57.

如音乐和事物的组合中找到了合他胃口的东西来造成他特有的智慧：懂得很多,却牵强附会。① 这是他对毕达哥拉斯的"数（哲）学"的嘲笑和评价。从全部残篇来看,他似乎只对两个人感到满意,赫尔谟多罗是最优秀的人,普列尼的比亚士是最有荣誉的人。而对于其他所有被古代人们称作最有智慧的人,从荷马直到毕达哥拉斯他都不满意："我所听到的所有这些人的话语②,没有一个能认识到同一切有别的智慧是什么。"③ 在他看来,真正的智慧只有一个标准,那就是认识逻各斯并照它行动：

> 不是听从我而是听从逻各斯,同意一切是一,这就是智慧。④

要达到智慧虽然需要知道许多事物,但主要却是靠思想：

> 好好思考是最大的美德,智慧是并按照所认识的自然说出真理和行动。⑤

> 智慧是这样一件事,懂得那驾驭一切事物通过一切的洞见。⑥

他已经深深感到单有感性经验和多闻博见不足以认识真理,毕达哥拉斯的数和形的抽象他认为也不能,要认识逻各斯就必须超出这些而主要靠思想的作用。他把感性经验知识与靠思考得来

---

① K 25, D 29.
② 这里用的是 λόγος 的第 4 格复数。
③ K 27, D 108.
④ K 36, D 50.
⑤ K 32, D 112.
⑥ K 54, D 41.

的智慧清晰地加以区分,把思想当作决定的东西,这是一大贡献,标志着原始素朴的哲学思维方式即将发生巨变的时刻快要到来了。但是他对抽象思维的本质和特点也还没有真正把握到,因而对思维究竟怎样才能认识逻各斯也没有能作出切实说明。他所说的思想作用只是一种直观的领悟和洞见。

第五节　自然永恒流变：对立统一是根本的普遍法则

1."逻各斯"：一切是一

在谈过他对逻各斯如何认识的问题之后,我们回过头来继续考察他的逻各斯本身。这个唯有思想或智慧才能洞见的"逻各斯"究竟是什么？ 残篇 K 36、D 50中赫拉克利特自己有一个最简要的概括：一切是一。另一条也非常概括地表述了同一意思：

> 要抓住：整体的东西和非整体的东西,接近的和分离的,和谐的和不和谐的；从一切而有一,从一而有一切（ ἐκ πάντων ἕν καὶ ἐξ ἑνὸς πάντα ）。①

这种最简要的概括表明了一种统一的世界观。要了解其内涵与深意,需要进一步考察他的阐述和运用。不过有一点是现在就应该提出来加以注意的：他所说的"一"和"一切"不是数的概念

---

① K 124，D 10.

（毕达哥拉斯式的），也不是事物的抽象共同点和差异点（如后来巴门尼德的“一”，或形式逻辑所说的“种”与“属差”），而是指感性自然世界与各个事物的“整体”和它们里面的“非整体的东西”。从他的原话也可明白，他所说的“一”或“整体东西”，乃是“一切”“非整体东西”的接近和分离、和谐和不和谐，亦即对立的统一；因此他的“一”和“一切”才是一致的、生动转化的。如果指的只是数目，或共同点差异点，就不可能。可见在这个极简要的命题中已经概述了他的对立统一学说。这是赫拉克利特全部学说最深邃和精华之处，也是对他的“逻各斯”内涵的真正说明。

2. 流动变化或对立统一是普遍永恒的自然秩序

赫拉克利特以主张“一切皆流”的哲学家闻名于世。人不能两次踏进同一条河；踏进同一条河的人不断遇到新的水流；太阳每天都是新的[①]，这些名言脍炙人口。他的自然秩序观念具有鲜明的流动性，真正是一幅生生不已的画面，同孤立静止的观念全然不同。说“一切皆流”，与说一切都在对立统一中含义相通相同。整个自然是永恒地燃烧又熄灭的活火，永远生动变化着，万物和人的生活亦复如此，生和死，醒和睡，年少和年老，上升和下降，曲和直，一切都是流动转变的，这些是他最经常举的例子。对立物、对立面都要向它自己的反面转化，在转化中统一起来，这是宇宙和人生时时遇到的、人人不可须臾与之分离的事实，是普遍的真理或规律。

---

① K51, D91；K50, D12；K48A, D6.

3.事物向自己反面转化有"尺度"的规定性

照后来巴门尼德的批评,主张流变就是否定了思想和语言的确定性,因而完全要不得。但这批评其实是有片面性的,并不全对。这是因为承认流变并不等于否认确定性,赫拉克利特就明确认为运动变化要按尺度进行。这"尺度"(μέτρον 动词 μετρέω,衡量)就是规定,就是界限。这个意思他在几条残篇中说得明白:

> 太阳不会超出它的尺度,否则正义之神的女使爱林尼就会把它查出来。[1]
> 黎明和黄昏的界限是大熊星,大熊星的对面是光辉的宙斯的警卫者。[2]

另一条(K42,D100)也很有关,原话不全,这里按普鲁塔克的转述摘引如下:"……时间是在一种秩序中的运动,它有尺度、界限和周期。太阳是这些周期的管理者和监护者,规定、裁断、揭示和照耀着变化并'带来万物的季节',如赫拉克利特所说。"

在古代文明初期,人们为了耕作、航海,通过长期观测积累了大量有关天象、气候与季节运动变换的知识,它同最初的几何学和数学的知识密切相连。毕达哥拉斯从这里吸取了他的智慧,但他把数量关系夸大为根本的东西。赫拉克利特也认为这种数量规定很重要,不过这种重要性只在于它是对于事物向自己反面转化运动中的一种规定。日和夜、冬和夏,彼此转化而成为同一的东西,而这种转化都有分明的转折点和界限,如夏至冬至的时空点(可用星

---

[1] K44,D94.
[2] K45,D120.

辰为标志）。当事物运动还没有达到一定数量（如时空距离）即转折点或界限之前，它就不能变成自己的反面或另一种东西，它就仍然是它，具有原来特质的东西；而一旦达到和超越了这个界限，它就必定要变为自己的对立物。因此赫拉克利特十分注重"尺度"：它既是对立物彼此区别的规定者，又是彼此同一的联结者，相互转化的标志者。所以他又称之为"一切事物运动变化秩序的管理者和监守者"。

λόγος（逻各斯）语义之一为尺度，上面所说表明赫拉克利特确实把"尺度"作为他的"逻各斯"的含义之一。不过若以为逻各斯就等于或主要指尺度，我以为不妥，因为那会冲淡、模糊"逻各斯"主要作为对立统一规律的意义，并使赫拉克利特同毕达哥拉斯的区别变得很不清楚。

对于事物的质与量的关系问题，毕达哥拉斯已作过研究并有重要发现，甚至想到了数和对立面的关系。但是他把数量这种抽象的规定性当作本原，是既不能说明事物的性质，更解释不了运动的，所以赫拉克利特指责他牵强附会。现在赫拉克利特重新返回到生动感性的自然，揭示万物的质的多样性和运动都源于统一的本原火向自己对立面的转化（如火首先变成水），和各自向对立面的转化。但他并没有因此全盘否认毕达哥拉斯数哲学的研究成果，而是把它吸取来作为自己的逻各斯学说的一个成分：在对立面的统一转化过程中必须注意规定性，从而把质量互变作为对立统一的运动过程里的一个环节，放到了恰当的、它所应该占的位置。这是很重要的一大贡献。

4. "逻各斯"的深层含义：隐藏在事物内部的对立和斗争

赫拉克利特认为对立的事物,如日夜、醒睡、生死等是人人每天都能见到的,也明明见到它们的相互转化,可是却不能理解它们的同一。为什么呢? 因为人们看到的只是杂多,只是事物和变化的外观,看不见内部的秘密。他说：

自然喜欢隐藏起来。[1]

隐藏着的和谐,比明显的和谐更好。[2]

这隐藏着的和谐是什么呢? 赫拉克利特举了一个例子加以说明：

他们不理解一个事物如何在不和中同自身一致。这是返回自身的和谐,如弓和竖琴中的情形那样。[3]

用弓和竖琴表示事物内在的对立统一与和谐,很形象又恰当。一张弓看上去安安静静在那里,但它正是由内在的对立和张力所造成的统一的状态。一旦弓弦与弓背之间的张力超出一定限度时,这个外观安稳的弓就立刻会破坏而不再成其为一个同一与和谐的东西了。而会思考的人这时就能透过平时的外观看到它里面的东西。

---

[1] K10, D123.

[2] K84, D54.

[3] K78, D51.

赫拉克利特用这个比喻,既说明了自然万物都因内在的对立统一而存在和运动,又教诲人们应当从中学会透视万物都有的内在的不和与对立,并且认识到正是这种内在的不和才造成了该事物自身的和谐。简言之,事物内在的和谐才是"返回自身的和谐",真实的必然性的和谐,而不再是仅看上去如此的、偶然的和谐。这个深刻的层次是毕达哥拉斯派的"对立面和谐"观念尚未达到的。

5. 斗争是万物之父和王

赫拉克利特的下述名句就像号角那样,在当时希腊的天际回响,并以其高度的睿智和鲜明性格永载于哲学史的史册：

> 应该领悟：战争是普遍的,斗争就是正义,一切事物都是由斗争产生的。[1]

> 战争是一切之父和一切之王。它使一些人成为神灵,另一些人成为人。它使一些人成为奴隶,另一些人成为自由人。[2]

亚里士多德说,赫拉克利特曾指责荷马,因为他说"要是斗争从诸神和人们中间消失就好了！"(《伊里亚特》18章107)[3] 他还说应该把荷马从赛会上赶走,并加以鞭笞[4],可见他认为荷马的错

---

① K82,D80.

② K83,D53.

③ 亚里士多德：《攸德谟伦理学》1235a25。

④ K21,D42.

误多么大。他称斗争或战争是万事万物之父之王,充分表明他把对立面的斗争看得何等至高无上。

对立统一有结构含义,更有表示运动状态的含义。从动态看,对立就是不和、冲突、斗争。这些对立会因事物不同而有不同的类型和性质,在人事方面最为复杂,如利害和情感的纷争,压迫与反抗,等等,不可一概而论。其中战争是最重大激烈的一种生死斗争。而从动态看统一或同一,也有不同情形,有自然和伦理的美善和谐一致,也有屈从或奴役,也不可一概而论。因此,我以为关于对立统一规律中究竟应当强调斗争性还是强调统一性的问题,不能离开所论事物及其矛盾的特点与性质来谈论。在这个问题上各种文化传统的偏重也不一样,中国人讲分久必合,合久必分,可总的还是倾向于强调统一和合,这与中国的文化智慧一直以人伦为本关系极大。但是希腊人的生活的特点恰恰在自由,包括城邦的独立自由和公民个人的自由。也就是说,它是以希腊民族同其他民族之间、各个独立城邦之间、各个公民个人之间的差别和对立、竞争、斗争以至战争为主轴的。在这种社会历史环境(包括商品货币和民主制的作用)中,他们对斗争的必要和推动作用看得比我们更突出,说来也极其自然。中希关于对立统一都有深刻的智慧言说和精神传承,可是也各有偏弊。宗法制的中国两千年来以"和为贵"为主流意识,有大长处也压抑人;突出斗争哲学的西方相比起来更富活力却难得平安。

可见真智慧虽然首先要在理论上领悟和认识对立统一法则,但这只是第一步,更重要的还是会运用,到具体事物的对立统一真实情景中去理解、分析,做到运用恰如其分。在这种地方教条主义是危害无穷的,无论是对赫拉克利特、黑格尔和马克思,还是对老庄和毛泽东,人们都应联系到他们各自的历史处境来考察其学说中各自强调的重点,避免绝对化教条化的赞扬和批判。实际上在他们是天才的东西,到你手里很可能成为荒唐。但是你能怪他们吗？　那样的态度是什么也学不到的,因为弄错了的责任其实还在你自己。

　　赫拉克利特的时代,希腊人正面临着同波斯的生死搏斗,做自由人还是奴隶的命运就靠即将到来的决战而定。米利都的陷落,已经给全体希腊人敲响了战斗的警钟,生活在紧靠它的爱菲斯的又是伟大哲人的他,不能不深刻感受到这一切并思考这个根本问题。因此他的名言不仅属于哲学,更是呼唤希腊人的智慧和鼓舞他们起来战斗的号角。历史不久就证实了它的意义：对强大敌人波斯的战争胜利,果然使希腊赢得了高度的自由,迈进了它的古典繁荣时期；而雅典甚至真的赢得了像神灵那样受到举世尊敬的地位。

第六节　论人和神

　　在苏格拉底之前,赫拉克利特是最先用来自德尔菲神庙中的箴言来反思人自身的哲学家：

　　　　我寻找过我自己。①

　　　　认识自己,正确思想,是所有人的本分。②

他认为做人是有巨大分别的：优秀的人一个能抵得上一万个人,

---

① K28, D101.
② K29, D116.

这样的人有两个标志,一是智慧,因为知道一切而享有荣誉,另一个是他的战斗,"神和人都崇敬在战斗中倒下的人"①。所以人的生死不仅是自然物的转化,而且涉及价值和道德的评价。人死的时候,正义之神将对他们的言行实施奖惩,"那在人们死的时候等待着他们的,是他们不曾期待或想象过的"②。其中"更伟大的死被指定有更伟大的命运"③,他们会升天并同神灵类似,成为人世和冥界的警惕的守卫者。

人的差别根本上来自人神差别。因为神才有智慧:智慧者唯有一个,他既不愿意又愿意被称作宙斯之名。④从神即智慧的高度来看,人无疑是愚蠢的,就像成人眼中不懂事的儿童。⑤因此人必须敬神,但不是像流行的那些宗教所搞的偶像崇拜。"人们用为祭神而宰杀的牺牲的血涂在身上使自己纯洁是徒劳的,这正像一个人掉进污泥坑想用污泥来洗净自己一样。……(他们)不知道什么是神或英雄。"⑥

赫拉克利特对神的智慧悉心领会,有如下表示:

在德尔菲传神谕的主神⑦不明说也不隐藏,只是暗示。⑧

女巫用狂言诞语的嘴说出了一些严肃的、质朴无华的话语,她

---

① K85,D28A;K100,D24.
② K84,D27.
③ K96,D25.
④ K118,D32.
⑤ 参见K57,D79。
⑥ K117,D5.
⑦ 即太阳神阿波罗。
⑧ K33,D93.

的声音响彻千年。因为神通过她来说话。[①]

　　很清楚,赫拉克利特同所有的原始素朴哲学家一样,他们对智慧的爱和寻求,始终同希腊神话相关。

---

① K34, D92.

第五章　塞诺芬尼：希腊神观念的转变及其对哲学的意义

米利都派、毕达哥拉斯派和赫拉克利特,构成了希腊哲学的第一阶段,原始素朴哲学。但还有一位塞诺芬尼也必须谈谈,虽说他不是哲学家,可是他的思想不仅与这时期的哲学有关,而且对哲学向后一阶段转变特别有关。

他出生在科罗封,也是邻近米利都的小亚伊奥尼亚地方的人。25岁时他离开故乡,在希腊各地漫游达67年之久[①],是一位高寿的希腊吟游诗人。科罗封在公元前546年被波斯征服,这可能是他离开出走的原因,这样算来他大约于前570年出生,前478年之后去世。他比毕达哥拉斯略幼而长于赫拉克利特,当过巴门尼德的老师。他熟悉米利都派的自然哲学,而作为吟游诗人他对荷马和赫西阿德的诗篇当然更加熟悉,因此希腊文化的主要历史遗产——神话故事和最新的哲学思想在他身上结合起来了。他一边吟诵古代和自己的诗篇,一边观察和思考自然和社会,产生了自己的新思想,核心便是对希腊神话中的神观念的批判反思。

以上几章已经说明,最早的希腊哲学家所研究的"自然"本来都是同"神"联系在一起的,几乎就是"神"的同义语;尽管

说明的方式已经改变了。这两者既一致又对立的情形在哲学的发展中,对双方都发生了巨大的作用:不仅希腊神话的神观念给哲学以根本启示,哲学也给神话宗教的神观念带来了深刻和根本性的改变。从这个根本性的角度看他对神观念的思考,其哲学上的影响和贡献无疑是十分重大值得关注的。关于他,留下的残篇约40条超过一百行,此外还有后人对他的论述50余条。

第一节　对传统神话的神观念的攻击

塞诺芬尼对传统神话的批判主要有如下几点。

首先,他指责传说和史诗中的诸神不道德。他写道:"不要向我们讲说泰坦、巨人和半人马怪物的争斗,那是先辈的虚构,也不要向我们讲说城邦的争吵,讲这些没有益处。我们总要念念不忘神灵是善良的。"[1] "荷马和赫西阿德将人间的无耻丑行都加在诸神身上:偷盗、奸淫、彼此欺诈。"[2]

其次,他认为把神描绘成人的形象是成问题的:"凡人们以为诸神同人一样是生出来的,要穿衣服,有人的声音和模样。"[3] "埃塞俄比亚人说他们的诸神扁鼻子黑皮肤,而色雷斯人则说他们的神灵蓝眼睛红头发。"[4] "要是牛、马、狮子也有手,又能像人一样用他们的手做事,那么马画出来神灵的样子就像马,牛画出来的像

---

① DK 21 B 1.

② DK 21 B 11.

③ DK 21 B 14.

④ DK 21 B 16.

牛,各如其类。"①

再次,指责他们说神是诞生出来的说法是很错误的。上面有一条已经批评了这一点,那是从把神拟人化会混淆神人关系的角度提出的。亚里士多德还谈到了塞诺芬尼的另一点更重要的理由:"塞诺芬尼常说,那些讲神灵有出生的和说神会死的人一样,是不虔诚的人。因为从两种说法都会得出同样的看法:有一个时候神不存在。"我们知道在奥林匹亚传说和赫西阿德的《神谱》中,关于神灵如何诞生的故事比比皆是,却同时又一直说神灵是不死的。但是从前的人却看不出这两种说法彼此有矛盾,不能并容。塞诺芬尼揭示了这个矛盾:如果认为神灵有出生,那就等于说神灵有死,这并没有什么不同。因为一个有生的东西生前必不存在,同他死后不复存在一样。从这里我们也看到他已经开始有了推理性的思维,这在当时可不是一件简单的事情。

最后,他评论神话中关于诸神之间有统治服从的说法也是很错误的。"说任何神灵要服从一个主人是渎神的。"② 人们可能认为这个批评涉及对宙斯在希腊众神中的至高无上的地位的攻击,但从更深层次看还是因为塞诺芬尼根本上就反对多神论,主张一神论。为了这一点,他揭示出若有多神,神灵之间就会有统治服从的等级制关系,这样神灵就不能具有自由自主的神性。

这几点对于希腊人先前的神观念的批判,抓住了关键所在,带有根本变革的意义。塞诺芬尼同米利都派、毕达哥拉斯派和赫拉克利特一样,都是相信神的。但人们相信神,本来是因为相信神具有超人的永恒存在,是善,有绝对的自由,有驾驭一切的权能。可是以

---

① DK 21 B 15.

② DK 21 A 32.

前希腊的神话传说及荷马和赫西阿德所讲的神灵，仔细去考察却显示出并非如此，而恰好与上述根本信念相矛盾。这样的神观岂可不加更正？

第二节　希腊的第一个唯一神论或
纯"真"纯"善"的观念

从上述批判思考中塞诺芬尼提出的新的神观念，当然不能再像从前的神话传说那样。现在需要的是不致引起自相矛盾的论说，不能再有随意性。因此他的关于神的新学说就不仅在内容上，而且在思维方式上，都对哲学的发展具有重大的意义。他说：

> 神是一（εἷς θεός），是诸神和人们中最伟大的，在身体和思想方面同有死的凡人完全不同。①

> 神永远在同一个地方，完全不动，在不同的时候去不同的地方对他是不宜的。②

> 神不费力，用他的心灵的思想使万物活动。③

第欧根尼·拉尔修还介绍他的学说说："神的本体是球形的，无论哪一方面都不像人。他是作为整体的眼睛和耳朵，但是不呼

---

① DK 21 B 23. 着重号是作者加上的。下面几条同。
② DK 21 B 26.
③ DK 21 B 25.

吸；他是心灵和思想的总体,他是不朽的。"[1]

这样一种神的观念,不仅是原来神话、史诗、传说中不可能有的,就是哲学中也不曾有过。不仅米利都派和赫拉克利特那里没有,就是毕达哥拉斯的学说中所说的"一"或"有规定者"也与之不同,只是有些接近的因素而已。因为毕达哥拉斯派的一和数及几何的点、线、面、体都已经是抽象地存在了,并且这种存在被证明了甚至比感性的存在更具真实性,这显然已经标志着希腊思想为了求真而向抽象的提升；但是毕达哥拉斯派毕竟没有否认自然的运动,也没有否认原先的希腊神观念。所以这纯然是一种全新的思想或概念的出现 —— 当然它还不能完全避免原始素朴的性质（如说神是球形的之类）。

由于哲学研究的对象"自然"或往后所说的"ὄν"那种存在,在从前和当时希腊人心目中本来就是用"神"来表示的,所以塞诺芬尼的新的神观念必定具有思想史上的划时代意义：不仅对宗教和哲学,对整个希腊文化也是一次重大的触动。

第三节　从原始素朴哲学向 ontology 过渡的又一重要环节

以上我们论述了希腊哲学的最初阶段 —— 原始素朴哲学。正像希腊的神话和艺术具有一种永远为人喜爱而又不可模仿的魅力那样,古希腊的最初哲学也有一种原始素朴的原创性永恒魅力。同下一时期的哲学相比,它的最重要的特点在于：它是直接面对"自

---

[1]　D.L.VOL.9, 19.

然（φύσις）"的。而 φύσις 原是在希腊或印欧系语言中表示"存在"
的第一个根词 φύω 或 bhu 的名词形式。它所表示的是生生不已的
自然存在及其生命、运动本性。所以，希腊哲学研究的存在必从自
然开始，它的第一时期必是"自然（哲）学"；而对自然存在的"本
原"的观察和思考也极其自然地要以"无"，即无规定性、对立统
一的流变性，作为特征。而这一切到下一个时期就变了，再说"存
在"就要改用带有静态含义的 ὄν 或 εἶναι 来表示了；而对有规定
性确定性的存在所要寻求的根本原因，也必定要改用"ὄν 本身"（ὄν
之为 ὄν）表示。同强调"无（规定）"相反，"有（规定）"即确定
性放到了第一位。同时陈述、判断和推理中起规定和确定作用的系
词"是"也突出出来，建立了逻辑性的思维。这些我们后面再详谈，
先提一下只是为了对比，使读者对原始素朴哲学的特征能有一个
明确的把握。

　　正是在这个意义上，塞诺芬尼不动的永远自身同一的唯一神
论，为下个时期的哲学的产生准备了一个最重要的因素。

第二部分

希腊古典时代的
哲学：ontology

——从巴门尼德到亚里士多德

第一章　古典时代的希腊人和希腊精神

希腊古典时代大约只有一个半世纪，但这阶段的哲学发展在历时千年的全部希腊哲学史上却占着最显著和最辉煌的地位。它不仅思想内容极为深刻丰富，出现了许多世界级的伟大哲人，更重要的是：希腊哲学作为一种原创智慧的典型，其关键的特征，鲜明地区别于其他文化类型的原创智慧之处，是在这个时期得到确立的。因为古代各民族和文化虽然都有关于"自然"的世界观和智慧，但除希腊外却没有一家产生出如同希腊人的关于"ὄv"本身的这门特别的学问——ontology。并且就是在希腊，在其古典时代之前也没有。因为希腊哲学的最初阶段虽然给 ontology 的出现也准备了某些要素，不过整个说来还是自然哲学的大框架，同其他文化的世界观有更多的相似之处。使希腊哲学和别种类型的智慧相区别的明确标志，是希腊哲学的第二时期才明确起来的。

从巴门尼德开始，希腊哲学才明确地走上了以"ὄv"为中心的探索，开拓出一种新的求真境界，其问题虽与"自然学"血肉相连却又极其不同。古典时代众多伟大哲人为此倾注了全部心力，到了亚里士多德才对这个"ὄv"本身（ὄv 之所以为 ὄv）作出了系统理论阐述。一头一尾，把这时期哲学的特征讲得真是再明白不过了。

上述希腊哲学的新发展与其城邦古典时代的起止在时间上相

一致,不是偶然的。如黑格尔所说,哲学确实是一个民族或一个时代的精神。希腊社会内部向城邦民主制过渡的巨大变动,对外同强敌波斯较量的伟大胜利,为希腊进入其全盛的古典时代奠定了基础,举行了揭幕礼。而贯穿于这个伟大历史脉动中的希腊精神,也使他们在思想智慧和文化艺术史上赢得了辉煌成就。那推动希腊哲学从自然学(physics)转向第一哲学(ontology)的力量,就源于这一历史和精神本身。

第一节　希腊进入古典时代的主要标志

希腊历史以希波战争的胜利为标志进入它的古典时代。面对强大的波斯人的征服、奴役和入侵,希腊人经历了20多年的殊死搏斗。首先是公元前500年小亚伊奥尼亚各邦联合起来反抗波斯暴动,因力量悬殊而告失败。接着波斯人在前492—前490年西征希腊,雅典人奋力抵抗,以少胜多,驱走强敌,这首次胜利大大鼓舞了全体希腊人。到了前481年波斯经过充分准备又大军西进,而希腊人也同样做好了决一死战的准备,在雅典和斯巴达的领导下,几十个城邦联合起来英勇抗击,终于在前479年以希腊人的全胜而告终。正如赫拉克利特所说,这是一场决定着希腊人究竟是成为奴隶还是自由人的生死决斗;因此,用这场战争的决定性胜利作为希腊古典时代的揭幕礼是恰当的。

这场战争的胜利固然伟大,却是以其内在变革作基础的。希腊古典时代的内在的更深刻的标志,是以雅典为代表的希腊城邦民主制——新型的国家和社会制度大变革的完成。雅典在梭伦改革后削弱了贵族的政治势力,民主开始发展起来。经过公元前6世纪中期几十年的僭主政治作过渡，到这个世纪末年（前509年）又进行了意义重大的克利斯提尼的改革，它标志着雅典城邦民主制终于得到了确立。它的一个重大措施是按地区建立社会的基层组织，打乱了原来的氏族部落；通过这些基层组织选举500人议事会和陪审员；500人议事会分为十个组轮流主持日常政务；十个选区又各选一名将军成立十将军委员会轮流统率雅典的军队；执政官不得连任。这样国家的权力就掌握在更多人的手里了。雅典的一切官员，或抽签任命，或举手表决鼓噪通过，任何人都不得以暴力独揽大权。为预防出现僭主和野心家独揽大权，克利斯提尼建立了"贝壳放逐法"，每年举行公民大会决定有无应予放逐之人，如果认为有，就在牡蛎壳或陶片上写下他的名字，超过6000票（当时雅典有公民权的有30000多人）就要放逐10年后才许回来，这样雅典就在一个城邦范围内实现了具有显著的直接民主的特点的制度。恩格斯在总结这段历史时指出："现在已经大体形成的国家是多么适合雅典人的新的社会状况，这可以从财富、商业和工业的迅速繁荣中得到证明。"[1] 社会和政治制度的基础已不再是贵族统治和平民的对立，而是自由公民的民主统治和自由民与奴隶，本邦公民和被保护民（外邦人）之间的对立了。

　　这一成就不仅奠定了雅典在全希腊的中心地位，还以其先进、自由和文明的典范作用为全希腊作出了榜样。没有它的献身于自由的精神和典范作用，希腊人就不可能在它的领导下团结起来战胜波斯人，也不可能有自己的昌盛的古典时代。

---

① 恩格斯：《家庭、私有制和国家的起源》，《马克思恩格斯选集》第4卷，人民出版社1972年版，第115页。

第二节　希腊人的自由和作出重大决定的民主机制

自由是一个含义巨大的词。从希腊人起直到今天的西方人用它作为其全部文明的大旗。本书不能多谈这个问题本身[①],仅就与我们理解希腊哲学特别有关之点作些简要说明,供读者参考留意。

首先,我们应当特别注意自由的历史性质和具体性质。希腊的自由原是极其实实在在的东西,我们对它要多作历史的具体分析,避免把它当成一个空洞的概念。例如,希腊人从出现在历史上起就是多中心的、以众多独立的城邦及其交往为形式的世界;因此,直到这些城邦都被亚历山大大帝征服而丧失其自由之前,各个城邦都享有的独立自由在希腊历史上一直是个最具分量的要素。又如,希腊氏族制度及其贵族统治权在商品货币经济的作用下瓦解没落,使希腊人原先就有的个体自主自由的因素得到了重要发展;在商品生产和交换中发展起来的人与人之间的新型社会的、经济的、政治的和思想的关系,产生了具有公民权、能参与城邦公共事务决定的新型自由个人,这是城邦民主制改革得以成功的根本依据和保证。还有,希腊民族同周围其他民族的关系也充满着矛盾,这种矛盾斗争能使希腊人或者成为奴隶,或者成为主人:这"主人"的含义在当时既指保持了自由,也指当上了奴隶主去统治、压迫别人。

从这样三个特点看,希腊的自由就是当时他们生活中的一些人和人的关系,如上述三种关系或矛盾,并且是彼此交错的综合,

---

① 我在研究希腊哲学的著作如《哲学的童年》、《伊壁鸠鲁》、《爱比克泰德》中,在中西文化比较研究的著作《中西人论的冲突》中,对希腊的自由作过专门的研讨。限于篇幅这里不能多谈了。

例如,既然他们把城邦的独立自主的自由和利益作为生存的主要依靠,相比之下,整个希腊民族的自由,城邦内部公民个人的自由,一般说来就只能放到次要的地位。以战胜波斯为标志的希腊古典时代,由于共同威胁的消除,恰恰成了各城邦之间激烈纷争的新起点,尤其是雅典和斯巴达之间的争霸,不久就引发了规模更大时间更长损失更惨重的伯罗奔尼撒战争。希腊民族从来没有形成过一个统一的国家,无论它有怎样的优点长处和缺点不足,都同希腊以城邦为本位的自由和它造成的多中心特点有关。另一方面,以城邦为本位的自由同城邦的公民个人自由之间,也有一种对立统一的关系要处理,雅典的民主制就是处理这种关系的制度。处理正确恰当城邦就欣欣向荣,但是也很容易出现麻烦、纷争和内乱,这时城邦就会陷于危机和衰败。这些都属于希腊自由的题中之义,却是需要细心体察才能明白的。当涉及具体问题时还需根据时间、地点、环境和角色的不同作更具体的考察,才能真切了解,减少空洞的议论。

因此希腊的自由是一种很具体的人与人关系的矛盾体系,也是希腊人对待和处理这些矛盾的态度、精神和方式。

其实人与人关系本来总是对立统一的,所以对待和处理它们的办法也得对立和统一兼顾。从宏观角度看,中国和西方的文化确实有着重大差别：中国文化强调"人伦",偏重于对立关系中的统一和谐一面；而希腊和西方则强调"自由",偏重于相互关系中各自独立彼此分离对立的一面。并且由此引出中西对人本身或"人之为人"的观念也大不相同：我们把违反人伦之道的视为禽兽,他们则认为不自由毋宁死,当奴隶就不能算人。这种分别也影响到认识和言行的思维方式,中国人讲究的是"合情理",先情而后理,把个"情"字看得最重,讲理就要受情管了；而他们总把"理"

字放在最前边,搞出一套严格的讲理的办法、逻辑的思维方法和科学方法,用理来管一切,直至把情感也包括在内。[①]

希腊哲学正是他们这种很认真地讲真理求真理的总学问和大学问。它同希腊的自由血肉相关,因为独立自主的希腊各城邦和个人生活在上述种种对立冲突之中,为了自身的生存和发展,他们必须"自由"地决定自己的行动,承担自己行为的全部后果。用这种方式创造自己历史的希腊人,必须把自由思想和追求真知高度结合在一起:因为唯有尽可能确切的真知,才能为城邦和个人的自主言行提供较为可靠的向导。

从希腊的经验看,德赛两先生总是结伴而行的。因为发现和认识真理需要独立自由的观察思考,而批评错误和说出真理由于容易触犯习俗和权威就更需要社会的允许鼓励;所以人人能说真话或至少享有这方面的平等权利,实在是真理得以存在发展的社会前提。反之,社会民主也必须由于参与者提供真切观察和意见,由于自由讨论而增进真知,并由此产生共识和公认的领导人和机构来领导城邦的正确行为,才有它的意义;否则所谓民主也很容易变成一场喧闹和混乱,丧失其应有的价值。

---

① 我说这种分别,并没有评论好坏的意思,因为其实人性人心相近,只是彼此处境有别,文化倾向便不得不然。西方人在真正亲爱者之间也是情爱为主的,中国人在遇到生死存亡斗争时也要以独立自由为第一。但是中国文化从氏族制瓦解所演变出来的是家族制度,它一直是中国人生存的主要共同体形态,自然会把"人伦"列为第一;而在希腊,除了早就有的众多小城邦的并立而无法统一之外,从其氏族制瓦解中所产生的不是家族制度,而是各有其私有财产和权利的个人,和随着工商业发展而兴起的那些个人之间的新型的经济、政治和社会的关系,其特点是在彼此利益、观念的对立和竞争中协调,和城邦的共同利益协调;这种环境和为人处世方式,自然要以"自由"为中心。

第三节　希腊古典时代哲学发展的划分和线索

以希波战争胜利为标志的希腊古典时代,前期一片欣欣向荣,雅典及其帝国的强盛是最显著和主要的表现。雅典成了全希腊政治经济和文化中心,文艺的繁荣和公民积极参与城邦各种事务,自由讨论争辩蔚然成风,思想空前活跃,吸引了希腊各地思想家、智者纷纷前来,于是哲学也在雅典开始兴起。但这段时间并不长久,雅典同斯巴达及其盟邦的纷争的积累和激化,终于引起了伯罗奔尼撒战争。这场雅典和斯巴达争霸之争,把各主要城邦甚至整个希腊都卷了进来,旷日持久地打了30年,最后以雅典战败而告终。这场战争同希波战争性质不同,双方都没有正义性可言,因此结果也完全不同。如果说希波战争是雅典和全希腊为了自由而进行的正义之战从而斗志昂扬,奋发上进；那么伯罗奔尼撒战争则相当充分地暴露出这种自由的另一方面,因而它的结果也很少积极的意义,不仅雅典和希腊元气大伤,整个希腊历史也从此走了下坡路。所以可以用伯罗奔尼撒战争为界,把城邦古典时代划分为前后两个时期。

这时的希腊哲学发展也有一个明显的前后期划分,苏格拉底显然是最重要的标志。前期的绝大多数哲学家都不是雅典人,阿那克萨哥拉和普罗泰哥拉、高尔吉亚等在伯利克里时代来到雅典开展活动,使希腊哲学的中心转向雅典。而正是在战乱频仍、种种矛盾激化和暴露的伯罗奔尼撒战争年代和往后,苏格拉底提出了激发人深省的重大哲学问题,他和他的学生柏拉图及再传弟子亚里士多德把希腊哲学推向了一个崭新的水平和高峰,是为正宗的雅典哲学。此外苏格拉底的另一些门人发展出几个虽然较小但影响较深远的新流派。阿布德拉的德谟克里特的原子论哲学在希腊古典哲学中也占有重要地位,约与苏格拉底同时。

从这里可以明显见到,希腊哲学同希腊自由在现实中和文化中的关系,不仅是反映论的,更是批判反思性的和超越性的。所以,正是在古典时代的衰落时期希腊哲学反而最繁荣鼎盛,这是哲学史同社会史辩证相关的深刻表现。

第二章　巴门尼德和爱利亚派

当巴门尼德改用 ὄv 来表达他认为是真实的存在和关于它的知识即真理时,希腊哲学中一场意义极其重大的转变就从此开始了。他本人已经对此提出了论证,那是正面的。他的学生芝诺在为他的老师辩护时,采用反证法提出了几个著名的精彩论证,在思想史和逻辑史上有重要价值;最后,麦里梭还提出了某些有关思考的重要观点。他们都是位于南意大利的著名希腊城邦爱利亚[①]人,因此他们得到了爱利亚派的名称。

第一节　巴门尼德的生平和他的哲学诗

巴门尼德的出生年代,古代有两个差别相当大的记载。按第欧根尼·拉尔修的说法,他的鼎盛之年（40岁）在69届奥林匹克

[①] 爱利亚原是小亚伊奥尼亚城邦福开亚人避难迁移而来所建的新城。福开亚临近米利都、爱菲斯,原也是一个工商业发达的城邦。据希罗多德说他们是希腊人中最早进行远洋航行的人,发现了亚得里亚海直至伊比里亚（今西班牙）;公元前600年他们已在马赛里亚（今法国马赛）殖民。公元前546年波斯入侵小亚伊奥尼亚,福开亚首当其冲,便弃城登船另寻可居之地,辗转于公元前540—前535年间选择爱利亚建立新的城邦。因此它虽是新建的城邦,却保持有久远的文化传统,公民素质和经济文化水平都比较高,并且很快就繁荣起来。

赛会时即公元前504/501年,那么出生年就得推到公元前540年左右。如果是这样,巴门尼德同其他哲学家们发生思想联系的种种情形就都难以符合记载而要乱套了。因此现在更多的学者倾向于柏拉图的说法。柏拉图在他的对话中说,巴门尼德65岁时来到雅典,同当时还很年轻的苏格拉底会面。据此推算巴门尼德的鼎盛年在公元前475年,生年在公元前515年。我们也比较赞同这种意见,因为无论如何,哲学史的史料表明:他的思想出现在赫拉克利特之后,恩培多克勒和阿那克萨哥拉之前,这个事实总是可以肯定的。

关于他的生平活动只记载有若干要点。他出身豪门富家;曾以立法者的身份为他的母邦立法,使城邦秩序井然,以致爱利亚的执政官每年都要遵循巴门尼德所立的法举行公民宣誓;巴门尼德自己认为他虽受过塞诺芬尼的教导,却不是他的信徒;他结识毕达哥拉斯派的阿美尼亚,此人贫穷而颇有声望,逝世时巴门尼德为他建立祭堂,认为是他引导了自己走向了一种沉思的生活。照这些记述看,他属于城邦的上层阶级,并对爱利亚这个新建立的城邦的政治生活有过重大的影响。据史料记载他的学生芝诺是哲学家也是政治活动家,在一次密谋推翻僭主的事件中被捕遭到杀害。这些政治活动虽记述不详,应与他们的哲学思考有关。在思想方面,可以认为毕达哥拉斯派是巴门尼德的主要来源,塞诺芬尼有重大影响。

巴门尼德写有一著名的哲学诗篇。它流传千年,直到公元6世纪的辛普利丘还看过它的全文。由于当时已不易见到和十分珍贵,他作了相当详细的抄录。现在留下的内容列为残篇25条,其中19条(154行诗)被认为是可靠的,并且保持了原来的结构即引导性的序诗、真理之路和意见之路三个部分。据 Diels 估计,序诗是完整的,真理之路部分也保存了十分之九,唯有意见之路部分留存较少,约仅十分之一。由于真理之路是主要部分,序诗完整,保存下来的文字也很连贯，因此可以认为原著基本上是齐全的，缺的某些诗句不致对人们的理解有很大影响。

这个序诗其实相当重要。巴门尼德是这样来描写他的求真之旅的：

> 载我的马车引我前进，随我所欲奋力驰骋。它将我带上著名的女神大道，这条大道引导有学识的人走遍所有的城。我在这条路上行进，聪明的马儿带着我，拉着我的车前进，少女们指点途径。……太阳的女儿们引我走进光明，拂开她们面上的纱巾，离开了黑暗的居所。那里矗立着一座大门，把白天和黑夜的道路划分 …… 大门紧闭，保管钥匙的是狄凯，那专司报应的女神。少女们用恭维的言辞机灵地劝说她将拴牢的门闩从大门上挪开 …… 于是门道洞开。少女们驱车一直走进门来，女神亲切地将我接待，握住我的右手，用下面的话语对我说："欢迎你，年轻人！你由不朽的驭者驾着车，送你到我的住所。引你走上这条路的不是厄运，而是公平和正义。因为这远不是一般人走过的道路。走上这条路你就可以学到一切东西，既有不可动摇的圆满的真理，又有不包含真实信念的凡人的意见。尽管如此你也该学这些 —— 那些看来是如此的东西，只有通过彻底的考察才能判明。"[1]

诗中的"少女们"是太阳神的女儿。狄凯是希腊神话中的正义女神，她手持规矩衡量各种事物是否行为适当、公平或正直。那接待巴门尼德的女神，便是下面正文中的那位指引真理之路的女神。她是巴门尼德在进入黑暗与光明交界关口的大门之后才得以见到的，而把守这大门的是正义之神。于是真理女神对他说：这条寻求真理的路远非一般人所走过的认识和思想之路，而是通过彻

---

[1]　残篇1，DK28B1。

底批判审查一切看法,包括不可动摇的圆满的真理与不包含真理的意见都在内,给予对照比较之后得到的真理。整个序诗和真理女神的话还郑重地指明,这条分别真假的求真之路,同分别善恶的追求正义之路,是相关和一致的。

这些描述初看起来似乎也很一般,但是当我们接下去读到正文开头一段就会遇到极大难题时,请读者再反思这段描写,就会明白它所具有的分量了:因为这个序诗的任务和作用,正如亚里士多德在《正位篇》(*topics*)所说,是把重大的哲学分歧引向他所要引导去的位置、场景(即论题或 topic)中去。而巴门尼德所要讲的哲学新问题,要引进的新概念 ἔστιν 和 ὄν、ειναι 正是在这个场景中才得以展开的。因此这个序诗很重要,对正文关系极大。

第二节　巴门尼德残篇2的 ἔστιν 语句解读

接下去是讲真理之路的部分,开头(残篇2)就提出了问题。从这里起我们就遇到了那个著名的如何解读 ἔστιν 的难题。对于中西学者有关这一问题所作的种种解读和争论,我在本书绪论中已作过全面的介绍评论;还根据印欧语和汉语语言学研究的成果,亚里士多德《正位篇》中的有关论述,谈了我对如何处理这个难题的某些考虑。那里的研讨正是为我们研读希腊哲学做准备的,历来对如何解读巴门尼德的这一段话最感困难。因此,这里当然是对我们的努力进行检验的第一道关口。

由于问题在能否原汁原味地理解巴门尼德使用的希腊语词和希腊哲学思想,而迄今中西翻译上都还有困难和争议,所以显然如果我们一上来就用中译文或英译文来讨论这段文字是不适当的。

因为那样就等于拿有问题的解读，来解读我们不明白的东西；那是悖谬的。因此我们只能引出希腊原文来研读讨论。这自然会给一般读者带来很大困难。但是我只能劝读者耐心努力，通过注释也来研读这段文字。它很短，因此不难克服，更主要地是这对读者争取自己也参与讨论和获得理解是一个必需的条件和过程，否则就永远只能靠二手文本而无法走上自己参与自己判断的路。

以下是残篇2（DK28 B2）原文8行。为了注释讨论方便，我给各行加了数码，单词用脚注注释[①]：

εἰ δ᾽ ἄγ[②] ἐγὼν[③] ἐρέω[④]，κόμσαι[⑤] δὲ σὺ[⑥] μῦθον[⑦] ἀκούσας[⑧]，　　（一）

αἵπερ[⑨] ὁδοι[⑩] μοῦναι[⑪] διζήσιός[⑫] εἰσι νοῆσαι[⑬].　　（二）

ἡ μὲν ὅπως[⑭] ἔστιν τε και ὡς[⑮] οὐκ ἔστι μὴ[⑯] εἶναι，　　（三）

[①] 这里和本书涉及希腊语词的解释，都依据专收古典希腊语词的权威希英大辞典的说明。即 Liddel & Scott, Greek-English Lexicon, 1996年第19版，及其 Abridged Edition, 1991, Oxford University Press。

[②] εἰ δ᾽ ἄγ᾽，请进！

[③] ἐγὼ，我。

[④] ἐρέω：φημί，λέγω（说）的未来式，这里是第一人称单数，我（要）说。

[⑤] κόμσαι：κομζω 之 aor active 不定式，多义词，to make care of，supply，拿着，保持。

[⑥] σὺ，你。

[⑦] μῦθον：μυθέομαι（对人说）的分词形式，表示上面我所说的话。

[⑧] ἀκούσας：听，单数第3人称 aor active。

[⑨] αἵπερ，περ 为小品词，加强语气，由 περι 来的表示 very much，how ever much 含义，前面可有关词〔如这里的 αἵ，可能与所指 ἁδοι（途径）是复数有关〕。

[⑩] 道路（复数）。

[⑪] 唯有的。

[⑫] διζήσός（δίζημαι [寻求]的分词形式）：见 διζήσς，ἡ，inquiry，研究、寻求。

[⑬] νοῆσαι：νοέω. νοήσω 的不定式。To see as to remark or discern，distinguished from merely seeing，表示理解、分辨、考虑过的，而不仅是看见。εἰσι 是（第三人称复数）。

[⑭] ὅπως，关系连词（关于方式的），与 ὡς，ὅτι 同，相当于英文的 that。

[⑮] ὡς，相当于英语的 that。

[⑯] οὐκ 与 μὴ 都是否定词，不、非之义。

Πειθοῦς ἔστι κέλευθος (Ἀληθείηι γὰρ ὀπηδεῖ) ①,　　　　（四）

ἡ δ' ὡς οὔκ ἔστιν τε καὶ ὡς χρεών ἐστι μὴ εἶναι ②　　　（五）

τὴν③ δή④ τοι⑤ φράζω⑥ παναπευθέα⑦ ἔμμεν⑧ ἀταρπον⑨.　　（六）

οὔτε⑩ γὰρ⑪ ἄν⑫ γνοίης⑬ τό γε μὴ ἐόν⑭ (οὐ⑮ γὰρ ἀνυστόν⑯)　（七）

οὔτε φράσαις⑰　　　　　　　　　　　　　　　　　　　（八）

前两行还容易读："来吧，我要告诉你，你要好好听我所说。唯有哪些途径是可以考虑的。"接下去两行就到了关键处。

第（三）行中 ἡ……ἔστιν 是最值得注意的。阴性冠词 ἡ 管的是哪个作名词用的词？从上下文看，第（二）（四）行中的 ὁδοι（复数，其单数为 ὁδος）与 κέλευθος（单数）都是阴性名词，都指道路、途径、方法的意思，用阴性冠词 ἡ 与之有关，但 ἡ 直接关照的是 ἔστιν。这也就指示出这里的 ἔστιν 是当一个名词来讲的。但是 ἔστιν

---

① Πειθοῦς, Ἀληθείηι，是把"说服能力"和"追求和表示真理的能力"人格化造成的名词，作成女神之名。用来称呼这条道路：有说服力的路，真理之路。

② χρεών，χρέω 的中性分词，指命运、必然；εἶναι 是 ἔστιν 的不定式。

③ τὴν，定冠词 ἡ 的宾格。

④ δή，那么。

⑤ τοι=σοι，你（受格）。

⑥ φράζω，我说。

⑦ παναπευθέα，完全不可相信，或全无说服力的（παν 全部，α- 否定，πευθ- 说服）。

⑧ ἔμμεν，ἔμμι，我是（不定式）。

⑨ ἀταρπον，路径。

⑩ οὔτε……οὔτε，既不……又不。

⑪ γὰρ，因为（for）。

⑫ ἄν，小品词，表示一个独立于任何情况的断言。

⑬ γνοίης，思想，认识。

⑭ τό……μὴ ἐόν，那个非 ὀν 的，ἐόν=ὀν，γε 至少。

⑮ οὐ，否定词，不。

⑯ ἀνυστόν，可能，可实现。

⑰ φράσαις，言说（第二人称复数）。

是动词而绝非名词（同其分词或不定式形式不同），如何能作名词用？ 这个问题在语法上只能有一种解释：这里的 ἔστιν 不是单纯的动词，而是个句子，只用一个动词造出来的单词句。一个句子说的是一个事件，在这里指的正是一种哲学上的求真的途径或方法，那么把它当作一个单称名词来看，在语法上是合适的。

这种单词句是希腊语特有的现象。因为希腊语动词的词尾形式特别精细，总能精确地分别表示出主语的人称和数（还能表示所述事件的时态），这样主语隐含在它里面不说也明白，便常常可以从略。所以对 ὅπως ἔστιν 的照猫画虎的英文译法便是 that it is。用一个第三人称单数的 it 作 is 的主语，把 ἔστιν 里隐含的主语表示出来。这个英文译法也表明这里的 ἔστιν 乃是一个句子（子句），并非一个单纯的动词 is。我认为注意到这点是我们开始研究时很必要的第一个步骤。因为问题的中心正在于弄清楚这个作为句子的 ἔστιν 的含义，而不仅是作为动词的 ἔστιν 的含义。

让我们进一步注意：这个 ἔστιν 是个句子，但还不是个一般的句子，而是一个命题。亚里士多德早就提出，同单独的名词、动词不同，句子才是一个可以独立的有意义的言说。[1] 但是他更强调指出：哲学上所要关注的不是一般所说的句子，只是用肯定和否定的系词"是"和"不是"把那些实义词结合起来或分离开来所构成的，能表示一个关于真实和谬误的思想的命题。他说：

只有这样的句子，才是其中具有真实性或谬误性的命题。比如某个祷告是一个句子，但既不是真实的，也不是谬误的。
因此让我们排除命题以外的一切其他句子类型，因为只有命题是我们当前的探讨所关注的，其他句子的研究不如说是属于修

---

[1] Aristotle, *De Interpretatione*（《解释篇》）16b26。

辞学或诗学的范围。①

　　事实上巴门尼德这里所说的 ἔστιν 正是一个命题,而且是一个根本性的哲学命题。② 因为它要指示的是唯有的一条道路或一种方法,它才能引导我们走向真理。对这条求真道路的最简捷的表达,就是 ἔστιν 这个单词句,因此它也不仅是个一般的句子,而是一个命题:表示巴门尼德认为是唯一能引导人获得真理的命题。关于 ἔστιν 的这个更根本的含义,我们到下一节再研讨。本节先要作语言上的解读,然后才能进入下一步。

　　语言的分析,如上所说,首先要把 ἔστιν 看作一个句子;接着就该对这个单词句作句子的结构分析:找出它隐藏的主语,并询问它是否也有隐藏的补语。

　　首先,ἔστιν 显然有一个隐含的单数第三人称主语。用英语把它写出来是 it,这是恰当的。问题是这个 it 或"它"指的究竟是什么? 有人说是"存在者",有人认为就是名词化的"是(者)",但这两种理解落实到句子就会读成"存在者存在"或"是者是",似乎都是同语反复,不知何意,因而似乎都有问题。那么究竟如何解决,是否另有解释? 这是第一个问题。

　　我的想法是:按原来语法的比较稳妥的考虑,可以认为这个 it 就指某一客观事物(可大可小)。大家都不用 he/she 而是用 it 来表示这个第三人称单数的主语,表明都感到它必是某个广义的客观性的对象。这样来理解也许素朴了些,但我以为反而容易说得通和好懂。

---

① Aristotle, *De Interpretatione*(《解释篇》)17a1-6。
② 如他在序诗中和下文要反复申说的那样,讨论的是关于如何分别"真理"和不包含真理的"意见"的问题。

其次，ἔστιν 是无需补语，还是个有补语的句子，只是省略了呢？ 现在西方和中国学者都用"it is"来讨论，即只当个无需补语的句子讲。但如果真的没有补语，这动词 ἔστι（is）本身就只能作存在动词"活着"和"存在"讲，而不能当系词"是"讲了。因为所谓系词，它的作用就是把主语和补语系在一起；没有补语的 ἔστιν 或 is 怎么能当系词呢？ 所以中译这句子为"它是"或"某事物是"确实是不行的，因为不合语法。但我认为是可以考虑有个隐藏的补语的。根据这里的语境，它可能是最为一般的形容词或名词，如"什么"或"如此"之类，这样作为句子和命题的 ἔστιν，就能译为"某事物是什么"，"某事物是如此"，不再有什么困难了。把这个意思同接下去的那个子句 ὡς οὐκ ἔστι μὴ εἶναι（that it is not［possible for it］not to be[1]）联系起来看，其隐含的补语应当就是后面子句中的那个 εἶναι[2]。这个 εἶναι 的意思也指"什么"或"如此"（即古汉语中的作指示代词而非系词的"是"，与"此"、"兹"、"斯"同义）。这样，前面的子句"某事物是如此"的正面含义，就因有了后一子句"某事物不（能）是不如此"从反面得到加强和确定，其哲学命题的意义也就得到了非常明确的显现。

因此，单词句 ἔστιν 从语义说可以有两种解读法：

1. 当作没有补语的句子，ἔστι（is）只能做存在动词讲。那么这句话就应该读作："它（某一事物）存在着。"由于这个存在是表静态的 es（持存），同表示动态的 bhu（φύω）即自然存在成为对照。因此这个子句更恰当的译法是："它（某一事物）持存着。"

---

[1] 这里采用了 Richard D. McKiraham，Jr. 所著 *Philosophy Before Socrates* 中的英译，见其 p. 152.（Hackett Publishing Company，Cambridge，1994）英译者为读起来方便而加进去的文字我用［　］符号标出。

[2] ἔστι 的不定式即 to be，可作名词用，因此可作补语。

2. 当作有隐藏的补语的句子，ἔστιν（is）便是系词，它有隐藏的补语"如此（斯、是、兹）"。那么，这句话就应读作"它（某一事物）是如此"。

这两种读法是否彼此排斥？我不这样看，我认为可以兼容。不仅兼容，而且相通。因为肯定事物持存的稳定不变，正是我们能判断某事物是如此这般的基本前提；反过来我们能言说事物是如何如何，也就表明了该事物有其持存的稳定不变。另外巴门尼德自己很强调"思想和存在是同一的"[1]，他素朴地却又是十分认真地认为一个表述能够兼指思维本身和这思维的对象，二者相通正是他的本意。为此我建议读者采用双读方法。从语句和语词角度必须双读，至少要双读；而在运用中，在哲学研讨的发展中，大家会看到双读也远远不够，会有更多的含义出来。

以上讨论的 ἔστιν 是第（三）行诗中的一个子句。现在让我们把（三）（四）两句诗一起读下来。按照双重读法分别是：

1. "那说'事物持存（不变）'和'它不是不持存的[2]'的思考之路，是有说服力的，并与真理同行。"

2. "那说'事物是如此'和'它不是不如此'[3]的思考之路，是有说服力的，并与真理同行。"

第（五）句与第（三）句对照，是巴门尼德不赞成的道路和方法。其中也有两个相关的子句：ὡς οὐκ ἔστιν 和 ὡς χρεών ἐστι μὴ εἶναι，只是意思同（三）正好相反。用上面的双读法也能把它们读通：

1. "那说'事物不能持存（不变）'和'它必然是不能持存（不变）'的思考之路，我告诉你那是完全没有说服力的，因为你无法

---

[1] DK 28 B 3.
[2] 可读成"它不能是没有其确定的持存的"，比较适合我们汉语说话的习惯。
[3] 可读成"它不能是不如此的"，较为顺口。

懂那‘不能持存的事物’,也无法说出它来。”

2.“那说‘事物不是什么（即无规定者）’和‘它必定是什么都不是（即对它什么都不能确定）’的思考之路①,我要告诉你那是完全没有说服力的,因为你们无法懂得那‘什么都不是的东西’,也无法说出它来。”

作过语言上的解读之后,我们来解读巴门尼德用 ἔστιν 作为哲学命题的含义；它是哲学范畴 ὄν 以及 ontology 的真正起源地。

第三节　巴门尼德的真理学说：
ἔστιν 哲学解读之一

我们说希腊哲学最重要的智慧特征是求真,这是符合事实的。更早的几位大哲已经显示了这种追求的特征,回忆一下赫拉克利特如何讲他的逻各斯、毕达哥拉斯和米利都派如何论说证明各自关于本原的看法就可知道；不过那只是从精神的贴近角度说的,不能算是到位。真正明确和正式地把“真实或真理本身究竟是什么”的问题提到哲学研究的第一位的,巴门尼德实在是第一人。

上节我们研读过的那个 ἔστιν,从巴门尼德的序诗和全部诗篇来看,讲的正是他所要研究和确立的求真之路,也是真实和真理本身,这是一个简要得无法再简要的概括：只是由一个动词所构成的单词句所表述的一个哲学根本命题。可是它既包括了求真的认识、知识和思维的根本逻辑要点,又包括了对一切事物的一种根本看法和确认。对此残篇2以真理和意见的基本对立表述的形式给予

---

① 亦即阿那克西曼德和赫拉克利特所主张的“无规定者”或永远流动变化的本原。

了核心阐述,然后在诗篇正文中展开论辩和论证,从而构成了巴门尼德的全部哲学体系。

1.真理和意见

从上节语言解读中,可知巴门尼德的 ἔστιν 要说的哲学含义是:唯有认为事物持存不变,人对事物是什么有确实的思想或言辞,这样的思想言辞才是真理,才合乎真实。换言之,他给真实和真理下了一个定义。其核心是:事物的存在必有持存不变的根本性质,人对事物的存在才能有真正的知识,因此,真理的认识(人的主观思想)同真实的事物(客观事实的真相)都必须靠不变的确定性才能确立。而他要批判的正是原始素朴哲学的根本世界观和真理观:一切事物都是对立统一的、不断流变的,这是充满生命活动的生动自然存在的秩序、逻各斯,因此人的思想言说必须与之符合(才是真实的言说或"逻各斯")。

换个更简明的说法就是:ἔστιν="有"(有规定者,或有规定性),οὐκ ἔστιν="无"(无规定者,或无规定性)。原始素朴哲学"以无(规定)为本(原)",认为"从无到有"是真理;对此巴门尼德断然否定,提出唯有"有"才是真实和真理。他说,你们说的那个"无"既然没有确定的规定性,那就连"它是什么"都不可能说出,没法对它思考,没法对它获得确切知识。你老是在对立统一的变动之中,没有持存不变的对象,就只能总在确定和不确定、是什么和不是什么之间两头徘徊彷徨,还能侈谈什么真理呢? 真理必从确立"它是什么"开始,从"有(规定)"开始。从这里我们可以见到他对毕达哥拉斯派提出和强调"有"(对阿那克西曼德"以无为本"的修正）的吸取。不过毕达哥拉斯虽然把"有"放到了第一位，依然把"无"与"有"并列作为本原，而巴门尼德就只要有（规定）而根本不许人再说到无（规定）的东西了。

因此，只是到了巴门尼德这里，规定性或确定性之有无，才成了判定真假是非和判断事物本身的严格标准。希腊哲学史上最经典和古典的基本对立，从此才得到了明确的提出和展开。[①]

2．认识论上的新因素

我们应当留意，这个 ἔστιν 或"它是什么"并不是一个简单的陈述，而是一个严肃的判断，一个哲学的中心命题。它的认识论功能是分辨真假。理由很明显，因为这个 ἔστιν 是同接着的 ὡς οὐκ ἔστι μὴ εἶναι，即"它是什么"是同"它不能是不如此"的意思相关的。前者从正面说，后者从反面说，两者合起来就使这个 ἔστιν（"它是什么"）成了带有必然性的关于什么是真理的命题了。这一点在残篇8中有如下的话讲得特别清楚：

> 确信的力量决不容许从无中产生出任何异于无的有来，正义决不放松它的锁链而容许它（即"有"或"存在／是"）产生和消灭；而是将它抓得牢牢的。决定这些事情的就在于：ἔστιν 还是 οὐκ ἔστιν。[②]

---

① 关于真理和意见的对立，残篇4、5、6反复阐述，我们在以上解说中都已涉及，兹不赘述。
② DK 28 B 8 第13—16行。

从这里人们可以清楚地看到希腊人所创立的逻辑理性思维的最初形式，和与之伴随的关于真理的必然性意识。说某事物是什么，就不能又说它不是如此；这是必然的，如此才合乎逻辑，不会自相矛盾。100多年之后，亚里士多德对逻辑思维的根本公理作了如下正式表述："对于任何事物必须有所肯定或否定，一个事物不能在同时既是又不是。"[①] 两相对照就可以清楚看到，它的意思在巴门尼德这里已经得到了表述，差别只在于：亚里士多德很明白这个确定性或规定性，或"是"、"有"还必须有限定，例如他的表述中所说的时间限定。因为此时某事物之是什么的规定，到另一时刻是很可能会改变的。他既强调逻辑也承认对立统一的辩证法的许多内容和形式，这是巴门尼德远远未能达到的。巴门尼德是第一个明确了思维逻辑的哲学家，在这个时候他只看到了原始素朴哲学讲对立统一和流变的不足方面，还没有深刻思考逻辑本身该如何限定与完善。他的巨大功绩和他自己的不足都由此而起。

巴门尼德在提出逻辑思维时，比前人（如赫拉克利特）更强调理性论证的作用，要人不要靠感性认识下判断："说是的为不是，是决不能证明的，你要使你的思想避开这条道路，别让许多经验所形成的习惯使你走上这条路，只用茫然的眼睛、轰鸣的耳朵和那条舌头。应当凭着理性（λóγος）来判断，这就是我所说的论辩的证明。"[②]

说到这里，我要再次强调并请读者始终记住：òν 和 εἶναι，或中文用来表示它的"有"、"存在"、"是"等都不仅是词，而是对作为一个哲学命题的 ἔστιν 的多方面陈述的概括，并且彼此相通。

---

① 《形而上学》1006a1-5。

② DK28B7.

例如对于"有"要读成"任何一个对象、事物都是有规定性的"，因而它总是"有规定者"；对它作为"存在"的含义必须先读作"事物有其持存不变的规定性或静态"，因而和"自然"的存在含义所表达的"事物都是流动变化的"命题对立着；而作为"是"，就不仅是一个系词，而是一个"事物是如此如此"，进而是"事物真是如此"、"肯定是如此"、"确实是如此"、"必然是如此"，"它不可能不是如此"等确定不移的知识和论证。我相信，如果我们是这样地来看待 ὄν，εἶναι，或中文的相应表达如"有"、"存在"和"是"，就可以减少许多误解，达到读懂读顺，进而就能理解其中的深意了。

3. 巴门尼德的"思维和存在的同一性"命题

残篇3："……因为思想和存在（εἶναι）是同一的。"巴门尼德的这个命题曾被人视为一大唯心主义命题，理由是，它把主观思想等同于客观存在，还不是唯心的吗？然而这个批评是不当的。因为巴门尼德从来没有认为任何主观思想都能和客观存在一致，否则他为何要批判前人的错误思想？他所肯定的"思有同一性"只是对真理的知识来讲的，即认为真理的思想符合客观存在的真相。这有什么不对呢？

问题并不在肯定思想和存在有同一性，只在用什么来理解和肯定这种同一性。巴门尼德的前人是用流变的自然来看存在的，所以他们的主要思想概念是无规定（阿那克西曼德的本原和宇宙创生论），并认为这样得到的关于对立统一法则的思想是真理（赫拉克利特的逻各斯）；而在巴门尼德看来这恰恰证明他们抓不住真理：没有确定性和规定，说不出事物是什么，那算什么思想，什么知识，什么真理？ 统统都算不上了！

这是巴门尼德的最伟大的功绩，它抓住了确定性紧紧不放，开创了希腊人的严格的逻辑思维活动。但他的问题也出来了：存在真的只有确定性、静止性，而可以没有变动性、不确定性？ 难道运动变化不是万物存在的根本本性？ 难道自然，φύσις，不是真正的存在？ 难道我们能够不要对立统一的辩证法还可抓住真理，符合存在的真相？

第四节　巴门尼德的存在学说： ἔστιν 哲学解读之二　论争和问题

巴门尼德用同一个 ἔστιν 既表示思维之真（因为它可作为判断句中的系词"是"用），又表示与此思维之真相关的真实存在或实在（因为它原来就表示"存在"而与"自然"互释，只是一偏于表静，一偏于表动）。实际上他先以静态含义的存在为据，把思维中的确定性强调出来，作为真理的准则，"是什么就说是什么，才能思考言说真理"；然后回过头来，再用这个"是"和"真"来确立他的"存在"，或他心中的真"实在"。

但是，他讲的前者（主张思维要有确定性才能抓住真理）容易被人接受和认为有理，一旦转到后者，即用这个真理和确定性去规定存在本身时，其结论却使人愕然了。希腊哲学往后发展的一大主题，就是围绕着这个尖锐问题展开的。事情更深了一层，又是一道关卡，于是这个 ἔστιν 和 οὐκ ἔστιν 也要在解读上再进一步。

1. 巴门尼德的新型存在观

他的存在学说主要见于残篇8，说法如下：

> 现在只留下一条途径可以言说这个存在者（ἔστιν）。在这条
> 途径上有许多标志表明：存在者是非产生的也无毁灭，是整体、单
> 一、不动和完满的。它不是过去存在也不是将来存在，因为它总是
> 现在这样，所有的都在一起，是一，是连续的。[①]

他给"存在"规定的几点是彼此有关的，但还是先分别看看所指
的含义和他的有关论证。第一点是：存在者没有产生和毁灭，永远
如斯（如是）。

> 因为你愿意给它找出哪种来源来呢？它能以什么方式、从什
> 么东西里生长出来呢？它既不能从存在者里生出，这样就会有另
> 一个存在者预先存在了；我也不能让你这样说或想：它从不存在
> 里产生，因为存在者不存在是不可言说、不可思议的。……所以它
> 必定要么永远存在，要么根本不存在。确信的力量也决不容许从
> 不存在者中产生出任何异于不存在者的东西来。因此正义决不松
> 开它的锁链而容许它（存在者）产生和消灭，而是将它抓得牢牢

[①] DK 28 B 8 第3—6行。现将后半句原文抄下来供查考：
ὡς ἀγένητον ἐόν καὶ ἀνώλεθρόν ἐστιν,
ἔστι γὰρ οὐλομελές τε καὶ ἀτρεμὲς ἠδ᾽ ἀτέλεστον.
οὐδέ ποτ᾽ ἦν οὐδ᾽ ἔσται, ἐπεὶ νῦν ἔστιν ὁμοῦ πᾶν,
ἕν, συνεχές.
若干有关词词义：ἀγένητον unborn, uncreated；ἐόν=ὄν；ἀνώλεθρόν indestructable；
οὐλομελές wholeness of limbs（肢体健全、完整）；ἀτρεμὲς not trembling, unmoved,
calm；ἦν, ἔσται, ἔστιν 分别是"是"的过去、未来和现在时态。

的。……因为如果它在过去或将来产生,现在它就不存在了。所以
产生是没有的,消灭也是没有的。①

说"存在"永恒,不是产生的也不会消失,这一点从绝对的意义来
说人们是容易理解和接受的,就像承认物理学上的物质不灭或质
量守恒一样。后来大多数人同意巴门尼德这一说法正是为此。但是
巴门尼德还有一层意思,是认为我们看到的自然万物生生不已的
生灭变化都是假相,而他自己没有试图给自然的生灭以合理的解
释,对此人们就不能同意了。

第二,他说"存在(者)"是连续不可分的、完全一样而没有
任何差别的"一"。

存在者还是不可分的,因为它是完全一样的,它不会这里多些
那里少些,因而妨碍存在联系在一起,毋宁说存在是充实的、连续
的,存在和存在是紧紧相连的。②

这个论点比上一点更令人惊愕。因为它完全否认了世界万物
的丰富多样性,使它成了一个没有任何具体内容和色彩的单一体,
其唯一的意思就是:"存在"总是结结实实的铁板一块的东西,因
而才是"有"而不是"无"。这也是对"存在"的最绝对化的解
说。这样一来,这世界的多种多样的万事万物还是存在的吗? 如果
没有多样性的存在,没有任何分别,有规定岂不也就等于无规定可
言了吗? 希腊人原来讲的"有"和"无"都不是从绝对意义上说
的,指的只是自然万物的具体的相对的规定性之有无(如水有潮

① DK28B8,第6行以下。
② DK28B8,第22—25行。

湿的规定性之类）。巴门尼德实际上否认了多样性的存在，也就否认了原来讲的"有"和"无"的规定性的含义，而对它们作了"绝对的充实"和"绝对的虚无"的新解释（后来原子论的原子和虚空就本自此说）。但是巴门尼德最初立论却是从有无的规定性开始的，因为唯有如此才能谈论一个第三人称的客观实际东西的是"（什么）"；可是他现在却把规定性本身绝对化了，否认了自然中真实存在的个别事物的真实规定性（那是要通过不同事物的比较才能规定的，所以否认了存在者有差别，就没有任何对个别事物的规定可言了），剩下来的就只有这个绝对化了的"存在者"本身，也只能用那个最重却又最空洞的"一"来作为这东西的规定性了。

巴门尼德之前的毕达哥拉斯已经用"一"作本原了，也有重视同一性（同一规定）的含义。巴门尼德吸取此意却又大有不同，因为他否认从"一"能产生数和具有各种性质的万事万物，他的存在者"一"是不能与"多"并容的。这是绝对自身同一、连续、不变的单一整体，因此不能与任何生动多样性的自然观念协调。

第三，"存在者是不动的"[①]。这是前两条规定的必然结论。因为一种内部不能分割、毫无差别，绝对同一和连续的东西，其内部就不能有任何运动，是铁板一块；同时由于在它外面没有任何别的东西和虚空，它也就不可能向外运动或有来自外部的运动。此外生灭已经排除，怎么可能还有任何意义上的运动？

这就是巴门尼德的存在观，希腊哲学史上第一个与"自然（哲）学（φυσικης）"有别的"关于 ὀν 的学问（ontology）"或"存在论"的形态。真实的世界，ἔστιν，存在，被巴门尼德说成是这样一个东西：唯一，不可分，没有任何运动和生灭，据说这才是个能够绝对

---

① 以上几条均见残篇8。

持存的存在者。而与之相反的 οὐκ ἔστιν,非存在或不存在,就成了绝对的虚无,因此也就绝对无法对它思考和言说。巴门尼德对这个"存在"的一切言说和论证,实质上都是从这一绝对化的理解出发的。

这种对于"有"、"无"的解说,已经同希腊原始素朴哲学赋予的含义不同,和老子的也不同。原来他们所讲的"以无为本"并不是以绝对虚无为本,只是说有名有象有规定性的万事万物原是从尚未分化的原始渊源来,故无名无象无规定者如混沌才是根本。巴门尼德把有无从相对的含义拔高到绝对,固然有贡献,却借绝对的有无之义否定相对的差别和规定,进而否定任何"无"的存在,否定与之相关的生灭变化之存在。这就不能不造成人们极大的困惑和思想震荡。

从这种情况可以说明,巴门尼德的 ἔστιν 在存在论论域中的含义,同前面讲思维逻辑的论域中的含义虽有连通,又有不同,有必要进一步的解读;并且也要在同前人的关联和对立中去解读他所说的这种绝对化了的"存在"和"非存在"的意义。

2. 意见之路和巴门尼德关于自然的学说

现存巴门尼德诗篇中"意见之路"部分仅有40行,但大意是清楚的。他说:

> 现在结束我关于真理的可靠的言说和思想,从这里起研究凡人的意见,且听我的欺人虚构的话吧。人们习惯于命名两种形式,其中之一本来是不该命名的,正是在这里人们误入歧途了。他们将

它们彼此区别,认为它们在表现上是对立的,并且赋予彼此不同的标志：一种是以太的火焰,稀薄的、轻的、自身在各个方面都是相等的,却与别的东西不同；另一个正好相反,是黑夜,一个浓厚沉重的东西。我要告诉你所有这些看来如此的秩序,那么凡人的意见就没有能胜过你的了。[①]

　　这里提到的"两种形式"应指巴门尼德自己心目中的存在和非存在这两种,他把存在比作光明,非存在比作黑暗,也就是无,认为这是根本不该提到、不能命名的,只说存在才对。所以他说凡人走上了歧途。不过哲学家除了同理性的真理打交道,也要同凡人打交道,因此他也要来谈谈自然界的现象,不过认定这只是低层次的说法和意见而已。所以亚里士多德认为,"他（巴门尼德）不得不根据观察到的事实,在承认存在这逻各斯（定义）的'一'的同时,又根据感觉,承认存在着'多',他提出两个原因或原则,称之为热和冷,就是火和土。"[②]
　　可见,巴门尼德用这种方式来承认运动变化和多样性,正是为了在哲学上（即它所认为的真理上）排斥自然现象和感性世界,反对原始素朴哲学的自然存在观。

3. 如何理解他会提出这种存在学说,以及由此引发的论争

　　巴门尼德对自己这个新的存在虽然说了些理由或论证,毕竟和自然万物的多样性变动性的事实格格不入,为何他倒认作真

---

① DK 28 B 8 第 50—61 行。
② Aristotle, *Metaphysics*, 986 b 31-34.

理？这种极怪的学说他又怎么会认真提出？我以为塞诺芬尼的唯一神论有重大影响；巴门尼德和他的前辈都在寻求对世界的根本原因或解释。对希腊人来说，神、本原、存在，都是对这根本原因的有关而又侧重不同的表述方式。塞诺芬尼用哲学重新解释了希腊人的神应该是什么，而巴门尼德则用塞诺芬尼的理性一神论的思想重新解释了希腊哲学中的存在：从感性自然的存在（φύσις）转变到理性逻辑的确定的存在（ὀν）。另一方面，我认为同希腊人在进入古典时代的时刻最迫切需要理性的指导，确定的立法和知识，可能是有重要关系的。这种需要给巴门尼德以推动和勇气，使他敢于提出与众不同的新论；同时从认识过程来说，刚提出一种新的重大学说时片面性总是很难避免的，强调一个重点时容易陷入片面。但是只要它有生命力，就会引发讨论，推动新哲学发展并不断完善。巴门尼德起到的正是这样一种重大作用。

第五节　芝诺论证

芝诺是巴门尼德的忠实学生和义子，他的特点不是从正面发挥巴门尼德的观点，而是通过揭露对立观点中的矛盾来驳斥对方，为老师辩护。因为巴门尼德的存在论出台之后，受到了人们的嘲笑和攻击，认为他的说法不合事实、自相矛盾，芝诺便起来反对他们，办法是说，如果从你们的假定（认为事物是多或运动）出发，它所引出的结果要比假定一和不动所得的结果更为可笑。[①] 这种方法在论辩中起到了惊人的效果，后来苏格拉底同人对话的方法

---

① 参见柏拉图《巴门尼德篇》开头的地方。

就来源于此,所以亚里士多德把芝诺称作"辩证法的发明者"。这位哲学史上最早的论辩能手的主要论证有两个：1.存在是一而不是多；2.存在静止而不能运动。这两个论证的主要说法都保存下来了,除了问题突出和重要,我想同它们是逻辑论辩的艺术精品有关,值得欣赏玩味。用它训练逻辑思维,比几何证明还有意思,而比通常的逻辑教科书有趣得多。本书只能选一点稍作介绍。据亚里士多德记述,"芝诺关于运动的论证,引起了试图解决这些难题的人们的极大烦恼,它们共有四个",其论证是：

> 第一个论证肯定运动是不存在的,根据是移动位置的东西在达到目的地以前必须达到途程的一半处。
> 第二个论证称为"阿基里斯",要点是这样的：在赛跑时候,跑得最快的永远追不上跑得最慢的,因为追者首先必须达到被追者的出发点,这样,那跑得慢的必定总是领先一段路。[1]

这两个论证在原则上是一样的,如亚里士多德所说,"都是从空间的某种分割得出不能达到目的地的结论"[2]。要运动就必须通过一段距离,但这段距离是可以不断加以分割的,这样它就成为无限个线段的距离了；而要通过无限的距离是不可能的；所以任何运动都是不可能的。这两个论证的区别,只在于后一个是以戏剧性的动态来表现空间的无限可分割性。

第三个论证是"飞矢不动"：

> 如果每件东西占据一个与它本身相等的空间时是静止的,而

---

[1] Aristotle, *Physica* 239 b 9, 239 a 11-17.

[2] Aristotle, *Physica* 239 b 22-23.

移动位置的东西在任何一个霎间总是占据着这样的一个空间,那么飞着的箭就是不动的了。[①]

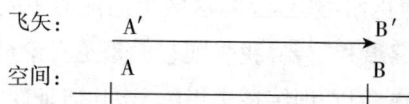

飞矢:　　A′　　　　　　　　　　B′

空间:　　A　　　　　　　　　　B

让我们用图示帮助说明。芝诺是说,一个运动着的东西在任何时刻总占据着一个与它本身相同的一定的空间,如飞矢自身长度 A′B′ 在某个瞬间占据着空间 AB。由于飞矢 A′B′ 与空间 AB 的长度完全等同, AB 决不比 A′B′ 稍多一点,因此飞矢在 AB 中毫无运动的余地可言,在这一瞬间它怎么还能运动呢? 它就静止了。或者说,飞矢不能在它所不在的地方运动,现在它又不能在它所在的地方运动,因此运动是不可能的。

芝诺说运动是不可能的,当然不合事实。但人不能简单斥责这是谬论。因为芝诺是个绝顶聪明的人物,绝不会否认我们看到事物在运动。他提出的问题乃是:我们不能满足于感官的确认,而要求在思维中理解和把握真理;如果运动是真理,那么你就必须对其中的矛盾有真切的认识,有思维清晰的逻辑的解答。否则你就无法在思想上肯定运动的真实性,而只能当作现象中的假相。因此,有人用走来走去的行动,证明运动存在和反驳芝诺,是完全无效和文不对题的。问题在于论证,用逻辑思维理解现实的运动和矛盾,即确切指出芝诺论证中的错误在哪里,说明运动和矛盾的逻辑真实性。

就前两个论证说,芝诺的错误是片面强调了空间的无限可分割性即不连续性,这样运动就成为不可能的了。亚里士多德说,如

---

① Aristotle, *Physica* 239 b 5 - 8.

果容许阿基里斯跑过一段指定的距离,他就追上前面跑得慢的人了。这就是说,应当允许他超过分割的界限或不连续性,问题就解决了。空间和时间本来有连续性和不连续性（不可分割性和可分割性）这两重性质,芝诺的错误是片面强调了一面,却无视另一面。但是,正由于芝诺强调了其中的一面,后人才注意和发现了另一方面并且开始研究了运动中内在两方面的对立统一关联；我们关于运动的思维才进入本质并理性地清晰起来,使认识获得了深化。

　　飞矢不动的论证比前两个要更深刻些,因为前两个是就运动的时空条件说的,而飞矢不动则是在时空条件下进一步讨论运动本身。亚里士多德反驳这个论证说,芝诺所根据的假定是时间由霎时组成,如果我们不承认这个假定,就不会得出这个结论。这就是说,芝诺把时间看成是由一些不可分的时间点组成的东西。拿这种时间观作论证的前提,理解运动就必然会成为不可能的事情。但这看法本身就是错误的。霎时或时间点不过是对连续的时间加以分割的界限。它作为分界点的存在,当然是不可分的；但这已不再是真实的时间本身了,因此这些时间点无论有多少也不能构成时间。任何时间无论多么短暂,也仍然是一个连续的过程,并且总可以继续分割下去；从来没有什么不可分割的时间。芝诺对时间作无限的分割,然后把这些分割出来的每一个时间错误地认作一个不可分的霎时,一个时间点（混淆了时间段和时间点,其实再小的一个时间也是一段时间）,这样飞矢当然就不能动了。因为在一个霎时中,等于是在一个没有时间的"时间"（因为已经不是时间,而只是时间点）里面,在一个没有连续、流动和过程的"时间"里,飞矢怎么能超出它所在的地方作运动呢？而且很显然,单纯的霎时（即不可分的时间点）相互之间也没有连续可言,不能过渡。所以亚里士多德说,芝诺的时间观是不能成立的。时间总是连续的流动的,当我们任意设一个时间点或界限时,它马上就超过了,因此飞矢也就不会在任何瞬间变成静止,它也就可以运动了。

巴门尼德和芝诺以为他们所主张的存在是个绝对同一、静止、没有矛盾的东西,不过是逻辑思维最初的一种天真幻想:用人的思维不应有矛盾来推论事物本身不能有矛盾。他们攻击感性现象和与感性经验相关的思想有矛盾而不真,其实概念和事物本身何尝能避免矛盾?问题只在于应当分别真实的矛盾和因思想混乱所引起的矛盾,我们反对的只是后者,而对真实的矛盾则必须承认、研究和不断提高认识。柏拉图的后期著作和亚里士多德关于潜能和现实的分析告诉我们,这两位哲学大师在最认真地研究了自然、社会和思维逻辑,经历了千辛万苦之后,终于进到了对真实矛盾的把握,从而远远地超越了他们的先驱。但是他们的逻辑思维也正是从这些先驱起源的。所以柏拉图表述自己哲学上最重大转变的对话取名为《巴门尼德篇》,设计了请巴门尼德带着芝诺到雅典来访问的场景,让巴门尼德当老师,采用芝诺式的严格的逻辑论辩方法,来教训年轻的苏格拉底,岂是偶然?

芝诺鲜明地揭示了运动是矛盾,本身就是很大的功劳。这种揭示的特点在于它是逻辑的,极其明确的,要求人必须消除不该有的思维上的自相矛盾(即思想混乱),只有在逻辑上弄清楚矛盾才能解惑。巴门尼德和芝诺的论证一正一反,都要求人的思维在逻辑上清晰、确定。你可以不同意它们;它们也确实包含着严重的错误;但无论如何,再靠泛泛的言谈,单纯地摆感性事实的所谓依据,传统的权威都不再中用了,因为这些都无法驳倒巴门尼德和芝诺的论证。这就逼着人们走上了逻辑思维之路去求真理:唯有对事实作逻辑上比对方更为清晰、更为确切的分析,才可能战胜论敌。这也就是真正的真理之旅。于是,从此希腊哲学沿着一条 ontololgy 之路向前发展了。

第六节　麦里梭的发展和修正

最后我想稍微谈一下麦里梭。他的哲学活动已处于前5世纪的中期稍后,虽然基本立场仍与巴门尼德一致,却已有明显改变和修正。

他坚持 ἔστι（存在者、有、是）永恒不变,没有生灭,但同时他认为"存在"在时间上就必定是"无限"的。因此他的表述是 ἔστι τε καὶ ἦν καὶ ἔσται,用了 ἔστι 动词的现在、过去和未来三种时态所造的三个单词句,表示存在的持存是永恒的。[①] 同时他强调存在者在大小上也是"无限"的。[②] 他看到巴门尼德说存在者在时间和大小上有限定有毛病,因为有限定的就要受另一个东西的限定,存在者就不能是"一"了。说存在者是一和永恒不变,又说它在时间和大小上有限,是自相矛盾。因此他认为有必要修正巴门尼德的说法。这就说明,麦里梭已经明白,"有（规定）"本身就少不了"无（规定）"即 ἄπειρόν,完全孤立的"有"是无法存在的。这是很有意义的一点。

还有一点也十分重要：他说"如果有多,这些多的事物必定与我所说的'一'是同样的"[③]。这并不是说他已经肯定有多或多样性的事物了。他是在批评他人的意见时说的这个假定。他说,如

---

① 　残篇1（DK30B1）。
② 　请注意,这里中译作"无限"的,原文都作 ἄπειρόν 即"无规定的"。ἄπειρόν ἐστιν,"无限的存在"也即是"无规定的存在"。见残篇2、3（DK30B2、3）。
③ 　残篇8（DK30B8）。

果水、火、气、土,铁和金子,活的和死的,黑的和白的,冷的和热的、硬的和软的东西都是存在的,所见所闻所理解的是正确的话,那么这些东西就必须是永存不变的,永远如它们所是的那样存在着。但是人们所见的却都在变化,所以这些见解并不正确。从这里我们看到,麦里梭在这里讨论的焦点已不是事物多样性是否存在的问题,而是我们关于它们如果要有正确的认识,就必须认为它们是不变的,他坚持的只是:只有关于不变的东西,我们才能有正确的理解,这事物才算真实的存在。

所以他只是强调如果有多,那么这些事物中的每一个也必须是个"一",即可以确定的、可以下定义的对象。在这个意义上,我必须把多中的每一个存在即事物看作始终如一的不变的东西。这东西是什么呢? 就是"它是什么",即"它所是的东西",该事物的定义。

因此承认多虽不是麦里梭自己主张的观点,而只是有条件的让步,即坚持爱利亚派基本观点下的让步,却有重要意义。它标志着巴门尼德那个最抽象的绝对排斥"多"的"一",已经松动了,事实上往后的哲学正是从这点开始打破巴门尼德的铁板一块的存在论,开辟了论证世界是"一"、"多"的统一的解说的。同时,这也为科学和哲学中为多样性事物分别下定义的方法,提供了思想资源。

第三章 恩培多克勒和阿那克萨哥拉

第一节 "一"、"多"问题

巴门尼德哲学从两个方面推动着希腊哲学在古典时代的发展。人们对他否认运动和多是不能接受的,但是他的逻辑论证的威力和人们对存在和非存在的绝对含义的普遍接受,又使后来哲学想要突破他的存在论的努力深深陷于举步维艰的境地。例如这一章我们要谈的两位大哲学家,就还没敢谈论巴门尼德所不许谈的"非存在";要到原子论提出"原子"和"虚空"来说存在和非存在的时候,才找到办法敢说那"非存在"也是确实存在的,因为原子是实实在在的,虚空是绝对的空无或什么也没有,然而这个虚空作为纯粹的空间又确实存在着,并且是原子得以存在的根本条件。可见要想突破巴门尼德的存在论是很不容易的。至于要对巴门尼德和芝诺的逻辑作研讨和进一步的规定,则是更不容易的事情。它还要更晚得很多,要到苏格拉底、柏拉图和亚里士多德那里才能实现。

因此,最初试图突破巴门尼德的哲学,使其存在学说能同解释实际存在的世界和各种现象一致,必须找到一个突破口。在这点上巴门尼德和爱利亚派自己已经留下了漏洞,就是他们承认存在总是有大小的。这个希腊人最根深蒂固的存在观念,他们没有能否定掉。既然存在是有大小的东西,那就在逻辑上留下了把"一"同时也理解为"多"的可能性。于是"一多问题"就成为第一个要探讨的大问题。

第二节　恩培多克勒的生平和著作

恩培多克勒是西西里的阿克拉加人。阿克拉加原是希腊本土人于公元前582年建立的一个殖民城邦,人口有20万,农业、航海和工商业都相当发达,又是文化古城,有6座奥尔菲教的大神庙在这里,毕达哥拉斯派团体在这里也有广泛影响。恩培多克勒出身显贵世家,生卒年不详,据说他和芝诺都是巴门尼德的学生,并与阿那克萨哥拉年龄接近,因此一般认为他生活在大约公元前492—前432年间。希波战争时期他还是少年。公元前488—前472年间,阿克拉加同叙拉古结盟,击败了和波斯勾结的迦太基人的入侵,这个胜利使城邦进入繁荣,但不久僭主上台,同叙拉古发生战争,其灾难促使城邦的贵族派和民主派斗争尖锐化。在这场政治斗争中,恩培多克勒父子起了显著作用,成为深受民众拥戴的民主派领袖。在希腊哲学史上以民主政治活动家身份直接活跃在政治舞台上的哲学家,恩培多克勒是唯一的一位。他说服阿克拉加人结束派系纷争,倡导政治平等,反对个人高踞于公众之上。但在人们要授予他王位时,他拒绝接受,因为他宁愿过一种简朴的生活,因此他被亚里士多德称作自由之冠。[1] 后来他出访奥林比亚时,他的政敌阻止他回国,从此他流落异乡,据说去了伯罗奔尼撒,不知所终。终年大

---

[1]　见 D.L. 第8卷63—65节。

约60岁。

　　恩培多克勒还是一位杰出的科学家，在天文、气象、生物、生理和医学诸方面都有重要的贡献，是南意大利医学学派的主要奠基人；同时他又是主张灵魂有轮回应当努力净化的神圣先知，自称为不朽之神，要救人于愁苦、疾病和罪恶之中，在民间有许多关于他行奇迹的传说。如果我们注意到阿克拉加奥尔菲教和毕达哥拉斯派团体活动盛行的环境和气氛，这些错综矛盾现象就不足为怪，倒是很正常的，正显出恩培多克勒的智慧和多方面的才能。

　　据说他写过许多作品，有诗歌、悲剧、政治论文和医学论文，他还是许多著名修辞家的老师，如著名的智者高尔吉亚就向他学习过，他的文学才能世所公认。现在留下来的只有他的两部主要著作《论自然》和《净化篇》的一些残篇。

第三节　"四根"和"爱与斗"

　　他的哲学学说简单说来是这样的：他认为有四种物质性的实在或元素，他称之为四根，火、水、气、土。它们是永远存在的，本身没有变化和生灭；但这四种元素可以结合与分离，这就造成了具体事物的生灭和变化。使四种元素和事物结合与分离的是"爱"和"斗"，这两种力量或东西也是永存的。他自己是这样说的：

　　　　我要告诉你一个双重的真理：在一个时候，一个东西由多个东西结合而成，在另一时候，一个东西又分解为多个。对于会消灭的事物，它有双重的产生和双重的消灭。由于万物的结合，一个东西产生了，又毁灭了，由于事物的分解，另一个东西形成了，又瓦解了。这些事物从不停止它的变迁,在一个时候由于爱一切结合为一体,在另一时候由于斗每一个同其他的分离而产生……

在一个时候由多形成一,另一时候又由一分解为多,火、水、土和广阔高深的气,此外还有破坏性的斗,它在任何地方都同样存在着,以及它们中间的爱,它的长和宽是相等的。对于爱,你要用你的心来注视,不要只瞪着眼睛坐在那里瞧,因为她生来就在凡人的肢体里,靠了她,人们才有相亲相爱的思想,并做和睦的工作,因此人们称她为喜神和爱神。……所有这些都是平等的,年纪也相仿,只是各有不同的职务和特殊的性格,并在时间的流转中轮流占上风。没有它们别的东西不会产生和消灭。因为若是它们被消灭了就不复存在,还有什么东西充实整体,整体又从何而来呢?这些元素里没有空无,又怎么会消灭呢?不,存在的东西只有它们,它们相互穿插、有时成为这种东西有时成为那种东西,但它们仍永远保持其存在(是)。①

从"四根"及"爱和斗"里产生出过去、现在和未来的一切事物,包括树木、飞禽走兽、水中的鱼、男人、女人直至诸神,造成无限多样的生灭变化。②于是我们看到在哲学中又恢复了自然存在及其多样性和运动变化的权利。这就是说,只要把巴门尼德"一"变成"多",坚冰就开始打破,哲学又开始往前迈进了。

因此恩培多克勒成为希腊哲学史上第一个明确主张本原或本体为"多"的哲学家。在此前,哲学都用一个本原或存在本体作为解说世界的根本原因。

---

① K31B17(即残篇17)。
② DK31B21.

1. 四根

人们都说恩培多克勒的原则是"多"，但要注意它的含义的重点并不在数目之多，也和原子论者所说的原子之多不同，因为原子没有任何感性的性质，而火、水、气、土是形成和解说干、湿、冷、热的感性事物世界的依据。由此可见他的"多"突出的是存在的感性性质多样性。从这里克服巴门尼德的"一"所引起的困难，最直接也很正确。

这在某种意义上又返回了早期素朴"自然哲学"的传统，但实际上已经根本改变过了。因为他说的"四根"中的每一个已是巴门尼德式的"一"，决没有生灭变化的东西。换言之，他只不过把巴门尼德的一个"一"分成了四个"一"。因此，"四根"同原先的原始素朴哲学所说的本原虽然似乎类似，如水、火、气、土，其实却根本不同。他明白地说：

> 思想短浅的人是多么愚蠢！他们竟以为原先不存在的东西能够产生，存在的东西会消灭和完全毁灭。因为不存在的东西要产生是不可思议的，而存在的东西被消灭是不可能的，闻所未闻的；因为它将永远存在，不管把它放在哪里。[①]

可见他在思想上乃至语言上都重复着巴门尼德的"存在者没有生灭"的观点，以之作为自己哲学的基础。"一"改成"多"了，但"多"中的每个仍是巴门尼德的"一"。它们没有生灭，没有自身的变化，永远如此、如斯、如"是"，自己持存在那里。从前这类东

---

① DK 31 B 11－12.

西在原始素朴哲学那里是能生动变化的原因,叫作自然的本原;而恩培多克勒的"四根"却是决不生灭变动的"存在／有"自身。只是靠着不变的存在者的外在的混合与分离,解释了自然中生灭变化的现象。这里元素"四根"的存在是根本,生灭变化只是现象,二者有严格的划分。

不仅"四根"要按巴门尼德的存在论解释,他还完全处于巴门尼德禁止思考言说"虚空"即"非存在"的思想禁区里,没有对此提出任何质疑。可是承认有"多"事实上就不能不触及这个问题。我们后面就会看到这一点。

2. 爱与斗

现象中的各种事物和生灭变化,现在靠"四根"的结合和分离得到了解释,那么,就需要回答造成结合与分离的原因是什么的问题。可以从哪里寻求呢? 既然"四根"的每一个都是不能运动的,那么结合与分离这种动作也就不能用四根本身说明,只能另外寻找。于是他在"四根"之外提出了"爱"与"斗",作为把"四根"结合起来与分离开来的力量。对此他说了些幼稚含混的话,如说这两者的"长和宽相等",其用意不过是想论说它们也是存在的(希腊人总以为存在必有大小),因为爱与斗作为力量的前提首先总得存在。当然实质还是说它们有作用∶爱是吸引、结合、团结、一致的原因和动力,斗是排斥、分离、瓦解、对立的原因和动力。有了这两种对立的作用作依据,恩培多克勒再来论说一切结合与分离就显得有道理了,也就能说明世界万物的多样性和运动变化。

所以从恩培多克勒起,希腊哲学中开始分别出两类原因或本体：质料因和动力因,前者是被动原则,后者是能动原则。

第四节　恩培多克勒对认识和真理的研究

恩培多克勒对认识问题尤其是感觉问题作了重要研究,这对他来说是必要的。因为他要恢复被巴门尼德否定了的自然事物的存在及其运动变化的合法性,就不能不为被同样否定了的感性知识的合法性作辩护。他用生理学和医学上的科学知识和方法,对感觉、思想作了认真的观察思考,提出了很有意思的某些看法。他也许是哲学史上最初用科学知识开始研究认识论问题的人。他说：

> 你要尽力考虑每种事物是怎样显现的,不要认为视觉比听觉更可靠,也不要把轰鸣的听觉置于舌头的清晰见证之上,也不要贬低任何其他感觉的重要性,无论哪种感觉都是一条认识的途径,只要你思考每种事物时照它们显现的方式来进行。[①]

恩培多克勒认为各种感觉功能都有其效力和可靠性。这里虽也批评了赫拉克利特关于"眼睛是比耳朵更确切的见证"[②]的说法,主要矛头还是对着巴门尼德的,因为后者攻击了一切来自感官的认识,说"以茫然的眼睛、轰鸣的耳朵和舌头为准绳"所能得到的只是"意见"。恩培多克勒明白主张：事物是以能被我们感知的方式存在和显现的,而我们有相应的各种感官来认知这些显现；只要我们按照这些事物的显现方式运用我们的感官,这些感觉和认

---

① DK 3183,第9—13行。
② DK 22 B 101 a.

识就是可靠的,我们就能认识它们的真相或真实存在。

　　他提出一种流射说来解释感知过程。他说,"要知道进入存在的万物都有流射"①,由于万物都连续不停地发出流射,而人的眼睛、耳朵等器官也发出土、火、气、水的流射,而且这些器官里都有通道使内外流射相遇和交流,感觉就由此而生了。例如他说眼睛像灯笼,它有一种精细的结构,瞳孔里有火,周围有土、蒸汽和被帷幕挡住的水,这些东西透过瞳孔向外流射,外界事物中的土、水、火、气也通过瞳孔这个通道流进眼睛,内外两种流射相遇就产生了视觉。②耳朵是一种肉芽,空气振动时打击它产生出一个声音,像钟被敲响一样。各种流射有与之相适应的通道,所以各种感觉器官各司其职,一种感官不能判断另一种感官的对象是什么。③

　　他还用一种科学实验来解释人的身体同外界的交流关系。就像一切动物都有呼吸一样,身体内有许多肉管子在表皮上开口,血在管子里流动时就会使外界的空气自由出入。这种情形犹如一个女孩子玩弄一个铜管计时器那样,用手堵住铜管的一端把另一端浸入水银或水里,因为管子里有气,水银和水是流不进来的;把手松开它们就流进来了,放开多少气的位置它们就流进多少来。所以,在人体内管子里血液的流动,当向内部流动时,外面的气流就流进体内来,当血液流回来时,空气又流了出去。④

　　恩培多克勒也用同样的素朴方式来讲什么是思想。他说:"(人心)生活在来回运动波涛起伏的血的海洋里,这里正是人们

---

① DK 31 B 89.

② 见 DK 31 B 84。

③ 见 DK 31 A 86。

④ DK 31 B 100。

称之为思想的住所,因为围绕着人心的血液就是他们的思想。"[1]
他认为血是由"四根"混合而成并且比例最均匀,所以血能最好
地感知外界的"四根",成为主要的感知官能。这表明他还没有真
正区分感觉和思想,把二者素朴地混同了。

　　这种学说把认识过程等同于物理过程,把思想等同于感觉非
常幼稚。但他毕竟是最早用实验科学的观点方法认真研究过感觉
和认识的人,并在与巴门尼德唯理主义的对抗中恢复了感觉在认
识实在中应有的地位,这个贡献是应当肯定的。

第五节　阿那克萨哥拉：
把哲学引入雅典的重要人物

　　沿着恩培多克勒开辟的讲"多"的方向加以重大发展而提出
新说的,是阿那克萨哥拉。他是小亚伊奥尼亚的克拉左美奈城邦的
人,生卒年为公元前500/前499年至前428/前427年。二十岁时他
离开家乡来到雅典,在这里住了有三十年之久,直到后来被雅典人
放逐,回到伊奥尼亚的朗卜沙柯。雅典是他真正的第二故乡,在这
里他度过了一生中最宝贵的时光,形成自己的哲学,影响了雅典和
希腊世界。

　　阿那克萨哥拉出身显贵门第,少年时就好学深思,追求自然知
识,热心科学研究。他漠视金钱,将继承的遗产分送给亲属,自己专
心于学业。人们说他是米利都的阿那克西美尼哲学的追随者,他的

---

[1] DK31B105.

学说带有阿那克西曼德的深深印记①,对于一位家在伊奥尼亚的好
学的年轻人来说,这是极其自然的。

他在雅典的30年,正值这个伟大城邦的空前兴旺繁荣的年代。
希波战争的胜利,给雅典带来了空前的繁荣,它赢得了全希腊的尊
敬,还赢得了一个帝国。但这时的雅典人若同小亚伊奥尼亚一带的
各邦相比,思想却还相当保守落后。所以,他带来的伊奥尼亚自然
哲学和科学知识,对当时的雅典来说还是一股非常清新的新鲜空
气。阿那克萨哥拉和伯利克里有亲密的友谊。据第欧根尼·拉尔修
报道,他被雅典人控告犯了渎神罪,因为他说太阳是一团白热的金
属,比伯罗奔尼撒还大。他的学生伯利克里为他演说进行辩护,他
便被课以罚金驱逐出境了。还有一种说法,是说审判他的人是伯利
克里的政敌,想借控告他来中伤伯利克里,罪名不仅是渎神而且说
他私通波斯对雅典不忠,因而被缺席裁判处以死刑。这时伯利克里
便上前对人民说,你们是否发现我在政治抱负上有什么过失? 人
民回答说没有这样的事。于是伯利克里就接着说道:"那好,我就
是阿那克萨哥拉的学生,请你们不要为诬陷所动而处死他吧,我希
望能说服你们把他释放。"这样阿那克萨哥拉便被开释流放出雅
典到朗卜沙柯。② 普鲁塔克也说到这件事,他说:"伯利克里营救
阿那克萨哥拉可不容易。"③ 在这件事上我们可以看到这两位卓越
的人物在思想上的一致和患难与共的深厚情谊。

他在哲学上和恩培多克勒一样,是沿着以"多"取代巴门尼
德的"一"前进的。亚里士多德说他虽然在年龄上略长于恩培多

---

① 亚里士多德的著名门人和继承者 Theophrastus 有此评论,见 DK 59 A 41.

② 见 D.L.II.12-14。

③ DK 59 A 19.

克勒,但是哲学活动上却略晚于后者[1],并多次谈到他对后者的不满和意见对立之处。下面我们会看到他的新的重要进展。他在雅典继续专心于自然研究,有报道说在他的学生里包括阿尔克劳和悲剧作家欧里庇德。[2] 阿尔克劳当过苏格拉底的启蒙老师,苏格拉底没见过阿那克萨哥拉,但读过他的书并对他的"心灵"说有极大的兴趣。他可能是在雅典度过一段时间之后才逐步形成和发表自己的哲学的,但还有足够多的时间在雅典从事教育活动,产生许多重大的影响。后来他去了朗卜沙柯,在那里继续他的哲学活动,受到当地人的高度尊敬,最后在那里去世。

第六节　阿那克萨哥拉"种子"学说的精微和辩证特点

1.阿那克萨哥拉与恩培多克勒哲学的同异

最扼要地说,阿那克萨哥拉在哲学上的进展,是用无限多的"种子"(又称作"部分")代替恩培多克勒的"四根",用更单纯的"心灵"取代了"爱与斗"。

从基本点来说他和恩培多克勒非常一致,都以"多"数的感性事物及其本原否定巴门尼德的铁板一块的"一",由此开辟了巴门尼德之后重新研究自然的路。同时他们主张的"多"的每一个,却仍是巴门尼德式的"一",即永远自身同一永无变化运动的"存

---

[1] 见亚里士多德《形而上学》984a11。
[2] D.L.II.12-14.

在者"。因此他们对自然的新解释与先前的自然哲学非常不同：由于"四根"和"种子"自身没有能动性，要重新解释自然的多样性和生灭运动，他们就只能采用把"四根"或种子加以结合或分离的办法，且必须引进在"四根"和"种子"之外的、能够说明造成结合与分离的动力因。[①]

但阿那克萨哥拉确实比恩培多克勒又前进了许多。主要是：彻底贯彻了"多"的原则，而在动力因方面则提出了"心灵"说，比"爱与斗"更简明，更适合时代需要，并更明显地带有精神性的特征。下面分别作些说明。

2. 为什么要用"无限多的'种子'"代替"四根"

他看到恩培多克勒的四根说在逻辑上是有漏洞的，并和"多"的原则有些自相矛盾之处。首先，这四个元素是四个大块还是有无数的部分呢？显然只能是后者，因为如果只是四大块，就不可能有什么彼此穿插的结合与分离，因而万物的多样性和运动还是没有可能说明。可是在这一点上他自己显然没有说清楚。亚里士多德就评论过这点："那些追随恩培多克勒的人用什么方式讲变化呢？必定像用砖石砌墙那样。他们讲的'混合'必定由永存的元素以挨近的微粒的方式结合而成，用这种方式产生了肉和一切别的东西。"[②] 这解释是合理的，因为恩培多克勒自己就说过土、火、水、气

---

① 见 DK 59 B 17（残篇 17），阿那克萨哥拉以一种比恩培多克勒更明白的方式说："希腊人对产生和消灭的看法是错误的，因为没有什么东西产生和消灭，有的只是存在的东西的结合与分离。因此，正确的说法是把产生叫作结合，把消灭叫作分离。"

② 亚里士多德：《论生灭》334 a 26。

按照各为几份的比例结合为骨头，另一种比例就结合成血或肉等。他的流射说更明白地表明"四根"只能以微粒方式存在。这就是说，在他心中实际上"四根"是无数多的部分或微粒，而决不是四个整块的东西。否则上述论点就是不可设想的。既然如此。物质元素在数目上就不应当只限定为"四"，而必须是如阿那克萨哥所说的那样是数不清的，或无限的多。

其次，更重要的是：按照恩培多克勒和阿那克萨哥拉都同意的巴门尼德的基本观点，存在的每一个都是绝对不变的，四种元素能说明的就只有四种物性，从这个前提出发，只提出"四根"就要说明性质上无限多样的自然万物如何可能？ 因此他向恩培多克勒提出了质问：

> 头发怎么能从不是头发的东西而来，肉怎么能从不是肉的东西
> 而来呢？ [①]

如果我们承认头发、肉、骨头等自然事物确实"存在"，而它们这些"存在"的每一个都各有自己的规定或"是"。那么按巴门尼德的逻辑，这每一个"存在／是"都永远不能变，自身同一，它们如何能从与之并不相同的四根而来？ 用结合分离来解释也不中用，因为"四根"的每一个只有一种规定性，混合起来也还是这几种规定性，同头发、肉这种规定性的"存在／是"还是挂不起钩来。换句话说，如用"多"代"一"而仍要贯彻巴门尼德的存在论逻辑，那么就必须承认：世上有多少种事物，就应有多少种"存在／是"。若世上事物无限多，那就必须在逻辑上承认"存在／是"也"无限

---

① DK 59 B 10.

多"：不仅数目无限多，而且性质或规定也必须无限多。

因此，阿那克萨哥拉主张"存在 / 是"是"无限多的种子"。他认为这样才能说明万物而不犯"无中生有"的错误，才符合"真理"。

3. 对"结合"与"分离"的新解释

与此相关，他重新解释了结合与分离的含义。无限多的种子也有结合与分离，但他所承认的结合与分离，其作用和意义只在于使"存在"（无限多的种子）"隐""显"，而不是如恩培多克勒那样认为使某几种存在（四根）产生与之不同的万物，如头发和肉之类，或使之毁灭。这是非常不同的。阿那克萨哥拉说：

> 当初万物是聚在一起的，数目无限多，体积无限小；因为小也是无限的。万物聚在一起时，由于微小，是不清晰的。[①]

> 当万物聚在一起还没有分离之前，连颜色也没有显明起来；因为万物的混合，即湿的和干的、热的和冷的、明亮的和黑暗的东西，以及许多的土和无数彼此全不相似的种子的混合，妨碍颜色的显明。这些［与整体有别的］其他东西没有彼此相似的。既然情况如此，我们就必须假定万物都存在于整体中。[②]

这里讲的是世界万物最初还未发生分离时的状态，它可以说是混沌不分的，不过请注意：这并不是说存在者（万物的种子）真的没有规定性（"是"）上的分别，而只是说这些分别的规定性

---

① DK 59 B 1.

② DK 59 B 4（后半部分）。

还"没有显明"。因为这些开天辟地就有的万物尽管彼此全不相似，却正因差别无限多，体积无限小（因为小的程度也无限多），它们聚在一起的时候就显不出彼此的分别了。

4. 从"有规定"向"无规定"的回归

于是我们看到了一幅极有讽刺意味而又有趣的哲学画面：从最讲 ἔστιν 逻辑和"有－是"的思维方式中，只要突破一点点（从一到多），就会再现出那最古老的"无规定者"来，那个由阿那克西曼德或老子所说的混沌的自然原初状态。这真是物极必反。在阿那克萨哥拉深入思考和规定这些无限多的种子时，他又一次走向了辩证法，并且是用巴门尼德式的逻辑确切地论证了"无"的辩证法：这些永远自身同一不变的确定的种子，其显现却是完全不确定的、无规定的。[①] 论证如下：

首先，这些"种子"在数目和大小上能否确定和永远不变？阿那克萨哥拉发现这是不可能的：

> 在小的东西中间并没有最小的，总是还有更小的，因为存在者
> 再小也不可能不存在。同样，与大的东西相比也总有大的。它同小

---

① 不过在巴门尼德之前的自然哲学所说的"无"，指的乃是"什么规定都还没有却包含着能产生一切规定的自然能动本原"；而在巴门尼德之后的阿那克萨哥拉的新解说则完全相反，认为万物并非通过生灭转化而来而是永恒如斯的东西，只是由它们的种子当初聚合在一起，这些本来各不相同的种子由于微小，混合在一起无法分辨，各自的性质规定就显不出来了。因此如果同类的种子聚在一起而和别的事物的种子分离开来，或事物中某一种子占优势时，它的规定性就会显现出来。这是应当特别留意的。

的东西在数目上一样多,每一个东西本身都既大又小。①

　　存在总有大小,而大小总是相对的,没有绝对的大或小。事物如此,它们的"部分"、"种子"也无不如此。我们不能为任何东西规定一个大或小的限度,因为任何大小一旦规定下来,立即就可以超过。所以任何东西的大小不能有最后的规定。因而,事物数量之多无限。说"存在者再小也不可能不存在",这是阿那克萨哥拉对芝诺论证的一个很重要的答复。因为芝诺说,如果有多,存在者就会被无限分割,那么这些多的每一个就有两种可能:如果还有大小,总和就会无限大;如果小到等于无,合起来也还是无,这样有就会成为无。这都会引出不可能的结果,并且互相矛盾,所以是不可能的,所以多是没有的。阿那克萨哥拉指出,存在者的大小本来就是相对的,为什么因为无限分割就成为"无"呢? 这是没有的事。正确的说法是再小再分割,存在者仍然存在,它仍然有一定的大小。存在者必定有大小,但究竟多大多小是不能确定的,而这并不影响其作为存在者的资格。所以肯定存在者与它是否无限分割无关,与它是"一"还是"多"无关。这是对芝诺的一个有力的回答,并且包含了数学和物理学上的无限小和无限大的概念。

　　其次,他发现对立物及其对立的性质规定不可分。本来事物的某一规定即它的"是(什么)",总是同它的对立面"不是(什么)"正好相反。巴门尼德说对同一个存在决不能既讲"是"又讲"不是",但是阿那克萨哥拉却发现具有同一性的事物及其规定,本身正好是包含着对立的:

---

① DK 59 B 3.

> 在统一的世界秩序中的事物,是不能用一把斧子砍开截断的,
> 热不能与冷分开,冷也不能与热分开。①

他举例说,雪看起来是白的；但雪是冰冻的水,而水是黑的,所以雪也是黑的。②雪和水,白和黑,既对立也是统一的,既确定又有与之对立的规定。这也是"隐""显"对立同一的例证：如果我们承认雪能化为水,只是隐而未显,那么,当你看见雪是白色的时候,不过只是它现在显得如此而已。它接着会显现为黑色的水,就说明雪本来也是黑的。所以白和黑、冷和热的对立和分别规定,只是隐显之间的对立,是同一事物或规定的两种显现方式。

再次,上述两点进而导致他的一个重要结论："除了心灵,在每一事物中有各种事物的一切部分"③。关于他的"心灵"学说下面再谈,这里先讨论一下"在每一事物中有各种事物的一切部分"这个命题。它表述了阿那克萨哥拉的一个很重要的观点。其论证和说明如下：

> 既然大的东西和小的东西在其部分上一样多,所以万物也就存在于每个事物里。它们也不可能孤立存在,而只能是：一切事物都有各种事物的一部分。因为不可能有最小的东西,没有东西能孤立或凭自身而成为存在,所以一切东西现在也必定是聚合在一起的,同当初一样。在一切东西里都有许多成分,而且在分离出来的较大和较小的东西里这些成分在数目上一样多。④

---

① DK 59 B 8.

② Sextus Empiricus, Pyrrh. 1, 33.

③ DK 59 B 11.

④ DK 59 B 6.

　　我们见到的一切事物都有一定的大小和性质,这是从把各个事物分离开来看它的存在的结果。但是无论某个东西大小如何,总有比它更大和更小的东西:因此,任何东西都一定还有比它更小的东西作为它的组成部分;因此,任何东西不管怎么小也仍然是许多部分或成分的聚合物,这些成分在性质或规定上又彼此不相似;并且再进一步说,这每一个部分本身又同样是由许多部分组成的聚合物。这样说是没有止境的:因为根本没有什么最小的部分,所以也根本没有最单纯的部分和东西。

　　万物当初是聚合在一起的,分离使一些事物和部分显现出来了,它们有一定的大小和性质的规定性;但是在进一步研究中发现,现在我们见到的任何事物也仍然是由无数的部分聚合在一起的,同当初一样。世界上只有相对确定的东西和"部分"①,并没有绝对确定的东西。每一事物和部分里都包含着同它现在的显现不同的东西、相反的东西,因而与其他事物相通相连,所以说"每个事物里都有各种事物的一部分",万物都不能孤立存在,是彼此包含的。

　　于是我们看到,在客观辩证法和对存在物及其规定作更具体的思考和推理的作用下,巴门尼德以来的,恩培多克勒坚持贯彻的"存在/是"绝对孤立不变的本体论逻辑,开始发生了剧烈变化:在肯定每种事物的种子的规定都自身绝对不变的同时,对于自然整体和任何一个具体事物的整体的看法,则又返回到"无规定者"而它内部仍是"对立统一"的辩证世界观和思维方法。

　　但是,它又完全不是阿那克西曼德和赫拉克利特那样的老辩证法的简单重复。在阿那克萨哥拉这里,首先要坚持存在者各种

---

① 从这种运用和学说中,我们可以明白,何以阿那克萨哥拉又把他那无限多的"种子"称作"部分"。

"种子"各有其"在 / 是"并且永存不变（除了变"一"为"多"，还是巴门尼德的存在论逻辑），这是同原始素朴哲学的本原完全不同的。但在更精密的考察下，他发现这种存在首先大、小无法确定（毋宁说不确定才是绝对的）；又发现其性质的规定也不能那么确定，因为冷、热、干、湿、黑、白等不能分开孤立自存（毋宁如说对立的贯通一致才是绝对的）；然后又发现每个事物"是"某种东西，但里面也包含与之相"异＝不是"的东西。当这些成分"显"现出来时，这个事物看上去就变化了，变成另一事物了。其实它本来就有其"是"作根据，只不过那时还"隐"藏着罢了。事物如此，我们所能设想和设定的本体（根本的存在）也如此。于是那绝对不变的存在或本体便开始消解了，流动了，犹如白雪会变成黑色的水那样。

第七节　阿那克萨哥拉关于"心灵"的学说

νοῦς 是希腊语中的常用词，泛指感觉、思想、意志的活动和这些活动的主体。荷马史诗等文学作品和早期哲学家都经常使用它，并没有特别的用意，其词义通常只需看上下文情况来了解，例如巴门尼德用它之处译成"思想"就可以了。但是到了阿那克萨哥拉，就开始把它提出来作为一个哲学中极为重要的本体范畴了。因此需要有一个恰当的译法。我以为译作"心灵"是可以的，但是要请读者注意，它指的是一种客观存在的精神本体，不要误解为主观的东西。

第欧根尼·拉尔修说，阿那克萨哥拉是把心灵置于物质之上的第一个人，他在他那部高尚引人的著作的开头写道：

当初万物原聚在一起，这时有心灵出，对万物安排使之有秩序。①

这个"心灵"显然是动力因。它推动万物,是安排一切使之有序的宇宙主宰。阿那克萨哥拉对它有一番比较详细的重要说明:

> 别的事物都具有各种事物的一部分,而心灵则是无限的、自主的。不与任何事物混合,是单独的、独立的。因为如果它不是独立自存而是与别的某种东西混合,它就要由于混合而有万物的部分;因为我已经说过在每个事物里都有各种事物的一部分;心灵若是同事物混合就会妨碍它,使它不能像在独立情况下支配事物。它是万物中最精细的、最纯粹的东西,具有关于各种事物的一切知识和最大的力量;心灵支配有生命的万物,无论其大小。心灵也支配整个的旋转运动,它在世界开初引起了涡旋运动。它先从一个小的场所开始推动旋转,然后越来越扩展开来。事物不论是混合的、分离的还是已分开的,全为心灵所认识。一切事物,不论是过去存在的,过去存在而现已不存在的,现在存在的,还是将要存在的,都是心灵所安排的,其中包括旋转运动及其中仍在旋转的日月星辰,以及分离出来的气和清气。旋转运动引起了分离,浓的和稀的、热的和冷的、明的和暗的、干的和湿的彼此被分开了。但在许多事物里现在仍有许多部分,没有什么东西全然与别的分开,只有心灵除外。心灵是完全一样的,无论其大小如何,而其他事物却没有彼此相同的,每一个单独物体是由它包含最多的东西而显现为某种东西的。②
>
> 这永远存在的心灵,确实也存在于各种别的事物所在之处,存在于周围的物质里,存在于结合与分离的事物中,至今也是如此。③

从这些表述可以看到他的"心灵"有如下作用或规定:(1)

---

① D.L.Vol.1, BK.II, 6.

② DK 59 B 12.

③ DK 59 B 14.

一切事物都处在混合之中，唯独它是独立的、无限的、不受任何东西妨碍的，因此唯有它是完全自由自主的；（2）这个精纯的心灵"具有关于一切事物的知识"。可见它是知识和智慧的本体；（3）它是引起宇宙最初涡旋运动的力量，是支配生命的力量，是安排过去、现在和未来的一切存在事物的力量，因此它是永恒的推动者和宇宙主宰，现在也是如此。

阿那克萨哥拉的"心灵"学说，是希腊古典时代上升时期的最重大的成就之一。柏拉图说伯利克里获得高贵心灵是由于他同这位哲学家交往所致，而后来苏格拉底在读到他的"心灵"学说时感受到了巨大的震撼，仅此二例便足以证明它的意义有多么大。可以说，他的"心灵"学说，第一次以一种精纯的形式在希腊哲学史上把精神与物质作了明白的划分。这一意义重大的哲学发现当然是对那个时代的希腊精神的凸显。这时代的希腊人，尤其成为天之骄子的雅典人，既战胜了波斯又在城邦中赢得了民主，他们的自由正蒸蒸日上，仿佛有无限的决定力量。他们是独立的、自主的，站在万物之上，能对一切事物作出处置和安排。所以阿那克萨哥拉所描述的"心灵"及其种种特点和规定，正是雅典和整个希腊的自由人及其心灵的活动史的哲学写照。整个世界这时好像都在围绕着希腊和雅典在旋转。而且，阿那克萨哥拉以其高度的自然知识和智慧，非常明白这"心灵"并不是主观任意的，而是在世界创生时就有的存在本原，它具有客观性的知识和真理的智慧，才会有这样伟大神圣的力量。

这一学说和范畴在阿那克萨哥拉这里只是刚刚提出，还没有得到发展。后来苏格拉底既为之赞叹又很不满意，是非常自然的。

第四章　普罗泰哥拉、高尔吉亚及智者们关于"自然"和"人为"之争

第一节　人本思潮的兴起和智者

　　希腊古典时代哲学研究的又一重大发展和特点,是凸显了人自身,把人和自然、人和人、人和神的关系展开了。它明确显现了希腊人对自己作为人的高度的历史自觉和思想自觉。这带来了哲学本身最深刻的变化,使它与先前的自然哲学以及存在哲学区别开来。[①]普罗泰哥拉以"人是万物的尺度"这一命题,鲜明地揭示了这一转变。哲学上的这一转变根源于时代的巨变。取代了氏族制的新型共同体城邦的民主制度,在古典时代迅速发展完善起来;希波战争的胜利更使希腊人得到成长,使雅典成为全希腊的政治、经济和文化的中心。雅典城邦民主制度的高度发展保证了它的公民享有政治自由权利,促进了他们能力的高度发挥。公民们积极投身

---

① 普罗泰哥拉之前的哲学家们努力探求的都是自然的本原或本体。φύσις 和 ὄν,翻译成"自然"和"存在"的两个概念,其实指的原来都是"存在"——客观世界和客观事物,不过一个偏重动变性,一个偏重确定性,观察的角度不同而已。较早的哲学家没有把"人事"从"自然"中分别出来,主要是因为那时的人事本身几乎都是很自然的(如自然的血缘氏族制度、习俗,等等)。要到人的活动对历史和周围事物有重大的改变作用时,才会逐渐发生新的看法,这即是所谓"人的自觉、觉醒"。

于各种公私事业,自由的公共讨论促使他们自觉。讨论的主要问题是各类社会人事问题,从决定和处理各种具体事务,如民事纠纷,直至对国家大事,如法律、习俗和伦理道德的确定和改变。上述种种变化,特别是生动活跃的民主生活,当然要深刻改变人们的思想状况。

这些思想变动的特点之一,就是他们开始清楚地看出各种社会人事的东西,如法律,等等,并不是自然的事物,不是自然而然形成的,或按某种永恒自然法则存在的,而是一些由人们自己通过思考、选择、讨论所决定和设定的东西,某种"人为的"或由参与者共同"约定的"。例如,人们的社会制度、风俗习惯、道德见解到处不同,这是人们清楚知道的事,他们认为这就证明在社会人事上没有什么共同的、永恒的自然规律。当时希罗多德这位大历史学家就写下了这种看法,他认为有一位国王堪布塞斯像是发疯了,因为这位国王居然去嘲笑别的民族的习俗,似乎唯有他本国的习俗才是自然的。"如果我们让所有的人进行选择,要他们在各种各样的习俗(νόμοι)里挑选他们认为是最好的,那么每个民族在进行考察之后都会选择他们自己的那一种。""只有疯子才会嘲笑这类事情。"①

既然社会事物与自然事物如此不同,它又是大家最关心的,因此,这时在自然哲学和自然科学之旁就兴起了另一类研究,起初这是立法者、诗人和历史学家们的事情,后来一批应运而生的所谓"智者"也参加进来,并起着越来越重要的作用。这是那些来自希腊各地具有各式各样的知识的人们,他们到处周游,特别是聚集到雅典来,充当公民们(尤其是年轻人)的教师,因为这时雅典的公

---

① Herodotus 卷 3.38。

民正在努力试图在民主制公共生活中显露身手。在公共的讨论里,谁若想在公众面前显露头角,就要具备许多知识,特别是要具有一种能言善辩的本领,为此他们就需要学习,用各种知识文化装备自己。智者们就是适应这种需要而产生的,他们教人知识和本领,收取报酬,成为公民的职业教师。这种职业使他们格外注意各种社会人事问题,研究逻辑与雄辩术,并使这种知识和文化普及到较多的人们中去。智者在雅典的文化教养发展和社会生活与思想的演变中,扮演了一种非常活跃的特别角色。

在伯利克里时代,雅典汇集了一大批这样的有名智者。普罗泰哥拉是其中最著名的一位,照第欧根尼·拉尔修说,他是第一个主张每个问题都有两个互相对立的方面,并用这种方式进行论证的人,是第一个收取学费和第一个采用所谓苏格拉底式的讨论方法的人。[①] 而照柏拉图对话中的描述,他还是第一个公开承认自己是智者,采用了这种名称的人。他与多数智者不同,不仅教人以知识和辩论技巧,而且是一位有深刻和普遍思考的哲学家。因此我们将主要谈论他。在讨论他的哲学之前,通过他的形象我们也可以对一般智者的状况有所了解。

柏拉图在《普罗泰哥拉篇》对话里,让普罗泰哥拉自己说明智者的特色。有个名叫希波克拉底的青年在听说普罗泰哥拉第二次来到雅典时,急切地想投到他的门下学习。在会见之前,苏格拉底问希波克拉底,告诉我,普罗泰哥拉是什么人? 你们为什么要送钱给他呢? —— 大家叫他智者,我认为他是个懂得智慧的事情的人,因为他的称呼就包含这个意思。—— 那么智者的智慧是什么呢? 他擅长的是什么呢? —— 岂不是只能这样回答,他擅长使人

---

① D.L. 卷2.Ⅸ.51-53。

善辩的技术？^①

　　希波克拉底的回答是当时雅典人对智者的普遍看法，即认为他们教人善辩。但苏格拉底紧追道：那么智者使人雄辩地谈论些什么东西呢？对此希波克拉底就答不上来了。苏格拉底便说，这就是很危险的事了，智者出售知识好像出售灵魂的食粮，你弄不清他的货色就把自己的灵魂付托给他，要么大受其益，要么大受其害，岂不危险？^②但是他还是去见他——带着这种疑问和警惕。

　　苏格拉底带着希波克拉底进到屋里，看见普罗泰哥拉在一大群听众和第一流的智者中间走来走去，像一位奥尔菲似的，他的话使人听得入迷。像希庇亚和普罗迪科这些名人也在场。这时苏格拉底向普罗泰哥拉陈述来意，说希波克拉底是本地的名门子弟，希望跟从他学习，成为城邦里有名望的人；至于是私下同我们交谈还是也请别人一起来公开谈话，请普罗泰哥拉来考虑。这就引出普罗泰哥拉的一番话来：他称赞苏格拉底虑事周到，他说，因为一个外地人来到一些大的城邦，试图劝说一些优秀的青年抛开他的老少亲朋这些联系，来加入自己的圈子，跟自己学习，这样做的确应当十分小心，因为这很容易引起嫉恨，招致种种敌视和阴谋。但是，实际上智者的事业古已有之。由于害怕招怨，这些人就用各种办法伪装起来，有的装作诗人，如荷马、赫西阿德等，有的装作传授神秘教义，如奥尔菲，还有的伪装成体育家、音乐家，但他们都是些大智者，"他们都像我说的那样，采用这些技术作伪装，因为他们害怕怨恨。但是我不这样做，因为我不相信他们达到了欺骗的目的，他们并没有躲过政府里有能力的人物的眼光，虽然一般人并没发觉，

① Plato, *Protagoras*, 311-312.
② Plato, *Protagoras*, 312e-314c.

只是人云亦云。试图逃避而被人逮住那是可悲和愚蠢的，必定更为人憎恨，因为人们会把这种人当作恶棍。所以我的办法同他们的相反，我承认自己是一个智者、教育人们的人。这种公开承认，我认为是一种比隐匿要好的谨慎办法。我已从事这种职业好多年了，我活了很大岁数，和在座的人相比可算是父辈。我很愿意照你们的愿望同这屋子里的人们一起来讨论问题。①

智者是时代的新产儿，说是古已有之并不正确，只是个辩解说法。但这种辩解之所以需要却反映出这种新型的公众教师在当时雅典的处境。他们是受老式的人们和旧传统猜忌和讨厌的，因为他们传授和普及的是新知识、新思想和辩论术，对于旧东西起着一种瓦解作用——后来苏格拉底被攻击判罪的罪名之一也是说他是一名智者。就可证明智者们的这种处境。智者们传播了新思想、新文化，这种文化当然有许多缺点和弊病，但当时反映和推动着民主制的政治和社会变革，具有进步的意义。

然后普罗泰哥拉回答了这样一个重要问题：他要教给人的究竟是什么样的知识。他说："如果他（希波克拉底）到我这里来，他会学到正是他需要的东西，这就是，对私人事务作好的判断，把自己家庭搞得井然有序；在城邦里他能学会在言辞上和行为上对公共事务赢得最大的影响。"苏格拉底追问一句："你是不是意指公民的科学，你答应把人们教育成好公民？"——"是的，这正是我所从事的职业的目的。"②

普罗泰哥拉清楚地意识到这个时代的人们的需要，它通过应当培养什么样的公民这个问题集中表现出来。他认为教育的目的

---

① Plato, *Protagoras*, 316a-317c.
② Plato, *Protagoras*, 318d-319a.

是培养人们善于在追求个人利益和参与国家事务中取得成功。这里涉及两种利益——个人利益和公共利益。教育的主要目标是使公民个人学会在公共事务中达到自己的成就或显耀，它是个人的利益，却能与城邦的公共利益协调。在古典时代上升时期，城邦正处在繁荣与扩张中，它积极支持和鼓励它的公民享有充分的个人利益和自由权利，使他们的才干得到发挥，这正是城邦繁荣的力量源泉。智者便以教育好的公民作为自己的目标。

这种教育的目的和内容表现了一种新的文化，它以培养好的公民即"人"本身为任务，所以代表着一种人本的文化。智者和他们所代表的新思想具有这样的意义。

在这一章里，我们要讲述普罗泰哥拉和高尔吉亚的哲学思想，然后还会谈到智者们关于 φύσις 和 νόμος，即关于"自然"与"人为"的一场十分重要的讨论。

第二节　普罗泰哥拉的生平及其
"人是万物的尺度"命题

普罗泰哥拉是阿布德拉人。这是一个于公元前6世纪中叶建立起来的希腊城邦，在色雷斯地区，处于希腊本土和小亚的连接处。在伯利克里时代，这里经济文化相当发达繁荣。除了普罗泰哥拉，另一位著名哲学家德谟克里特也出生在这里，著名医学家希波克拉底也在这里从事过医学活动。它与雅典在文化学术上有密切联系。

普罗泰哥拉的生卒年不详，我们只知道他至少度过了40年的智者生涯,年龄有70以上。[①] 按照前引的《普罗泰哥拉篇》中柏拉图的描述,他比当时在场的苏格拉底和希庇亚、普罗迪科等智者都要年长得多,可以做他们之中任何一个人的父亲。[②] 因此他应比与苏格拉底和与之年龄接近的德谟克里特年长很多。

普罗泰哥拉周游希腊,两次来到雅典,同伯利克里交往密切。普鲁塔克的伯利克里传中说,他们在一起讨论各种问题。有一次两人花了一整天来辩论究竟是标枪,还是掷标枪的人,还是主持竞技的人,要对一个被标枪刺死的人的死负责。这是一种关于法律责任问题的重要而困难的分析研究。在这类讨论里伯利克里从普罗泰哥拉处得到很大益处,增进了思考和雄辩的才能。伯利克里委托他去为雅典在南意大利的殖民城邦图里立法,也表明对他的政治品德和能力的高度评价和信任。他的命运和阿那克萨哥拉有些类似,后来也被控犯有渎神罪,因为他的著作里写道:"关于神,我无法知道它们存在还是不存在。因为有许多障碍使我们得不到这种知识,一则这个问题暧昧不明,再则人生是短促的。"[③] 他认为我们能知道和肯定的只是人和人所能感知的各种事物,至于神那是我们不能知道的,也就无法对其存在与否作出判断。—— 这很像是后来休谟和康德的那类看法。

普罗泰哥拉和阿那克萨哥拉两位哲学家都是伯利克里的好友,是件颇有意义的事情。伯利克里这位伟大政治人物是那个时代的象征,因为希腊和雅典的最盛时期就是以他的名字和功绩作标志来称呼的。阿那克萨哥拉以其"心灵"说表现了这时代希腊人的历史主动精神,不过他说的"心灵"还只是一种自然的本原。现

---

① 见柏拉图《美诺篇》91 E。

② Plato, *Protagoras*, 317 c.

③ D.L. 卷 2,Ⅸ.51-52。

在普罗泰哥拉更进了一步,他明白地以"人"自身作为万物的中心和尺度,更集中确切地表现了这个时代的精神。

他从30岁开始从事智者的职业,主要活动在雅典。他在雅典一直生活到伯罗奔尼撒战争的几乎全部时期,据说是由于他在雅典宣读了他的《论神》,被四百寡头之一的皮索多罗指控犯渎神罪而被逐出雅典,在前往西西里的途中遇海难而死。

他的哲学原则确实是十分概括简洁的。由于这个著名命题在解读上也有些不明之处,我们也先来看它的原文:

πάντων χρημάτων μέτρον ἐστὶν ἄνθρωπος, τῶν μὲν ὄντων ὡς ἔστιν, τῶν δὲ οὐκ ὄντ ωνὼς οὐκ ἔστιν, [①]

这里有几个词要解释一下:(1) ἄνθρωπος,人,是指单个的人还是泛指人类? 有的认为指的是"个人",有的认为是泛指人类,更多的认为他本人并没有作这种区分,可以兼有两义。我们以为兼有未分的说法比较妥当。(2) χρημάτων 是 χρῆμα 复数第二格,χρῆμα 指与人的需要和运用有关的东西,如希腊人常用其复数表示货物和金钱。[②] 现在把 πάντων χρημάτων[③] 译成"万物的"就看不出普罗泰哥拉用的这个"物"字的特别含义了:其本意所指只是和人有关,为人所用或评价的事物。他并没有说任何事物都以人作尺度,而是很有分寸的。(3) 最重要用词之一还是这个 ἔστιν 和 οὐκ ἔστιν,同样也有的主张理解和译成"存在",有的主张译成"是

---

① DK80B1.

② Liddell &Sott, Greek-English Lexicon(希英大辞典)的解释:a thing that one uses or needs,常用为复数,指货物,金钱。

③ πάντων χρημάτων 中的 πάν 指"一切的", πάντων χρημάτων 是复数第二格,现在都译成"万物的"。

（如此）"或"真"①。好在我们在研讨巴门尼德命题时已经详细讨论过如何解读它的问题,这里依然适用。

因此我们可以对这个命题的含义作如下解读:第一种读法是:"人是一切与人有关事物的衡量评判者或标准,是那些事物的'它是什么'的评判标准,也是那些事物'它不是什么'的评判标准。"另一种读法是:"人是一切与人有关事物的衡量评判者或标准,是判定那些事物'它存在'的标准,也是判定那些事物'它不存在'的评判标准。"

在翻译上应当简洁,我认为可以译为:

> 人是万物的尺度,是判定它们是什么的尺度,也是判定它们不是什么的尺度。

这是个一般的译法,即以"它是什么"的读法为主,其中也包括"存在"读法的含义。因为对人来说他认为事物对他是否存在,乃是他认为该物"是与不是什么"的前提或第一个内容。但"是与不是什么"的判断,含义要比"存在与否"丰富具体全面,所以前一种读法或表述更为合适。

这里我仍把 χρῆμα 用"物"这个一般性的词译出。普罗泰哥拉的意思是我们应当知道的,但表述还以简洁为宜;并且我以为这是可允许的。因为随着人的历史实践和认识领域的扩展,一切事物几乎都可说与人的活动有关(例如观察和评价的领域是无限广大的),所以这种用词的差别已经不重要了。

这个命题的重大意义将在往后的哲学发展中得到逐步的展

---

① 如 Guthrie 等,主张译成 to exist,即"存在",而 Kahn 则主张译成 to be so, to be the case, to be true,即"是如此"、"是这样"、"是真的"。

现。现在先来说明一下它在普罗泰哥拉本人和智者那里所理解到的和阐述出来的含义。

第三节　普罗泰哥拉的新社会历史观和人论

普罗泰哥拉命题的意义首先在于，它第一次在哲学中凸显了人本身。因为它把"人"从无所不包的"存在"中分离出来，并以人作为相互关系的中心；于是"存在／是"不再只被看作自在自存的东西，而要看作总是同人相关和以人为衡量尺度的东西。巴门尼德说事物"它是什么"、"不能不是什么"即是真理，人只该听客观真实的话。现在普罗泰哥拉倒过来了：事物的"是（什么）"和"不是（什么）"要由人评定，不是它自己可定的。于是哲学重心就转到主体——人这一边来了。这情形同近代康德的"哥白尼革命"类似，问题中心转换了。因此人本身的存在成了中心的存在。哲学要研究什么是自然万物的真理和它们的"是"或"存在"，就必须着重认识人自己，研究人本身是怎样的一种"存在"，人的"是"究竟是什么，该如何规定。

事实上普罗泰哥拉正是希腊思想家中第一个对人本身和社会历史提出了系统学说的人。柏拉图曾详细记述了他在同人们对话中对此所作的阐述。它是极富深意的。

这个重要论述是由苏格拉底的疑问引出来的。苏格拉底认为教人学会政治的智慧、艺术和品德是办不到的，因为这些事情不像别的技术如建筑、音乐、修鞋之类可教可学。例如伯利克里虽然能给他的孩子以一切可能的好教育，让他们学到各种本领，但是他自己获得成功的那种智慧和品德，他却无法教给他们。所以苏格拉底怀疑普罗泰哥拉是否能做到他答应的事,即教育青年学会从事政治。普罗泰哥拉答辩说,政治的智慧、艺术和品德是可教可学的。问题在于如何理解它的根据和途径,他用一种新观点回答了苏格拉底的提问和质难。在详加答复之前他先问大家,他用什么方式来回答好? 是以一个长者对他们讲神话的办法,还是用一种理性的论理方式好? 大家请他随自己的意,于是他就先讲了下面这个非常值得注意的神话。

最初,神用土、火等元素的混合造成各种生物。当它们产生出来时,神命令普罗米修斯和艾比米修斯把它们装备起来。艾比米修斯对普罗米修斯说:"由我来分配,你来检查吧。"于是他就用各种手段来装备各种生物,有的给予力量,有的能飞快奔跑;有的凶猛,有的弱小则给予自保手段,如能飞翔或钻到地下逃避危险;为了抵御寒暑,给它们装备了皮毛;还给它们提供各种食物,如草、根、树上的果实,以及给一些动物以别的动物作食料;此外还让它们能够繁殖,以便保存物种。艾比米修斯做了这些,但他的智慧不够,忘记了他已把所有的手段都给了野兽,末了对于人就无法再提供什么了。他无法可想,这时普罗米修斯来检查他的工作,发现别的动物都有了适当的装备,唯有人赤身裸体,而且没有防身的武器,但是指定人出世的时刻已经到来,普罗米修斯找不到补救办法,就从赫斐斯特(冶金之神)和雅典娜(智慧和技术女神)那里偷来技术和火,把它送给了人。因此人有了智慧来维持生活,但是人还没有政治智慧,因为这是宙斯才有的。普罗米修斯因为偷了火已受到处罚,不能偷到政治的智慧。

这时人已分有了神的属性,高于其他动物了。他们不久就发现了语言,造出房屋、衣着、鞋子和床,学会了农作和畜牧。但只是分散为生,还没有城邦,仍然无力抵御野兽的侵害;有了食物,但还没有治理和进行战争的技术。后来，自卫的需要使他们集合为城邦，但因为没有治理的技术，相互为害又使他们陷入毁灭之中。宙斯担心人类会毁灭，就派赫尔梅到人间来，把虔敬和正义带来作为治理城邦的原则和人们友好联系的纽带。赫尔梅问宙斯，他应该怎样在人们中分配正义，是像分配技术那样只分配给少数能熟练掌握那门技术的人，还是也分配给那些不熟练的人们？　宙斯答道：

> 要分给所有的人，我愿意他们所有的人都有一份；因为如果只有少数人享有，像［别的］那些技术那样，城邦就无法存在下去。还有，要按我的命令制订一条法律：谁若不虔敬不正义就要处死，因为这种人是国家的祸害。①

普罗泰哥拉用城邦的人民特别是雅典人生活的事实证明这一说法。在一些技艺方面，人们尊重少数有专长者的意见，但在公民的知识技术上，大家都得用正义和好意见作为指导，这些原则自然必须为每个人所同意，听取每个人的意见；这就是说，每一个人都分有这种智慧品德，否则国家就不能生存。他说，为什么所有的人都相信每个人分有正义和公民美德，还可作进一步证明。在所有其他的才能上，例如吹笛子，某人吹得好而另一个人不行，这是无可非议的。但是在正义和公民美德方面就不同了，无论每个人是否做到，谁如果自己承认是不正义的，就会被当作疯子看待。这是因为人们认为，一切人无例外地都必须以某种方式分有它，否则他就不能算是一个人。

根据这一基本观点，普罗泰哥拉论证了政治品德是可以教可以学的。因为人人都在不同程度上分有它，好像是每个人的天性似

---

① Plato, *Protagoras*, 320 d-322 d.

的,这是基础。并且因为人人都有,就都能作出自己的一份贡献,可以向别人提出劝告。因此,在政治智慧和品德问题上,根本之点是：一切的人都受教于一切的人。其中包括家长对儿童的教导,人们在公私的社会生活接触中受到的劝导,以及奖励和惩罚,等等。他认为惩罚的目的是教育,使人以后不再犯以前的错误。这时他进一步答复了苏格拉底的问题：为什么在政治智慧和美德上不一定父能传子呢？ 这是不足为怪的,因为这本是社会的事情。在一个好的城邦里,没有一个人对于政治品德会是完全的门外汉。比如某个国家里人人都是笛手,那么每个人都会在私下和公共场合影响和教育他的邻人,如果他吹得不好,人们就会责备他,这样尽管在吹笛的技术上人们有优劣之分,大家还是都受到了怎么吹笛子的教育。政治智慧上也是这样,如果我们的邻人都是正义有德的,我学了对我有益,结果我们大家就相互教和相互学到了什么是正义与合乎法律。因为每个人在自己的能力所及的范围内都是美德的教师,我们也就可以说没有教师。谁是全体希腊人的老师呢？ 你在哪里也找不到这样一个人。所以在美德这些事情上,谁若超过我们一点点,我们就要感谢他。说到这里,普罗泰哥拉就转入本题,谈到他自己和自己的职业,他说：我想我就是这样一个人,在能帮助别人变得好些这一点上比其他人强些,所以就来当一名教师。①

普罗泰哥拉既讲了神话又讲了道理,以双重方式说明政治的知识为什么是可教的理由。他的教育思想,强调人人都有可以教育的基础条件,强调教育的社会性,即政治和道德是人与人、个人与社会相互依存相互教育的过程和结果,表现了比较生动的民主教育的精神。这种教育思想的基础显然是雅典式的城邦民主制。他为

---

① Plato, *Protagoras*, 322 d-328 b.

这种民主制的政治和道德作了一个基本的理论说明——这就是他对于"'人'是什么"的观点。

他明确指出人同其他动物有根本区别。（一）动物只有自然的器官，这方面人常常不如动物，但人因有智慧和技术，能发明语言，学会制造生活必需品，从事生产，就优于一切其他动物了。（二）人还能结成城邦和社会来形成强大力量，战胜一切其他动物。（三）要结成社会就会发生相互的矛盾和冲突，因此必须解决相互间的社会关系问题，建立社会的治理和秩序，这就需要有一种更高的智慧。普罗泰哥拉认为人是能具备这种政治智慧和品德的。这智慧是人能结成社会，区别和优胜于一切别的动物最重要之点。普罗泰哥拉在这里说出并强调了古代人中只有希腊人，而且只有古典时代的希腊人才能说出的观点：这种政治的艺术、智慧和品德决不可只归少数人所有，人人尽管水平不同但必须都分有它。显然这是对雅典这类城邦民主制社会的忠实写照和基本理论概括。它肯定每个公民都有权参与公共的政治与社会的事务，并以这种权利作为人的根本本性。这个理论表明，自由的希腊人已经意识到了自己是社会的主人，从而看出自己是高于一切自然物的最高级的存在。"人是万物的尺度"的真正根据正在于这种新的人类自我意识。

不言而喻，他所论说的人及其权利，其实乃是希腊特别是雅典民主制城邦中有全权的公民及其权利。它和古代的中国、希伯来或印度所了解的人、人的权利、人的自觉有所不同，有共同点更有民族的和文化的重大差异。这是极其自然的：历史境遇的差别在人的精神自觉上必定会有所表现。普罗泰哥拉的人论是希腊和西方对于人和人性所作科学考察的开端，具有历史里程碑的意义。

第四节 "人是万物的尺度"在
普罗泰哥拉这里的认识论含义

这个命题的认识论含义是后来被苏格拉底和柏拉图攻击得最多的。柏拉图在其《泰阿泰德篇》中有许多篇幅谈到这一问题。在对话里苏格拉底要泰阿泰德说明什么是知识,他列举出各种具体的知识,苏格拉底纠正他,要求他给知识下一个普遍的定义,这时泰阿泰德回答道:一个人知道某个事物是什么,是通过感觉到它的途径实现的,因此知识似乎只不过是感觉。苏格拉底立即指出,这"知识即感觉"不正是普罗泰哥拉的学说吗? 只是表述方式有所不同罢了,普罗泰哥拉是用"人是万物的尺度,是它是什么的尺度,也是它不是什么的尺度"这种语言来说的。苏格拉底接着解释这一命题的意思说,那岂不是"任何事物的是什么,对于我是它显现于我的样子,对于你是它显现于你的样子,而你、我和我们每一个都是人"? 比如,"同样的风刮着,我们之中有的人觉得冷,而另一些人不觉得冷,或者有人觉得稍为有点冷,而另外的人感到很冷 …… 在这种情况下,我们应该说风本身是冷的,还是说它不冷? 或者,我们应该像普罗泰哥拉说的那样,认为风对于那个感觉它冷的人来说是冷的,而对不觉得冷的人来说它就不是冷的?"①

从这一叙述可知普罗泰哥拉在认识论或知识论上持一种感觉主义的观点。事物是什么全凭感知它们的人的感觉而定,这必然会引出一种主观唯心主义和相对主义的认识论结论。不过普罗泰哥拉本人或当时的人们(如恩培多克勒和批评感觉主义相对主义的苏格拉底、柏拉图以至亚里士多德)都没有把感觉看作是纯主观

---

① Plato, *Theaetetus*, 151e-152b.

的东西,他们只是认为,人的感觉是人体和外物接触的必然结果,本身是客观的；但每个人的感觉各异,一个人身体状况改变时对同一事物的感觉也不同,这是一件确实存在的事情,例如一个人在健康时饮酒觉得它是甜的,生病时就感到是苦的。从感觉是对象和主体的接触来看,每一种感觉无疑都是真的,其中之一并不比另一个更真些。但是,既然对同一事物人们感觉不同,彼此对立,那么关于对象还有没有确定的知识呢？这就是一个尖锐的问题了。在对话中苏格拉底并没有否定普罗泰哥拉的感觉学说本身,而是批评他不应把感觉等同于知识,反对知识中的相对主义,所以他认为普罗泰哥拉的学说同赫拉克利特的与恩培多克勒的学说一致,而与巴门尼德的不同。[①]

　　赫拉克利特并没有主张感觉主义,而是强调思想和逻各斯的决定意义的。但他就对象本身讲了对立统一的流动变化。因此苏格拉底和柏拉图等人看来,也就否认了确定的本质、本体和关于它们的知识。所以他们认为赫拉克利特的学说同普罗泰哥拉的是一样的。

　　柏拉图把普罗泰哥拉与恩培多克勒联系起来是对的,因为他们在感觉即知识看法上是一致的。恩培多克勒最早提出了感觉论的知识理论,认为事物的"存在"与"是"就是显现于我们感觉之中的东西,事物是以可感觉的方式显现它们的存在和是什么的。不过恩培多克勒并未强调感觉的相对性而是强调它的确实性：通过不同的感官,我们可以肯定感性事物确实存在；以此批判了巴门尼德否认感性事物的观点。但他既然认为感觉是人体内的四根等与物中的同类东西相互流射与混合的结果,那么由于人体内的

---

① Plato, *Theaetetus*, 1.52e.

四根及其组合的改变,人的感觉就必然会随人而异、随时而异;这样他也已经有相对主义学说的萌芽和因素了。而且他也认为知识就是感觉。普罗泰哥拉的感觉主义知识学说无疑主要是继承恩培多克勒的,他把其中的相对主义大为发展了。

感觉这东西处于认识的最初阶段,而且它无疑是属于个人的,它随人、随时而异,具有个别性、流动性,因此单用感觉作为知识即对象的准绳是不行的,一定会导致认识中的主观主义和相对主义,公说公有理,婆说婆有理,是非莫辨的弊端或诡辩。如果每个人从对象感觉到的就是事物本身的"是",那么我们的知识就不可能有确定性;因为每一感觉固然当下是真的,但感觉是随时变动的,那么究竟哪一个是真的,还有没有真理呢? 这样,所谓的"是"即确定性就消解在感觉的变动中,变成了不确定性。由于以人 [的感觉]为尺度来衡量何谓"是",普罗泰哥拉从主体方面把巴门尼德的哲学命题变成了它的反题:对"有"(有规定者、确定性)的肯定,通过感觉就恰恰变成了"无"(无规定者、不确定性)。

从这方面说,苏格拉底和柏拉图对普罗泰哥拉和智者的批评是对的,强调感觉主义导致了诡辩论的风气流行。但细心分析也看到这批评也有其片面性。真正说来,柏拉图所犯的错误也并不比普罗泰哥拉小,毋宁说还要更大些 —— 当然他的贡献也更大。我们应当公正地对待他们,看到他们各有片面的真理和错误。后人对于柏拉图,在分析上比较认真,但对于普罗泰哥拉和智者却常做得不够,只以指责其主观唯心主义为满足,我想似乎不大公允。

事实上普罗泰哥拉的感觉主义认识学说有它的功绩。为了同巴门尼德否定现象和感性实在的观点对立,恩培多克勒以后的哲学必须恢复感觉经验在认识中的作用和意义。认识自感觉始,凭感觉我们才能开始认识事物。事物首先总是感性经验到的实在,然后才谈得上巴门尼德所说的用思维判断所确定下来的"存在 / 是"。普罗泰哥拉的思想就包含这一要点。并且,肯定每个人通过自己的感觉经验就能判定事物是或不是什么,显然是为普通公民人人有权发表自己的意见和行使民主权利提供了理论依据。因为人人都有感知能力,这是最普遍和基本的能力。按照这一认识论学说,如果有人说他拥有某种真理要人听从却提供不出任何感性经验的证据,对此人们就有理由质疑,至少有权存疑。这不能说是错误,而是很有益处的。事实上,感觉经验和理性思维对于正确的认识和知识都是必要的,问题只在于要有正确的运用和适当的界限。在一种强调中往往掩盖着它的反面,发展到顶点时其内在缺陷才充分暴露和得到纠正。

第五节　高尔吉亚对巴门尼德命题的逻辑分析批判

我认为普罗泰哥拉的感觉主义认识论的正面意义,在著名智者高尔吉亚对巴门尼德命题的否定论证中得到了展现。从恩培多克勒以来许多人都力图突破巴门尼德的框架,但深入其核心不易,这个核心就是巴门尼德用逻辑来论证的"是 / 有"和"真理"本身。但是高尔吉亚做了这件事情,他似乎是以子之矛攻子之盾、用爱利亚派逻辑本身来否定爱利亚派的第一人。

高尔吉亚是一位以修辞和雄辩而闻名遐迩的智者。他是西西里莱奥提诺人,在伯罗奔尼撒战争爆发和伯利克里死后数年时,被母邦派遣出使雅典,在这里他以雄辩和文采大享盛名,后来他游历了许多城邦教授学生,成为很富有的一位著名智者。

他留下三篇作品，其中一篇题为《论非存在和论自然》①，它针对爱利亚派提出了自己的三个命题：一、没有存在；或存在是不存在的。二、即使有存在，它也是不能认识的。三、即使能认识，它也是无法言说和告诉别人的。这些论点好像是纯否定性的，把一切存在和认识都完全取消了。怀疑论者塞克斯都·恩披里柯似乎正是由于这个原因，对它特别有兴趣而详加记述，保存了这份重要史料，不过说高尔吉亚是怀疑论者的意见并没有足够的理由。有些学着认为这是他有意炫耀其论辩术的作品，但此说也未必妥当，因为其中确有很重要的哲学思考。还有人说柏拉图对高尔吉亚的论证未加理睬，这也不合事实。因为按我的查证，情况恰恰相反，柏拉图《巴门尼德篇》中的那些著名论证确有吸取高尔吉亚论证的明显印记。② 它证明：正是高尔吉亚开始了从逻辑本身对巴门尼德命题进行否定性论证的工作；后来，后期的柏拉图在反思自己前期的失误而联系到巴门尼德时，才更深刻地做了这项艰难的论证，来完成自己思想的巨大转变。—— 由此可见，高尔吉亚的这一论证作为巴门尼德哲学的反题和逻辑的论证，乃是希腊哲学史上一件很有深度的成就。

下面对他的三个命题作一简要介绍。

（一）第一个论证是关于"没有存在"的论证。

他用的是反证法：从设定相反的前提开始，推论其不可能，以证明本命题。论证如下：如果有存在，那么：（1）它或者是确实存在的；（2）或者是非存在；（3）或者是既存在又非存在。然后他证明这三种情况都不可能：首先（2）（3）都不可能。这论证是比

① 原文题为 Περὶ τοῦ μὴ ὄντος ἢ Περὶ φύσεως，全文见 Sextus Empiricus, adv. Math. Ⅶ 65 ff.=DK 82 B 3。

② 可见该篇八组推论中的第 1、第 2 组推论。

较容易的，因为爱利亚派早已证明过"存在／是"决不能是"非存在／不是"，也不容许说"既在又不在／既是又不是"。所以剩下的只在于（1）也不可能。对此他作以下两方面的论证：

A. 如果"'存在／是'是'存在／是'"，也只有三种可能：（a）它是永恒自在的、非产生的；（b）它由别的东西产生；（c）它既是产生出来的又不是产生出来的。

这里，（b）不可能，爱利亚派已经证明过了；（c）是自相矛盾的，也显然不可能。剩下的只是要证明（a）也不可能。

高尔吉亚说，凡产生出来的东西都有一个开始，所以非产生的永恒自在的东西就没有开始。这样，它就是无限的。然而如果它是无限的，它就不在任何处所。因为，如果它在任何一个处所，而它所在的处所是同它本身不同的，这样，这存在者就被某个东西所围限，就不再是无限的了。那包围者总是比被包围者要大些，但是没有什么会比无限者更大。所以无限者不在任何处所。

那么，它是否存在于自身之内，为自身所包围呢？ 高尔吉亚认为这不行。他说，如果它存在于自身里面，我们就把同一个东西（存在者）变成了两个东西："地方"和"物体"，也就把两个不同的东西混为一谈，这显然是荒谬的。所以存在者也不能存在于自身之内。

存在者既不可能在比它更大的东西里，也不能在它自身里存在，那么它就无处可以存在。所以结论就必然是：如果存在者是永恒自在，它就从来不曾存在过。

我们知道巴门尼德和爱利亚派也承认"存在者"必有大小，所以早已有此难题：那唯一的存在者究竟是有限的还是无限的？巴门尼德说它是一个圆球状的东西，圆球就有界限，在它外面的还是不是存在者呢？ 因此后来麦里梭改口说它必是无限的。现在高尔吉亚指出,无论说它有限和无限都不行。这样,这个存在者就没有地方可以容身,也就不能存在了。

显然在这里高尔吉亚用的并不是单纯的论辩术或诡辩,他揭示了巴门尼德的"存在"有自身的逻辑矛盾,并且考察了存在与时空关系的自然哲学问题。虽然他还不能解答,但提出这个问题本身就是件重要的事。

B. 第二方面的论证是就"一多"关系来谈的。

> 如果它存在(εἰ ἔστιν),那么它或者是一,或者是多;但我们将证明它既不是一,又不是多;因此存在者不存在。因为如果它是一,它就或者是一作为整体的数量,或一连续物,或一大小,或一物体。但是无论它是这几种情形中的哪一种,它总不是一。因为如果它是一作为整体的数量,它就是可分的;如果它是一个连续物,它将可分割为许多部分;同样如果它被设想为一个广延大小,它就不是不可分的;而如果它是一物体,它就有长、宽、高三种性质。可是若说存在者不属于上述几种情况中任何一种,那是荒谬的;因此存在者不是一。
>
> 可是它也不是多。因为如果它不是一,它也不会是多;因为多只是许多一的总和,因此如果毁灭了一,随之而来的也就毁灭了多。①

存在者只能以一或多的方式存在,可它既不能是一也不能是多,所以它必然无法存在。留心的读者不难发现,这个论证(B)同前的论证在方式上有些不同。论证(一)有(1)(2)(3)三种可能性,论证 A 有(a)(b)(c)三种可能性,但这里只提出了两种可能性。高尔吉亚避开了第三种可能性,即存在者能否既是"一"又是"多"

---

① Sextus Empiricus, adv. Math. Ⅶ 73-74=DK 82 B3.

的问题；或者说，他是有意地不讨论这个问题。但从他的论证看，他是不否定第三种可能性的。他已经看出，无论对"存在"作何了解（连续与否，是个大小还是物体），都既是"一"又是"多"，一多不可分。

高尔吉亚的这个论证总结了从巴门尼德、芝诺、麦里梭直到阿那克萨哥拉的争论和发现，批评了他们各自的片面性和内在缺陷，当然重点在批评爱利亚派。他着重指出，不管我们对存在者作什么样的理解，"一"总是可分的，因而总是"多"，根本没有什么铁板一块绝不可分的一。但他同样也从逻辑上指出，"多"本身就蕴含"一"即"单位"，否则"多"就没法存在和确立。这个论证已接近于辩证地理解"一多"的真实关系规定，对后来柏拉图《巴门尼德篇》的论证和亚里士多德的有关分析，提供了重要的思想来源。

以上两个论证（A、B）都在于论证巴门尼德所谓唯一真实的"存在"和确定的"是"，其实也不能"存在"和确定为"是"，因为它不能以任何必要的方式存在。那么还算什么真理呢？爱利亚派的唯一的"存在／是"是用逻辑论证的，也只有逻辑才能摧毁它推翻它。高尔吉亚做的就是这件事情。第一个命题论证完毕。

（二）对"即使有存在者，它也是不能认识的"的论证。

这个命题读起来像个不可知论命题，实际上是用感觉作为"存在／是"的标准，批判了巴门尼德的只用思想来确立"存在／是"的标准。这论证可视为经验论反对唯理论的古代论证的典型形式：

> 其次必须证明，即使有存在，它也是不能被我们所知的。照高尔吉亚说，如果我们所想的东西并不存在，那么存在的东西就不［能］被思想到。这是合理的；因为，正像想到事物的某个性质是白，白的事物的某个性质就被想到了那样，如果想到的事物的某个

性质不存在,必然的结论便是:存在的事物的某个性质就没有被想到。所以,"如果想到的事物并不存在,那么存在的东西就不(能)被思想到"这个论点,就是一个健全的、完全合乎逻辑的结论。

但是被思想到了的事物(我们必须首先抓住它们)并不存在,如我们下面将予以证明那样,所以存在的东西不〔能〕被思想到。

事实上,被想到的事物并不存在这是很明白的:因为如果想到的事物是存在的,那么一切〔能〕想到的事物就都存在了,而且照这个说法,每个人想到它们,它们就都存在了。但这是同感觉相反的。因为若是某人想着有一个飞行的人或一辆在海上奔驰的车子,决不会因此就有一个飞行的人或一辆车子在海上奔驰。所以,想到的事物是不存在的。

再者,如果想到的事物是存在的,那么非存在的事物就不会被想到。因为对立者有对立的性质,而非存在是存在的对立面;由于这一点,如果"被想到"是存在者的性质,那么"不〔能〕被想到"就会确实成为非存在者的性质。但这是错误的,因为六头十二足的女妖和吐火怪兽以及许多不存在的东西,都是被我们想到的。所以存在者不是〔能〕被想到的。

从"能想到的"决不因此而存在这个正确看法,推论出存在的东西就不能被想到或认识,这推论是有毛病和错误的。这毛病出在人的思想和语言的幼稚混乱上。在这个推论中"被想到的"和"思想"用的是一个词,和英文中的 thought 一样,这毛病在前提中不明显,到了结论可作两种理解,一种是:"如果想到的不存在,存在的就不是思想",这没有问题;但另一种读法就成了:"如果想到的不存在,存在的就不(能)被想到 = 不能被认识",就成了不可知论。这就有毛病了。

不过最清楚的是:高尔吉亚强调,认为想到的绝不等于存在或真正的是,"若是某人想着有一个飞行的人或一辆在海上奔驰的车子,决不会因此就有一个飞行的人或一辆车子在海上奔驰。"
所以存在并非仅是想到的东西。

高尔吉亚由于混淆词义,从正确推论引出错误的不可知论是
不对的。但这个论证的重点是针对巴门尼德而发的,而且很正确有
力。因为巴门尼德论证他那个"存在/是"的主要依据就是"思想
=能被我们想到"。巴门尼德说,思想必有其对象;但我们只能思
想"存在者"、"它是什么",不能思想"不存在者/不是什么";所
以存在者必定存在,不可能有非存在。可见,巴门尼德确实是把思
想或可以想到的东西就等同于客观的对象或存在或是。高尔吉亚
则明确提出,可设想的决不等于实在,他用感觉作为证据驳斥了巴
门尼德的错误。

（三）关于"即使存在者可以认识,也无法传达给别人"的论证。
高尔吉亚相当深刻地指出：我们表达对事物的认识靠的是语言。
但语言同存在物不同,存在物是外部对象;再则,我们对存在物的
感觉也同语言不同,无法用语言表达。所以语言不能表达"存在/
是"①。他在古代希腊已经提出了语言哲学的一些主要问题。

第六节　影响深远的关于"自然"和"人为"的争论

作为智者思潮,普罗泰哥拉哲学和高尔吉亚的论证固然是重
要贡献,而由更多智者和人们参与的关于 φύσις 和 νόμος（中译为
"自然"和"人为",大致妥当）之争,其内容尤为新颖丰富,影响

---

① 　Sextus Empiricus，adv. Math. VII 83-85=DK 82 B3。我在《哲学的童年》（中国社会
　　科学出版社1987年版）第374页有较详细的摘引中译。

尤为深远。它是关系到往后希腊哲学发展的一个重点问题。

这场讨论，当然突出了对人和 νόμος 的关注和研究。上述普罗泰哥拉的人论和社会历史学说便是一个重要的表现。他认为人的本性（本性即 φύσις，自然）是为了生存必须联合，但聚在一起又必须靠正义与法律（νόμος）来维护。两方面都提到了，并把 νόμος 放在了更高的地位。随着希腊世界两大集团的纷争和伯罗奔尼撒战事的发生的灾难的来临，那种对"人为"的赞许和兴奋之情日益被沮丧和咒骂所取代，因此后来更多的人对"人为"持怀疑和批判反思的态度，他们强调"自然"才是根本，判定人为东西正确与否的标准依然是自然。这里所说的"自然"显然有了新意，它指的已不再只是视为客体的自然，而中心是作为主体的人本身的自然（human nature，即人的本性）。这样，希腊人关于人和关于自然的研究同时得到了深刻的改变和深化发展了。

这种新的关于自然或人性的思考和研讨，在各种政治、法律、教育和伦理问题的领域中展开，这些具体丰富的议题给哲学讨论注入了新鲜生动的内容。它实际上成为一种文化的全盘性讨论和演化进程。下面略举有影响的几个例子。

高尔吉亚　他写了一篇为海伦辩护的论文。海伦的美貌在全希腊闻名，可是她的行为（她在年轻时被劫持到阿提卡，后被哥哥救回，嫁给斯巴达王墨涅拉俄，但她同特洛伊王子帕里斯相恋，一同私奔到特洛伊。这个事件成了特洛伊战争的导火线。帕里斯战死后她又嫁给其弟德伊福坡。特洛伊城陷落时海伦又把德伊福坡出卖给斯巴达王墨涅拉俄）却遭到普遍的指责。高尔吉亚认为这是偏见。他论证说，海伦的行为是由于命运和神意所驱使的，神在任何方面都比人强，因此她受命运和神的支配去特洛伊是自然的，无可指责的。其次，她是被强力所迫的。被俘者只能听命于胁迫者，这也自然,无可指责。再则,她也受到了自己的情欲和别人语言的诱惑,这也都有其本性自然,不是人能选择的。在这里他明确地把自然和人的选择对立起来：νόμος 是人可选择的,而 φύσις 是无法选择的,所以按情欲行事或受语言的诱惑是合乎自然的。而合乎自然,无法选择的,也就是必然。①

既然合乎 φύσις 的行为正当和无可指责,那么与之违背的伦理规范、行为准则、风俗习惯和法律就应当变更和废弃。智者希庇亚、安提丰、塞拉西马柯、卡利克勒和著名的历史学家修昔底德、剧作家欧里庇得斯都持这种理解。

希庇亚　在伯罗奔尼撒战争之后,希庇亚对什么是法律和正义进行了反思,他原先认为守法和正义是一回事,后来看到制定这些法律的人们自己就常常废弃或修改法律,这样人们又怎能把这些法律或遵守法律看得具有真正的重要性呢? 他认为只有 φύσις 及符合它的未成文法才是正义的。"根据 φύσις 而不是根据 νόμος,你们都是我的亲人、朋友和伙伴。按照 φύσις 同类相连,但 νόμος 是人类的暴君,是有害于 φύσις 的。谁了解 φύσις,它就是希腊人的知识领袖。"② 他还提出,有智慧的人必须懂得自然方面的知识,现实法律缺点太多,必须代之以全人类共同的法律,即"还未成文的法律"、"到处都一致遵守的法律"。③

安提丰　是智者中很有思想的一位,他明确指出法律使人背离自然,他说"其实人的生存本身就是属于自然的"、"法律所确定的利益是自然的桎梏,自然所确定的利益却是自由自在的"。他还

---

① ἀνάγκη, ἡ : necessity, natural want or desire, such as hunger actual force, violenc : ebodly pain, suffering.(Liddell & Scott)

② 柏拉图：《普罗泰哥拉篇》,337d.

③ 塞诺芬尼：《回忆录》,第4卷第4章.

说出了如下见解：

> 人们尊重高贵的家族，给他们荣誉，但对出生低贱的人不尊
> 重也不给予荣誉。我们这里是这样，我们的邻人野蛮人那里也是这
> 样。实际上按照 φύσις，不论是哪里的人，希腊人还是野蛮人，生下
> 来都一样的。自然给予一切人以应有的补偿，这是人人都能看到
> 的；所有的人也都有能力获得这种补偿。在这方面不可能像区分
> 希腊人和野蛮人那样，我们大家都用嘴和鼻子呼吸，用手拿吃的东
> 西……①

这种思想已突破了狭隘的民族界限，表达了古希腊最进步的
普遍平等的人观和世界观。

卡利克勒　与之同时，希腊人也坦承了人有彼此争夺的本性，
甚至认为弱肉强食是最自然不过的自然法则。智者卡利克勒说得
明白：

> 我的看法是：制定 νόμος 的是作为多数人的弱者。正是他们为
> 了自己的利益制定了 νόμος，确定赞成和反对的标准。为了防止强
> 者超过他们，得到超过他们的利益，就吓唬强者，说什么超过别人
> 是可耻的可恶的，追求超过别人的利益就是不义。我想如果低等人
> 享有了平等地位，他们就心满意足了。但是按我的看法，φύσις 本
> 身显然是让强者超过弱者，让一些更好的人拥有高于不好的人的
> 利益，认为这才是公正的。纵观一切动物以及一切城邦和人都概莫
> 能外。所谓正义，就是强者对弱者的统治和强者的利益。薛西斯侵
> 略雅典，他的父亲侵略司奇提亚，他们遵照什么正义原则？还有人
> 们常提到的许多类似的事例。我想这些人是遵循真正的 φύσις 的正

---

① DK 87 B 44.这里的译文选摘自汪子嵩等编著的《希腊哲学史》第二卷，人民出版
社 1993 年版，第 221—224 页。

义原则办事的。是的，根据天意，根据自然本身的规则（νόμος τῆς φύσις），大概不是根据我们所制定的 νόμος 吧。人们发明 νόμος，用它改造我们中的强者和优秀分子，从年轻时开始就像驯狮子一样驯服他们，诱惑他们就范，成为驯服的奴隶，还宣称什么他们必须同意平等的原则，说这就是正义和公平！但是有朝一日这些人由于天然的禀赋变得足够强大了，我相信他们自己就要摆脱这些限制，冲决这些罗网，放纵不羁，践踏和诅咒一切纸上的协议和反自然的 νόμος。他们会咆哮起来，自己要做主人，虽然他们曾经做过奴隶。[①]

苏格拉底听完卡利克勒的长篇议论以后，不无感慨地说："真的，你说的都是别人心里想说但是不情愿说出的话。"[②]

雅典人在历史中的言说　这是真的。实际上卡利克勒的上述观点来自希腊历史本身，例如，雅典强大后就以强凌弱，认为这很合乎自然。伯罗奔尼撒战争爆发前夕有一次辩论，会上科林斯人以正义的名义控告雅典侵略，极力说服斯巴达向雅典开战不要迟疑。这时雅典代表进行了答辩，他首先列举了雅典领导希波战争得到胜利的牺牲和业绩，并说如果斯巴达当时也像雅典一样继续行使领导权的话，也会同雅典一样赢得对同盟者的支配权和一个帝国。因此，他说：

> 我们也是这样的。我们所做的并没有什么特殊，没有什么违反人情的地方；只是一个帝国被献给我们的时候，我们就接受，以后就不肯放弃了。三个很重要的动机使我们不能放弃：安全、荣誉和自己的利益。我们也不是首创这个先例的，因为弱者应当屈服于强者，这是一个普遍的法则。……直到现在以前，你们也认为我们是

----

① 柏拉图：《高尔吉亚篇》，483 b-484 a。
② 柏拉图：《高尔吉亚篇》492 c。

有资格统治的；但是现在你们在考虑了你们的利益之后，你们却来谈论什么正义了。但是难道正义会妨碍任何人用强力取得他所能够得到的一切吗？①

在伯罗奔尼撒战争的第十六年，雅典派人远征弥罗斯，这是一个原为斯巴达移民的城邦而后来被迫成为雅典帝国一部分。在雅典人和弥罗斯人双方激烈的争论的谈判中，雅典人讲的仍然是：

> 关于神祇的庇护，我们相信我们和你们都有神祇的庇护，我们的目的和行动完全合乎人们对神祇的信仰，也适合于知道人们自己行动的原则。我们对于神祇的信念以及关于人的认识就是谁是强者谁就统治。这是普遍的，是自然（φύσις）造成的。这个法则（νόμος）不是我们创立的，也不是我们第一个运用的。我们发现这个 νόμος 早就存在 …… 我们现在不过是按这个 νόμος 行事，你们若是处在我们位置上，也是会这样做的。②

修昔底德的历史观　他和希罗多德都是希腊的历史学家，但历史观显然已经相当不同了。他对历史和人性的看法是：当一个部落、城邦或民族还弱小时需要人为的法律、制度、道德规范和能约束争执双方的协议来保护自己；一旦强大，就必然由于其自然本性而要求统治和霸权，奴役别人，而且还会认为这是合理的、正义的、无可指责的。他对特洛伊战争起因就作了同希罗多德不同的解释，认为根本原因在于阿加门农"是当时最有权势的统治者"，而"同盟者对他畏惧"是他能成为盟主率队远征的理由。而伯罗奔尼撒战争的"真正原因是雅典势力的增长引起斯巴达的恐惧"。

---

① 修昔底德：《伯罗奔尼撒战争史》，第1卷第6章。
② 修昔底德：《伯罗奔尼撒战争史》，第5卷第7章。

对于战争双方政策的演变,各自盟邦态度的变化,他都用利害关系,强者要奴役人和弱者要保护自己求得生存的本性来解释。"因为人性总是人性"[①],他在各城邦相继发生革命时就说："由于贪欲和个人野心所引起的统治欲,是所有这些罪恶产生的原因。"[②] 从人的利益的本性和强者弱者之争的观点来讲历史,在希腊是从修昔底德开始的。在他的背后,正是希腊古典时代的历史事实本身。

从这里我想我们中国人也应当得到启发,因为我们也很注重人性,但是中西所讲的人性在内容和含义上却并不相同。可见人性是并不能脱离历史和文化来研究的。人有共同的本性,因为人自身的自然基本相近,但是这些自然的人性如何得到启蒙和开发,向什么方向发展,必须要受各自历史境遇和文化的制约。例如希腊人所说的关于自由和以利益为基础的人性观念,主张普世平等或认为强者应当统治弱者的论争,和中国先秦围绕着人伦及其宗法性的人性观念和与之相关的儒墨道法之争相比,从旨趣上说就非常不同。中西人性论的差别由来久远,始自彼此文化的原创时代。

在希腊人中这场发生于公元前5世纪中期的关于 φύσις 和 νόμος 的思想争论,涉及生活的方方面面,影响至为深远。在哲学人论的带动下,产生了新的伦理、法律观念和专门的研究。

例如,由此人们便普遍认为,风俗习惯虽也是带有法的性质的约定, νόμος,却与人为制定的法律非常不同,比较符合自然和人性因此应当划分出来,叫作"未成文法"[③]或"神的法律"[④]。希庇亚

---

① 修昔底德：《伯罗奔尼撒战争史》,第1卷第1章。
② 修昔底德：《伯罗奔尼撒战争史》,第3卷第5章。
③ αγραφος νόμος,见索福克勒斯的《安提戈涅》第450行："神灵的确实的未成文的法律",又见《俄狄甫斯》863行："未成文的神的律令。"
④ 欧里庇德斯：《伊翁》,第442行。

说未成文法是"到处都一致遵守的律法",它不能由全人类聚到一起来制定,而是由神来制定的。[①] 修昔底德把未成文法称作"符合自然的普遍的 ἀνάγκη(必然)"[②]。伯利克里在葬礼演说中称作"虽然未写成文字,但违反了便算是违反了公认为耻辱的法律"[③],而卡利克勒称作"合乎自然的法律",即同人的本性一致的法律。对未成文法又可作进一步的划分,体现于风俗习惯的神的律法叫作习惯法,用 φύσις 作返本求原解释的是自然法。

这场讨论在哲学和政治学、伦理学方面最突出的影响,无疑首推苏格拉底和他引起的重大新发展。事实上,如柏拉图多篇对话所示,苏格拉底本人及其哲学问题和思想就正是在这场讨论中发生和形成的。后来的柏拉图和亚里士多德、所谓小苏格拉底各派,以及中心虽不在雅典但在全希腊仍很有影响的德谟克里特的哲学,乃至希腊化时代的哲学,都受到它的深刻影响。例如,哲学中如何看待 ontology 和 physics 的关系问题,后来人论中的"城邦之学"(Πολιτεια,Politics,中译为"政治学"并不很准确)和"伦理学"及其关系问题,在哲学中划分为自然学、逻辑学和伦理学三个部分及其关系问题,等等,几乎都同这场讨论有千丝万缕的联系。

总之,这场发生于希腊古典时代由其兴盛的顶峰直到矛盾展开冲突使之衰落的几十年间的关于 φύσις 和 νόμος 的讨论,具有非常深刻和广泛的性质和意义。这就是我们多用些篇幅介绍它的缘由。

---

① 塞诺芬尼:《回忆录》,第4卷第4章19,24节。
② 修昔底德:《伯罗奔尼撒战争史》,第5卷第7章。
③ 修昔底德:《伯罗奔尼撒战争史》,第2卷第4章。

第五章　留基波和德谟克里特的原子论

智者之后的哲学，我们要话分两头来说。一头是德谟克利的原子论哲学，另一头者是苏格拉底开创的，柏拉图、亚里士多德所继承发展的哲学，还有所谓小苏格拉底各派。这两条线索各有特色，但时代背景和由此引发的哲学问题和使命仍有类似之处。它们都有重大建树，并且适当地加以比较对我们理解二者都有助益。苏格拉底一线在发展上更加丰富曲折，论述起来篇幅较多，所以让我们还是先来谈谈原子论的哲学。

第一节　生平著述和思想来源

留基波　原子论哲学的创始人，他的生平和年代已不可考，出生地也不清楚。据说他是爱利亚或米利都人，但也有人说他阿布德拉人。他做过巴门尼德或芝诺的学生，没有留下著作，据说在后人列为德谟克里特著作的目录中有一篇题为《宇宙大系统》的作品，原是留基波写的。他后来到阿布德拉，把自己的哲学传授给了德谟克里特，是他的老师。

德谟克里特　阿布德拉人，父亲是本地一位很有地位和资产的人物。据说波斯王薛西斯经过阿布德拉时受到他的款待，他家里留下了一些有学问的东方人,如波斯僧侣和迦勒底的星相家。德谟克里特幼年时从他们那里学过神学和天文学知识。据说他还到处游历,去过埃及、波斯、巴比伦、埃塞俄比亚直到印度,得到许多知识,为此花掉了父亲留给他的一大笔遗产。

据他自述,他在阿那克萨哥拉年老时还是个青年,小于前者40岁。这样算来他大约出生在公元前460—前457年间,比苏格拉底小10岁;可是特拉叙洛说他比苏格拉底要大一岁。无论如何,可以认为他们年龄接近是同时代人。人们说他很长寿,有90、95、100、109岁等几种说法。所以他不仅和苏格拉底一样经历了希腊古典时代的兴衰转折,而且见到的事变更多,做研究的时间可能会更长。而这个百年正是希腊哲学和科学取得最为巨大进展的年代。

他曾是毕达哥拉斯派的追随者,据说他与费洛劳斯这位后期毕达哥拉斯派的主要人物过从,得到了他的传授,并写一个题为《毕达哥拉斯篇》的著作。后来他当了留基波的学生。他对自然哲学深加钻研,除毕达哥拉斯派,还对巴门尼德和芝诺的学说进行了深入研讨,又访问雅典,向阿那克萨哥拉学习过。据说他在那里认识了苏格拉底,但苏格拉底却不认识他。他自己说:"我到过雅典,但没有人知道我。"他的学术活动和名声是在母邦建立的,然后传向全希腊。

他由于学术的巨大成就赢得了人们的极大尊敬。按希腊习俗,一个花光了祖产的人会被看成是败家子,死了都不许安葬本乡本土。德谟克里特为了表白自己花掉所得遗产是正当的,在人民面前宣读了自己的著作,不仅得到了人们的谅解还赢得了巨大赞扬,人们赠给他一大笔钱,还为他建了一座铜像。当他活到百岁去世时,城邦为他举行了公众的葬礼。

德谟克里特著述极其宏富,可惜连一篇完整的都没保留下来,现在能见到的只是某些有关伦理道德的残篇。第欧根尼·拉尔修记录了色拉叙洛所列出的德谟克里特著作目录,其中包括:伦理学多种,内有《毕达哥拉斯篇》。有关自然哲学的多种,有《小宇宙秩序》、《大宇宙秩序》,以及论自然,论人的本性,论理性、感觉和色味形相、逻辑和思维准则等篇。还有讲各门自然科学如天文、气象、声、光与磁现象、动植物、地理、历法,以及几何学的著作。还有论诗、论美、韵律、音乐和论语言文字的著作。还有论预言、饮食摄生、医疗、农业、土地丈量以至论战略战术的多种著作。最后还有许多单篇的专题论著。如果确实如此,他真是一位百科全书式的伟大学者。遗憾的是,他的著作和留基波的一样都没有留存。由于原子论影响巨大,在后世的哲学家和科学家的著作中,包括柏拉图和亚里士多德,都有一些有关论述。因此在缺乏第一手的原著资料时,我们只能降格以求,从那些被认为是较为可信的记述来加以研究。这就免不了某些必要的甄别讨论。

第二节　留基波：原子论基本观念的产生

亚里士多德有一段论述,清楚勾勒出了留基波学说的由来和思考的线索:

> 有些早期哲学家认为"存在者"必然是"一"和不能运动的,他们认为虚空是"非存在",但若没有独立自存的虚空,"存在"就不能运动,而且也不能有"多",因为没有东西能使多的事物分开。[1]

---

[1]　Aristotle, *On Generation and Corruption*（亚里士多德：《论生灭》）, 325a2-5.

　　但是留基波想到他有一种理论能与感官知觉相一致，而不必取消产生和消灭或运动与事物的多样性。他向感觉的事实让步；另一方面他也向主张"一"的人让步，即承认如果没有虚空就不能运动。结果他就提出了如下的学说：

　　"虚空"是"非存在者"，"存在者"没有任何部分是"非存在者"；因为"存在者"这个词在严格意义上说是绝对的充实。但这个充实却不是"一"，相反，它是为数无限的"多"，并由于体积微小而不可见。这些"多"在虚空（因为有虚空）里运动，并由于结合而造成"产生"，由于分离而造成"消灭"。①

　　我们看到，留基波几乎完全接受了巴门尼德关于"存在"是"一"和与"非存在"绝对对立的观点。但是他不放弃自然的存在，即我们能够感觉到的万物及其生灭运动和多样性。为此他在承认"存在"是充实而与"非存在"根本对立的前提下，提出了两点修正：（1）他也走上了与恩培多克勒、阿那克萨哥拉以"多"代替巴门尼德的"一"的路子。不过他认为"多"不应是感性的（如四根）和又变得不确定了的东西（如种子或部分），而应是"绝对充实"、自身同一、不变的"原子"，它的每一个还是巴门尼德主张的铁板一块的"一"，即绝对确定、确实的本体存在；（2）他承认"虚空"在与"原子"的充实正好相反的意义上说它"非存在"，但它作为原子存在和运动的场所却是不可少的、确实有其存在的。因此在后一意义上"虚空"也是"存在"，其存在性绝不比"原子"小。这一学说在理论上比"四根说"和"种子说"更清晰简明，因为它既能解释万物的运动生灭和多样性，而且更好地坚持了巴门尼德存在论逻辑的核心东西。每个"原子"就是一个巴门尼德的"一"，只不过分成了许多微粒了，就可以结合分解，组成多样性的万物世

————————
① Aristotle，*On Generation and Corruption*，325a22-32．

界；而承认虚空的存在也是容易被希腊人接受的，只要敢于突破巴门尼德设置的思想禁区就行。留基波承认"虚空"也是一种"存在"，是一个比恩培多克勒和阿那克萨哥拉更为勇敢和有重要理论意义的步骤。

留基波已经提出了原子论的基本思想框架，但其系统理论是由德谟克里特完成的，或者师徒合作主要由德谟克里特完成，因此我们对原子论的比较仔细的讨论放在后者的名下进行。

第三节　德谟克里特的原子论本体学说

让我们先有一个概观，然后分别就若干重点作些说明。第欧根尼·拉尔修报道说：

　　他的学说如下：宇宙的本原是原子和虚空；其余的一切东西只是被认为是存在着的。世界有无数个，它们有生有灭。没有东西能从无中产生，也不能消失于无。原子在大小和数目上是无限的，它们处在宇宙旋涡运动中，因而形成各种复合物——火、水、气、土，这些东西也是某些原子集合而成的。原子由于坚固，是不能毁坏和不能改变的。太阳和月亮由光滑和球形的原子构成，灵魂也是这种原子构成，灵魂就是心灵。我们看见东西是由于影像撞击于我们的眼睛上面。

　　一切都由于必然性而发生，旋涡运动是万物形成的原因，他把旋涡运动称作必然性。人生的目的在于怡然自得，这与快乐不可等同，有些人因为错误的解释把二者混同了，但是怡然自得是灵魂持续地处在平静与有力的状态里，不为任何恐惧、迷信或其他情感所烦恼。他称这种状态为幸福,还给它以许多别的名称。事物的性质只是靠约定而存在的,真正说来只有原子和虚空。上述这些就是他的看法。①

这里概述了德谟克里特的自然哲学、认识论和伦理观,几方面相互联系。先来看他的本原或元素学说。亚里士多德说:

> 留基波和他的伙伴德谟克里特说,充满和虚空是元素,称其中之一是存在者,另一个是非存在者,那充满和坚实的是存在者,空虚和稀疏的是非存在者(因此他们说存在者并不比非存在者更存在些,因为坚实并不比虚空更存在);他们把这二者当作事物的质料因。如同那些以唯一基本实体的变形来造成其他万物、假定稀和浓是这种变形的源泉的人一样,这两位哲学家也说元素间的区别是所有其他性质的原因。他们说这些区别有三种:形状、次序和位置。因为他们说,实在的区别仅仅靠形相、相互关系和方向;形相属于形状,相互关系属于次序,方向属于位置;因为 A 与 N 形状不同,AN 与 NA 次序不同,ᚻ 与 H 位置不同。至于运动,即事物运动从何处来以及它如何属于事物的问题,这两位思想家也同上述那些人类似的,懒于考察而疏略过去了。②

观点很明白,首先,唯有原子和虚空是本原:原子是充满、坚实的存在,虚空在与之相反的意义上是非存在,但同时它又确实存在着。于是原来巴门尼德的单一的"存在"本身就一分为二了,成了一正一反的两个部分,并且正好对立。进而,由于有了虚空,那连续、充满的"一"就能分离开来了(因为只有虚空才使划分和分离成为可能),成为无限多的各自独立的"原子"。这些原子在虚空

---

① D.L. 卷 2,K.44 - 45.

② Aristotle, *Metaphysics*,985 b 4 - 19.

中运动。彼此结合与分离，就能造成万物及其生灭变化。与之同时，也在两个层次上保持了巴门尼德哲学的绝对的有和无的含义，没有无中生有，有也不能归于无。原子和虚空都如此，并永远存在，是其所是。而在每个原子中更保存着巴门尼德的"存在者 — 是"的全部含义：它是连续不可分的"一"，是自身永无生灭的不变本体。下面再分别作些说明：

1. 原子

"原子"一词，ἄτομος，是由词根 τομή（切割）加上否定前缀 α- 构成的名词，原义就是指不能切割、不可分的东西。这个想法显然是巴门尼德所设定的假说。芝诺论证说，如果存在可以分割为多，而承认多就等于承认分割可以无限进行，结果每一个部分就会小到没有大小而成为无，即等于零，那么它们的总和也就等于无或零。换言之，就必然会得出有等于无的荒谬结论。这一论证对古人是一个难以解答的难题。那么如何避免芝诺的结论呢？ 阿那克萨哥拉彻底运用了"多"的原则和无限分割的原则，辩证地指出大小总是相对的，任何事物不管大小如何，也不管对它的分割进行到什么程度，分割出来的每个"部分"都仍然存在，不会消失为零，这是对芝诺论证的一种很重要、深刻和有力的回答。但是他的"部分"或"种子"因此在大小和性质上就很不确定，在思想上难以确定和把握的东西，因而使整个自然观回到"无规定"状态，好像很不牢固或没有根基了。留基波和德谟克里特的原子假说直截了当地把存在者称作"原子（不可分者）"，用这种最稳固不变的东西作基础建立起来的原子论自然哲学，较好解决了这个困难。它既避免了爱利亚派把世界整体说成铁板一块因而无法说明自然万物的存在和生灭运动的荒唐结论，又避免了阿那克萨哥拉返回到无的不确定性。因而原子论给自然哲学和科学提供了被认为是最牢靠的基础和信心，不仅当时如此，而且一直延续到近代。

原子这种微粒同阿那克萨哥拉的种子或部分还有一个重大的差异。后者是有感性性质的东西，如他经常举例举头发、肉、骨头之类，所以指的是感性物质的多；但原子是完全没有感性性质而只有"充实"和"不可分"的"一"这种抽象的规定，原子之间也只有形状、次序和位置的差别，即数学的性质。因此，它是第一次摆脱了感性色彩的机械性存在的概念，标志着自然哲学进入了关于抽象存在的物理学的阶段。

2. 虚空

同不可分的"原子"相比，"虚空"是原子论哲学中更具创造性的概念。"存在"（原子）并不比"非存在者"（虚空）更存在，二者同样存在，这个观念是对爱利亚派的一个大胆的带本质意义的挑战。虚空是存在得以分割成为多的必要条件，也是原子和万物得以运动的必要条件。恩培多克勒和阿那克萨哥拉虽然以多为本，却没有想到和论证虚空的存在，这个理论上的缺点，由原子论解决了。这是它在"自然（动态的存在）—ὄv（静态的存在）的研究"上的重要成果。

3.原子论的运动观及其缺陷

留基波和德谟克里特都肯定原子在虚空中运动,并且强调了运动的必然性。他们说这些原子在虚空中互相结合,以涡旋运动的方式产生出世界和万物,主张一切都处于永恒不停的运动变化之中。

但正如亚里士多德一再指出的那样,他们并没有说明运动的原因,忽视了运动从哪里产生的和怎样属于事物的问题。[①] 虽然现在有人认为不讨论动力因的问题并不是原子论者的缺点而毋宁是一大优点[②],但这种恭维恐怕连原子论者自己也不能赞成,因他们并不是当代的实证论者。其实原子论者还是谈到过动力因的问题,只不过这对他们有难处。我认为亚里士多德对他们的上述批评还是对的,也是切中要害的。

肯定运动有必然性并不等于解释了它的原因。虚空只是原子和万物能够运动的外部必要条件之一,还不能说明运动的由来和根据。这样,对运动必然性的肯定就仍然是空话,没有说服力。例如,有了虚空事物便可以运动,但在虚空中原子为什么就不能是静止的呢？ 所以动因问题是无可回避的。按照亚里士多德的叙述,事实上德谟克里特也曾试图给予说明,只是并不成功罢了:

> 有些人说引起运动的东西主要和首先是灵魂 …… 德谟克里
> 特说灵魂是一种火或热的实体 …… 他把那些球形的原子称作火

---

① 除了以上引证的,并见《形而上学》107 l b 33-36,《论天》300 b 9-15。

② 当代科学史家萨姆伯斯基在其《希腊人的物理世界》112页就认为：原子论者摆脱了亚里士多德纠缠的问题,他们不提出运动的原因问题,当作既定事实来接受,是一种真实的科学本能。

和灵魂,并且把它们比作空气中的尘粒,在窗口射进的阳光中可以看到它们迅速运动着……球形的原子是灵魂,因为这种形状的原子最适合渗透到一切地方,自己运动并使其他一切运动起来。这就意味着灵魂是动物身上引起运动的东西。因此他们把呼吸看作生命的标志。①

德谟克里特说,灵魂和心灵是一回事,它必是原始的不可分的物体,其原始的运动能力必定是由于粒子的精细和它的原子形状所造成;他说在各种形状中球形是最能运动的,这就是火和心灵的原子的形状。②

从这个说法中,可以认为德谟克里特也有用"灵魂"作为运动本原的观点,不过他把灵魂也说成是原子,一种圆球形的或最精细的原子。这是他关于动因的一个主要说法。另外一些较晚的文献中说,因为原子会在虚空中运动是因为它有重量,所以有必然性的运动。③

这个说法和阿那克萨哥拉的"心灵"说最接近。他的"心灵"是一切事物的根本动因,而且主宰支配一切。它也是万物中最精细的东西。不过那是在万物之上,与物质本原并列的另一本体;而德谟克里特则认为这种心灵或灵魂也仍然是原子,物质本体中的一类,不过形状是球形和精细而已。但球形的形状只是有利于运动的一个外部条件,并没有解答足以引起运动的内在根源或原因。在他们的原子背后分明有着巴门尼德那个绝对不动的存在的幽灵,原

① 亚里士多德:《论灵魂》,403b29-404a7。
② 亚里士多德:《论灵魂》,405a8-13.
③ DK68A58,据辛普利丘所说。关于重量作为原子动因的问题,涉及德谟克里特强调运动"必然性"和伊壁鸠鲁主张也应强调"偶然性"的分歧和争论。以后会再谈。

子的每一个从定义上说就是一个小型的巴门尼德的"不动的一"。把它说成因为具有球形就能运动,并能成为足以支配一切运动的本原,像灵魂或心灵那样,如何可能? 因此德谟克里特的这个说法没有得到论证,没有什么说服力。

第四节　德谟克里特的认识学说

关于这方面我们只知道他写了许多著作,可惜都没有留存。不过古代哲学家们似乎对他的认识学说,包括论什么是感觉,感觉和理性的关系,什么是知识等,都相当重视,所以文献中还是保存了许多有关的记述和评论。其中有些一致,可也有很不同的记载和理解,需要澄清。

1. 感觉是"影像"和"身体的变形",有其主观相对性

台奥弗拉斯特对他的感觉理论有一些报道,如：

> 照德谟克里特说,视觉是由影像产生的。…… 他认为视觉并不是直接在瞳孔中产生的,而是在眼睛和对象之间的空气由于眼睛和对象的作用而被压紧了,就在上面印下了一个印子,因为从一切物体上都经常发射出一种波流。然后,这空气由此取得了坚固的形状和不同的颜色,就在湿润的眼睛中造成了影像,因为很紧密的东西是不能接受东西的,而湿润的东西则能被穿透。…… 眼睛里面要很柔软,使眼睛里面的脉络很直、很空、很湿润,以便脑子和脑

膜能很顺当地接受影像。①

艾修斯也报道说："留基波、德谟克里特和伊壁鸠鲁主张感觉和思想是由钻进我们身体的影像产生的；因为任何一个人如果没有影像来接触他,是既没有感觉也没有思想的。"② 这就是说,形成感觉必有对象对于我们身体和感官起作用。他采取了流射说的某些意思,但并不是像恩培多克勒那样的简单办法用原子之间的流射会合来讲感觉,因为原子不仅微小而且没有颜色,等等,不是感性的东西,无法感觉它们；我们能感觉到的只是事情的感性的质或现象。他认为外物的流射造成影像,影像就有了颜色,就能够感觉到了。

但感觉不单是外界的作用,从根本上说乃是这种作用所造成的我们主体的改变：

留基波和德谟克里特说感觉和思想都是身体的变形。③

客观外物作用于物质的身体感官,造成了身体的实际改变,这全是客观的过程；但正是这种情形造成了感觉的主观和相对性。台奥弗拉斯特说德谟克里特谈到感觉的相对性,例如对于一个人来说是甜的,对另一个人来说则是苦的。"由于人们的条件和年龄的不同,感觉主体的结构就改变了,从这里就清楚看到人们的身体状况是他们的感觉印象的一个原因。"感觉随身体的条件变化,"同一对象有时能产生相反的效果,而相反的对象有时能产生同一

---

① Theophrastus, On Sensation 50=DK 68 A 135.

② Aetius, 4.8.10=DK 67 A 30.

③ Aetius, 4.8.5=DK 67 A 30.

效果。"①说感觉是身体的变形,是一个很有道理的正确说法。它既肯定了感觉有客观的源泉和依据,也指明了感觉必有其主体性；因而感觉是会造成主观性和相对性的。这个看法在恩培多克勒那里已经有萌芽和因素了,后来智者普罗泰哥拉也持类似看法。德谟克里特讲得更加清楚明白,这同他把真实的存在即"原子"同感性对象严格划分开来有重要关系：现象世界和事物是原子的结合与分离的运动造成,但是我们不能感知那些原子本身,只能感知它们所造成的现象。同巴门尼德和后来柏拉图把"真理"同"意见"对立,把真实的存在世界同感性现象的世界对立颇为类似,他从原子论立场也把真实的原子世界同人所感知的世界分离开来。

2.唯有可理解的才是真实的

对于德谟克里特的认识理论,亚里士多德的有些说法引起了很大的问题,因为他说:"德谟克里特……认为现象就是真实"②,"他们(德谟克里特和留基波)认为真理就在现象里"③。照此说来,德谟克里特就会同智者普罗泰哥拉一样,把一切知识都说成是相对的而否认有什么关于真理的知识了。这些观点,同德谟克里特的整个哲学似乎不能协调。那么怎样能够澄清这个问题呢?

好在后来的塞克斯都·恩披里柯作了与之有别的报道。他当时还有条件读到德谟克里特的著作原文,并且他的表述以及某些资料记述也很清晰,因此我们认为更加可信。他说:

---

① Theophrastus, On Sensation 63, 64, 67=DK 68 A 135.
② 亚里士多德:《论灵魂》,404 a 25-29。
③ 亚里士多德:《论生灭》,415 b 9-10。

　　某些自然哲学家,像德谟克里特,取消了一切现象,而另一些人像伊壁鸠鲁和普罗泰哥拉则主张一切是现象。①
　　柏拉图和德谟克里特认为唯有可理解的才是真实的;不过德谟克里特的理由是:在自然中本来不存在感性的东西——因为组成万物的原子所具有的本性中没有任何可感觉的性质,而柏拉图的理由是:感性事物永远处在变化中,没有确定的存在。②

　　德谟克里特和柏拉图都是在智者兴盛一时之后,对其以感觉为真理的哲学进行批判的人,并且两人都强调唯有"存在/是"才是真实和真理,差别只在于一个主张原子论而另一个主张相③论。因此,他不可能赞同智者所说的现象就是真理的哲学,而是恰恰相反,强调唯有理性才能把握"存在/是"的真理。塞克斯都还相当详细地引证了德谟克里特的原话作了重要的说明:

　　　　德谟克里特在一些地方取消感官所知的现象,并断言现象都不是真理而只是意见。在存在的事物中,真正存在的是原子和虚空。因为他说:"甜是约定的,苦是约定的,热是约定的,冷是约定的,颜色是约定的;真正说来只有原子和虚空。"
　　　　在他的《确证》中……他说:"我们实际上认识不到确实的东西,所能认识的只是依照身体的结构而变化的东西,那些进入身体和印在上面的东西。"

----

① Sextus Empiricus, Against the Logicians, I. 369, 见 R.G. Bury 英 译 本, London, 1935。
② Sextus Empiricus, Against the Logicians, II. 6-7;并参见 II. 56。
③ 柏拉图的这个主要范畴 ἰδέα,指的是"共相"或某个"普遍者本身",如他常说所谓"大自身"、"小自身"、"美自身"等,柏拉图认为这才是自身同一的不变的"存在/是",所以也是巴门尼德"存在/是论"的一种发展的形式。而这"存在/是"是客观的,并非主观的观念东西。但是以前长时间这个希腊词都被中译成"理念",陈康指出这是错误的。所以我们改译为"相"。

　　在他的《论形式》中他说"人应当从这一规律知道他离实在很远"；又说"这一论述也指明我们对于任何事物没有真知，而每个人的意见是改变着的"；还说"这就很明白，要想知道每个事物的真实本性那是不实际的"。在上述这些话里，他几乎否认了一切理解力，但即便如此，这指的只是感官的认识力，他挑出来加以攻击。而在他的《论规范》中，他说有两类知识，一种是感觉的知识，另一种是理性的知识；他称靠理性得到的知识是"真正的"知识，在真理的判断中是可信赖的，而称感官的知识是"假冒的"，认为它在辨别什么是真理时不能避免错误。他的原话是："有两种形式的知识，真正的知识和假冒的知识；属于后者的是视觉、听觉、嗅觉、味觉、触觉；而真正的知识则与此不同。"因此真正的知识比假冒的知识优越。他接着说："当着假冒的认识在变得非常精微的领域里不能再看，或者再听、再嗅、再尝和得到触觉时，'就必须求助于'另一种更精细的'工具'了。"因此，按照他的看法，也是认为理性才是标准，他称之为"真正的知识"。不过第俄提谟常说，德谟克里特认为标准有三种：对于未显明的事物认识的标准是现象①，因为如阿那克萨哥拉所说（而德谟克里特在这一点上称赞了他），现象是不显明的东西显明了。探究的标准是概念，"在一切情况下，我的孩子，探究从一开始就是要知道研究对象的是什么"②。选择弃取的标准是情感，我们对喜爱的就选取，对感到不快的就躲避。③

这段记述很可珍贵，资料可靠，讲述全面准确，因此详细译引过来供读者分析。若仅看德谟克里特在《确证》和《论形式》中的话，就会很容易发生误解，以为他是把认识只看成感觉，认为根本没有什么真理，要么就把感觉看成真理。但是恩披里柯以他的《论规范》

---

①　τὰ φαινόμενα，the things apparent，即显明的东西。

②　原文是：περὶ παντὸς γάρ，ὦ παῖ，μία ἀρχὴ τὸ εἰδέναι περὶ ὅτου ἐστιν ἡ ζητήσις。

③　Sextus Empiricus，*Against the Logicians*，Ⅰ.135-140。

为依据指出情况并非如此,德谟克里特在《确证》和《论形式》中所说的那些话的本意只是表明他对感官知识的不信任,认为它不足以认识实在,没有真理性。但同时德谟克里特还是肯定了有真理知识的存在,但那需要靠理性来寻求关于"存在"和"是什么"的知识。原子论就是这样的精微的真知。

最后说到的第俄提谟的说法,是从多种角度讲的。因为德谟克里特没有全盘否认感觉和现象的意义。他认为,1. 关于感性事物,认识的任务是使暗昧不明的事情得到显明,因此指出现象就可以了。但这并不等于真知,因为这种关于现象的感官知识并不可靠;2. 真正的知识,或对存在的真相的认识,要用理性去探究事物的存在和是什么,才能得到;3. 生活实践中的取舍则由人的好恶或情感支配,同以上两种不同,需另当别论。

3. 在反对普罗泰哥拉感觉主义中与苏格拉底、柏拉图方向上的一致和由此带来的新问题

除了塞克斯都·恩披里柯明确指出他和柏拉图的类似,普鲁塔克也谈到了这点:

> 科罗特[①] 批评德谟克里特,首先是因为他说每一事物既是这又是那,这就陷入混乱了。但事实上,他决没有说过一事物既是这又是那,而是:他(德谟克里特)因为普罗泰哥拉这样说而向普罗泰哥拉这位智者宣战,并用许多确切的论据反对了他。科罗特想也没想到这就误解了这位哲学家的语言"存在并不比非存在更存

---

① 科罗特:伊壁鸠鲁的朋友和这一派的重要人物之一。

在"，在这句话里德谟克里特把物体叫作"存在"而把虚空叫作"非存在"，指出它们都有其自然和实在性。[①]

这段话说得非常明白确定，它指出：德谟克里特在"存在／是"的问题上不但不是相对主义者，而且正因为普罗泰哥拉主张了感觉主义相对主义而反对了他。他同苏格拉底和柏拉图一样，都批判感觉主义认识论，把哲学重新引回了理性主义的真理论。

格思里相当敏锐地看到这一点。他认为德谟克里特的工作始于一种衰落的气氛中，他要说明为什么探求真理会陷于无望的状态以及怎样找到出路。普罗泰哥拉否认在认识外部世界上有任何标准，只满足于从各个人主观所见的世界加以比较中所达到的一种集体的主观性的世界。这对于特殊的城邦社会里的人们有相对的和暂时的有效性。但个人的主观世界由于互相矛盾无法确定，而用来检验我们感觉是否正确的逻辑规则，也同感觉一样成为任意的东西。德谟克里特的任务就是要在这种环境下，重建被地震所动摇瓦解了的真理大厦。所以他的目的同主张经验的自然哲学家不同："有着拯救真实存在的时代哲学目标。"[②]

但是同前期柏拉图和柏拉图学派的相论类似，德谟克里特由于把现象世界和真实的"存在／是"世界分离开来，也引起了认为现实世界虚幻不真的怀疑论看法。在希腊的衰落进程中，德谟克里特的学说常常被视为一种重要的怀疑论思潮广为传播，其原因是与此有关的。

---

① Plutarch，Adv.Col.1108 f. 转引自 Guthrie，*History of Greek Philosophy*（HGP）第2卷第461页的英译文。

② Guthrie，*History of Greek Philosophy*（HGP）第2卷，第455—456页。

第五节　德谟克里特伦理思想大略

德谟克里特的原子论哲学思想并不限于"存在／是"的自然哲学和认识论。他也很关心社会伦理和政治问题。现在留下的200多条残篇基本上都是这方面的内容。但我们对此不拟多加讨论，这是由于残篇不尽可信，内容也较为空泛而缺少深刻的观念。这里只想依据某些较为可信的材料作点宏观上的介绍和评估。

从他的著作目录可知他首要的著作是在伦理学方面，以《毕达哥拉斯篇》为题的那部作品便是其中的第一部。毕达哥拉斯派虽然以纯理论的数哲学研究闻名，其关怀更突出在伦理、政治和宗教方面。前面我们已经谈到柏拉图对他们的伦理关注的高度评价，看来德谟克里特也似乎如此。

第欧根尼·拉尔修说德谟克里特主张人生行为的目标应是灵魂的怡然自得。它不同于感官的快乐，而是指灵魂持续地处在一种平静有力的状态之中，不为恐惧、迷信和其他情感所干扰，这才能叫作幸福。这种生活伦理观念同希腊城邦古典时代的上升兴旺时期相比，显然有了重大的改变。先前那种普遍地注重感官享乐、金钱荣誉、喜爱纷争辩论的风气，在发生了伯罗奔尼撒战争之后苦难接踵而至的时期，已经不再有土壤了。从前使人感到快乐幸福的事情，现在常常成为引起许多烦恼的根源，于是人们就感到那些事情和行为很虚妄不真，开始重新思考和寻求什么是生活和做人的真实意义。在这一点上，德谟克里特和苏格拉底开始的雅典学派所做的事情有类似之处。后来在希腊化时期的伊壁鸠鲁派和斯多亚派哲学的重大发展，正是以这时期德谟克里特和苏格拉底的哲学，尤其是伦理学思想的新观念，作为出发点的。

德谟克里特已经感受到希腊衰落的最初趋势,他想在动荡纷争的时代给人找到一个稳定的精神支柱。永恒自在的原子,知识中的理性标准,都属于这类能够充当精神支柱的东西。凡感性的东西和现象都只能是相对的、主观的、沉浮不定的,但是并非一切都如此,我们应该在这些现象里面努力把握深藏的实在,在感官苦乐之上凭理性抓住真理;这样人生就有了可靠根基,无须为现象迷惑、恐惧,或因迷信而担惊受怕,使我们能生活在一种平静有力的幸福之中。

第六章　苏格拉底直指哲学的
核心：什么是真正的善

从苏格拉底开始,在希腊的中心雅典,哲学发生了一次最为重大和深刻的变革。他以一种对哲学的崭新理解开创了希腊哲学的新纪元,通过他的教诲产生了柏拉图和亚里士多德,产生了犬儒派等新学派,并通过他们一直影响到希腊化罗马时代。由于他的原创启示和推动,希腊哲学进入了高峰,产生了许多伟大成就,而先前的那些哲学与之相比就退居到背景和台后去了。苏格拉底是希腊哲学中第一等重要的枢纽人物,是一个重点。

第一节　苏格拉底的生平、使命和命运

苏格拉底(公元前468—前399年)的哲学是同他的生活实践融为一体的,而他个人的命运是同雅典的命运不可分的。他为了祖国追求善的理想,而他的祖国则用死刑酬答了他的贡献,成全了他的哲学。这场悲剧深刻展现了他的哲学的内容和深度。

他是雅典公民,父亲是雕刻匠,母亲是助产婆。他出生在希波战争取得完全胜利的时刻,成长在伯利克里的盛世。他从小受到了

良好的教育,学习过诗歌、体育、音乐、数学和天文学等多方面的知识,有全面的文化教养。年轻时他先跟阿尔克劳学习过自然哲学。在钻研先前各个哲学时,阿那克萨哥拉的"心灵说"曾引起他很大热情和关注。据说那时已经年老的巴门尼德来到雅典访问时,年轻的苏格拉底还同他和他的弟子芝诺见过面并受到重大教诲。当时正值智者从全希腊各地云集雅典,给民主制的雅典带来了许多新知和自由论辩的新风尚的时期。年轻的苏格拉底向著名的智者普罗泰哥拉和普罗第柯等人求教,讨论各种重要的社会人事和哲学的问题。

在上述交往论辩中,苏格拉底以其善于思考和提问受到了人们普遍注目,渐渐地在雅典成为著名人物,许多年轻人和外邦人在他周围不断聚集,向他求教。但那时他在雅典一般人心目中还是一个自然哲学家和智者的形象。例如在阿里斯托芬的喜剧《云》(公元前423年在雅典上演,这时苏格拉底45岁了)中,他被漫画化为一个"思想所"的首脑,坐在一个悬空的吊篮里窥察天体,还收学费教青年学习诡辩。这类把活着的人物搬上舞台戏弄讥刺的做法,在当时雅典的喜剧中很流行,连伯利克里也不能避免,原来也并无恶意。但苏格拉底由此得到的这个形象,后来对他却很不利。

在他30多岁时爆发了伯罗奔尼撒战争,在这场长达27年之久(公元前431—前404年)的雅典和斯巴达争霸的战争中,不可一世的雅典及其帝国终于分崩离析并以最终的失败而告终。苏格拉底亲身经历了这个给雅典人带来种种动荡、灾难和耻辱的全过程。这给他的生活和思想发展起了最为重大的作用。

他参加过战争第一阶段的三次战役,作为一名忠诚的爱国者,他是英勇的战士,曾冒着危险在战场上拯救过同伴的生命。但当他亲眼目睹了雅典帝国的强权政治和对盟邦的残酷镇压,内部的党争和种种不义,公民们在战争灾难和大瘟疫中变得越来越失去信心和由此而来的空前的道德败坏时,他受到极大的刺激。由此,他对雅典的热爱和献身就更突出地表现在另一种实践里,那就是他按照神谕进行的哲学活动。①

事情是这样的。在伯罗奔尼撒战争开始的那年,公元前431年,他的弟子凯勒丰到德尔菲大庙去求神谕。他询问的是:是否有人比苏格拉底更聪明? 传神谕的女祭司回答说:没有比苏格拉底更聪明的人了。苏格拉底在获知神谕后感到非常疑惑,分明使自己感到极为困惑的问题有一大堆,神怎么会说自己是最有智慧的人呢? 难道神会说错话? 如果不是,为什么会这样说,它是什么意思呢?

为了弄清楚神谕的含义,苏格拉底便走访了许多以智慧著称的人们。先访问了一位最著名的政治家,向他询问自己不明白的问题,结果发现尽管对方本人和别人都认为他很有智慧,其实他和苏格拉底也一样并不知道什么是真正的善和正义。而当苏格拉底向他指出了这点时,便遭到他和在场的某些人的怨恨。于是苏格拉底想到,当自己知道对所谈的问题无知时,这位政治家却自以为知,强不知为知;正是在这一点上他确实比对方有智慧些。接着,苏格拉底又找诗人、智者和各种自认为有知识或大家认为有知识的那些人谈话,向他们提出种种问题,其结果也和上面的例子类似。由于他到处揭露人自以为知其实无知的事实和真相,使人们感到尴尬和恼怒;而苏格拉底却从中领悟到了神的本意。他说:

真正的智慧是属于神的。神谕只是告诉我们,人的智慧微不足

① 见 Plato, Apology(柏拉图:《苏格拉底的申辩》)28 E:苏格拉底说,他在参加过三次战役之后,就根据神的指令担负起了爱智慧和用它检查自己和他人的职责。

道,没有价值。在我看来,神不是真的说我最有智慧,而只是用我的名字作例子,仿佛对我们说：看哪！人们中最有智慧的就是像苏格拉底那样,认识到在智慧方面自己实际上是不足道的。[①]

他把自己看作神赐给雅典人的一个礼物、一个使者。任务就是整天到处找人谈话,讨论问题,探求对人自己最有用的真理和智慧。贯穿这些讨论的主题就是引导人认识：在这些对于人至关重要的问题上,其实人是非常无知的；因此人们需要通过批判的研讨去寻求什么是真正的正义和善,达到改造灵魂和拯救城邦的目的。他有一段自白说得非常明白：

> 雅典人啊！我尊敬你们并且热爱你们,但我将宁可服从神而不服从你们,而且只要我还有生命和气力,我就不会停止哲学的实践和教诲,劝勉我所遇到的你们之中的每个人,照我的方式对他说：你,我的朋友,伟大、强盛和智慧的雅典城邦的一个公民,你只专注于积累大量钱财和猎取声誉,却毫不关心和留意于智慧、真理和灵魂的最大改善,难道不以为羞耻吗？ 如果这人说：是啊,可我是注意的呀！这时我就不离开他,也不让他走开,而要来回地盘问他。如果我发现他并无美德,只是口头上说他有,我就要责备他忽视了最宝贵的东西,倒把无价值的东西看得非常重要。我要把这些话反复地对我所遇到的每一个人去讲,不管他年轻或年老,是公民还是外邦人,但是特别要对你们这些公民们说,因为你们是我的同胞。要知道这是神的命令,我相信,在我们国家里再没有什么比我对神的服务是更大的好事了。因为我所做的事情只是到处去劝说你们,不论老少,不要只考虑你们个人和财产,首要的事是要关心灵魂的最大改善。我告诉你们,金钱不能带来美德,而只有美德才会带来金

---

① 柏拉图：《苏格拉底的申辩》23 A-B。

钱和其他一切好事。包括公共的和私人的好事。这就是我的教义。①

他把自己比作一只牛虻,是神赐给雅典的礼物。神把他赐给雅典的目的,是要用这只牛虻来刺激这个国家,因为雅典好像一匹骏马,但由于肥大懒惰变得迟钝昏睡了,所以很需要有一只牛虻紧紧地叮着它,随时随地责备它、劝说它,使它能从昏睡中惊醒而焕发出精神。②

苏格拉底把批评雅典看作神交给他的神圣使命。这种使命感和由此而来的思考探索,便成为他生活与哲学实践的宗旨。他知道自己这样做会使许多人十分恼怒,要踩死这只牛虻;但神给自己的使命不可违,故冒死不辞。

在多次重大政治事件的考验中,他显示了刚直不阿的品德。公元前406年发生了一次要处死海军十大将军的重大事件。这一年雅典海军在海战中取得了很大的胜利,但因风暴未能收回阵亡士兵的尸体,雅典人民就大怒而控告了十大将军。法庭上争议不决,便由500人议事会来审议。当时苏格拉底正轮到担任500人议事会的主席,面对着狂怒喧哗的群众和许多威胁恐吓,苏格拉底全然不顾,成为唯一坚持要依法办事、反对把不合法的提案付诸表决的人,可是他只值班一天,第二天另外一人当主席,提案就表决通过,海军将领含屈而死了。这是发生在雅典的民主政治下的事情。

公元前404年,雅典的贵族们在斯巴达支持下建立了三十僭主的寡头专制有8个月之久。在这期间僭主们到处抓捕民主派政敌,有一次,他们召集苏格拉底和别的一些人参与抓人事件,苏格拉底不为裹胁,加以拒绝,这件事使他遭到三十僭主的仇视,勒令他不

① 柏拉图:《苏格拉底的申辩》29D-30B。
② 柏拉图:《苏格拉底的申辩》30E-31C。

得继续讲学，还要加害于他，只是因为三十僭主不久被推翻，他才避免了一场灾祸。这表明他对贵族专制也无所畏惧。

他对民主政治和贵族政治都持独立不依的态度，凡事都以正义为准绳。因为他认为雅典之所以陷于内外无穷的纷争、分裂和灾难之中，都是因为只顾追逐强权统治、金钱名位，丧失了正义和美德。所以不管是什么人或什么政体，只要言行不合正义，他都要批评反对。这样做自然不会给他个人带来任何好处，招致来自双方的仇视。因此他虽逃脱了三十暴君的迫害，却在民主制恢复时遭到了杀身之祸。

公元前399年，他被人控告有罪，罪名主要是两项：不敬城邦所敬的诸神而引进了新神，另一条是说他败坏了青年。在法庭上他申辩自己的所作所为是正当的，毫不退缩求饶，结果被判死刑。朋友们打算营救他逃离雅典，但他拒绝了，他认为自己必须遵守雅典的法律，因为他和国家之间有神圣的契约，他不能违背。所以他十分自觉从容地接受了死刑，在临终前仍同朋友们讨论哲学问题，在行刑时间终于到来时，他安详地喝下了毒酒，用自己的生命和哲学报答了祖国城邦，终年69岁。

第二节　"认识你自己"：人之为人在于灵魂的求善

对于苏格拉底，我们不能用对一般哲学家的方法去理解他，那是不够的，他不是那些只会在某些方面给人以知识、启发和智慧的人，而是单刀直入要求哲学抓住人和生活实践本身，教导人对自己有一种彻底的反省和自觉，从而认识和改造他自己，改造生活和他们的世界。所以他所教导的不是单纯的知识和局部的智慧，而是要给人生和哲学灌注新的生命,震撼人的全部心灵,使之摧毁旧我寻找自新,这样就引起了人类思想精神和哲学的全盘改造。

苏格拉底的哲学的主题是认识人本身,不再是天上的和人之外的自然界事物。这一转变智者那里已经开始了,但智者心目中的人还只是感性的人,感性的利益,感情和感官的知识。在希腊和雅典的古典上升时期,这些关注显得很适合需要。同时我们也知道,当时雅典民主政治和经济文化的高度繁荣,是建筑在享有霸权(它是一个帝国,有许多城邦向它纳贡、受它统治)和奴隶制度上面的。对外与许多邻邦利害冲突,同斯巴达争霸;对内,有特权的公民同外邦人的矛盾,对大量奴隶的奴役,在本邦公民之间不断进行着权利之争。雅典历史和繁荣的高峰,是以扼杀其他城邦的自由和其他许多人的自由为代价的。因此当它夸耀自己的光辉成就时,整个希腊世界已经在指责它了,许多属国还以起义反抗它的统治。雅典的繁盛顶峰不过维持了半个世纪,到了公元前431年爆发了伯罗奔尼撒战争,苦苦支撑了27年的雅典在受到种种惩罚和苦难后,终于战败和走向了没落。

苏格拉底是在这种时代背景下担负起他的使命的。所以他对有关人的种种社会政治和伦理道德问题的关怀,不能不带着新的思考。他发现即使是人们和自己从前最尊敬的伯利克里也是很有问题的。他指责伯利克里和那些政治家们不注意使公民的灵魂从善,生活正直,只热衷于建造船舰、军港、卫城,实行帝国政治,并用发放津贴等手段使雅典人变得骄傲、贪婪和粗野,培育了人的兽性而不是人性,因此他对雅典的不幸是有责任的。[①]他认为智者对这种社会危机也负有重要责任,因为智者主张人性就是弱肉强食,助

---

① 柏拉图:《高尔吉亚篇》515B-516B,517C,519A。

长了政治家的穷兵黩武；他们自称是公民的教师，却唆使人一味追求满足欲望的快乐，追求错误的生活目的，毒化了人们的灵魂。[①]

相比之下，苏格拉底不无自豪地宣称："我认为在雅典人中，我不说是唯一的，也可说是为数很少的一个从事真正的政治技艺（ἐπιχειρεῖντῇ ὡς ἀληθῶς πολιτικῇ τέχνη）的人，并且正在实践着它。"[②]

苏格拉底多次提到德尔菲神庙中的那句箴言"认识你自己"（γνῶθι σαυτον），把它当作他的哲学的主要问题。智者已经说人是万物的尺度了，但在苏格拉底看来，他们并没懂得人自身究竟是什么，就不可能对这个命题有正当的运用。因为人之所以为人不能仅仅归结为他有感觉和欲望，而在于人有灵魂，能够追求善。在《斐多篇》里苏格拉底以自己服刑为例清楚说明了这一点。他说，我现在坐在牢里，这难道可以用我有身体等来作为原因和理由吗？不，真正的原因只是雅典人认为惩罚我比较好，而我认定留在这里服刑比较好。因为我这团骨肉是可以跑到别处去的，但我并不这样做，宁愿选择了做比较高尚比较好的事，就是遵守国法，在这里服刑。可见，在人事的问题上，真正的原因不在自然和物欲方面，而在人的心灵或灵魂，在你把什么东西认作"好（善）"：

> 这一切中间，的确有一种严重的混淆，没有分清原因和条件。诚然，如果没有骨头、肉和身体的其他部分，我是不能实现我的目的的；可是说这样做是因为有骨肉等等，说心灵的行动方式就是如此，而不是选择最好的事情，那可是非常轻率的、毫无根据的说法。这样说是分不清什么是真正的原因，什么是使原因起作用的

---

① 柏拉图：《高尔吉亚篇》519C-520B。
② 柏拉图：《高尔吉亚篇》521D。

条件。①

在解释人的行为和本性上,用单纯的自然和身体的因素是绝对不够的。人是有思想灵魂的动物,他的一切行为都要受一种有目的的思想支配,要高于其他一切自然物和别的动物。所以当他听说阿那克萨哥拉主张"心灵是安排一切的原因"时非常高兴,大为赞许;可是阿那克萨哥拉本人却没能贯彻这个学说,这使苏格拉底失望,却开启了他自己哲学研究的方向。

苏格拉底把人有灵魂,而灵魂总以追求善为自身的目的提升为哲学的根本范畴,具有十分重大的意义。

按照苏格拉底的观点,实现"认识你自己"任务的人学所要研究的是人的灵魂。唯有它才是理性和智慧的所在地。他论证说,因为使用者和被使用的工具是有分别的,使用身体的是灵魂,因此灵魂是使用者,是统治身体的。②他还进而把人分为三个东西:a.灵魂;b.身体;c.灵魂和肉体组成的整体。由于三者中唯有灵魂是统治的原则,我们称之为"人"的组合也不能成为统治的原则,因为其中有被统治的东西。所以或者是根本没有"人",要是有"人"的话,这个"人"也只能是灵魂。③所以认识你自己应该是认识你的灵魂,爱自己也不是爱自己的身体,更不是爱钱财,这些都会消逝,只有对灵魂的爱才能持续存在。

苏格拉底还认真思考了关于能否建立一门关于人的学术的两个问题:一是这种自我知识的对象是什么?对它是否可能有知识?另一个是,这种知识对人的生活实践是否有益?

---

① 柏拉图:《斐多篇》98 C-99 D。

② 柏拉图:《阿尔基比亚德 I 篇》129 B-130 A。

③ 柏拉图:《阿尔基比亚德 I 篇》130 A-C。

他认为关于人的学术和其他学术一样要有它的对象。但是别的学术（包括研究人的身体的医学在内）都以客体为对象，就像视力总是观看某种东西，并不观看视力本身，人的理智活动总指向在它之外的某个对象而不指向它本身；但是"认识人自己"的这门学术要知道和分辨的却是认识本身。这种知识既是关于它自身的知识，又是关于其他知识的知识，同时又是关于无知或缺乏知识的知识。它是一种以知识和无知为对象的知识。因此如何建立这样一门学术是一个很需要研讨的问题。[①] 在另一个地方，他讲到了灵魂如何认识自己的问题。他以眼睛为例，眼睛如何能看到它自己呢？ 在镜子里。在我们的眼睛里有没有同镜子相似的部分呢？有，那就是被称作瞳孔的地方。眼睛可以在别人的瞳孔中看到它自己，这是视觉作为视觉的最完善的地方。同样，灵魂要认识它自己，也只有在灵魂作为灵魂的最卓越的地方，那就是智慧、理性和知识所在的地方，灵魂中没有比它更神圣的部分，它像"神"。[②]

他还指出，即使有这样一门关于知识的知识，也要看它对人是否有益，"不然我就不能承认它是智慧或自制，因为我理解自制是一种益处，是一种善。"[③] 各种技艺和知识，如医生、将军和领航人都以他们的知识给人以健康和安全等益处，那么，什么知识能给人以最大的幸福呢？ 是分别善恶的知识。因为任何一种具体的知识都是同这种分别善恶的知识结合的，否则医学不会给人治好病，鞋匠不会给人缝好鞋，这些具体的知识就都不能给我们好处了。[④]

在另一讨论中，苏格拉底谈到关于人的知识技艺可按其对象，

---

① 柏拉图：《卡尔米德篇》165 B-168 B。
② 柏拉图：《阿尔基比亚德 I 篇》132 D-133 C。
③ 柏拉图：《阿尔基比亚德 I 篇》169 B。
④ 柏拉图：《阿尔基比亚德 I 篇》172 B-174 D。

即人的身体和灵魂两方面来区分。关于人的身体有两种学科即体育和医学,关于人的灵魂的研究或学术则称作 πολιτική,关于城邦的技艺或学问 ①,它也有两种学科,是立法和正义。②

从前希腊哲学家的作品几乎都叫作"论自然"(Physics),但在苏格拉底之后发生了变化,"论城邦"(πολιτεία, politics)成了希腊哲学家的最重要著作的名称,或与"论自然"并列。柏拉图如此,亚里士多德如此,斯多亚派的创始人芝诺和克里西普也如此。只是中译名五花八门,倒使人不知道他们原来都是同名的(πολιτεία)著作了。这变化肇始于苏格拉底。何以研究人自身的学问要用"论城邦"(πολιτεία)这个词呢? 因为城邦是希腊人的共同体,而在希腊人的观念里,人总是不能离开共同体即自己的城邦来谈的 : 人首先就是城邦共同体,然后才是其中的个人。这样,关于人的学问首先就是研究城邦的事情,"伦理学"是"城邦学"的一个部分。③ 可见无论后来被称作是"政治学"还是"伦理学"的这些新学术,都是从"论城邦 / 城邦学"里分出来的。而其开端,正是苏格拉底对人应当"认识自己"的强调,由此他进行了种种深入探索,提出了关于建立一门新的学术 πολιτική 的重要建议。

通过研究人自己,苏格拉底对理性亦即"心灵"(νους)进入了深刻的研讨,它不仅涉及认识论、知识学和逻辑问题,还涉及对神的看法或神学,其结果就全盘地改变了希腊哲学。

---

① πολιτική,英译 politics,中文则通常译作"政治学",这个译法是容易产生误解的。因为该词原指关于城邦(πόλις)治理的技艺或学问,而城邦则是希腊人生活的共同体。所以苏格拉底会把人的学问统称为 πολιτική,而后来柏拉图会把他的涉及人的生活的全部学说的那部著作用一个相近词 πολιτεία 为题,我们把它译成《国家篇》,还有亚里多德同名著作我们又译成《政治学》,这些不同的译名,都难以表达原义。

② 柏拉图 :《高尔吉亚篇》464 B-C。

③ 参见亚里士多德《尼各马可伦理学》第一卷第 2 节 1094 a 26-b 10。

第三节　"自知其无知"：论人和神

对"认识你自己"的探究表明，由于人学的研究对象是主体自身，是灵魂或心灵，是能主宰人的思想、情感和行为和一切与人有关的事物的东西，因此这种知识要比自然知识更珍贵也更难求得。

苏格拉底到处找人谈话。他发现那些自以为智慧的人其实并没有智慧，对人和人事没有真知，并且比自知无知的人还要差一大截；因为无知还自以知，必从根本上堵塞了寻求真知的路。这样，苏格拉底就懂得了何以神谕说他最有智慧的真意，那就是：借他的例子告诉世人，人本来是没有智慧的；所以像苏格拉底这样能认识自己无知、因而愿意追求智慧的人，就是人中间最有智慧的人了。

在这个故事里包含着一些深义。简要地说，如果"认识自己"是人生和哲学的根本，那么"自知其无知"才是它之所以可能的钥匙。真理和智慧之门是向一切人开放的，但它也是一道窄门，并不是所有的人都能进得去的。在那门口有位守门人要审查你的证件，唯有那自知其无知的人才能跨进这道大门。

苏格拉底的新神　苏格拉底被控有罪的主要罪名之一是"他不尊敬城邦所尊敬的诸神而且还引进了新神"[①]。这一控告，若从当时雅典人的一般观念来看是对的，也是很有根据的。因为苏格拉底对城邦所尊敬的奥林匹亚诸神确实没有表示尊敬，也确实主张了另一种神。色诺芬曾相当清楚地讲到苏格拉底关于神的观念：神对人有一种特殊的关爱，在最初造人的时候就把人的各种身体器

---

① 色诺芬：《回忆苏格拉底》第一卷，第一章 1。

官安排得非常有秩序,而且强调神明并不以仅仅照顾人的身体为满足,更要紧的是他们在人里面放置了一个灵魂,作为人的最重要的部分。[1] 其他动物都不能理解万物的秩序,也不知道敬拜神;不会预防饥渴冷热和医疗疾病增进健康,更不会追求知识。可见神对人是特别看顾的。苏格拉底接着说道:

> 我的好朋友,你应该懂得,住在你身体里面的努斯($νοῦς$,心灵)既能随意指挥你的身体;那么,你也就应当相信,充满宇宙的理智,也可以随意指挥宇宙间的一切 …… 你就会发现,神明具有这样的能力和这样的性情,能够同时看到一切的事情,同时听到一切的事情,同时存在于各处,而且关怀万有。[2]

我们知道,塞诺芬尼也认为传说中的奥林匹亚诸神是应当批判的,因为他们同凡人一样,奸淫抢掠互相欺诈,没有道德,不可相信。真正的神绝非如此,所以应当代之以一个唯一的全善全智的神。苏格拉底的神观念显然与之有关,但更直截了当地说,可以认为是对阿那克萨哥拉的那个能对万物加以安排的"心灵"本原说的充分发挥。因此苏格拉底确实主张了一个新神。他是道德善、智慧真的源泉:宇宙理性的神。

这个宇宙理性神是苏格拉底的哲学追求 —— 真正的善 —— 的终极根据。也是人应当自知其无知的根据,因为智慧来源于神,唯有神才有智慧,同神相比人没有智慧。并且,这样来理解人应"自知无知"的命题,它就决不是一个消极的意见。人能有知识,是因为人得到了神的特别关爱,被赋予了神性的一部分,就是居住在人

---

[1] 色诺芬:《回忆苏格拉底》第一卷,第四章13。
[2] 色诺芬:《回忆苏格拉底》第一卷,第四章17—18。

的身体里面的那个努斯，因而有了灵魂，有了爱智的心灵和理智。但是人应当明白，你所具有的那点灵魂同神的智慧是无法比拟的，因此你应当"自知无知"。所以这个新的理性神的观念和关于人当"自知无知"的教导，就成了激发和推动人追求真知和批判不真不善伪真伪善的强大力量。

由此可见，那种说苏格拉底只是一个伦理道德家，没有思考研究整体的自然，这个意见可能是不当的。亚里士多德自己也认为最高的存在本体就是神，就是善，他的这个说法也是来自苏格拉底的。神的观念一直是希腊哲学的起源地和归宿，而希腊哲学在其发展中也不断改变和净化了人们原先的神观念，两方面是彼此互动的。所以从神观念的演进，我们也可以认识希腊哲学的进展。

　　你难道看不出最古老的和最明智的人类社会，最古老的和最明智的城市和国家都尊敬神明，人生中最聪明的时期就是他们最敬畏神的时候吗？[1]

作为一位最具原创性的哲学家，苏格拉底从敬畏神吸取了他变革哲学的智慧和力量。他把自己看作神赐给雅典人的一个礼物，一只牛虻，一个肩负着神的使命助人从善爱智的使者。这是他对神的敬畏虔诚，也是他对人的热爱鞭策。只有联系到他的神观念，我们才能认识他所主张的"自知无知"命题的深刻含义。

---

[1]　色诺芬：《回忆苏格拉底》第一卷，第四章16—17。

第四节 "善是目的"和"美德即知识"问题

本节讨论苏格拉底的最核心的范畴"善",以及那个最重要又引起了最多争议的"美德是知识"命题。

汉语用"善"字翻译希腊文 ἀγαθός[①],用"美德"表示 ἀρετή[②],大致是适当的。不过由于文化上的差异,也有可以留意之处。中文的"善"本来也同"好"、"利"、"益"等字义相近,但由于某些儒家把"义利之辨"搞得太厉害,"善"就似乎同"利"势不两立了。希腊人和西方人的想法是,道德善本来就是人们生活中有利、有益的好,不过是提高了的好,公认的好,心灵的好。所以即使像苏格拉底那样把道德崇扬到使灵魂与肉体相对立的程度,也没有否认"善"包括了利益以至个人的利益。这是中西有所不同的一点。至于 ἀρετή,原义比较宽泛,可指任何事物的优点、长处和美好的性质。苏格拉底把人的优秀品质如正义、勇敢、自制、友爱、虔敬等都称作 ἀρετή,所以中文译成"美德"。美德都是好的善的,所以都属于善。

善是目的 苏格拉底把"善",也就是追求好,作为人的一切思想、情感和行为的根本原因。因为人所做的任何事情没有不是为了自己好的。试问,有谁会愿意做对自己不好和不利的事呢? 那是不可能的。愿意自己好和得到益处,永远是所有人的本性。因此,即使一个做了坏事的罪人,我们也不可认为那是因为他愿意做对

---

① 按 Liddell & Scott《希英辞典》,ἀγαθός 解释为 good in its kind,指好,事物本身的好,是坏的反义词。

② 按 Liddell & Scott《希英辞典》,ἀρετή 指 goodness, excellence, of any kind,即事物的各式各样的优点、长处,用在道德上就指美德,virtue。

他是坏的事情。而只能认为，当初他自以为那对他是件好事，或权衡利弊之后选择了弊较少利较多的去做，也就是说，还是为了好（善）。因此，苏格拉底认为问题不在人要不要善，那是人的本性，任何人不可能违反，就像几何学的公理那样。问题只在于人是否对善恶有了真知。如果一个人一个城邦没有搞清什么对他是真正的好坏善恶，而是以恶为善，把伪善视为真善，那就必然走向错误、罪恶、灾难和毁灭。所以"善"总是目的，而为了实现这个目的，最要紧的事情就是要对什么是善有真知，搞清楚什么是真正的善。我们下面要着重讨论的"美德是知识"问题，其根本用意就在于设法把善和知识联系起来。

在伦理学上希腊人争论最多和最集中的一个问题是，人最根本的本性或追求究竟是善还是快乐？ 智者认为是快乐，是感官欲望的满足。这种看法比较符合一般人或多数人的意见，他们把"活得好"看成就是享乐。苏格拉底认为这是错误的，他强调：

> 正是为了善我们才做其他事情，包括追求快乐，而不是为了快乐而行善。①

这就是说，在他看来"善"和"快乐"不可混淆、等同。尽管他并没有在善里排斥快乐，但是他强调二者次序不能颠倒。在他看来，把快乐和感官利欲当作善本身，就正是对善没有真知的主要表现形式。当智者卡利克勒讥嘲苏格拉底讲善是一套迂腐的道德说教，主张弱肉强食才是人的本性，因为强者统治多数弱者就能享受到有权势的快乐而实现了人的目的时，苏格拉底进行了坚决的批

---

① 柏拉图：《高尔吉亚篇》500 A。

驳。这个驳斥的根本论点就是唯有心灵善才是目的,快乐不是根本的目的而只是随着善来的副产品;我们应当对善或好有真知。

苏格拉底同智者的这一争论,一直延续到整个希腊化罗马时期。斯多亚派和伊壁鸠鲁派的论战的重点之一也在这里(后面会详谈这个问题),并一直延续到今天。我想以后也依然会继续。因为这个问题本来是人本身的根本问题,当然不会容易解决。但这是否就意味着如有些人所说的那样:这种讨论根本就没有意义?——那么我想,不,不是这样的。因为正是通过这些讨论和不断研究,已经结出了哲学中最深刻的累累果实,提高了人自身的尊严和意义,也提高了包括哲学本身在内的各种智慧和学术中的真知的尊严和意义。

"美德即知识"的问题 苏格拉底严肃地把道德哲学的主题规定为人的灵魂和行为的善。这个主题的变化影响了哲学的方向,同时也给哲学提出了许多新的有意义的也是棘手的问题。其中最为关键的一个就是:美德是不是知识?

中外古人都把道德视为一种智慧,但几乎都认为它是同一般所谓的知识很不相同的。因为它通常以神的诫命和父辈教训子女的权威方式宣示,是指导行为的命令,而不是关于什么可供人商讨的知识。道德是关于善恶的,而知识是关于真假的,两者虽然有关联却并不是一回事。最明显的就是许多有知识的人未必善良,甚至还有人会专门用知识来作恶,而许多知识不多的人却可能有高尚的品德。因此人们通常都是把伦理道德问题同知识问题分开来研究和思考的。但是苏格拉底却认为必须澄清美德是不是知识的问题,把它明确提出来进行了公开的探讨。这本身就是一件在人类思想史上有重大意义的事情。

据柏拉图的《普罗泰哥拉篇》所说,苏格拉底向普罗泰哥拉提出了美德是否可教的问题来讨论。普罗泰哥拉作了肯定的问答，他说人从神那里不仅分有了技术，而且普遍分有了关于正义的智慧，因而可以互教互学，对此苏格拉底是赞同的。但是在进一步的讨论中事情就发生了变化。一个关键性的问题就是：美德或善，从本性上说是知识还是情感？他问普罗泰哥拉是否主张快乐就是善而痛苦就是恶。普罗泰哥拉说这不能一概而论，因为有些快乐是恶，有些痛苦是善，还有些快乐和痛苦非善非恶；但是总的说来，凡是快乐的事情是善，痛苦是恶。快乐和善是同一的。苏格拉底认为这是一个很重要的问题，因为许多相信道德是由情感支配的人常常论证说，有些人明知善而不为，明知恶而故犯，这就证明情感才是统治理智和行为的东西。苏格拉底认为这是错误的观点，从几方面作了分析批判。他不否认快乐和痛苦的情感对行为有重大作用，但快乐和痛苦是错综复杂的，要作出衡量、分析、判断和行为的抉择就需要知识，因此他认为还是知识支配情感。至于知善而为恶，知恶而故犯，他认为那并非是由于情感支配了知识，而恰恰是衡量利害和快乐痛苦时缺乏正确的知识，做出了错误的选择。经过这番研讨，苏格拉底最后说，我们得到了一种戏剧性的结果：人们会说，苏格拉底和普罗泰哥拉，你们两人真是怪物！苏格拉底开始说美德是不可教的，现在却证明所有的美德都是知识，从而最好地证明了美德是可教的；而开始时普罗泰哥拉主张美德可教，现在却说美德是非知识的东西，这就使它们完全成为不可教的东西了。

可见苏格拉底主张“美德是知识”的真正依据，就在于认定人是由其理性作主宰的存在物。情感对人的行为当然有作用，但是情感不仅是可对可错的，而且它本身并不具有关于对错真假的判断能力，因而就无法正确支配情感自身，不能保证行为善和有美德。情感能力的这种不足，只有靠理性才能解决。唯有追求善和真的理性具有判断和选择对错真假的能力,它能分析和检查人的一切思想、情感和行为,用确切的知识来纠正其种种错误和偏差,使人得到正确的思想和情感,从而支配人的行为,使之正确和合乎美德。

苏格拉底的这个命题,既有很大的意义,理解和实行起来又有很大的困难。它的重大意义在于:这是一个唯有希腊人和西方人才会提出来的,试图沟通道德善和知识真,并试图把这两者统一起来的一种尝试。各民族各种文化都以善为人生的目的和智慧,但是一般都认为这种智慧决不是通常的知识而毋宁是正好相反或对立的,所以中国人有"为学日益、为道日损"之说,而宗教一般都认为美德和善不是由知识而是由信仰支配的。但是善确实有真善和伪善之大别,而要在善恶上真正地分辨真假,并且若不是只听权威的而主要由每个人自己来分辨,那就不能不研究每个人所具有的理性能力,和靠理性得到的知识和判断。因此我认为苏格拉底提出的这个命题意义是很大的,对于缺乏这种想法和研究的中国人,尤其有重要的参照价值。

但是这个命题又确实带来了太多的困难。尽管苏格拉底有所阐述,同智者进行了相当深入的研讨和辩论,留下的疑点还是很多的。因此后来亚里士多德对苏格拉底这一命题提出了相当尖锐的批评。这些批评又引起了犬儒派和斯多亚派的强烈的反批评,推动了后来长达数百年的新研讨,使希腊哲学得到了新的巨大发展。关于这个重大的讨论,我们到后面再作详细讨论。

第五节　苏格拉底的方法：
归纳论证和寻求普遍定义

　　最后谈谈著名的"苏格拉底的方法"。为了追求真正的善，弄清什么是美德，苏格拉底到处同人谈话，在这些对话中发展出一种极有特色的方法。他总是以自知无知的态度向那些以为自己有知识和智慧的人求教，请他们说出什么是正义、勇敢、虔诚、友爱等的看法，要求他们说出明确的意见，即给予定义。当对方提出一种定义之后，他就会用一些事例和理由向他质疑，揭示这个定义何以并不恰当，于是对方只好承认应当改正，或另外提出一个说法。苏格拉底毫不松懈地继续追问，从各方面来审查质疑，从而迫使对方承认自己对这些美德到底是什么并没有弄清楚，即承认自己是无知的，还需要继续寻求。讨论常常以没有得到满意的结论而告终，但无论如何，探求和认识已经不断深入和上升了，或至少澄清了许多疑难，或对问题本身有了较确切的理解，这就为探讨的前进创造了条件。

　　苏格拉底的这种方法有一些引人注目之处，它对希腊和西方哲学的发展和深入所起的作用是难以估量的。首先，它的实践方式是对话法。这是实现认识论上的辩证法的主要和必要的形式。通过提出问题和回答问题，对某一主题如何理解进行平等的、相互的问难，以共同的努力来寻求真理和知识。这是同只听权威单方面的教训或宣示真理完全不同的方法，因此包含着对话者双方都必须充分尊重对方的平等地位、权利和人格，具有既善于保持礼貌和谐又能够顺利地进行尖锐思想交锋的艺术技巧。这种艺术的魅力和说服能力，在柏拉图的许多对话中得到了生动的展现。在哲学史上，柏拉图是最早对"辩证法"作出明确阐述的人,而这一成就正是以苏格拉底的"对话法"或"问答法"为蓝本发展来的[①],这一点从"辩证法"最初词义就是对话和问答的技艺就可以见出。

"对话法"本身就表明:对于什么是真理或对任何重大问题作出判断,都需要通过独立自由思考的个人彼此间进行交锋和研讨这种共同工作的方式,才能获得并得到公认而具有合法性。它是对立统一规律在认识方法的重要运用。这对希腊哲学、希腊思想以至直到今天的西方人的思想方法和整个文化,都有着极其深刻的影响。

苏格拉底把自己采用的这种方法又叫灵魂的助产术。按照他的看法,那些关于正义、勇敢和善的知识和定义,并不是主观任意的东西,而是客观存在的宇宙理性本来具有的,神在赋予人灵魂的同时也把这些知识给了人,所以它本来存在于人们的心灵里,犹如胎儿在母腹里一样。但是人被肉体和感官所迷惑,是非模糊颠倒,抓不住它们或将它们遗忘了。通过对话把杂质清除,真正的善的知识就能得到显明,就像助产婆帮助胎儿出生那样。苏格拉底的母亲是个助产婆,他便以此形象地比喻自己的方法:"我的助产的艺术在许多方面像她们的,不同的是我注意的不是女人而是男人,我要照顾的是他们进行思考的灵魂而不是他们的身体。……人们常责备我问别人问题而我自己并没有才智来对讨论主题有所断定,这是很对的——神让我当一名助产婆,并没要我生孩子。"[②]

所以,苏格拉底的方法也就是归纳论证和寻求一般定义的认识方法和逻辑方法,亚里士多德明确指出:

---

① 辩证法,英文 dialectic 就是对希腊词 ήδιαλεκτική 的转写,它由 διαλέγω 变来,δια- 表示相互,λέγω 即说话。

② 柏拉图:《泰阿泰德篇》150 B-D。

　　有两样东西完全可以归功于苏格拉底，这就是归纳论证和一般定义。这两样东西都是科学的出发点。[①]

　　凭着亚里士多德在逻辑和科学上的威望，他的这个经过深思熟虑的对苏格拉底功绩的评价，本来是应当得到认真和充分研究的，但是请容许我坦率地说，包括西方某些著名学者在内的许多人，对此却完全视而不见，真是怪事。照我看来，这是同近现代人的归纳概念的误区有关系的。培根以来的归纳法及其观念，虽然自认为最讲究科学和逻辑，但只要它把归纳建立在全部枚举或统计概率上，就不可能跨出经验的局限，也就不可能建立起真正具有普遍必然性结果的归纳法逻辑来。在这个对理性最具根本重要性的问题上，希腊人在其哲学和科学探索中实践的和总结出来的归纳法，其实站得更高、更能抓住根本和要害。然而许多人却被所谓的"科学归纳法"及其逻辑的概念所遮蔽，看不见希腊人的这个伟大成就。因此，我想借着讨论苏格拉底方法的机会，把这个问题提出来，希望提醒人们重新作一番思考。

　　事实上归纳总是这样的情形：从个别和特殊上升到一般和普遍，总是为了对现象作出合理的解释，进而能合理地采取行动，以达到我们的预期的目的。所以从个别和特殊上升到一般和普遍的归纳，其实质乃是找出现象存在和由来的原因，或根据。但事物的原因和根据并不总是显明的经验东西，而常常是隐秘的藏在背后或深层的东西，因此在寻找它们的时候，列举经验事实就无济于事了，单靠枚举经验事实的数量或几率也无法保证结果能适用于新的情况，所以同经验的归纳相反，真正的科学归纳方法固然不脱离

---

① 亚里士多德：《形而上学》1078 b 28。

经验,却更须突出思维的高度能动作用。首先,它是对经验事实的观察和拷问,拷问需要思考,才能发现问题和提出问题;然后,对事实的原因提出假说,假说虽来自对经验事实的观察检验,更是思想上的重大的飞跃,因为对原因的假说本身并不是总是明摆着的现象事实,而是隐秘的,需要有更高级的思维活动才能把它们发现出来:缺少不了大胆的猜测,甚至最具创造力的想象;最后,对假设和不同的意见,进行逐个的逐步的严格的审查,辨别对错真假,才能决定假设能否得到确立,或在何种程度上得到证明和确立。

人类思想史上,这种归纳的探求活动事实上是从泰勒斯开始的。从他开始,哲学家们都在寻求自然万物的本原。他们把水火气土,或数与一,或心灵,或质料、形式、动力和目的,等等,作为本原和本体,这难道不是在归纳? 当然是。因为很显然,寻求本原就是在个别多样的万物中寻求其最普遍的根本原因。这样的哲学 — 科学活动进程,其实际情形正如我们上面所说的那样,是极其自然的也是很标准的归纳进程。

但是归纳之难常常是超出人们的想象的,所以一部希腊哲学史便充满着思想英雄的原创性的伟大业绩。因为每位哲学家提出来的本原假说,虽然有其观察和思考的依据,但其中一定会有想象和猜测的成分。而任何假设若不能得到论证其价值就等于零,若不能通过检验,也不能建立和得到确认。于是,一个不断的批判进程,在批判和否定旧的假说中作出新的发现和提出新的假说的进程就启动了。而每一步都是这样的研讨、问答、检验、论证,一直要到把这重重的关口都得到了通过从而获得了公认,才能告一段落。如果发现了新的材料或疑点,那就说明归纳还没有结束,还需要继续探求。

这本是人类认识真理的必然的思想进程,把它严格规定下来就是归纳论证的方法。我们看到在苏格拉底之前的希腊哲学 — 科学家已经走着这样的路,但是只是到了古典时代的雅典,在爱利亚派和特别是智者有意识地发展起来的论辩方法的基础上①,以严肃地寻求善和美德为目的、深刻认识到唯有自知无知才能寻求真理的苏格拉底,才终于把它变成了一种高度自觉的归纳论证和寻求一般性定义的方法。后来柏拉图和亚里士多德更进一步,把苏格拉底的方法系统化,提出并建立起一整套的"辩证法"学说或逻辑方法。但追根溯源,都是从希腊哲学史的探求中得来的,特别是从苏格拉底自觉运用的方法得来的。所以,苏格拉底的方法对于我们认识归纳法和人类的逻辑思维的精神实质有着至关重要的意义。

第六节　希腊哲学为什么要经常返回苏格拉底

学哲学的人和学知识的人一样,都既要学前人的那些结论,也要学他们的方法。但是同结论相比,方法是更重要的。这就像陈康先生用古代寓言故事所表示那个意思：吕纯阳给一个农夫一块金子。那位农夫却说,我要的不是这块金子,请教给我怎能同你一样也有一根能点石成金的手指。方法当然不能脱离所研究的事物和得到的结论来空谈,但是结论是常常会被否定的,而方法却因为是寻求真理的内在灵魂而更具生命力。说到方法和精神,也以原创者

---

① D.L.IX.51：普曼泰哥拉是第一个主张一切问题都有两个方面彼此对立的人,他第一个用这种方式进行论争。

的为最重要。因为那从事重大创新的人，面临着前人所没有遇到过的问题和艰难，他的思考就要比跟着走的人更深更透才行，否则他就不可能开出新路。苏格拉底正是希腊哲学中最具原创性的人物。如果我们把他和柏拉图、亚里士多德联系起来对比考察，就能更好地把这一点显明出来。

首先，我们都承认柏拉图很伟大，可是尽管他大大发展了苏格拉底的哲学，却又有违背苏格拉底而很错误的地方。如亚里士多德所说：

> 有两件事可以公正地归功于苏格拉底，即归纳论证和普遍定义，这两者都是知识的出发点；但是苏格拉底并没有将这个普遍的东西或定义看作是分离存在的东西，而他们却将它们看作是分离存在的，这就是他们称为"相"的那种东西。[①]

> 苏格拉底以他那些定义激起了相论，但是他并没有把共相与个体分离开来；他不把它们分离开来，是正确的想法。从后果看，这是很明白的。因为没有共相就不可能获得知识，可是把它们分离开来就引起了人们对于相的异议。[②]

我们知道，亚里士多德对柏拉图相论的批判，是他在哲学上前进的根本转折点。从上面的话里就可以知道，这一点显然是同苏格拉底有关的，至少是从这位老师的老师那里得到了启示和鼓励。

事实上苏格拉底确实有许多有关的重要看法。例如苏格拉底对希腊语词的由来就谈过很有价值的思考。他认为最初的命名者必定是有智慧的人，他们是根据事物的本性命名的。如说荷马就是

---

① 亚里士多德：《形而上学》1078b27。
② 亚里士多德：《形而上学》1086b2-6。

善于命名的诗人,他将特洛伊战争的英雄称作"阿加门农",这个希腊词本有坚持耐久的意思,表达了这位英雄的坚韧刚毅的性格。苏格拉底还说自己曾与热心宗教的欧绪弗洛通宵达旦地讨论过诸神的命名问题,认为远古人们看到日月星辰总在转动,就称它们为"神",θεός,这个希腊词本来的意思就是"动者";宙斯 Ζεύς 的名字原来是由两个部分组成,表示他给一切生物以生命;赫尔默斯(Hermes)和说话有关,是解释者和传递者(现在"解释学"Hermeneutics 就是从这个神名变来的)。而"人",ἄνθρωπος,原是由一个句子浓缩成的,表示人同任何其他动物不同,能思考注视(ἀνα-θεωρέω)他所看到的东西(ὥορε)。他还考释了许多哲学名词,包括那些关于自然本原、灵魂的认知和伦理等几个方面的名字。如"智慧"或"明智",φρόνησις,是对于运动(φορᾶς)和流变(ρου)的觉知(νόησις),也可以理解为对于运动(φορᾶς)的赞美(ὄνησις)。极有意义的一点是,他指出赫拉克利特所说的万物流变,永不停息如一道川流,人不能两次进入同一条河,正是远古的智慧。上述诸词义的解说也证实了他的这一见解。可见,苏格拉底确实不会赞同柏拉图后来那样强调的绝对不变的抽象的"相"的理论。但是他也没有因此忽略了另一方面,他指明那些关于认识的词里所强调的静止和确定的含义。如他指出"知识(ἐπιστήμη)"一词表示心中有个原因在站立着(ἵστησιν)[1],"研究(ἱστορία)"的含义也类似,而"记忆(μνήμη)"表示的是心中的静止(μονή)而不是运动。关于存在和认识中的动静两个方面,他都有所关注而没有偏废。

---

[1] 柏拉图:《克拉底鲁篇》437 A. ἐπιστήμη(知识)由 ἐπι-(如英语的 upon, on, at, by 等)和 ἵστημι 合成。

这些都证实着亚里士多德的说法。苏格拉底在其归纳论证和寻求普遍定义的研究中并没有像柏拉图那样把个别与一般完全分离开来，因此对动和静、具体和抽象也类似。

其次，正像亚里士多德批评柏拉图对苏格拉底有重大的背离和错误那样，犬儒派和斯多亚派也批评了亚里士多德本人对苏格拉底有重大的背离和错误。他们在批评这种背离中恢复和发展了苏格拉底的哲学，包括神学即本体论和伦理学，并取得了重大成果。关于这个问题，因为涉及的争论既很重要又相当复杂，我们以后会做比较详细的讨论，那时也许还会对苏格拉底的某些要点作进一步的回顾和研讨，故此处暂略。这里提到只是表明苏格拉底对希腊哲学发展史所确实具有的轴心意义。

第七章　所谓小苏格拉底各学派

第一节　古典城邦时代后期的百家争鸣

在希腊和雅典，哲学早就在自由争鸣了，不仅新旧思想不断取代，也有各派并存竞争。但是一种真正繁荣的百家争鸣局面还是到智者和苏格拉底之后才出现的。

希腊古典时代后期最重要又最有影响力的哲学，是雅典的柏拉图和他的学园派、亚里士多德和他的漫步学派，在全希腊还要加上德谟克里特派。但是除了他们在哲学的星空中也还有许多别的灿烂星辰，其思想也很有重要性。如果人们只看见那几颗最明亮的而忽视了别人，就会产生盲点和错误。因为实际上就是柏拉图和亚里士多德的哲学也是在这种共生的境况中切磋得来；而后来他们和德谟克里特遭到希腊化哲学批判否定，哲学按另一种思路发展，这些重大现象的线索也都与这一些思想派别有关。在这些众多的派别中，人们通常称作"小苏格拉底学派"的三派是更为重要一些的，所以我们至少要对他们作些最简要的介绍。

人们称麦加拉派、犬儒派和居勒尼派为所谓"小苏格拉底学派"，是因为他们的创始人都当过苏格拉底的学生，各以苏格拉底学说中的某些成分作为出发点或研究的重点。在这三派中，麦加拉派把苏格拉底主张的"善"同爱利亚派主张的"一"联系和统一起来,他们特别注重对这个本体进行逻辑的论证,长于思辨,对柏拉图形成其相论哲学,对逻辑学术的研究发展有重要影响。与麦加拉派显然有别,另两派则沿着苏格拉底关注人的生活行为的路发展了人学和伦理学。这两派又彼此对立,居勒尼派从一开始就带有智者感觉主义色彩,主张生活的目的是由求乐避苦的情感决定的。这派中也有人强调应当由理智而得快乐,主张理智和情感的统一,更接近于苏格拉底和德谟克里特,其主张容易为一般人接受,对伊壁鸠鲁哲学的产生有影响。犬儒派则主张善是按照自然生活并由此得到自由,这个观点对斯多亚派哲学的产生起了重大作用。照斯多亚派看来,苏格拉底和犬儒派的第欧根尼才是做人的真正典范,唯一正确的哲学的思想来源;而其他的伦理学和哲学包括柏拉图和亚里士多德的在内,都是有重大错误和偏差的。

第二节　麦加拉派

这一学派把苏格拉底的"善"同爱利亚派的"存在/是/一/有"结合,提出了一些逻辑论证,对哲学本体论和逻辑形式的发展有一定作用。它的创始人欧几里得是邻近雅典的城邦麦加拉人,一位热心追随苏格拉底的学生。据说在伯罗奔尼撒战争中麦加拉同雅典处于敌对状态期间,他为了能到苏格拉底这里来,常常冒着危险乔装打扮潜往雅典。苏格拉底死后柏拉图离开雅典到麦加拉避祸,受到了他的友好接待。他也致力于钻研巴门尼德的著作,以一种问与答的方式来进行论证,他的后继者被称作麦加拉派。第欧根尼·拉尔修说欧几里得的学说是:

> 他认为最高的善是真正的一，虽然它也有许多名称，如智慧、神、心灵等等；但是一切与善相对立的东西他是不承认的，他宣称这些是不存在的。[①]

这是麦加拉派哲学的根本原理：单纯的善是唯一的、同一的、真实的存在。他们同苏格拉底一样把善看作普遍的绝对的存在，但苏格拉底并没有否认那些特殊的善有相对意义的存在，而麦加拉派则把苏格拉底对特殊东西的批判和否定发展到完全否认它们的存在。他们这样做，是把爱利亚派的"存在是一"的原则引进来同苏格拉底的"善"结合造成，为此也就把爱利亚派论证"多是不存在的"的方法也引进来了，用以否认其他一切的存在。麦加拉派的论辩大抵都是这种性质，所以人们称之为"辩证法"或诡辩。黑格尔评论说："麦加拉派是最抽象的，他们死盯着善的定义不放。麦加拉学派的原则就是单纯的善，单纯形式的善、单纯性的原则；他们把善的单纯性的主张与辩证法结合在一起。他们的辩证法，即是认为一切确定的、有限的东西都是不真实的东西。麦加拉派的任务是认识规定、共相；这个共相，他们认为是具有共相形式的绝对，因此绝对必须坚持共相的形式。"[②]

我们在讨论爱利亚派哲学时已经指出，他们想肯定的"存在／是"只是个整体性的极其空洞的东西，因此对它所能作出的唯一正面规定只能是说它是"一"，而这不过是想借否定一切分殊而表示它就是它本身，那个抽象的整体的同一。此外的如说存在是"不动"的等等就都是些否定性的规定，只是表示它是"存在／是"而非"不存在／不是"的另一种表达。——但是由于爱利亚派以

---

① 　D.L.II.106.

② 　黑格尔：《哲学史讲演录》第2卷，三联书店1957年版，第114页。

ἔστιν 这个命题句 ① 作为确定性判断的标准形式,表述真理的唯一形式,使严格的逻辑思维和论证第一次得以从一般性的语言方式中产生和确立起来。这是爱利亚派的重大功绩。我们已经知道,巴门尼德的论证和芝诺的反证已经显示了逻辑思维的巨大力量,同时也显明了若干对哲学和科学发展至关重要的问题和困难所在。现在,在苏格拉底之后的麦加拉学派似乎也是这样:他们对"'善'是'一'"本身并没有能说出多少东西,其最为引人注意的成就也主要在一些论证的方式。这些论证方式对哲学的逻辑思维发展提供了新的刺激和推动。

欧几里得的后继者欧布里德和斯提尔波,是麦加拉派的两位著名人物。前者约与亚里士多德同时,后者活动在亚历山大大帝及其死后亚历山大的将军们内讧的时期,已在希腊被征服之后。

欧布里德提出的一个著名的论证叫作"说谎者":如果有一个人承认自己说谎,那么他是在说谎还是说真话呢? ② 这是一个悖论。按照排中律,一个命题或者真,或者假,二者必居其一;一个对象(主词)不能有两个对立的谓项同时并存。但是,对于一个承认自己说谎的人,我们却不能将"说谎话"、"说真话"这两个对立谓项中的任何一个归于他。任何简单的答复,"他是在说谎"或"他说了真话"都不行。欧布里德的目的在于,对于任何特殊的非单纯的东西都无法下判断和获得肯定的认识。这个著名的悖论对逻辑学研究起了很大的作用,亚里士多德也曾研究过,现代的逻辑学大家罗素也就此提出了自己的类型论分析。

---

① 关于巴门尼德的这个 ἔστιν,我在前面已经分析指明它是一个句子,并且是一个哲学命题句子:"(某事物)存在/(某事物)是(如此)。"

② 西塞罗:《学园问题》第4卷第29章。转引自黑格尔《哲学史讲演录》第2卷,三联书店1957年版,第121页。

麦加拉派还提出过不少类似的论证的例子：如："你是否已经不再打你的父亲了？"—— 如果你回答"是的"，那你就承认了你曾打过你的父亲；反之你若回答"不是的"，那你就是还在打他。可实际上两者都不对，因为根本没打过他。

"隐藏者"—— 你认识你的父亲吗？当然认识。那我再问你，有一个人藏在帷幕后边，你认识吗？不认识。可是那幕后的人正是你父亲，可见你不认识你所认识的。

诸如此类，看起来似乎是相当无聊的语言游戏。严肃的人们常常讨厌它，认为是一种浅薄的机智，我们中国人尤其不喜欢它，先秦名家曾研究过语言概念用法问题，也提出过这类论证，但向来被视为卑卑不足道的小伎俩，不入流。但西方人并不作如是观。黑格尔说得精辟：

> 然而希腊人却重视单纯的言辞，重视一句话的单纯处理，正如重视事物一样。如果言辞与事物相对立，那么言辞要高些；因为那没有说出来的事物，真正说来，乃是一个非理性的东西，理性的东西只是作为语言而存在的。
>
> 希腊人异常爱找出语言和日常观念中所发生的矛盾；—— 这是一种文化，这种文化把形式的语言（或语句，或抽象的因素）当作对象，并且意识到它的不精确，或甚至指出其中所表现的偏颇，使人们意识到，并且借此使其中所存在的矛盾暴露出来。[①]

这个评论在本质上是正确的。黑格尔当然知道，我们（一切人）都是重视事物甚于单纯言辞的；那么，为什么他认为希腊人异常喜爱钻研言辞和发现其中的矛盾，是很有意义的一种文化，

[①]　黑格尔：《哲学史讲演录》第2卷，三联书店1957年版，第118、119页。

要说"如果言辞与事物对立,那么言辞要高些"呢？我想这是因为,人虽然最重视的是事物,但人要想把握住事物及其本质必须靠理性的思想,而理性又唯有靠语言形式才能存在,才能表达事物,这样语言问题就不再只是单纯的语言问题,而是关系到人能否用理性来把握事物的问题了。黑格尔说言辞甚至比事物还要高些,意思就在这里：因为当人们离开语言来讲抓住事物及其本质只是空的,我们不能凭感受、意谓之类来理解事物,必须靠理性的逻辑和语言；可是人们日常的语言总是很不精确的,常常有许多自相矛盾和模糊混乱,靠着这种语言人们虽然也能大体交流思想,只要对方大致了解我的意思就算了,但在需要确切地理解事物时,就发生了困难,出现种种问题。在生活中我们不是常常看到这类事情吗？当要确切地判决一个法律案件时,当科学家认真要弄清他们所研究的对象、表述其原理时,当人们严肃地进行讨论寻求真理、寻求事物的本质定义时,通常的语言就常常显得很不中用,含混、歧义、自相矛盾之处就会到处暴露出来,阻碍认识的进行；这种情况反过来也证明着我们的理性思维还不清楚,还没确切把握住事情的实质。在这时,尽可能精密的言辞的制定,就往往成为有决定意义的事了；这就是说,需要把语言本身作为对象提到面前来研究,用逻辑给它以重新的分析批判和改造,从而制定出更精密的语言形式。而没有这种语言,人们更精确的理性思维就不能形成、存在和发展。可见,这样的一种"文化",即高度重视和喜爱语言和逻辑的问题,对发展理性、科学和哲学的重要。我们看到,当代的西方哲学里有些派别又一次把这类问题提到了首位,悉心钻研逻辑分析和语言分析的课题。它标志着现代人类社会生活和科学思维的新发展和理性进一步精密化的新需要。

就麦加拉学派而言,他们的哲学目的是想把握住真正的善这个他们认为是唯一真实的存在。他们要用逻辑和语言把这一点表述出来。因此如果语言中出现了悖论和逻辑混乱，就证明了所说事物本身不真。在上述论证的例子里，麦加拉派想说明的是什么呢？这就是：人们通常所讲的特殊事物、所得的种种特殊的认识与知识是不真的，所以不能给予单纯明白的答复。说一个人是"说谎者"，但这"说谎者"是不会老说谎的，他也有说真话的时候，当他承认自己说谎时，这矛盾就明白暴露出来了。我们说"认识"一个人，指的是一个特定的人，可是把他藏在幕后，就变成了不定的一般的人，这时我们就要说"不认识"他了。当某个一般的不定的人恰好就是这一个别的人时，矛盾就尖锐暴露出来了。可见一般、普遍是同个别、特殊对立的，彼此是互相扬弃的。这个例子说明人的思想、语言要通过一般的词语（"人"）来述说个别（你的父亲这一个特殊的人），但是在这样做时，你并不认识这个一般，所以你也不能真的认识和表述了这个个别，当你以为认识了这个个别时，在你的认识里还有不认识的因素和方面，所以语言中出现了自相矛盾。

斯提尔波明白讲到这个意思。他说，那断言人存在的人，其意之所指不是个别的人，不是这个人或那个人。因为那说到"人"的人，为什么指的是这个人而不是那个人呢？所以他也没有说到这个个别的人。[1] 这里讲的是"这一个"与"共相"的对立，"人"是一个共相，不是指这一个人，这一点虽然大家都知道，但人们说到"人"时，心里指的其实常常还是某个人或某些人。然而斯提尔波说这个个别的人是根本不能说的，我们的语言所能表示的只是共相，一般的人；所以特殊是不存在的（在我们的语言、理性和思

---

[1]　D.L. Ⅱ.119.

维中不存在,因为我们无法用语言确定地表示个别特殊的事物)。另一个例子也是同样的意思,他说 :"菜"不是显现在我面前的这个东西,因为菜已存在了千万年了 ;所以这个菜不是菜。① 也就是说,当我们用言辞说这"菜"时它已经是一个普遍的东西,共相的存在,并不是眼前这棵白菜之类的这一个,所以在我说这棵白菜的时候,我所说的和想的不是一回事,我说的乃是共相的一切的菜,并不是这棵白菜 ;我肯定的只是"菜"的存在,眼前的这棵白菜并没有得到肯定,所以它并不存在。②

由于斯提尔波只肯定共相有其独立的存在,所以他努力去揭示一切特殊东西、日常语言和观念中有矛盾。个体的事物都有许多规定性,这些规定是彼此不同的,而每个规定性是一个共相,这样个别事物就不能存在不能言说了。例如我们说"一匹马在跑",但"马"和"跑"不同,怎能联在一起? 说某人是好的,但"人"和"好"这两个不同的东西怎么能联在一起? 因此,斯提尔波说 :不能用不同的谓词来称谓同一对象。我们不能说这个人是好的或这个人是位将军,却只能简单地说,人只是人,好只是好,将军只是将军。③他坚持共相和 A=A 甚至达到了极端,否认一切特殊,揭示了其中的矛盾,其论点和中国古代名家的那些命题如"白马非马"和"离坚白"很类似。但是他们这些希腊人发展了严格的逻辑和论证的方法,我们却没有,岂不发人深思?

麦加拉学派对柏拉图的哲学和论证显然是起了作用的。我们知道当柏拉图在苏格拉底去世后离开雅典避难和游历了许多地方,去的第一处就是麦加拉的欧几里得那里,并保持着密切的联

① D.L. Ⅱ .119.
② D.L. Ⅱ .119.
③ 普鲁泰克 :《反科罗特》第22章。

系。所以人们都认为柏拉图后来创立相论学说，特别重视和转向巴门尼德和爱利亚派，努力发展逻辑方法以确定普遍者或共相，如善和正义的存在和定义，是同麦加拉派有重要关系的。不仅如此，他们也直接影响了高度重视逻辑研究并做出重要发展的斯多亚派。这些都说明麦加拉学派确有重要的意义。

第三节　居勒尼派

居勒尼派创始人阿里斯提波是北非地中海沿岸的希腊城邦居勒尼（今利比亚）人，这一派别因而称作居勒尼派。他们同犬儒派关注的都是人生如何实践善的哲学问题，但他们将善规定为个体的快乐，正好同犬儒派对立。

阿里斯提波约生活于公元前435至前350年间，他受苏格拉底名声的吸引来到雅典，那时他已经是一位有教养的演说家或智者了，很可能在居勒尼时他早已受到了智者的影响。他跟从苏格拉底学习很久，但并不拘守苏格拉底的教义，有自己的观点，同苏格拉底多有争辩。他主张寻求现实所能给予的快乐。据说"他能使自己适应各种地点、时间和人们，能在无论什么样的环境中扮演适当的角色"。因而他在叙拉古王狄奥尼修的宫廷里比任何别人都要受宠，犬儒派的第欧根尼称他为国王的哈巴狗。有一次第欧根尼洗菜，看见阿里斯提波走过，就对他喊道："你要学会做你的饭菜，你就用不着向国王们献殷勤了。"阿里斯提波还口道："你要是知道怎么同人们交往，你就用不着洗菜了。"——这很能表现他同犬儒派思想的对立：犬儒派要抛弃一切快乐和享受，而居勒尼派则把个人的享受与快乐看作有理性的人所应追求的唯一东西。他寄生于人,但要靠理智随机应变,有一次狄奥尼修向他啐了一口,他忍受了,人家责备他时他说,渔夫为了捕一条小鱼还不惜让海水溅在身上,我要捕一条大鱼岂不应忍受？[①]

塞克斯都·恩披里柯指出,"居勒尼派主张感觉是标准,只有感觉才是可理解的不会错的,而引起感觉的事物却不是可理解的或必然的。因为 —— 他们说 —— 我们感觉白或甜,是我们能够无误和无矛盾地说出的,但是产生这感觉的对象是白或是甜,这是不可能断言的。"[②] 因此,人们谈外界事物是没有意义的,对这些事物人们只有一种共同的名称,所以也没有什么人类共同的真理标准,每个人只有自己的特殊的感觉。所以居勒尼派认为感觉所欲达到的东西就是目的,他们说,痛苦的感觉是恶,而快乐的感觉是善。"因此,关于一切事物,感觉的存在就是标准和目的,我们遵循它生活,注意证据和校正 —— 求证据要联系到别的感觉,求校正要联系到快乐。"[③]

因此,居勒尼学派的基本原则是感觉,但主要是生活实践的而不是认识论的,因此主要指的就是感情。感觉和感情是真和善的标准。哲学的目的是个人为自己寻求快乐的感觉和满足。这其实是同苏格拉底哲学的追求相反而更接近智者的。

但也有些居勒尼派强调感觉还需用理智作指导,因而直接的感觉、作为感觉的感觉是无足轻重的,如泰奥多洛[④] ；赫格西亚也把快乐当作目的,但是他看到感觉是不可靠的,快乐和痛苦都不可避免并且没有绝对的分别,便主张对一切不必认真,还是漠不关心或

---

① D.L.II. 65、66、68、67.

② Sextus Empiricus, *Against the Logician* I. 191.

③ Sextus Empiricus, *Against the Logician* I. 200.

④ D.L. II .98.

不动心为好。① 这是一种带有怀疑论色彩的思想。安尼凯里认为应当根据善的原则追求快乐；善不是空泛的，要表现为种种的美德如友谊、对父母的孝敬，认为"智慧的人即使受苦，没有快乐，他也是幸福的"。这种比较平和而理智的快乐主义道德对晚期希腊的伊壁鸠鲁是有影响的。

第四节　犬儒派

犬儒派是从安提斯泰尼（公元前446—前366年）开始的。他是雅典人，不过母亲是色雷斯人，所以不是纯血统的雅典人，为此他受到过某些歧视。他跟高尔吉亚学习过修辞学，后来他接触苏格拉底感到得益甚多，就带着自己的门徒一起来做苏格拉底的学生，每天从毕莱欧港步行数里到雅典来听苏格拉底讲学。他从苏格拉底身上学了刚毅，仿效其对感情的漠视，从而开始了所谓犬儒派的生活方式。② 据说他是第一个规定什么是命题（肯定判断）的人，他说一个命题就是提出"一个事物是什么"③。

他写过不少作品，被认为是一个有高度教养的高尚的人。他的思想主要是认为一个人有美德就够了，生活越简单越好，他一再说，我宁可成为疯子也不追求感官的快乐。有人问该同什么样的女人结婚，他说，要是她漂亮你别娶她，要是她丑你就报之以深深的爱。他认为美德本身就足以保证幸福，除了苏格拉底的那种品格力量以外什么也不需要了。他认为美德是一种行为，无须说一堆话或

① D.L. Ⅱ.93-95.

② D.L.Ⅵ.1-2.

③ D.L.Ⅵ.3.

做多少研究,有智慧的人是自足的,在公共生活中只受美德的规律的指导,而不是受人为的法律指导。他说当人们不能区别好人和坏人时,国家就要灭亡。他还常常劝说雅典人应当议决驴子就是马,大家说这是荒谬的,他回答说:可是你们中间的那些将军也没有什么训练,不过是推选出来的。这反映出他对当时雅典和希腊的社会政治感到无望的不满情绪。当有人对他说"许多人都称赞你"时,他就说:"为什么? 我做了什么错事?"①

安提斯泰尼经常在名为"白犬"的运动场里同人谈话教学,于就有了"犬"和"犬儒"这个名称,他本人也得到了"纯种的犬"这个绰号。他们也乐于用这名称表示自己在道德上像猎犬似的警觉性,人们也用这个名称表示他们那种生活方式。

犬儒派以一种惊世骇俗的行为和生活方式闻名于整个古代,这种生活方式在安提斯泰尼的继承人西诺卜的第欧根尼那里表现得最为突出和著名。关于第欧根尼留下了许多故事。他蔑视一切生活享受和名利地位,住在一个木桶里,所有的东西只是一身褴褛的衣服,夜里用它当被子盖,再就是一根棍子,一个讨饭的口袋,一只喝水的杯子,用这些他四处为家而生活,同人谈话。他看不起一切人,当有人问他在希腊什么地方见过好人,他说:"哪里也没有好人,只有在拉栖代孟(斯巴达)有好的儿童。"有一天他在晒太阳,亚历山大大帝来看他,站在他面前对他说:"你可以向我请求你所要的任何恩赐。"他的回答只是:"走开,别挡住我的阳光。"有一次他去柏拉图那里,用脏脚踩那华美的地毯,并说:"我践踏了柏拉图的骄傲。"柏拉图回报说:"是的,第欧根尼,你用的是另一种骄傲。"

---

① D.L.Ⅵ.11、5、8.

　　他们用这些生活方式来表现和实践自己的哲学思想，向周围的人们和世界挑战性地提出了一个尖锐的问题：什么是美德的生活？ 按照传统的城邦习俗、道德和法律生活是否合乎美德？ 他们认为唯有顺从自然才是善，人只应接受自然和美德的指导，而不是人为的城邦的法律和习俗。

　　犬儒派在希腊哲学史上具有很重要的价值，希腊化罗马时期的主流哲学派别斯多亚派就是接着它发展出来的。后面我们在论述斯多亚派的时候还会谈到他们。

第八章　柏拉图的前期相论哲学

柏拉图哲学从苏格拉底来，又有他自己的新特点，那就是他明确地提出和论证了一种关于"相"的理论。这套学说有一个建立和形成的过程，后来他自己又作了重大的修正和突破，而这两者在哲学史上都具有重大的意义。因此对他的哲学需要分前、后两期来阐述，由于内容丰富，我们分为两章来说。

第一节　生平和思想发展

柏拉图（公元前 427— 前 347 年）出身于雅典一个古老的名门贵族家庭，他的母亲是梭伦的后裔，父系家谱可以追溯到古雅典王卡德鲁斯。他是在伯罗奔尼撒战争已经进行到第四个年头的时候出生的，在这样高贵的家庭中他自小受到了当时可能有的最上等的教育和教养。他曾喜爱学习绘画、写诗和写悲剧，这对他培养高尚情操和文学素养有很大益处。有一首诗，是他献给年轻的同伴阿斯特尔（Aster，以星取名）的："星儿瞧着你，阿斯特尔，/啊！但愿我是星空，/那我就可以凝视着你/以千万只眼睛。"[1] 这是很

---

[1]　D.L.III.29.

富于美的想象力的。

他在约20岁时成了苏格拉底的学生。传说在他被引见给苏格拉底的头天晚上，苏格拉底梦见有一只天鹅来到膝上，很快羽翼长成，唱着嘹亮动听的歌冲天飞去。[①] 这个美丽传说表示了人们对他们的师生关系和对柏拉图的深深爱慕与尊敬。

他追随苏格拉底虽然不足十年，但在这段时间雅典发生了许多重大变故：伯罗奔尼撒战争以雅典的失败而告终；三十僭主推翻了民主政体，仅8个月又因其暴政而被民众推翻；而在恢复民主政治后又发生了苏格拉底被控并被处死的事件。这些事情，尤其是他最尊敬的老师被判刑处死，给他留下了太深的思想印记。他在晚年回忆说：

> 我年轻时有过和许多青年人大体相同的经验。我希望一旦成年便可以立即参加政治生活，当时的政治情况正好发生变化，给了我这样的机会。那时遭到广泛反对的政府被推翻了……一个三十人委员会建立起来，取得统治权力。恰巧其中有些人是我的朋友和亲戚，他们确实邀请我立刻参加他们的政府，认为我们是意气相投的。这也没有什么奇怪，我还年轻，我相信他们会将城邦的治理从不正义引向正义，因此我以浓厚的兴趣关注他们的行动。可是我看到仅仅在一个短时期内，这些人就使得人们重新怀念起以前的政府，认为比较起来那才是黄金时代。更重要的是他们要控告我的朋友年迈的苏格拉底，我毫不迟疑地认为他是所有活着的人们中最正直的一位。他们迫使苏格拉底和别人一起去逮捕并处死一个公民，不管苏格拉底是否愿意都要让他参加他们的政治活动。但是苏格拉底拒绝了，宁愿冒一切风险不愿和他们同流合污。我看到这些罪恶活动感到厌恶，就让自己离开这些弊端。不久三十人掌握的权

---

① 　D.L.III.5.

力和他们的政府垮台了,我又感到有参加政治活动的愿望,尽管不那么热烈。那是乱世,是会遇到许多悲惨的事情的,在革命时期,在有些情况下对敌人报复过分了也不必惊奇;尽管如此,回来的被流放者还是做得比较温和的,但不幸的是有些掌权的人荒谬地指控并审讯了我的朋友苏格拉底,以不敬神的罪名处死了他——正是这个人,在他们被不幸流放时曾拒绝参与要将他们的一个朋友逮捕流放的事情。

因此我思考所有这一切,思考治理国家的人以及他们的法律和习惯;当我越来越年长时,我看到要正确安排国家事务实在是件很困难的事情。……我们的城邦已经不依传统的原则和法制行事了,要建立一种新的道德标准是极为困难的。再说法律和习惯正在以惊人的速度败坏着,结果是虽然我曾满腔热忱地希望参加政治生涯,但这些混乱的情况却使我晕头转向。尽管我没有停止思考如何改进这些情况,如何改革整个制度,但我推迟行动等待有利时机。直到最后我得出结论:所有现存的城邦无一例外都治理得不好,它们的法律制度除非有惊人的计划并伴随好的运气,不然是难以医治的。从而我被迫宣告,只有正确的哲学才能为我们提供分辨什么是对社会和个人是正义的东西。除非是真正的哲学家获得政治权力,或者是出于某种奇迹,政治家成为真正的哲学家,不然人类就不会看到好日子。这就是我初次造访意大利和西西里时所持有的信念。①

这段话清楚说出了他一生的心路历程。他从年轻时就热心于寻求城邦的正义的治理,虽然这种期望得到的却是不断的失望,但正是这些反思成为推动他深入钻研哲学的巨大动力。

苏格拉底去世(前399年)后,他和赫拉克利特派的克拉底鲁和主张巴门尼德哲学的赫谟根尼交往,又到麦加拉访问苏格拉

---

① 柏拉图:《第七封信》324B-326B。

底另一个学生、麦加拉学派创始人欧几里得。麦加拉派的观点同后来形成的柏拉图前期相论在哲学思想上有明显的共同之点。以后柏拉图继续旅行到小亚伊奥尼亚一带；又前往埃及，在当时的埃及宗教活动中心赫利奥波里住了许久，同僧侣来往，从他们那里学习了天文学，并对埃及的古老文化有深刻的印象。还到过北非的居勒尼，在那里结识了几何学家塞奥多洛，他也是居勒尼派的代表人物，向他学习了几何学。

后来他来到南意大利，在这里他更多地研究了毕达哥拉斯派的学说与活动，特别是实地观察了这些哲学家们是如何治理国家的（例如当时阿启泰在塔仑托的政府），这是他非常关心的事。公元前388年，他结识了年轻的狄翁，很赞赏他的品德和才能。由于狄翁是叙拉古僭主老狄奥尼修的姻亲和大臣，柏拉图就想到他那种以哲学理想来改造国家的打算似乎有了用武之地，便接受邀请到叙拉古进行访问。但他和狄翁的计划很快就破产了，这位僭主不能容忍他们。柏拉图被送上一艘斯巴达的船，作为一个战俘送到与斯巴达结盟反对雅典的阿吉那的奴隶市场，幸而遇到一位居勒尼的朋友，由他出了赎金才获救回到了雅典。

经过这10多年的游历和挫折之后，约在公元前387年，他回到雅典建立了一所学园，从此以一名老师和作家的身份专门从事哲学研究和教育的事业，写作他那些哲学对话的著作。但那种想实现一个正义之邦的希望，仍然时时萦挂于怀。公元前367年老狄奥尼修死后，狄翁拥立他的儿子小狄奥尼修继位，狄翁认为这是一个好机会，写信邀请柏拉图立即重返叙拉古，于是他再度前往。但这一次并不比上次幸运些，小狄奥尼修只是学得一些装潢门面的词句，骨子里依然如故，由于思想冲突，狄翁被放逐，柏拉图也好不容易得到自由返回雅典。4年之后，小狄奥尼修又一次邀请柏拉图前去，为了调解狄翁同他的关系,柏拉图只好第三次再去西西里。但狄奥尼修这个暴君梗顽如故,他不仅拒绝狄翁回国,还没收了狄翁的财产加以拍卖,同时还要加害柏拉图。幸而靠阿启泰以塔仑托人的名义作了有力的干涉,柏拉图才逃脱了险境。以后狄翁回国同狄奥尼修进行夺权斗争,在略有进展时却被同伙的人（此人是狄翁在柏拉图学园学习时的同学）暗杀身亡。柏拉图三次西西里之行的经历,特别是他所寄予厚望的狄翁之死,而凶手竟也是他的学园中人,等等,无疑对他是巨大的打击,给他造成了精神上的深深的创伤。他想实际上试验和推行他的政治哲学的打算都落空了,成了破灭的幻想；但是已到垂暮之年的柏拉图那种追求理想的精神并没有松懈和削弱,他还继续从事教育和著述,直到81岁高龄辞世。

他一生写了大量的对话体著作,也有一些书信,基本上都流传下来了。可以说,他是希腊哲学家中唯一有此幸运的人。

柏拉图的思想和哲学从其来源和内容来说极为丰富深广,但基本方向是沿着苏格拉底的发展。他以关于人的学问即关于城邦的政治和伦理为中心,在大力批判智者的思潮和诡辩中继续探求正义等美德和灵魂与理性的善是什么,并为此深入发展和落实苏格拉底关于一般定义和归纳论证的方法。他还为此深入到哲学的认识论和本体论中去,对先前的哲学各派,尤其是赫拉克利特、巴门尼德和毕达哥拉斯的学说作了非常深刻细致的思考钻研,分别地给予利用吸取和改造制作。上述这些努力的结果,就形成了柏拉图自己的极有特色的哲学。这个特色,用一个词来讲,就是关于相的学说,或简称之为"相论"。而他的相论哲学又有前后期的重大变化。

大体说来,柏拉图的那些对话体的著作可以按他的思想进展划分为三个时期①：第一时期约在苏格拉底去世后他外出游历的期间，这些著作主要是记述、阐发苏格拉底本人的思想和哲学（其中当然也会渗入柏拉图自己得到的新知识和新思考）。后来的对话是在他回到雅典建立学园之后的40年间写的，又可按照他自己形成的相论哲学的前后变化分为两个时期。其前期即柏拉图对话总的第二时期，主要有《美诺篇》、《斐多篇》、《国家篇》、《斐德罗篇》等著作；而后期即第三时期，主要有《巴门尼德篇》、《智者篇》、《蒂迈欧篇》、《菲力布篇》等。

第一时期的那些主要内容，我们在苏格拉底那一章里已经谈过。所以叙述柏拉图本人的哲学主要涉及的是后面两个时期的对话。英国著名学者 W.D.Ross 认为这两个时期的关联和差别是："在早期对话中，柏拉图的主要目标是确定'相'的存在；而从《斐德罗篇》到《菲力布篇》这个时期，他的主要目的是发现和确定诸'相'之间的联系的重要性。这样说大体是不错的。"② 我们赞同这一看法。

第二节　柏拉图著名的政治伦理著作：πολιτεία

凡知道柏拉图名字的人几乎都知道他的名著《国家篇》（或译作《理想国》），这篇对话确实也是一部当时的学术大全。政治学家说，这是西方第一部政治学著作；在伦理学说的发展史上，它同样占有极其重要的地位；同时，它的教育思想和心理分析在教育

---

① 关于柏拉图著作如何整理分期西方历来有许多不同意见，本书采用的是 Comford, F.M. 提出来并为 Guthrie, W.K.C. 赞同和大多数学者同意的意见。

② W. D. Ross, *Plato's Theory of Ideas*, Greenwood Press, 1951, p.241.

学和心理学史上也极受人们的重视。英国学者 E.Barker 认为这部著作从各方面"制定了关于人的完整的哲学"①。我认为这个说法是恰当的,因为如我在前面已经说过的那样,苏格拉底在思考认识人自己时已经提出要建立一门关于研究人的灵魂的 πολιτική(即关于城邦的学问)的问题。柏拉图这部著作显然正是从苏格拉底的上述想法来的,他经过研究把这想法发展落实,完成了一个系统的阐述,所以它的题目就叫 πολιτεία。② 这篇对话确实体现了柏拉图对苏格拉底的继承关系;同时它也代表了柏拉图本人思想发展的主要线索和前期哲学的主要成就。因此,本章将以它为中心结合别篇,先对柏拉图的人学或政治伦理哲学作一简要阐述。

《国家篇》的主题是讨论"什么是正义"。从第2卷开始格劳孔就提出问题,说我要知道的是:正义和不正义究竟是什么? 它们在灵魂里产生什么力量? 他认为事实上凡行义的人总是吃亏,得利的则总是行不义的人。只是因为受别人不义之害,人们开始订立契约和法律,便把遵约守法的叫作正义,所以行正义只是不得已而为之。阿德曼托补充说,凡掌权者都会为名为利而尽量作恶,他们说的正义实际上都是一种假象。所以他要求苏格拉底不要简单地论证正义高于不义,而要说明正义和不正义本身是什么,以及对它们的所有者有什么好处和坏处。苏格拉底说,要进行这样的讨论不容易,既有个人的正义也有整个城邦的正义。好像认字时大字总

---

① Barker, E., *The Political Thought of Plato and Aristotle*, New York, 1959, pp.81-82.

② 把 πολιτεία 译成《国家篇》,和把亚里士多德的同名著作译成《政治学》虽然有些道理,但都难以表达希腊人本来用这个词所具有的"对人的研究"或"人学"的原意。读者常常会为其内容远远超出国家和政治而感到困惑。其实,古希腊人本来就认为人总是以他们的共同体的形式(即城邦)才能存在的,因此便把对人和共同体的研究称作"关于城邦的学问,πολιτεία"。因此明白这个词的原义很有必要。

比小字好认，所以要先探讨城邦的正义，才容易看清个人灵魂中的正义。①

柏拉图通过对话中的苏格拉底之口，先从城邦即人们的生活共同体的产生谈起。他说任何个人不能单独生活，需要许多人在一起组成城邦才能存在。首先要有衣食住行用品，就要有农民和工人和他们的分工合作；有分工就要有交换，就产生商人和老板，等等。物质生活需要还是低级的，进而城邦还需要各种技艺，医生和保卫城邦的军人或卫士。对这些卫士而言，教育就显得很重要了：主要是体育和音乐教育，用体育锻炼身体，用音乐陶冶精神，使他们能热爱自己人和城邦，而对敌人要凶狠。关于音乐，他认为历来从儿童时起就教给人的那些荷马神话诗歌等描写的关于神的故事说众神有种种恶行，是虚假和对人有害的。他强调神只是善的原因，而决不会成为那些不好的事情的原因。②诗歌音乐要培养的是节制、和谐、美和秩序的品德，体育也要在起到锻炼身体作用的同时培养人的精神素质。

然后他讨论如何培养统治者的问题。要培养那些真正关心城邦利益的人担任统治的职务，这些人必须接受严格的教育和在工作中加以锻炼。柏拉图以讲神话的方式说，神在有些人身上加进了金子使之适合当统治者，加进银子的适合当卫士，而加进铜铁的就当农民和工人。柏拉图的这种天赋血统论调有贵族观念色彩，不过他也认为人的天生品质在继承上并不是绝对的，统治者的孩子也可能是银子或铜铁，而铜铁的子弟也有带金子或银子的，这时就应当把他们放到适合于他们的位置上。为了防止统治者变成压迫人

① 这也很典型地表明：柏拉图和那时的希腊人仍然把人首先看成是共同体的人，而不像后来那样把人先看成是个体的人。
② 柏拉图：《国家篇》380C及其前后。

351

民的主人,他还提出应当规定他们不得有任何私有财产;因为他们的灵魂中已经有了金银,这是无价之宝,就不应该再有物质的金银,那是罪恶之源。

做了上述讨论之后,柏拉图才正式进入正题:在城邦中什么是正义? 他认为一个好(善)的城邦应当具有四种美德:智慧、勇敢、自制、正义。首先是智慧,说一个城邦是智慧的,指的当然不是它在某种技艺方面有知识,而是它有能把整个城邦治理好的知识。这只属于很少数的人。城邦的勇敢属于他的保卫者,他和奴隶及兽类的凶猛不同,必须教育才能培育出来。自制是各种人之间保持的和谐,只有全体人民,包括统治者和被统治者都能自制才能达到和谐一致。有了这三种美德,最后一种 —— 正义 —— 也就容易发现了。它并不是在这三者之外的和它们并列的另一种道德,而是:每个人按各自具有的美德即智慧、勇敢和自制为城邦作出最好的贡献。所以城邦的正义是包括又高于这三者的、普遍适用于每个公民的道德。

柏拉图所描绘的这种理想的城邦国家虽然以哲学和智慧为形式,其实不过是雅典等希腊小型城邦国家及其种种文化要素,加上斯巴达贵族制度的某些要素,从哲学反思的高度进行批判综合的一个修正版本。他想探索和落实苏格拉底改善城邦的政治寻求,但是他也和他的老师一样,无法对这种城邦国家的重重矛盾机制作真实的揭示和认知,因此只能用"心灵"对善的追求和具有安排一切使之有序的能力,来规定什么是城邦的正义。

在谈过了城邦的正义之后,他说这可以帮助我们理解什么是个人的正义。因为正义作为正义,它的"相"并没有什么不同。柏拉图认为每个人的灵魂都有三个部分:智慧、激情和欲望。灵魂中有一种欲望的力量,如饥渴了就要吃喝,要求得到某种东西;但同时也有一种阻止欲望的力量，要拒绝得到这种东西，这就是理智；这二者是彼此对立的。情感是第三个部分，它也可以协助理智。他说个人的灵魂有三个部分就像城邦有统治者、卫士和工人农民一样：理智是起领导作用的智慧；情感是服从它的助手（音乐和体育的教育就起着加强理智使情感平和的作用）；而欲望在灵魂中占最大部分，它贪得无厌，必须受到理智和情感的控制。能使快乐和痛苦的激情服从理智的是勇敢，能分辨三个部分各自利益的是智慧。在理智的领导下，情感和欲望服从并各得其所，三者和谐相处，秩序井然，这就是个人的灵魂的正义。而如果彼此相斗，都要争夺领导地位，就会造成灵魂的不义。柏拉图如此说明了个人灵魂的正义，指出它和城邦的正义在基本原则上是一致的。

但是这样的城邦只是一个理想，如何能成为现实？ 在《国家篇》里，柏拉图认为只有让哲学家做王，把政治权力和哲学智慧结合起来，才是可能的。在这里他说，真正的哲学家 —— 爱智慧者，是热爱观看①真理的人。这个哲学家最乐于观看的对象 —— 真理，或真实的东西，就是柏拉图哲学的核心概念 —— "相"。

第三节　柏拉图的前期相论

我们译成 "相" 的这个词，原文 ιδεα, εἶδος，是动词 εἴδω（看）的名词化，即 "所看到的东西"。它指的是一个客观的实在，而不是观念性的东西。所以我赞同陈康的意见，不把它译成 "理念" 而是

---

① 柏拉图：《国家篇》475 E。这里我把 φιλοθεάμων 一词，按照该词原为 φίλος（爱）+θεαόμαι（观看）合成之意义，译成 "热爱观看"。

译成"相"。这和上边引的柏拉图认为哲学家是"爱看真理（＝真实）的人"那句话是相配的。那里的"真理/真实"一词，ἀλήθεια，也就是被我们看到的东西，即 ἰδεα，相。

柏拉图很熟悉赫拉克利特和巴门尼德的学说，认为一切感性事物都永远处于流变中，不能有关于它们的知识；唯有抓住那确定的"存在—是"才有真理，才能分别知识和意见。因此，他在接受苏格拉底寻求一般定义的思考和方法后，认为感性事物不能成为知识和定义的对象，一般定义的对象只能是与感性事物完全不同的另一类东西。对于这种对象，柏拉图和他的学派称之为"相"。而柏拉图关于"相"的种种说法，同巴门尼德的"存在—是"和毕达哥拉斯派的"数"有着最为深切的关系。

他在分别知识和意见时首先指出：知道的意思就是知道了事物的 ὄν 和 μὴ ὄν[①]；即对其"存在/是什么"和"非存在/不是什么"有了确切的认识。因为，他说，那全然实在或有其是什么的才是完全可知的，而对无法确定其"在—是"的就决不能有知识。[②] 这样他就通过划分真理和意见，把"相"和感性事物分成了两个世界。这些说法几乎是巴门尼德哲学的翻版。差别只在于：柏拉图所主张的真实存在的"相"并非只有一个，而是多，是"一"、"多"相关的系统，这就同毕达哥拉斯派要更接近些。

所以我们看到柏拉图的相论，里面包含着上述几个学派的多种因素和成分。柏拉图前期相论以《斐多篇》和《国家篇》为代表，其要点如下：

---

① 柏拉图：《国家篇》476E-477A。
② 柏拉图：《国家篇》477A。

1."相"是某事物之为它的自身规定,即它的"是", ὄv

"相"之所以能成为柏拉图哲学的核心概念,是因为他认为相是物自身,即事物自身的规定,所以相是世界和万物的根本原因或本体。他说：

> 我要告诉你,我一向研究的那个"原因"到底是什么东西。……假定有那样一些东西,像美本身、善本身、大本身之类。要是你承认这一点,同意有这些东西存在,我相信我就能给你说明"原因"是什么,就能向你证明灵魂是不死的。
>
> 我想,如果在美本身以外还有其他美的东西,这东西之所以美,就只能是因为它分有了美本身。……我不知道,也看不出还有什么别的巧妙原因。如果有人向我说,一件东西之所以美,是因为它有美丽的颜色、形状之类,我是根本不听的,因为这一切把我闹糊涂了。我只是简单、干脆,甚至愚笨地认定一点：一件东西之所以美,是由于美本身出现在它上面,或者为它所分有,不管是怎样出现、怎样分有的。我对出现或分有的方式不作肯定,只是坚持一点：一切美的东西是美使它成为美的。①

这里讲的美本身、善本身、大本身,就是一些"相",美的"相",善的"相",大的"相"。柏拉图认为假定和承认有这些相存在,就足以解释所有具体的美的事物、好（善）的事物和大的事物何以是美的、善的、大的事物的原因。其典型的表述就是这句话："一切美的东西是美使它成为美的。"

哲学的根本任务是研究万物最根本的原因即本原。柏拉图认为万物之所以具有如此这般的种种性质,成为如此这般的种种事

---

① 柏拉图：《斐多篇》100 B-D。

物,原因就在于有如此这般的"相"。具体事物分有了这些"相"才成为它们。他认为这些"相"是存在的,而且比特殊个别的事物更真实地存在着,是万物的真正原因。

2."相"的根本含义是普遍者

"相"作为万物的根本原因,柏拉图给予了许多规定和说明,如说"相"是最真实的存在,是绝对不变的东西,是万物追求的目的,是最高级的认识的对象,是与我们所看到的感性世界完全不同的另一世界,是最神圣的东西,是灵魂凭回忆得到的知识的对象,是最高级的科学即"辩证法"才能认识的对象,等等。这些无疑都是我们应当予以注意和考察的。但是,我们首先需要抓住的是最基础和中心的规定,否则我们就会堕入烟海。这个最基础的和中心的规定不是别的,就是"相"是普遍者。其他一切的说法都是靠这个最基本的规定来建立和说明的。

"相"为什么能被看成事物的根本原因,就来自它的普遍性。它是事物中的普遍性质和本质。这是很明白的:柏拉图的"相"本是苏格拉底所寻求的那些普遍的善、正义、美一类的东西,它是靠从特殊中归纳得来的一般定义所确定的对象,只是现在变成了一种独立自存的东西。这就是说,它不过是同类的各个具体事物中的共性。从语言上说,它是同类个别事物的共名,所以后来亚里士多德批评柏拉图派时说,那些主张"相"的人,不过是在原来的事物之外加上了一个同名的东西。[①]例如:从许多美的事物里归纳

---

① 亚里士多德:《形而上学》990b6。

出一个普遍的美来,就把它叫作美本身,美的"相"。所以"相"作为基本定义,就是从"多"中指出"一"来,这个一就是多的"相"。万物是一个"一""多"的系统,如圆的木头、圆的石块等是多,其中就有一个共同的东西即圆形;进而圆形、方形等是多,它们又有形状这个一……所谓知识,就是不断从多中寻求它们的一,从低级的共相逐步上升到比较高级的共相的过程,达到对万有的系统认识。①可见寻求"相"就是从个别和特殊中归纳出普遍,"相"的根本含义就是普遍者。

关于"相"的各种其他意义,都是从这一点生发出来的。为什么柏拉图认为"相"才是最真实的? 因为普遍者才有确定性,才绝对可靠;它完全不像感性个别特殊事物那样总在不断变化,总是不纯粹和充满着相对性。把"相"看作万物追求的目的,也是由于它的普遍性。从柏拉图所继承的苏格拉底观点来看,人的一切行为都受善的目的支配,而善就是一切人事中普遍追求的普遍者、共相;进而把这一点引申扩大,变成整个的世界观,那就是认为世界万物都以这个最高的普遍者 —— 善的相 —— 为目的。可见,"相"作为普遍者的规定是它的最基础的规定。

3. 略论"相"作为客观存在的问题

当柏拉图把普遍者"相"看作真实的"存在 — 是"时,他和巴门尼德一样完全把感性具体事物认作不真的东西,从而使"相"

---

① 　见陈康：《柏拉图曼诺篇中的认识论》,《哲学评论》杂志,民国二十四年,第六卷第二期、第三期。

和个别事物分离。这当然是错误的；关于这一方面后面要着重讨论。但是人们在批判他的这个错误时，常常把共相确实有其客观存在也否定了，以为一讲共相客观存在就是客观唯心主义，这就出现了偏差。

柏拉图肯定共相有其客观存在，包含着重要的真理。他的错误只在于走了极端，在抓住普遍和突出它所显示的真实和本质意义时脱离了个别事物，还没有把握住普遍只能存在于个别特殊之中的原理。但是对此也不应片面地批判，似乎这共相只是主观幻想的产物。不，共相确实是存在的，我们只能认识而不能创造它们。并且确实常常比感性的个别的事物更真实可靠。正如列宁所说：

> 当思维从具体的东西上升到抽象的东西时，它不是离开 —— 如果它是正确的（注意）—— 真理，而是接近真理。物质的抽象，自然规律的抽象，价值的抽象等等，一句话，那一切科学的（正确的、郑重的、不是荒唐的）抽象，都更深刻、更正确、更完全地反映着自然。[①]

科学地认识世界必须靠抽象所达到的客观规律、客观本质这类普遍性的东西，不能停留在感性个别事物的表面现象上。所以柏拉图肯定共相客观存在并不是错误。问题是他还没有弄清楚共相以何种方式存在，而认为它有一种与个体事物相分离的独立存在，并且认为不是共相存在于个别之中，而是个体事物只是靠着分有了"相"才有其存在，这就颠倒了共相与具体事物的关系。因此，当他发现了普遍者这个东西而感到欣喜时，由于还不理解这种普遍原是不能离开感性特殊事物，也犯了很大的错误，使他所寻求的"相"背离了真正的科学和正确的抽象。正如康德对他的批评那样：

① 列宁：《哲学笔记》，人民出版社1971年版，第181页。

　　一只敏捷活泼的鸽子自由飞翔时,把空气分开,感觉着空气的抵抗力,它也许会想象在真空里将飞翔得更轻快些。正是这样,柏拉图离开了给知性以如此严格限制的感觉世界,驾着"相"的羽翼冒险超出了那个世界来到纯知性的真空里。他没有注意到费尽了力气也还是没有前进一步 —— 因为他根本没有遇到抵抗力。①

　　的确如此。但是柏拉图虽然没有正确解决如何把握普遍东西的问题,却看到了唯有抓住它才能达到真实。他把这个问题以一种全新的方式提出来,这本身就是一个大功绩。

4.略论柏拉图"相论"的肯定性意义

　　他的"相论"是人类哲学思想发展史上的一大里程碑。如我们前面的全部阐述所表明的那样,在他之前的希腊哲学家、科学家都在寻求世界万物的原因或存在本体,这些历程如果一言以蔽之,那就是从特殊上升到普遍。不过这过程非常曲折,最初所寻求的万物的统一和普遍的本原还只能被规定为水、火、气之类特殊的东西,另一些人前进到数,如毕达哥拉斯派；巴门尼德甚至提出了最普遍的"有 / 是"。但是我们必须说不仅那些特殊的和感性的东西和数还不足以表达普遍,就是提出了"有 / 在 / 是"如果解说不正确,也不一定能够恰当地表达普遍。例如巴门尼德把"在 — 是"看作是完全没有"多"的"一",唯一的绝对孤零零的"一",那还有什么"普遍（性、者）"可言呢？ 因为普遍之为普遍,就是从个别、特殊中得来的共性的意思。所以尽管他们已经在从特殊中求普遍,却

---

① 康德:《纯粹理性批判》B8-9=A5-6。

对此尚未充分自觉,没有自觉到把普遍者本身当作本原,都还没有赋予本原以一种"纯粹的普遍者"的形式。唯有柏拉图才完全充分地自觉到了这一点,他的"相"无论在内容上和形式上都是普遍的东西,是对"普遍者"所做的自觉表达。他把共相本身作为哲学的主要对象确定下来,加以认真的研讨,从各方面给予论证和规定,提出了相当系统的学说,并与之相关,对归纳和演绎的逻辑方法开始了深入的探讨;由于这些贡献,亚里士多德才可能继续前进,建立起他的第一哲学和逻辑学来。柏拉图的这些不可抹杀的伟大历史功绩,都是同他的相论研究不可分离的。

第四节　两个世界的划分和柏拉图的辩证法

1.对存在按其真实程度所作的两个世界和四种层次的划分

同把人分成灵魂和肉体的政治伦理哲学一致,在本体论和认识论中,柏拉图前期的相论突出地把"相"同感性事物分离开来。他把前者作为真实的存在世界,关于它们可以有知识;而感性事物只是"相"的影子,对它们只能有意见而不能有知识。这样他就提出了两个世界的学说,其说法如下:如果用一条线表示人们通常所说的存在和认识,那么可以把它划分为两段:AB 和 BC;两者又可作进一步划分,这样共有四个部分:

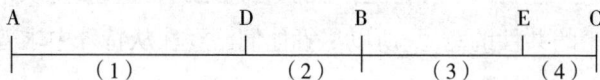

A　　　　　D　　　　　B　　　　　E　　　C
├─────────┼─────────┼─────────┼─────┤
　（1）　　　　（2）　　　　（3）　　　（4）

AB 是善的相所统治的相的世界,属于理智的领域；BC 是感官所见的世界,属意见的领域。其中,（4）是影子的世界,如水面和镜子里面的东西；（3）是影子所本的实物,包括我们在内的动植物、各种自然物和人造事物。在理智世界中,（2）是把（3）当作自己的影像来研究和建立的,如几何学、算术中的奇数偶数和点线面体等图形之类,我们把它们当作已知的自明的东西,用它们来说明具体事物。它们是一些假设的东西,从它们出发,就可以推论出没有矛盾的前后一致的结论,并运用于感性事物的世界。各种具体科学都需要建立一些能够说明这门科学的第一原理,但其实它们只是在这门科学的范围之内,才有资格称作第一原理,超出这个范围就完全不能算是什么第一原理,而只是一些假设。但各门科学只以得到这些假设为满足,不再追问这些假设本身有什么原因或根据。

唯有（1）哲学的理性或逻各斯自身凭其辩证的力量所认识的,才是最真实的存在；它是由"善"的"相"所统治的相世界,也是（4）、（3）、（2）得以存在的终极依据。这就是说,（4）的原因是（3）,（3）的原因又是（2）,最后（2）的原因追到（1）,这样,当我们认识和抓住了（1）的时候,才算抓住了真实、根本、最终的原因。

柏拉图用这层层的从影像回溯其原型的比喻,解释了"相"何以是哲学中最真实和根本的东西。

他强调研究"相"不能用任何感性的东西。因为感性东西是变化不定的不可靠的,它和确定可靠的相世界的关系,就像事物和他们的影子那样。所以研究"相"只能从假设〔即（2）〕出发,把假设只看作假设而不是看作第一原理,加以超越,达到真正的第一原理"相"。这就是他的"辩证法"所要做的工作了。[①]

2. 辩证法：寻求和论证"相"的逻辑方法

前面已经说过希腊人的"辩证法"一词,本来指的是对话和问答的技艺,即用提问和反复辩难来寻求真理的方法。它确实是真理借以得到生动发展的途径,其中就蕴含着逻辑思维及其形式和规律得以存在和发展的可能性。它是古希腊人的产物,是他们作为自由人在相当高度的社会民主生活的环境中才能出现和得到繁荣发展的东西。它也有一个发展过程。

从早期哲学家来看还没有这种方法,他们的学说大多只是些天真朴素的论断,没有逻辑的证明。他们靠的是直接的观察,进行联想类比,然后对本原进行猜测,或用一些神话和比喻来阐述自己的观点,加强自己结论的力量。他们很少有什么严格的对话和辩论,对猜测性的看法也难于作严格的讨论,所以巴门尼德对原始素朴哲学是轻蔑的,称他们的学说只是些"意见"而已。巴门尼德提出了确定性的"存在/是",严格分别了"是"和"不是",划分了真理和意见,开始了有定义("是[什么]")的概念和逻辑推理的理性思维。芝诺在论辩中,已经运用了逻辑的辩难形式。到了智者那里,普罗泰哥拉提出了"任何问题都有两个方面互相对立"的观点,并"最早用这种方式进行论证"。所以第欧根尼·拉尔修甚至说"他也是最早引入所谓苏格拉底的讨论方法的人"[②]。可见苏

---

① 关于以上他的两个世界的划分的种种论述,见柏拉图《国家篇》509 D-511 C。

② D.L.IX. 51；53.

格拉底的方法有普罗泰哥拉和智者的来源，其背景都是雅典自由民的生动活跃的民主制生活。但"苏格拉底的方法"更加著名，因为他在全部哲学实践里广泛深入地运用和发展了这种方法，并且用以寻求真理，在目的和内容上都用来批判智者的诡辩，使谈话法真正变成了寻求真理的方法。

　　不过苏格拉底还是这种方法的实践家，爱利亚派和普罗泰哥拉等人更是如此。他们都不曾自觉地把这种方法当作对象进行专门的研究。首先这样做的人是柏拉图，在这个意义上柏拉图才是"辩证法"的真正创始人。"辩证法"这个词在古希腊哲学文献中出现，最早就在柏拉图的对话里，并且在柏拉图那里具有最高的地位，常常作为哲学的同义语来使用。所以第欧根尼·拉尔修有这样的说法："早期哲学只讨论了一个主题，自然学；苏格拉底加上了第二个主题，伦理学；柏拉图加上的第三个，就是辩证法，这样就使哲学完善了。"[1]

　　为了确立"相"，柏拉图从苏格拉底的方法中，发展出了或开始系统地制定了研究和辩难中应该遵循的逻辑方法，这是他对哲学的又一重大贡献。柏拉图对他的"辩证法"有如下解说：

　　——辩证法是回答法："那知道如何提问和回答的人，你称他是辩证法家吗？——是的，这是他的名称。"[2] 柏拉图在这里说出了这个词的最初原义。

　　——辩证法研究的对象是"相"。柏拉图一再说辩证法要加以说明和达到的对象，是绝对的美、善、相等之类的相，而不是变化着的具体事物，如美的人和马，等等。[3] 这是很容易理解的，但这一点

————————

① D.L.IX. 56.
② 柏拉图：《克拉底鲁篇》390C。
③ 柏拉图：《斐多篇》78D-E；《国家篇》537C-D。

却是柏拉图辩证法最本质的所在。它产生了一系列的基本规定,并随着对"相"的理解变化,他的辩证法也获得了新的含义。

—— 辩证法是纯理性的知识或科学。它靠假设逐步上升到最高的本原或第一原理,"从相出发借助于相而达到相"而无须任何感性东西的帮助。柏拉图再三强调,获得知识和真理的辩证法过程必须抛弃和排斥一切感觉和感性事物,因为关于这些,人们只能有"意见"而决不能有"知识"[①]。从这里可以看出柏拉图的归纳论证,多中求一,或寻求一般定义的方法,与近代经验论者如培根所说的那种归纳法非常不同。

—— 在柏拉图辩证法中"划分"和"假设"的方法具有重大的意义。前面说过他关于两个世界和四类对象的划分的说法,他作了这种划分后,就来研讨关于可知世界的两种对象我们是怎样获得知识的。他认为数学的对象如各种数和几何图形有可以看见的形相,不过它们不是具体事物中的形和数,而是一种普遍的抽象的东西,所以也是一类相。柏拉图从这里提出了"假设"的学说。他认为这些数学对象同可见世界的具体事物有关却不是具体事物,只是心灵把这些具体事物当作影子,想到要"假定"这些数学对象的存在。所以这些对象是靠"假设"得来的,是假设的真实存在。不过它们还是远比感性具体事物及其中的形与数真实。

数学从这些假定的存在出发,就可以进行理性的逻辑推论,达到所要证明的结论。这已无须感觉事物的帮助,只靠思想进行。不过这些假定的对象是靠大家公认来确立的,并不超出假定来问一问它们本身如何证明其有真实性。所以数学和它的对象还算不上是最真实的知识和对象。接着,他就进入对如何认识最真实的"相"

---

① 柏拉图:《国家篇》537 D;475 C-480 D.

的考察。他认为这就全靠理性自身运用"辩证法"了。

第五节　作为最高科学的"辩证法"：
归纳和演绎的雏形

1. 从假定东西上升到最高的相，
又从最高的相下降到最低的相

"辩证法"是什么呢？它用假设的东西，但不停留在它们上面；因为假定还不是第一原因而仅仅是假定，它们本身还需要论证说明。于是认识就开始上升，从作为出发点的假设，进到比它高一级的假设，然后循序渐进，进到更高的假设，直到最后，终于达到了最高知识和最真实的"相（存在/是）"，才算完成。在这个过程中，那些不断上升的"假定"就形成一系列的阶梯，理性一步步踏着它们终于超出一切假定而达到最高的东西；然后就要回过头来，逐步下降，用最高的本原来说明和规定那些较低的原理和东西，这时原先的假定就由于最高的原理而得到根据、得到说明或纠正，成为可靠的真实的知识和存在。柏拉图说，这里无须任何感觉东西的帮助。简言之，上升是凭借假定的不断前进，而下降则是用最高的相一步步确切规定所有的相：都是从相出发凭借相而止于相。

这里所说的"辩证法"的上升和下降的过程，包含了亚里士多所说的逻辑"归纳"和"演绎"方法的轮廓和萌芽。需注意的是在柏拉图这里，全部过程都没有感觉经验东西的参与，只是纯理性思维的过程，不仅下降的演绎过程是"从相经过相达到相"的纯概念推演,上升的归纳过程即从"假定"出发经过"假定"而达到最高本原也是如此。差别只在于：在上升过程中的出发点和作为阶梯的每一步,由于那时尚未得到真正的说明和证明,都只能作为"假定"的存在；直到上升至最高的本原即终极的"善"之"相"之后,返回来看,才能肯定和证明这些"假定"是些不同层次的"相"；它们是在下降过程中一步一步得到确切说明和论证的。

这种上升和下降的过程之所以可能,并且能有秩序地进行,是因为柏拉图对相进行了"划分"。蔡勒指出,柏拉图的"相"是多数的,最初是一些特殊的相(注意：不是指个别特殊的感性事物),它们其实是从经验事物中得来的抽象,然后一步步地由特殊上升到一般,由低级的相上升到较高的相。因此每一个相既自我持存,又有相互隶属的关系,即按高低等级建立的"种""属"关系。①他还谈到应致力于划分和概括的事,并称有这种能力的人是辩证法家。② 种和属是相对的,划分就是从最高的相即最高的种开始,逐次向下,每一个属又作为它之下的属的种再次划分,一直到最低的确定的属；为数无限。但最低的特殊也仍然指的是相,不是感性的事物,因为感性个别事物没有定义可言,不是共相的东西。这一层一层的种属关系,就把全部的相组成为一个系统。每一个相都在这系统中有一定的种属关系,靠这种关系得到它的定义。柏拉图提出了一种"二分法",它以对象有无某一属性作标准,把它分为两类,然后取其一,再如此划分下去,直到获得某个相的定义为止。他举例说,要如何命名或定义"钓鱼"的技艺,办法就是划分："在一切技艺中的一半是获得；在获得的技艺中,一半是征服或由暴

① E. Zeller, Plato and The Older Academy, London, 1876, pp.271-272。
② 柏拉图：《斐德罗篇》265E-266B。

力获得；它的一半是猎取；猎取的一半是猎取动物；猎取动物的
一半是猎取水中的动物；它的一半是捉鱼；捉鱼的一半是攻击；
攻击的一半是用钩子捉鱼；然后再分一半，这就是用钩子把鱼从
水下面拖上来这一种技艺。这就是我们要寻求的定义……"[1]这种
划分办法虽然还相当原始粗糙，但表现了柏拉图最早企图从逻辑
上把事物和概念整理为一个完整系统的努力。亚里士多德后来提
出的严格的"定义"学说，认为定义就是"种+属差"，以及凭种
属关系建立的三段论式演绎方法，就是对柏拉图上述努力的进一
步发展。柏拉图强调逐级划分的方法，反对智者从一个原则一下子
就跳到所要说的东西而不说出中间的步骤。他认为只有逐级划分，
在思维过程中，无论上升的归纳或下降的演绎，都必须遵守一定的
秩序和步骤，才能避免思想混乱和诡辩。

2.关于归纳方法的解说

关于他的下降的方法（演绎）就说这些。由于通过假定来上
升的归纳法对哲学上确立最高的相至关紧要，需要再作点说明。
他说：

> 这就是我采用的方法：首先我假定某个我认为是最有力的主
> 张，然后我肯定凡与之相符的就是真的，无论关于原因还是别的什
> 么，而与之不符的我就认为它是不真的。[2]

---

[1]　柏拉图：《智者篇》221 A-B。
[2]　柏拉图：《斐多篇》100 A。

提出假设,形成明白确定的看法或命题。这是假设方法的第一步。但更重要的是必须给它以证明,这是第二步：

> 如果有人要［用某个假定］抓牢你,你不必在乎他,或者直到你能看出由此得出的结论是否彼此一致时,再答复他。[①]

假设是否真实,可以从它推出的结论来检查。如果推出的若干结论彼此矛盾,或结论同前提矛盾,那么作为前提的假定就不能是真的；只有在结论不发生矛盾时,这个前提才可能是真的。我们知道,芝诺在反驳论敌时就用了这种方法,在希腊人创造的几何学中更有广泛运用,这是逻辑上的同一律和不矛盾律的运用：我们所有的确信必须彼此一致,不允许发生矛盾。柏拉图把它总结为归纳法中的最重要的一个检验标准和方法论环节。

但不矛盾的要求,只是假设为真的必要条件,而不是充分条件。例如,数学对象是公认为正确的假设,并且从它推出的结论也都能自圆其说没有矛盾,但它也还只是假设；因为这些假设本身还需要有更高的理由来说明它为何存在,为何真实。

第三步就进入了归纳的关键之处：向上飞跃,提出新的假设来试探着实现归纳：

> 当你需要进一步对这个假定给予说明时,你要用同样的方式假定某个更高的主张,它是你以为可以找到的最好的说明,直到你达到一个满意的停靠点。[②]

---

① 柏拉图:《斐多篇》101 D。
② 柏拉图:《斐多篇》101 D-E。

要说明某一假定,就要提出一个新的更高一级的假定;如此等等,就形成了一个连续上升的运动和阶梯;其中每一步所找出的新假定,首先都要是最好的有力的说明,并且都要用上述办法给予检验,如果发生矛盾,即使认为这一假说再好也必须放弃而另行寻求,直到找出一个既有力又没有矛盾的为止,这时才可以承认它是一个可行的假定。然后再寻求它的原因,或一个更高一级的假定。如此不断进行,直到找到一个最终的说明为止。

这是什么? 我们分明可以看出这就是归纳法。它靠的完全是理性思维,必须善于提出假设,严格地给予论证即验证假设;依靠的是思维的主动寻求和严格遵循不矛盾律的逻辑法则。这些显然都是对的,因为提出和检验"假设"正是科学和哲学的归纳的关键。就像恩格斯所说的那样,"只要自然科学在思维着,它的发展形式就是假说"[①]。柏拉图的错误在于他不承认观察和实验是归纳的真正起点,也是检验假说的最终试金石,他把整个归纳仅视为"从相到相而止于相"的纯思维活动。这个错误后来在亚里士多德那里得到了纠正,但亚里士多德的归纳法从逻辑上说还是由柏拉图奠定基础的。

3.辩证法是一切科学的顶石,在它们之上, 没有别的科学能比它更高[②]

柏拉图一再指出,"辩证法的科学"比在它之下的各门科学

---

① 恩格斯：《自然辩证法》,《马克思恩格斯选集》第3卷,人民出版社1972年版,第561页。
② 柏拉图：《国家篇》534E。

清晰,虽然各门科学都研究可知的存在,但它们只以假设作为原理,却不上升到更高的原理和第一本原。[①]"辩证法,唯有辩证法,才一直达到第一本原,它是唯一的这样一门科学,要废除各个假定以便使自己获得可靠的基础。"[②]

他看出各门科学和哲学都是研究普遍的东西,都是靠思想而不是靠感觉来进行的。区别在于"辩证法"的科学(这里就是"哲学"的同义语)是研究最高原理的,而其他科学只能停留在假设上,因此必须要由哲学才能得到说明,也必须靠哲学来指导和规定。这就是说,哲学和其他各门科学相比,不仅在研究的对象和原理上不同,而且在研究的方法上也不同;它们有一致之处,但哲学比其他一切科学都要更高级、更真实。柏拉图的这个看法,对后来亚里多德提出与逻辑相一致的第一哲学,把哲学从其他一切科学中划分出来形成一门独立的学问,显然起到了重要的作用。

第六节　柏拉图哲学中的最高的相 —— 善

"善"是苏格拉底哲学的核心,柏拉图也一样,在《国家篇》中他的发展在于:他把"善"作为其他一切相的原因,是最高的相。首先从人学(城邦之学和伦理学)来说,善高于正义等其他范畴,因为是为了善(城邦和个人的好处、益处),人们才能理解正义和光荣等有什么意义。进而,从宇宙万有的本体论和认识论来说,善也是最高的相,有如苏格拉底所承认的安排自然秩序的宇宙心

① 柏拉图:《国家篇》511 C-D。
② 柏拉图:《国家篇》533 D。

灵（努斯）。在对话中,阿德曼图要求苏格拉底说明究竟什么是善,苏格拉底回答说这我办不到,现在要说明什么是善的问题太难了,我还是先对你说善的儿子吧。① 所谓善的儿子,就是现象世界中的善。相是真实的存在却又是人眼看不见的,我们能看到的是相的影像感觉得到的东西,所以他说,我不能说明善的相本身,只能借助于现象中的善来打比喻,给以说明。这就是著名的"太阳比喻"。

他说,我们看的时候,要有视觉,对象,但还需要有光来联结二者,否则还是看不见。光是天上的太阳那里来的,有了它我们的眼睛才能很好地（善）看见,对象也才能很好地（善）被看见。在所有的感官中眼睛是最像太阳的,但眼睛和它的视觉都不是太阳,它们的能力是从太阳流射出来的。太阳是视觉的原因,又是被看到的对象的原因,因此太阳是"善"在可见世界中的儿子。太阳同视觉和可视事物的关系,正好像在可知世界中善本身和其他所有的相的关系一样。② 在这个比喻里,光就相当于"真理(ἀλήτεια)"和"实在 / 是（ὸν）",他说人的灵魂好像眼睛那样,只有当它注视被真理和实在所照耀的对象时,它的理性能力才能知道它们；如果它转过去看变化着的现象世界时,便只有意见了。所以是"善的相"给知识的对象以光即真理和实在（是）,同时又给知识的主体灵魂以知识的能力。它是真理和知识的原因,比二者更高。真理和知识只是像善,但还不是善本身,善比它们高贵。③ 他还进一步用太阳比喻善不仅是知识和真理的源泉,而且正像太阳是万物产生、营养和成长的原因那样,善也是知识世界中的一切对象（相）产生和成为真实东西的原因。

---

① 柏拉图 :《国家篇》506 E。
② 柏拉图 :《国家篇》507 E- 508 C。
③ 柏拉图 :《国家篇》508 D- 509 A。

虽然柏拉图只能用比喻来谈这个善本身,但还是清楚地表达了从苏格拉底开始提出来的以善为中心的目的论的哲学本体论,并且同认识论(包括知识和逻辑在内)结合起来。他的这个比喻和这种学说,对西方后来的哲学和宗教思想的发展有十分重大的影响。

第九章　柏拉图哲学的高峰：
新相论及其逻辑方法

　　柏拉图前期对话的主要目标是确立"相"的存在，建立"相论"。当时他已经发现了其中有困难，我们可以估计到他在学园讲课中，在自由的学术研讨风气下有的学生（如亚里士多德）也会提出问难；这无疑会引起他的深深思索。不过那时他坚持了建立相论的大方向，对这些疑难只能采取暂时搁置的态度。[1] 因此当相论得到确立之后，经过长期思考准备，他就转而探求如何解决这些疑难，发展完善他的相论哲学。在他的后期著作中，以深入分析批判自己的前期相论为突破口，对巴门尼德和以往全部哲学作了新的全面审查和批判改造，从而创造了新的相论，即关于"存在 — 是"和"辩证法"的一种崭新的研究。这是他的哲学创造的高峰，对希腊哲学作出了更深刻和重大的贡献。本章将对其最主要的代表作《巴门尼德篇》和《智者篇》作一个扼要阐述，其他内容只能稍加提及。

----

① 　如《斐多篇》100 B-D 中所说的那样，他说，关于事物的原因人们提出了种种解释，都不可信，"我只是简单、干脆、甚至愚笨地认定一点：一件东西之所以美，是由于美本身出现在它上面，或者为它所分有，而不管它是怎样出现、怎样分有的。我对出现和分有的方式不作肯定，只是坚持一点：一切美的东西是美使它成为美的。"

甲、《巴门尼德篇》: 柏拉图对自己前期相论的自我审查批判

柏拉图相论的重大转折,主要表现在他的《巴门尼德篇》中。这篇对话以严密的逻辑形式对自己前期的相论进行了批判思考。黑格尔称它是"柏拉图辩证法最著名的杰作"和"真正辩证法的详细发挥"[①]。陈康说它是柏拉图从《斐多篇》和《国家篇》中的相论转变到晚期通种论的转折点,"黑格尔的《逻辑学》在内容方面至今仍是后无来者,如若它有前人,那就是柏拉图的《巴门尼德篇》"[②]。足见它在哲学发展中的地位。

在柏拉图早期和中期的对话里,领导谈话的中心人通常都是苏格拉底,而在《巴门尼德篇》里,"苏格拉底"只是作为一个接受批评和指导的青年出场,领导人物则由德高望重的"巴门尼德"担任。角色的分配是:"芝诺"充当了爱利亚派观点和方法的表达者,出现在全篇的开头;"苏格拉底"充当了柏拉图前期相论的代表人;"巴门尼德"则以老前辈的资格,首先以向少年苏格拉底问难的方式批评了这个相论,引导他作新的哲学研究,然后以八组推

---

① 黑格尔:《哲学史讲演录》第2卷,三联书店1957年版,第216页。

② 陈康译注:《柏拉图巴曼尼得斯篇》(即《巴门尼德篇》,只是译文不同),商务印书馆1982年版,序,第14页。

论的示范,提出了关于研究相的一种全新思路。所以这里的"巴门尼德"才是柏拉图自己的新相论发言人。

他把批判自己前期相论的工作分配给"巴门尼德"去做,似乎并不适当,因为这一批判已经涉及巴门尼德哲学本身。那么何以要如此安排？ 这是因为他认为他的相论和巴门尼德的存在论虽有重大不足和缺陷,但根本点不容否定,问题只在于应予完善。而更重要的一点在于,这种完善也只有运用更高水平的逻辑思辨论证才能实现；而最初发现逻辑思辨对哲学探求的关键作用,并作出示范的原创者或奠基者,不是别人,正是巴门尼德和芝诺。柏拉图的全部研究,包括建立相论、批判这个相论和转入一个新相论的发展进程,全是依靠逻辑的论证进行的,并且更恰当地说,是逻辑论证不断严密的进展。因此这篇对话就用了这位奠基人和老前辈的巴门尼德的形象,请他担当领导研究的主角。

第一节　对前期相论的驳难和批评

1. 对前期相论的概括表述

《巴门尼德篇》整个讨论是由芝诺宣读他的论文引起的。芝诺论证了爱利亚派的一个基本观点：真实的存在是"一"而不能是"多"。其论证是：如果它是多,那它的各个部分之间就会既类似又不类似。结论的自相矛盾证明存在决不是多,因此只能是一。对此少年苏格拉底说：

　　我赞同你的解说,但是请你告诉我,你是否相信有某个自在的
"类似"之相,和另一个"不类似"之相,它们是相反的相,而你、
我以及我们称之为多的事物分有这二者?…… 如果一切事物分有
这两个相反的相,就能由于这种分有而既类似又不类似,这有什么
可惊异的?

　　如果有人能证明那类似自身会变成不类似, 或不类似自身会
变成类似,在我看来,倒真正是一件怪事。…… 如果他对我说,一
自己是多,或多是一,我将真的感到困惑。其他一切也如此 : 要是
我听说相本身有对立的性质,我将惊骇。

　　但如果有人说木、石之类东西既是多又是一,我们会说他讲的
是某物有一也有多,并不是讲一就是多,或讲多就是一,那么他讲
的并不荒谬而是真的。但如果有人先把我上面提到的相分离开来,
如类似、不类似、一、多、静、动等等的相,然后说这些相可以容许结
合在一起和分离开来,我将十分惊异。①

　　这段话表明对于爱利亚派的基本观点,即认为有一种真实的
"在 / 是"本身,它是自身同一的,决不能有自身中的矛盾,对此少
年苏格拉底完全同意。例如"类似"之相和"不类似"之相,由于
各有其自身同一性,决不能变成另一个,否则就会发生矛盾,表明
它们不真实并使之毁灭。对这个自身同一的"在 / 是",少年苏格拉
底称之为"相"。这也正是柏拉图前期相论的核心所在。但柏拉图
前期相论已经有了一个调解相和现象事物的办法,那就是"分有
说":即认为可以区别现象和相这两种情况,虽然相本身不能包含
它的对立面,但是具体感性事物却可以。这是因为感性事物和"相"
不同,不是单一而纯粹之物,可以兼有类似和不类似的相反性质 ;
用相作为原因来讲就是 : 它们可以既分有"类似"之相,又分有"不

---

① 　柏拉图 :《巴门尼德篇》129 B-E。

类似"之相。并没有什么矛盾和荒诞之处。

可见，少年苏格拉底所说的就是柏拉图前期相论的基本观点，其特点在于：用多数的"相"表达了巴门尼德的只有一个的"是/存在"。每一个"相"就是一个"ὄv，是/存在"，都是自身同一的，决没有异于自身的和相反的东西在自身之内。这是和爱利亚派一致之处。不同之处是柏拉图加上了感性事物可以分有不同的、相反的相的说法："分有说"，认为这样就能做到既坚持了相论，又照顾到对现象事物的解释。

2. 对前期相论的质疑和批判

对话中的巴门尼德称赞苏格拉底在论证上有进展，同时核实了他的论点：把相与分有相的感性事物分离开来，并肯定有一种绝对的"类似"之相，以及"正义"、"美"和"善"之相。[1] 接着就向他提出了一系列的质疑：

（1）你是否认为离开我们和其他一切人，还有什么"人"之相自身？ 以及什么"火"、"水"之相自身？ 这是一个要害问题，即究竟有没有与感性事物相分离的"相"？ 在一切具体的人之外真的还有一个"人"吗？ 少年苏格拉底答道，我常常对此犹豫，不知道"相"是否应包括像人、火、水这类东西。[2] 我们知道柏拉图前期认为相不仅包括像善和美这类抽象的普遍者，而且也肯定感性东西的种类有相（如《国家篇》中说到"床"的相）。在这里他

---

① 柏拉图：《巴门尼德篇》130 B。
② 柏拉图：《巴门尼德篇》130 C。

说出自己原来也是有疑惑的。因为这是很难理解的,与素朴的健全意识不能相容。

（2）还有那些看起来可笑的,像头发、污泥等等无价值的东西,是否也应当肯定有相？少年苏格拉底说,决不能说这些东西也有相,这太荒唐了。但是他承认这个问题已经使自己感到不安,所以采取了逃避的态度。巴门尼德说,这说明哲学还未抓牢你,你还年轻,到哲学抓牢你时,你就不会再轻视这些甚至是最低贱的事物了。[①]

这是针对前期相论中苏格拉底 — 柏拉图的目的论思想而提出的问难。按照这种思想,只有美和善的才配有真实的存在,丑恶低贱的不配享有真实性；所以前者才有相,后者就没有相。这时柏拉图已意识到这不是爱智慧者所应取的态度,哲学不应只凭好恶和价值高低来评定对象是否存在或真实。他已发觉此说不妥。

（3）对"分有"说提出了一系列的质难。"分有"本是一种含糊的说法,现在要弄清它的含义,困难就显现出来了。巴门尼德向少年苏格拉底问道：

首先,分有者分有的相是整个的,还是这个相的一部分？在质问下,苏格拉底答辩道：是分有了整个的相。—— 那么,同一的相就会作为整体存在于许多彼此分离独立的事物里,岂不是它同自己分离了吗？对此苏格拉底用"白天"打比方来解释："白天"是同一的,但它可以同时存在于各处,并仍保持原样,并不和自己分离。—— 巴门尼德问,一张帆篷遮在许多人上,是整个地在每个人上面,还是每个人上面只是它的一部分,不同的人上面是不同的部分呢？ —— 是后者。—— 那么,相本身就成为可分割的了。因

---

① 柏拉图:《巴门尼德篇》130 C-E。

此分有者分有的只是相的一部分而不是它整个。这样,相就是可分的,与相的单一不可分性相矛盾了。

接着巴门尼德指出：如果许多事物分有"大"的相的一部分而成为大的,但"大"本身由于分成了部分,而部分必小于全体,那么"大"的部分就小于"大"之相了。这样分有"大"的岂不是"小"了吗？这是荒谬的。同样分有"等"的一部分,这一部分就要小于"等"；分有"小"的一部分就会比"小"更小,而"小"与之相比就成为较"大"的。这怎么可能呢？①

这种讨论从我们今天来看好像是没有意义的。因为普遍和个别的关系,并不是像分一个具体东西那样。但要知道古人的思想本是素朴性的,柏拉图把相作为普遍的东西提出来,实际上却不理解它的存在方式,仍把它当作一个类似于感性事物的东西。"分有"说本来带有这种素朴性,通过查问,这种素朴性的不精确性就显示出来了。于是前期相论就进一步动摇了。

其次,是所谓"第三者"的论证：巴门尼德指出,我们是怎么肯定有一个"大"之相的呢？是因为我们见到许多物件大,所以想到有一个"大"本身,它是从许多大里面概括得来的。但是这样就有了两个东西：感性事物里的大,和大之相。既然如此,类推下去,在这两个大之上岂不是又能得到一个它们共同的"大"？这个"第三者"的"大",是可以无穷推下去的,因此"大"之相就会是无穷多,又同相的单一性矛盾了。②

这个反驳论证,还是针对着把相看作一个虽在感性事物之外又与感性事物一样有其独立存在的观点而发的。而这正是前期柏

---

① 柏拉图：《巴门尼德》131 A-E。
② 柏拉图：《巴门尼德》132 A-B。

拉图相论的错误之要害和认识根源。它同上面所说的第（1）点相同,都同把相和个别事物分离有关,后来亚里士多德批判柏拉图派的相论时抓的正是这些问题。但发现和提出这个质难的最初正是柏拉图本人,值得留意。

再次,若把"相"只看作思想,能不能避免上述困难? 这个问题的提出,表现了柏拉图曾想过用概念的唯心主义来代替客观的相的唯心主义,他有过这种尝试和念头：如果把"相"看成是一个客观存在独立存在的东西会引起一系列的难题,那么把它看作是一心中的思想,说它们只在心中分离独立存在,并不是在客观上真有独立存在,岂不就能避开这些困难了吗? 这问题的提出是有重要意义的,因为相是通过我们的思想抽象力所认识的事物的共相、本质,所以要想弄清相与感性事物的关系、相与相的关系,包括它们是怎样分离的,在什么意义上分离,又如何结合和联系在一起的等等问题,必须深入研究我们的思想认识过程。后来亚里士多德对此有所研究,取得了很有意义的进展。但是在《巴门尼德篇》中,这问题刚提出来就被否定了。巴门尼德立即针对苏格拉底的这一想法进行了反驳：思想难道没有对象,是无所思的思想吗? 当然不是。所思的是"有"而不是"无",是思想认为真实存在的东西。所以"相"本身不能是思想,否则事物分有相就成了分有思想,事物就会由思想构成了；此外,我们也不能说一切事物都在思想,更不能说它们是思想却不能思。①

这一讨论证明：对于柏拉图的 ἰδέα 相,确实不能理解和翻译成"理念"。它同巴门尼德的 ὄν 一样,都是指客观的"存在/是 = 真实"的东西。他们的唯心论不是概念或思想的唯心论而是客观

---

① 柏拉图：《巴门尼德》132 B-C。

唯心论,素朴地坚持了思想之外的客观东西才真实存在的观点。所以他只是略为接触到这个问题,很快就放弃了把相说成是思想的假定。

还有,对"模仿"说也进行了批驳。在受到以上几次打击之后,少年苏格拉底尝试再给他的相论以一个新的解说,能避开上述种种困难。他说,这比前面的说法要合理些：这些相好像是模型,确立在自然里,其他事物是它们的摹本,因此所谓"分有"的意思不过是酷似它们。巴门尼德就追问道：个别事物类似相,那么相必定也类似这些个别事物,两方面就都有"类似"的性质了,这样,在个别事物的"类似"和这个相的"类似"之上,岂不是又出现了一个"类似"之相,而两方面都分有它或类似它？ 并且新的"类似"之相岂不必将无休止地出现？ 换言之,这里岂不仍然要出现"第三者"？

因此,把"分有"解释为"模仿"无济于事,必须放弃。[1]

（4）相论最大的困难是：如何能确立"相"是与感性事物分离的另一种存在。巴门尼德小结上述讨论说：现在你可以见到,要区别出相自身的存在困难是多么大,但是你还只看到困难的一小部分,全部的困难还在于,每一事物的单一的相怎么能同其他事物分离。在诸多困难中最严重的是：我们和任何一个人都同意,"相"没有一个存在于我们的感性世界里；因此人们认为认识不到"相",如果你不作详尽的证明,他们是不会相信的,你也没办法向他证明他是错的。

苏格拉底承认这一点,由于认为"相"是绝对的,而感性事物是相对的,自然人们不好理解"相"。

---

[1]　柏拉图：《巴门尼德篇》132D-133A。

巴门尼德分析了这个观点。这里有两个世界：绝对的相世界和相对的感性事物世界。"因此，这些相作为相存在，只在它们的相互关系之中，它们的本质靠它们之中的关系来规定，与摹本无关，与存在于我们世界里的、我们给它们以这种那种名称的东西无关。我们世界里的事物虽然与那些相有同样的名称，也同样相互关联，却不是和有同样名称的那些相相互关联，而是感性事物只同感性事物相关，与相无关。"例如："假定一个人是主人或奴隶，显然他不是一个抽象的'主人'之相的奴隶，或一个抽象的'奴隶'之相的主人，而是人与人的一种关系。主人之相的抽象只能靠与奴隶之相的抽象的关系来确立，反之亦然。但是，我们熟悉的事物对那些相并无能力发生作用，相也不能对我们熟悉的事物发生作用；因此相只属于它们自身，并只在它们的相互关系中得以建立，同样我们所熟悉的世界里的事物也这样。"①

苏格拉底承认这说法有理，巴门尼德就进而谈到知识的问题。既然相的世界独立于我们的世界之外，关于这些绝对东西的绝对知识就成为我们不可能认识和达到的了；因为我们只能认识我们世界中的事物（在其相互关系中认识），相世界是与我们世界隔绝的。另一方面，那能对相有绝对知识的神也就只能认识相（在其相互关系中认识），并且也就不能认识与过问我们人间的一切事物了。②

这个结论从两方面看都是对柏拉图前期相论的致命打击。第一，建立相论，就是为了用绝对的真、善、美等相说明我们世界中万物的原因；但是现在证明"相"对我们是不可知的，同我们的世

---

① 柏拉图：《巴门尼德篇》133-134 A。
② 柏拉图：《巴门尼德篇》134-E。

界没有关系,建立相论还有什么意义可言呢？ 没有了,统统没有
了,这还不是致命的一击吗？ 第二,说分离的结果必然是：神不能
认识和治理我们的世界,这对古希腊人来说几乎是最无法接受的,
也同苏格拉底 — 柏拉图自己的神观念完全背离。"巴门尼德"说,
这些困难,只要我们把各个相规定为绝对单一的存在就无法避免,
而且还远不止这些。①

　　的确困难还不止于此。因为把每个相孤立起来成为绝对的
"一",结果将不仅使相与感性世界割裂,而且所谓相与相的关系
(如巴门尼德所说而苏格拉底所承认的,每个相也是在同别的相的
联系、对立中才能确立其存在的)也不可能。因为绝对孤立的此一
相也不能同彼一相有任何关系,而从这一点将推论出每一个相自
身也将不能存在。关于这一点,正是《巴门尼德篇》后半部分要着
重论证的。

　　总之,在该篇中柏拉图对自己前期相论作了相当严厉的反省,
揭发了它的种种混淆不清和困难,追查了根源。最要害的是：有没
有与感性事物相分离的独立自在的相？ 有没有与我们生活于其中
的感性事物的世界相分离的独立自在的相世界？ 分有说和模仿说
不能成立其原因也在于此。其次,对前期相论中用目的论观点来确
定相的做法,把相说成是思想的考虑也有所批评。但另一个要害问
题,即相与相之间的彼此孤立,在这里尚未作深入检查。

———————

① 柏拉图：《巴门尼德篇》134 A。

第二节　改造相论的基本思路和方法

1. 不可因前期相论有缺点就否定相和相论

在揭露批判了少年苏格拉底相论的种种问题之后，巴门尼德指出：

> 然而如果人们因为顾及刚才讲的这些困难和其他类似的困难，就否定事物的相，不承认各种个体事物有它们自己的有规定的相，这些相总是同一的，那么他的心灵就没有东西可以作为支柱了，并且这样他将完全毁灭了研究哲学的能力。我想你似乎尤其注意到了这一点。①

这是极要紧的一句话。它说明柏拉图虽意识到原来相论有严重的错误，但强调决不可因噎废食，不可因前期相论的缺陷就否定相，因为在他看来，相是我们的思想中唯一确定的支柱，如果否定了相，就根本毁了哲学。但需要对相有新的理解，细心一点就能看到这时他对相已经有了新说法："各种个体事物有它们自己的有规定的相"。它不再是与个别事物分离割裂的相了。应该说这是后期柏拉图相论的一个带根本性的转变。不过对这一点他并没有作进一步的研究，而是后来由亚里士多德以对柏拉图相论进行批判的方式实现的。他本人似乎还没有弄清相究竟是以什么方式存在

①　柏拉图：《巴门尼德篇》135 C. 这里译作"研究哲学的能力"一词是意译。按原文 διαλέγεσθαι δόναμιν（宾格）指的是对话、讨论、论辩的能力。词干成分 δια（相互）和 λέγ（说话）和"辩证法"一词相同。

的问题。但他既然认为相是个别事物所具有的东西，应该说已经迈出了十分重要的一步。

2.对相和相论作新的探讨：需要经过训练

那么如何对相作新的理解呢？

接着巴门尼德就指出，为了研究哲学必须进行训练。必须重新研究思维方式，即训练运用相从事推论的方式。这是一件非常细致、严密和繁重的工作。他对少年苏格拉底说，如果你还没有学会这种方法，就无法得到真理。

巴：那么你怎样研究哲学呢？　如果你还不认识这些相，你向何处转移呢？

苏：现在我确实弄不清楚我应走的路。

巴：是的，苏格拉底，我想，你在试图确定美、正义、善和各个相时，原来还没有经过充分的训练。我注意到你的不足……把你引向哲学的推动力确实是崇高和神圣的；但是有一种大家称之为闲谈的、时常被人们视为无用的艺术，你应趁年轻时从中训练你自己，否则真理将会逃离你的把捉。

苏：这种训练的本性是什么，请你谈谈好吗？

巴：这就是你听到的芝诺的运用方式。同时，我把这一点归功于你，你对芝诺说，你不允许讨论问题时把可见事物混杂进来，而只应谈思想的对象和可以称作相的东西。

苏：这是因为，我想用这种方法来说明可见事物既类似又不类似或有其他性质，就没有什么困难了。

巴：很对。①

这段以巴门尼德告诫少年苏格拉底要好好训练自己学会这种论证的艺术，"否则真理将会逃避你的把捉"的形式，表明：第一，柏拉图发现以前自己的哲学论证还不精密，需要重新研究制定；第二，这种方式以爱利亚派的论证方式作基础，它是逻辑严格训练的开端；第三，肯定了苏格拉底和自己原来追求善、美和各种相的努力是崇高神圣的，而且有新的进展，即在哲学讨论中只讨论相而不掺进感性的杂质，然后再把它用到感性个别事物就不难了。可见柏拉图后期在肯定相与个别事物相联系的基础上，重点仍在对相本身作研究，作纯粹逻辑思维的论证。"工欲善其事，必先利其器。"因此，这种训练方法和艺术不是别的，就是"辩证法"。但是这个辩证法如下面所展示的那样，已经比前期所说的更细密了，并且有了带根本性质的转变：它不再把相看作绝对孤立的存在，而是论证了：如果相是孤立的，它就不能存在；只有相和相按一定方式相互联结，它们才是真实的。

3.这种思维训练是：对于一个相，必须从正反面提出最全面的假设，进行最仔细周密的反复推论检查，才能澄清这个相本身

巴：如果你要进一步训练你自己，就不仅要想到假定某个相存在/是［什么］会有什么样的结果，而且要想到假定它不存在/

① 柏拉图：《巴门尼德篇》135C-E。

不是［什么］会有什么样的结果。

　　苏：这是什么意思？

　　巴：我的意思，可用芝诺关于"多"的假设作为例子来说。你不应只研究假定"多"存在或是［什么］，那么"多"对于"多"自身和对于"一"有什么结果，以及对于"一"相对于"一"自身和相对于"多"有什么结果；而且也要研究相反的假定：如果"多"不存在或不是［什么］，对于"一"和"多"相对于它们自身和相对于对方有什么结果。再如，假设"类似"存在／是［什么］或不存在／不是［什么］，在这两种情况下对于"类似"和对于"不类似"相对于它们自身和对方会有什么结果；然后同样地再研究"不类似"。这方法同样适用于研究"动"和"静"、"生"和"灭"，以及"存在／是"和"非存在／不是"。总之，当你假定某个东西"存在／是"或"不存在／不是"，或它以什么方式"存在／是"的时候，你必须研究，相对于它自身和相对于你所选择的人和其他的东西——对每一个单独的，对几个，对全体——会有什么结果；然后，若是你要得到唯一能引导人或关于真理的令人满意的洞察的完备训练，你还必须考虑：其他的东西相对于它们自身和相对于你所选择加以研究的主体，会有什么结果，先假定这个主体"存在／是（如此）"，然后假定它"不存在／不是（如此）"。①

　　关于这里所说的训练，陈康分析有三种方法，其中最繁复的一套有十多种推论研究。这里只想指出两点：第一，它是前期柏拉图辩证法从假设出发推出结论检验假设本身的方法的发展；第二，它的特点是全面精密，尽可能地从正反各方面对主题作最仔细的研究审查，以避免片面性。这种思辨的细密几乎使人生畏。它是人类的思想史上一种最全面细致的逻辑论证形态。柏拉图充分自觉这种论证方式的意义和困难，所以一再强调这是"一件繁重的工作"，

————

① 柏拉图：《巴门尼德篇》135E-136B。

"大多数人不理解,唯有通过这种研究一切的迂回曲折过程,心灵才能获得真理和智慧"。对话中在少年苏格拉底和芝诺的恳求下巴门尼德亲自出马做这种示范,他表示:自己这样老了还要游泳穿过这样广阔的论证的海洋,也不禁感到畏惧。[①] 这巴门尼德就是后期的柏拉图本人。

第三节　示范性的八组推论

改造相论的关键是论证相与相必须结合,相不能单独地孤立存在。对话中的巴门尼德说,对于这种研究性质的游戏,可以从他自己的假设开始,做一个关于"一"自身的假设:即"假如'一'存在/是"和"假定'一'不存在/不是",会有什么结果? 它共有八组推论,非常复杂。我们这里重点叙述讨论其中前两组,因为它们不仅是八组中最重要的,所占篇幅也超过了一半。理解了它们,后期柏拉图相论的基本思路也就可以明白了。当然,就是对这两组推论我们也只能作一个扼要的说明。

第一组推论　它的前提是"假如一存在/是(εἰ ἕν ἐστιν)"。巴门尼德说,"如果一存在/是[它自己那个样子],这个一能是多吗?"——"怎么会呢?"

这一问一答似乎极其单纯。但就在这里已经蕴含着往后的全部结论了。因为这一问一答就表明对话人对假设命题中的"一"作了怎样的一种理解,它就是:"一"即是"一";"一"不是"多"。而这正是老巴门尼德和前期柏拉图相论对"一"的全部观点的由

---

① 柏拉图:《巴门尼德篇》136C-137B。

来："一"就是"一自身"，"一"同它的对立面"多"完全分离而不能并容。换言之，这假设中的"一"是一个绝对孤立的相。因此，整个推论就是从这个孤立的"一"开始，看看它会得出怎样的结果。

蕴含在孤立的"一"里面的含义，通过推理得到的必然结果就逐步显现出来了。它们是：

1．"一"不能有部分。因为有部分它就会成为"多"。同时，由于它没有部分，可知它也不能是整体。因为有部分的东西才可能是整体。

2．"一"没有开端、中间和末尾，因为这些都是部分。

3．"一"没有界限或规定，因为它没有开端和末尾。

4．"一"没有形状，因为它既没有圆的性质（圆有边），也没有直的性质（直线有端点和中间）。

5．"一"不在任何地方。因为它如果在别的东西里就会被包围而彼此接触，但它无部分、无界限；它也不能在自身里，因为如果在自身里它就既是包围者又是被包围者，自己分成二了。但"一"只是"一"，决不是"二"。

6．"一"既不能运动也不能静止。不能运动，因为：a．"一"不能自身变化。因为如果它自身变化，就不是自身同一的"一"而是"多"了。b．不能位移，不能作旋转运动。因为"一"没有中心也没有部分；它也不在任何地方，又如何能改换地方？它也不能进入任何东西里，因为进入一个东西有历程，得一部分一部分地进去，而"一"没有部分。因此，"一"不能运动和变动。但它也不能静止。因为"一"不在自身里，也不在别的东西里，它永不在同一个东西或地方，怎么能静止？

7．"一"既不同于别的东西，也不同于它自身；又，"一"既不异于它自身，也不异于别的东西。"一"不能同于它自身，因为

"一"与"同"不一样,相同的东西并不是"一"个东西,两个东西才有"同"。同样,"一"也与"异"无关;所以它也不"异"于"异"。

8."一"既不"类似"也不"不类似"它自身和别的。因为有"同"的性质才类似,而"同"是与"一"分离的。如果"一"离开了是"一"而另有别的性质,它就要成为"多"而不只是"一"了。"一"也不能成为"异"的,那样"一"也会成为"多"而不只是"一"。所以它既没有"类似"也没有"不类似"的性质。

9."一"既不"等于"也不是"不等于"它自身和别的。因为讲"等于"、"不等于"(大于、小于)必须有计算单位。但"一"没有"同"的性质,也没有"部分",所以它对自身和对别的都没有计算单位。结果必定是如此。

10."一"不能和自身和别的有同一年龄,也不能年少些,也不能年老些。因为"一"根本不具有"同"、"等于"、"类似"等性质,也不具有"异"、"不等"、"不类似"的性质。

11.因此"一"根本不能在时间里。

12.因此"一"不能在过去、现在、将来"存在/是"。"一"不在任何时间里,所以它不能有 ἐστιν(动词"存在/是")三种形式中的任何一种。

因此,这里得出的结论就是:"一"不能存在或是(什么)。这个推论的结果同前提所假定的"'一'存在/是"命题正好相反,从而否定了这个假设。"一"不能以任何方式分有"存在/是",因此,"一"不能作为"一""存在或有其是"。巴门尼德说:如果上面的论证是可信的,"一"将既不"存在/是",也不是"一"。①

————

① 柏拉图:《巴门尼德篇》142 A,以上其他各点都在此页之前。

13.因为"一"不存在或没有它的"是"，所以关于"一"就没有名称，没有以它为对象的言说、知识和感觉。

以上就是第一组的推论。它从孤立分离的"一"之相出发，推论结果是这个"一"本身的自我否定和全部毁灭。

这时"巴门尼德"郑重地问道：

> 但是，关于"一"所说的这一切能够是真的吗？ —— 我想不。①

这表明，后期的柏拉图已经发现了前期相论的症结所在。关于"一"的上述推理结果，显然是谁都无法同意的；但是这些结果都是从假定的前提中必然演绎出来的，因此关键在于前提本身。于是问题便是，这个前提本身即"如果一存在 / 是"的命题本身能否站得住？ 如果站不住，那么相论就要毁灭了。但是如上所述对话中的"巴门尼德"（即后期的柏拉图）是坚持相论的，那么问题将如何解决？ 这就进入了第二组推论的研究了。

第二组推论　它的前提与第一组推论所假定的，在字面上完全相同，但推出来的结果却与之正好相反。柏拉图用这种方式对后期相论的基本思路进行了逻辑的严密论证，是很发人深思的：

> 现在让我们再一次回到原初的假定上来，看看用进一步的观点能否对问题获得新见解。—— 我很乐意。 —— 如果"一"存在 / 是，我们将研究出一切可能的结果？ —— 对。—— 那么，让我们从开端着手：如果"一"存在 / 是，"一"能存在 / 是而不分有"存在 / 是"（之相）吗？ —— 不可能。—— 那么，"一"就有了存在 / 是，而它的"存在 / 是"不是与"一"同一的东西；因为如果是同一的，

———————

① 柏拉图：《巴门尼德篇》142 A。

就没有了"一"的存在/是,"一"也不能分有"存在/是",因为"一存在/是(什么)"这个命题,就等同于"一是一"了。但我们的假设不是"如果一是一,会有什么结果",而是"如果一存在/是(什么)"。我们的意思是说,"存在/是"的含义与"一"并不相同。当我们把这两者简单地结合在一起时说"'一'存在/是",就等于说"'一'分有了'存在/是'"。对吗?——很对。①

请读者注意柏拉图的新发现。当以往哲学家说到"一存在/是(什么)"的时候,他们都以为只是肯定了"一",把"一"作为一个确定而真实东西的标志。历史上的毕达哥拉斯派、爱利亚派和前期柏拉图本人都是如此,他们把"存在/是"(ὀν)与"一"(ἕν)素朴地认作完全同义而毫不区别的概念。但实际上"一存在/是(什么)"讲的是一个命题、一个判断,其主词"一"和谓语"存在/是(什么)"两者是有分别的,它们在一个命题里彼此结合起来了,或者说是"一"分有了"存在/是"。两千年后,康德发现一切科学知识和哲学的命题,必须首先是先天的综合判断② 而不是分析判断。必须先由先天综合判断获得有确定内容的概念,然后才能从中进行概念自身的分析,即对概念作出先天的分析判断。黑格尔更深刻地指出,任何命题,主项与谓项都是差异的统一,决不是 A=A 的简单同一或单纯的同语反复。从来没有人会把"正义是正义"、"一是一"之类当作知识。这个观点可以追溯到柏拉图的发现。因为后期柏拉图已觉察到哲学基本命题具有这种主谓项彼此不同又结合在一起的本质特征。因为在第二组推论开始的时候,他已强调指出:"如果一存在/是"这个假定的命题,它要表示的意思绝非"一是

① 柏拉图:《巴门尼德篇》142 B-C。
② 这里"先天的"含义和"必然的"相同。

一",而是主谓项"一"和"是（什么）"二者的结合。结合当然不是混同,而是把有确定区别的东西或含义结合在一起。这就是说,他已经明确意识到：每一个"相"不能是绝对自身孤立的,它必须同别的"相"联结（分有别的"相"）,同时在联结中仍保持着它自身即同别的相的差异。这正是柏拉图后期相论的主要思路,它在以下推论中展现出来：

1."一"有部分,它是部分的整体。因为,如果"存在/是"是表述"分有了'存在/是'的'一'"的谓词,"一"也是"一个存在"的谓词,而"一"和"存在"不同,都是我们假设的同一个"一个存在"的谓词,那么这个主词"一的存在/是"就是一个整体,而"一"和"存在"是它的部分。

2."一"就是"二"、是"多"。存在着的"一"永远有"存在/是"和"一"两部分,那么它永远互相包含着,"一"不能缺"存在/是","存在/是"也不能缺"一"。因此"一"和"存在/是"这两部分中的每一个又能分为"一"和"存在/是",这是永远可分的,因为说"存在/是"时总包含着"一",同样说"一"时永远包含着"存在/是"。——这样,"一"就永远会变成"二",以至无限"多"。从这里得出的结论是："一"永远不是"一",它自身永远在消逝。

3.从另一角度论证"一"是"多",即"一"是"数"。巴门尼德继续说,让我们换一个角度考察"一",如上所说,这"一"本是分有"存在/是"的,试着想象它与它所分有的是分离的。那么这个抽象的"一"是"一"还是"多"呢? —— 我想是"一"。——让我们看看：那"一"的"存在/是"岂不必然地与"一"不同?因为"一"不是"存在/是",而被认为是"一",只不过它分有"存在/是"。—— 是的。—— 如果"存在/是"和"一"是两个不同的东西,这并不是由于"一"异于"存在/是"它才是"一",也

不是由于"存在/是"异于"一"才是"存在/是",而只是由于
"异"它们才相互区别。——诚然。所以"异"既不同于"一",也
不同于"存在/是"。①

这一推演同上面一点都是从"一"与"存在/是"这两个"相"
既有联结又有区别得来。但这里讲得更清楚些,"一"总是分有即
结合着"存在/是"这个"相"的,但是我们可以而且应该在思想
中仍把这两者分离开来,把每个相从它与别的相的结合中抽象出
来。单从每个相自身的抽象来看,它是自身同一性,并不是由于它
和它的它者相异;但从各个相彼此有区别和分离来看,它们就都
有"异",由于"异"。这样就在"一"、"存在/是"这两个"相"
之外,又从它们的关系中引绎出"异"这个相。

于是,整个讨论从肯定"一"开始,演绎出"二"("一"和"存
在/是"两个相),再演绎出"三"("一"和"存在/是"的结合
中有分离或区别,这就产生了第三个相,"异")。一生二,二生三,
由三就生出各种数来:首先,我们说一和存在,一和异,存在和异
的时候,每次都说了"二";而它们各自都是"一",加起来就得到
了"三"。其次,"三"是奇数,"二"是偶数,这就有了"奇"和"偶"。
再次,有"二"就有二乘二,有"三"就有三乘三;还有二乘三或
三乘二。因此就有了偶倍奇数、奇倍奇数、奇倍偶数和偶倍偶数。这
一切总和起来说,就是有了数。②

这一套企图从"一"演绎出各种数的想法,以及把一、数和"存
在/是"联系起来作哲学的研究,渊源于毕达哥拉斯派,柏拉图学
园对此研究特别热衷。我们中国人不要小看和厌烦而应对希腊人

---

① 柏拉图:《巴门尼德篇》143 A-B。
② 柏拉图:《巴门尼德篇》143 C-144 A。

的这种研究和思辨给予重视,否则就不能明白他们那套智慧的深入细致之处。

数是"多"且分有"存在／是",因此"存在／是"就分为数的每一部分,包括最大的、最小的和各种大小的"存在／是",比万物的多还要多,"存在／是"在数中区分为无限多;而"一"总是附在"存在／是"的每一个单独部分上,因此"一"自身也分离成数量方面的无限的"多"。所以,不仅"存在的一"是"多",而且与"存在／是"有别的"一"自身也必然是"多"。①

4."一""有规定(有限)"又"无规定(无限)"。

因为部分是整体的部分。"一"作为整体,它是有规定者,因为整体包围着部分,而包围者即限定者;但"一"是"一"又是"多",其部分无限(无规定),所以"一"又是数的无限者(无规定者)。

5."一"有开端、中间和末端。因为"一"是有规定者的整体,就必有这三者。

6."一"有形状,分有任何形状。

7."一"在自身里,也在其他的里。它在自身里,因为"一"是整体又是部分,部分总在整体里为它所包围,"一"的部分为"一"的整体包围,所以"一"在"一"自身里。在其他的里:因为"一"作为整体不能在部分里(比部分大),那么它就必然要在其他的里。

8."一"既运动又静止。"一"在它自身里,永远在同一地点,所以静止。"一"又永远在其他的里,永远不在自身同一里,就永不静止而总在变动。

9.由此推论,"一"对自身既同又异,对其他的也既同又异。

这里提出了万相毕同毕异、每一个相自身也既同又异的思

---

① 柏拉图:《巴门尼德篇》144 A-E。

想。[①] 并且指出："同"作为绝对的相与"异"作为绝对的相是对立的,因此"一"是"一","非一"是"非一";但它们各自都具有"同"的性质,因此,"一"与"非一"又相同了。[②]

10．"一"既类似又不类似它自身和其他的。

11．"一"既接触又不接触它自身和其他的。

12．"一"既等于又不等于它自身和其他的。这里论及"大"和"小"之相。"小"是什么,它在哪里? 如果在"一"里,它或者是在它的整个里,或者是在它的一部分里;如果是在整个里,或者伸展于一的全部,或者包围一,那么小岂不就要等于一,或比一大些? "小"能等于或比别的大,执行"等"和"大"的职务吗? ——不能。——那么小不能是在整个的一里了,它若在一里,就在它的一部分里。——是。——但它也不能在这一部分的全部里,否则它要做的和对整个所做的相同。—— 必然如此。这样,"小"就不能存在在于任何东西里,除了"小"自身就没有一个是小的;同样"大"除了比"小"大些外,也不比任何东西大,因为如果"大"存在于任何东西里,它就不比它大,而会有别的比"大"更大了。[③] 这就否认了绝对孤立的"大"与"小"之相的存在。

"一"里面若没有大和小,它就不能超出自身也不能为自己超过,而与自己等同。但"一"在自身里,它包围自身,所以比自身大;它被自身包围,所以又比自身小。"一"又在别的里,所以比其他的小,其他的又在"一"里,所以又比其他的大。因此,"一"既等

① 柏拉图:《巴门尼德篇》146 B-D。

② 柏拉图:《巴门尼德篇》146 D-147 B。

③ 柏拉图:《巴门尼德篇》150 A-D。

于自身和其他的,又比它自身和其他的大些和小些。[①]

13."一"分有"存在／是",所以分有"时间"。"存在／是"是在时间中的过去、现在和将来的"存在／是",所以分有了"存在／是",就分有了时间,与之联结。[②]

14."一"永远变得比自己年老些、年少些。时间永远在前进,"一"随时间前进,就会变得比自己年老些,而当初的时候它就变得年少些。但年老些或年少些所持续的时间相等或相同,因此"一"又并不变得比自己年老或年少些。[③]

15.从以上论证,推出一个重要的结论:"因此'一'过去、现在、将来'存在／是',并且过去变化、现在变化、将来变化。"[④]对于"一"之为相,既作了变动的理解,又作了确定的理解。

16.因此,对于"一"我们有知识、意见和感觉。[⑤]

第二组推论至此结束。

我们清楚地看到,字面上与第一组推论前提一字不差的第二组推论所假设的前提,仅仅由于理解不同,得出了完全不同的结论或世界观。按照第一组的理解,就毁灭了相本身;而换了一种理解,相论就展示了它的真理性,并能同感觉世界、现象一致。因此柏拉图能够说:现在关于"一"我们不仅有知识,而且能有感觉和意见。

先前在相论中把真理和意见、知识和感觉、相世界同现象绝对分离开来,把"存在／是"(即确定性)与"流变"(即不确定或无

---

① 柏拉图:《巴门尼德篇》150E-151B。请注意,这里又回答了高尔吉亚否认"存作／是"的驳难。

② 柏拉图:《巴门尼德篇》151E。

③ 柏拉图:《巴门尼德篇》152E-155C。

④ 柏拉图:《巴门尼德篇》155D。

⑤ 柏拉图:《巴门尼德篇》155D-E。

规定性）割裂开来,这些毛病得到了克服。这里的关键在于：要认识到相与相是联结的；但在联结中相与相仍有确定的区别,否则联结本身也无法存在。但分离不是绝对的：每个相不是孤立的而是同别的相联系的；不仅每一个有自身的同一性,同时也有其内在的分别和差异。

《巴门尼德篇》深刻揭示了柏拉图相论的前后变化,也标志着人类思想史上的一个重大前进步骤的实现（用更严格的逻辑方法证明了辩证思维（这里我们用的是黑格尔所赋予"辩证法"这个词的含义）,也证明了辩证法对于我们认识世界、求得真理,是完全必要的。

乙、《智者篇》: 柏拉图哲学
成熟时期的 ontology

第一节 《智者篇》是柏拉图对 $\acute{o}v$
作系统研究的主要著作

学者们都认为《智者篇》是柏拉图思想成熟时期所写的一部纯 ontology 著作。它是《巴门尼德篇》研究工作的发展和完成,标志着后期相论即通种论的明确建立。

这篇对话在形式上和以前的大不相同。首先,它几乎没有任何时间、地点和场景，尤其是"苏格拉底"成了无关重要的人物，在《巴门尼德篇》中他已退居于次要的受指导的地位，而到了《智者篇》里他只开头出现了一下，在推荐了"泰阿泰德"来同主角对话之后就不再出场了，而就是这样一个"苏格拉底"也只是个闪烁其词的对象，被说成是"年长的苏格拉底的同名人"①。还有一大变化就是：如果说在《巴门尼德篇》中，历来充当对话主角的"苏格拉底"被"巴门尼德"所取代，那么到《智者篇》就更进了一步，主角由一位"爱利亚的外邦人"充当了，他是巴门尼德的学生，但对巴门尼德点名进行了驳斥和批评。

　　这象征着柏拉图对自己前期相论的批判进入了更深的层次。因为，请这位来自"爱利亚的外邦人"当主角，既能继续表示柏拉图仍坚持源于爱利亚派的共相学说和逻辑论证，也便于对巴门尼德本人进行反思。并且随着破除前期相论的任务基本完成，再要做的事情就是站在更高的角度，通过全面批判各种哲学，把一种新的"相论"——"存在/是论"哲学确立起来。在这种情况下，"苏格拉底"在双重意义上都不必再出场了，他既不必再以代表前期相论的身份出现，因为这个自我批判已经完成，更不便充当通种论的发言人，因为比"苏格拉底"高的"巴门尼德"都不合格。至于《智者篇》对话没有确定的历史场景，也是很可理解的，《巴门尼德篇》的场景同对话内容已经难于配合，这里就更难编造了。干脆取消场景，倒更便于自由地讨论纯思辨的哲学问题。

————————
① 柏拉图：《智者篇》218B。

第二节 《智者篇》的主题："不存在 /
不是"何以能"存在 / 是"

通过批判研究什么是"智者",提出了全篇的主题："不存在 / 不是"是否在一定意义上也是一种"存在 / 是"? 或者说,它们是绝对相反的,还是在一定意义上也能彼此相通?

这篇对话以"智者"作篇名,是为了彻底解剖智者,战而胜之。它不像以前那些对话只是就各种问题同智者辩论,而是要给他们作一个结论,下一个定义。对话首先讨论智者及其技艺是什么,外邦人以给"钓鱼"下定义为例表述了"二分法",然后以二分法来确定什么叫智者。他说智者是些用言辞和争辩教人以获取报酬的,出售心灵食粮的人。智者同哲学家不同。心灵要靠美德和知识才能净化,犹如身体要靠医药、体育来净化那样,但是智者只是装着知道一切知识却没有真知识。就像绘画和雕塑的技艺造出关于真实东西的肖像能欺骗孩子那样,智者的技艺是对于理性的一种模仿术,年轻人听到这些就信以为真,以为说这些的人是最有智慧的。但是随着时间的过去,人们接触到了许多真实的东西,先前的许多意见就改变了,就发现原来智者是些制造赝品的人,讲的只是关于真实东西的影子、肖像、幻相或假相。[1]柏拉图一生都在反对智者的所谓智慧或知识,现在的问题是如何弄清他们的思想实质或根据。

"外邦人"说,这是一件困难的事情,因为,一个事物怎么能显得如此而并不如此,一个人怎么能谈论某个事物而它并不真实,这总是而且至今仍是一个很使人迷惑的问题。这里有一个逻辑的矛

---

[1] 柏拉图:《智者篇》233-236。

盾。因为，

> 讲虚假东西存在／是的人，是公然说不存在／不是的存在／
> 是①；这个情况包含在虚假东西的可能性里。②

巴门尼德总是反复讲："你要使你的心灵远离这一条研究的
途径，因为说不存在者存在是决不能证明的"，连"（某事物）不存
在／不是（什么）"这个话也是不能说。因为"不存在／不是"就
是绝对不存在或什么都不是，如何能有关于它的思想和言说？③
但是，外邦人问道，这样一来，我们还怎能驳斥智者呢？他就
仍然躲在他的洞穴里未被触动。实际上智者确实在说些东西，尽管
所说的并不真实。按照巴门尼德的观点，真实的意思指真的存在，
不真的就不存在，那么影子和肖像就不存在了，但事实上它们却是
存在的。外邦人说：真奇怪！

> 狡猾的智者迫使我们完全违背了我们的意愿，承认了一种"不
> 存在／不是"的"存在／是"。④

这里出现了矛盾或悖论，它迫使人们必须重新考察巴门尼德的哲
学前提。外邦人于是说道：

> 请不要把我看作一个忤逆者，我必须检验我的父亲巴门尼德

---

① 这里的"存在／是"，即是"真实"；而"不存在／不是"也就是"不真实／虚假"。
　　详见本书《绪论》和解读巴门尼德的章节。
② 柏拉图：《智者篇》236E-237A。
③ 柏拉图：《智者篇》237A。
④ 柏拉图：《智者篇》240C。

的哲学,并试图证明,在什么意义上"不存在 / 不是"存在 / 是,以
及"存在 / 是"不存在 / 不是。①

《智者篇》通过研究智者的思想基础,进到对巴门尼德基本观点方
法的重新审查,揭示了全篇对话的主题:"存在 / 是"和"不存在 /
不是"是不是绝对对立,如果不是绝对对立或排斥,那么在什么意
义上可以彼此相通或联结?

如前所述,古典时代希腊哲学的开端是巴门尼德对 ὸν 即"存
在 / 是"的研究。我们已经说明,他在哲学诗的残篇中用 ἔστιν 表达
"真理之路"时,这个 ἔστιν 并不是作一个单纯的动词来用的,而是
一个只用一个动词构造出来的句子,并且是一个哲学的命题。它可
以隐含主语,因此可读作英语的"It is."也可以隐含补语,相当于
"It is so."而我们知道,希腊动词 ἔστιν 兼有存在动词和系词两种
用法和含义。因此作为仅用一个单词构造而成的哲学命题,既可表
示"(某事物)存在"(这无须宾语),也可表示"(某事物)是(如
此,什么)"(作系词必隐含所系缚的一个补语)。在巴门尼德那里,
确实这两方面的含义都兼而有之,并且相通。所以 ὸν, εἶναι(ἔστιν
的分词和不定式形式)所表达的也正是这样的哲学命题,我们便
可用双读法表达其兼有相通的含义。作为名词可以简单译成"存
在 / 是";但是要使人能更明白其哲学命题句的含义,最好把其中
隐含的指出来,读作"(它)存在 /(它)是(什么、如此)"。

巴门尼德第一次明确区别了真理和意见。他说"那(它)存
在 / 是(如此)而且不[能]是不存在 / 不[能]是不是(如此)"
的道路,就是真理之路。而相反那主张"(它)不存在 / 不是(什

---

① 柏拉图:《智者篇》241 D。

么）"，或说"不存在 / 不是也能存在 / 是"的，就是错误的，或只是意见。错误，是因为他们的言说（句子或命题）自相矛盾。所以巴门尼德说，关于"不存在 / 不是"，是完全不能思也不能说的，因为这种对象根本就不可能存在。

巴门尼德关于 ἔστιν 和 ὄν 的上述看法使哲学第一次获得了语言和命题的严格逻辑能力，他和芝诺的正反论证也以其威力震惊了当时的自然哲学家们，所以恩培多克勒和阿那克萨哥拉虽然为了拯救现象变"存在 / 是"之"一"为"多"，但他们的"多"的每一个仍然是只有自身同一性、绝不变化运动的东西，即只"存在 / 是（什么）"而绝不是"不存在 / 不是（如此）"或"既存在 / 是又不存在 / 不是如此"的东西。只有原子论才提出过"虚空"这种"'不存在'也是存在的"命题，使巴门尼德的禁令开始有所突破。但这只是物理学的一个特例，对整个哲学和思想界还没有多大触动。因此禁令还保持着它的效力，直到前期柏拉图都是如此。

《巴门尼德篇》才从逻辑上冲破了"'存在 / 是'即'存在 / 是'，它决不是'不存在 / 不是'"的禁令："相"（普遍者，它是最真实的"存在 / 是"）不再是只有自身同一的铁板一块的东西，而是既有自身特性，也必须和其他的相有关联。但是，虽然《巴门尼德篇》重点讨论了的"一"已经很重要，还没有讨论"ὄν，存在 / 是"本身。

《智者篇》终于完成了这个任务。它要说明何以那些没有真理的智者及其诡辩，——可说是"不存在 / 不是"的典型或化身，毕竟也是确实存在的，是一种"存在 / 是"。这好像是一个悖论，但却是事实，对它的表述恰恰就是："'不存在 / 不是'是'存在 / 是'的。"《智者篇》从发现这个悖论开始，对 ὄν 之为 ὄν 的那些最使人困惑的主要问题进行了仔细的检讨反省，包括同和异、动和静的关系和这几个相的关系问题，做出了重新的规定。这就是通种论，即新型的相论了。

因此,《智者篇》是希腊哲学 ontology 发展史上最重要的里程碑之一。

第三节 柏拉图对希腊哲学以往发展的回顾和检讨

借"外邦人"之口,柏拉图说,我们从小就听到各种说法,有人说本原有几个,有的说是两个,而爱利亚派说万有是一。伊奥尼亚人和西西里人 [①] 主张存在是一和多,分离与结合使一变成多、而多又成为一,还有产生和变化。接着他说:告诉我,泰阿泰德,你懂得他们这些表述的意义吗? 当我年轻时,总以为自己对"不存在"这个词已经很懂了,这正是我们现在讨论的主题,而你看到我们现在已赋予它以怎样确定的含义,可是真正说来我们并没有理解。例如,那些把冷、热或别的两种东西当作本原的人,他们是否认为这两者和每一个都是"存在"呢? 如何理解"存在"一词? 它是在两个本原之上的另一本原吗? 那样本原就是三个而不是两个了;因为你不能认为只是两个本原中的一个存在而另一个不存在,而是两个都存在。那么回答就很清楚,这两个本原将融合为"一":"存在。"所以主张万有是一的人所主张的"一"就是 τò òν,"存在" [②]。

柏拉图认为巴门尼德的"存在 / 是", τò òν,是从主张多种本原或两个本原的各种学说中融合或概括得来的"一"。但对它应如

---

① 恩培多克勒是西西里人,阿那克萨哥拉是伊奥尼亚人。
② 柏拉图:《智者篇》243 B-244 A。

何理解？　巴门尼德的理解是否正确？

1.对巴门尼德的质难和批判

　　柏拉图以主张两个本原的哲学家向巴门尼德提出质难的方式,来讨论巴门尼德所主张的"一"。他们会说：从这里起我们就陷于困惑了,请你在谈论"存在"时让我们弄清楚你的意思。请对我们从头解释这件事,不要在我们完全不理解你时以为理解了你。主张本原或存在为"二"或"多"的人会提出如下问题要求回答：

　　首先,你说的"存在"是什么意思？——答：是"一",唯有"一"存在。那么,如果"一"与"存在"等同,能否给这同一东西以两个名称？ 这就难于回答了,因为断言除"一"无他的人,如容许有两个名称就可笑了,并且不能容许给"一"以任何名称；他也不能对"一"的本性作任何说明；因为名称同事物是有区别的,包含着两个东西。如果把名称与事物等同,那就取消了事物,而名称就没有对象成为空名；而如果说名称是某个东西的名称的话,那么必然的结论就是：名称是一个名称的名称,不是关于任何事物的名称。那么,"一"只同一种东西有关系,就是说,只同一个名称有关系。① 这就揭露巴门尼德的"存在"连"一"的性质和名称也不能有,因为"存在"和"一"就是两个东西或名称,已经是"二"了。

　　再者,名称与事物是有别的,这也是"二",如果合一而成为"一",那么或者就取消了事物,则那留下的名称也不能存在；或者

────────────

① 　柏拉图：《智者篇》244 B-D。

只抓住名称,那么,名称只与名称相同一,"一"这名称或性质就只能同"一"相关,而与"存在"或事物无关。而如果只抓住"存在",那么这"存在"因为不能有任何名称表述它,它就没有任何性质,不能对它有任何说明,连"一"的性质也不能有。

可见"存在 — 是"如果是绝对孤立的自身同一,那它同"一"也不能结合;同任何事物、名称、性质都不能结合。对于它除了最空洞的同语反复:"存在者存在 / 是即是",就什么也不能说、不能想。

还有,"整体"同"一"是等同的还是不同的呢?

巴门尼德说"存在"、"一"是一个圆球,从中心到各边距离相等。那么"存在"就有一个中心、末端和许多部分了,"一"就是许多部分的整体。那么就要问:这还是绝对的"一"吗? 绝对的"一"就是绝对不可分,但它又有许多部分,这不是矛盾吗? 如果说"存在"作为"整体"是因为它有"一"的性质;或者只好说,"存在"不是一个"整体";但这两种回答都不能成立。因为已经说"存在"与"一"不是一回事,联在一起就多于一了;而如果"存在"不是"整体",它作为一绝对整体就失去或缺少了自己的本性,缺少了"存在",岂不变成了"不存在"? 此外还有许多困难。①

因此"一"只是"存在"的一种性质,且与"存在"不同;"存在"也有"多",是一和多结合而成的"整体"。这些论证都否定了把"存在"理解为绝对孤立的"一"的观点。它们和我们前面分析过的《巴门尼德篇》里第一、二组推论相关。

在对巴门尼德的"存在 / 是"概念进行了质难之后,外邦人指

---

① 柏拉图:《智者篇》244 B-245 E。

出：对"非存在"的理解，同"存在／是"一样也是很困难的。^①
研讨便更全面地展开了。

2.诸神和巨人之间的战争：对自然唯物论者的批评

外邦人说，在关于存在的问题上好像有一场诸神和巨人之间
的战争；有些人认为只有摸得到、抓得住的东西才是存在的，把存
在或真实与物体看作一回事，否认有非物体的可知的东西和相的
真实存在。他们认为物体是分为小块的，并确认这些小块是存在
的，但不是确定的存在而是生成运动的东西；他们论证说这是真
理。柏拉图说，他们是很有文化的，我们对事不对人，只是为了寻求
真理而要向他们问难。

问难如下：是否承认有物是人？人是否有灵魂，而灵魂也是
某种存在物？是否承认这些灵魂有的正义有的不正义，有的智慧
有的愚蠢？这些都是应当承认的。但这样我们就承认了正义和不
正义、智慧和愚蠢等等存在了。它们是可以看见摸到的，还是看不
见的呢？对于灵魂，还可以说它有一个身体；但是像正义、智慧之
类的东西没有形体，关于这些如果你再问他们，他们就不至于敢再
否认其存在，或主张存在都是有形体的了。^②

柏拉图接着说，只要他们承认有无形体的东西，哪怕只承认它
们是存在中最小的部分也行，他们就必定要承认自然中既有形体
的也有无形体的，它们都是"存在"。这样他们就能接受我们关于

---

① 柏拉图：《智者篇》246 A。
② 柏拉图：《智者篇》246 E-247 C。

存在的本性的一个看法：

> 我的看法是：任何一个有影响他物的力量的东西，或被他物影响的东西，无论作用的时间多么短暂，作用和效果多么微不足道，都有真实的存在；我认为，关于存在的定义简单说来就是能力。[①]

对话中的泰阿泰德和外邦人认为唯物论者会接受这一看法[②]，《智者篇》同自然哲学家的论辩就到此为止。柏拉图对他们的态度已经相当友好，只是认为他们没有好好研究心灵和正义的问题。这个不足必须改正，对什么是"存在"要有新的认识和补充。而在肯定对立统一和流变上已经彼此接近。柏拉图在这里提出的这个关于"存在是主动或被动的作用能力"的新定义，标志着希腊哲学存在（或本体）概念的一个跃进，对以后的哲学有重大影响。亚里士多德 ontology 中关于形式和质料的划分显然与此有关。

3. 对主张"相"的朋友的批评

接着外邦人转向和"主张'相'的朋友们"进行讨论。他说，他们主张区别存在（＝真实的实在）和变化：我们通过身体和感官接触变化，通过思想接触真实的实在。后者是永远同一不变的，而生成变化是变动的。这个定义同方才给"存在"下的定义有矛盾：我们认为"存在"是作用或被作用，来自相互接触的一些要

[①] 柏拉图：《智者篇》247C-E。
[②] 柏拉图：《智者篇》247E-248A。

素中的某种能力；但"相的朋友"否认这个关于存在的原义的真理，他们说主动和受动只适用于变化，却没有什么能力可适用于存在。①

　　"那么他们说的有没有些道理呢？"——"有的，不过我们的回答是，我们需要更清楚地弄清他们是否承认：灵魂是知的，而存在或本质是被知的。"——"他们无疑这样说。"——"那么，知和被知，岂不是作用和受作用吗？那么知的（灵魂、心灵）和被知的（存在）就处在运动中了，因为在静止状态下的东西是不能受作用的。"——"天哪！我们能相信运动、生命、灵魂、心灵不在完全的存在里吗？我们能想象存在缺少生命和心灵，以一本正经的毫无意义的僵死的状态存在吗？"——"容许这种想法是可怕的。"②

　　在"存在"中不可能否认生命、心灵和灵魂；说灵魂绝对不动也不合理；因此结论必定是"存在"的意义包括运动以及被推动者。这就把"存在"（确定性）同"运动"、"变化"结合起来了。"存在"离不开运动，没有运动就不会有存在，不会有作用和被作用，不会有思想、心灵。前期相论把"存在／是"即确定性、静止的规定和"变动"绝对对立起来的观点，在这里有了根本的改变。

　　很清楚，柏拉图是通过认识和心灵的活动达到辩证法的，因为人的本性就是活动、追求，或如《会饮篇》所说，是对善、美和真理的"爱"。赫拉克利特提出的"流变"说曾被认为只适用于感觉事物的世界，因而引起巴门尼德和前期柏拉图的"存在"说，以为不变的"存在／是"才真实。现在柏拉图又从生命、灵魂的存在，发现

①　柏拉图：《智者篇》248 A-C。
②　柏拉图：《智者篇》249 A，着重号是笔者加的，以下同。

把"存在／是"即"相"说成僵死的状态的存在,才是可怕的见解。于是"变动"与"真实存在"之间不能并容的鸿沟被彻底拆除了。他又返回了赫拉克利特,并且不仅感性事物永远流变,更发现心灵和普遍者"相"也是永远流变的。

但这决不等于柏拉图抛弃了原来相论中合理的成分。所以接下去就讲到另一方面:"如果我们同意一切都在运动,按照这个观点,心灵也不能存在。"——"为何?"——"你想,如果没有一个静止的原理,同一的条件、方式和主题还能存在吗?"——"不能"。——"心灵如果没有这些如何能存在,能在何处进入存在?"——"不能。"——"那么,我们就确实必须以一切可能的办法,反对取消知识、理性和心灵的人,并且要敢于确定事物。"①

讲存在是运动的,也不可绝对化到取消任何静止、同一和持存的原则。否则客观事物的存在和知识、理性、心灵也会成为不可能。哲学家是最真实地尊重心灵、知识的人,他不可能承认主张整个世界是静止的人们的观点,同时他也完全不理睬那些主张全在运动的人的观点。

> 他必须像孩子的请求那样说,"把动的和不动的两个都给我",并且必须说存在和万有由这二者组成。②

这句话标志着后期柏拉图对巴门尼德和自己前期"存在"学说和关于"是"的辩证法学说(即逻辑学说)的全盘改造。

本书在导论中反复指明:从巴门尼德起被引入希腊哲学的核心范畴 ὄν,"存在／是",其实还不足以涵盖关于"存在"的全部

---

① 柏拉图:《智者篇》249 B-C。
② 柏拉图:《智者篇》249 C-D。

原义,因为表示"存在"的还有一个更根本的词：φύσις,"自然"。ὀν 来自 ἔστιν,这个动词本来偏于表示存在的静止方面的含义,因此它除了作存在动词用之外,又能充当系词"是",通过形成明确的判断句和确定的概念,使其表存在之静态和认识中的确定性的含义得到了突出。因此当巴门尼德不满于原始素朴哲学的万物流变观,认为这样不能抓住真理,而强调唯有 ἔστιν"是"才能表示判断的确定性和真理的时候,他就用这个有静止确定色彩的"存在/是"的词取代了"自然"（动态的生生大化的"存在"）。柏拉图的上述论点证明了我们在导论中的概括。柏拉图已经明确地批判了前期相论犯错误的根源,是片面强调了"存在"的静止含义。因此他在这里突出地指出动和静两方面都要。这当然是极大的进步：新的观点把赫拉克利特和巴门尼德的对立在更高的基础上（生命、心灵、理性知识）统一起来了。

但是仅有观点还远远不够,"现在我们才开始看到研究存在的本性的真正困难"[1]：

"静"和"动"完全相反,但都存在。那么这两者是否都运动? 不能这样说。两者是否都静止? 也不能这样说。那么,"存在"就成了第三个东西,具有与两者都不同的性质,或按其本性就既不运动也不静止了。——这样,我们心中关于存在还有清楚确定的观念吗? 因为凡不在运动的必静止,凡不静止的必运动,可是如上所述,"存在"却处在这两种情况之外,这可能吗? 这是绝对不可能的。[2] 怎么办? 柏拉图认为,除了研究"存在",还必须研究更困难的"非存在"。[3]

---

① 柏拉图：《智者篇》249 D。
② 柏拉图：《智者篇》250 A-D。
③ 柏拉图：《智者篇》250 E-251 A。

4. 对麦加拉派的批评

柏拉图接着转向批评另一些人。他说：让我们研究，如何用许多称谓来表述同一事物。例如说到一个人，我们说他有颜色、形状、大小、美德或恶行，在所有这些以及成千上万的其他说法中，我们都不仅说他是一个人，而且把善和无数的属性归于他。用同样的方式我们开始假定为"一"的任何事物，都被我们给予许多称谓而表述为"多"。——很对。——因此我们给开始了解事物的人无论他是老是少都提供了丰盛的东西；因为，再也没有比论证"一不是多"或"多不是一"更容易办到的事了，那些人的伟大之处就在于他们喜欢禁止我们说一个人是善的，他们坚持说人就是人，善就是善。也许你遇到过这种人，他们的兴趣就在于此，他们常常年纪不轻，其贫乏枯燥的思想全放在他们自己这种惊奇的发现之中，并且他们以为这就是智慧的顶点。[①] 这里说的正是麦加拉派及其思维方式。这是一幅漫画，通过这幅讽刺画表明，这样的逻辑将毁灭一切知识、言说和逻辑思维自身。

第四节　通种论："存在 — 是"必须和"动""静"相通及其逻辑法则

在一一讨论了各派哲学后，外邦人归纳说：我们考察了思考过存在的本性的人们的每一种看法，现在我们要向他们提出如下问题：第一，我们能否拒绝给存在以动和静以及其他对立的性质，

---

① 　柏拉图：《智者篇》251 A-C。

因为它们不能结合，不能互相分有？第二，或者，我们应该把一切都认作可以彼此相通？第三，或者，我们应该认为某些（相）可以相通，而另一些却不能？①

　　首先检查第一个假定：如果"存在"与"动"和"静"不能相通，会有什么结果？1.那么"动"和"静"就不能分有"存在"的性质，结果这两个哪一个都不能存在了；与之相关，各种学说，包括主张一切皆动、一切皆静和把存在看作相的，就都被否定了；因为所有这些学说都给"存在"加了一种表述，而这是与这一假定矛盾的。2.照这假定，"存在"里也没有混合，所以不能再说万物由结合而成为一、由分离而成为多。3.从这个假定里会推出这样一种最可笑的结果来：那些人自己要提出论点论证，却禁止别人称谓任何东西。因为表述一个事物就是要给它一个谓词，即认为它分有了另一个东西，受到另一个东西的作用。因此主张这些意见的人无须别人再来驳斥他们，他们自己就是自己的论敌。②

　　这里柏拉图总结性地批判了绝对分离说，指明它必定要毁灭"存在 — 是"和"相"本身，毁灭一切知识与哲学，甚至毁灭逻辑和说话本身。

　　再考察第二个假定：一切"相"都相通，是否能够成立？这也是不可能的。理由很简单，因为这就会推出"动"本身就会静止，"静"本身就在运动的结果来。③这显然是自相矛盾和荒谬的。柏拉图否定了这一假定，表明他看到逻辑的同一律、不矛盾律仍是必须遵循的。否则我们就不能有正当的思维和论证及知识，只是一片混乱。

---

① 柏拉图：《智者篇》251C-D。
② 柏拉图：《智者篇》252A-C。
③ 柏拉图：《智者篇》252D。

因此,只剩下了第三种假定:应当具体分析规定这些相哪些能够相通,哪些不能。柏拉图认为,它是每一个想真正弄清答案的人所要采取的。这就像字母有的能联结,有的不能联结,元音能同一切字母联结,把这些研究清楚的文法知识,和确定高音与低音的联结要有音乐知识那样。要知道"相"的各个种类哪些能结合,哪些不能,也需要有一门能给予说明和论证的科学。柏拉图说这是一门最高的学问,他又一次用"辩证法"来称呼它[①]:

> 难道我们不应当说,按照种类进行划分,这种划分既不使相同的变成相异的,也不使相异的成为相同的,是辩证法的科学事业?
> 我们应该这样说。
> 那么,的确,能够正确划分的人就会清楚看出,在分散多样的中间有一个普遍的相,而许多不同的相包含在一个更高的相之下;反之,一个相结成一个单纯的全体,并遍及于许多这样的全体;而许多相只以分离和孤立的状态存在着。这就是关于分类的知识,它规定着这些种类在什么情况下彼此相通,在什么情况下不相通。[②]

这里所说的"辩证法"同以前说的相比,其新意在于:通过种属的划分,既可抓住相与相的分离和对立,又能确认它们在一定情况下彼此相通。其实,柏拉图的相由于是多数,又有一个系统,所以要规定相,就包含着相与相之间既有明确划分又有明确联结的种属联系。

前期柏拉图相论的毛病出在过分强调每一个相的自身同一性的方面,加以绝对化,因此相与相彼此联系或相通的方面未加注意,以致重蹈了巴门尼德的简单化绝对化的错误。但在碰了很多钉

---

① 柏拉图:《智者篇》253 A-C。
② 柏拉图:《智者篇》253 D-E。

子,加上麦加拉派从反面对他的警醒作用,他终于觉悟到必须改弦易辙。而当他发现"相"必须摆脱孤立寻求彼此相通时,也清醒地意识到决不可乱加联系,造成思维混乱和陷入另一种根本性的错误。当他把这两个方面的意义和如果片面化都会犯根本错误看清之后,他才重新看出：在划分种类的方法里,本来包含着解决问题的钥匙。

第五节　对于必须考虑的几个最普遍和重要的相（种）的选定

在继续研究时,可以选少数被认为是最重要的相,而不要讨论所有的相,以免数目繁多造成混乱。要考察这几个最重要的相的本性和它相彼此相通的能力,以便研究"存在"和"非存在"。[1]

柏拉图说,最主要的"种"（genera）首先是"存在",还有"静"和"动"[2]。"静"和"动"彼此不能相通,但它们都"存在",所以都与"存在"相通。这样首先确定了三个种,它们是大多数哲学家的本体论所肯定的范畴。

但这三个种每个都与其余两个相异,而与自己相同。这样就出现了"同"和"异"这两个词。现在要问"同"和"异"是什么意思？ 它们是与前三个种不同的新种,抑或只是无意中说到前三个种之一？

如果说前三个种主要具有本体论的意义,"同"和"异"就

[1]　柏拉图：《智者篇》254 B-D。

[2]　请注意：他在这里并没有把"非存在"作为相和种提出来,因为只有"存在"是本体,非存在不能成为本体。

更多涉及了逻辑问题。但如果没有对"同"和"异"的研究,"通种论"将不可能建立。他说:动与静既不是"异"也不是"同"①。因为,如果动和静是"同",即都分有了"同",那么动就会同于静,而静也会同于动,这是错误的;另一方面,如果动分有了"异",动就异于自身而成为静,而如果静分有了"异"也就成了动,这也是错误的。所以,"动"和"静"既不是"同",也不是"异"。"可是两者仍确实分有了'同'和'异'?——是的。"②这一论断看来同上一论断有矛盾,但实际上并不矛盾,因为角度和关系不同。论证是:动或静或每一个就自身而言是"同"(自身同一),所以分有了"同";但就动不是静,静不是动而言,它们每一个都"异"于同它自身相"异"的相,所以又都分有了"异"。关键在于情况和场合如何:动和静的相互关系不能是"同",而它们或任何一个相在自身里都不能有"异";否则一切的相就没有确定性了。所以总起来说,在一种情况下动和静既有"同"与"异"的性质,而在另一种情况下它们又不能有"同"与"异"的性质。关于这一层下面还有进一步的分析。这里的目的只是表明"同"与"异"是和"静"与"动"有区别的"种"。

接着肯定了"存在"与"同"的区别。因为动和静都是"存在"但不是"同",可见"同"是与"存在"有别的种。那么"存在"与"异"是什么关系呢?

柏拉图说:有两类东西,一类是凭自身而存在的;另一类只在同某些东西的关系中才能说它们存在。所谓"另一类"就是"异者"(他者,他物),它是相对于自在而言的。因此"存在"与"异"

---

① 柏拉图:《智者篇》255 A。
② 柏拉图:《智者篇》255 B。

就有极大的区别："存在"与"异"必定是对某个与自己相异的东西（异者）的关系。^① 并且"异"这种性质是贯穿于一切（种或相）之中的，因为每一个种都异于别的。^②

这里区分了两种存在，一类是自在的存在，一类是与它物相关意义上的存在。前者是自身关系（自同）的存在，无待于它物；后者是对他物的存在，有待于他物。所谓"异者"必是异于异者的东西。我们通常所指的"存在"是自在的存在，因此与"异者"有别。可是"异者"不也存在着吗？ 一切事物、一切相不都是在关系（异于与其异者）中存在吗？"存在"都有自在和与他者关联这两方面。

因此，在对"同"与"异"的考察中证明这两个种都不能与上面三个种混淆，所以该研究的就是五个最高的种了。下面就以这五个种为对象，进一步研究它们之间相通与否的问题，从而进入"通种论"的核心部分。

第六节　通种论及其"辩证法"的精义

然后，柏拉图就来逐个研究这五个"种"：最高的相。

首先研究"动"：（1）它绝对异于"静"，不是"静"^③。这很明白，通常都这样认定的。（2）"动"是"存在"的^④。因为"存在"包括"动"与"静"，所以"动"是"存在"中的一个，两者有相通之处。（3）"动"

---

① 柏拉图：《智者篇》255C-D。
② 柏拉图：《智者篇》255E。
③ 柏拉图：《智者篇》255E。
④ 柏拉图：《智者篇》256A。

异于"同",不是"同";然而它又是"同",分有"同"[①]。他说：

> 无须惊异。因为当我们运用这些称谓于"动"时,是从不同的观点上看的,我们说它是"同",是指它对自身的关系来说的,它分有了"同";而我们说它不是"同",是因为"动"与"异"相通,因而它与"同"割断了,不是"同"而是"异";所以说它"不是同"也同样正确。[②]

分析情况的不同就能确切说明：何以貌似矛盾的命题其实并不自相矛盾。可见,在一定条件下矛盾是真实的,并不悖理。它和思想混乱的矛盾断然不同。柏拉图的这一分析,是人类思想史上对于真实客观的矛盾最早提出的确切逻辑说明。

由"动"既是"同"又不是"同",柏拉图推出一个重要的结论：如果"动"可以在某一观点下分有"静",那么称"动"为"停止"也不荒谬。[③]为什么呢？ 因为就自身相同而言,"动"就是"动",它不变成别的,岂不"停止"了吗？ 因为不变、自身相同的意思就是"停止/静止"。所以"动"在某种特定的意义上也分有了"静",是"静"。

可见原先说"动"绝对异于"静"也不是绝对正确的,在特定的意义上它也能与"静"相通。通过这个貌似荒谬的典型,说明"这样一种'种'的相通是依据它们的本性的"[④]。

接着继续研究和规定"动"：(4)"动"是异于"异"的；由此推论"动"既是"异"又不是"异"。随之而来的一步就是,(5)

---

① 柏拉图：《智者篇》256A。
② 柏拉图：《智者篇》256A-B。
③ 柏拉图：《智者篇》256B。
④ 柏拉图：《智者篇》256C。

"动"是否异于"存在"？

"动"与"存在"不同,各有各的含义,它们是相异的。但"动"又存在,分有"存在"。因此,"明显的结论是：'动'因为分有'存在'而真的是存在,但也真的不是'存在'。"[①]柏拉图由此得出如下看法：

> 因此,"非存在"必须在"动"以及任何种类里存在着；因为"异"的本性在它们里面,使它们每一个异于"存在",因而（它们都成为）"非存在"；所以我们可以用同样方式对于所有这些都真实地说：它们不存在[②]；但是,就它们都分有存在而言,它们都是"存在",都存在着。
>
> 因此,每一种类都有许多的"存在"和无数的"非存在"。
>
> 而"存在"自身可说是异于其他的种的。由此推论,"存在"就是"非存在",就它相关于许多别的存在者而言；因为"存在"不是这些种类,它自身是一个种,而与之相异的种类在数目上是无限的。[③]

这就是说,就其自同和与别的种相异而言；存在即存在（是即是）,它而一不是多,不是任何别的种或相。但同时其他的种和相必分有它,即分有"存在／是",所以存在之相与别的所有相彼此既同又异。就其同而言,存在是多,是一切的相和其中每一个；可是同中仍保持着异,其他一切的相又不是"存在"之相,那么"存在是其他的相"这个命题,就成为"存在是非存在"了。反之亦然,

---

① 柏拉图：《智者篇》256 D：Οὐκοῦν δὴ σαφῶς ἡ κίνησις ὄντως οὐκ ὄν ἐστι καὶ ὄν, ἐπείπεη τοῦ ὄντος μετχει.（ It is clear, then, that motion really is not, and also that it is, since it partakes of being？ ）

② 或即"它们都是非存在"。

③ 柏拉图：《智者篇》256 D-257 A。

这一切其他的相与"存在"有别,便是"异",不是"存在",然而又都分有"存在",它们存在着,那么"非存在是非存在"这个命题也就变成"非存在是存在"了。

这样后期柏拉图就证明了"存在"与"非存在"也是相通的。在一定意义上,存在就是非存在,而非存在就是存在,并且这并不荒谬:

> 这个结果是无可争辩的,因为这些种的本性就使它们彼此相通。如果有人否认我们得到的命题,那就请他从我们前面的结论开始讨论,然后他才可以进而对由此而来的结果提出异议。①

从这个证明,柏拉图进而分析和规定了"非存在／不是"的含义。他说:

> 当我们说到"非存在／不是(什么)"时,我想我们说的并不是什么与"存在"相反的东西,而只是不同的东西。—— 这是什么意思? —— 当我们说"不大"时,你会认为只是指"小"而不会是指"相等"吗? —— 不会。—— 因此,如果有人说否定就是指相反,我们不应承认。否定词"不"加在实词上,只含有与之区别的意思,或者更恰当地说,它只同后面实词表示的东西相区别。②

这是对"非存在／不是"或"不存在者／不是(如此)的东西"的哲学用语或概念所下的逻辑定义。这个词在巴门尼德那里,是绝对地与"存在／是"相反的纯粹的虚无,根本不存在,所以不能想也不能说。现在柏拉图从逻辑划分上澄清了"存在／是"和"非存

---

① 柏拉图:《智者篇》257 A。
② 柏拉图:《智者篇》257 B。

在／不是"之间的既对立又统一的关系,也就使"非存在／不是"的相对性含义显明出来并得到了证明:"不"表示的只是"异",即有区别的东西之间的那个区别。否定词"不"、"非"不是绝对地否定、割断与所指对象的联系,恰恰是指明有联系,即与所指对象有区别关系的东西。如不大并不是对于大的绝对否定,只是指同大有别的性质,也可以指相等或小些。因此"不存在者／不是（如此）"只是指同"存在者／是（什么）"性质上有别的东西或规定。

"不是的／不存在"虽然和"存在／是"对立,但双方还是联系着的,它们的对立只是不同或有"异",所以两者在一定含义或条件下也是相通一致的,同样也都分有"同"。因此,"不是／不存在"也是一种"存在／是"的形式。这是最关键的结论,解答了本篇对话的基本问题。

这就是后期柏拉图的相论——通种论,是他对种与种、相与相彼此矛盾统一问题的最高和最普遍的回答和逻辑证明。黑格尔说:"柏拉图的辩证法进一步规定的乃是独立自存的共相。共相又表现为各种形式……柏拉图的最高形式是'有'与'非有'的同一:真实的东西是存在的,但存在的东西并不是没有否定性的。于是柏拉图指出,'非有'是存在的,而单纯的、自身同一的东西分有着对方,单一分有着复多。"[①]这一评论抓住了柏拉图《智者篇》的精义。黑格尔能够在新的历史时期重新大力发展辩证法哲学,同他对后期柏拉图通种论的深入钻研继承显然有十分紧要的思想联系。

① 黑格尔:《哲学史讲演录》,第2卷,三联书店1957年版,第212页。

第七节　哲学史上最早的具体（辩证）否定观

上述论证过程的真正依据，就是对于"否定"作了新理解：否定不是绝对相反或排斥，不是对被否定者的全盘否定，与之割断一切联系，而只应理解为"异"，同被否定者有区别。因此，否定总是具体的否定，特定的否定，同某个东西有别的另一规定。所以在一定意义下，非存在者也存在，"否"也是"是"。

柏拉图接着发挥了这一"否定"观，指出一切否定都如此，所以"不美"只是异于"美"及其本性的东西，同"美"一样都是真实存在的；"正义"的否定"不正义"等等也同样如此。一切与某种东西（相、种类）有区别（"异"）的东西及其本性，都同对方一样有其真实的存在。"这就是智者迫使我们寻求的那个非存在的本性。"[1]

这个由智者当反面老师所逼迫而认识到的真理，用斯宾诺莎的话来说，就是"一切否定都是规定"。再往后，黑格尔把"否定即规定或肯定"发展成为最普遍的辩证法根本原理，并获得了极大成功。柏拉图是第一个指明并逻辑地证明了否定总是特定的否定的人，这不能不说是他的一个巨大的历史功劳。

---

[1]　柏拉图：《智者篇》258 B。

第八节　对巴门尼德的再批判和对思维过程辩证本性的研究

1. 与巴门尼德的错误告别

柏拉图指出：上述研究的结论早已突破了巴门尼德给我们的研究所划分的范围很远了，因为他认为，说"非存在存在"是决不能证明的，你要使你的思想在研究中远离这条途径。而我们不仅证明了非存在者存在，而且说明了非存在是以什么形式存在的。"非存在／不是／否定"就是异或异者，而异是在一切东西的相互关系中存在的，所以一切东西在相异之中都是异者，都存在。所以我们可以大胆地宣布，"异"的每一个部分，不论同"存在／是"怎样对立，它也正是"存在／是"的一部分：这就是我们称之为"非存在"的东西。①

> 因此，人们不要以为我们大胆肯定有其真实存在的非存在是存在的反面。因为，对于象是否有一个存在的反面，它可否存在，可能不可能定义的问题，我们早已向它告别了。②

这等于宣告了巴门尼德所讲的那个"非存在"只是一个毫无意义的词。因为根本就没有什么"存在／是"的绝对的反面，即绝对的不存在者，完全没有规定因而完全不能言说的东西。因此，我们就要同这种思想方式正式告别。

---

① 柏拉图：《智者篇》258 D-E。
② 柏拉图：《智者篇》258 E。

2. 真实的矛盾辩证法与通常的矛盾观
以及智者的诡辩分别何在?

　　柏拉图用通种论（种或相的真实的对立统一观）阐述了辩证法,这种辩证法既同巴门尼德、麦加拉派相对立,也同通常意义的矛盾观有本质区别。矛盾的辩证法在人们通常意识中,常常表现为这样的方式,即从一个角度看某事情如何,换个角度看又是如何,但这只是外在的不相关联的指出。而柏拉图则是强调,必须根据概念的本性从不同角度确切指明事情本身的真实矛盾,并强调共相的本性不仅有其可从不同角度考察出来的差异或矛盾,更有这些不同方面仍然保持着的本质联结或相通。所以真正的辩证法,其本质在于认识分离、对立与相通、统一不可分割：必须在分离中把握相通,在统一中保持区别。这是日常的矛盾观达不到的。

　　在智者那里,某种形式的辩证法得到了恶性的发展。他们说,没有什么真正独立存在的东西、稳定确切的规定,一切都随感觉和一时的利益而定。风对这人是冷的,对另一个人可以是不冷的,当你肯定什么时,他马上就可以从另一方面否定这一点；所以他们特别强调一切都矛盾对立,一切都变化,而且随感觉而变,都是相对的,没有真正的“存在”（即客观性）和“是”（即规定性）,没有真正可以肯定的东西或思想、意见和知识,简言之,无“真实”可言。所以他们的辩证法是主观的、相对主义、怀疑主义的辩证法。而柏拉图要建立的是关于客观共相的有确切规定性的知识和辩证法。所以柏拉图认为必须同智者的辩证法作斗争。他说：“如果有人像一个变戏法的发明家那样,喜欢翻来覆去一会儿从一个方面、另一会儿又从另一方面进行论证,那我们就要对他说,他的能力的运用并没有什么价值"。这是因为他只是随便地外在地在做这件事,有时从一个意义上指出事情的一方面,然后又随意地指出另一方面,否定了前者,还又继续这样做下去,彼此并没有什么内在本质的联系。"因为要把戏并不是真正的才能,也不是真正的难事。只有我们才能告诉他另一种高尚和困难的研究。"①

　　真正的研究必须抛弃上述做法。要仔细地逐个地审查论证的每一步骤,在讨论的对话中要从对方本来的观点出发进行理解和反驳,如果只是提出同对方不同的看法,这并不是对他的真正驳斥。②可见,对于研究讨论或思维言辞的看法里,也有孤立、割裂的方法和通种论方法的对立。通常人的意识和智者的论辩就属于前者,各种不同的矛盾看法只是一个一个轮流出现,互相否定,它们只有分离而没有联结。柏拉图针对这种讨论方法说,那种把一切存在的东西都分离开来的做法,对于受过教育的或有哲学思想的人来说是粗野的、幼稚的和没有价值的,它会最终取消一切理论的论证。因为只有靠概念之间的结合联系,我们才能有讲理的讨论过程。③

3. 柏拉图对于真假言说的"存在／是"本性所作的新解说

　　因此柏拉图注意到必须把通种论的思想用到研究"言谈"(即言辞、讨论、对话、研究)本身里来,或运用到原来意义的"辩证法"(谈话法)本身里来,以便给"讨论"本身规定一种正确的方法。

① 　柏拉图：《智者篇》259 B-C。
② 　柏拉图：《智者篇》259 C-D。
③ 　柏拉图：《智者篇》259 D-E。

他提出要给"言谈",λόγος,即"逻各斯",或"讨论"下定义,规定它的本性;"我们可以说讨论也是'存在'中的一类",否则"我们将不会有哲学"①。这里有没有"非存在"? 按照通种论的讨论,结论是必定有。这一点很重要,因为"如果在前提中没有非存在的部分,那么所有一切就必定都是真的了。只有非存在也有一部分,错误的意见和言辞才是可能的;因为对于思想和言语来说,非存在指的就是虚假。"②

虚假的是骗人的,而智者就活动在这领域里。我们必须承认有这些错误和骗人的意见、思想和言辞的存在,否则我们就没有可以与之斗争的对象,就根本抓不住它了。但智者否认有虚假存在的可能性,他论证说,因为非存在根本不能有任何存在,完全是没有的,所以没有人能够想或说出虚假的思想或意见来。

柏拉图肯定讨论和言谈中有真假("存在／是"和"非存在／不是")之分,同时强调指出这两者也是相通的,假的意见(非存在)也是"存在"的。这个观点具有很重要的意义和作用,因为这是一个基础。从这个基本观点出发,柏拉图指出了巴门尼德的根本原理(非存在是完全没有的)恰好成了智者诡辩的防空洞。因为如果根本没有非存在,那就根本不会有虚假的意见和思想,智者们无论说些什么就都成为真的了。

其次,只有从这个基本观点出发,才能弄清楚智者诡辩的错误方法的根源。现在就需要进一步用这个基本观点来研究语言、思想、意见等的本性,看看虚假为什么能存在,它与真理是什么关系。柏拉图说,这样研究之后,我们就能逮住智者,把他关在这里面了,

---

① 柏拉图:《智者篇》260 A-B。
② 柏拉图:《智者篇》260 C。

否则我们只能任他逃脱。①

这种研究对智者好像是照妖镜，同时也能更清楚地阐述辩证法思维的进程的本性。

4.理性思维的辩证联结方式初探

柏拉图首先研究语言中的联结方式。一个句子是一个名词和一个动词（主、谓语）的联结，最简单的句子如"一个人在学习"，只有两个词相联结。句子是思想和意义的单位。但句子有的真，有的假，这是因为有的主词和谓语能够联结，另一些则不能联结，联结了也没有意义。举两个句子来说："泰阿泰德坐着"，"泰阿泰德在飞"，主词相同，但两个句子性质不同，第一个说法对泰阿泰德是真的，第二个则对他不真。假就是异于真，把不存在的事说成是存在的。所以第二个说法中，主词和动词的联结乃是一个真正的虚假言说。②

可见，言辞的真假在于主谓项联结是否符合于"存在／是"，符合"存在／是"的联结就是真，而讲了"不存在／不是（那样的）"联结的就是假。真和假是有明白划分的。——但正如"不存在／不是"是异于"存在／是"的，也有其存在一样。假的言辞是异于真的，所以它也是有的，是一种真实存在着的虚假言辞。这样，真和假就有了联系和关系，彼此相通又相互区别对立。所以我们可以抓住虚假的，并且对照真实存在的情况给它以揭露和批判。智者的诡辩

---

① 柏拉图：《智者篇》260 C-261 A。
② 柏拉图：《智者篇》261 C-263 D。

和骗术也就无法逃脱了。

关于思想、意见、想象的本性，在研究了言辞之后也就同时解决了。因为正如柏拉图所说，思想不过是无声的自己对自己谈话的过程，意见是对言辞和思想的同意和否认，而想象不过是把感觉与意见联系起来。所以它们也同言辞一样，有真也确实有假，有同样的关系。

总结上述内容，可知《智者篇》确实是对 ὂν 即"存在／是"的深刻研究著作。它是巴门尼德之后希腊哲学的存在观和逻辑思维方式最重大的突破。

第十章　亚里士多德

第一节　生平、著述和学术思想概述

1. 生平

亚里士多德于公元前384年生于斯塔吉拉,他父亲是马其顿王阿明塔二世的御医。由于幼年父母双亡,他由一个亲戚抚养成人, 17岁时来到雅典,在柏拉图学园学习,后来又在这里从事研究和教学直到柏拉图去世,前后达20年之久。柏拉图死后,斯彪西波成了学园的首领,亚里士多德就离开学园,到吕底亚等地待过一个时期。后来他应马其顿王腓力的邀请,担任他的儿子亚历山大的老师;若干年之后,他回到雅典(前335年)在吕克昂建立了一所学校,从事教学和研究,逐渐形成了他自己的学派 —— 漫步学派。公元前323年亚历山大大帝逝世,雅典人乘机掀起了反马其顿风潮,他受牵连,被控犯有不敬神的罪名,避难于他母亲的母邦优卑亚的卡尔西斯。他把吕克昂学校托付给他的学生和继承人德奥弗拉斯特,次年他病逝于卡尔西斯(前322年),终年63岁。

他生活在希腊历史的一个大转折点上,公元前338年马其顿王腓力打败了雅典军队,结束了希腊各邦的军事反抗,成了与希腊各邦订立同盟的霸主,实际上统治了希腊,于是希腊的古典时代就告终了。从此希腊各城邦丧失了自己的独立和自由,成为马其顿帝国的属国,进入了希腊化时期。生活在这转折时期的亚里士多德,虽然同亚历山大有过师生之谊,但他本人却依然是个地道的希腊人,他的社会政治观点完全不是马其顿专制大国式的,而是古典希腊特别是雅典那种城邦式的,中产阶级的温和民主制度是他的理想。

2. 著述

作为古典希腊最后的又是最大的一位思想家、科学家和哲学家,亚里士多德历史地位的重要是无可怀疑的。他的著作号称千卷,由于动乱等原因实际留存了162卷(纸草卷),不如柏拉图的完整,但也是足够丰富的,可以认为最重要的都保存下来了。它们是一些教学讲义,包括了他所研究的各学科部门,如《自然学》(*Physics*,通常译成《物理学》)和相关的《论生灭》、《论天》、《气象学》、生物学著作和《论灵魂》;有《政治学》(论城邦)和《伦理学》及经济学著作;还有《诗学》、《修辞学》;最后是关于"第一哲学"(ontology)的论著《形而上学》(*Metaphysics*),和被后人称作《工具篇》的多篇逻辑学著作。他是古希腊的最伟大的百科全书式的学者,第一个提出科学分类,创立许多科学门类,"哲学"本身也是到他手里才正式同其他学科划分开来,成为一门独立的学科的。

3. 亚里士多德和柏拉图、苏格拉底的关系

他是柏拉图的弟子，苏格拉底的再传弟子，所以他的成就有很深的渊源。但更重要的是亚里士多德建立了有他自己特色的哲学和科学体系。许多世纪以来，他一直是西方哲学家和科学家的主要导师。同以前的哲学家相比，他在尊重事实和深入逻辑思辨两个方面都达到了新的高峰。他和他的学派在广泛深入地搜集实际的事实和历史资料方面的巨大努力是前无古人的；而在学术思想和方法论上，他永远都非常自觉和认真地对前人成果和意见作思考讨论。翻开他的几乎任何一本著作都能看到，他总是从回顾历史上人们曾经对该主题有过怎样的看法、问题和研讨的进展，对之作出分析、批判和归纳开始，然后把自己的思考归纳成为新的问题提法，才开始他自己的那种新的研究。因此，他在哲学和科学上能够集前人之大成，真正达到了"青出于蓝而胜于蓝"。其中特别重大有意义的批判，也恰恰是对他的两位先师的。

亚里士多德是在批判柏拉图的"相论"和"辩证法"中，提出和发展其"第一哲学"即 ontology 和逻辑学说的；也是在批评苏格拉底的"美德即知识"等命题中提出了他自己的伦理学。他的成就赢得了高度评价，不过这并不意味着他对柏拉图和苏格拉底的批评就没有争议，或都正确。后人还有再分析，其中也有对他的重要批评，对他和柏拉图、他和苏格拉底关系中各自的长短作出了一些新的评估。但无论如何，他对前人和他的老师所采取的"唯真理是从"的批判继承精神是值得人们给予高度评价的，他的后人对他的学说进行的再审查再分析，也同样是这种精神。因此我们也要用这种态度和方法来研究亚里士多德，才能恰当地显示出他

本人的和他之后的希腊哲学的发展和命脉。

由于他同柏拉图及苏格拉底的分歧，正是他们和整个希腊哲学发展中最吃紧的地方，因此也必然成为本书阐述的重点。

（1）同柏拉图的关系

历来的哲学史对亚里士多德批判柏拉图这个突出现象都很重视。倾向于科学的哲学家一般都认为亚里士多德的批判正确，因为柏拉图及其学园派所讲的以相和数为本体的相论不关心实际事物也缺乏切实的科学成就，而亚里士多德的哲学则以感性的个体事物为其本体论的出发点。

亚里士多德本体论在保持了极高的思辨水平的时候，始终注意和强调最高本原与感性经验事物的结合。他自己有如下评论：

> 一般说来，哲学是寻求可感知的事物的原因的，可是我们柏拉图派却放弃了这个任务，因为我们完全没有谈到引起事物变化的原因。当我们幻想我们说出了感性事物的本体时，我们却断言了另一类本体的存在。我们关于感性事物的本体的那种说明方式是空谈，因为"分有"，如前所述，乃是毫无意义的说法。①

这个话究竟是什么时候说的，现在已经难于查证。但从还用着"我们柏拉图派"这个词看，似乎是在他尚未自立门户之前，甚至会更早些。而从内容看，则显然是针对着柏拉图前期相论而发，因为柏拉图本人在《巴门尼德篇》已经揭发了他自己前期相论的错误，而把"相"和个体事物分离及分裂为两个世界正是他本人已经发现的最大毛病。照这样说，亚里士多德的上述批评就不能算是新见解，而是重复了柏拉图本人已经作过自我批评的东西。

---

① 亚里士多德：《形而上学》992 a 24-28。

　　但是，我们必须强调，虽然柏拉图有过自我批评，但是亚里士多德的上述批评依然保持着它的高度重要性和创造性的意义。因为重要的问题还在落实。后期柏拉图虽然看到了自己前期相论中的这个大毛病，但他在解决这个问题时，却只在相与相的彼此关系上作了认真的思考钻研；似乎是认为只要这个问题得到解决，相与感性个体事物之间的关系问题也就不难随之得到解决。但是更尊重经验事物的亚里士多德则持另一种看法，他认为只有先解决"个体事物"与"普遍者"（他称之为"形式"）的关系问题，才能为科学和哲学奠定牢固基础。并且也只有在这一基础上研究个别与共相的联结，以及与之相关的共相和共相之间的逻辑必然联系，才能得到正确的结果。所以，或许可以说，后期柏拉图和亚里士多德两人都是从对柏拉图前期相论的分析批判入手，使哲学研究得到重大推进的。但是他们的侧重不同：柏拉图本人主要是通过对"种"，就是对几个最重要和最高的相，研究它们彼此的关系，即为什么它们既严格区别又彼此相通，如何对此给予确切的规定。他是从通种论的角度对 ontology（包括存在论和辩证法即逻辑都在内）给予极其重要的发展的。而亚里士多德则主要是从实际的事物和世界出发，从经验出发，上升到本原和形式的研讨，对 ontology，即本体论和逻辑学作出伟大贡献的。

　　由于柏拉图前期相论的最根本的毛病，实际上主要是由亚里士多德解决的。所以我认为应当肯定他的成就比他的老师更上了一层楼。但是我认为同样也应当说，如果没有柏拉图在《巴门尼德篇》和《智者篇》中对 ὄv 的那些深刻思辨和严密的归纳推理论证作基础，亚里士多德要想达到他的那些成就也是不可设想的。所以我也不能赞同用亚里士多德来贬低柏拉图的意见。虽然总的说来亚里士多德在本体论和逻辑学上成就要更高些（这是应当的，因为他在柏拉图之后），却还是各有千秋；而在有些关键地方，柏拉图的分析是更深刻的。

（2）同苏格拉底的关系

亚里士多德对苏格拉底的评论虽然文字并不很多，却很有影响。简单地说，一是在评价方面，一是在伦理学方面。前者如：

> 苏格拉底本人忙于研究伦理问题，不管整个的自然界，只在伦理事情里寻求普遍，并且是第一个把思想集中在定义上面的人；柏拉图接受了他的教导，但认为定义的对象不是任何感性的事物而是另一类的实体，理由是感性事物总在变化，对它们不能有一个一般定义。①

他认为同柏拉图的错误相比，苏格拉底没有把普遍定义同个体事物分离开来是正确的。所以他肯定了苏格拉底有双重意义的重要功绩：提出和研究了归纳论证和一般定义，又没有把它们同感性事物分离。但是，他说苏格拉底只忙于研究伦理问题，而不管作为整体的自然界；这个评论虽说从现象上看符合实情，但出自亚里士多德之口却显然带有很重的贬义。因为在亚里士多德看来，一切学术分为三类：理论的学科，包括数（哲）学、自然（哲）学和第一哲学在内，是最高学科；其次是实践的学科如伦理、政治、经济的研究；还有那些制造的学科，如建筑、雕塑、音乐、医学、健身术即各种艺术和技术。因此，当他说苏格拉底只忙于研究伦理问题而忽视了自然的时候，就意味着他可能认为苏格拉底还没有达到理论哲学家的高度。他没有充分估计苏格拉底对希腊哲学起到的全盘改造的原创性作用。

---

① 亚里士多德：《形而上学》987b1-5。

　　这个批评，涉及如何看待哲学本身是什么、它的使命是什么的大问题。亚里士多德认为哲学是知识中最高的理论知识，其任务是求真，但美德不是知识，而伦理学只能算作第二等的实践的学科。但苏格拉底是不会同意这个看法的：他认为哲学的中心是人学，求真知的目的是要实践灵魂的善即美德，把善和真结合起来，因此要求哲学不仅要追求理论真，更应实践善；本体论要和伦理学一致。相比起来哪个观点更正确？从希腊古典哲学由苏格拉底提出"认识人自己"的研讨引起转向和变革的重大意义来看，苏格拉底的哲学观其实是更正确的，也同人类其他几个重大文化的原创智慧所关注的主题更加一致。不过苏格拉底提出的目标太高太困难，因为在政治伦理之类事情上要分辨善恶的真假，远比自然科学中分辨事实的真假要复杂千万倍。当苏格拉底提出"美德是不是知识"问题来讨论的时候，这种思考研究才刚刚正式开始。所以他虽然力图得出肯定的答案，事实上还留下了许多尚未解决的理论疑难。而在真假问题还远没能澄清时，什么是"真正的善"是更难说明的。因此亚里士多德对苏格拉底这个命题的质疑是有理由的。

　　路只能一步一步地走，饭只能一口一口地吃。希腊哲学最突出的特征首先在找出一条可靠的"求真"之路，这项任务是亚里士多德基本实现的。就此而言，他也完成了苏格拉底提出的问题的一个核心部分。但是他因此把理论和实践、本体论和伦理学分离开来，抬高前者和贬低后者，则并不正确。这个偏差，到希腊化时代就突出出来了。

　　其次，在伦理学本身，亚里士多德也认为苏格拉底犯了很大的错误。例如他说：

　　　　毕达哥拉斯是第一个企图说明美德的人，但是讲得不大正确，

因为他把美德联系到数目上 …… 在他之后来了苏格拉底,他对这
个主题讲得比较好些,比较前进了一步,但还是不很正确。因为他
总是把美德说成知识,这是不可能的。因为知识全都包含着理性,
而理性要在灵魂的理智部分去找。因此所有的美德在他看来都要
在灵魂的理性部分里寻找。其结果,他在把美德说成知识的时候是
抛开了灵魂的非理性部分,因而抛开了感情,又抛开了品格;因此
他对美德问题处理是不正确的。后来柏拉图把灵魂划分为理性部
分和非理性部分,这样做是正确的。…… 但是再往后就走入歧途
了。因为他把善与美德的研究混为一谈是不对的,不恰当的。因为
他在讲真理的时候不应该讨论美德;因为二者并无共同之处。[①]

这些批评涉及苏格拉底的基本思想和伦理命题,因此是一种原则
分歧。亚里士多德提出了与苏格拉底的原则不同的另一种伦理学。

苏格拉底对“美德即知识”的解说有不完善的地方。但是,亚
里士多德批评的并不是他的不完善,而是根本上否定把“真理/知
识”和“美德”结合起来的研究方向,认为这二者无关;进而,他
还把“善”和“美德”也分离开来,认为属于人的“美德”同作
为宇宙本体之“善”无关。这就恰恰显示出亚里士多德本人把理
论和实践分离所造成的伦理学上的致命伤。

因此他对苏格拉底的批评遭到了犬儒派,特别是斯多亚派的
强烈抨击。后者在整个希腊化罗马时期都坚持了苏格拉底本人的
哲学和伦理学的方向,他们的努力得到了极其重大的成果。

通过亚里士多德对他的老师和老师的老师的批评,我们能够
看到希腊哲学发展中波澜起伏、蔚为壮观的场面和它的曲折与
深度。

---

① 亚里士多德:《大伦理学》第一卷,1182a10-29.这类批评还有多处可见,这一条
可作代表。

4. 亚里士多德的学术体系和学科划分原则

亚里士多德做了大量的科学研究工作，提出了建立学术体系的架构。他把一切学科划分为理论的、实践（实用）的、制造的三大部类。[①]关于这种划分，他说了一些理由，首要一点是研究对象不同。

他强调，一切自然学术所研究的对象都是由于自然而存在的，而制造和实用学科的研究对象则不是由于自然。例如各种动物、植物，土、火、气、水等自然对象，每一个这样的事物都在自身里有其运动变化的原因。但是像床、衣服、房屋等东西乃至雕塑之类的艺术品，就它们是人工技术的产品而言，其变化的动力和原因就不在自身之内，而是出于它的作者。[②]每一个自然物都是一个本体，它有自己的本性，其存在是明摆着的，谁要想证明它们的存在是幼稚可笑的。[③]与之相比，人工制品和行为制度这些对象的本性是依附于人的存在，因此在亚里士多德看来，它们算不上是自身独立的存在和本体。因此"自然学"才是理论的学科。[④]

另一点理由是从知识水准上的划分。他认为理论高于实践，而在实践知识中制造的技艺知识又低于经济、政治、伦理的知识。知识是探求原因和普遍原理的，而唯有哲学才是最高的理论知识。[⑤]

似乎正是综合了上述两方面的考虑，亚里士多德提出了上述划分。

---

① 亚里士多德：《形而上学》卷 E，1025b19-28。
② 亚里士多德：《物理学》192b8-19，28-30。
③ 亚里士多德：《物理学》193a4-5。
④ 亚里士多德：《形而上学》1025b18-29。
⑤ 亚里士多德：《形而上学》A 卷第一、二节。

这种划分方法体现了他本人的重要观点,影响深远。因此无论其正确与否,都值得分析研讨。我们认为,从建立学术知识的体系的观点来看,他的上述划分是很有道理的,更有重大意义。因为把"自然"放在优于"人为"的地位,是符合真理不以人的意志为转移的客观本性的原则的。在存在本体论理论上说,认为唯有自然事物才是真正的本体,是对 φύσις 和 νόμος 之间长期争论的一个总结;再深一层说,是把巴门尼德以来强调的静态确定的 ὄν(存在/是),同早期哲学家所强调的动态流变的 φύσις(自然存在/本性)的重新结合,更是一大贡献。它对往后希腊化时期哲学把"存在"重新定位于"自然"有重大影响。因此我们认为对他强调自然高于人为的观点应予肯定。

但是这种划分所突出的重理论轻实践的倾向和观点则包含着错误,他对苏格拉底的轻视也有此根源。因为虽然从"自然"的东西本身来说,"人为"给它加上了外在的因素,因此自然比人为的事物更具本体性;但是,若从另一方面说,人及其本性(人性)难道不也是自然的一部分并且是最重要的部分吗? 既然如此,对人和人的思想行为岂不也同样应看作本体性的对象,并且是对我们更重要的理论研究? 因此,把实践看作只是实用的和比较低级的事情,认为研究这些不能算是真正的理论的观点,并不正确。这是另一种在自然和人的摆法上的偏差,暴露出亚里士多德本人的纯思辨和纯知识的思想倾向。

在理论学科中,他认为有三个学科:数(哲)学、自然(哲)学和第一哲学。它们也是按对象的差异来区分的。

自然学(physics)的研究对象是独立存在的和运动变化的事物。

数学也属于理论学科,但它的对象是不能运动变化和只存在于质料之中不能与之脱离的数和形。

第一哲学的对象是独立存在而又不运动变化的,他说这个永恒的最高原因看来就是神,因此第一哲学就是神学。[1]

5. 亚里士多德的方法

研究亚里士多德当然要研究他的学说内容和结论,但更重要的是与之相关的方法。因为任何学说的结论再好也总有其历史和知识的局限,总会陈旧过时,但它的方法作为其内在灵魂则常常更能保持其生命力。亚里士多德尤其是这样。这应当是我们学习研究的一个重点。

黑格尔认为亚里士多德的方法的重要特点是：处处关心确定的概念,对每个对象加以规定,更将思辨深入到对象的本性里。他最多地把握了现象,对经验事实逐一加以考察,但并不是经验式的考察,而是“思辨的”即深刻理性的考察和规定。[2]

W.D.Ross 说亚里士多德的方法有三个特征：第一,从考察先前的哲学思想开始自己的研究,这是经常采用的方法；第二,他总是无偏见的对每一个重要问题先摆出对立的观点,再对它们作考察,从不教条独断,而是一个心灵在寻求真理中的进展；第三,他的方法,大多不是形式的三段论式的论证方法,而是从通常的见解出发,从不精确的表述中区别出较确切的真理,对这种真理的确认

---

[1]　亚里士多德：《形而上学》1026a6-21。
[2]　黑格尔：《哲学史讲演录》第2卷,三联书店1957年版,第282—284页。

是靠指明与之相对立的看法会导致错误的结论来进行的。[①]

但罗素却持另一种看法,他说亚里士多德擅长于细节和批评,缺乏基本的明晰性与巨人式的火力,并没能成就很大的建设工作。他还断言亚里士多德的本体论,即 ontology,犯了把句子的主谓结构当成了世界结构的错误,而其逻辑学说是"完全错误的,只有三段论的形式理论是例外,而那又是无关紧要的"。理由是,亚里士多德虽然一再承认归纳的重要性,可是他也和其他希腊人一样,对演绎法估计过高。[②]

关于亚里士多德是否只注意了演绎而在归纳上缺乏关注和贡献,将是我们后面的一个讨论重点。我们虽然承认和尊重罗素这位哲学大家,但他的上述论断是我们所不能同意的,因为它不符合事实,也很不恰当。与之相比,Ross 的看法是正确的。

现代美国学者 A.Edel 认为亚里士多德在方法上有一些特点。他不是首先得到一个观点,从中引申出其蕴含的东西,然后再来找证据。而是首先广泛汇集整理各种意见和报道,它们是以通常的信念的形式表现的,其中包括以往的各种学说,普通的语言用法和观察得来的报道;然后他以巨大的劳作使之形成一个问题,并系统地检查这些材料,在这时,他特别致力于把传统看法中所包含的困惑和明显的矛盾展现出来;然后他彻底地筛选哪些可取、哪些不可取,加以区别,以找出解决办法来,这种解决办法能使各种学说、语言用法和无可否认的观察事实里的那种分歧的成分彼此调解或和谐起来,或者都加以重新解释过。[③]我认为这个评论是很适当的。

---

① W.D. Ross, Introduction, *Aristotle's Metaphysics*, Oxford, 1924, pp.LXXVI-LXXVII.

② 罗素:《西方哲学史》上卷,商务印书馆1982年版,第211页。

③ Abraham Edel, *Aristotle and His Philosophy*, London, 1982, p.30.

列宁评论说：

> 亚里士多德的逻辑学是寻求、探索……但是，亚里士多德的逻辑学却被变成僵死的经院哲学，它的一切探索、动摇和提问题的方法都被抛弃。而这些提问题的方法就是希腊人所用的那一套试探方式，就是在亚里士多德学说中卓越地反映出来的质朴的意见分歧。[①]

我认为这个评论简洁生动地刻画了亚里士多德的面貌，这就是：寻求、探索、试探、动摇、提问题的方法，辩证的方法。这便是亚里士多德逻辑的实质所在，并且是希腊人一直采用的方法的集中的卓越表现。可是他的这种方法后来却被人僵化成为教条，也被力图否定这种教条的人同样误解。这是应当澄清的。

所以，要研究亚里士多德哲学，我们必须从开始起就注意和考察他的方法。不用说，考察方法当然也脱离不了他的学说的内容。

第二节　《范畴篇》：亚里士多德早期的本体论和逻辑研究

《范畴篇》是他早期写的一篇逻辑学和本体论论文。在这里他通过对有关语言的分析和规定的简明方式，探讨和澄清了以往哲学对 ὄν 一词的许多用法的歧义和含混之处，从而得出了他最初的关于"存在/是本身"（或"存在/是之为存在/是"即"本体"）的概念。这篇简明扼要的论文中，他显示了高度尊重"存在"首先

---

① 列宁：《哲学笔记》，见《列宁全集》第38卷，人民出版社1959年版，第417页。

必须是感性个体事物的科学精神,哲学研究上直指"本体"的洞察和把捉能力,以及在语言和逻辑上的卓越才华。

亚里士多德认为表述事实的语言分为复合的和简单的两种。前者如"人奔跑"、"人获胜",是陈述性的句子;后者如"人"、"牛"、"奔跑"、"获胜",是单纯的词。他明确指出:一个词无所谓正确和错误,只有联合它们来进行某种肯定或否定的陈述即命题或判断时,才有真假正误的问题。但命题同它的成分有关。《范畴篇》的主要任务不是研究判断,而是研究形成作为命题和判断的基础的简单用语的。

1. 十范畴:关于 ὄν(存在 / 是)的十种含义

他对于简单用语进行了分析归纳,指出:每一个不是复合的用语,或者表示本体,或者表示数量、性质、关系、地点、时间、姿态、状况、活动、遭受。[①] 它们共有十种,即十类范畴。每一个都有所指,有客观事实作对象,因而都可说是一种"存在 / 是(即规定)"。

亚里士多德后来多次对"存在 / 是"的含义进行研究和分类,但最早的十范畴划分是基础和起点,意义很重大。

2. 本体是"存在 / 是"的中心

存在十范畴的划分,显明了它们并不是平列的,其中本体占主

---

① 亚里士多德:《范畴篇》1b25-2a3。

要地位,其余九个范畴都是用来表述它的。在陈述中,主词是一个本体,其他范畴是表述它的谓项。所以,本体是其他九范畴的基础。九范畴表示的只是依附于本体的存在,不能有同主体相分离的独立存在。如在"这人是白的"陈述中,"白"不能离开"这人"而独立存在,只能随附他存在。

对"存在/是(什么)"作语言语义分析,是澄清巴门尼德以来由笼统谈 ǒν 而引起的种种混乱的一个重要方法。它的实质是把"独立的存在"和"随附的存在"分开。这样,哲学要研究核心对象 ǒν 究竟是什么,就比较清晰明白了。因为它当然是作为中心的、有独立存在的东西,而决不会是那些次要和随附的东西。用这种划分作标准,有些观点(如以数为存在本体)的错误也容易显明出来。

3.个体事物是第一本体,种和属是第二本体

但是在陈述中可以作主词的事物还有"个体事物"和它的"属"和"种"三种分别。它们都可作为本体,因为其他九范畴都可用来表述它们,并依附于它们的存在而存在。

但这三者中,只有个体事物才是最原初的存在和第一本体。因为:

> 本体,就这个词的最真实、最原初、最确定的意义来说,是指既不能表述一个主体、又不依存于一个主体中的东西,如个别的人或马。但是在派生的意义上,像属那样包括着原初本体的东西,也被称为本体;同样,包括着属的种也被称作本体。

例如个别的人包括在"人"这个属里,"人"又包括在"动物"这个种里,"人"和"动物"就是第二本体。[①]

"不能表述一个主体",就是在语句中不能当主词的谓语。分析起来,不仅九范畴能表述一个主体,属和种也可以用来表述个体事物;唯有个体事物不能作为对其他东西的谓语。例如我们不能说"人是苏格拉底",而只能说"苏格拉底是人",这是不能颠倒的。这就是说,唯有个体事物是最真实的存在。并且因此各个个体事物都同样地真实,"没有一个比另一个是更真实的本体,一个个体的人并不比一头个体的牛是更真实的本体。"[②] 一切个体事物都是第一本体,它们每一个都不能表述别一个。因此,任何一个个体事物都是独立自存的。但属和种虽然也能做主语,却也能表述个体事物,从而显示出它们还不是最原始的真实的主体,只是第二位的主体。

"我们所谓'依存于主体',不是指像部分依存于整体那样,而是说离开有关主体便不可能存在。"[③] 这说的还是能否独立存在的问题。个体事物虽然可以看作是它的属和种里的一个部分,但它不依赖其属与种而能独立存在;相反,它的属和种却不能与个体事物相分离,分离了就不能存在。

所以,这两项标准讲的都是存在的独立性问题。亚里士多德认为这是个体事物作为最原初最真实的真正理由。他反复指出:除了第一本体外,一切东西都是既能表达一个第一本体又依存于一个第一本体的。[④] 如果第一本体不存在,就不可能有任何东西

---

① 亚里士多德:《范畴篇》2a11-19。
② 亚里士多德:《范畴篇》2b25-27。
③ 亚里士多德:《范畴篇》1a23-24;并见3a30。
④ 亚里士多德:《范畴篇》2a34。

存在。①

　　这是他对柏拉图相论的根本批评。因为"相"作为普遍者其实就是事物的种和属,照亚里士多德说,它们只能充当第二位的本体,不是真正独立存在的第一本体。把第一本体定位于感性个体事物,当然是一个带根本性的转变。

4.个体事物和它的属与种的关系：定义问题

　　属比种更接近个体事物,所以也比种要更本体些。因此当我们说明一个个别事物即第一本体时,用它的属来规定它要比用它的种更中肯、确切、清楚和适当些。② 这就涉及如何定义事物的问题。

　　作为派生的本体,属和种也很重要,其地位是本体之外的九个范畴不能比拟的。因为它们毕竟是本体,所以用它们才适合给事物下定义。"在一切谓语中,只有它们传达出关于第一本体的知识。我们要说明任何个别的人,便要说出属和种；而用属比用种更确切。而说些其他的东西,如说他是白的,他奔跑,等等,对于定义他都是不恰当的。"③

5.关于第一本体的几点规定

　　第一,所有本体看来都表示"这一个"。对第一本体这无可争

①　亚里士多德：《范畴篇》2b4-5。
②　亚里士多德：《范畴篇》2b6-14。
③　亚里士多德：《范畴篇》2b30-35。

辩的是真的,因为它是单一的东西。而对于第二本体,如人、动物这些属和种,人们用语中常常也使人觉得在指某一个东西,但严格说来却不是真的。①

第二,本体的另一标志是它没有相反者。②一个人、一个动物等都没有相反者。数量也没有相反者,没有什么可以成为三尺长、十这类东西的相反者。

第三,本体也不容许有程度上的不同。例如一个特殊的人,不能比另一时候的他本人或比其他的人在"是(人)"上多些或少些,不能说他比另一个人更是人。

这里,第一点是指明本体的单一性、个体性。第二、三点是指明个体事物是同一性的东西。它独立自存,是不变的、自身同一的;所以本体没有它的相反者,只有它的性质像颜色、热度等等才有相反者和变化,它内部的性质变化并不影响它作为本体的存在,因为它仍然是同一本体、同一事物、同一的存在。

所以,第四,"本体最显著的标志看来是:当它保持为数量的一和同一性时,它能容许对立的性质。除了本体,别的东西不能具有这个标志。比如同一颜色不能既白又黑,同一行为也不能既好又坏;这规律适用于一切,但不能适用于本体。同一本体在保持其同一性时,能容许相反的性质,如同一个人有时白,另一时黑,有时热,有时冷,有时善,有时恶。"③

请读者注意,他在这里已经指明:本体和感性事物是可以确定的,同时它的性质又能处于对立和变动中。这是《范畴篇》的本体论中最重要的思想之一。第一,他用本体的确定性、自身同一性

---

① 亚里士多德:《范畴篇》3b10-15。

② 亚里士多德:《范畴篇》3b24。

③ 亚里士多德:《范畴篇》4a10-20。

反对了一切流逝说。因为笼统地说存在流变，就会使人产生对感性事物不能有知识的误解。现在感性事物作为"这一个"个体事物，虽然其中可以有性质的变化，但在一定范围内它能保持自身而不会变成另一个事物。本体是变中的不变者；所以对它可以确定、认识和有知识。而且由于"这一个"是最真实意义下的存在者，我们对它也就可能得到真实的知识。其二，另一方面，他又反对了巴门尼德的铁板一块的只有同一性的存在/是，因为定位于感性个体事物的第一本体，在自身同一中可以容许有性质上的对立和运动变化。

6.语言逻辑与事实的关系

亚里士多德通过语言和逻辑的分析研究和规定存在与本体，素朴地认为语言和逻辑是反映事实、同事实一致的。但在规定了第一本体内部有性质变化之后，就在这里发现了真实存在的矛盾，他试图作出区别来。"谁都承认，同样的话可以又是正确的又是错误的，因为如果'他坐着'这句话是对的，当他站起来时同样的话就是错的了。"[①] 这种情况的发生方式同本体里的不同：本体可以容许相反的性质而自身持存不变；但陈述和意见本身是不变的，只是由于实际情况改变了，才使它们从正确变成了错误，有了相反的性质。"'他坐着'这个陈述没变，有时它对有时它错，要视情况而定。"[②]

因此，"陈述的真或假依靠于事实，而不是靠陈述本身有什么

---

① 亚里士多德：《范畴篇》4a24-25。
② 亚里士多德：《范畴篇》4a34-4b1。

容许相反性质的能力。"① 他认为语言陈述正确与否要看是否合于事实,显然是正确的;说语言陈述不会自己变化,只是跟着事实变,也是对的;他想划分语言陈述和事实的界限,要求我们的陈述、命题、判断具有明确性,符合逻辑的同一律和不矛盾律也很重要,否则若不管事实如何,陈述自己就能变化,就能既这么说又那么说,或同一陈述可以既正确又错误,那岂不是一团混乱? 并且他也承认,既然本体自身中容许有性质的对立和变化,那么语言逻辑受它作用也可以容许变化和对立。这表明亚里士多德不得不承认辩证法也必得渗进思维、语言和逻辑中来。但是他过于强调语言和陈述本身的不变性,不是没有问题的。概念和陈述固然归根到底要靠事实,却并非只是被动的,柏拉图在《智者篇》中对几个种的研究,就说明共相(和表现共相的概念)和存在的具体事物一样都具有相联系的能力,可以分有动和静、同和异的性质和形成变化。因此,对于亚里士多德的观点,我们也需要分析。

简言之,《范畴篇》在本体论和方法论上都奠定了亚里士多德学说往后发展的基础。由于以感性个别事物作为第一本体,亚里士多德就深入到自然科学、自然哲学和各种社会学说中去,从中进一步研究和发展本体论学说;由于注重语言,特别是其中的逻辑形式和方法问题,亚里士多德就深入研究了逻辑学;而这两方面是结合的,后者是前者的工具,于是亚里士多德研究和创立了一系列的科学部门,还写了许多逻辑著作。最后,在这一系列科学和逻辑学研究的基础上,他进一步研究了哲学本身,创立了第一哲学这门科学。

正如马克思所说:让我们回顾一位伟大的研究家,他"最早

---

① 亚里士多德:《范畴篇》4b9-10。

分析了许多思维形式、社会形式和自然形式,也最早分析了价值形
式。他就是亚里士多德"。①这里所说的思维形式,就是他对逻辑
思维方法和形式的规定；社会形式和自然形式就是他对社会经
济、政治、伦理,对自然科学自然哲学的规律和形式的规定。这一切
都是以上述本体论立场作为基础才是可能的。

第三节　自然哲学和"四因"研讨

　　如上所述,在研讨亚里士多德哲学中,他的自然哲学具有十分
重要的地位,主要体现于他的《自然学》(φνσική, *Physics*)这部
著作中。我不赞成继续把它译成《物理学》,因为现代人的"物理
学"观念实在和古人有太大的不同,不应混淆。古希腊人不是我们
今人。亚里士多德所说的三种理论学科指的正是希腊哲学的三个
历史形态,其中第一哲学虽然级别最高,但它是从研究自然、研究
数发展出来的对 òv 的研究。哲学研究必定要从自然开始,而亚里
士多德在同柏拉图相论分手时已经明确指出,如《范畴篇》所说
的那样,真正的存在 / 是(òv)或第一本体(ὀυσία)只能属于独
立的、由于自身而存在的东西。它不是数也不是与个体事物分离的
共相,而只是个体的可以经验到的东西,即自然(φύσις)事物。自
然事物才配享有这种地位。

①　马克思:《资本论》第一卷,人民出版社1975年版,第73—74页。

1. 自然和四因

亚里士多德对自然本体的研讨集中表现在他的"四因"说中,所谓"四因"就是四个本原或根本原因。他认为自然物同人工产物的不同就在于它是由于自己的本性而存在,而自然事物的根本标志就是能运动变化,这运动变化的原因不在外部,就在自己的本性即自然之中。

2. 质料因和形式因

究竟什么是自然物? 他说有两种看法,"读古人的作品,自然哲学家们似乎只谈到质料"[①]。但也有另一种看法,认为自然就是规定事物的数和形(形状或形式);但是"数"的定义不能包括运动,而"相"要同自然事物分离又如何能独立存在? 无论如何,自然就有两种意义:形式和质料。亚里士多德认为,给自然物下定义,就像给"塌鼻子"下定义那样,既要质料又要形式。不能像给"曲"、"直"之类数和形的对象下定义那样,只要形式就够了。[②] 这是他的自然本体论最重要的观点之一。

---

① 亚里士多德:《自然学》194a19-20。
② 亚里士多德:《自然学》194a14,194b12-13。

3. 动力因和目的因

关于"动力因"的分析,在《自然学》中占了最重要的地位。因为"自然已被我们定义为'运动和变化的本原',这是我们研究的主题"[①]。此外,他还提出了"目的因"的概念:自然是目的,或为了什么的本原。关于动力因和目的因的讨论,是亚里士多德的自然哲学和第一哲学里最富于成果又争议最多的一个很大的复杂问题。

4. 亚里士多德的自然"目的因"研讨

说自然物里有质料、形式和动力,或说自然事物中的质料、形式和动力都是它自身的自然,这是容易被人接受和理解的。但是说自然事物里有"目的"就不同了,"目的"是人才有的,怎么是自然的本原？ 亚里士多德是这样说的:

> 但是,自然还是目的或"为了什么的东西"。因为如果一个事物经过了连续变化而有一个终点的话,这个终点就是目的或"为了什么的东西"。[②]

在希腊文中"目的"和"终点"是一个词,τέλος,就像英文中的 end 那样。亚里士多德借此把这两个含义联系起来,把有意识的目的行为同自然过程向着它的终点运动说成都是由同一种动力引

---

① 亚里士多德:《自然学》200b12。
② 亚里士多德:《自然学》194a28-30。

起。不过这并非只是出于他思想的素朴而混同了二者,因为他清楚这二者有区别。或者更确切地说,他正是从这种区别的类比中,即对自然过程和人的生产过程,类比地论证了自然有目的。所以他所讲的自然有目的,并非单纯指自然过程有形成或终点,恰恰是说这种完成证明了它自身有一种目的。不过不是像人的行为那样的意识的目的,而是一种客观自然的目的,是神,它是"最自然的",是自然的最高本体或目的。且看他自己的论证:

> 在一种有完成的过程里,前面的一切阶段都是为了达到完成。就像在理智的行为里那样,在自然中也确实如此 …… 理智的行为总是为了某种目的,因此事物的自然(本性)也是为了某种目的。
>
> 一般说来,技术一方面完成着自然所不能完成的事,另一方面技术也模仿着自然。因此,如果技术产品是为了一个目的,那么,显然自然的产物也是这样。①

这是一个类比论证,即认为自然过程和人的生产过程在一点上完全相同:过程的先前阶段都好像是为了达到一个终点,在终点上一个事物形成了、出现了、实现了。

但是技术过程是人为了一个目的有意识地去做的,而自然过程中却没有意识。这一点亚里士多德是极其明白而且强调的,例如他说:"在人之外的动物里,它们造成各种事物,既不靠技术,也不靠研究,也不是出于什么深思熟虑,这一点是最明显的。"② 有生命的动物都没有什么有意识的目的,何况自然中还有更多的无生命之物。那么自然目的论还有什么根据?

---

① 亚里士多德:《自然学》199a8-18。
② 亚里士多德:《自然学》199a20-21。

　　虽然如此,亚里士多德还是深刻看到两者的一致。用他的话来说,就是"技术也模仿着自然"。这个话讲得是相当深刻的：因为人终究也是一个自然物;他的有目的的行为和技术等因而终究也源于自然,是对自然的模仿;归根到底,人的活动终究是一种自然的过程和表现形式,并非完全无关的另一种过程。

　　但是,亚里士多德却从这里得出了自然过程也像技术过程那样有一个"目的"的结论。他认为像燕子做窝、蜘蛛结网、植物长叶子开花是为了结出果实,等等,都既出于自然又是在实现一种目的。[①] "如果由于我们没有观察到能思考的主动者,就不承认有目的,那是错误的。…… 如果造船的技术存在于木头里,木头也会'由于自然'造出同样的结果来。因此,如果目的出现在技术里,它也出现在自然里。"[②]

　　相当深刻地看出人的活动从最根本上说也还是一种自然过程;就这样稍微再走一步便得出了自然过程也像技术一样的自然目的论。我们又一次看到,真理只要向前再走哪怕很小的一步,迈出了它应有的界限,就会立刻转化为谬误。

　　不过,他的自然目的论尽管有错误,里面还是包含着深刻的东西。自然中有着最深刻的进程和奥秘,要比人通过自己的努力和知识所形成的目的还要根本和重要。但它深藏在事情的后面,为了猜测它的存在和内容含义,亚里士多德(还有一些神学家)便用人自身所具有的目的来类比和猜测,并且承认它比人的目的还要高级,是真正的善,是宇宙终极的至善,并且全智全能,这就是神了。

　　因此,我想请读者在读到这类目的论哲学观点时,不要仅仅视

---

① 亚里士多德：《自然学》199a25-33。
② 亚里士多德：《自然学》199b26-30。

为谬论就扔到一边。而应当思考更多一些的东西,这是学习智慧的人所应有的态度。

5. 四因何以归结为二因及应予注意之点

亚里士多德说:既然原因有四个,自然哲学家就应都加以研究,并用质料、形式、动力和目的这四者来回答事物的为什么。但是"后三者常常是相符合的;因为形式和目的是同一的,而运动的原始源泉与这二者是同种类的(如人生人),一般说来,凡是自身运动而引起(别的事物)运动的都如此"[①]。如一尊雕像的原因是(一)质料,如铜;(二)形式,如某人的形状;(三)动力,如雕刻匠;(四)目的,如雕刻的技术过程是为了达到这样一座雕像;这后三者是有关的甚至是同一的,即主动者如某某工匠,他是动力,也是他按照一个目的和形式把这块铜做成一座雕像的,因此这三者结合在一起。把这说法移到自然物的生成过程也一样,例如人生人,当然有质料,其动力和形式是父亲这个人,而目的也在父亲的人的形式里,表现在结果即儿子的人的形式上。父亲作为产生儿子的动力和形式,是由目的来支配的。

把形式、动力和目的三者结合为一,就是"形式"。这个概括在亚里士多德哲学里有重大意义。这样对四因的研讨,就集中到作为主动者的形式和作为受动者的质料两者的关系上来,使他的哲学的中心问题得到高度的突出和展开。

然而,我们也必须注意,在"形式因"中的这一结合或简约并

① 亚里士多德:《自然学》198a25-27。

454

没有抹去三者各自的特点和意义，三者依然各有其意义和重要性，且由于上述的结合，它们各自都得到了新的诠释和充实。形式因涵盖动力和目的，便成为能动者；目的因也不再只是抽象的终点，由于它能支配运动全程的方向便成了推动事物变化的根本动力，并使变化带上了形式的规定性；动力因既能使事物运动变化也使之带上了必然的秩序，即成为由目的和形式严格规定的过程。

后来他在《形而上学》里更明确地指明，智慧这门学问：

> 就其最有权威性、其他一切学科是它的婢女不能违背它而言，它是关于目的和善的学问，这是智慧的本性。因为其他一切都是为了目的。但是就它被看作研究第一原因和最高意义下的知识的对象而言，关于本体和本质的学问必是智慧的本性。①

可见形式和目的虽然被看作实质一致，仍有差别和不同意义。"形式"是关乎事物之"是什么"的，即事物之"是"或本体，所以从知识上说是最重要的，也是亚里士多德在强调三因一致时通常都把形式放在首位，称它们都是形式的理由。但是从权威性上说"目的"更根本，人从自己的一切行为明白目的起决定作用，投射到自然便把自然或宇宙的目的，也就是善或神，当作最本原的东西和主宰一切的力量。亚里士多德自然学的最后结论，就是有一个最终的动力因：不动的第一推动者。

---

① 亚里士多德：《自然学》996b10-15。

6.亚里士多德的运动观和"第一推动者"

自然事物是独立而运动变化的本体存在。因此研究自然对象的运动变化当然是《自然学》的主要工作,占该书的绝大部分。他对自然运动的各种形式和条件作出了许多有重要价值的分析规定。可以说,不着重研讨他的运动观,就不可能真正明白他的自然哲学和第一哲学。其中最重要的仍然是运动和静止的关系问题。

在《范畴篇》,他讲的是本体不变,唯有它的性质可变。因此在那里所承认的运动变化和对立是极其有限的。而到了《自然学》中,他承认了本体即一切自然物本身也处于永恒的运动变化之中。这是一个重要的发展,他说:

> 变化者的变化,总是本体的,或数量、性质、地点的变化。如我们所说过的那样,要想找到什么既不是"这一个"的变化,又不是数量、性质等范畴的变化,而还有什么一般的变化,那是不可能的。因此运动和变化都不会超于上面提到的这些事物,因为超于这些东西之上就没有什么东西存在。[①]

由于承认本体的变化,他在《自然学》中提出了"潜能"和"现实",作为对这种变化的规定。[②]潜能就是指那些可能成为现实但尚未成为现实的东西,它还不是而只是能够成为"这一个"但现在仍是另一种东西。所以从潜能向现实的运动变化是本体的变化或生成。这个观点是《范畴篇》不能有的,而到了第一哲学的研讨中,这个本体论问题更具有重大的意义。

---

① 亚里士多德:《自然学》200M3-201a3。
② 亚里士多德:《自然学》201al0-ll。

于是亚里士多德承认了运动的普遍性，并且承认了本体的运动变化。他同后期柏拉图一样，在辩证法思想的发展上达到了相当深入的程度。

不过亚里士多德对动力的寻求和赫拉克利特仍然不同，他不是从自然中的对立统一来寻求，而总是在寻找产生运动的那个推动者。"任何一种运动都必须有能运动者的存在为先决条件"[1]，而找到的某个能动者（原因）又是从先前的变化来的。[2] 所以研究自然事物的运动变化，就成为一个追溯动力因的系列。他认为人和动物可以自己推动自己，静止的生物能自己运动起来，不过"在无生命的东西里我们看不到这种情形，它们总是由另一个外物来推动的"。[3] 这就出现了一个问题：这个追溯不能是无限的，没有答案的，那就等于没有原因，因此必有一个不再被别的东西推动的第一推动者[4]，而这个第一推动者是不动的。[5] 这个论证为第一哲学以善、最高目的、神作为超自然的本原的论证做了准备。

7.《自然学》中关于形式和质料、潜能和现实的考察

上面说过他把形式、目的和动力这三因归纳为形式因，这样来说明自然物如"塌鼻子"乃是质料与形式的结合就简明了。但这两因是什么关系？亚里士多德在《自然学》中也基本上有明白的

---

[1]　亚里士多德：《自然学》250b10-11。
[2]　亚里士多德：《自然学》251a18-20。
[3]　亚里士多德：《自然学》252b21-22。
[4]　亚里士多德《自然学》256a4-b2的论证。
[5]　亚里士多德：《自然学》258b5。

看法了。他认为形式和质料是事物都不可少的，并且是结合的。但是他表示，在历来对什么是自然的两种看法中，即一些人用事物的质料来解释而另一些则用事物的定义（或形式），他倾向后者。

> 因为"自然"一词用于自然的事物同"技术"一词用于人工的事物和产物一样。如果一物只潜在地是一张床还没有床的形式，我们就不会说它是技术的产品；这道理对自然的组合物也是对的，只是潜在的肉或骨头还没有自己的"自然/本性"，不能说它是"由于自然"的存在。所以，按照第二种解释，"自然"乃是事物的形状或形式，它同事物不分离，只有在定义中才能分离。
> 同质料相比，真正说来形式更加是"自然"；因为一个事物被称作这个事物，还是在它成为现实的时候，而不是在它潜在地存在的时候。①

亚里士多德在这里又一次用"技术（人为）"来理解"自然"。他说质料只是一种潜能的存在（如铜），唯有形式（人像）才使它成为一个现实存在的雕像。这种在技术中如此的情形，在自然中也是一样的，两者都是：单纯质料尚不能使某物有其"是（该物何以是该物之规定）"。因此对于自然物来说，它的形式比质料更加是本体。后来《形而上学》也是这样论证的。这个论点是在他的《自然学》中已经有了的。

亚里士多德的《自然学》是它的第一哲学的发源地。

---

① 亚里士多德：《自然学》193b7。

第四节　亚里士多德的第一哲学（上）

Metaphysics 这部著作（现在中译名为《形而上学》，我认为容易引起误解）① 是亚里士多德继《范畴篇》和《自然学》之后，对 ontology 进行研究的最高点。

1. 第一哲学的总问题

在 *Metaphysics* 的 B 卷第 1 章中，亚里士多德说，对于第一哲学应当研究的问题要有一个通盘的考察，接着他提出了一个简要的问题单子。为了研讨方便，英国学者 Ross 把它们标为 14 个问题。② 它们是：

（1）研究四因是不是一门学科的任务？

---

① 中译名为《形而上学》一书是亚里士多德讲"第一哲学"的一些讲义和论文，他的后人将它们编纂在一起冠以 Metaphysics（自然研究之后）这个名称，表示它的地位比"自然哲学"更高，这是对的。汉语用《易传》里"形而上者谓之道，形而下者谓之器"中的"形而上"这个词来翻译 Metaphysics，从字面上说似乎不错，但在我看来其实不妥。因为亚里士多德在这部著作里讲的 ὄv 和 ὄv 之为 ὄv，虽有超越性却全然不是同"自然"或"形下"事物对立的。相反他的研究的出发点是自然或个体事物的 ὄv，为了这种形而下的存在 / 是寻求原因即 ὄv 何以为 ὄv，这 ὄv 之为 ὄv 究竟是什么，而他所寻求到的这个本体，也仍然要能回到自然存在和个别，即足以解释它们的存在 / 是，才算得到检验。所以这部著作并不是讲"玄学"的，可是中国人的脑子里的"形上"的意思就是"玄"，于是就会望文生义地以为亚里士多德是在讲"玄学"，岂非与原意背道而驰？ 所以我认为这个译法不妥，不如老老实实用他自己的说法，译之为"第一哲学"或"关于'存在 / 是'的 研究(ontology)"。但为避免不习惯，我还是用 Metaphysics 称呼它。

② W.D.Ross，Introduction，*Aristotle's Metaphysics*，Oxford，1953，pp. XVI-XVII.

（2）研究本体的第一原理的学科,是否也应研究证明的第一原理?

（3）这门学科是否研究一切本体?

（4）研究本体的学科是否也研究本体的属性?

（5）除感性本体外有没有非感性的本体?

（6）种类或其组成部分,是否事物的本原?

（7）是最高的种,还是最接近个体事物的属,更合于本原或本体的本性?

（8）个别事物之外还有别的东西存在吗?

（9）本原是数目上同一的还是种类上（定义上）同一的?

（10）有生灭和无生灭的事物其原理是否相同?

（11）"一"和"存在/是"是本体还是属性?

（12）本原是普遍的还是个别的?

（13）本原是潜能地还是现实地存在的?

（14）数学对象是不是本体? 如果是,它是否独立于感性事物而存在?

（14a①)相信"相"不同于感性事物和数学对象的人理由何在?

为了理解他提出的这些问题的含义,我们结合他自己的有关解说和答复作点大体的整理和说明。

首先,他对这里的（1）、（2）、（3）、（4）的答案基本上是肯定的。它们都从正面提出哲学研究的对象是什么的问题。

问题（1）表明,他认为研究本体同研究四因不可分,要从"四因"研究起。Metaphysics A 卷先谈在他之前的希腊哲学发展和他的有关分析评论,其中心线索就是四因说。关于四因,他在《自然

---

① Ross 所说的这一条显然附属于（14）, B 卷第 1 章未提到这一点。

学》中已经有了相当详细的分析研究。由此可见，亚里士多德的第一哲学所研究的本体，主要就是自然事物的四因的问题——特别是形式和质料这二因的关系问题以及与之密切相关的潜能和现实的问题。

问题（2）的肯定答复表明，他认为逻辑论证的根本原理也是哲学必须研究的。这一点从巴门尼德提出 ὀν，即把 ἐστιν 命题句所表达的事物存在和它是什么的含义压缩为一个名词，作为表示存在和真理判断的时候起，就是联系在一起的。

问题（3）中"一切本体"的含义不清，随着讨论各种对本体的看法而消解到其他问题中去了，我们这里可以先不管它。

问题（4）是指明研究本体也要研究它的本质属性。

概括说，第一哲学的研究对象是本体，即自然的或个体事物的根本原因的，即存在之为存在的本身；同时也研究它们的根本属性，也要研究最根本的逻辑原理。

问题（13）关于潜能与现实的关系问题，是亚里士多德本体论中最要紧的问题之一，也是哲学研究的主要对象。

其他问题大多涉及和柏拉图派及毕达哥拉斯派、爱利亚派的基本观点分歧，通过研讨亚里士多德着重批判了把数和相看作独立于个别事物之外的存在观或本体观；他指出：关于"一"和"存在/是"是本体还是属性的问题，即问题（11），是个很使人困惑的问题。他指出，巴门尼德所说的"存在/是"和"一"其实只是依附于本体的本质属性，本身并没有独立的存在；因此这些抽象的普遍规定虽然也有其存在（作为本质属性的存在）和重要意义，却不是本体。通过这些讨论，亚里士多德对一般和个别、抽象共相同感性事物、理性知识和感性认识之间的复杂关系作了大量研讨，从而阐明他所肯定的哲学研究对象究竟应该是什么。

总起来说,《形而上学》讨论的中心是 ontology,也就是对 ὄν 的研究的问题。由于亚里士多德是第一次明确提出"ὄν 本身"(或 ὄν 之为 ὄν,ουσία)的问题来研究的哲学家,而且他对自然科学作了分门别类的大量研究,对作为真正本体的自然事物作了深入的自然哲学研究(包括对什么是"存在"和"本体"的真正含义的确定,对什么是自然事物的根本原因即四因的逐个分析和相互关系分析,以及进一步归结为形式质料二因及其关系的分析),并深入分辨从巴门尼德到柏拉图都把 ὄν 的本质属性同"ὄν 本身"混为一谈的错误,总之,由于有上述种种研究的深厚功底作基础,他终于把 ontology 提高到了一个崭新的阶段。亚里士多德能成为全部科学和哲学"求真"伟大事业的奠基人,靠的正是这个 ontology 学问,包括存在本体论和逻辑学。

2. 哲学是研究"本体"的学问

卷四(Γ)开宗明义就说:

> 有一门学科,它研究作为存在的存在和由于本性而属于它的那些属性。[①]

这个"作为存在的存在",原文为 τὸ ὄν ᾗ ὄν,英文译成 being as being, being as such。这意思和柏拉图常用的大自身、美自身等"某自身"一样,指的就是"ὄν 自身",即存在本身,某事物是什么的根本规定或定义,通常被称作"本体/ουσία",substance。用这

---

① Aristotle, *Metaphysics*, 1003a21.

种方式所造的词强调的意思就是：它指的已不再是泛泛所说的存在,如《范畴篇》中列举的那些作为谓语的9种存在,而只指主语所表示的主体本身。在更精密的考察下,必须指出即使是那些可以作为句子主语的属和种,也够不上真正的本体的资格,因为它们还没有自身独立的存在。唯独个体事物才能是“第一本体”。而在Metaphysics 中,对于 ὄν 和 ὄν 自身,还有更深入的多方面的分析。所以,所谓 τὸ ὄν ἧ ὄν 就不仅指一个东西,更应看作是对这最真实的存在和含义的不断分析、寻求和研讨的活动。

　　这句话指明：这门学科所研究的对象,与任何具体门类的学术（即各门科学）都不同。任何研究当然都要以存在的事物作为研究对象,但它们都是割取存在的某些部分或方面作对象来研究它[①] 和它的属性的。例如,数学研究的是事物的数与形方面,动物学从存在的整体和万物中只取动物（生物里的一类）来研究,但是所有这些学科都不研究存在本身是什么,存在何以是存在、何以能存在,在这些问题上它有怎样的含义和规定。唯有一门学术,第一哲学,才把“存在本身”（本体 /οὐσία）当作它的研究对象,从诸多的存在及其诸多含义中寻求存在自身并研究它的本质属性。

　　从此在学术史上,哲学就同其他一切学科区分开来,确立了它作为一门独立学科的地位。

---

① 能被割取一块的东西,当然是实在的东西而不是指思想或下判断的事情,因此 τὸ ὄν 和 τὸ ὄν ἧ ὄν 在这里,很难读成“是”,只能读作“存在”才恰当。但是在第一哲学的研究中,这个 τὸ ὄν,尤其是 τὸ ὄν ἧ ὄν,便不仅指存在和存在本身,马上就同“是”和“是之为是”,即严格的逻辑求“真”问题挂在一起了。详见下面即将阐述的他在 Metaphysics 第四卷（Γ）中的论述。

3. 对"存在"含义的反复分析是哲学研究的入门处

亚里士多德在《范畴篇》和《自然学》中已经对存在作了许多分析,在 *Metaphysics* 中又作了许多新的进一步的分析研究。他总是指出对"存在"的含义可以有多种多样的理解,不加辨析就一定会出现混淆,搞不清哲学到底该研究什么,并且一定会造成重大错误。他对早期自然哲学家只用质料来定义存在,对毕达哥拉斯派、巴门尼德和柏拉图用数、相和只是属性含义上的"一"之类来定义真实存在的错误,都作了分析批判和澄清。正是靠了这些严密的分析,他才在 ontology 上达到了前所未有的高峰。

《范畴篇》通过十范畴的分析,把存在分为本体和其他九范畴两大类,确定本体是感性个别事物及其属和种,特别是确定了感性个别事物是第一本体的中心地位。这一分析奠定了他的本体论思想的研究基础,并在往后得到了进一步的发展。《自然学》中对存在作了一系列重要分析:如在分析自然和人为中,强调自然事物才是由己的独立的存在,才是本体;关于四因作为本体的分析;批评爱利亚派"存在是一和不动"之说既不合事实又不合逻辑,是把本体的存在同数量和性质的存在混淆了。他指明"存在本身"只是各个自然物,它们和它们的性质从每一个自身来看都是"一"(同一性),合起来看当然又是"多"。因此爱利亚派的看法是很错误的。[①]

在 *Metaphysics* 中,对存在的分析又有了许多重大新进展。下面我将着重阐述他在第四卷(Γ)中的论述。在此之前,我想先对别处的有关重要分析也作点介绍。

---

① 见亚里士多德《自然学》第一卷第二、三节。

在第五卷（Δ）第7节,他区别了偶性的存在与本性的存在。一个事物可以由于本性而有陈述语,但也可以由于偶然而有某种陈述语,如说一个人是有教养的或是白的,这教养和白虽也存在,但同主体没有本性的即必然的联系,句中的"是/有"也不表示必然的关系。这显然是因为他研究并注重科学而提到这一点的,因为科学讲究必然性,故需排除那些偶然的"是/有"而只关注本然和必然的"是/有"。这对批评诡辩也很重要。

还有,他指出"存在/是"表明一个陈述为真确,"非存在/不是"就指所述不真实,是虚假的。这就把ἐστίν作为系词在判断句（命题）中的"表真"作用和含义指明了。存在论同逻辑学的相互关系密切甚至融为一体难解难分的情形,在这个词里早已蕴含,亚里士多德给予了阐明。因此可以说,ὄν不仅有"存在"义、系词的"是"义,还在严格的知识学上有表示"真实"的意义。

在第六卷（E）中再次涉及这一点,他说在表示"真"和"假"的意义下的"是"与"不是",是由于结合与分离造成的；即,对于主语和谓语加以结合或分离所形成的表述,若符合事实就是真的,不符合就是假的。因此：

> 凭组合和分离造成的真假只在思想而不在事物,因为思想可以把某个陈述加之于主体或从它那里取走,因此在这个意义上,真和假是与原来事物不同的另一类"存在/是"。[①]

当人们讲"存在/有"、"不存在/没有"的时候,指的是事情本身如何；而当我们说"是"和"不是"的时候,是在思想和言说中表示我们的一种意见或判断（x是y,或x不是y）,它把x和

---

① Aristotle, *Metaphysics*, 1027 b 30-33.

y 在陈述中联系起来或者分离开来。凡其结合与分离符合实际的就叫作"真",反之为"假"。所以用的词虽然都是 ὸν,表示事物方面的实际"存在"的含义和表示陈述方面的思想含义的"是"含义（即主语和谓语彼此联结还是分离），二者是不同的,不能混淆。顺带说,这也证明我们对这个词主张双译（存在/是）和多义相关译法（存在/是/真）的必要性。因为它们确实有关又确实有别,所以我们既要统一理解,又须视情况严加区别。

此外还有一些对存在的含义分析,如潜能的存在与现实的存在,等等,因为后面会有更多讨论,这里就不多谈了。

4. 亚里士多德本体论的基本立场和内容

注意到以上分析之后,再来看第四卷（Γ）中关于"存在/是"的分析就更容易明白了。亚里士多德说：

> 一个东西被称作"存在/是"含义很多,但这些含义都是相关于一个中心点,一个确定的事物的,全不模糊。[1]

存在有种种含义,如本体,某个事物,也指事物的性质,指事物的产生和变化过程,或与之相关的事情,如对这些的阙失或否定,因此甚至对"不（非）存在"我们也会说"这是'不/非存在'的",肯定它也可以有一种"存在/是"的意义。但是,亚里士多德强调指出,这样一些存在很明显地都只是由于有一个本体才会有的,中心的存在只是"本体"。哲学就是研究关于这个"存在本身"即"本

---

[1]　Aristotle, *Metaphysics*, 1003 a 33-35.

体”及其本性的原理和原因的学问。

　　研究哪些原理原因呢？首先，他说，“‘存在’与‘一’作为原理和原因是相通的，实际它们原是同一个东西，虽然不用同一个公式来说明”。例如“一个人（one man）”和“人（a man）”^①是同一的，没有分别。每个事物都是“一个”事物。每个存在必为一个东西，有多少“一”也就有多少个存在。^②这里表面上看他讲存在者是“一”好像同巴门尼德类似，其实相反，因为巴门尼德主张抽象的存在是一，而亚里士多德是说每个个体事物都有单一、同一的本性。他也是从普遍的高度来考察存在和一的，但始终以个别事物作为存在本体和研究的出发点，从而达到普遍的结论；而巴门尼德所说的“存在”和“一”只停留在抽象的普遍里。在这样的基础上，他强调由“一”而研究“多”，因为几乎所有思想家都同意存在和本体是由对立面组成的，如有的用数的奇偶，有的用热和冷，有的以爱和恨，等等。他认为这都同“一”、“多”有关，可以看作是属于“一多”问题的，如“静”属于“一”，而“动”则在“多”的那一边。所以哲学研究“一”就要研究“多”（与“一”相反、相异的，如否定和阙失），包括“同”和“异”、“类似”和“不类似”、“动”和“静”，等等，它们都属于同一个哲学的研究对象。从这里我们自然会联想到毕达哥拉斯派的对立表，特别是柏拉图《智者篇》关于通种论的研究成果。他显然吸取了上述成果，所以明白指出对“存在自身”的本体论研究，包括了“存在”、“非存在”、“一”、“多”的各种有关的对立面的研究。^③

　　亚里士多德的上述本体论的立场，就其把“存在”和“一”

---

① 希腊文名词单数不必加上数词，连英语的 a 都不用。

② Aristotle, *Metaphysics*, 1003 b 24-35.

③ Aristotle, *Metaphysics*, 1005 a 5.

安置在自然事物个体事物上而否定巴门尼德与柏拉图把它安置在脱离个体事物的抽象普遍来说,是接近唯物主义的;就其从对立统一关联来认真深入思考"存在"和"一"的一切问题来说,是内容丰富的、非常辩证的。这是亚里士多德本体论的基本立场。

5.哲学也要研究逻辑规律,首先是最根本的原理

第四卷(Γ)谈过哲学是研究本体的学问后,亚里士多德立刻就转向了逻辑问题,指出思维的根本原理也是第一哲学必须研究的问题。我们看到:在专门讨论什么是第一哲学的 Γ 卷的大部分篇幅(三至八章)里,讨论的都是逻辑原理问题。这就告诉我们,亚里士多德的本体论(对客观事物世界的根本研究)是离不开他的逻辑学(在思维上表现本体论及其研究)的。因此尽管他对逻辑学的系统阐述在《工具论》各篇,但其根本原理原是亚里士多德哲学内在的基础部分。[①] 事物存在的逻辑(逻各斯)和思维逻辑的一致,是哲学中最具本质意义的要点之一。把 ὄν 不仅理解和翻译为"存在",也要理解和翻译为"是",进而在哲学和科学的判断上和逻辑上,把它理解和翻译为"真"或"真实",是同这点不可分的。事实上,不仅客观的"存在"和"本体"决定着我们语言思维中的"真",反之逻辑判断中的"真"也决定着我们对"存在"和"本体"的确切认识与知识。

在 *Metaphysics* 的 Γ 卷里,他讨论的是逻辑的根本原理和与本体论的关系问题。他说,数学中有所谓公理(axiom),本体论哲

[①] 到了希腊化时期,斯多亚派哲学就明确地把逻辑学作为哲学有机三部分之一。

学也有自己的公理,要研究这个公理。这个公理能运用于一切“存在”,而不是只适用于其中的某些种类。一切人都运用这些真理,因为它们对存在本身及其每一个种类都是真的；但人们只使用它们而不研究它们,所以研究存在本身的哲学家也要研究它们。那些研究特殊学科的（如数学家、几何学家）也不研究这些真理的真假。他说,自然哲学家某些人研究过这一问题,不过“自然”也还只是存在的一个种类；另一些人讨论过它,不过只当作一种说话和思维的训练,而不是专门研究它。所以哲学家,研究一切本体的本性的人,也应研究证明的学说的原理,它是最确实的万无一失的原理。[①]

6. 什么是研究“存在”的最确实的原理

他说这个原理就是：

> 同一属性不能在同一时候既属于又不属于同一主体的同一方面。[②]

他强调,面对辩证法的质难,我们必须事先设想到各种需要加上去的进一步的限定,使这一表述进一步精确化。但这个原理的宗旨是思想的确定性：它是一切原理中最确实的原理。他说,对于任何人,要他相信某物既是什么又不是什么,如某些人传言赫拉克利特说过的那样,那是不可能的。因为一个人要是在这一点上弄错了,他就会在同时有相反的意见了。正是由于这个理由,所有进行

---

① Aristotlp, *Metaphysics*, 1005 a19-b15.

② Aristotle, *Metaphysics*, 1005 b19-20.

论证的人都把这一点作为一个绝对的信念,因为这自然是出发点,甚至是一切其他公理的出发点。[①]

亚里士多德在这里郑重提出来的最终最确实的原理,正是最根本的思维规律:(不)矛盾律。

事物中最确实的本原是存在本体;而人对事物总要有所思想言说,这思想言说的真假对错,则要由说"是"还是说"不是"来作最确实的判别。存在本体的真实状况和人的思想言说中的判断当然是两回事,但彼此紧密相连。因为说某事物"是不是"什么,也就是在我们的认识和语言上确定它"有没有"某个本性或属性。这样,存在问题就同逻辑问题联结起来了。所以亚里士多德说,研究本体论最高原理的哲学,也必须研究逻辑的最高原理。

亚里士多德把(不)矛盾律当作最根本的逻辑公理,就是把确定性作为思维和语言具有真理性的首要条件。同一个人不能在同一时刻对同一事物的同一方面(注意:这里提出了各种必要的限定,因而同巴门尼德的说法非常不同)发表正好相反的意见,自相矛盾。简言之,就是思想言说决不能自相矛盾。而不自相矛盾就是思维的确定性。

他认为这是一个自明的公理,因为一个人若是说些自相矛盾的话,就等于什么也没有说,等于没有说话也没有思想。所以亚里士多德说,这个原因虽然无法正面证明,但反证则是很容易的:"只要我们的论敌说了某些东西,我们就能进行反证",如果他什么也不说,那同他讲道理就毫无意义,因为这样的人不比单纯的草木好些;而只要他说出某种对他本人和别人有意义的话来,我们就

---

① Aristotle, *Metaphysics*, 1005 b 23 - 34.

能证明这个原理，因为我们就会已经得到某个确定的东西。[1] 所以不矛盾律，是思维和语言的最起码、最根本的要求，绝对不能违反。

这里重要的是限定或确定"是"和"不是"的含义即所指，只要是确定的，就不可能说一事物"如是而又不如是"。如果一个词有几种含义，我们也可以一一加以确定；但如果没有限定，说这个词有无限多的含义，那么显然就不可能理解它，因为没有一个确定的含义就是没有意义，而如果一个词没有能让别人理解的意义，自己也不理解，它就是虚无，等于什么也没有说。

亚里士多德强调，所谓确定一个意义，是指本质（本体及其本性）的东西。一物是人还是非人呢？因为人是有本质和定义的，所以人与非人是对立的，只能确定一个。但是同一事物，可以既是人，又是白的等无数别的东西。如果有人问：称某物为人是真，还是称之为白或高个子等为真？这是无法讨论的，因为偶性是数不尽的。抛开了本体和本质，就是无视论证的法则，把一切偶性、属性同本体、本质混淆在一起，就把思想搞乱了。这里他批评了普罗泰哥拉和阿那克萨哥拉：前者认为对任何事物可以任意肯定和否定，那么说同一事物既是一艘船舰，又是一堵墙，又是一个人，他也必须承认。阿那克萨哥拉说万事万物都混合在一起，那样也不会有什么东西真实存在，他说的是"无规定者"，所以他以为在说"存在"时，实际上说的乃是"非存在"。因为潜能的存在是无规定者，它还不是现实的存在。无规定者就是其本质或本体还没有确定，还没有成为现实，而只是可能性的一种状况，还不是真实的存在，这种可能的存在也就是相对的"非存在"。事实上，任何现实存在着的事物，都是有确定性的，这就是它们的本体、本质。阿那克萨哥拉没有抓

---

[1]　Aristotle，*Metaphysics*，1006a25.

住现实存在的确定性,只看到潜能的存在这一面,所以他的观点也是错误的。

这是从本体论即客观方面来说不矛盾律的根据的。第九卷第十章又一次回到这个问题,并且更明确地说,"存在/是"与"非存在/不是"这两个词,首先是指范畴的划分[①];其次指"现实"与"潜能",而在最严格的意义上说,是指"真实"和"虚假"。真假问题依对象中的结合还是分离而定,把(事实中)分离的认作分离的,把(事实中)结合的认作结合的,这就是"真",反之,思想与对象中的情况相反,就是错误。并不是我们"真"的想你的脸是白的,你就是白的;只是因为你是白的,我们说的才是"真"[②]。在《分析后篇》他还说过这样的话:"我们对一事物的根本性质有怎样程度的知识,取决于我们觉察它的真实存在的意识。"[③]他经常指出逻辑规律的认识和运用并非万能,关键还要对于对象本身有真知,要知道得多,否则难免发生错误。

由此可见,他对逻辑原理的确立是从本体论出发的。思想和语言不能自相矛盾与混乱,首先是因为事物的本体、本性有规定性或确定性,现实存在的事物有确定性。肯定思想和语言中的(逻辑的)不矛盾律,并不否认客观存在中有真实的对立和矛盾。

7. 逻辑原理和人的实践

对逻辑公理的基本理论说明已如上述。亚里士多德还指出:它

---

① 即本体是最真实的存在,其余的只是相对的存在,与前者相比也可以说是非存在。

② Aristotle, *Metaphysics*, 1051a34-b9.

③ 亚里士多德:《后分析篇》93a27-28。

是人类思想行为之必需，因为人总是必须对事物有所肯定和否定。

> 如果一个人不做判断，"想"与"不想"没有区别，他与草木何异？因此，最高程度的明证是，无论赞成这种看法的任何人或是别人，都不会真的站在这种立场上。因为，为什么一个人想去麦加拉时就走向麦加拉而不待在家里呢？为什么他在路上遇到一口井或悬崖并不跳下去呢？为什么我们看到他防止这种事，显然不认为跳下去也一样好，而认为不好呢？显然他判定一种事要好些，另一种要坏些。同样，他也必须判定一物是人而另一物是非人，一物甜而另一物不甜。他不把一切等量齐观，他想饮水或去看一个人时，他就走向这些事物。[①]

人说话、思想、行动总是有意义的，他有目的和追求，有意之所在，这些都必须有规定性或确定性，否则人就无法生活而"同草木无异"了。亚里士多德的这一论述，实际上触及了人类逻辑思维的真正起源的问题。人的逻辑能力看来是不能脱离主体的行为需要来产生的。人在实践中，从而在思想中，必须对外物有辨别取舍即肯定否定，否则就无法行动。可见，人们对事物的规定或确定，不单在事物本身中有根据，还在人自身（生活实践）中有根据。亚里士多德非常重视这一点，认为这是对逻辑矛盾律的"最高程度的明证"，这是极可贵的洞见。

---

① Aristotle, *Metaphysics*, 1008 b10-23.

8.逻辑［不］矛盾律同客观现实中对立统一规律的关系

亚里士多德不仅第一次明确表述和论证了逻辑的不矛盾律，还认真分析了种种否认这个原理的想法，包括这些错误意见的根源和其中的某些合理之处。他说：那些真正感到困惑而导致这种意见的人，是由于观察了感性世界。（1）他们认为对立的方面同时都真，是因为他们见到由同一事物中产生出对立物来。如果那相反的（"不是/不存在者"）本来没有，如何能显现出来？因此事物必定在早先就有对立双方，如阿那克萨哥拉所说，万物混合在万物中。对以此为根据建立信念的人，我们要说在一种意义上他们说的是对的，在另一意义上是错的。因为"是/存在"有两个含义，所以在某种意义上一事物能从"不是/不存在者"中产生，而在某种意义上则不能；同一事物能在同一时刻既"是/存在"又"不是/不存在"，但不是在同一方面。因为同一事物能潜在地同时是/有两个对立面，却不能现实地是/有对立。（2）有些人从感性世界里推论出"现象的真理"。他们认为真理不能由或多或少的人们的信念来决定，同一物有些人尝了觉得甜，另一些人则认为苦；别的动物从同样对象得到的印象同我们相反；甚至对每一个人的感觉来说，事物也不总是同一的。这些印象孰真孰假是弄不明白的，因为一个并不比另一个更真些，都是同样地真。因而德谟克里特说，在这里没有什么真理，至少对我们来说是暗昧的。总的说来，由于这些思想家以为知识是感觉，而感觉是身体的变形，他们就说显现于我们感觉里的东西必是真的。①

亚里士多德说，照这个方向来讨论问题是最为困难的，如果这

---

① Aristotle, *Metaphysics*, 1009a22-b15.

样来寻求真理,那就像追逐空中的飞鸟了。他说,这原因是在于：
一、他们把"存在／是者"等同于感性世界,而在感性世界里,大量
呈现的是无规定的东西,即潜能意义下的存在,因此他们说的似乎
有理,却没有说出什么是真实的存在。二、他们持这种看法,是因为
他们看到整个自然界处于运动中,而对于变动的东西无法作出真
实的陈述,至少对于那些在一切地方和一切方面都变化的东西,是
无法真正予以肯定的。这种见解发展到极点,就是所谓赫拉克利特
派的观点,如克拉底鲁,他最后认为要谈任何东西都是不行的,只
动动手指头来表示一切。对此,亚里士多德回答如下：他们认为变
化的东西就其正在变化而言,还不是存在的。这个看法里有些真实
的意义,但整个来说是可争议的。因为那正在失去什么的东西,毕
竟有某个东西它才能失去什么,而说到产生的东西,那必有某种东
西已经存在着了。一般说来,如果一物正在消灭,必有某物现存着；
如果一物正在产生,它也必从某物产生。① 这就是说,变化毕竟是
事物的变化,而事物终究是有其确定的"存在"和"是（什么）"
的东西。我们可以向他们指出这一点并说服他们有某种东西本性
不变。如果他们说事物同时既是又不是（什么）,他们就得承认与
其说万物在变动不如说它们是静止的,因为这里将没有什么东西
可以变动。② 这就证明了他们的论点会因自相矛盾而瓦解。我们终
究必须肯定事物和本体中有某种确实和确定的东西存在,否则就
不能思想、不能言说、不能判断。

① Aristotle, *Metaphysics*, 1010a19-21.
② Aristotle, *Metaphysics*, 1010a34-37.

9. 对感觉论和现象论的分析

然后他再回到感觉论和现象论上来讨论。他指出,一、现象并不都是真的;二、现象也不是同感觉等同的。[①] 人们对同一现象的感觉不同,如靠对象近的同距离远的人看到的它的大小颜色不同,病者和健康者拿同一物体感到轻重不同,这并不是对象的原样变了,而是人们的状况不同,在这个问题上,人们的感觉所具有的权威性是不同的。对于一个人是否会康复的问题,医生的意见当然胜过无知的人。我们对熟悉的亲近的对象的感觉,其权威性也胜于对陌生的和成问题的对象的感觉。可见感觉到的并不等于现象本身。他说:"感觉确实不是对感觉自身的感觉,而只是因为有某种东西在感觉(者)之外存在,它必先于感觉而存在,因为推动者在本性上先于被推动者。"[②] 这里显然主要是批评普罗泰哥拉和智者的主观唯心论,他们把感觉的变幻不定完全等同于客观的现象本身。亚里士多德认为现象中也有确定的东西,如质或性质。现象虽然不像本体、本质那样真实稳固,但仍与之相联系,它们是客观的,并不等同主观感觉。不是感觉决定现象,而是相反,现象决定着我们的感觉。

Γ 卷还讨论了排中律的问题,我们就不去谈它了,因为它本质上是不矛盾律的进一步延伸。

总起来说,不矛盾律和排中律都以客观存在中的规定性、确定性或稳定性为基础。这种确定性有层次和程度上的不同,首先是本体和本质,然后是它的属性。那些偶然的性质由于没必然性所以不

---

① Aristotle, *Metaphysics*, 1010b1-4.

② Aristotle, *Metaphysics*, 1010b35-36.

稳定。如果把上述这些都混为一谈，就会导致认识上的不确定性，导致否认不矛盾律的错误看法。正确的看法就是要辨别它们，限定所论的东西，以及其时间、地点、方面，从而加以确定，这样说话才有意义，而不矛盾律本身也得到了说明。其次，他也承认客观中有对立、运动变化和不确定的状况，但这些不确定的变化总是确定东西的变化，所以变化运动本身还是可以认识和规定的（与克拉底鲁的观点对立）。他还认为对立和变动属于现实存在的潜能状态，而不矛盾律所讲的对象乃是现实的东西，它们总是在本体和本质上确定的存在。这样，亚里士多德就在潜能的存在中，在从潜能向现实的运动中承认了对立统一的辩证法。这是从本体论来看不矛盾律的根据。另一方面，他还从人的主体方面探讨了根据。人的思想、言语、行为必有目的，必有意义，就必定要求指向一个确定的对象，否则就是一团混乱。这一点从人们无数日常实践中都可得到证实。但人们确实在认识和行为上也有不确定性：智者们因为生活目的（为了私利，或代表各种不同人的私利）而喜欢主观随意性；一般人相信感觉而感觉确有不确定性；还有人们因为对于对象无知而抓不住确定可靠的本质东西。亚里士多德分析了诸种情况，指出要抓住真理就不应像智者那样生活；要区别感觉与现象，感觉不应停留在主观方面而应注重对象，并由现象进而掌握本质；最后重要的还是求知，对于对象有了充分的知识，对于对象在一定时间、地点、方面和意义上的各种情况都知道了，都限定了，我们对于所论的东西就能完全确定下来，可以对它进行肯定或否定的判断。这也就证实了不矛盾律毕竟是正确的。

10.“存在”和“是”的差别与统一

亚里士多德专门解说第一哲学是什么的 Γ 卷,在定义了它是研究“存在自身／本体”及其本质属性之后,先扼要说明它要研究的对象“存在”的中心是“本体”,它和“一”相通,因而与之相关的各种相反和差异的东西和关系如一多、动静等都属于第一哲学该研究的,然后着重讨论了逻辑的根本原理,把思想言说中的“是”和“不是”所起的表示“真假”的作用,同存在论结合起来作了深入讨论。“是”和“不是”所起的表示“真假”的作用,是通过命题中系词“是”把主语和谓语结合或用“不是”把它们分离;而决定这种结合和分离是否正确的,是存在或事物中的实际情况。其中也包括种种限定。在一定的场合下本体的存在和本性总是确定的;但也必须承认在另一情况下的变动,在潜能的含义下可以同时有对立;后者并不能否定逻辑公理［不］矛盾律的真理性,反而也要以承认事物、本体在一定情况下、在现实性上的确定性为前提。

从 Γ 卷这一核心论述可知,亚里士多德第一哲学即 ontology 中的核心概念 òν,确实有“存在”(客观性事物、实在)和“是”(人对事物的判断通过系词的联结或分离作用来表现)的双义,并且“存在自身／本体”和“是本身／真实或真理”是彼此深刻相关的。从对象到思想和由言辞到实际,是双向相通的过程。

第五节　亚里士多德的第一哲学（下）

在 *Metaphysics* 第七、八、九（Ｚ，Ｈ，Θ）卷中,亚里士多德

对于什么是本体作了进一步的深入分析规定；这三卷就成为他的本体论研讨的核心部分。这里主要研讨了两个紧密相关的问题：(1)形式和质料的关系，何者是第一本体；(2)现实和潜能的关系，何者是第一本体。上节我们是讲他如何通过讨论"存在"来寻找和确定其中的"本体"；现在则要谈他如何进一步通过讨论"本体"何以是"本体"，其根本原因何在，来寻找和确定到底什么是真正的本体，第一本体。所以说它深入了。

1. 什么是"本体"和对"本体"的原因的探求

正如"存在"有多种含义一样，"本体"一词也有多种含义。*Metaphysics* 中关于 ontology 的新研究，正是从"什么是本体"入手的。在第七卷（Z）中，他在又一次讨论了存在的含义后，郑重地指出：

因此，关于"存在"是什么这个古老而又常新、永远是人们困惑而要去研究的主题，确实正是如下的问题：什么是"本体"？ [①]

对这个问题，他也是先来检查各种有关看法，然后加以分析，提出自己的看法。见于第七卷（Z）第2、3章和第五卷（Δ）第8章两处。一般认为 Δ 卷写得较早，那里谈到"本体"一词有如下几种含义：(1)单纯的物体，如土、火、水等以及由它们组成的物体，包括动植物等，还有日月星辰等"神圣的存在物"，和它们的部分。所有这些叫作本体，是因为它们都不是用来表述别的主体，而

① Aristotle, *Metaphysics*, 1028b3-4.

别的东西是用来表述它们的。（2）指存在于上述事物里,但不是用来陈述一个主体,而是它们的原因的东西。如灵魂,它是动物存在的原因。（3）指限定和标志上述事物之为个体事物的东西。如存在于上述事物之中的面、线,或一般说来,数,就被认为是这样的东西。因为如果它们消灭了,事物也就不能存在。（4）本质,它的公式是一个定义,也被称作是每一事物的本体。他由此得出结论说"本体"有两个意义:（a）最终的基质,它是把一切有关它的陈述都去掉以后的东西;（b）"这一个"和独立存在的东西,它的本性是每个事物的形状和形式。①

在第七卷（Z）中他说,一般人都以各种自然物体为本体,如动植物和水、火、土以及由此组成的物体,它们的部分和整体,还有日月星辰。但也有些人认为物体的限定如它的表面、线、点和单位,等等,比物体更是本体。有些人认为感性事物之外别无本体;另些人则认为有永恒的本体,比感性事物更多更真实,如柏拉图的相和数的对象,他的继承人斯彪西波还说了更多的本体。他说,对这些我们必须加以考察。

他自己的说法是:本体一词至少可应用于四类对象:本质、一般、种和基质。前三者可以合在一起,是形式;而基质就是质料,所以归纳起来是形式,质料,和这两者的组合,这三种东西。②

两处说法尽管有些不同和发展,但总的说来,有两点是一致的并且是重要的:

第一,单纯的物体,都首先被看作是本体。它是研究本体的出发点。这是通过分析存在的含义,把个体事物作为中心的存在,而

---

① Aristotle, *Metaphysics*, 1017b10-26.

② Aristotle, *Metaphysics*, 1028b33-1029a6.

把它的属性等作为附随于它的存在来达到的。但我们对本体的认识不能停留在这里，而要问这些个别事物何以能存在的原因，那就是对本体何以成为本体的研究了。这样对"本体"就要有新的认识，要上升到更高的层次，它不再只指个别事物，而要研究什么是它的原因或本原。这才是本体论深入的标志及其研究的主题。

但是这些原因作为本体的含义，仍然同由以出发的个别事物的本体含义紧密联系着。因为这里讲的原因本体，指的正是个别事物得以存在的原因；所以它们究竟是不是本体，如何判定，仍要以是否能说明个别事物的存在为标准。

第二，亚里士多德的结论是，在考察什么是本体时，应从个别事物赖以存在的基质或质料，和使个别事物能成为"这一个"的原因，即它的本质或形式这两方面入手。我们可以清楚地看到这是同他的四因说，以及把四因归结为二因的研究相关的。

因此，亚里士多德的本体论研究，中心便是对形式和质料的研讨，包括它们各自是什么，它们的相互关系，在相互关系中何者是起决定作用的原因（即第一因）等问题。

2. 为什么质料不够资格当本体

亚里士多德首先讨论质料是不是本体的问题。他认为一切个别事物都由质料和形式结合而成。质料作为事物存在的原因，是它们的基质。从质料不是用来陈述一个主体而总是被别的东西陈述而言，它似乎应该是本体；

但这是不可能的；因为可分离性（独立性）和个体性这二者

应被认为是本体的主要特征。[①]

这就是说，虽然质料作为基质是事物存在的原因之一，但在关键问题上，即该原因能否决定某个体事物之为该个体事物，却是不中用的。例如铜作为一座塑像的质料因，当然对该塑像的存在不可少，但使一座塑像得以存在的并不是铜而是它的形式。这里亚里士多德强调的是：真实存在的事物只是能够单独存在的个别事物，即"这一个"，但质料却不是能使一个事物单独存在的原因，因为它没有任何规定性。

"当一切都拿开时，显然只剩下质料。"[②] 这是根据"质料"的定义所作的一种抽象：既然它不能陈述任何别的东西，而只是别的来陈述它，那么纯粹的质料就得把一切陈述它（即规定它）的东西都抽象掉，因此这"质料自身"就不能有任何规定性。这就是"物质一般"。换言之，成了一种真正彻底的"无（规定者）"。亚里士多德就这样总结和看待了从阿那克西曼德以来的自然哲学家以物质为本原的观点，认为他们是不对的。于是天平就向着他所并不满意的柏拉图的相和数的学说方面倾斜了。

他批评柏拉图把相（普遍者，形式）同感性的个别事物分离，认为那是完全错误的；因此他恢复了个体事物的本体的权威地位。但是他在如何解释个体事物之为个体事物的原因时，却从另一头即质料这一头犯了同样的分离和抽象的错误。把质料从个体事物中分离的结果，质料就成为一团毫无规定或意义的混沌东西，它的唯一功能就是接受形式方面来的作用，它的唯一的规定性就是没有任何规定，全盘受动。因此，相比之下，形式就成为唯一的能动

[①] Aristotle, *Metaphysics*, 1029a27-28.

[②] Aristotle, *Metaphysics*, 1029a12-13.

者了。

虽然如此，这种物质一般的抽象，在哲学史和人类认识史上仍是重要的，因为它是第一次明白提出来的物质抽象的概念。与之相关，它的错误观念的影响也是深远的。

3.事物的形式是第一本体

他说："每一事物的本质，就是它的本性所是的东西。"[1] 本质与偶性不同，偶性不是事物本性如此的东西，而是可有可无的，例如"白"对于人是偶性，"两足动物"才指出了人的本质。只有本质才规定了那个事物是什么，而像白这样的性质则不是能规定人之为人的东西。本质是事物的形式，它决定着某个事物是它而不是别的事物。在逻辑和语言中，本质或形式就表现为事物的定义。

"定义"也有几种含义，但根本的定义是能说明本体即某个体事物之为该个体事物的规定，它不是其他范畴（如数、质等）可以胜任的。所以定义里不能包含与本体本身不同的范畴，唯有"'种'的'属'"才有本质[2]，或者说，唯有它才能表示一事物的本质。按照亚里士多德逻辑中的定义方法，定义就是指出一事物的"种+属差"，如人的定义是两足（属差）的动物（种）。正如《范畴篇》所说，种和属也是本体，个体事物是第一本体，但它要靠种和属来规定，而属由于比种更接近于个体事物，所以用属来规定它更加中肯、确切、恰当，所以属的本体性比种更大些。这个看法，在 *Metaphysics*

---

① Aristotle, *Metaphysics*, 1029b13-14.

② Aristotle, *Metaphysics*, 1030a2-180.

中直到这里的论述中大体还保留着,因为本体还是指个别事物,而个别事物的本质由其"种的属"表示,凭它们作出定义。但就在这里,已经发生了微妙而根本的变化。

这里因为发现了个别事物是由质料和形式两方面组合而成,现在要问两者中谁才能真正说明它,特别是说明它的个体性,这样就把质料给排除掉了,认为只有形式即本质才是真正的原因或本原。这种割裂形式与质料然后二者择一的思维方式,就决定了个体事物之所以能作为个体事物存在的真正本体是"形式",而个体事物本身反而不能再是第一本体或真正本体了。因为个体事物是由"形式"加于"质料"之后形成的复合物,那么它当然就不是原初的、根本的存在或本体了。于是《范畴篇》中的第一本体和第二本体(种和属,特别是"种的属")的关系就颠倒过来了:种的属成了第一本体,而个体事物不再是第一本体,反而成为依赖于属而存在的东西。

"属"这个词在希腊文中与"形式"是一个词:εἶδος,也就是柏拉图的"相"所用的词。亚里士多德以"属"或"形式"作为第一本体,表现了他向柏拉图主义方面的动摇和接近。柏拉图用相(种和属)来定义事物,并由此幻想用相这种所谓最真实的存在、原因来创生感性事物的世界;现在亚里士多德也迈上了这条路,用形式即属来作第一本体,并把定义的方式说成造成个别事物的真正原因。

但亚里士多德仍坚持他同柏拉图相论的对立。在 Z 卷 13—17 章中,他驳斥了把一般作为本体的观点,并专门驳斥了以相、一、存在这些共相作为本体的观点,其根据就是这些一般都不能脱离个别而单独存在,种不能脱离属而存在。他甚至看到个别事物是不能下定义的,如"两足动物"只是"人"的定义或本质,还不是"苏格拉底"的定义和本质。因为下定义的词,无论种和属仍然是共相。但是如果这样彻底分析下去,亚里士多德本来就应该承认他所主张的"形式/属"毕竟也不能单独存在,也还只是存在于个别事物之中的东西；那么,他就应该批评自己以形式为第一本体而个别事物反而不是第一本体的观点,其实也是犯了同柏拉图类似的错误。并且,既然个别事物不能定义,也就说明"种的属"或形式毕竟也不足以说明个别事物的个体性和存在的独立性。但他没有做到这一点。

所以,我们看到了亚里士多德在一般和个别之间的动摇不定。在看到个别要由一般来规定时,他表现了柏拉图主义的倾向；但他又看到柏拉图使一般脱离个别事物的错误,因而又表现了尊重个别的唯物主义倾向。他认为把事物本身的形式作为本体,就能避免柏拉图派的错误,这一点我们自然应给予评价。但他所谓的事物本身,个别事物,已经被他视为形式和质料的组合物,也就是说形式这种普遍一般（种和属）已经在他的个别事物观念中被分离开来而独立化了。按照他批判柏拉图的逻辑来说,这同样也是不能允许的。

4.形式和质料的具体统一

虽然如此,他还是坚持了个别事物是形式和质料的结合。他强调,任何具体事物都不能只有形式而没有质料,也不能只有质料而没有形式,两者不能分离。并且什么是质料和形式具体说来也是有相对性的,如砖瓦对于泥土来说是形式,对于房屋来说它就是质料了。所谓全无形式的质料和全无质料的形式,实际上是找不到的,只是一种不断抽象的最后结果。因此,亚里士多德关于形式和质料的划分只有一种理论上的方法论意义,在具体运用中他始终强调结合不能分离。这样,他就避免了柏拉图相论在运用中所发生的那些荒谬和困难,比较符合事实。

5. 从动态来研究本体:关于潜能和现实的学说

潜能与现实这对范畴,同质料和形式很有关系,如果比较简单地说,质料相当于潜能而形式相当于现实;但亚里士多德为何要分别加以研究,对潜能与现实的关系特别给予了高度的重视呢?我以为这是由于质料和形式主要是从个别事物的构成来分析其原因的,而仅作这种分析还不容易深入到事物的运动变化里去,只给研究运动变化提供了要素。但是亚里士多德最关注的是事物的运动、变化和生成的问题,它也是传统哲学的一个中心问题,因此在他看来,要从本体论上考察运动变化,或在考察运动变化中来进一步研究和规定本体,就需提出和着重研究"潜能"和"现实"的种种问题。

所以,在第九卷(Θ)中他又一次从头谈起,从"存在"谈起。尽管他对存在的含义作过多次分析讨论,但在这里他强调说,主要的只是两种区别:存在按一种方式区分为本体和性质、数量等,而按另一种方式,从作用上看,则区分为潜能和完全的实在。因此,我们就应讨论潜能和现实。① 前者是静态的分析,从中突出个体事物是存在的中心;进一步分析则是事物的形式是第一本体,是个体事物之所以有独立性个体性的根据,质料则是不可缺少的基质。后

---

① Aristotle, *Metaphysics*, 1045 b 32 - 34.

者是动态的划分,是从发展来看个体事物的由来:事物的存在方式是由潜能的东西变为现实东西的过程。真正意义下的存在,即具有形式和质料的完全意义下的个别事物,只属于"现实"的存在;而"潜能"的东西还只是可能的、处在形成过程之中的存在,它还没有取得确定的"这一个"的形式,相比起来还是非存在。但现实的存在正是由它发展而来的,所以也必须研究。

6. 潜能的全面含义

真正说来,把潜能看作质料,只是它的含义之一。这种含义下的潜能同现实的关系,只是 Θ 卷第6—9章里讨论的。而1—5章所讨论的"潜能"则是作为"能够"和"能力"讲的,并且实际上有着主动者的能力的含义。他说:"首先,让我们来说明最严格意义下的潜能,虽然它对我们当前的目的不是最有用处的。……当我们谈过这第一种潜能之后,再在讨论现实时说明另一些种类的潜能。"①

希腊文的"潜能"一词, ηδόναμις,原是能力的意思,亚里士多德说,这个词有许多意义,除了词义含混的可不予考虑外,它们之所以称作潜能都是关联于一类根本的能力,它是在另一事物中、或在某事物中把该事物自身当作异者来引起变化的出发点。② 这里讲的潜能是这个词的基本含义,指的是变化运动的原因或根源。它分为主动的能力和被动的能力两种。主动的能力是主动者,它作

---

①　Aristotle, *Metaphysics*, 1045 b 35 - 1046 a 3.

②　Aristotle, *Metaphysics*, 1046 a 9 - 11.

用于某事物引起变化,或作用于事物本身使它变为另一物;被动
的能力是被动者,它能接受主动者的作用而变化自身。没有这二
者,运动变化就不可能发生。

7.潜能作为主动者的含义

在4、5两章里讨论的是作为主动者的潜能或能力。他说有些
潜能出现在无灵魂的事物中,另一些出现在有灵魂的事物中,出现
在灵魂的理性部分中;因此有些潜能是无理性的,而有些则伴有
理性。所以技术、知识是潜能,它们能在另一事物中引起变化,如木
匠能造床;也能在自身中把自身当作另一事物引起变化,如通过
学习和训练把自己培养成诗人、音乐家,使自己变成与原来状况不
同的事物。① 这里实际上谈的还是目的因、形式因、动力因之类的
东西,因为理性和灵魂作为主动的能力,包括目的、意愿和关于形
式的知识,它能够改变事物。

在这里亚里士多德谈到了行为心理问题,他指出,动物在遇到
两个东西时凭欲望来抉择,这种抉择支配着它的行为和结果。人是
有理性潜能的,当他愿望时他就有一个潜能,在有适合他的受动对
象时,在一定的条件下他就施展他的潜能,否则他就不会行动。他
还说到人的主动能力有几种:感觉,它是天赋的;由实践获得的
能力,如吹笛子的能力;由研究、学习获得的能力,如技术或艺术
的能力,它来自实践和先前实践所获得的理性公式(逻各斯)。②

---

① Aristotle, *Metaphysics*, 1046a37-b3.
② Aristotle, *Metaphysics*, 1047b32-34.

8. 潜能与现实的第一种分析

接着他批评了麦加拉学派的一种观点：一事物只是在它正在起作用时才"能"起作用，在它不发挥作用时它就"不能"起作用。例如一个建筑师只有在正从事建筑时，他才算能建筑，未建筑时就得说他不能建筑。这显然是巴门尼德学说的一个变种，巴门尼德说只有"存在"存在，"不存在"是不存在的，因而否认了运动变化。麦加拉派也如此，说只有正在做的才算是"能"做（那个"潜能"存在），尚未做就不"能"（那个"潜能"也不存在）。亚里士多德说，这当然是荒谬的看法。因为建筑师就是能建筑的，他有这种能力，这种能力是他在某个时候学到的，如果他没有失去（如忘掉，等等）的话，他在未从事建筑时仍将保持这种能力。如果说这时他就没有这种能力的话，他在从事建筑时那能力从何而来呢？ 人不能永远不停地建筑，总是有时建筑，有时不建筑，难道他一会儿"能"，一会儿又"不能"吗？ "所以这种观点取消了运动和变化。因为这样站的就得永远站着，坐的就得永远坐着；正在坐着的就站不起来，因为照他们所说：没有站起来的能力，所以不可能站起来。但是我们不是这样看的，因为潜能同现实是不同的。可是这种观点把潜能与现实等同了，他们要取消的，不是一件小事情。"[①]

亚里士多德这里坚定地维护了事物是运动变化的辩证法观点，反对了巴门尼德和麦加拉派的僵死的形而上学观点。他说：

> 因此，事物尚未"存在/是"的，可能"存在/是"；而现实"存在/是"的，以后也可能成为"不存在/不是"。其他陈述也如此，

---

① Aristotle，*Metaphysics*，1047 a 14-19.

你能走的可以还不走,在走的也可能停止走。^①

这不违背逻辑的不矛盾律,因为运动变化生灭的客观事实就是如此。用"潜能"和"现实"来分别规定,就能说明潜能(能力)的"存在/是"和现实的"不存在/不是",或潜能的另一种"存在/是"和现实的这种"存在/是",可以同时并存不悖,互相联结。

9. 潜能作为被动者的含义

关于"潜能"的能动意义和作用,和对潜能与现实的上述分析,是亚里士多德思想中相当深刻的辩证法成分。可是他说到这里却突然转了一百八十度的弯子,把能动性、运动变化的根源归于现实这一方面去了;于是那与之相对的"潜能"便成为只是一种纯消极被动的东西。他说:

> "现实"(ἐνέργεια)一词,我们是把它同"完全的实现"(ἐντελέχεια)联系起来理解的……因为"现实"的严格含义是同运动等同的。^②

ἐνέργεια 的词干 ἐργ 指工作、行为、活动,所以这个词的词义是行为动作的完成;而 ἐντελέχεια 的词干 τελ 指终点、目的,所以这个词指达到终点或实现目的,从另一角度也指完成。亚里士多德注意到人们用"现实"这个词时,里面包含着工作或运动的完成的含义,

---

① Aristotle, *Metaphysics*, 1047a20-24.

② Aristotle, *Metaphysics*, 1047a31-34.

或实现了目的。他认为这就指明现实事物并非僵死的存在，而是由运动生成的东西，是以动力、目的、形式为原因的。人们在生产和活动中达到了自己的目的，造出了产品，这就是"现实"。人工产品同人的目的及其完成的工作活动是不可分割的，后者是它的真正原因即灵魂。他用这一观点来观察自然和一切存在，使之成为普遍的客观原理。这种思考有其深刻合理的因素。

不过，恰恰由于这一包含正确因素的看法导致他把主动的能力归到"现实"的观点，改变了"潜能"的含义：它被剥夺了主动能力的方面，变成了消极被动的、尚未获得存在资格的东西。于是他就说："因此人们不把运动归于非存在的事物"，"因为在非存在的事物里有些就指潜能地存在的；不过它们还没有存在，因为它们还没有以完全实现的方式存在。"① 随着他对潜能和现实的重新定义，对二者的相互关系的分析也要重新来过，其结果则成了一套同上述结论相反的本体论。

他说："我们已经谈过了与运动相关的潜能，现在该讨论现实了，在这里的分析中所说的潜能这词有另一种含义，同前面说过的那些含义不同。"②

新的分析的主要之点是两者的存在方式不同。他认为对现实和潜能不好下定义，只能从各种事例中归纳出它们的意义。"现实的含义指事物的现存，同潜能地存在方式不同；所谓潜能地存在，例如，一尊黑尔梅的雕像存在于一块木头里，半条线段在整个线段里，因为它们可以被分离出来"③，又如正在建筑的与能建筑的、醒与睡、正在看与闭着眼而有视力的，已经使质料成形的与质料，已

① Aristotle, *Metaphysics*, 1047a33-b2.
② Aristotle, *Metaphysics*, 1048a25-30.
③ Aristotle, *Metaphysics*, 1048a30-33.

经加工了东西与未加工的东西,等等。[①]

这个归纳（列举一些事例和方面）其实是有问题的。因为在一种情况下,潜能还是表示一些能力（主动者）,只是还没有发挥出来,如正在看和视力。但另一种情况下潜能只是被动的质料,而现实则指有形式的个别事物,如木头与雕像,一条能无限延长的直线与在其中截取的一个线段。但亚里士多德这里要说的基本想法无疑是：把"现实"作为已经实现和完成的东西,一个有规定有形式的存在者；因而那尚未具有这种存在方式的东西都可称作"潜能",它主要指的是质料,还未具有形式的质料。

正因如此,他认为"无规定者"只能是潜能的东西,不会变成现实的东西。它是纯质料,永远不能分离和确定为一个个别的东西（没有形式）。

但是亚里士多德在作了上述分别之后,强调要具体理解两者的相对性和关联,不要只作抽象的了解。例如我们不把土说成是潜能的人,只有在土已经变成了人的种子（或胚胎）时才能这样说。因为人的种子经历变化,若无内外的阻碍就能变成现实的人。又如箱子是木制的,尽管土是木头的潜能,但只有木头才是箱子的潜能,并且特定的箱子要以特定的木料为潜能。[②]

10. 现实先于潜能

在上述分析的基础上他阐述了他的关键性观点。他从三方面

① Aristotle, *Metaphysics*, 1048 bl-5.

② Aristotle, *Metaphysics*, Θ 卷第 7 章。

论证了现实先于即优越于潜能的本体论学说。

第一，从定义上看，现实先于潜能。理由是，潜能作为潜能的本义，就是它能成为现实的东西，所以在潜能的公式里已经包含了现实。例如"能建筑的"就包含了"建筑"[①]。换言之，我们是用现实的东西来说什么是潜能的东西。潜能的就是还未完全具备形式的规定性的，所以若要给予它一个公式或规定，只能用现实的东西来规定它。

第二，从时间上来说，一个属的现实东西要先于这个属的潜能东西。他说，虽然从个别性来说潜能先于现实，例如种子先于谷物，在时间上要先有种子（潜能），然后才有谷物（现实）。但是他强调，种子还是从谷物来的："永远有一个最初的推动者，而这个推动者已经现实地存在着了。"[②] 这是一个鸡生蛋还是蛋生鸡的问题。但在这里，他还是把"属"（就是"形式"）看得比个体事物更重要。所以他说，虽然个别事物的由来是潜能先于现实，但最初的推动者还应是现实，因为现实东西才有确定的形式（属）。他总是把确定性放第一位，用确定的东西来规定还不确定的，用形式来规定质料。所以他还是得出在时间上现实先于潜能的看法。

他还用这个观点分析了一个辩证法的问题。他说，一个从没有建筑过的人或从未弹过琴的人，人们不会认为他是一个建筑师或琴师，就是这个道理。换言之，他作为潜能还是由现实来规定的。但从这里就出现了诡辩的问题：一个正在学习还不懂得一门科学的人，怎么能做这件事即学习这门科学呢？学习就是对于对象还不了解、不懂，可是不了解、不懂这个对象，又怎样学习它呢？ 亚里士

---

① Aristotle，*Metaphysics*，1049b12-17.

② Aristotle，*Metaphysics*，1049b18-25.

多德是这样回答的：变化生成的事物，一般说来在变化中，总是某些部分先已变化了，正在学习的人必定已经懂得了这门科学的某些部分了。① 他这个说法是对的，一个对一门科学毫无所知的人，确实不会去学习它；但是让他知道一点之后，例如向他作些初步的介绍，或讲一堂绪论课，他就可以开始学习了，然后不断知道更多的部分，就能一步步深入学习它。一切事物从潜能变成现实都是这样的，不是一下子突然变的，而是一个部分又一个部分的变化过程；一部分先变成现实，然后这一部分现实的又作用于其余潜能的部分，使之向现实变化。从这里，亚里士多德又回到他的基本观点上来："因此，用这种方式，在这个意义上，即，在变化和时间的秩序中，现实确实也先于潜能。"② 这就是说，现实即确实的东西，领导着潜能的东西向它变化。

第三，从本体上看，现实也先于潜能。这一条从本体论上确立了现实才是真正的本体，并且把现实与潜能的关系问题，同他以前的种种基本观点联系起来加以总结概括，所以是关于现实与潜能的讨论的核心所在，也是 *Metaphysics* 一书中关于本体学说的高潮之处。论证如下：

首先，因为"现实"已经具有了形式，而潜能的东西还不具有。如成人之于小孩，前者在形式上，因而也在本体上先于后者。其次，因为现实是潜能的目的，一切事物都向它的目的运动，为了这个目的而变化；而目的是本原，为了现实这个目的潜能才是潜能，才需要有潜能。例如动物不是为了有视力（潜能）才去看（现实，目的），相反，是为了看才有视力的。

① Aristotle, *Metaphysics*, 1049b29-1050a1.
② Aristotle, *Metaphysics*, 1050a2-3.

第三,质料是以潜能状态存在的,就因为它可以获得形式；当它以现实的方式存在时,它已有了形式。①

这三点简单说来就是：现实是潜能运动变化的目的和形式,潜能是尚未取得形式的质料,尚未达到目的的不确定的状态的东西。

11. 永恒者是最高的现实,其他的都属于潜能,都既"存在/是"又"不存在/不是"

接着亚里士多德提出了更进一步的结论："现实在一个更高意义上也是在先的：因为永恒的事物在本体上先于可灭的事物,而永恒事物不是潜能地存在的的。"② 他所说的永恒的事物包括日月星辰这些自然对象,但根本上是第一推动者,它本身不动而能推动万物,也就是神。③ 它才是纯现实,纯主动的形式、目的和动力,亚里士多德的第一哲学——神学中的最终本体。

作为论证的理由,他谈到了一个重大的问题：

> 任何潜能都在同一时刻是对立的潜能。因为不能出现于一个本体中的东西是不能出现的,而任何能出现的可以还没有现实地出现。因此,那能存在的可以既存在又不存在；因此同一事物能既属于存在又属于不存在。④

---

① Aristotle, *Metaphysics*, 1050a4-16.
② Aristotle, *Metaphysics*, 1050b6-8.
③ 参见 Aristotle, *Metaphysics*,第十二卷（Λ）第6、7、8章。
④ Aristotle, *Metaphysics*, 1050b8-13.

于是,赫拉克利特的对立统一辩证法观点在这里又恢复了,得到了承认。当然亚里士多德把它只定在"潜能"的领域,是从两种可能性的角度来说的:因为潜能就是不定性,尚未确定,它还不是现实。而现实事物在他看来是确立不移的,就不适用这个既能"存在/是",又能"不存在/不是"的辩证法了。不过如上所述,真正够完全现实的资格的,也唯有所谓永恒的事物,最终只是那不动的第一推动者的神;那么,其他一切事物的现实,就只能是相对的而不能同潜能分开。因此,一切现实世界中的具体事物,在其确定中也要永远包含着对立和不确定,在其"存在/是"里也永远可能向"不存在/不是",也就是另一种事物、形式变化。亚里士多德本人虽然没有明确得出这样的结论,但他的学说中的这种因素是有这种意义的。

12.现实对潜能的认识论方法论意义

他说,几何学的关系是靠现实性来发现的,因为人们是靠分解图形发现它们的,一旦分解了,关系也就明白了,而这些区别原是潜能地存在于图形里的。三角形三内角之和等于两直角,当我们画出同底边平行的直线时,这定理就显明出来了。

> 所以,潜能地存在着的关系,显然是靠把它归结为现实来发现的(理由是:几何学家的思想是现实的思想);因此,潜能是由现实来发现的(因此靠着一种构造的行动,人们获得了知识),虽然单纯的现实在生成上晚于与之相应的潜能。①

————————

① Aristotle, *Metaphysics*, 1051 a 29-33.

这一阐述有很高的认识论、方法论的价值。亚里士多德的确抓住了人的形式、目的、具有客观规定性的思想的能动作用，指明它们在认识和发现事物的关系和规律中的巨大意义。

第六节　亚里士多德的逻辑学

从巴门尼德以来，全部古典时代的希腊哲学发展都表明：对哲学上的本体和逻辑的研究，是一件事情的两个方面。Ontology 所要寻求、检查和确认的存在本体，离不开语言中的判断和推理的形式；这形式从根本上说，只是用是和不是（什么）来说明、论证和确认的命题。唯有这种命题能够显明和确认人所要表示的本体的真假。关于这种关联，我在解读巴门尼德的残篇时已经阐明，希腊语词 ἔστιν 和由它构成的单词句形式为此准备了语言学的条件，而 ὄν 和 εἶναι 不过是再用名词化的形式给予简明的表现。巴门尼德还不知道，无论客观的存在、思维的判断和主客双方关系都是多么丰富、复杂和曲折，所以他开始提出这个问题固然功绩很大，引出的问题和任务也极为困难艰巨。经过了一个多世纪哲学家前后的努力，到亚里士多德才终于提出了"存在本身"和"本体本身"究竟是什么的问题来研究，把 ontology 正式地建立起来；与之同时，他也提出了"是"和"不是"本身的问题加以研究。这就是思维逻辑本身的问题，首先是逻辑公理的问题（它就是：关于同一事物，在同一时间和同一条件下，不能既说它是什么又说它不是如此），然后，他也像对本体论作展开的研究那样，对逻辑形式作了展开的研究。所以，他的逻辑学并不是单纯的思维法则，而是同客观事物的逻各斯相关联的、用来研讨它们的思维逻辑。亚里士多德的逻辑学是他的本体论哲学的方法和灵魂。

1.亚里士多德逻辑学研究的主题

他的逻辑学著作6篇,后人将它们编在一起称为《工具论》。其中《范畴篇》、《解释篇》写得比较早,《正位篇》大部分写于两个《分析篇》之前,但其第八卷和另一篇《论诡辩的驳辩》可能写于两《分析篇》之后。而《分析篇》则写于 Metaphysics 主要各卷之前。^①

《范畴篇》表明亚里士多德独立形成其本体论哲学之初,就同语言逻辑的研究建立了最密切的联系。它从实义词都表示的存在含义着手,通过分析出它的十范畴找出作为中心的本体,再分别个体事物和它的属与种何者是第一本体,奠定了他的本体学说的初步基础。在该篇中还具体地研究了各种“对立”关系包括相关(相对)、相反、实有与缺失的含义,还有认识中的肯定命题与否定命题之间的对立,初步提出了逻辑上不能容许矛盾的思想;此外他还谈到科学或证明的知识中的顺序问题,事物中的原因问题。这些既是关于存在和事实的规定,也是关于这些内容的逻辑形式的规定。因此,《范畴篇》在本体论和逻辑学两方面都为他后来的研究提供了原素。

《解释篇》通过语词、句子和命题的研究,说明孤立的语词没有真假的问题。把语词用系词“是”和“不是”结合或分离,形成

---

① 关于这方面的讨论和说明,请见 W. D. Ross, *Aristotle's Prior and Posterior Analytics*, Oxford, 1959, pp.6-23,和他为英译本 *Aristotle's Metaphysics* 所写的 Introduction, Oxford, 1953, p.XIV. 并请参见阿·谢·阿赫曼诺夫:《亚里士多德逻辑学说》,上海译文出版社1982年版,第90页。

肯定命题或否定命题,就成为判断,就有了真实和虚假。然后讨论了简单命题与复合命题,全称的、不定的、特称的肯定命题和否定命题,在这些错综复杂情况下如何表达真实和虚假,以及它们是否彼此排斥或能够相容的问题。这是希腊哲学史上对 ὄν 作为"是"的含义的第一次专门研究。

《正位篇》对于我们认识和研究亚里士多德的哲学方法论有最直接的重要意义。它开宗明义指出,这篇论著的目的是要找出一条研究的线索,或探求的方法。这种探求是靠推理来进行的。他认为推理可分为几类：（1）证明的推理。它的前提是真实的、原初的,所以它的结论是可靠的知识；（2）辩证的推理。它的前提是一个被人普遍接受的意见,特别是哲学家的重要意见；（3）好争辩的推理。其前提是些似是而非的意见,它实际上算不上是推理,不过貌似推理而已。此外还有些显然是错误的推理,就更不必说了。这些推理形式的划分主要是根据内容,即前提的真实程度来说的。关于证明的推理,是《分析前篇》研究的；对于好争辩的似是而非的推理即智者的诡辩术,他写了《论诡辩的驳辩》。《正位篇》的主题,是研究"辩证的推理",它是从重要的意见出发,探求哲学真理的主要方法。

辩证法的推理有三种功用：智力训练；用来考察各种意见；对哲学有用。① 实际上前两点又都同第三点相关。

　　　　它对哲学的研究有用,是因为从一个问题的正反两面提出探求的困难之点的能力,将使我们易于发现这些论点里的真理和错误。
　　　　因为辩证法是一个批判的过程,其中便有探求一切根本原理

---

① 亚里士多德：《正位篇》101b25-28。

的途径。①

这些表述表明亚里士多德同柏拉图一样,对"辩证法"亦即辩证推理的逻辑研究给予了多么重要的意义和地位。

亚里士多德指出,"辩证法"探求方式的中心之点是怎样提出一个"论题"或"问题"。因为它要讨论的是一些重要的意见及其分歧。讨论首先要把这些分歧的意见集合在一个"位置"(τόπος)上②,使之相遇形成一个恰当的论题或问题,才能正确地通过对问题开展讨论,分辨真理与错误,达到探究真理的目的。所以辩证法的逻辑思维学说的第一条,就是要研究如何善于提出问题:

> 一个辩证法的问题是这样一个探讨的主题,它给探讨提供了选择和避开[的机会或条件],或提供真理的知识,还能靠提供问题本身或借其他问题的解决来帮助该问题的解决。③

善于提问题和安排提法,在一切辩论中,特别是哲学和科学的研究中都是关键。因为不知道问题所在的人就不可能解决问题,问题提得粗浅笨拙的人也不可能很好解决问题;而如果能把一个问题提得恰当和深刻,这本身就会为问题的解决提供钥匙,开辟道路。亚里士多德本人就是一位最善于提出问题的伟大思想家、哲学家和科学家,古今中外的大思想家没有不注意提问题的。

亚里士多德认为辩证法或辩证推理的方法,就是研究问题的提出和如何解决问题的形式与规则,尤其是哲学研究的根本方法

---

① 亚里士多德:《正位篇》101a34-36,101b3-4。
② 《正位篇》篇名 Topics 的原义,就是研究如何把论题安排好位置,故中译为"正位"。
③ 亚里士多德:《正位篇》104bl-3。

或逻辑形式。因为所谓智力训练,批判地考察重要分歧意见,也都是为了研究哲学的真理这个目的的。为什么他强调的是对哲学研究的意义而不是对其他科学研究的意义呢? 因为各门科学在设定了它们的基本前提之后就能通过证明而前进,如几何学那样,没有多少可争论的;但恰恰是它们的那些基本前提本身并未得到证明,只是假定或某些单纯的经验事实。这些基本原理是各门科学的先决条件、最终根据,但各门科学自己并不研究它;对这些原理持有不同意见,进行辩论,就是辩证法或辩证推理的事情,哲学的事情了,因为唯有哲学才研究各门科学原理的最终根据。所以辩证法特别是探求哲学真理的方法,哲学研究也总是辩证推理的过程。①

他强调指出辩证推理包括了归纳法,"归纳法是从个别到普遍的过程。…… 归纳法是更有说服力和清楚的:它更易于利用感官来学习,并一般适用于大众,尽管推理在反驳自相矛盾的人时更有力量和有效。"②

辩证推理必须靠归纳法,这首先是因为探讨的主题,或论证由以开始的问题,总是同事物和事实有关的。要弄清楚某物是什么,就要把该事物的种或属差、特性、定义、偶性一一弄清楚。③ 把事实弄清楚,把对事实的不同意见作成论题或问题,这本身已经是归纳,只能靠归纳来达到,然后才能开始进行辩证推理的讨论。再看辩证的推理本身,它的任务是检查出和否定掉错误的意见,使正确的意见显示出来,从而有利于寻找真理。这种过程在更高的意义上更是归纳法。

辩证的推理也要运用演绎的三段论,这种三段论单就形式来

---

① 亚里士多德:《正位篇》101a38-bl。
② 亚里士多德:《正位篇》105al0-19。
③ 亚里士多德:《正位篇》第一卷第4—7章。

说同证明推理的三段论并没有区别。但是,证明推理本身并不归纳而只用三段论(演绎),因为证明推理的含义和作用就是从真实确定的前提出发演绎出确切必然的结论。但是科学借以出发的前提何以是真实的,又如何获得,却不是证明推理本身所能解答的问题,它必须靠哲学从辩证推理中归纳得来。因此,与科学主要和证明推理即演绎相关不同,在哲学中必须用辩证推理。辩证的推理要同时运用归纳和演绎,并且其中的演绎要为归纳服务。这就显出了根本和重大的分别。

所以哲学的辩证推理是比科学的证明推理更高的逻辑思维方式,它的特点是要研究可靠的归纳方法。归纳探求带有不确定性,它的任务是从不确定中寻求确定的真理。在这里,演绎的作用和意义主要在于通过推理的检验揭示错误意见之为错误,使正确意见显示出来。这里的演绎虽也有证明的意义,但不像在证明三段论中那样只是证明结论;而是通过从某个假定的前提演绎出来的结论的是非真假,来判断该假定本身的是非真假,从而分辨筛选哲学家的各种重要意见,使正确的意见得到确定。这就是归纳,而与归纳相关的演绎,其作用是在判别证明推理(科学)的前提。

亚里士多德在《正位篇》中阐明,哲学的研究方法是和证明有别的辩证法或辩证推理的逻辑方法,它主要是把演绎包括在内作为其必要环节的归纳法,这几点具有极其重要的意义。其实这并非亚里士多德个人的观点,而是希腊哲学家尤其是苏格拉底和柏拉图一直在研究和强调的方法。遗憾的是近代西方哲学家和逻辑学家却大多不能理解。在这点上,我想古希腊人的原创总的说来要更正确些。

《分析前篇》研究的主题,是证明推理和能产生证明的科学知识的功能。① 证明是一个完全的三段论："三段论是论说，在其中某些东西陈述出来后，与之不同的另一个东西就由之必然地得出来。"② 那先陈述出来的叫前提，那由前提能必然推论出来的叫结论，研究前提与结论之间必然联结的结构形式就是三段论。在运用中三段论会表现为许多种类的格式，这些演绎的形式有一大套，不过它们的根本性质和特征，只要考察它的第一格这种最基本的形式就可以明白了。现代著名逻辑学家卢卡西维茨认真鉴定了亚里士多德三段论的这个标准形式，认为是这样的：

> 如果 A 表述所有的 B，
> 并且 B 表述所有的 C，
> 那么 A 表述所有的 C。③

可以看出，三段论是一种很像代数学里的公式那样的抽象形式结构，这种形式很严密，它不问这里的 A、B、C 具体所指的是什么东西，只要一个陈述中的主谓项符合大小前提中的这种形式的关系，那么一个上述形式的结论就必然能够产生。其精确程度犹如一条精密的机器生产线，投入合格的原料，就会出来一个合格产品似的。

研究三段论的种种情况并加以规定，是《分析前篇》所做的事。三段论给各种证明的科学知识提供了逻辑方法。希腊的数学特别显示出这种逻辑形式的作用：只要确立了一些正确、必要的普遍

---

① 亚里士多德：《分析前篇》24a10-12。因为他说的证明，就是指能产生一个科学知识（又称为"证明知识"）的方法。

② 亚里士多德：《分析前篇》24M8-20。

③ 见卢卡西维茨：《亚里士多德的三段论》，商务印书馆1981年版，第8—11页。请查阅亚里士多德《分析前篇》25b37，《分析后篇》96a10等处。

性前提（如关于形与数的定义、公理、公设），那么按照三段论的形式和规则来进行推理，就能保证所证明出的每一个知识都是正确的。欧几里得几何学就是按这套形式建立起来成为一个严格的科学体系的。人们感到，这才称得上是科学，是得到了"证明"的知识。亚里士多德把这一套演绎方法加以概括提炼，建立了三段论的逻辑学说，是他的一大贡献。

三段论在运用中当然要联系到各种内容，但它本身好像可以不管内容，只以一些形式存在和发挥作用，因而显得很确定、清楚、稳固和可靠。于是在我们的带有各种不同程度不确定性的知识和思维中，它仿佛成了一个牢固的支点，一个最有确定性的逻辑形式。三段论的确有这方面的意义：它是非常抽象的思维形式，好像舍弃了一切事实材料和思维或知识的内容，只是些格式和框架。但这是不是说它真是一种纯粹绝对的抽象形式，真是毫无内容呢？完全不是这么一回事。实际上亚里士多德说得很清楚，三段论的实质就是事物中的必然的因果关系在思维形式上的表现（关于这一点我们下面再说）。可见，舍弃了一些具体内容的三段论式，正是集中表现了事物中客观必然联系的内容，表现了我们思维中讲"理由"和"证明"的必然性推理活动。前提与结论的划分和必然的推理联系，就是事物和它的原因之间的客观必然关系的表现。这里所说的即古希腊人所说的因果关系，包括了普遍与特殊、本质与现象、全体和部分等关系，所以三段论随之而有许多格式。

证明的逻辑是同科学知识相联系的。对于一切科学知识来说，它们必须是得到了证明的，因此三段论形式绝不可少；但科学知识又总是有内容的，因为科学总是关于事实的知识，并且绝非不确定的、没有必然性的意见，更不是错误的意见，而是关于事实的、正确的、必然的知识。这表现在逻辑形式上，就是：证明的三段论，前提必须是一个真实的原初的知识，以便推出一个虽然是间接的派生的却是必然的、同前提一样真实的知识。在三段论格式本身能保证结论同前提联结的必然性的条件下，结论的真实性就全凭前提是否真实而定。

所以对于科学知识而言，三段论固然重要，但更重要的是必须研究科学知识及其证明由以出发的根本前提本身。但这也就越出了科学本身的范围，进入了哲学的研究，因为科学并不研究它自身的原初前提本身，只是从哲学那里获得之后当作一个事实接受下来；而这同时也越出了单纯研究证明和演绎的范围，进入了研究辩证法和归纳的进程。《正位篇》已经提出了这个问题，在《分析前篇》研究过"科学 — 证明推理 — 演绎三段论"之后，亚里士多德已经赢得了充分的条件，就来研究如何解决这个"哲学 — 辩证推理 — 归纳法"的大问题。这就是他在《分析后篇》中所做的事情。

《分析后篇》是亚里士多德逻辑著作中内容最重要和最丰富的，它直接为 *Metaphysics* 一书讨论第一哲学做了准备。因此我们将以它为主，对亚里士多德的哲学思想和逻辑学说作比较深入的考察。

2. 知识是对事物"原因"的认识，"原因"
在逻辑上就叫作"中辞"

他说：

当我们认为我们知道了事实所依据的原因就是该事实（而非

别的事实）的原因，并且事实不能是别的样子时，我们就认为我们
具有了关于某事物的不受限制的科学知识，且与智者以偶然的方
式对它的认知相对立。①

　　什么是科学知识？ 它就是关于事物的"原因"的知识。这里
讲的原因只是该事物的原因，由于这个原因，该事物就只能如此而
不能是别的样子。换言之，该事物的原因同该事物之间的关系，是
一种必然性的关系，事物总是作为它的原因的结果而必然如此存
在的。所以，知道某事物的原因，就知道了它必然如此的理由，才算
对该事物有了真知，而不再只是知其然不知其所以然。这里所说的
"不受限制的"是普遍适用的意思。亚里士多德认为，知道了事物
的必然原因，也就知道了在任何情况下这事物都将如此。科学知识
有必然性也有普遍性。最后他指出关于事物的必然原因的知识，同
偶然性的认知断然不同。只抓住偶然联系的，不是科学和真理而只
是意见，智者的诡辩通常如此。
　　对于亚里士多德上述这句话，我谨请读者给予高度的注意。因
为它不仅指明了科学知识的本质，从而揭示了科学知识的一系列
特点，而且是我们理解他的证明推理学说以及全部逻辑学的一把
钥匙。并且不仅如此，它还是我们理解他的哲学本体论与科学学说
的一致、本体论和逻辑学一致的关键。
　　亚里士多德说，知识的对象无非有四种：（1）一个属性同一
个事物的联系是不是事实；（2）这种联系的原因（理由）；（3）一
事物是不是存在着；（4）它的本性是什么。他说的这四种更概括
些说只是两种：一是某事物是否存在，是否有某个属性，这属于事
实或存在的问题；另一是该事物为什么能存在，为什么有某属性

————————

① 　亚里士多德：《后分析篇》71b9-11。

与之联系,这是事物的原因或本体(存在之为存在)的问题。任何认识或知识,首先是要确定所需研究的事实；然后更重要的就是找出它的原因,使该事实得到必然性的说明,才算对该事物有了真知。"当我们知道事实时,我们就要问原因。"① 所以知识从根本上说,就是揭示事物的原因。

这"原因"在逻辑里叫作"中辞"。亚里士多德指出：当我们寻求关于某事实及其联系的知识是否具有普遍必然性时,也就是在寻求关于它们是否有一个"中辞"。而当我们已确认了某事实和某种联系,进而探求其理由或某事物的"是(什么)"时,我们探求的就是它的"中辞"是什么。②

　　　　我们的结论是：在一切探讨中,我们都是在寻找是否有一个"中辞",这"中辞"是什么：因为在这里"中辞"正是原因,而原因是我们一切研究所要寻找的东西。③
　　　　很清楚,一切问题都在于寻求一个"中辞"。④

让我们记住：亚里士多德是把事实和思想、科学知识同证明逻辑联系在一起的,思想和逻辑只表现事物和事实里的关系,结合点就是"原因"。而事实里的必然原因,在知识里就是证明的理由,在逻辑形式里就是中辞。

什么是"中辞"？ 以一个完全的三段论为例,"如果 A 表述所有的 B 并且 B 表述所有的 C,那么 A 表述所有的 C。"这里首先区分为前提与结论两个部分,前提里又分为大、小前提。这里共有

---

① 　亚里士多德：《分析后篇》89b 23-30。
② 　亚里士多德：《分析后篇》89b 36-90a 2。
③ 　亚里士多德：《分析后篇》90a 5-6。
④ 　亚里士多德：《分析后篇》90a 35。

两个命题和三个词项（A、B、C），第一个命题里陈述了 A 与 B 的联系，第二个命题陈述了 B 同 C 的联系，B 是居中联结两端的，就叫作"中辞"，A 和 C 则叫作端辞。亚里士多德说，在前提中只要这三个辞相互间如此联结，以致最后一个辞被包含在中辞整体里，而中辞又包含在或被排除于第一个辞的整体里，那么两个端辞就必然靠一个完善的三段论而发生关系。[①] 可见，演绎三段论的必然性，就在于结论本来就蕴含在前提中三个辞的必然关系中，而前提的三个辞的必然关系又是靠中辞来实现的。在结论"A 表述所有的 C"里，中辞看不见了，但它正是靠前提里中辞的作用，才从前提推来。以上是他在《分析前篇》中对中辞在逻辑形式上的作用的规定。

在《分析后篇》里，他从三段论的形式转入对内容的考察。因为，"被证明的知识的前提必须是真实的、原初的、直接的，比结论要知道得更清楚，并且先于结论而知道，而且它同结论的关系必须是因和果的关系。"[②] 这里讲了几个条件：

"真实的"即前提必是合于事实的和得到了论证的；

"原初的"即同结论相比它是在先的；

"直接的"是指我们已知的，因为结论是由它推出的间接知识。

对上述含义我们还要有追溯到底的理解。就是说，若某一结论 A 有它的前提 B，而这前提 B 又是另一前提 C 的结论，那就说明 B 依然是个间接性的知识，就应继续追寻其前提 C。但这一追溯不能是无限的：因为无限地追溯就等于找不到一个原初的前提。所以，必定有一个最原初的前提，它不是别的前提的结论，它本身不再有前提，

[①] 亚里士多德：《分析前篇》第 1 卷第 4 节。
[②] 亚里士多德：《分析后篇》71b20-22。

自己就真实无疑地存在。这才是真实的、原初的和直接的前提。

"比结论知道得更清楚"，这是从它的"真实"和"原初"性质来的。既然结论是从它得来，我们对它的认识当然应当比对结论的认识更好。

"它同结论的关系必须是因果关系"，这是显然的，因为全部逻辑推理的根据就是事物中的因果必然联系。前提是必然原因，作为必然结果的结论知识才能由它推出并保证其真实性。

所以，要建立一个证明的三段论，就必须先知道它的前提，它是关于一个事物的原因的真实的原初的知识；三段论形式是大辞、中辞和小辞必然关系的一种结构，其中中辞是关键，也就是事物关系中的那个必然原因的所在。

中辞的确立，对于建立演绎三段论是关键；而寻求原因或中辞却只能靠归纳来实现。归纳就是探求事物的原因：从科学的原理直到哲学的最高本原。然后倒过头来，才能由这最终的原因（原始的、真实的）来演绎和证明一切科学知识。所以，原因、中辞是归纳和演绎的共同本质所在，是它们相通相连的关节之点。

3.《分析后篇》：对普遍必然原因的寻求和确立

从逻辑上说是"中辞"的东西，从实际上说就是事物的原因。各门科学研究的是各种事物中的因果关系。具体事物的原因多种多样，越追溯其普遍必然性就越高；当我们追溯到各门科学赖以建立的原因或原理时，就进到了寻求最高的原因，"存在／是自身"或"本体""本原"了。亚里士多德说知识和逻辑中要寻求的根本原因归结起来无非只有四种，这就是他在《物理学》和

Metaphysics 中所说的"四因"。这一点他在《分析后篇》联系到了逻辑也同样说到了:"当我们知道原因时,我们就认为我们有了科学知识。原因有四种",在一一列举讨论过我们已经熟悉的四因之后,他说:

> 这四种原因里的每一个都能作为一个证明的中辞。①

《分析后篇》是亚里士多德逻辑学成就的最高点。因为它的任务,正是探讨如何寻求这些能够"作为证明的中辞"的原因的方法,并且一直追溯到寻求自然万物和一切存在的最终本体或本原的方法,其中便涉及本体论、认识论和方法论的各种最根本的问题。所以它既是亚里士多德逻辑学的主要作品(主要是归纳法,它是包括了演绎在内作为其内在环节的归纳法),也是他的全部哲学学说中的一部重要著作。

第七节　亚里士多德的城邦学和伦理哲学

1.πολιτική 或 πολιτεία② : 与"自然学"并列的"城邦学"

亚里士多德和柏拉图一样,也写了一部题为 πολιτική 的著作,

---

① 　亚里士多德:《分析后篇》94a20-23。
② 　这两个希腊词都指与城邦公民的生活、权利、治理等有关的事情,在这里含义是相同的。

中文译名叫作《政治学》。但柏拉图同名著作的中译名却是《国家篇》或《理想国》，读者就认不出两者研讨的原是同一主题了；西文译成 Republic 和 Politics 也有类似毛病。其实 πολιτική 或 πολιτεία 的含义和范围远比政治学或治国之术宽泛，是一门涉及古希腊人的全部生活活动的研究，其地位同"论自然（ φυσική，即对自然的研究 / 自然学 ）"相当。他们用 πολιτική 或 πολιτεία，即论城邦或关于城邦的学问来称呼它，是因为城邦（ πόλις ）原是他们得以生存的共同体的基本形式，而人原是一种共同体的动物。因此我们认为如果译成"论城邦"或"对城邦的研究 / 城邦学"会更为恰当些。如前所述，这门学问其实起于苏格拉底的探求和建议，到柏拉图那里已经得到了深入的研究，亚里士多德的贡献是把它落实为一门科学。希腊哲学的主题，在从前主要只是"论自然"，柏拉图和亚里士多德后便突出了"论城邦"。这是希腊哲学研究对象中的一大变化。

亚里士多德是第一次用科学分类的方式来处理一切学科的人，因此他把上述这层意思讲得相当清楚。他讲到何以城邦学是一门能把经济学、政治学和伦理学都作为它的分支的关于人的共同体生活的总学问，犹如"自然学"是一门关于各种自然学科的总学问那样。[①] 不过他并没有把研究灵魂的问题列在其中，这是同苏格拉底不同的。他对自然和动物的研究使他明白，不仅人而且一切动物都有灵魂，所以他写的《论灵魂》虽与人关系重大却不能算作人学的研究[②]；同样那以人的身体和健康为研究对象的医学，也属于自然科学，与论城邦无关。πολιτική 或 πολιτεία 是一门与"自

---

① 相比之下，柏拉图的同名著作就没有能交代清楚其中所说的那些广泛内容的关系。
② 亚里士多德：《论灵魂》，402a24-b5 ；412a20-22。

然学"并列的关于人的社会即城邦共同体的学问。

如果说柏拉图的城邦学(《国家篇》)以思辨的理想主义见长，那么亚里士多德的城邦学则以实证的科学研究见长。前者是从苏格拉底到柏拉图对于城邦和公民之善的长期探求和思辨思考的结晶，而亚里士多德的这部著作则是在收集了大量有关城邦制度的史料汇编的基础上形成，这些汇编据记载共有158部。它们在中世纪已全部佚失。19世纪末有人在埃及沙漠中发现了其中某些纸草古本，后来又有新的补充，经考证修订，才有了我们现在可以读到的亚里士多德的《雅典政制》一书。由此人们可以由一管而窥全豹，知道他的 πολιτική 后面的深厚功夫。通过这面相当精确的镜子，人们对希腊人原来的城邦生活、制度和政治、伦理状况的本来面貌可以得到极有价值的切实知识。

但是我们也要注意，亚里士多德关于希腊城邦生活和制度的观念，在当时也已经过时了。因为，一个空前历史转折，希腊化大帝国取代希腊城邦共同体的事变，就发生在亚里士多德的眼前，并且正是由他的那位声名最显赫的学生亚历山大大帝来主导和实现的。可是亚里士多德本人的思想始终还停留在和迷恋于原先的城邦世界。因此在他之后的那些哲学家们，如斯多亚派的创始人芝诺和克利西普，就要鲜明地与之对立，他们也写了题为 πολιτική 的著作，向柏拉图和亚里士多德展开批判。从这个变化转折看，亚里士多德的城邦学，恰恰从一个重要的方面清晰地见证时代和哲学本身的巨大改变。

还有，亚里士多德在其《尼各马可伦理学》、《优德谟伦理学》和《大伦理学》中，同柏拉图对话中的苏格拉底观点有一些重要争论。我们说过这一争论对希腊哲学往后的发展很有关系，也需要注意。

下面我们就来分别谈谈这几个方面。

2. 人是一种共同体的动物,城邦之学
是希腊哲学中的人学形式

亚里士多德的《论城邦》不是一部按预先计划写成的著作,而是出自不同年代的一些作品的合编。其中第一卷最晚写成,原是一系列的演讲,构成整部著作的导论①,比较严整地表现了亚里士多德的城邦学的科学性质。

他认为人按其自然本性是一种需要和他的同类共同生活的生物。这是对事物的根源的考察,只有这样的考察才能对有关问题获得清晰的认识。②首先有男女结合,还有主人奴隶的结合,从这两种结合中产生了家庭。"家庭是为了满足人们日常生活需要自然形成的共同体"③。但城邦才是能够满足人的生活需要并能使生活变得更好的完全的共同体,他用"自足"或近于自足来说明。人需要城邦不仅是为了自存、安全和物质生活的保障,更因为只有在城邦生活中,一种良好的教育以及依靠法律和正义管理的生活才是可能的。④因此他说人天生是一种城邦动物⑤,城邦在本性(即自然)上先于家庭和个人,孤立的个人是不能生存的,就像脚和手不能同

---

① 参见蔡勒尔(E.Zeller):《古希腊哲学史纲》,山东人民出版社1996年版,第207页。

② 亚里士多德:πολιτική,1252 a 24-26。

③ 亚里士多德:πολιτική,1252 bl 3-14。

④ 见亚里士多德《尼各马可伦理学》第十卷第9章。

⑤ 亚里士多德:πολιτική,1252 b 28-1253 a 3。可见,至今仍把亚里士多德这句名言译成"人是政治的动物"是不当的。

整个身体分离那样。①

　　因此他在《论城邦》中，先讨论了"家务管理"即人在经济
上如何致富的技术，关于家政的研究就是经济学；然后主要研讨
了城邦的管理制度即政治制度的问题，属于政治学；他还指出，人
们认为以善本身为目的的伦理学属于最高主宰的最有权威的学
术，而这门科学显然就是"关于城邦的学术"。因为它的目的本身
就包含着其他学科（如战术、理财术和演讲术以及制定法律，等等）
的目的。人自身的善是"关于城邦的学术"这门学科的目的，这种
善对于个人和城邦是同一的。一个人获得善值得嘉奖，一个城邦获
得善却更加荣耀、更加神圣。② 这样的一门学术就是城邦学，"关
于城邦的学术"。

　　如罗素所说，亚里士多德的 πολιτική 的各种结论如今已不再
有多少实际用处；不过也很有趣，因为它"表现了当时有教养的
希腊人的共同偏见"③。关于这一方面，我们下面会谈。但我认为，
无论如何，他那以共同体（城邦）为依据的关于人本身的科学思
考，还是有道理的。因为人确实首先是共同体的或社会的存在物，
只有从这里出发，我们才能对人的整体、个体和人与人关系，对人
的本性和活动的各个方面，作出恰当的研究。在他之后的希腊化
时期哲学，虽然很快就抛弃了他和柏拉图的狭隘的城邦观念，却继
续了"人是城邦的动物"这一核心命题，提出了极其重要的新的
πολιτεία 学说。它是通过把共同体观念深刻转变为"世界城邦"来
实现的。所以亚里士多德的《论城邦》仍有其学术奠基性的价值。

---

① 亚里士多德：πολιτική，1253a20-30。
② 亚里士多德：《尼各马可伦理学》第一卷，1094a27-b10。
③ 罗素：《西方哲学史》上卷，商务印书馆1982年版，第239页。

3.亚里士多德的人类共同体观念的局限性

罗素说亚里士多德的 πολιτική 表现了明显的狭隘性和偏见。例如,他从没提到过亚历山大,对亚历山大给世界造成的彻底变革甚至丝毫也没有察觉。他谈的全都是城邦,却全然没有看到城邦就要成为陈迹。[①] 还有他认为有些人天生就是自由人,而有些人天生就是奴隶,奴隶被奴役不仅有益而且公正。[②] 并且这是同民族有关的,因为他认为野蛮人生来就该做希腊人的奴隶[③],希腊人对蛮族的战争是正当的,但对希腊人的战争则不正当。[④]

H.G.Wells 在其《世界史纲》中说到希腊人思想里有几个难以越过的局限,也提到柏拉图和亚里士多德关于城邦的观点。

这些局限的第一项是希腊人在心理上把城邦作为国家的最终形式的成见。当时亚历山大大帝正在实现世界统一的进程,可是就在这个时候,"希腊人还妄自梦想一个不受外界影响,与整个世界英勇地对抗也毫无危险的紧密结合的小城邦。"据柏拉图估计,一个完善的城邦的公民人数在1000人(《国家篇》)到5040人(《法律篇》)上下。亚里士多德在其《政治学》中写道:"为了正当地执行司法和分配权威,有必要使公民们熟悉彼此的性格,否则在运用权威和执行司法两方面都会发生许多恶果;因为作出武断的决定是不公正的,而在人口过多的情况下又必然会是这样。"[⑤]

"钳制希腊人思想的第二件事是家奴制度。在希腊人的生活

---

① 罗素:《西方哲学史》上卷,商务印书馆1982年版,第239页。
② 亚里士多德:πολιτική, 1255 al-3。
③ 亚里士多德:πολιτική, 1252 a5-10。
④ 罗素:《西方哲学史》上卷,商务印书馆1982年版,第241、248页。
⑤ 赫·乔·韦尔斯:《世界史纲》,人民出版社1982年版,第361页。

中,奴隶制是得到默许的;没有它,人们就会觉得既不舒适又不尊严。……对于讲求实际的亚里士多德,它的废除是不可想象的,因此他们宣称,世界上有的人是'天生的奴隶'。"①

两位学者的评论是正确的,也很重要。可见亚里士多德和柏拉图虽是希腊哲学家里最受人推崇的,但他们的学说绝非完满无缺,而是有其非常根本性的重大缺陷和局限的。因此两位学者都指出,超越了这种局限的希腊化时代的斯多亚哲学和基督教,用新的人类各民族平等和友爱的共同体"世界城邦"或"上帝之城"的概念,取代直到亚里士多德还严重存在的狭隘希腊城邦共同体的观念,是一个重大的进步。

4. 对苏格拉底和柏拉图的批评

在亚里士多德《论城邦》第二卷里,他用了许多论述专门批评了柏拉图同名著作(《国家篇》)中的理想城邦观念②,即城邦共同体应当实行公民共有妻子、儿女和财产的制度,以及把人分成整齐划一的几种人的做法。他认为这是行不通的,而这种看法的前提"整个城邦越一致就越好"就是错的。他强调"城邦的本性就是多样化"③,因为一事物为愈多的人共有,人们对它的关心便愈少。例如,要是每个公民都有上千的人是他的儿子,那么实际上就成为谁都不是他的儿子;任何人都同等地是任何人的儿子,那么

---

① 赫·乔·韦尔斯:《世界史纲》,人民出版社1982年版,第362页。
② 他把批评的矛头主要指向苏格拉底,只是因为对话以苏格拉底作主角。但我们找不到苏格拉底有共产共妻主张的旁证,故仍视为对柏拉图的批评。
③ 亚里士多德:πολιτική,1261 a15-17。

所有的人都会同样地得不到关心。[①] 他说，一件东西要引起人们的关心和钟爱，主要有两点：它是你自己的，并且是珍贵的。然而在柏拉图理想的城邦中这两样都不能存在。因此让每个人关心他自己的事会好得多，财产应该是私有的，但要以仁爱教育人，从而使得财产的使用大部分能成为公共的。[②] 仁爱和慷慨都是美德，但是若没有个体所有制，它就是不可能的。[③] 因为仁爱和慷慨都是要运用自己的能力和财产的事情。

我想，亚里士多德的观点比柏拉图的显然更为可取，因为它确实更合人的本性。这可说是人类思想史上最早对粗鄙平均共产主义的中肯批判。

再来谈谈他的伦理学说，在这方面亚里士多德虽然得到了某些人的尊崇，我以为值得商榷之处同样很多，甚至更值得留意。罗素就指出，亚里士多德所主张的道德是不能令人满意的，这同他的城邦学说有关。亚里士多德和柏拉图都认为最高的道德只能是少数人的，希腊城邦社会由于它的根本结构只能把最好的东西给少数人，要求大多数人满足于次等的东西。斯多亚派、基督教徒和民主主义者都不能赞同这种观点。[④]

与之相关，亚里士多德还把最完美的幸福，至善，归之于纯理智的"思辨活动"。认为这才是神圣的、合乎本己的德性的现实活动。[⑤] "它在自身之外别无目的追求，有着人所可能有的自足、闲暇、孜孜不倦；还有一些其他的与至福有关的属性，也显然与这种

① 亚里士多德：πολιτική，1261b34-35，1261b41-1262a2。
② 亚里士多德：πολιτική，1263a25-41。
③ 亚里士多德：πολιτική，1263b9-14。
④ 罗素：《西方哲学史》上卷，商务印书馆1982年版，第230—231页。
⑤ 亚里士多德：《尼各马可伦理学》1177al5—22。

活动有关。如若一个人能终身都这样生活,就是人所能得到的完美幸福……这是一种高于人的生活,我们不是作为人而过这种生活,而是作为在我们之中的神。"①

把道德的至善至福视为极少数人才可能享有的,并且只是纯求知的思辨活动的享受和快乐,确实是亚里士多德伦理学的主调。因此,它必然是和大多数的普通人、实践人无缘的伦理学。这种伦理学后来被斯多亚派和基督教所批评取代绝非偶然。而从希腊哲学史上说,就涉及他同苏格拉底的关系。

他对苏格拉底的主要批评,集中于"美德即知识"这个基本命题上,也涉及对灵魂和理性的不同看法。亚里士多德写道:

> 他总是把美德说成是知识,这是不可能的。因为知识全都包含着道理,道理要在灵魂的理性部分去找。因此所有的美德在他看来都要在灵魂的理性部分里寻找。其结果,他在把美德说成知识的时候是抛开了灵魂的非理性部分,因而既抛开了感情,又抛开了品格;因此他对美德问题的处理是不正确的。②
> 苏格拉底把美德说成知识,这是不正确的。他坚持认为任何东西不应当是无用的,但是,从他把美德当成知识的观点中,却会推出美德无用的结论。为什么呢?因为就知识而言,一个人只要知道了这种知识是什么,他就是有知识的了;但是就美德而言,就得不出这个结论。因为一个人知道了正义是什么,并不立刻就是正义的,在其他德性方面情形也是这样。③

如果孤立地看待这些批评,亚里士多德所说不无道理。因为道

① 亚里士多德:《尼各马可伦理学》1177b20—30。
② 亚里士多德:《大伦理学》1182a15-23。
③ 亚里士多德:《大伦理学》1183b9-16。

德主要在于实践,同知识确实不同。有知识不等于能行；而行为的
动力不仅在灵魂中的知识理性,还有感情起重要作用。这些问题确
实需要注意和好好研究,而苏格拉底在提出"美德即知识"时还
留下了许多疑难有待澄清。但是亚里士多德因此就根本否定了苏
格拉底提出这个问题的意义,却是不对的。因为这是希腊哲学史乃
至人类思想史上第一个明确认为应当把"求善"与"求真"结合
起来,把实践和知识、生活和真理、行与知统一起来的尝试。苏格拉
底当时虽然还不能完全解答其中的各种疑难,却为哲学和道德发
展的这个新方向奠定了根基,开辟了前进的方向。因此,如果仅以
这个提法能挑出毛病就全然拒绝,实在是更大的错误。亚里士多德
把追求知识和美德分离开来,得到的结论恰恰是：把自己所肯定
的伦理道德善最高追求定义在脱离实践的纯思辨之上。这就颠倒
了生活和思辨、实践与知识的关系,如何能说是正确的伦理学？ 亚
里士多德的城邦学说伦理学说被世界城邦观念和新的伦理学取
代,不仅正常,更是人类自我认识的巨大进步。

第三部分

希腊化时期的哲学

第一章　希腊化哲学的
特点和时代的巨大变化

　　在亚里士多德去世后不到一代人的时间里,雅典接连出现了三个前所未有的新哲学:皮浪的怀疑主义、伊壁鸠鲁的快乐主义和斯多亚主义。它们成了时代精神的新潮流,与之相比,原来那些名声赫赫的哲学都黯然失色了。柏拉图传下来的学园派不久就转向了怀疑主义。新学园派竟然成了怀疑派的大本营,要到很久之后才转回柏拉图主义。亚里士多德留下的漫步学派还在坚持其学说的方向和努力,但已被时代冷落,许多成员只好转到埃及的亚历山大里亚城继续其科学和哲学的研究。而德谟克里特派的原子论哲学则几乎完全被伊壁鸠鲁的新学说取代。新派哲学家的关注点和彼此激烈竞争的主题跟以前的大不相同,以前希腊和雅典的哲学常把思辨性极强的理论探讨作为重点,但新哲学则迅速转向了实践性极强的问题,它就是:应该如何为在生活中感到极度迷茫和痛苦的人们,找到一个使他们心灵平安宁静的药方。于是哲学发展就呈现出了全新的特点和面貌。

　　这种情形显然和时代有密切关系。时代的改变,使希腊人和所谓希利尼人^①的生存处境发生了巨大变动。这些在新的时期和社会中生活的人们，迫切需要新的智慧，哲学追求也就随之发生了深刻变动。

第一节 历史的巨变和人的命运

希腊化历史进程始于亚历山大对希腊和东方的征服及其统一帝国的形成。这个崭新的世界虽然被称作希腊化世界，却完全不是城邦希腊的继续。二者之间有非常不同的特点。

公元前338年希腊反马其顿各邦与马其顿王腓力的军队决战于喀罗尼亚，以失败而告终。雅典又一次订了城下之盟，成为马其顿的盟邦之一。腓力严厉镇压底比斯，宽待雅典，分化希腊各邦和雅典内部，打击其中的反马其顿派。次年（前337年）希腊各邦在科林斯会议上实际承认了对马其顿的屈服。据传世碑文记载，与会各邦都宣誓对腓力订立和约，不得攻击他邦，不得侵占他邦城堡、港口，不得侵犯他邦现行宪法，并应听从同盟议会和首领的决定，与违约者作战。^②按和约内容，各邦不但对腓力，而且对他的子孙的王权不得有所侵犯。这样，科林斯会议便成为马其顿在实质上统治希腊各邦的开始。马其顿的军队驻扎在希腊的一些重要地方。这次会议组成的马其顿和希腊各邦的同盟，从形式上看与以前斯巴

---

① 泛指讲希腊语的人们，Hellenists，包括当时亚历山大所征服的希腊、埃及和亚洲广大地域中各个城市的居民，他们受到希腊文化的影响，会说希腊语，是一些认同希腊文化或"希腊化"了的人们。并不限于原来的希腊种族或民族。
② Hicks and Hill，no.154.转引自《世界上古史纲》下册，人民出版社1981年版，第204页。

达为首的伯罗奔尼撒同盟或雅典为首的提洛同盟相似,也号称是"希腊人"的同盟,但实质上已经是马其顿领导下的一个帝国,并且是一个更大的统一,即把埃及和波斯帝国范围内诸多民族也包括在内的、地跨欧亚非的一个世界性大帝国的序幕。科林斯会议结束了希腊城邦制的古典时期,从此希腊各邦名存实亡,失去了独立自由的地位。

科林斯会议的次年(前336年)腓力遇刺身亡,他的儿子亚历山大继位。他以空前辉煌的历史业绩实现了他父亲的宏伟计划：平定了马其顿和希腊各邦的叛乱,底比斯被攻破了,受到了极其残暴的对待,所有的建筑物除了一座庙宇和诗人品达的住屋以外,全被夷为平地,3万人被卖为奴隶。希腊被打昏了,雅典又一次投降了。对于马其顿,希腊现在事实上是被征服的土地,腓力生前建立的希腊同盟,从公元前335年之后已经成为马其顿君主统治希腊的工具。于是,在前334年,亚历山大便率领马其顿和希腊的军队去东征了。

亚历山大以其伟大的军事和政治才能,在短短的几年里就取得了伟大的胜利,公元前332年年底入埃及,完全控制了东地中海的制海权,他成了埃及的君主法老,阿蒙·拉太阳神的儿子。在埃及尼罗河口他建了一座新城 —— 亚历山大里亚。它在后来的马其顿和罗马帝国的历史上和文化上,起到了非常重要和显赫的作用。在占领了埃及之后,接着就击溃和彻底战胜了强大的波斯,公元前331年10月,亚历山大在与波斯王大流士决战于阿尔比勒,他大获全胜,大流士撤退逃走,不久便死于其将领之手。亚历山大征服了东方,一直达到中亚和印度。他在所到之处,到处建立以他的名字来命名的城市,以赞颂他的胜利和新帝国的辉煌业绩。

亚历山大死于公元前323年,当时他只有33岁。在他死后,希腊各邦以雅典为首又掀起反马其顿统治的斗争。拉米亚一役希腊雇佣军虽获胜，但最后仍被马其顿所败。马其顿戍军驻入邻近雅典的穆涅奇亚，反马其顿派首领德谟斯梯尼自杀。此后雅典和希腊各邦虽继续有反马其顿统治的斗争，至多只能争得半自治城市地位，不可能再恢复原先独立自主的城邦国家。

亚历山大过早突然死亡，使他建立的这个空前大帝国不能得到巩固与有秩序的继承。它立即陷入了野心家彼此争夺的罪恶与混乱之中，不久就被三个马其顿将军所瓜分：马其顿和希腊这部分本土落到了安提戈努斯之手，叫马其顿王国；塞琉古占领了原波斯帝国的大部分地区，建立起塞琉古王朝；托勒密掌握了埃及，以亚历山大城作为他的首都，并建立了海上优势，把塞浦路斯和腓尼基以及小亚细亚的大部分海岸保持在自己手中。相比之下，托勒密的埃及帝国最为稳定繁荣并持续时间最长，直至公元前31年被罗马战胜，托勒密王朝的最后一位女王克里奥帕特拉自杀时止。塞琉古帝国次之，马其顿较不稳定。这三个由马其顿人统治的国家虽然是亚历山大帝国分裂而成，但它们中的每一个仍是相当大的帝国，不是原先希腊的任何城邦所能比拟的。可见尽管亚历山大没有实现一个较为稳定持久的大一统局面，西方历史毕竟已经越出了早期的独立小城邦的时代。希腊化时代是一个把多民族组合在一起的世界性国家的新时代。

在马其顿人的领导和统治下，希腊文化和东方文化实现了联姻和交流，这为西方历史的发展开辟了前所未有的前景。在此之前，唯一有系统的如柏拉图和亚里士多德所研究阐述的关于人的社会共同体的管理和政治的哲学，只是以小城邦的经验为根据的。他们头脑里还没有想过实现一个统一的国家的问题。亚历山大的事业对于西方历史及其文化而言，是世界可能统一和将要获得统一的预示或起点。它后来由另一个伟大的民族罗马人完成了。罗马帝国的规模及其稳固、强大和持续性远胜于亚历山大及其后继者的业绩。但无论如何,马其顿人所建立的世界已经非常不同于希腊人的城邦世界,开始了西方历史中的新阶段。

由于在上述多文化融合过程中,希腊文化保持着某种比较优越的地位和作用,史学家们便用"希腊化"(Hellenistic)这个词来命名这个新时代;而生活在新时期各希腊化帝国中的人们也因此就被称作希利尼人即希腊化了的人们。但它已不再是一个种族的而是文化的概念,因为它包括了一切接受希腊文化的其他民族的人们,主要是希腊化帝国各城市中的市民。他们的通用语言是希腊语,上的是希腊式的学校,城市中大量兴建了希腊式的体育场和剧院这类设施,仿效希腊人的生活方式,人人以自己是希利尼人为荣。那情景同近现代世界上发生的"西化"潮流和风尚如出一辙。

尽管"希腊化"这一词语已约定俗成,却不宜把它简单化地理解为希腊文化的直线式扩张。不,并不是这样的。它是多文化的交流、冲突和融合的世界性进程。在希腊化进程中,不仅其他民族的生活和文化发生了重大变化,希腊人自己的生活和文化也同样改变了,而且在思想深度上常常更甚于其他民族。

这是因为所谓希腊化首先是马其顿人实现其征服和帝国统治的手段。马其顿人是希腊人的近亲,但文化不如希腊,他要征服和统治世界就不得不依靠希腊文化,而希腊文化的伟大成就确实也对其他民族有巨大吸引力。但是它既然成了马其顿人统治世界的工具,这就决定了它已经不再是原来意义上的希腊文化了:因为首先,本来的希腊人及其文化中最重要的东西是城邦共同体及自由,已被否定而不再存在了,因此希腊化虽然与本来的希腊文化形似,实际上精神已经改变过了;再说,希腊化决不是单向的,而是希腊和东方的多种文化双向交流、冲突和融合。所以，"希腊化"和"希腊"是两个非常不同的概念，应当分辨清楚而不要混淆。

这个历史转折对当时的希腊人意味着生活基础发生了强烈地震。千百年来希腊人一直以城邦作为自己安身立命的根基，这种小城邦是他们借以生存和赢得自由的根本保障。用人们最熟悉的语词来说，这种城邦共同体才是希腊人自己本来的亲切的家园。现在它已不复存在，于是人们就突然被扔进了一个陌生的世界。由多民族混合组成的希腊化帝国，在打破了城邦和民族的狭隘局限、空前扩大了人们的活动范围和眼界的同时，也摧毁了人们世世代代熟悉的共同体亲密纽带。这是一个历史的巨大进步，但给予人的也是冷漠严酷的统治。这种统治既不能给人自由，也不能给人亲情和亲切的联系。希腊化帝国并不是人们感到可以安身立命的新家园。于是，人便处于一种前所未有的生存处境之中了。

人的脚下总得有根。希腊人最早的根也是氏族和家族共同体，同其他民族一样。但这类自然发生自然演进的生活关系，在希腊早已被城邦共同体取代。如亚里士多德在《雅典政制》中所说，商品、货币经济的迅速发展，在梭伦时代之前已使氏族制、氏族联盟及其贵族统治制度陷于严重危机，达到了接近爆发内战的地步。梭伦的改革和后来克利斯梯尼的改革，逐步削弱并最后彻底否定了贵族统治及其基础氏族制度，用一种新的民主制的城邦制度取而代之，这是一种新型的希腊人民的共同体和国家制度。它使公民重新团结起来，并给它的公民以前所未有的民主权利保障。在希腊众多的小型城邦各自独立、自足、自主、自由。希腊的古典繁荣和文化是在这种共同体形式中发展和赢得的。到了希腊化时代，它不再继续存在了。

这对希腊人是又一次的根本性改变。马其顿和后来罗马的帝国统治对各族人民是异己的和敌对的关系,它不可能成为人们的共同体和家园。而同其他民族相比,希腊人面对的特殊问题是:一旦失去了城邦共同体,又没有氏族和家族的共同体可以依凭^①,他们便只能瓦解成纯粹的个人。这些个人面对的是一个充满着大风大浪的大海洋般的世界,到处险象环生,前途难卜。于是一种十足的无家可归的感觉,便随着希腊化进程的发展日益渗透进人们的意识,而被希腊人所首先敏锐地意识到,然后弥漫于整个希腊化的世界,并一直带入罗马时代。因为罗马人的事业正是从亚历山大开始的事业的完成,也是上述希腊化过程的继续和更大规模的完成。在这个意义上我们也可以说,希腊化是一个延续达七八百年之久的漫长过程。

总之,新的时代同以往希腊人的时代有根本区别。西方古代史有这样两个大的阶段:城邦希腊时代和希腊化罗马时代。其划分始于亚历山大帝国的创立。

第二节 新时期人类所感受的痛苦和精神需求

新的生存处境,使人们产生了一种普遍而强烈精神需要。它在一个一再重复出现的形象主题中得到了深刻的体现。这个形象就是:在大风暴的海洋中有一只小船,船上的人们正在惊恐万分;这时却有一个人十分安详宁静,只有他能告诉人们如何平安和得救。在这类作品中,人们最熟悉的是耶稣基督在加利利平息风浪的

---

① 例如犹太人虽然失去了国家独立,还有家族共同体的血缘系谱及其文化和宗教纽带。而这些在希腊都早已成为过去,不可能再恢复和起作用了。

故事。那故事说：

> 耶稣上了船，门徒跟着他。海里忽然起了暴风，甚至船被浪掩
> 盖，耶稣却睡着了。门徒来叫醒了他，说："主啊，救我们！我们丧命
> 啦！"耶稣说："你们这小信的人哪，为什么胆怯呢？"于是起来，
> 斥责风和海，风和海就大大的平静了。众人稀奇说："这是怎样的
> 人？ 连风和海也听从他了！"①

实际上，这类故事在希腊化时代的哲学中早就有了。第欧根
尼·拉尔修记载了一则关于皮浪的故事。据说当海上起了风暴，船
上的众人都惊慌失措时，皮浪指着船上的一头还在吃食的小猪对
大家说，这就是有智慧的人应当保持的无纷扰的状态。②

卢克莱修对伊壁鸠鲁也是这样描写的：

> 那么，他就是一个神……
> 因为是他首先发现那个生命的原则，
> 它现在被称为智慧；藉他的技巧
> 他把生命从那样汹涌的波涛中，
> 从那样巨大的黑暗中，驾驶到
> 如此清朗而风平浪静的港口里来停泊。③

> 当狂风在大海里卷起波浪的时候，
> 自己却从陆地上看别人在远处拼命挣扎，
> 这该是如何的一件乐事；

---

① 《新约圣经·马太福音》8:23-27；另见《马可福音》4:36-41；《路加福音》8:22-25。
② D.L. 卷9；68。
③ 卢克莱修：《物性论》（即"论自然"）卷五，序诗，方书春译，商务印书馆1962年版，
第262—263页。

> 并非因为我们乐于看见别人遭受苦难
> 引以为幸的是因为我们看见
> 我们自己免于受到如何的灾害。①

同样,在斯多亚哲学家那里,也有类似的表达。爱比克泰德说：你要用你的理性来检验你的表象,不让那些卑下的吸引你,而应用高尚的表象来取代它、放逐它。你要训练你自己从事一场伟大的斗争,这斗争是神圣的。那么你就能赢得一个王国,赢得自由、幸福和心灵的平静。

> 记住神,求他帮助和保护你,如水手在风暴中向 Dioscuri 所做的。因为会有什么风暴比来自有力的表象中的风暴更巨大呢？ 但是它能驱走理性吗？ 真的,风暴本身是什么,它不就是一个表象吗？ 驱走对死的恐惧,那么风暴雷电愿怎么来就怎么来吧！你就会发现在你的心中是多么平静。②

上面这几则故事和言说各有深意,解开人心恐惧的根据和方式各不相同。宗教求之于神,哲学家们则主要求助于理性的智慧。而在不同的哲学家中,所开的药方也大不相同。但为什么都用了这一类似的比喻,却是发人深思的。难道希腊人原先生活的世界不也是充满着战争、冲突、风暴和苦难吗？ 想想希波战争和伯罗奔尼撒战争时的种种情景吧。可是我们读那些希腊古典哲学家的作品,却很少见到他们会用这类比喻来形容他们的世界和心态。就连生活在伯罗奔尼撒战争年代严重灾难中的苏格拉底,也没有这类比喻。为什么呢?

---

① 卢克莱修:《物性论》卷二,序诗,方书春译,商务印书馆1962年版,第61—63页。
② 爱比克泰德:《论说集》3.18.24-30。

我们只能作这样的理解：纵然苦难，那时的希腊人总还有根，有依靠有指望，因为他们有自己的城邦和祖国。苏格拉底的努力集中起来说，就是如何让雅典人明白，应当为了振兴自己的城邦而去恶为善。他所说的心灵的健康、安宁、自由和幸福是与此相关的。可是，在希腊化的时代，这个根已被席卷世界的大风暴拔掉了，人成了无家的个人。由此可见，在古老的城邦共同体（在希腊）和种族、民族共同体（在犹太等东方各族）不复存在或不复具有自主权之后，生活在这样深不可测的世界中，人的命运岂非正如风暴海洋中的一叶扁舟？人的家园究竟在哪里，它应当是什么，就成为希腊人和希腊化世界中一切民族和个人共同关心的根本问题，也是人如何认识自己和如何能生存下去的第一重要的问题。

第三节　希腊化哲学的大致线索

因此，希腊化时期是一个宗教思想和各种宗教派别空前繁荣的时代；而对思想家来说，则是一些新哲学迅速兴起的时代。在这些宗教派别之间，哲学派别之间，宗教和哲学之间，又彼此激烈地竞争着，各自都宣称唯有自己能给世人提供救苦救难的真正良方。它们从不同的思想渊源演化而来，例如在宗教方面，除了希腊和相似的罗马诸神的宗教之外，埃及宗教、波斯摩尼教、犹太教及其一支被称作信仰基督的，便是一些重要的竞争者。最后以基督教的胜利而宣告了竞争的结束。而在哲学方面，由于哲学原是希腊人的特产，便以对先前希腊哲学的继续发展为其基本形态，东方民族的文化智慧只能以潜在的方式对它起到影响作用。因此无论这时期的哲学家属于什么民族，大家还是称这些哲学为晚期希腊哲学。

希腊化哲学的重要特征，最初是由犬儒派的特立独行和惊世骇俗的生活方式表现的。有三个有名人物，亚历山大、亚里士多德和犬儒学派的第欧根尼生活在同时（三人分别死于公元前325、前323、前322年）。亚历山大曾是亚里士多德的学生，但后来却更倾心于第欧根尼。有一段逸闻说，有一次他站在一无所有的第欧根尼面前，问他想得到什么礼物。第欧根尼的回答是："走开，别挡住我的阳光。"据说亚历山大很动心地说过这样的话："如果我不是亚历山大，我就愿意当一个第欧根尼。"

犬儒第欧根尼有一种新的对人的看法和以此作基础的价值观。他关心的已不再是人们属于哪个城邦、民族和社会阶层，而只是作为个人的人应如何在这"世界城邦"中按照"自然"（即本性。φύσις 一词本身就指这两义，因为自然而然，指的就是事物自身，或其本真）生活。在这时代亚历山大征服的只是外部世界，第欧根尼则指示出人应如何去征服他们自己的恐惧和欲求，赢得人自身生存的目的和意义，达到内心的平静。但是与亚历山大和第欧根尼不同，亚里士多德虽是他们的同时代人，想的却仍是过时了的城邦希腊的问题，而且充满着这类过时了的偏见。他和他的学派在一个很长的时期被人冷落遗忘，并不是偶然的现象。

犬儒派对传统希腊城邦文明不屑一顾的批判否定态度，只管个人的善，和只以自然为依归的生活态度和思想，预示了新时期哲学的基本倾向。这些倾向在希腊化哲学的主要三个派别中分别得到了长足的发展。

首先是怀疑主义。最突出表现出对传统生活方式和以往希腊哲学的彻底批判态度的，是皮浪所代表的怀疑派哲学。它在亚里士多德之后的新派哲学中出现最早，并一直持续于全部希腊化时期直到罗马时代。同时，新学园派也长期鼓吹和研究发展了怀疑主义，但不如皮浪派正宗彻底。怀疑主义哲学经过了长时期冷静思索和仔细研究，发展成一套严密系统的学说。皮浪怀疑派哲学的特征是：只承认变幻不定的现象显现，而拒绝对它作任何明确的即涉及真假是非的判断，认为这就是人所能得到的宁静和满足了。由于它拒绝给现象规定任何确定的原因和理由，本原或本体，因此它否定了以往所有的哲学体系，认为它们都是没有基础的武断。他们认为只要对一切判断都悬疑，就否定了是非，摆脱了精神上的烦恼，获得了内心的宁静。

与皮浪怀疑主义的消极人生观和否定性的认识论相反，伊壁鸠鲁和斯多亚派的芝诺提出了肯定性的人生哲学和知识论、本体论。伊壁鸠鲁和他的朋友及其后继者提出了一种新的原子论和关于个人快乐自由的伦理学说，并和一种社会契约论学说和友爱的实践相协调。

伊壁鸠鲁把以往希腊哲学和伦理学中的自由要素，和包含于城邦中的某种自由的因素，发展成哲学的中心强调。这是他的主要贡献。它构成了后来西方思想中"个人自由"这一主要文化观念核心的基因。具有很重要的意义。但是这个哲学却没有着重思考和解答有关个人和他人，个人和这个世界的社会关系问题，没有思考人类是否应当和可能建立新的共同体的问题。这是它的内在缺陷。

斯多亚派在重视个人的同时，坚持认为人是共同体的生物，个人不能脱离共同体而生存，而人的共同体归根到底是人类整体，他们称之为"世界城邦"。斯多亚派认为人不能脱离其家庭、亲友、乡党、地区和城市，但共同体从根本上说是自然整体，是神和他的儿女即全人类。共同体不是靠罗马皇帝和任何权势金钱实现的，而是靠自然或神的理性主宰实现的。神是整体的最高的自然，所有的人都是神的儿女，因而都是世界城邦中的平等成员。每个人都应按照

神的律法（自然法）生活,把必然和自由统一起来,实现人自己的
目的：最高的善和理性。

几派哲学虽各有特色,但都表现了这个时代人们对自己该如
何生活下去,什么是善和如何能赢得善所进行的思索和追求。他们
的答案不同,但均做出了富有特色的重要贡献。在这些努力和彼此
竞争中,自觉沿着苏格拉底开辟的把求真和求善结合起来的方向
进行探索的斯多亚学派,通过长达数百年的深入研究,对人自身和
自然是什么,如何实现人与自然一致,包括个人如何与别人、与家
庭、与社会、与世界性的人类共同体一致,如何与神一致,还有诸如
有关本体、理性和道德的一致,自由和必然的一致,实践和理论的
一致,等等,这些极其重要又使人非常困惑的问题,都给出了系统
的回答和论证。这是对苏格拉底未竟的事业的完成,标志着希腊哲
学达到了一个新的高峰。

第二章　皮浪怀疑主义哲学

第一节　生平及其思想的由来与发展

皮浪（前365—前270年）生活在希腊和西方古代史大转折的时期。作为一位重要思想家，他正是这个转折点在哲学上得到表现的第一个突出和鲜明的标志。

皮浪，雅典公民，原是一个普通的穷画家，早年向麦加拉派的斯提尔波学过逻辑，后来他跟阿那克萨库斯学习，并与这位当了亚历山大的宫廷哲学家的人做伴，随亚历山大大帝的东征队伍漫游世界各地。阿那克萨库斯是德谟克里特的二传弟子，梅特罗多洛的学生。德谟克里特的哲学原来就有一种相当强烈的怀疑主义倾向，因为他强调唯有原子和虚空是真实的存在，不相信感觉和现象世界，不承认关于它们有什么可靠的知识。梅特罗多洛发展了这种倾向，据说他的名言就是"我不知道什么，甚至不知道'我不知道'是怎么一回事"。阿那克萨库斯也持同样的观点，这些倾向无疑对皮浪有重要影响。当然，更为重要的是皮浪自己的亲身经历体验。他生活在这巨变的时代，游历了世界各地，见多识广，同印度的裸体智者和波斯的僧侣有很深的思想交往，并能在离亚历山大很近的距离观察当时的种种事变，这些都促使他作了许多深刻的人生思考。正是从上述这些因素中，他形成了彻底怀疑主义的人生态度和哲学思想。其中心就是对一切都"悬疑"和不作判断,用这种思想和行为的方式保持个人内心的无纷扰和宁静。

第欧根尼·拉尔修说到阿那克萨库斯惨死的事件。我们可以想到,这个故事一定会给皮浪留下永远难以磨灭的印象。故事是这样的:阿那克萨库斯得罪了塞浦路斯的君主尼可克瑞翁,因为在一次宴会上亚历山大问阿那克萨库斯对酒宴是否喜欢,他答道:"皇上,这一切都很气派,只是缺了一样东西,那就是某个总督的脑袋应该放在这张桌子上。"这指的就是尼可克瑞翁,于是就结下了深仇大恨。亚历山大死后,尼可克瑞翁就设法迫使阿那克萨库斯到了塞浦路斯,并把他抓起来放在一个大石臼里,下令用铁杵把他捣成肉酱。在这个恐怖的时刻,据说阿那克萨库斯说了如下的话:"你捣吧你捣,捣那装着阿那克萨库斯的臭皮囊,但捣的并不是阿那克萨库斯。"当尼可克瑞翁下令割掉他的舌头时,传说他把自己的舌头咬下来啐向他的敌人。由于阿那克萨库斯的坚忍自得,被称作"幸福的人"。① 这真是一种极其特别的"幸福"观。

恐怕我们只能从那个时代的精神气氛特点,才能体会到这也能算作是一种幸福。阿那克萨库斯曾是亚历山大大帝宠爱的座上客,且有可能置别人于死地,但是转眼之间靠山一倒,他就成为仇敌的俎上肉。作为纯个人遭遇,这类事情别的时代一样会有。但是在失去了城邦独立自主,已经失去了掌握自己命运可能的世界里,这类人世祸福变幻和感受就会引起普遍的强烈共鸣。既然实际生活里不可能有解决办法,那么就只能从精神上找出路。皮浪无疑从阿那克萨库斯身上学了不少东西,包括其德谟克里特派的怀疑论因素和与之结合的实际生活实践。

----

① D.L.9.58-60.

皮浪喜爱离世独处,因为他有一次听到印度裸体智者批评阿那克萨库斯的话,说只要他还在宫廷里伺候君王,就决不能教导别人什么是善。[①] 事实上阿那克萨库斯投靠权势固然得意一时,却种下了后来遭到惨祸的根源。皮浪要看得透些,他遗世独立,对一切东西,包括权力和财富,以及世上的得失与是非,都置于不顾。为了使人看透这些,他从思想上论说世上的一切都不可能弄清它们是什么,因而不必过问,并应远离所有的是非。人只是任凭感觉来生活就行了,这样心便可以离开烦恼,获得安宁。从而他提出了西方古代最彻底的怀疑主义哲学来服务于追求内心的宁静。

后来他回到雅典,同他姐姐在一起过清贫的日子,去市场卖家禽和猪,不嫌脏臭。当有恶人冲向他威胁他时,他说,人要改掉自己的毛病很难,不过只要可能,就该努力面对事实和诉诸行动,否则就靠思想言辞。[②] 他活到近90岁,受到普遍的尊敬。

他的思想学说是经过他的学生、著名诗人蒂孟,才为人所知的。在此之后,兴起了新学园派的怀疑主义哲学。经过一段时期的发展,埃涅西德姆斯又将怀疑主义的研究转向更为正宗的皮浪主义。埃涅西德姆斯的后继人塞克斯都(鼎盛年在公元180年左右)是一位最著名的皮浪主义者,有经验主义者(Empiricus)的称号,因此人们便称他为塞克斯都·恩披里科(Sextus Empiricus)。塞克斯都的重大贡献是撰写了《皮浪主义概述》和《反对学问家》(包括被怀疑主义者视为"独断"的各个重要的哲学家和科学家)。前者对皮浪怀疑主义及其发展作出了系统明确的阐述,后者记载了论战各方论点论据等丰富资料,都很重要和珍贵。

---

① D.L.9.63.
② D.L.9.65-66.

第二节　怀疑主义哲学要旨

　　塞克斯都对希腊化时代的怀疑派哲学有一个简要的说明。他说,怀疑派由于其审度和探究的活动,又被称作"研究派";由于研究者在探究之后所产生的那种心理状态又被称作"存疑派"或"悬疑派";由于他们的怀疑与探究的习惯,或由于他们对肯定和否定不作判断的态度,也被称作"犹疑派";更由于事实上皮浪致力于怀疑主义较其先驱者更彻底、更突出,而被称作"皮浪派"。然后他用一句话概述了皮浪怀疑主义的要旨,这就是:

　　　　怀疑主义是一种能力和精神态度,它在无论何种方式下都把现象和判断对立起来,并由于这种对立起来的对象和理性之间平衡的结果,我们就首先被带到了一种精神上的悬疑状态,进而被带到一种无烦恼的或宁静的状态。①

　　接着他解释说,这里的"现象"一词指的是感官知觉的对象。"无论何种方式把现象和判断对立起来",就是要把现象与现象、判断与判断、现象与判断、判断与现象等所有对立的方式都包括在内加以研究。"对立的判断"指彼此争执的判断。"平衡"指彼此争执的判断没有一方能比另一方更优越,双方的可能性和不可能性是相等的。"悬疑"则指心智的休息状态,在这种状态中可以既不肯定也不否定任何东西。"宁静"则是一种灵魂无烦恼和安宁的状态。它是随悬疑而来的,那就是怀疑派的"目的"。② 所以,这

---

① 《皮浪主义概述》,见塞克斯都·恩披里科:《悬疑与宁静》,杨适等译,上海三联书店1989年版,第1页。

② 《皮浪主义概述》,载《悬疑与宁静》,上海三联书店1989年版,第1—2页。

句概述,把皮浪怀疑主义的目的和论证都点明了。

第三节 怀疑派论证的基本前提:
彻底的现象主义和感觉主义

有人认为怀疑派是否定一切的,针对这一误解,塞克斯都强调指出:

> 我们从来不推翻感官的感觉印象,它让我们同意而不顾我们的意愿。这些印象就是"现象"。
> 我们承认显现的东西是事实,我们怀疑并不涉及现象本身,而只涉及对现象的说明,这是同对现象本身发生疑问有区别的。例如,蜂蜜对我们显现为甜的东西,这是我们承认的,因为通过感官我们知觉到甜味;不过蜂蜜在本质上是不是甜的,这对我们来说则是一件可疑的事,因为这不是一个现象,而是一个对现象所下的判断。①

皮浪派认为自己是最讲实际的,因为他们从不否认现象,并认为它才是不以人们的意愿为转移的客观存在,被人的感觉印象所证实。他们不同意许多哲学家想用判断来确定的所谓真理和真实的东西,例如某个我们感觉不到的、没有显现出来的即在现象背后的东西,如本原、本质、本体,等等。认为对于这些东西,我们无法证实它们的存在和真实性,因此只能悬疑。一句话,他们对事物和世界的看法是彻底现象主义的。这种哲学上的基本主张同近现代彻

---

① 《皮浪主义概述》,载《悬疑与宁静》,上海三联书店1989年版,第6页。

底经验主义的休谟主义和逻辑实证主义，是非常类似的。

　　他们也不否认有某种基质东西可以作为现象的基础，只要它们仍是可感知的现象事物。举例来说，羊角锯末就是羊角借以构成的基质东西；他们说这是事实，同凭判断去把捉的东西，如柏拉图派讲的"相"或原子论的"原子"之类，完全不同。至于像羊角锯末一类东西最终又由什么基质构成，除非有现象的事实可寻，便无可认识或判断，也不应再作这样的追问，因为这种追问没有根据，是对现象的脱离。可以认为他们的这些观点和现代实证主义接近，都反对 ontology 的"武断"或"独断论"，即用判断（是什么和不是什么）来确认的所谓"真实"，都把这种"独断论"所谓的"真实"和虚构等同起来加以抨击。[1]

　　怀疑主义所要怀疑的绝不是现象，相反，他们强调的是不能让理性把现象从我们这里夺走。"假如理性是一个几乎是在众目睽睽之下把现象夺走的骗子，那么我们确实应该对它持怀疑态度。"[2]因此他们怀疑的对象只是用理性判断所肯定的 ὄν，即（某事物）是／不是（什么）的判断和由此断言的是非真假。简言之，怀疑主义所要抨击否定的对象乃是希腊哲学以往的主流：对 ὄν 和 ὄν 之为 ὄν 的研究，ontology。

---

[1]　现在人们都习惯于说怀疑论或实证主义是"反形而上学"的，但是中国人读了这个话容易想到是指"反玄学"。其实皮浪主义不仅反对抽象的玄学，也反对亚里士多德的科学和哲学，即非常尊重经验的 ontology。对此我在前面已说过，这里有必要再次提请读者注意，因为这既涉及对怀疑主义的认识，也涉及对整个哲学 ontology 的认识。

[2]　《皮浪主义概述》，载《悬疑与宁静》，上海三联书店1989年版，第6页。

第四节　达到悬疑的论证

皮浪怀疑派肯定现象和感知,断然否定任何靠判断得来的知识和"存在"有其真实性,为此他们进行了非常周密的论证。他们所运用的论证方式是：把一切可作为判断依据的东西都置于对立之中,从而使之消解,使任何判断成为不可能。其中包括了把现象和现象、判断和判断、判断和现象、现象和判断,以及现存、过去和将来之间的种种情况,他们都找出彼此的对立,一一加以具体研究。这样来论证何以关于它们中的任何一个说法都不能确立其真假是非,只能以悬疑告终。这些论证被归纳为早期怀疑派提出的十种型式,后期怀疑派的五种,以及埃涅西得姆斯的八种。按塞克斯都的意见,早期的那些型式或论证是基础,后来的则是使之更为多样和完备。这里我们着重介绍一下早期的十种型式的论述要点。

第一,动物的形成方式和身体构造不同,对同样的对象就有不同的感觉与好恶。例如,我们看成白色的东西,黄疸病人却认为它是黄色的,而那些眼睛充血的人则视之为红色。那么某些动物的眼睛是黄的,有些动物的眼睛是别的颜色的,它们的视觉就很可能不一样。镜子在构造上的差异,凹面镜照物把对象拉长变窄,凸面镜照出的外物变小,还有的镜子使对象颠倒。这样说来,由于动物的视觉器官不同,看到的东西也不一样,同一个对象,在狗、鱼、人和蝗虫看来很可能大小不等,形状不同。猪喜欢在臭泥坑里打滚,燕子爱吃蚊虫,人则不会以此为愉快。人的感官构造并不一定比动物优越,例如人的嗅觉就不如狗,鸟的视觉也常优于人,人没有权利认为自己的印象就比其他动物得到的更正确或值得信赖。这样,如果对同一对象,动物的感觉不同,好恶不同,而对各种不同的印象究竟谁是谁非又不可能加以判断,那么我们对任何这类判断必然只能悬疑。

第二个型式是建立在人们之间的区别上的。即使人比无理性的动物更值得信赖,由于人们在肉体上差异很多很大,感觉印象也彼此不同;人们在灵魂方面也很可能彼此不同,如不同的诗人、哲学家在谈到人的追求和好恶时就大不相同。人们选择和躲避什么,是由于他们觉得愉快和不快,而愉快和不快又是由感官印象引起;如果某些人选取的正是另一些人躲避的,那我们就能合理地得出结论:我们只能说每种事物对每个人显现为什么;但是对于每种差异,我们不能说明它真的是什么。我们究竟相信谁的感觉和好恶是正确呢? 如果相信所有的人,就是在企图做不可能的事,并且要承认矛盾。如果相信某些人,那又是谁? 由于他们各说各的意见并且无休止地争论,我们转了一个圈子还是只好又回到悬疑状态。一切独断论者都只是不同争论者的一方而已。

第三种型式是建立在诸感官的差异上的。如一张画在眼睛看是立体的,用手摸它就是平的了。蜂蜜使舌头觉得愉快,眼睛看它则无此感觉。另外感官所接受的每种现象似乎都是复合的,如苹果似乎是光滑的、香气扑鼻的、甜的、黄红色的,但如果我们的感觉器官同现有的不同,多些或少些,作用也不一样,那我们对苹果的感觉也不会相同(失去视觉或嗅觉的人就同别人不同)。那么苹果的真正性质是什么,谁能充当法官呢?

第四是对各种境况的差异的考察。如醒与睡,年龄所带来的人的差异,运动和静止,恨与爱,哀与乐,自信和畏惧,等等。当人们处于这些不同境况时感觉是很不同的。恋爱中的人会把丑陋的情人认作最美的。同样的食物在饿时吃着很香,另一个时候再吃就没味了。那么我们究竟能相信怎样的判断是真的呢?

第五种论证是建立在地点、距离和位置的情况上的。同样的对象，从不同的角度、距离等去看非常不同，何者正确？那么对象真的样子又怎能判断？

第六种是由于混合。没有一种实在的对象只由它本身作用于我们的感官，它总是同某些其他的对象混合在一起而起作用的；另一方面我们的感觉器官也是与身体别的部分混合的，因此我们的感官不能感知某个对象纯粹本身的性质，无法对它作出确切的判断。

第七种型式是建立在基质东西的数量和结构之上的。怀疑论的这个论证主要涉及质与量的关系问题。羊角的屑末显现为白色，同羊角的黑色正好相反。使人感到舒服的东西，服用过量就产生危害。这些相反的情形都是从同样事物来的，我们对它的真实性质如何能判断？

第八种型式是相对性的论证："一切事物都是相对的，因而对于它们各自的独立状态和真实本质，只能悬置判断。"这是一个有很高概括性的论证。塞克斯都强调指出：怀疑论者这里用"是"这个词代替"显现"，其意思实际上是指"一切事物都显现为相对的"。这说明它是一个现象主义的观点。其主要之点是：由于对任何对象的判断都同判断者（主体）相关，而对象（客体）又总是伴随着其他种种条件和状态，在这样的双重限制下，任何对象都不能是纯粹的绝对的，而只能是相对的。"一旦我们建立起万事万物都是相对的这一看法，我们就清楚地得出结论：我们无法谈论每个事物自身的真实纯粹的性质，而只能谈论它在同其他事物的相对关系特点上显现出的性质。由此可见，我们对于对象的真实性质必须悬置判断。"

第九种是建立在事情的恒常和稀少区别上的。物以稀为贵，如果黄金多如石头,就不值钱了。同样的粮食在丰富和稀缺的不同情况下,价格贵贱大不一样。由此我们不能说它有某种固定的性质。

第十种型式主要是关于伦理或价值判断的,它建立在对行为规范、习俗、法律、传说的信念、教条式的概念等的考察之上。怀疑论者指出上述每一情况都有与其自身相反的,它们之间也相互对立。塞克斯都举出了当时所知的各民族、各时代、各种不同观点之间的差别和对立,事例不胜枚举。因此必定要得出结论:我们所能说的只是事物按其特殊的行为规范、法律、习俗等是什么属性,而不能说事物按其本质具有什么属性。因此对外部对象的真实性质是什么,我们也不得不悬置判断。①

第五节　皮浪主义对希腊哲学主流 ontology 的批判

通过上述论证,可以看到皮浪怀疑主义所批判和否定的,几乎囊括了所有以往的和与之同时的各种希腊哲学和科学。虽然它自己有着特别尊重经验事实并在逻辑论证方面极其精到的特色,却是从根本上反对和否定从巴门尼德以来的主流哲学和逻辑传统的。这是非常有趣的一点:怀疑主义最讲究逻辑,然而他们运用逻辑恰好是针对逻辑自身的,他们是一些用逻辑反逻辑的人。他们的全部论证的关键之点是:把一切判断都悬置起来,否认有确定性知识的可能性。什么叫悬置判断? 所谓判断,就是要说"(它)是(什么)"和"(它)不是(什么)",即 ἐστιν 和 μη ἐστιν,二者必居其一。但是皮浪怀疑派用论证表明,关于任何事物,我们都能既说

_____

① 《皮浪主义概述》,载《悬疑与宁静》,上海三联书店1989年版,第12—52页。

"（它）是（什么）"，同时又能说"（它）不是（什么）"。这样，巴门尼德的 ἐστιν 和 μη ἐστιν 的绝对对立，亚里士多德说的本体论公理即逻辑的第一原理，［不］矛盾律，就被推翻了。既然如此，还能有什么判断，有什么真和假、是与非，有什么知识？没有了，因为我们有的只是变幻不定的现象和感知，再也没有基础来谈什么确定的东西了。"存在／是"虽然语言中还用着，都只有"相对"的含义而毫无确定性（即任何绝对性成分），因而已经名存实亡。

这个否定一切知识的结论，当然人们难以赞同，但是他们提出的论证却是必须认真对待的。皮浪主义不仅对人的精神安宁提出了一个药方，在哲学理论上更有其特殊的重要性。这都是和它同时的及后来的哲学所不得不面对的重大挑战。

第三章　伊壁鸠鲁

第一节　生平、团体、著述和学派流传

伊壁鸠鲁是雅典人。他的父母曾移居萨摩斯，但一直保持着雅典公民的身份。公元前341年伊壁鸠鲁出生在萨摩斯并在那里长大，直到18岁。他有三兄弟，一家人和谐幸福，伊壁鸠鲁一生始终热爱他的父母和兄弟。

他父亲是一位学校校长，伊壁鸠鲁从他那里受到初等教育，很早就显示出智力上的可贵品质和独立思考能力。在他14岁时，有一次老师讲赫西阿德的诗篇《神谱》，读到其中一行："真的，最初创生万物的乃是混沌"，他就问老师，"如果最初是混沌创造万物，那么混沌是从哪里来的"。老师说这不是他的事，只有那些叫作哲学家的人才能教人明白这类事情。伊壁鸠鲁就说："那好，要是有人懂得真理，我就要去找他们。"① 这促使他转向哲学，跟从一个名叫庞费鲁斯的柏拉图派学者学习了约4年之久。公元前323年他18岁时回到雅典，履行其服兵役两年的公民义务。人们认为在这期间他曾到柏拉图派的学园和亚里士多德派的吕克昂听一些课程。

---

① Sextus Empiricus, *Against the Physicists*, 2.18-19, Harvard University Press, 1936.

前321年他服完兵役回家,去了科罗封。当时马其顿的长官下令在萨摩斯的雅典移民搬迁到科罗封,他的父母便带着全家去了。伊壁鸠鲁在科罗封居住了10年,这期间对他在哲学上的成长相当重要。据说他曾去罗得岛跟一位名叫普拉克希芬尼的著名亚里士多德学派哲学家学习过一段时间,不过伊壁鸠鲁本人否认这件事。比较确切的是,他跟一个德谟克里特派原子论者瑙西芬尼学习过。瑙西芬尼年轻时对怀疑主义者皮浪非常钦佩,经常对人说:我们在生活气质上应该仿效皮浪,但不是在学说方面。①

看来伊壁鸠鲁对瑙西芬尼和其他人给他的哲学教育是很不满的。后来这位对普通人很和善的思想家,对他不满意的哲学家骂起来却相当尖刻。他说瑙西芬尼是个没意思的人,因为他喜欢有点想法就自吹。还时常把他叫作"海蜇",一个缺少教育的人,一个"骗子"、"懒婆娘"。伊壁鸠鲁还说柏拉图学派是"拍狄奥尼修(叙拉古僭主)马屁的人",亚里士多德是个浪子,普罗泰哥拉是个只配给德谟克里特拎皮包和当秘书的,是个乡下教师,赫拉克利特是个制造混乱者,德谟克里特是个瞎说的贩子,犬儒派是希腊的敌人,而皮浪则是个无知的乡巴佬。②这些骂人的话,恐怕只能从当时各派哲学间相互攻击谩骂的气氛来了解。当时别人辱骂伊壁鸠鲁很难听,诬蔑之辞更多。此外,伊壁鸠鲁特别强调他"自学"起家,突出自己的独创,不愿被人视为从其他哲学派别而来,可能也是一个原因。

在科罗封的年代,伊壁鸠鲁主要致力于独立的钻研和沉思,形成了他的学说的基本思想。后来他在致美诺寇的信的起头就写

---

① D.L.9.64.
② D.L.10.8.

道：“当一个人年轻的时候，不要让他耽搁了对智慧的寻求，当他
年老的时候，也不要让他对他的研究产生厌倦，因为对于关心心灵
健康的人来说，决没有太早或太晚的问题。”[1] 这里也包含着他自
己在这一段期间的生活和学习思考的体验。

列斯波斯岛上的城市米提林曾是希腊文明的一个中心，出过
一些著名人物如诗人萨福，亚里士多德在这里当过教师，他的弟子
和接任漫步学派首领的泰奥弗拉斯特就出生在列斯波斯。伊壁鸠
鲁在科罗封10年之后，也到这里来试一下自己的理论能力。不过他
在米提林只住了一年。因为对他的敌视和攻击很厉害。他已经同瑙
西芬尼争吵，由于他轻视数学、辩证法和修辞学，招致柏拉图派和
亚里士多德派的厌恶。这些敌对和烦恼使他不得不离开米提林，跑
到朗卜沙柯。第欧根尼·拉尔修说，“当他32岁时他建立了一个哲
学派别，起初在米提林和朗卜沙柯，五年后移往雅典”[2]。这个说法
似乎把伊壁鸠鲁派建立的时间说得过早，但这时他已显示出想要
建立独立新哲学学派的意图和最初努力则是可能的。在他去了朗
卜沙柯之后，这一点就非常明显了。

朗卜沙柯是位于小亚西北的希腊城市，他在那里住了约5年
（前310—前306），致力于吸引他的追随者，取得了重要成就，因
为他在雅典建立学派的许多主要成员正是在这个时期聚集起来
的。如赫马库斯，后来成为他的继承人即第二任学派领袖；他同梅
特罗多洛建立了终生的友谊；还有伊多梅纽、里奥丢和他的妻子
苔米丝达、科罗特、毕陀克勒等人。其中有的人后来在物质上对伊
壁鸠鲁有重要帮助，这些对于伊壁鸠鲁派的建立和维持都有重要

---

① D.L.10.122.

② D.L.10.15.

关系。

这些成功显然鼓舞了伊壁鸠鲁,也鼓舞了他的同伴。伊壁鸠鲁同他的学生和朋友所建立起来的友谊,使他坚信"在智慧所能供给人生的一切幸福中,以获得友谊为最重要"[1]。

有了自己的观点和哲学,又有了一批稳定的拥护者,也有了经济条件,伊壁鸠鲁就选择雅典来作为建立他的新学派的地方。于是他在公元前306年回到了雅典,购置了房屋和附近的一个小花园,作为建立自己学派的生活和研究的基地,也就是他的学校。通常就把这一年作为伊壁鸠鲁派建立的时间。这时他35岁,从他14岁开始接触哲学,到这时已有了20年研究思索和生活的体验。

伊壁鸠鲁建立的团体,同柏拉图的学园、亚里士多德的吕克昂有所不同,它与其说是一所学院或研究中心,倒不如说是一个按共同原则在一起生活的人们所组成的非常友爱的小社会。在伊壁鸠鲁的学说和团体里,友爱具有特殊重要的意义和价值,而"花园"就是实现他们友爱的一块乐土。在这里有他的三个兄弟、一些朋友和他们的妻子孩子,其中还有一些原来是奴隶和妓女的人们。伊壁鸠鲁亲自掌管这所学校,他的兄弟和一些亲信的弟子协助他的工作。"来自各方的朋友到他这里,同他一起生活在这所花园里。……但是伊壁鸠鲁并不认为财产共有是正确的,像毕达哥拉斯派关于友善的格言所要求的那样。按照伊壁鸠鲁的意见,毕达哥拉斯派的这种实践包含着不信任,而没有信任也就没有友谊。"[2]"花园"是伊壁鸠鲁实践他自己的友谊观的地方,是一所他的私人的学校,在这里他向他的朋友们显示他对人的真诚友谊,其中包括了妇女和

---

[1]　伊壁鸠鲁:《主要原理》第27条,见 D.L.10.148。

[2]　D.L.10.11.

奴隶。伊壁鸠鲁的花园学校是古希腊有史以来第一所也向妇女开放的哲学学校。

在"花园"里伊壁鸠鲁和他的弟子们"过着非常简朴的生活，有半品脱的薄酒就很可满足了，通常则饮清水"，伊壁鸠鲁本人是简单需要和生活清净的样板，"他满足于平常的面包和水，他说，'送我一小罐奶酪，那，在我需要的时候，就很惬意而觉得够奢侈的了'"。①

伊壁鸠鲁得到了许多忠实的弟子和朋友，他最喜爱的梅特罗多洛很有才智，写了不少著作，可惜先于老师而死，使他非常哀痛。科罗特也是很有才能的忠实的伊壁鸠鲁主义者，他批评柏拉图派和其他学派有力，普鲁塔克后来专门写有《答科罗特》来答辩。赫马库斯是他临终时委托的学派继承人。

伊壁鸠鲁的新哲学不但同古典时代的大哲学家及其派别不同，也同皮浪和学园怀疑派以及斯多亚派有尖锐的分歧，他和他的弟子必须不断地同这些很有影响力的竞争者进行斗争。不仅有思想学术方面，而且还必须抵御对手的人身攻击。例如有些人以"花园"中有当过妓女的妇女为由进行攻击。第欧根尼·拉尔修在转述了那些攻击之后写道："讲这些话的人真是疯了，有大量的证据说明我们的哲学家对于一切人的善意，那是没有人能超过的。他的故乡为他立铜像表示尊敬，他的朋友之多不计其数，了解他的人都为他的学说倾倒，他的学派在他和他的同伴都去世后没有中断地继续着，他对父母孝敬，对他的仆人宽厚有礼，他们都成了学派团体的成员这个事实就可以证明他的心地，其中的一个成员就是他的奴隶米斯。一般说来，他的仁爱及于全人类。他对神的虔敬和对

_____
① D.L.10.11.

祖国的情感是无法用语言表达的。"①

他的团体生活非常简朴,饮食主要是面包和水,伊壁鸠鲁觉得这也是很可满意的了。因为这既合于自然需要,又比较容易得到。而讲究和奢侈的东西虽然能给人快乐,却不容易得到,还会使追求它的人陷于烦恼,因此他们认为这绝非快乐的原因,不是追求的对象。他给朋友写信请他们捐助粮食、干酪和很有限的金钱,作为"我们的神圣团体"的生活必需之用。

伊壁鸠鲁的哲学完全是为人的生活实践所用的,而他自己就成为这一派人的生活典范。他备受疾病折磨,临终前他给他的朋友和弟子伊多梅纽的信中写道:"在我生活的最后时刻,这个可祝福的日子,我给你写这封信。我的痛性尿淋沥症和胃病一直持续着,没有什么痛苦能比之更剧烈了。但是我心中追忆着我们谈话的快乐,却位于这些痛苦之上。请照顾梅特罗多洛的孩子们吧,正如我可以期望你永远爱我和哲学那样。"② 他写下遗嘱,仔细交代后事,谆谆嘱咐弟子们要照顾好团体的成员,特别是去世的朋友的孩子们,并使奴隶们获得自由。然后洗了一个澡,要了一杯葡萄酒,叮咛朋友们记住他的教导,就咽了气。在病痛和死亡面前,伊壁鸠鲁十分自然、安详宁静,实践了自己的哲学,达到了很高的福乐境界。

N.W.De Wett 说伊壁鸠鲁主义可以恰当地被称作"希腊人中产生的唯一福音哲学"③。通过在雅典以及在朗卜沙柯、米提林等各地的门徒,伊壁鸠鲁的人生福音传播到希腊化世界各地。在东方的安条古和埃及的亚历山大里亚这两大城市,伊壁鸠鲁派很早建立起自己的影响,后来又广泛传播到意大利和高卢。西塞罗(他不赞

---

① D.L.10.9-11.

② D.L.10.22.

③ N. W. De Wett, *Epicurus and his Philosophy*, Minneapolis, 1954, p.329.

成伊壁鸠鲁主义）在公元前1世纪中叶写道："（罗马的）伊壁鸠鲁派以他们的著作占领了全意大利。"① 后来它在罗马斯多亚派和基督教的竞争中才逐渐衰落下来。

即使如此，斯多亚派著名哲学家塞涅卡也高度称赞伊壁鸠鲁的道德学说，经常大量引证他的话。这似乎可以表明伊壁鸠鲁主义后来仍继续起着作用。德国著名的希腊哲学史家蔡勒（Zeller）列举了罗马帝国后期一连串伊壁鸠鲁主义者的名单。生活在公元3世纪上半叶的第欧根尼·拉尔修虽然不是一个严格意义上的伊壁鸠鲁主义者，至少也是它的一位同情者和好朋友。在他对古代哲学家的记述中，伊壁鸠鲁占了最大的篇幅。蔡勒指出伊壁鸠鲁主义比大多数其他学派活得时间更长，直至基督诞生后的第四个世纪。② 特别值得一提的是，1884年在现今土耳其内地一个古代叫作奥伊诺安达的地方，发现了一位名叫第欧根尼的老人在公元2世纪时在一块巨石上镌刻的一个长篇哲学铭文。这是他向他的同胞宣扬伊壁鸠鲁学说的一个纲要。这篇铭文生动地证实了伊壁鸠鲁影响的生动和长期持续性。

伊壁鸠鲁本人写作极丰，据拉尔修说他的最好的著作有41篇共300卷，主要的是《论自然》（37卷）、《论准则》，以及包括《论生活》、《论目的》、《论弃取》在内的伦理学著作；还有一些与人论战的作品以及书信。拉尔修全文引录了他的三封书信和《主要原理》，认为知道了这些，人们就能从一切方面研究伊壁鸠鲁的哲学并知道如何判断他。③ 因此伊壁鸠鲁的大多数著作虽然没有留

---

① Cicero, Tusc. 4.6-7.

② E. Zeller, *The Stoics*, *Epicureans*, *and Sceptics*, Oswald J. Reichel, London, 1870, pp. 392-393.

③ D.L. 10.27-29.

下来,但对于研究他并不是很大的问题。实际上他本人也总是强调,概要能使无法仔细阅读他的全部著作的人牢牢记住最基本的原则,而基本原则才是经常需要的,细节却很少用得着。①

在三封书信中,《致希罗多德的信》是他的原子论自然哲学的纲要;《致毕陀克勒的信》阐述了他对于天象之类问题的见解;《致美诺寇的信》对于他的伦理学提供了一个纲要。而在那篇《主要原理》中,则汇集了伊壁鸠鲁基本观点40条。这篇著作在古代极其著名,它可能是某个忠实弟子从伊壁鸠鲁卷帙浩繁的著作中摘引汇编而成,不过古代人普遍认为它是伊壁鸠鲁本人写的。由于伊壁鸠鲁总对弟子们强调要牢记他的学说的纲要,并且也亲手写过这类纲要,因此我们认为也不能排除这40条是他本人所写的可能性。如果说三封信从不同方面提出了观点纲要,《主要原理》则是一个更加全面的总纲。

另外,还有一份在1888年被发现的14世纪的梵蒂冈手稿本中找到的伊壁鸠鲁语录,称作 The Vatican Sayings。其中许多条和《主要原理》相同或相仿,可以参考。但原手稿有残损,有些条被认为并非属于伊壁鸠鲁。

在留存下来的这个学派后继者的文献中,最重要的是罗马诗人卢克莱修的《物性论》。卢克莱修生平不详,长诗本身表明作者是一位忠诚热情的伊壁鸠鲁主义信徒。他认为伊壁鸠鲁的教导是人类得救的唯一思想源泉,作品详细论证和表述了伊壁鸠鲁整个学说。我们在研究伊壁鸠鲁著作有不明之处的时候,可以用他的作品作为忠实可靠的解释。另外,18世纪在意大利赫尔库兰出土的某罗马富人图书馆里的纸草卷中,保留了一位伊壁鸠鲁派哲学家

---

① 伊壁鸠鲁:《致希罗多德的信》,见 D.L. 10.35。

Philodemus of Gadara 的著作残篇和伊壁鸠鲁《论自然》某些残篇。上面提到的奥伊诺安达刻石碑文也很有价值。此外,西塞罗、普鲁塔克在论战中保存了一些有关伊壁鸠鲁派的资料。塞涅卡引用过大量伊壁鸠鲁的言论,塞克斯都对于伊壁鸠鲁哲学提供了十分有用的知识,都可作为重要参考。

　　一般说来,研究伊壁鸠鲁派哲学也就是研究伊壁鸠鲁本人的观点。因为这一派的理论,就其理论形态本身而言,后来几乎没有改变。学者们说这可以归因于伊壁鸠鲁本人的态度,他宣称他的学说已经完备,并且是由他独立发现的,既无求于前人也无须后人予以改进。所以这一派一代代的信徒都满足于遵从导师的学说。卢克莱修的《物性论》虽然详尽地发挥了伊壁鸠鲁学说,但是人们并不视为一种新发展。甚至有人猜测它可能是伊壁鸠鲁本人留传下来的一份大的纲要的发挥。伊壁鸠鲁派学说一以贯之地传承下来,很少改变,可能同他和他的弟子的保守态度有关。但是这一派既然能够长期持存而不衰,可以认为伊壁鸠鲁学说本身确实也包含着持久的要素。

第二节　学说宗旨和概貌

　　同亚里士多德以求知为哲学的目的不同,伊壁鸠鲁强调获得人生的快乐和幸福才是哲学的目的。他认为知识并不是我们应当关心的基本问题,例如他说,要不是由于人们对天象的异常现象和死亡等等的畏惧和忧虑有待消除,那我们就根本无须研究自然哲学。我们研究它的目的只是为了得到心灵中纯净的快乐。[①] 正如医学知识若不能治疗身体的疾病就毫无用处一样,哲学若不能驱除灵魂的痛苦也是毫无用处的。[②] 因此对伊壁鸠鲁派来说,哲学的意义就在于它是一种根本性的心灵治疗术。

1.四重疗法

在《主要原理》开头的第1—4条中, 伊壁鸠鲁就提出了后来被称作"四重疗法"[③] 的内容。它明确地表现了伊壁鸠鲁救治心灵痛苦的宗旨。前两条抓住了人们普遍感到畏惧的两大基本问题,神灵和死亡的问题,并提出了解决的药方。接着后两条便指出:去掉痛苦即是快乐,而肉体的痛苦是暂时的和容易忍受的,因而人可以并且不难获得快乐。《主要原理》40条的全部内容,都是围绕着这救人离苦求乐的宗旨从各个方面展开的。所以这4条是个纲领。

第1条。论神:

> 那幸福和永恒的存在,自身没有烦恼,也不使任何别的存在物烦恼;因此它摆脱了愤怒或偏爱的制约。这类情感只存在于弱者之中。

---

① 伊壁鸠鲁:《主要原理》第10条、11条。

② 引自 Porphyry, To Marcella 31, 转引自 A. A. Long & D. N. Sedley, *The Hellenistic Philosophers*(以下简称 HP)p.155。

③ 罗马伊壁鸠鲁派人物费洛德姆根据这四条,提出了"四重疗法"的说法,即 tetrapharmakos, the four fold remedy, 见 Philodemus, *Against the Sophists*, 4.9-14, 引自 A. A. Long & D. N. Sedley, *The Hellenistic Philosophers*, Cambridge, 1989.

这条是说,神是永远福乐的存在,决不会是人恐惧的原因。伊壁鸠鲁派对神有许多讲法,说明人对神不必畏惧。从消极方面说是神不管人间的事情,不会使人畏惧;从积极方面说,自足的神是福乐的象征和榜样,也就是最幸福的人的象征和榜样。正如他在《致美诺寇的信》的最末一句话所说,只要日夜奉行他的教导并和朋友们一道去做,"你就永远不会被醒时或梦中的妄念所扰,你就会在人群中像一尊神似的活着,因为生活在不朽的幸福之中的人已经完全不像有死的生物了。"①

那个时代各式各样的宗教正空前盛行。伊壁鸠鲁认为它们不仅不能解除人的痛苦,反而使人陷于更严重的恐惧之中。对此他大加鞭挞抨击,不过他并没有因此否定神的存在和意义,而是主张了一种新神。他认为神必是高尚而福乐之神,人所效法的榜样。

第2条。论死无可畏:

> 死对于我们来说是无所谓的。因为那分解了的东西没有感觉,
> 而那无感觉的东西同我们就没有关系。

在人所害怕的各种事情里,怕死可能是最突出的一条。在那个动荡不定的时代,个人的命运乃至生命缺少保障,死亡的威胁时时像一口悬在人们头顶上的利剑。这种环境是他无法改变的,哲人的办法是从主体或主观方面,即自己可以做主的方面来解决问题。落实到伊壁鸠鲁,就是要着重解除人对死的恐惧。人对死畏惧什么呢? 他说,当你活着时,死亡还没有到来,你何必担忧呢? 而一旦死亡到来你什么都感觉不到了,没有痛苦了,又何惧之有? 人对死

---

① D.L.10.153.

无所畏惧,活着就更没有什么可怕的了。

第3条。"消除一切痛苦,是快乐在量上的限度。只要快乐存在和持存,就不存在痛苦和不幸。"这条涉及伊壁鸠鲁的中心概念"快乐"的定义,谈过第4条后再来讨论。

第4条。"肉体的痛苦不会持续很久。极度的痛苦总是为时短暂的。在肉体中超过了快乐的痛苦不会持续许多天。在久病中可以有胜过痛苦的快乐。"伊壁鸠鲁是个尊重感觉经验的唯物主义者,他承认肉体的苦乐感觉不是靠思想所能抹杀的。人生常有病痛,有时剧烈难忍,但剧痛一般都是一阵子就过去了,所以他说还是可忍受的;久病很使人苦恼,但那中间也可以有快乐。这些话说来虽是老生常谈,却也符合实际经验。

神不必畏,死无可畏,二者与尘世的活着的我们无涉,因此我们在精神上的最大恐惧担忧就消除了。再,肉体痛苦虽然存在,但我们总还可以忍受,使之很快过去或缓和抵消。伊壁鸠鲁认为此三项是人生担忧的主要问题,他都有救治办法。而这些,即把痛苦去除,他认为就等于快乐了。第3条正是这个总的提法:快乐的极限就在于一切痛苦的消除。其中有两点可以注意和讨论。一个是把快乐定义为没有痛苦是否恰当,是否只是个消极的定义? 另一个是消除一切痛苦是可能的吗? 关于后者,伊壁鸠鲁似乎并没有论证。他至少不否认人总有病痛之苦,所以他不可能谈论一切痛苦之消除。根据伊壁鸠鲁的各种进一步分析,可以认为他的主张,是通过哲学的理性,和对于欲望的清醒的权衡计算,达到最大可能的心灵无烦恼和肉体的无痛苦。而这,他认为是可以达到而且是容易达到的。

2. 快乐主义

那么,他说快乐即消除痛苦,是不是一个纯消极的定义? 人在物质和精神上的快乐和福利是需要发展扩大的,因此似乎不应把消极的无痛苦少痛苦等同于幸福快乐。但是要快乐首先总要尽量避免和减少痛苦,而人对快乐的追求究竟能实现到什么程度,则要看时代的状况和各个人在社会生活中的处境。当人们不能得到更多的发展和快乐时,能够自保和尽量减少痛苦也就很不错了。对于希腊化时代的人来说情况正是这样。希腊人往日的自由发展和扩张的快乐已经一去不复返了。尽管也有少数人得到了新的发财和往上爬的机会与幸运,但事实总在表明这种快乐完全不可靠,不可预料的灾难和悲惨随时在等待着他们。这也就从另一方面证实着伊壁鸠鲁教导的适用性。

我们知道昔勒尼派已经提倡了快乐主义,初看起来,伊壁鸠鲁与之有相近之处,但实在有天渊之别。第欧根尼·拉尔修说,"他(伊壁鸠鲁)对快乐的看法与昔勒尼派不同。后者认为快乐只是动态的不包括静态的快乐。伊壁鸠鲁同时承认二者 …… 他在《论选择》中说:心的和平与摆脱痛苦是休息状态的快乐,而享乐和高兴则是在运动与活动中的快乐。他同昔勒尼派的进一步的不同在于,后者把肉体的痛苦看得比精神痛苦更严重 …… 但他认为精神痛苦更甚,因为肉体上的剧烈风暴只是当下的事,而灵魂中的烦恼则不仅存在于当前,也存在于过去和将来。"[①]昔勒尼派主张人应当不断地追求享乐和刺激,而且主要是满足肉体快感的享受。伊壁鸠鲁并不主张禁欲,但显然不赞成纵欲和奢侈。"我们所说的快乐,

---

① D.L.10.136-137.

是指身体的无痛苦和灵魂的无纷扰。"① 动态的即是积极地追求享乐,静态的指消极的即无痛苦和无烦恼。伊壁鸠鲁和昔勒尼派追求的快乐虽然并非不可并容,重点和方向却是完全对立的。这一点,对于认识伊壁鸠鲁的全部哲学非常重要。

《致美诺寇的信》中谈过关于神和死亡的问题之后,就集中到实际人生如何求得快乐的问题上来,可以说这封信的大部分篇幅都在阐述他的快乐即无痛苦的观点和途径。其要点是:

(1)对欲望有正确的分析和弃取,是得到幸福的基础。人的欲望可分为自然的和虚浮的;在自然的欲望里,又可分为必要的和非必要的;在必要的欲望里,还可进一步分析其方面和轻重缓急。正确认识到这一切的人,就能知道如何为获致身体的健康和心灵的平静而决定自己的弃取,这是幸福生活的总和与极致。我们不能选取所有的快乐,因为有些快乐会带来更大的痛苦,经过权衡就要放弃。而如果忍受一时的痛苦将会使我们得到更大的快乐,我们也不要躲避。并不是贵重的美味本身不好,但它难以得到,于是以此为乐的人在得不到时就会烦恼痛苦了。与之相比,面包和水是易得的,在消除饥饿之苦上它给人的快乐同美食一样大,又省去了追求难得之货的烦恼,岂不是更好的求福乐的途径吗? 把人的正当追求确定到最必要的自然需要即最低的物质需要上,是伊壁鸠鲁获得身体健康和精神宁静的快乐主义目的之途径。

(2)快乐即是没有痛苦,这就是幸福,或主要的和自然的善。他写道:"我们只是在痛苦时才感到缺少快乐,当我们不感受痛苦时也就无须快乐了。因此我们说快乐是幸福生活的起点和终点。我们认为快乐是首要的和自然的善,由快乐出发我们选取和拒绝,返

---

① D.L. 10.131a-132a.

回来,我们以快乐的感觉为标准、为了快乐来判断一切的善。"[①]

3. 快乐与善的关联及存在的问题

从伦理学上说快乐是首要的善,这是同苏格拉底和斯多亚派对立的。伊壁鸠鲁如何论证个人的快乐就是道德的善呢？他说：当我们说快乐是终极的目标时,并不是指放荡的快乐和肉体的享乐,"而是清醒的理性,靠它指明每一选取或避免的根据,清除那些使灵魂不得安宁的观念。所有这些的起点和最大的善就是审慎。因此审慎甚至比哲学更可贵；一切其他的美德都从它而生。它教导我们,如果不同时生活得谨慎、高尚和公正,那就不可能有快乐的生活；而生活得谨慎、高尚和公正的人,没有不快乐的。因为美德与快乐的生活是紧紧联结为一体的,快乐的生活不能同美德分开。"[②]

"审慎"是在一切事情中作极其清醒的权衡计算以定弃取,使自己能够在各种环境下得到最大可能的快乐而痛苦最小,或保持快乐的时间最长而受苦最短暂。这种审慎的快乐,只需要很少的生活必需品和伊壁鸠鲁的哲学就可达到；此外,他还认为审慎蕴含着所有的美德,如高尚、公正。所谓高尚,主要指对朋友的爱；而公正或正义,则指决不做侵犯别人和违反法律的事。专为自己个人福乐打算的审慎,如何能同为社会利益着想的公正、对他人的爱一致呢？他说,因为你侵害了别人,别人就会报复,这样你也就永远不

---

① D.L. 10.128-129.

② D.L. 10.131-132.

得安宁了。你爱别人才能得到别人的爱,而这对于你的快乐幸福是十分重要的。这里确实同道德有多方面的关联,问题是这种道德所立足的理论基点在于个人的利害,它就成了对个人苦乐的精心计算;而他人和社会的利益或正义和友爱,只是在与个人利益有关时才被想到。因此这种伦理学说从根本上说是有问题的。

如果说这种快乐主义确实带有消极性,比起皮浪主义还是积极多了。它毕竟正面肯定了个人的自我、自主、自由,并肯定了这个自我有一个积极的内容:快乐。并且论证了肯定了这是可以达到的目标。对于生活在这个不得安宁的时代的人们来说,提供了一块精神上可以安身立命的绿洲。

第三节　人的自然权利和社会契约学说

值得注意的是,伊壁鸠鲁在讲哲学的同时,也很注重实际的条件。他说:

> 当我们从他人那里得到了大体上的安全时,那么,在有足够力量支持和物质顺境的基础上,就以一种真正的方式获得了离群索居的宁静的私人生活的安全。[①]

这一条是他对所谓"生活得好"的基本解说。人若要得到日常生活的安宁快乐,首先需要在人际关系中和社会中获得安全;与之同时还要有足够的物质条件加以保证。伊壁鸠鲁和他的学派主张财产个人所有,认为这样获得的友爱才真实,因此它们反对毕

---

① 伊壁鸠鲁:《主要原理》第14条。

达哥拉斯团体的通财共产做法,认为这样的朋友关系包含着彼此不信任。①

伊壁鸠鲁有关学说包含着后来西方个人人权观念的要素。"为了从他人那里获得安全而采取的任何手段,都是自然的善。"② 这可说是近代西方自然法或自然权利学说的先声。

他还明确阐述了公正和社会契约的问题,认为这是人得到快乐和安全的重要条件。他断然否认抽象绝对的社会正义观,把正义或公正置于功利的即人际关系中各方利益和安全考虑的基础上,认定它们是人们相互约定的产物。他明确说:

> 在不能达成一致以保证不侵害对方也不受对方侵害的动物里,没有什么正义或非正义这类的东西。在那些没有能力或没有意愿达成彼此不侵害的部落里,也是一样。
>
> 根本没有什么抽象绝对的正义,正义自身。正义不过是人们相互之间不侵害对方也不受对方侵害的一种协定。无论在什么地点什么时间,只要人们订立了这样的约定,就有了正义。③

这就是说,没有人与人的相互约定就没有什么正义。这种社会的约定、协议或社会契约是怎样产生的呢? 是一些在利益上有着相互对立和冲突的人们,通过他们自己的经验,认识到他们之间彼此侵害,实际上对双方的安全和生活幸福都不利,于是大家达成了协定,谁也不要再侵害他人的安全、财产和快乐幸福。换言之,人必须彼此尊重对方的权益。每个人在为他自己的安全、快乐而行动时,这个相互的协定就给出了一个尺度,制约他的行为不能超过这

---

① 这个看法与亚里士多德《论城邦》(πολιτική)中的见解类似,可以参照。

② 伊壁鸠鲁:《主要原理》第6条。

③ 伊壁鸠鲁:《主要原理》第32、33条。

个限度。这种互不侵犯是每个人的安全所需要的,因此订立这种社会契约符合人的自然本性。所以:

> 从自然(本性)中产生的正义,是一种彼此有利的协定,它制止一个人侵害他人,又保护他不受他人侵害。[①]

参与订立契约的主体是自主的个人,他们在相互关系中每个成员都有其个人的独立和自由的存在和权利,有其私人财产和安全的现实利益,正是这种资格和利益推动他们彼此相约互不侵犯。可见正义和社会公约是由参与者的个人切身利益推动所发生的自然过程,也是一个历史的过程。因为只有在人类发展到一个阶段,相互利益发生对立和彼此侵犯的时候,人们才会感到有彼此订立这类协议的迫切性和必要性;还因为制定这样的公约需要有相当的经验和能力的积累,需要有足以保证约定得到实施的举措和力量。关于这个自然的历史过程的发展,卢克莱修在其《物性论》第五卷中有详细说明。

伊壁鸠鲁还明确认为,既然正义和法律是由社会契约而来,就会由于情况的改变而随之变迁。他强调人们在这些方面应当注重事实,不要被空洞的词句所迷惑。[②] 这些见解是很重要的,带有历史主义的和唯物主义的意义。

---

① 伊壁鸠鲁:《主要原理》第31条。
② 伊壁鸠鲁:《主要原理》第36、37条。

第四节　伊壁鸠鲁的准则学

现在来谈他的哲学体系,它有三个部分:准则学,自然学,伦理学。他的准则学大体上和其他哲学家所说的逻辑学大体相当,也讨论认识论问题如真理的标准、获得和验证知识的方法等,但是也有其特点和明显不同之处,因为它还包括生活和行为的准则的含义。这显然是因为他把生活的真理和善（在他,真正的善就是快乐或无痛苦和烦恼）看成是比纯粹知识或认识的问题要更加重要的事情。

他认为真理有三个准则:我们的感觉,先前储存的观念（προλήψις）,情感。[①]

从巴门尼德以来的哲学家们,特别是柏拉图和亚里士多德,大力发展了逻辑性的思维方式或"辩证法",取得了巨大成就。但其主流一直是在寻求和论证那被认为是最确定因而最真实的"存在/是"。巴门尼德如此,柏拉图如此,就是高度尊重个体事物的亚里士多德最后也仍然要把纯形式作为第一本体。人们无法感知这些东西,但却视之为比现象更真实,我们世上的一切事物只是它的摹本和仿造物,是被推动者或被造者。在这一点上,德谟克里特也一样,因为他完全不信任感觉,他对原子和虚空也同样是全靠与感知对立的纯理性原则来确定和论证的。与上述几位大哲相反,伊壁鸠鲁不赞成这样的"存在"或"本体"观。[②]他主张的存在或本体必须首先是能感觉到的东西,也是和感知经验相一致的理性能够

---

① D.L.10.31.

② 包括德谟克里特在内,伊壁鸠鲁和他都讲原子和虚空,但认识论的基础和论证都有重大分别,内容也大有不同,原因就在于此。详见后面的阐述。

加以确认的东西。因此,他对自己的认识论方法论,就不采用逻辑或辩证法这样的用语。

伊壁鸠鲁的准则可以理解和翻译为"真理标准",不过它不仅指认识上的真理,也指生活的真理。他把情感即好恶爱憎的心情当作一个准则,就清楚地表明了这个意思。显然,在这个场合,准则讲的乃是人在生活中选择什么的标准,决不是单纯的认识问题了。

返回到对现象和感知的尊重,是希腊化时代的几派哲学的共同特点。但是像皮浪怀疑派那样只承认现象,否认一切判断[①] 或知识的主张,却是伊壁鸠鲁必定要反对的,否则就不能建立伊壁鸠鲁哲学本身及其生活的信念。因此,准则学的首要问题就是:阐明感觉在认识中的地位、性质和可行性的理由,既要同否定感知可靠性的理性主义者作斗争,又要同否认一切知识及其确定性可靠性的怀疑派作斗争。这种努力究竟达到了怎样的水准,是很可关注的。

1. 感觉作为准则的含义,伊壁鸠鲁派解决疑点的努力和缺陷

第欧根尼·拉尔修报道:

> 他(伊壁鸠鲁)说,感觉不依赖理性也不管记忆,因为它本身不运动,只是由外物引起,不添加或减少什么。没有什么能否认感觉:某个感官的一个感觉不能否定它的另一个感觉,因为二者的有效性相同;不同器官的感觉也不能彼此否定,因为二者所判定的对象有别;理性不能否定感觉,因为所有的理性都依靠感觉;

---

① 因为把一切判断都挂起来,悬疑也就等于否认了判断本身。因为判断的意义就是说是或不是,肯定或否定一个陈述。

任何一个感觉不能拒斥另一感觉,因为我们同样加以注意。我们诸知觉在感知事物上的一致性证实了各感觉的真实性。视和听相协调,痛觉也如此。由此我们可知,对于感官所不能达到的事物,我们必须从现象出发加以推理来认识。的确,我们的所有观念都源于感觉,靠着直接接触,比较它们,发现其相似性和把它们结合起来,这里也有理性的某些作用。①

"没有什么能否定感觉",这是伊壁鸠鲁派认识论中最基础的一句要紧的话。论证是：同一感官的不同感觉彼此不能否定；不同感官的不同感觉彼此不能否定；理性不能否定感觉；任何一个感觉不能被别的感觉所否定。这些论点显然是驳斥皮浪派的,因为皮浪派把现象和现象、判断和现象都对立起来,否定了任何判断,也否定了关于任何感知的确定性(因为皮浪派根本不赞成用"是",即确定或判断,只同意有相对性的或不确定的现象的"显现"。他们至多只能同意在"显现"的意义上去使用通常人们所用的"是"字)。

但是要否定怀疑派的论证是不容易的。伊壁鸠鲁是否真的能够把感觉确认为准则？ 感觉果然是不可否定的吗？

就我们普通人的看法来说,至少有一些感觉明显地不能正确反映外部事实,这就是通常所说的错觉。一根棍子插到水中,水面以下部分好像折了。站在一条长廊中间看两旁的廊柱,近处距离大,越远距离越小。这些感觉是否真实地向我们报道了事物的实际状态？ 是需要分析和区别对待的。事实上伊壁鸠鲁派很清楚地承认了这一点,卢克莱修在《物性论》第四卷中举出了大量错觉的事例来进行讨论,种类也很多。如黄疸病患者看见的一切都是黄色的；从远处看一座方塔常常显出是圆的；从运动着的船里看船外

---

① D.L.10.31b-32.着重号是笔者加的。

的静物好像也在动,而真正在运动着的星辰在我们看来却好像都静止地镶嵌在天穹上面;一个人在旋转中停下来时,会觉得周围的大厅还在旋转,柱子在动摇,好像天会塌下来;还有上面提到的折射现象和透视远景时的现象,等等,都涉及不同感觉的对立,证明了有错觉存在,或感觉并不总是可靠的。可见伊壁鸠鲁派并没有忽视怀疑论者所提出的那些论证。

那么伊壁鸠鲁派如何能说任何感觉都不可否定,也不同任何别的感觉发生对立呢? 卢克莱修在谈过某些上述事例后提出了他的解说和辩护:

> 但这里我们绝不承认眼睛受了骗。
> 因为眼睛的任务是去注意,
> 什么地方有亮光,什么地方有影子;
> 至于那亮光是否仍是同一片,
> 以及那刚才还在这里的影子,
> 是否正是那正在往那边走的影子,
> 抑或事实是像我们上面所说的那样,
> 这完全应该由心灵的推理去决定。
> 我们的眼珠也不能认识实在的本性。
> 所以请别把这心灵的过失归之于眼睛,
> 也不要轻易认为我们的感觉处处靠不住。

又说,上述列举的种种现象

> 它们全都好像企图损害
> 我们的对于感觉的信念 ——
> 都徒然,因为这些现象的最大部分
> 只是通过心灵的意见才欺骗了我们,

这些意见是我们自己加上去的,
以致感觉看不见的那些东西
也被以为是被看见了。因为
没有什么比这件事更困难的了:
从显然的事实分开那可疑的,
被心灵自己同时加上去的东西。
再者,如果有人认为任何东西
都不能被认识,那么他也就
不能知道这一点是否能被认识,
既然他承认没有什么能被认识。
因此,我拒绝和这个人进行讨论 ——
这个人已把他自己的头
放在他的脚应该放的地方。
但是,且让我们假定他能认识这一点,
我还要问他从哪里知道什么叫作认识,
什么又叫作不认识,以及什么东西
造成了真理的概念,什么方法证明
可疑的东西与确实的东西有区别,
既然至此为止他在事物中间
还未看见过任何真的东西?
你将发现:是感觉最先创造出了
真理的概念,感觉也是不可反驳的。
因为必须找一种更值得我们相信的,
它必须借自己的权威用真的击败错误的;
然则,还有什么应该比我们的感觉
更值得我们信托? 难道应该是推理,
那从某种错误的感觉诞生的,
反而足以反对那些感觉,
虽然推理本身完全是从感觉衍生出来的?
因为除非这些感觉是真的,

则一切推理也都会出错误。
或者,难道耳朵应该有能力责备眼睛,
抑或触觉能够骂耳朵? 是否味觉应该
控告这个触觉,抑或由鼻子来反驳它,
或者眼睛来击败它? 我相信都不是这样;
因为对于每一感官,都已经划分好
它独特的任务;各有各自的能力;……
所以没有一种感官能裁判另一种感官。
也没有任一种感官能够责备它自己,
因为永远必须认为它是同样地
值得同等地信任的。因此,任何时候
任何东西对这些感官显出是怎么样,
它就真是那么样。假如理性不能对我们
揭示出为什么在近处是四方的东西
从远处看来却像是圆的,那么,
在这种不能举出恰当的理由的情况之下,
我们与其让显然的事实从我们手中漏掉,
从而伤害了那种最基本的信念,
破坏了我们的生命和安全
所依赖的整个基础,那就还不如
提出错误的原因来说明这两种形状。
因为不仅一切的推理都会被推倒,
而且即连我们的生命也会立即崩溃,
除非我们敢于信任我们的感官,
避开悬崖和那些同样危险
而应该避开的东西,而迅速地
去找寻与它们相反的东西。①

---

① 卢克莱修:《物性论》,方书春译,商务印书馆1962年版,第209—217页。

我们引录了这么长长的一大段,是因为这里汇集了伊壁鸠鲁派针对怀疑论而发的所有重要论证。明眼的读者不难发现,卢克莱修的论证是有毛病的,首先他有自相矛盾之处:一方面,他承认有"错误的感觉",并说错误的推理就来自这种错误的感觉;但另一方面他又仍然坚持说"感觉是不可反驳的","值得同等信任"。那么,这两个相互矛盾的提法到底哪个对呢? 如果一切感觉都值得同等信任,又怎能说某个感觉是错觉呢? 而肯定有错觉,岂不等于肯定了某些感觉和它所报道的知识是可以反驳的、不值得信任的? 二者必居其一。伊壁鸠鲁在这点上似乎并没有驳倒怀疑论的论证。

但是卢克莱修的有些论证还是有力量的。除了那种论辩性的反驳[1],对于什么都不作肯定,也根本不想肯定什么的怀疑派,卢克莱修给予反驳的基本论点就是:我们的生命、生活和安全都需要确定的知识,至少是确定的感觉。如果一个人走到悬崖边,他相信不相信自己此时此地的感觉,以及这种感觉提示给人的真理(即:如若再走一步,便肯定会跌下悬崖,危及生命)呢?[2] 皮浪怀疑论的整个立论也是为人得安宁的,既然如此,伊壁鸠鲁派便质问道:假如你不相信感觉和由此而得到的判断,你的生命和安全岂不立即崩溃了吗? 你从哪里还能得到你们怀疑论所追寻的目的?

但这只能说是部分地驳斥了怀疑论。整个说来,他们似乎远远没能切实地解答皮浪主义所提出的深刻困难。实际上伊壁鸠鲁派

---

[1] 即他指出,若怀疑派否认有可肯定的知识,那么他们自己的这个论断即"对任何东西都不能确认"本身,岂不是也不能肯定? 那你凭什么还要提出主张并和别人辩论?

[2] 这和亚里士多德在理性问题上论说逻辑公理〔不〕矛盾律的说法一样,连例子都相同。他说那些在是和不是之间不作判断的人,在行为中,在走到悬崖边时,如果对什么都不加区分确定而等量齐观,那与草木何异?

的办法,还是"你说你的、我说我的"。面对怀疑论攻击感觉的确定性和知识的可靠性,伊壁鸠鲁派强调感觉是认识的起点和基础。这虽然没错,却起到了避重就轻、回避困难的作用。他们还用了如下论证办法如:

——把感觉、感官活动绝对地孤立化。任何感觉都是一个事实,因此与其他感觉事实无关。这样就回避了把一个感觉和其他感觉加以比较的研究,避开了怀疑派的有关论证。

——他们说,感觉告诉我们的只是一个感觉事实而已,至于认识外物究竟是什么则不属于感觉的任务,而是理性的任务。卢克莱修说"我们绝不承认眼睛受了骗",理由是眼睛的任务只是注意光和暗与形状等,至于事实如何,是否像我们看见的那样,这完全应该由心灵的推理去决定。这些辩解是没有力量的,根本不解决问题。因为把决定的责任推给了理性后,接着又要强调理性还是感觉衍生的,最终还得依靠感觉。那么卢克莱修上面的这种说法,岂不只是回避了感觉本身是否有错误的问题?

总起来说,对于感觉准则的强调是伊壁鸠鲁认识论的基石。应当指出他们的论证是有重大缺陷的;他们想确立感觉为真理标准,其实并没有得到论证。所谓错误只能由理性活动负责的说法,并没有解答而只是回避了感觉究竟是否可靠和有关错觉的问题。在这些地方伊壁鸠鲁派自相矛盾,含糊其词。真正说来,他们能够说明和论证的只是:感觉确实是人的生活和认识的起点和基础。在这个最一般的意义上,他们关于感觉的准则的观点是对的。

2.关于"先前储存的观念"

προλήψις（prolepsis）一词虽然含义不难理解,却不大好用通常的认识论术语来表达和翻译。在希腊文里,前缀 προ- 表示以前,λήψις 指取得、抓住的东西,合起来就指"以前取得的东西"。但伊壁鸠鲁和斯多亚派所用的含义却不同,只指感觉和感性知识的积累;并且它还表示当下已进入了理性的范围:以前我们获得的感性知识的积累,在当下运用时已经具有了理性的意义。所以,在伊壁鸠鲁哲学中,它就相当于概念的意义和作用。[①] 因此我将译之为"先前储存的观念",同时提醒读者注意它也兼有某种"既得的概念"的含义。这种理解是以伊壁鸠鲁派自己的解说为依据的,第欧根尼·拉尔修报道说:

> 他们(伊壁鸠鲁派)用 prolepsis 来指储存在人心中的一种对
> 观念的把握、一种正确的意见或一般观念,即对某个外物显现的回

---

① 西方学者对于 prolepsis 有两种英译办法:一是 preconception,在 conception 前面加 pre-;另一种是干脆译为 conception。conception 意为 that which is conceived,而 conceive 既可以是理性的也可以是感性的,所以在英语中问题不算很大。但是以前的中译者却把 conception 只理解为"概念",因而产生了对 prolepsis 的两种译法,一是"预知"、"预见",另一种就译作"概念"。译成"概念"是有毛病的,因为尽管伊壁鸠鲁的 prolepsis 也有理性这一方面的含义,并且明白好懂,但"概念"一词完全没有表达伊壁鸠鲁本人用这个词时特别注重感性知觉观念积累的意思。而"预知"或"预见"这种对外文照猫画虎的译法,则完全是错的,因为汉语词"预知"或"预见"指的是现在对于将来未知事物的推测,但 prolepsis 所指正好相反,是原先已经获得的对外界事物的知识。所以两种翻译都成问题。对于这个不易翻译的词,我想译作"先前储存的观念"比较符合它的原义。同时我觉得也不可忽视它在运用时具有理性概念的含义,因而有时或可译为"既得概念"作为弥补之用,表示与通常的"概念"一词既有关联又有所不同。

忆,例如,"如此这般的一个事物是一个人"。一说到"人",我们马上就会按照这个先前储存的观念想到其形象,有如感觉原来给我们报道过的那样。每个这样的词的基本含义,都是直接的、清晰的。我们如果不知道在寻求的是什么,就不能寻求。例如,当我们说"站在前面的是一匹马或一头牛"之前,我们必定靠着先前储存的观念已经知道了一匹马或一头牛的样子。我们不能说某物是什么东西,除非我们事先已经靠一个先前储存的观念知道了它们的样子。因此先前储存的观念是清晰的依据。意见是由某个先前已经清晰的依据而来,例如,我们怎么能知道如此这般的一个事物就是一个人呢,就是从这样的一个关于人的先前储存的观念而来。他们也称意见是一个假定,它可真也可假:那得到证实的或没有矛盾的,是真的;若没有证实或有矛盾的,是假的。由此引出有待证实的问题的观念,如远距离的塔有待我们走近,从近处去观察,来证实我们的意见是否正确。①

可见,伊壁鸠鲁用 prolepsis 表示的是一种与当下直接的感觉有别的知识,它来自先前获得的对同类对象的感知,我们把这些感觉和知觉储存在记忆中,并用词语把它们确定和保持下来。当我们一说到某个词时,心中就马上能唤起关于这类事物的一个感性知觉形象;当我们当下遇到某个对象时,就能立刻联系到这个形象而给它一个名称。但因为这个词语储存的感性知觉形象对于该类事物的所有个体有一种普遍适用性,它就超出了感性知识,进入了理性范围,成为我们进行思考、判断和发表意见的依据。因此伊壁鸠鲁的这个认识论新术语既是感性又有理性的特征,并把二者联结起来。这在希腊哲学史上带有开创性。

人们在思考和学理研究中,要发表意见,必须依靠词语和概

---

① D.L. 10. 33 b-34 a.

念,不能事事直接求助于感觉。词语来自我们对于各类事物的感觉、知觉和对它们的比较综合,对事物的共同性进行概括,把认识提高到理性水平,因而成为交流思想和知识的工具。

语词带上了理性性质,就有正确与否的问题。只有正确的才能成为准则,伊壁鸠鲁提出了检验的两个原则:一、能否证实,二、有无矛盾。

例如从远处看一座塔,我得到的感觉是这座塔是圆形的,照伊壁鸠鲁派的说法,这感觉本身是个事实,不能算作错误。但如果我根据这个感觉就发表意见,说"这塔是圆的",那就错了。因为这已经是一个判断,不再属于感觉了。我应当用进一步的感觉、知觉检验它究竟是不是圆的。于是我再走近此塔,通过看、摸等,于是得到了塔是方的感性知觉。并且我会发现后一印象更可靠,因为它距离近,不像上次因距离比较远,有空气对流射的影响,使我对塔的感觉受到干扰。通过这种比较和检验的作用,我就能得到关于"此塔是方的"正确意见和判断。又如,我们有兽身人面怪物的观念。它是把两种印象拼结在一起造成的。这两种感觉印象(兽身,人面)本身没有错,错在我们把两种本来无关的影像结合到一起,认为有这样的一种动物实际存在。但是我们从来没有实际知觉到有这样一种怪物存在。可见这种贮存的观念是错的。这错误也应由判断负责,而不能由感觉负责。所以伊壁鸠鲁指出,意见作为储存的观念是一种假设,它可以是真的也可以是假的。如果某个观念得到了感性知觉的证实,并且没有矛盾,即不与其他感性知觉矛盾或与其他已经证明为正确的观念矛盾,它就是真的;那得不到证实的,或与其他得到证实的知觉和观念有矛盾的,便是错误的虚假的。

上述看法说明,伊壁鸠鲁的"先前储存的观念"(或"既得概念"),从整个知识过程说只是一种第二级的真理标准,因为它本身的真假最后要由感性知觉来确证。感觉是第一位的,而先前储存的观念（既得概念）来自感觉,只能处于第二位。但是,它本身又有其特殊的意义,不能归结为感觉标准。因为当我们用语词概括我们对同类事物的种种知觉时,我们的心灵中必定有非常不同于个别孤立的感觉阶段时的一些活动,如比较、联想、积累和分析,等等,于是感性知觉之间的矛盾就出现或暴露出来了,于是就需要有理性对这些感性知觉的整理和检验判别作用,最后达到一种统一而无矛盾的概念性的概括,实现对事物实在本性的认识。因此,这种先前储存的观念在认识上的重要性又远高于感觉。

伊壁鸠鲁派对人们通常称作"理性概念"的东西作了"先前储存的观念"的理解,是一个非常特别之点。他们同其他学派在认识和研究方法论上的差异,大多发生在这个准则上。所以它也是伊壁鸠鲁哲学认识论的重要准则之一。伊壁鸠鲁哲学中的原子论及其对影像、灵魂和感觉本身的解说,对天象的解说,对神的新见解,伦理学中对快乐和幸福、友谊、社会契约等学说的论证阐述,以及在这些问题上同其他学派的争论,无不与这个"先前储存的观念"的准则相关。我们需要把握它的特别的含义。

3. 关于情感

他们认为有两种情感状态,快乐和痛苦,这是每个动物都有的,前者符合它们的本性,后者则与它们的本性违背,它们选取什么和避开什么就是由此决定的。[1]

---

[1] D.L.10.34.

　　这是一条涉及人生全部的存在与活动的根本准则。这表明,伊壁鸠鲁所说的准则,不单纯是以前那些哲学所说的那种纯认知性质的"真理标准",而且是整个人生如何得到快乐幸福所寻求的真实依据。这一方面同感觉、先前储存的观念等认识论准则是彼此交错相互作用的,因为人对自然的认识和态度,也同人的情感有关,归根到底服务于人去苦求福乐的原则,而为了去苦求福,又必须依靠感觉和既得概念作为认识和知识的根据。因此毫不足怪,这条"情感"准则,在伊壁鸠鲁派那里不仅管到伦理学方面,也制约着他的自然哲学研究等各个方面。

　　总之,伊壁鸠鲁准则学的三原则涉及人的生活和认识活动的基本方面和层次:情感属于人的内感官活动,感觉是人的外感官活动,先前储存的观念既指外部自然知识,也指伦理观念。感觉和先前储存的观念作为对外物的感性和理性知识,能帮助人使其情感符合实际生活环境状况并使人学会审慎,以实现其追求快乐避免痛苦的目的。情感则是一切知识必须与之符合的根本目的,离开了它一切知识就没有意义。一切知识都以外感官为基本出发点和判断真假的标准,而这些知识有无价值则以是否符合人的情感为最终准则。所以伊壁鸠鲁的准则学归根到底是以人的内外感觉为根据的,具有比较突出的感觉主义性质。

第五节　伊壁鸠鲁的自然哲学：
原子论的重要突破与新解

1.研究自然的目的和方法

　　伊壁鸠鲁的原子论自然学说是他的哲学体系中最坚实的理论基础和核心部分,而他研究自然的目的只是为了求得心灵的平静和幸福。[①] 他的原子论虽然是接着德谟克里特讲的,却与之有原则的区别。他还特别强调在自然研究中要贯彻其准则学的方法,使他同德谟克里特的分歧更清晰地展现出来。我们就先从这里谈起。他说：

　　　　首先我们一定要弄清语词所指,以便在使用这些语词时能够用它检查各种意见、研讨和问题,使我们的论证不致陷于不确切的状况和没完没了的解释之中,也不致使所用语词成为空洞无意义的。我们使用的每一个语词在心中所唤起的第一个印象必须是清晰的,并且无须解释；这是必要的,它使我们在面临争论或问题或意见时有必需的准则。其次,我们务必使我们的研究与我们的感觉保持一致,它们是心灵的或任何一种判断工具所得到的直接印象；同样,也要和我们的情感一致。这样,我们就能够对需要确定的和不清楚的事情作出判断。[②]

　　这里他把三个准则都强调了一遍。首先,在自然哲学的研究中,如何确定和澄清名词术语的含义非常重要。这就是说,我们所使用的语词必须是一个 prolepsis,先前储存的观念。它也就是我们

---

① 伊壁鸠鲁：《致希罗多德信》D.L.10.35-38；10.82-83。

② D.L.10.37b-38b。

在使用它时心中唤起的第一个印象。这指的并不是初次遇见某物的第一印象或一个任意的感官印象，而是关于该事物我们先前已经得到的众多感觉在经过了比较对照分析综合之后的结果，是一个已经得到证实的并且没有矛盾的印象。因此，当我使用这个词时，心中就会毫不犹豫地直接唤起这个印象，确切知道它指的是什么。这样的语词就具有研究准则的意义，所以他认为确立和澄清自然研究中那些语词的含义，是一件十分重要的事情。

这种方法与近代自然科学的假设和论证方法，或所谓经验的归纳分析方法有相近之处，却同德谟克里特的理性独断方法不同。伊壁鸠鲁不否认他的原子论带有理性的假说性质，但强调它必须源于经验并得到经验的证实，视为经验归纳的结果，并且要没有矛盾。因此伊壁鸠鲁派原子论自然学是建立在经验基础上的理性的理论。

因此他认为自然学的研讨也同感觉准则必须一致。但他把情感也当作自然学的准则，却是其他科学家绝对禁止的。对伊壁鸠鲁派来说，这是因为他们研究自然的目的只是为了使人获得心灵的宁静快乐。伊壁鸠鲁关于原子有做偏斜运动的本性之假说，就同他肯定人有自由意志的情感有关，这个例子就是此原则的一个应用。

2.“只有物体和虚空”与“只有原子与虚空”两种提法的差异

伊壁鸠鲁在其《致希罗多德的信》正文的第一部分 ① 扼要论

① D.L.10.38c-45b.

述了他的自然学基本原理。这是一个纲领,它论说了伊壁鸠鲁哲学的核心,即什么是真实的存在或本体的问题。

首先,他坚持了巴门尼德以来希腊哲学的最基本的命题：无中不能生有,有也决不可能变成无。[①] 这是他对抗怀疑论和建立自己哲学所必需的基本根据。那么他认为根本的存在是什么呢?

> 宇宙由物体与虚空组成。物体的存在是感觉本身清楚地显示于所有人的,而对于不能感知的东西,如我已说过的那样,理性应以感觉到的东西为基础来作出判断。如果没有我们称之为"虚空"、"位置"和"触摸不到者",物体就没有存在和运动的场所,然而物体的存在和运动是明白的事实。除了物体和虚空二者,我们心中无论用观念还是类比,都不能知道还有什么别的东西真实地存在,除非只是物体或虚空的某种性质或偶性。[②]

伊壁鸠鲁把物体和虚空作为最根本的真实存在,而不是像德谟克里特那样把它规定为原子和虚空,这个差别是很可注意的,因为这一点同他强调"物体的存在是感觉本身清楚地显示于所有人的"这个事实有重要关系；而原子由于无法感知只能靠理性的推论得知,其存在就不如物体一目了然,作为研究对象就只能排到第二位。

伊壁鸠鲁的本体论（ontology）的第一个提法,便显示出同德谟克里特的重大差别。他是在先肯定物体和虚空的存在的基础上对物体作进一步分析的时候,才把"原子"这个语词或概念提出来的：

> 物体中有些是复合物,有些是构成复合物的单纯东西。这些东

---

① D.L.10.38c-39a.
② D.L.10.39b-40b.

西是不可分的、不变的。这是必然如此的，否则万物在分解时就会消解为无。复合物在分解后总有某些东西有力量保持下来，其坚固是不能以任何方式被摧毁的。因此，本原是不可分的有形体的存在物，是必然的。①

原子不能为感觉感知，就需要用理性的假设和论证来认知。德谟克里特是否认感官知觉可靠性的，他就只能靠理性直接肯定原子的存在；与此不同，伊壁鸠鲁是在感觉的基础上运用理性论证原子的：首先，因为物体的存在是感觉本身清楚地显示于人的，而物体有运动变化也是我们能感觉到的；然后我们还观察到有些物体是复合的，复合物会分解，而分解后总有东西保持下来，由此可以得知物体有复合物及其组成成分这样两种形态的结论。在这个基础上就可进而推论原子的存在了：既然物体分解后总有东西存在而不会消失为虚无，就必有某种最单纯的不能再分解的最终的"存在/有"，它是物体赖以构成的本原，这就是"原子"了。这种推论在古人那里是很自然的，因为在他们看来如果物体总是不断地分割下去，它就会成为虚无，因此分割总会有一个限度。为了保证"存在"是牢不可破的永有，即巴门尼德以来希腊哲学第一个基本原理，伊壁鸠鲁继承了留基波和德谟克里特已经提出的原子论。但他有自己的独创，要把原子同可感知的现象联系起来。他把原子只看作是物体（它们常常是组合的）的最单纯的组成部分，亦即小到不可再分的、无法用肉眼看见的物质微粒，因此它才能成为现象事物的原因和本体。

卢克莱修用潮湿的衣服会干，手上的戒指戴久了会变薄，滴水可以成窟窿，人可以嗅到物体发出的气味却见不到气味这种东西

---

① D.L.10.40c-41a.

等日常经验,用在黑屋中射入的一束阳光里可以见到有无数微小粒子在做不停的运动等现象作类比,来推测、假定和论证原子有其真实的存在。尽管我们能见到的只是现象中的结果,而见不到这种精细的东西及其运动本身。同宏观的物体及其运动相比,这种微观粒子的存在和运动无疑是比较深层的东西与过程。它是现象物体生成变化的一种微观结构方面的原因。伊壁鸠鲁认为原子论是说明现象事物及其运动的原因的学说。

3. 伊壁鸠鲁的原子论和德谟克里特的区别

伊壁鸠鲁是德谟克里特之后最大的原子论哲学家,他们的原子论有原则分别。对于这个希腊哲学史上的重大问题,我们需要有一个明确的了解。

关键之点就在于德谟克里特的原子是同现象完全分离的、只是用纯理性来假定的存在本体;而伊壁鸠鲁则对这理性假说作出了感觉和现象的诠释,使它能同感性事物沟通。因此他对原子作出新的解说和规定。

在这里他面临着关于两种物性的重大问题或难题,用近代西方哲学和科学的说法,就是所谓物的第一性的质和第二性的质的关系问题,和与之相关的感觉问题和认识论问题。对于这个问题,伊壁鸠鲁的研究有重要的进展,对后世特别是近代自然科学有很大影响。

所谓第二性的质,指的是物体的颜色、声音、气味、滋味、软硬、冷暖等性质。这是我们用眼耳鼻舌等感官从外物得来的关于它们的认识,给我们以最丰富多样的知识源泉。如"这朵桃花是红的",

"这辣椒好辣",都来自感觉;而且我们通常都会认为,这红色的确属于这朵桃花本身,这辣味也确实是辣椒本身的性质。但是致力于求真和分辨真假的希腊人很早就提出了一个疑问:像色声味这类性质是不是事物本身所具有的? 他们认为这是可疑的。他们举出了许多事例来说明这一点,黄疸病人看一切东西都是黄的,可见这黄色并非物体本身的客观性质,而是同感官有关的,或者说它是由眼睛和对象双方的结合造成,不能只归于事物本身。还有,我们人觉得臭的,苍蝇却非常喜欢,因此我们就不能断言某物本身是臭的还是香的。这类事例可以举出许多。可见,像色声味这类被视为属于事物的属性其实并不属于事物本身,而我们有这种误解的原因是受了感官的欺骗。由此希腊人得出了一个重要的认识论结论:我们的知识决不能建筑在对事物的色声味这类所谓性质的基础上。有些哲学家更由此否认了全部感官知觉的可靠性,走上了只相信理性的道路,如巴门尼德、柏拉图和德谟克里特。但是这条拒斥感觉和现象的道路终究也是走不通的。于是亚里士多德就改弦易辙,在批判柏拉图中回到了以感觉为基地的健全理性的立场上来。伊壁鸠鲁对德谟克里特的批评修正也具有类似的意义,他的新原子论是很有独创性的。

简要地说,伊壁鸠鲁的办法是,在分别物的第一性的质与第二性的质的基础上,首先紧紧抓住物体和原子的第一性质,建立起确认事物存在的客观真实本性的可靠基础;然后从它出发,找出说明物的第二性的质的途径;与此同时,他把先前被说成是与感觉和现象无关、只能用纯理性确定的东西,如形状、大小、数和运动、结构等物的第一性质,重新同感觉联系起来;为此他还特别注意到必须区别两类感觉,触觉和其余的感觉,研究了两者的联结形式;这种对感觉的新解释也使他便于对理性作出新的理解和解释。

这是他对德谟克里特原子论哲学在本体论和认识论两方面同时进行的深刻改造。下面我们就来作些有关讨论。首先谈谈伊壁鸠鲁对原子之为原子的那些新的规定。

4. 原子有数不清的形状,每个原子不可分但仍有其部分

伊壁鸠鲁同意原子只有大小形状而没有色声味,这被视为绝对和当然[①],他也赞同原子在数目上无限多。但他对原子的形状提出了两点修正:(1)原子虽然数目无限多,但它们在形状和大小上的差别却并非为数无限多,只是多到数不清。(2)每个原子既然有形状大小,就有它的部分。他说这同原子不可分的本性并不矛盾。

关于第(1)点,他说,"原子在形状方面有数不清的差别。因为这么多可见事物展现出了如此丰富多彩的形相和性质,若构成它们的原子在形状上只有可设想的那些,是不可能的。每种形状的原子,数量无限。但是原子在形状上的多样性差别不是无限的,只是数不清的多。"这是因为如果说原子有各种各样的形状大小,就会有些大的原子大到能被人看见,而这是不可能的。[②]他注意到肯定原子形状有许多差别对说明现象的多样性是必要的,但是如果对这些差别为数之多不加必要的限定,就会推论出必有看得见的原子,这就会同原子论的基本假定相矛盾。因此他用"不是无限,

---

① D.L.10.54-55a.
② D.L.10.42b;D.L.10.55b-56a.

只是数不清"的表述作了限定。

第（2）点是说：原子尽管不可分，却是有部分的。这是伊壁鸠鲁原子论的一大创见。它解决了以前原子理论上的一大矛盾，对解释现象有重大意义。

从巴门尼德的"存在"到德谟克里特的无限多的每一个存在即"原子"，都有形状；但他们在强调每一个存在或原子是"一"和"不可分"时都断然否认它有部分，理由是可分的东西才会有部分。"原子"一词的词义就是"不可分的东西"，所以它似乎天经地义地不能有部分。但是伊壁鸠鲁看出这是一种错误的看法，同物体或原子有形状这个第一性质的本性是矛盾的。他用可感知的物体同原子作类比的方法揭示了这个理性逻辑的矛盾：

> 我们必须承认可感知的最小物体同那些大到足以使我们能用眼睛从它的一个部分转移到另一个部分的物体不同，也并非完全不同，只是它在与那些物体有共同点的同时，并没有被分割为各个部分。但是如果我们从其相似性来进行想象，我们也能在这最小的物体中进行划分，它的一边是一个部分，另一边是另一个部分，那么这个部分的东西必定是另一个最小物体，同我们见到的先前那个最小物体一样。不过事实上，我们看见的这些最小物体是一个一个的，它们并未占有同样的空间，我们也看不到它们的那些部分相接触，只是它们由于自己的本性有大小，较大东西里占的空间部分多，在小的里面就少。
>
> 我们必须认为原子的状况也类似于可感知的最小物体，除了比可见的最小物体更小这点不同外，类比是一样的。显然原子的最小部分比可感知的最小物体的部分更小，但是就其为部分而言是一样的。我们已经说过可感知物体同原子都有大小，尽管在这方面

层次相差甚远。进一步说,我们要把原子的那些非组合的部分^① 认作是一些界标,它们是我们从思想上考察不可见的原子大小的手段,无论是较大的还是较小的原子都一样。原子的最小部分同可感知物体中的最小可感知部分的相似,足以证明我们到此为止的结论;不过原子的最小部分不能分别地运动和进行组合。^②

不可分的原子是有形状的,占有一个空间或有大小,否则它就无法存在。那么,如果原子真的没有部分,其形状本身也无法存在。因为任何形状,无论是圆的、方的和多边形的,总有边缘和中心,可见这个"一"是有部分的,就像柏拉图在《巴门尼德篇》中已经论证过的那样。还有,既然凡有大小形状的都占有空间,而空间无论多么小就其为空间而言,都永远是可以划分的,而全无部分的东西就等于一点空间也不能占有的没有长宽高的点,也就等于没有实际的存在。要是原子真的是如此抽象的点,它们如何能靠结合和分离的方式组成万物呢? 因为零加零再多也还是零。这就证明,承认原子有形状和否认原子内部有其部分,不仅无法解释实际的自然万物和现象,理论上也是自相矛盾的。这种矛盾比起难于把"不可分"同"有部分"联系起来要更大,因为这是一种客观的本质的矛盾,而后者只是一种概念上如何把握的困难。

伊壁鸠鲁勇敢地突破了这个由来已久的希腊哲学本体论的理论禁区。他坚持原子不可分的基本观点,但同时强调原子也有其部分,从而解决了德谟克里特的矛盾。这是一个新观点。这种新观点的可能,不仅在于伊壁鸠鲁善于理性思考,很显然是因为他把理性

---

① 指这些部分不能实际上从原子分出来,所以这些部分在原子里面没有互相组合的关系,"非组合"即实际上不可分离。

② D.L.10.58-59.

分析同对感觉现象的观察对比联系起来了。

Cyril Bailey 在翻译卢克莱修《物性论》有关这个论点时写了一个注说："这是关于原子的完全坚实性（因而也就是不可毁灭性）的另一个艰深的证明。卢克莱修像伊壁鸠鲁已经教导他去做的一样，从可见的东西用类推来论证。例如，如果我们把注意力集中在一根针的尖端，我们就能看到这么小的一点，虽然它本身是可见的，但已经是视觉所能见的最小限度的东西。如果我们尝试着看它的一半，那么它就会消失不见。针本身就是由无数这样微小的点所构成的。同样地，原子乃是由一些微小部分构成的，这些部分只能作为原子的部分而存在，而不能从原子分开；它们乃是物质存在的最小限度，离开了它们所组成的原子，就不能独立存在。所以原子是有广延的，但却没有可分开的部分。换言之，原子是完全坚实的。"①

现代物理学已经知道原子是可分的，甚至比原子更小的粒子有些也可继续分割；同时我们也知道再分下去的就不再是原子或某种粒子了。事实上，各种事物作为该事物本身总有其不再可分的界限，但从别的角度说它又总是可以分的。这些都是具体的，要看情况来确定，不是纯由理性规定的。理性对认识对象的本性是必不可少的，但不能脱离对现象的深入仔细考察，不能脱离感觉经验。可见伊壁鸠鲁关于原子不可分又必有其部分的学说虽然还属于类比式的猜测，却确为深刻的洞见。

关于原子有"形状多到数不清"和"有部分"的两条新说，我们不可小看，因为它对伊壁鸠鲁沟通原子本体同现象事物有很重要的作用。他和德谟克里特一样认为存在本来是没有色声味这

---

①　转引自卢克莱修：《物性论》，方书春译，商务印书馆1962年版，第33页。

类感性性质的 [①]，但在德谟克里特说由于色声味等只是人的"约定"所以感觉和现象只是意见的地方，伊壁鸠鲁却得出了另一种解释：色声味等物的第二性的质虽然从原子层次来说并无真实存在，但它却正是由物体中的原子的形状、结构和运动引起的，因而还是有其客观根据的。卢克莱修写道：

> …… 如果种子没有任何颜色，
> 却具备着不同的形状，
> 从这些形状它们就产生各种颜色
> 并加以变化；因为最要紧的是：
> 以什么姿态跟什么种子相结合，
> 以及它们给予和取得什么样的运动；
> 那么你就可以很容易地猜出，
> 何以一小时之前是黑色的东西，
> 能够突然像大理石一样白亮起来，——
> 例如当狂风挑起了它平静的水面的时候，
> 大海就变为一片白浪滔滔，
> 白得像大理石：因为你能够宣称
> 我们平常看见是黑色的东西
> 当它的物质被重新搅匀、
> 有些粒子被再行安排、
> 有些被抽走、有些被加上的时候，
> 我们就看见它变成白亮亮的。
> 但如果是蔚蓝的种子
> 构成了大洋的平静的海水，
> 海水就绝不能变白：因为
> 不论你如何把蔚蓝的种子摇荡，

---

① 卢克莱修：《物性论》第二卷，方书春译，商务印书馆1962年版，第104、109—110页。引用时个别地方按英译本稍有改动。

它们也永不能转成大理石的颜色。[①]

"从这些形状就产生各种颜色"一语,告诉我们伊壁鸠鲁派是如何把原子的规定与现象的解释沟通起来的。我们感觉到的物的色声味性质,归根到底来自原子的形、数、运动和排列组合。

另一方面,我们对物体所能够感知的色声味性质,同我们自身的感官也有关系,而感觉来自生命,这些归根到底也是原子及其运动造成:

> …… 凡我们所见具有感觉的,
> 必须承认都是由无感觉的原素所构成。
> ……
> 你难道还看不出最重要的乃是:
> 事物的始基是按什么秩序而排列,
> 它们是与什么其他的始基混合起来,
> 它们相互给予和取得什么样的运动?[②]

有感觉的生物的生成,和现象事物通过什么方式作用于生物的感官,这二者归根到底都与原子的形状多样性及其运动组合有关。从而得出结论:"可见无疑地一切感觉都能够从没有感觉的东西产生出来。"[③]这样,伊壁鸠鲁派就用他们的原子论解释了人们见到的各种现象。例如他们说,当视觉感官接触到由平滑的物体表面来的原子流射,就产生白色的视觉;食物中的圆滑的原子同舌头接触产生愉快的味觉,而粗糙和带钩的原子就会由于刺激口腔

---

① 卢克莱修:《物性论》第二卷,方书春译,商务印书馆1962年版,第106页。
② 卢克莱修:《物性论》第二卷,方书春译,商务印书馆1962年版,第111—112页。
③ 卢克莱修:《物性论》第二卷,方书春译,商务印书馆1962年版,第115页。

而产生苦辣的味道。不同生物和它们的不同感官,和不同的对象中的不同原子的不同形状,彼此接触产生了各种各样的感觉。原子论者用形状、运动等物的第一性的质来解释色声味等第二性的质,为近代笛卡儿和洛克等人提出的关于物体的两种性质的学说开了先河。可见这一观点对西方哲学和科学的发展有着非常深刻和深远的影响。

5. 原子偏斜运动的假说

原子永恒不断地运动是自然万物运动、组合和结构的根源。伊壁鸠鲁认为原子在虚空中有三种运动,一种是由于原子有重量而在虚空中做垂直下降的直线运动,另一种运动起于原子脱离直线而偏斜,第三种运动是起于诸多原子的相互碰撞。

第一和第三种运动是伊壁鸠鲁和德谟克里特都主张的,但第二种,关于原子有脱离直线而作偏斜运动的本性的假说,则完全是伊壁鸠鲁的新说。

原子偏斜说在伊壁鸠鲁的自然学和伦理学中都起着关键作用。这可从三方面说明:

首先,在假定原子有重量和由此而来的直线运动外,假定原子还有一种偏斜的运动本性,使它在直线运动中稍稍偏斜,才能说明它们的彼此碰撞的原因,进而说明物体的产生以及其他物体的运动现象。

其次,偏斜还涉及对于偶然性的解释和强调。德谟克里特只强调必然性,伊壁鸠鲁认为除了必然性我们也必须承认偶然性。垂直运动是必然性,稍微有些偏斜则论证了偶然性。这是伊壁鸠鲁哲学的一个很可注意之点,他反对一切归于必然性的命定论,在哲学上具有重要意义。

再次,与上一点有关,偏斜说的假定,同伊壁鸠鲁高度评价和肯定人和生命的自由意志原则有特殊的关联。这一层含义在他的哲学里甚至是更重要的。

6. 关于感觉的进一步解说

伊壁鸠鲁在其原子学说的基础上对于感觉及其形成作了进一步的解说。

首先,他采用了和恩培多克勒类似的影像流射说:

> 有许多影像与坚固的物体形状相似,而在结构的细微上则远远超过可感觉的东西。因为并不是不可能在围绕对象的东西中形成这样一些放射物,也不是不可能有机会形成这种稀薄的结构,也不是不可能有一些流出物保持着自己以前在坚固物体中原有的位置与秩序。这些影像我们称之为肖像。①

这些影像或肖像有非常迅速的运动速度,所以在流出的过程中很少受到冲撞和阻碍,当然有时也不免受到距离和空气的干扰和变形,在传到我们的眼睛、耳朵和心灵中时,就产生了我们关于物的视觉、听觉和思想。嗅觉也与之类似,它的流射物是从物体的内部而不是从表面发出的。

影像是物和我们之间一个中介。让我们注意:影像说是伊壁

---

① D.L.10.46.

鸠鲁派解释物体的所谓第二性的质的一个重要观点。

其次，与影像说相关，伊壁鸠鲁派强调了在各种感觉中以触觉为最可靠，其余的感觉都离不开触觉。我们已知伊壁鸠鲁把感觉当作真理的第一个准则；但由于他承认色声味并非物本身的性质，只有形状、大小、数量、重量、运动和结构等数学的性质才被认作是物体和原子的本性，这样说来，感觉能否成为真理的准则就成了问题。仅用每一个感觉都是一个不可否认的事实为理由作论证，那是不够的，因为这种意义上的事实并没有涉及对象的本性是否真的被认识了。作为认识论准则，必须解决感觉和它的对象的本性两方面能否一致的问题。事实上伊壁鸠鲁派对于这种关系也作了大量的研究，这是对感觉发生的进一步分析。影像说是这种分析的一个环节。他们说，我们的各种感官在感觉物体时只有一种是直接接触的，其余的都要通过影像作为中介。前者是触觉，后者是视、听、嗅、味觉和冷暖的感觉。前者是可靠的，后者由于必须通过中介的环节就会变形，因此离不开触觉的帮助。

和德谟克里特否认一切感觉的可靠性不同，伊壁鸠鲁虽然赞同色声味不是物本身的性质，但他认为触觉感知的物的形状、大小、数量、充实和不可入等确实是物的本性，完全可以信赖。这一点从他用触觉来给物体下定义就可以明白。他说，物体的存在可用直接的感觉证明，它就是可以触摸到的东西。从这里开始，进而从物体的存在推论出物体的部分存在，再从物体的部分中必有最后不再可分的东西推论原子为最真实之存在。这整个论证过程是从肯定触觉开始的。由此可见，伊壁鸠鲁对感觉的信任，其核心是对于触觉的信任。他把触觉同其他感觉区分开来，使他获得了一个可靠的认识论支点。这样他就同德谟克里特对感觉的不信任或怀疑主义态度明确划分开来了。

由触觉出发，然后他再对其他感觉加以解释。他认为虽然物本身没有色、声、味之类性质和我们这类感觉相符，但还是有来自物本身的一些影像与之相关。这些影像的微粒结构和运动在作用于我们的眼、耳、鼻、舌等感官的通道时，感官中就产生了相应的感觉，使人以为物体本身有色、声、味的性质。所以虽然这些感觉使人误认为物本身有这类性质，但这误解并不是人的主观幻象；因为它们借以形成的影像和人的感官两方面，都有原子论可以解释的事实作根据。所以也不能全盘否定它们，只不过色声味等性质并不直接符合原子和物体本身的情况，而是一些影像的作用罢了。简言之，色、声、味等第二物性归根到底是原子和物体的形状等第一性质的变形，这类感觉是触觉的变形。

卢克莱修说，蜜汁奶液在口里引起愉快的味觉，而苦艾令人作呕、龙胆草辛辣得使人受不了，是因为触动我们感官的东西不同：使人愉快的是圆滑的原素，而显现为苦和辛辣的东西，是那些由更弯曲的原素缠结在一起因而老是钩呀割呀地才进得我们的感官，使我们感觉不好受。尖得让人身上起疙瘩的锯子的声音，和灵敏的手指在琴弦上弹出的旋律不同，一个使人难受一个使人快乐，也是由于触动我们耳朵的东西形状不同；同样，焚化尸体的臭味，和圣坛上散发的阿拉伯香味，也是触动鼻子的气味中的原子形状不同：

> 因为从未有一件迷醉我们感官的东西，
> 能够不是由一定的原素的平滑所构成；
> 反之，凡是粗糙而讨厌的东西，
> 乃是由一些原素的粗糙所构成。
> 还有一些原素则是很正确地被认为
> 既不是平滑又不是带着倒钩，
> 而只是略为凹凸不平，

能撩动感官而不伤害感官；
属于这类的是酸性的酒石，
和土木香花的酱的味道。
再者，烈火和寒霜具有
不同的毒牙来蜇刺我们身体的感官，
这点已由对它们两者的接触所证明。
因为触觉——借神灵的圣威！——
触觉的确是身体唯一的感觉。①

把一切感觉最后都归结为触觉，也证明伊壁鸠鲁派对一切感觉归根到底有信任，当然不再是那么简单化的信任。读者会看出，伊壁鸠鲁对触觉的信任，同他对物的第一性的性质的信任是彼此相关的，也是同他对原子本性的规定相关的。可是德谟克里特却没有把它们联系起来。现在伊壁鸠鲁做到了这一点，因而他把原子论这种本体论和基于感觉的认识论统一起来了；在这个统一的基础上，他就能解释一切现象，打通了本体之"存在/是"和现象之"存在/是"之间联系的渠道。

7. 灵魂、心灵及其与身体的关系

感觉的形成不仅要有外物和它们的影像这一方面，还要有主体方面即我们作为生物的感觉器官的功能，它是和我们的身体、生命、灵魂相联系的。

灵魂以及它和身体的结合几乎与生命同义，其功能首先是感

---

① 卢克莱修：《物性论》第二卷，方书春译，商务印书馆1962年版，第84—85页。

觉。此外,伊壁鸠鲁也认为有与一般的灵魂区别的更高级的心灵。卢克莱修说:心灵是我们称之为智力的东西,是生命的指导和控制力所在:

> 心灵和灵魂是彼此结合着的,
> 并且以它们自己形成一种单一的自然,
> 但是整个躯体的首领和统治者
> 仍是那我们称为心灵或智力的理性,
> 而它是牢牢地位于胸膛最中心的地方。
> 在这里跳动着惊惶和恐惧;
> 环绕着这里有快乐的抚慰;
> 所以,这里乃是智力、心灵之所在。
> 灵魂的其他部分则遍布全身听候命令 ——
> 受心灵的示意和动作所推动。
> 心灵自己单独有自己的思想,
> 它单独有自己的欢乐,
> 当没有什么触动灵魂和身体的时候。①

　　在伊壁鸠鲁派看来,"心灵和灵魂的本性是物质的","它是特别精巧的,是由极细小的粒子所构成"②。伊壁鸠鲁认为灵魂是同身体结合的,他强调说,如果灵魂不是以某种方式同身体的结构结合,它就不会有感觉。身体的结构分解了,灵魂也就分散了,不再会有感觉。这种认为灵魂是物质的、绝不能脱离身体的观点,是很唯物的。为此他还特别批评了把灵魂看作"无形体"东西的意见:

① 卢克莱修:《物性论》第三卷,方书春译,商务印书馆1962年版,第137—138页。
② 卢克莱修:《物性论》第三卷,方书春译,商务印书馆1962年版,第139页。

我们也必须明白了解"无形体"一词通常是用来指我们可以想象为本身为存在的东西的。但是除了虚空以外,不可能设想有什么无形体的东西能自身存在。虚空既不能作用于其他事物也不能接受其他事物的作用,它只是给有形的物体一个使它能够运动的空间。因此,把灵魂称作无形体的东西的人是在胡说;因为若是如此灵魂就既不能起作用也不能接受作用了,可是我们分明见到这两种能力灵魂都具备。①

我们可以看出,这分明是针对柏拉图《智者篇》中论点的反驳。② 在那里柏拉图批评自然哲学家认为存在必有形体的观点为错误,理由是像灵魂、正义这类东西就是无形体的。但它们确实能起作用又能接受作用,可见它们是确实存在的。伊壁鸠鲁针锋相对地作了反批评,坚持了"除了虚空,不可能设想有什么无形体的东西本身能存在"的唯物论见解。灵魂不是虚空,又分明有能作用于其他事物也能接受其他事物的作用的能力,因此在伊壁鸠鲁看来,这也就证明了灵魂必有形体:它既能够作用于身体又受身体的作用,它必是一个实际存在的东西;由于它绝不是虚空,就只能是一种有形的东西,即一些极其精微的物质粒子。

8. 死不可畏

从关于灵魂和心灵的物质解释,伊壁鸠鲁派很直接地得出了死不可畏的结论。对他们来说,人生最重要的是求快乐和无苦恼。可是人们害怕死亡,视为最大的苦恼。这是完全没有必要的。因为

① D.L. 10.63-67.

② 参见柏拉图《智者篇》246E-247E。

人死了他的灵魂和心灵也同身体一样分解成无感觉的物质部分和原子,返回了自然,还有什么苦恼? 人只要为他活着即有感觉时求快乐就够了,对死的恐惧的大包袱可以丢开。

9. 论天象、神以及必然与偶然

伊壁鸠鲁对天象问题的说法,也属于他的自然学说的一个方面。在留下的三封阐述其学说的书信中,《致毕陀克勒的信》就是专论天象问题的。他所说的天象,包括了天体的运行、气象和地震等自然现象。当时希腊化帝国分裂和战祸频仍,社会剧烈动荡,人们对前途和命运惊慌不安,各种宗教和星象占卜迷信便极为盛行,把种种异常的自然灾祸说成是神意。以消除人的恐惧为己任的伊壁鸠鲁认为这是需要给予回答的。但是这个方面的自然现象变幻莫测,和相对稳定的自然现象不同,很难用一套理论作确定的解释。伊壁鸠鲁说:

> 我们不能把一切事情都理解得同样的好,像论人的生活或自然学一般原理那样清楚。这些一般原理关于现象只有一种解释。但这不适用于解释天上的诸现象的问题,它们在各种情况下容许有多种原因和多种说明,只要不与感觉相矛盾,不与它们的本性相矛盾。[1]

这就是说,解释天象不能那样确定,只要符合基本准则就行。正是在对天象的解说中,他提出对这类自然现象,我们必须根据经

---

[1]　见伊壁鸠鲁《致毕陀克勒的信》, D.L.10.86。

验,对产生它们的多种可能性都持开放的研究解释态度和方法。他
强调,我们不仅应当承认自然中有必然性,也必须承认和容许有偶
然性存在,以便克服一切都是必然命定的宿命论;这样,我们就能
把对神的虔敬同天象等自然现象清楚地区分开来,并对肯定人的
自由有帮助。

第六节　伊壁鸠鲁的历史人学和伦理学

按照伊壁鸠鲁本人的说法,他的学说中关于人的生活的部分
和自然学一般原理同样是清楚明确的。这包括了他的人类历史社
会学说和伦理学。在讲他的伦理学之前,应当先谈他们的历史观。

甲、伊壁鸠鲁派的人类历史发展观

1. 人类原始状态:每个人凭本能为自己而自食其力地生活

伊壁鸠鲁派认为人最初只是靠本能在自然界中生活,这种生
活是个体性而不是群体性的。那时,人身体结实,还不会耕种,食物
是野生的果实,栖息在树林里或在山洞里躲避风雨,饮溪流的水,
不会用火,也不懂得穿衣服。不能注意共同的福利,也没有任何共
同的习惯或法律,"每个人都被教训① 只为自己去自力生活和奋
斗"。简言之,原始人类是一些单独的个人。他们各顾各,没有害人

---

① 指被本能和需要所教训。

之心。虽有无心和无知的彼此伤害,却不会有后来那种争夺和战争的罪恶与灾难。

2.这些个人在结合交往中自然产生了语言和社会契约的关系

男女结合生出孩子而有家庭,这时"邻居们开始结成朋友,大家全都愿意不损害别人也不受人损害"。在交往中形成了语言[1],还形成了信约,"虽然当时完全的和谐还不能得到,但是很大的一部分人都遵守信约,要不然,人类早就该已经完全绝灭"。

但是随着人逐渐学会了利用火和捕猎、种植,利用铜和铁做工具,提高了生活水平[2],也就产生了贪欲和人与人的争斗:"帝王头上那种如此庄严的王冠,不久就染上血污而躺在庶民脚底 …… 因为既曾过度为人所惧,现在它们就遭到了群众的鞋跟带着更大的热心加以践踏。""暴行和诡计包围每个人,并且一般地都回头反啮那发端者。"人类文明充满罪恶,每个人都在这种罪恶的包围之中。

伊壁鸠鲁派这个认识,反映了失去城邦保护而陷于个体原子状态的希腊人在充满纷争的希腊化世界中的生活处境。在他们眼中,这个世界就是一个罪恶的世界。

---

① 卢克莱修:《物性论》,方书春译,商务印书馆1962年版,第326—327页。
② 卢克莱修:《物性论》,方书春译,商务印书馆1962年版,第338—348页。

3.经验教训使人明白应当重返知足宁静的人生和社会契约

在这种情形下人类靠什么才能摆脱罪恶,走上安宁幸福的生活之路? 伊壁鸠鲁派认为生活经验将会教导人自觉认识到不该破坏互不侵害的社会契约,并恢复和重建它。其中首先还是每个人应返回知足和安宁,抛弃无休止的贪欲。因为"一个人如果破坏了共同安宁的盟约,就绝不容易过一种镇静安详的生活",侵害他人迟早要遭到报复,做这种事的人永远会处于恐惧之中。正是这种经验,使人明白不可破坏公共盟约,回到约定的彼此不相侵害的社会契约上来。并且明白知足和清心寡欲才是安全宁静幸福的根本,"一个人如果以健全的推理作为生活的指导,如果知足地过淡泊的生活,那他就是拥有大量的财富。因为少许的东西他绝不会缺乏。"①

从以上所说可知伊壁鸠鲁派的人类历史观有两大基本特点:一是关于人的个体主义观念。这种看法是希腊化时期的希腊人才会有的,西方近代自然法学派和洛克、卢梭也有类似的观点。这是和东方观点大为不同的,它说明人对自身的看法,确实同实际的历史经历与文化特点有密切的关联。另一个特点就是以此为基础的社会契约学说。伊壁鸠鲁派是西方社会契约学说的主要奠基人。

_____

① 以上引文均见卢克莱修《物性论》第五卷,在这一卷中描绘了伊壁鸠鲁派的人类发展史观。

乙、伊壁鸠鲁伦理学：快乐同自由和友爱的关系

他的全部学说的宗旨，如前所述，都在于生活中去苦求乐，尤其看重精神的安宁。他的伦理学是集中阐明和研究如何落实这个宗旨的地方，主要见之于他的《致美诺寇的信》。其中重要的论点前面几乎都已经谈过。因此这里主要分析它的两个主要问题：一、他所说的快乐和他主张的自由的关系。个人自由是其快乐主义的真正核心，而他所主张的自由又是同他所主张的个人利益与快乐不可分的。二、伊壁鸠鲁主张的友爱是他的伦理学最高点。我们需要认真分析它的基础，指出它的问题，也弄清它的有价值的方面。这样对他的伦理学就能得到一个较为深入和准确的理解。

1. 个人自由是伊壁鸠鲁快乐主义的核心

人们一直用快乐主义来称谓伊壁鸠鲁哲学及伦理学，但昔勒尼派也有这个称号，这就造成许多误解和不理解。从表面上说二者的分别只是对享乐的看法不同，一个注重物欲和肉体享受，一个偏重精神安宁，如此而已。但若从深层来看，差别实在是原则性的：伊壁鸠鲁所讲的快乐是以个人自由为前提、基础和目的的，特别是高扬个人的意志自由。他坚决明确地反对昔勒尼派，并不是由于后者主张了肉体的享乐，因为只要能给人以快乐的东西从原则上说他是不会反对的；他反对的理由只是：如果只靠外物和物欲的满足我们才能得到快乐的话，那么人必定会成为外物和物欲的奴隶，做他人的奴隶，失去自由和自由意志。而没有自由的所谓快乐，对

于人和生命来说,必是虚假的。要自由不要受奴役,才是问题的核心所在。据说伊壁鸠鲁曾亲身做过实验,他在一段时期中每天用最简陋的食物充饥,观察自己在快乐的尽善尽美和细致入微方面是否会有所减少。他在写给哈林执政官波利安的信中谈到这件事,甚至炫耀他自己用在饮食上的钱不到一阿司①,而他的好友梅特罗多洛还没有这样大的成绩,他得花上整整一阿司。这样的饮食不仅能吃饱,甚至还能得到快乐;并且不是那种微小的、转瞬即逝的快乐,而是持久的真实的快乐。诚然水和大麦粒或一块大麦面包不是什么美味,但最大的快乐在于:你甚至从这样的东西中也能得到快乐;并且使你意识到你已使自己进入一个任何厄运都不能加以剥夺的境界。②

让我们分析一下他的实验。长时间用"水、大麦粒或一块大麦面包"这些粗陋东西过活,是为了对他的生活伦理学说作出证明。他想证明什么? 首先是能否得到快乐。结果他以自己的经验证明,这些东西不仅让人吃饱了,还得到了持久的真实的快乐。这当然不是昔勒尼派的快乐,而是伊壁鸠鲁派以理性为指导的能使心灵平静安宁的快乐。但这个实验要证明的不仅是这一点,还有另一个更深刻的内涵,即一种最大的快乐。其含义是,如果一个人能在简朴和艰苦生活条件下也感到快乐,他就能由此发现,他有能力"使自己进入一个任何厄运都不能加以剥夺(其快乐)的境界"。这个境界不是别的,只能是指一种自由的境界。他摆脱了对环境和物质条件的依赖,掌握住了他自己的命运,能够自己作主,赢得了自由。可见他所说的"最大的快乐"不是别的,只是"自由",特别是个人

---

① 阿司是古罗马的铜币,也是重量单位,等于12盎司。
② 见塞内卡《书信集》第18封信,转引自《马克思恩格斯全集》第40卷,人民出版社1982年版,第151页。

的心灵自由。

　　与之类似,他教导人不要害怕死亡,说忍受痛苦也是愉快,这些说法之所以能同快乐主义一致,也只是因为,我保持了自由。纵然我身体忍受了暂时的痛苦,甚至身体失去,我还是保持住了我的心灵的自由。这就是安宁,也即是快乐。

　　因此他的快乐主义是以自由为其根据和核心的。伊壁鸠鲁本人有这样的话:"一个献身哲学的人,不须长久等待,他立即就会变得自由。因为哲学服务本身就是自由。"①

2.个人自由和原子偏斜

　　从这里可以明白他为什么在其原子论中要提出偏斜说的深层理由。原子偏斜说从自然学基本原理上说能提供原子彼此碰撞结合的论证,但最主要的还是为伦理学中论证人有自由提供了本原。所以卢克莱修热情地写道:

> 如果一切的运动,永远……
> 按一定的不变的秩序产生出来。
> 而始基也并不以它们的偏离
> 产生出某种运动的新的开端
> 来割断命运的约束,
> 以便使原因不致永远跟着原因而来,——
> 如果是这样,那么大地上的生物
> 将从何处得到这自由的意志,

---

① 见塞内卡《书信集》第8封信,转引自《马克思恩格斯全集》第40卷,人民出版社1982年版,第153页。

如何能从命运手中把它夺取过来，——
我们正是借着这个自由的意志
向欲望所招引的地方迈进，
同样地我们正是借着这个意志
在运动中略为偏离，
不是在一定的时刻和一定的空间，
而是在心灵自己所催促的地方。
因为无疑地在这些方面
乃是每个人的意志给予发端，
从那里开始，透过我们所有的四肢，
新开始的运动就流遍全身。
……
有时确实是由于意志的裁决，
全部物质就被迫改变它的路线，
……
你难道还看不见虽然外力驱使人向前，
并且常常叫他们违反自己的愿望
向前运动，被迫一直向前冲，
但是我们胸中仍然有着某种东西，
足以和它斗争并抗拒这种外力？
可见同样地在种子中间，
除所有的撞击和重量之外，
必须承认还有运动的另一种原因，
作为我们自由行动的天赋力量的根源 ——
既然我们看到无物能从无中生。
……
人的心灵本身在它的一切作为里面
并不是有一种内在的一定必然性，
也不是像一个被征服的东西一样

只是被迫来忍受来负担,

这情况的发生乃是由于始基的微小偏离。①

　　伊壁鸠鲁派所主张的自由,是西方精神史上第一个纯个人的自由概念。它的标准的自然形象,是按本性运动的一粒原子;虽受重力作用要做必然的垂直运动,也总有一点偏斜和自由。人不是机械和单纯的工具,而是有自己意志的自由的生命。

　　希腊人先前已经很重视自由了,不过那时主要的还是城邦的集体或共同体的自由,公民个人自由是从属于城邦自由的。当希腊化帝国摧毁了城邦希腊和其他民族的独立,代之以一个军事行政专制的冷酷统治后,希腊人没能恢复其城邦的自由。但是他们既然已经尝过了自由的禁果的滋味,就不可能简单地放弃,何况希腊文化及其哲学依然继续存在着起着作用呢? 那些丧失了城邦共同体的人们现在已经变成了一种世界性的公民个人,于是一种改造过了的新的自由观念兴起了:它突出的必定只能是个人的自由。后来西方世界的文化中的自由概念带有很强烈的个人性质,准确地说是从希腊化时代才开始的。伊壁鸠鲁对它的解说和规定,是其理论的典型形式。

　　承认世上所有个人都普遍和平等地具有自由的本性,都应享有自由。这是伊壁鸠鲁比以往希腊人进步的地方。以前的希腊人并不承认别的民族有自由,也不承认妇女有独立人格和自由。伊壁鸠鲁最先抛弃了这些偏见,在他的花园里男女平等,对身为奴隶的人也给予尊重和释放。所以花园成为友爱的乐土,他的友爱遍及这些人。奥伊诺安达的第欧根尼也说:"地球上每个不同民族有不同的

---

① 卢克莱修:《物性论》,方书春译,商务印书馆1962年版,第76—79页。

出生地,但是在大地上这整个世界对每个人来说乃是一个出生地,世界一家。"①

3.友爱及其根据的问题:伊壁鸠鲁派如何回答质疑

　　无论东方西方,仁爱都是伦理道德的一个核心问题。只是中国和东方人突出家族人伦之爱,而西方从古希腊起便以友爱为重,把人伦之爱也算作友爱,形态有差别。②伊壁鸠鲁说,在智慧提供给幸福生活的全部内容之中最有意义、最有益处、最愉快的莫过于友爱③,可见他极其看重友爱,把它作为其快乐主义的最高点。但是他的哲学是以个人为中心的,在这基础上能否建立友爱? 这在当时已经受到了质疑。西塞罗记录了伊壁鸠鲁派陀尔夸图斯(Torquatus)的一段答辩。这一段话虽然长些,却很有助于切实了解在这个重大问题上他们的看法究竟如何,因此都译引出来:

　　　　我注意到在我们学派中对友爱有三种说法。其一,有些人认为属于朋友的快乐不能算是我们自己所欲求的。某些人认为这种看法会使友爱不稳定,但是我以为它是对的,也易于为自己辩护。他们说友爱和我们先前讨论过的德性有别,而同快乐不可分。由于孤独和没有朋友的生活充满着危险和焦虑,理性就指导我们寻求友谊,获得了友谊能增强心灵的力量,使它有把握期待快乐。此外,

① 奥伊罗安达的第欧根尼(Diogenes of Oenoanda)25.2.3-ll,转引自 HP, p.133。

② 参见杨适《"友谊"(friendship)观念的中西差异》中的分析,《北京大学学报》1993年第1期。

③ 西塞罗:《论最高的善和恶》第1卷,第12章65节。转引自《马克思恩格斯全集》第40卷,人民出版社1982年版,第174页。意思与伊壁鸠鲁《主要原理》第27条一致。

正如敌视、憎恨和不和使人不快，所以友爱是既属于朋友的也属于我们的快乐的创造者，最可信赖的保护者。他们享有这种快乐不仅是当前的，也给他们以近期和长远未来以期望。如果没有友爱，我们就完全不能确保生活中稳定持久的欢乐，而如果我们不能做到爱朋友如同爱我们自己，我们也不能保持友谊本身。因此，友谊包括爱人如己和同快乐的联结这二者；我们为朋友的快乐而感到欢乐，为他们的不幸同样痛苦，正如我们自己的事一样。所以哲人对他的朋友有着和对自己相同的感受，他为朋友的快乐而工作如同为他自己一样。……

其二，有些伊壁鸠鲁派有足够的机敏，尽管在面对你们（学园派）的批评时有点胆怯，怕你们认为我们追求友谊仅仅是为了自己的快乐而似乎很有缺陷；在他们看来，起初建立的联系、结合和相互关系是为了快乐，但是在这种接近发展起来之后，就产生了亲密感，情感增长到了为了朋友本身而爱他们的地步，即使从友爱中得不到任何好处。……

其三，也有些人说哲人有一种约定，要爱他的朋友不亚于爱他自己。我们知道这种可能性，时常也可以观察到这一点。[①]

我们看到，他们的答辩并不容易。这是因为，按照个人主义的原则，他们必须承认每个人之需要友爱，乃是从对个人安全和快乐是否有利的考虑出发的；但只要肯定友爱，就必须也承认应当为朋友的利益和快乐考虑，有时甚至必须牺牲自己的利益和快乐。因此这里是有矛盾的：只为自己一方得到好处的想法，如何能成为友爱的基础？这是难以自圆其说的。但是伊壁鸠鲁派既要鱼也要熊掌，都不放弃。于是他们只好找出种种调和的说法，如说起初确实只是为了个人的好处而交友，但从中就能逐渐发展出真正的友爱，为朋友和爱朋友本身。造成这一点的，或者是从客观效果考虑，

---

① 西塞罗：《论目的》I.66-70，HP，p.132。

若非爱人如己,友谊将不能保持,个人的安全和快乐的考虑就是的,因此他就要关心爱护朋友本身;或者是从情感的进展加以解释,起初是为自己,后来相处中亲密起来,即使对自己没好处也能爱朋友本身;或者直接说哲人本来就有约定要爱朋友如爱他自己那样。

这些辩解在理论上显然不能自圆其说。但是实际上却并不虚假,倒是比较诚实的符合多数普通善良人的想法和实践。伊壁鸠鲁也确实这样实践了友爱,并非全以自利做基础。我们似乎也应当承认,他们真的建立了一种不仅自己快乐也确实给朋友以快乐的,甚至是生死与共的友爱关系。但是我们还是要问:友爱的真正基础究竟是什么? 伊壁鸠鲁派解答了这个问题了吗?

如果我们把伊壁鸠鲁和亚里士多德的伦理学作一比较,就可以发现他们对友爱的基础有不同的讲法。当亚里士多德说友爱是生活所必需的,谁也不愿去过那种应有尽有而唯独缺少朋友的生活时,伊壁鸠鲁是会完全同意的。但是,当亚里士多德说"友爱把城邦联系起来"[1],它和正义一样,都植根于人们对共同体的根本需要时,他把希腊城邦时代的友爱的基础讲得很清楚,不像伊壁鸠鲁派那样为难。可是我们又难于简单地指责后者,原因很明显:这个城邦共同体的基础在伊壁鸠鲁时代已不复存在,在专制帝国统治下的人们只好成为已经瓦解为无数单独的原子式的个人。人们失去了天然的一体关系,那么,他们中的一体感的爱还能有什么现实的基础? 而如果没有共同体就不可能有仁爱,那么在旧的共同体失去之后,如何建立新的更高的共同体和更高的仁爱,显然就是新

---

① 亚里士多德:《尼各马可伦理学》1155a20-25.参见苗力田中译本,中国社会科学出版社1982年版,第163、165—166页。

时代的最大课题了。伊壁鸠鲁是讲经验的哲学,这个经验的现实世界中的人们是单独的个人,对于他们首要的事情是自己能生活下去,并且尽可能地得到自由和快乐。但是,他承认这些个人终究是少不了友爱的,而这一信息恰恰证明:人和人终究是联成一体而不会真的是彼此可以无关的原子,人依然还是"城邦"的,即共同体的存在,如亚里士多德所说。这一承认本身就极有意义。这一点,我以为还应当算作伊壁鸠鲁的一个功绩。

其次,友爱固然需要有共同体或人与人的天然联系做基础,但是较高级的友爱却必须以个性,或个人的利益、自由和尊严,作为核心要素和基础;否则也是不可能的。二者缺一不可,否则都不会有真正的友爱。在这方面,伊壁鸠鲁派也有其重要贡献。为什么呢? 伊壁鸠鲁观察到,像毕达哥拉斯派团体那样实行的共有制会使友爱变得虚假。一切共有不分彼此,看上去好像没有利害纷争,团结友好,但它并不能保证成员间的平等和相互尊重,大锅饭也无法显示出一个人的慷慨和牺牲精神等高贵品德。因为只有独立的个人把自己的财产和力量奉献给别人时,才表现出自由自愿的无私的真诚。这一点他说得不错,也应当给予肯定评价。

但总体而言,伊壁鸠鲁派的友爱观从根基上说是片面的,跛脚的,因为他只突出了个人利益和幸福的追求这一面,没有突出人我之间一体感的根本方面。与之对立的斯多亚派为解决这个问题提出了新的思路,我们后面再谈。

人类友爱的理想和基础,是伦理学上特别重大和中心的主题,并不容易解决,事实上仍然需要探求。在这个意义上,伊壁鸠鲁派的友爱观,同以往每一个仁爱观或友爱观一样,仍然具有它的价值。

第四章 斯多亚派哲学

第一节 产生与源流

1. 芝诺的生平和他的《论城邦》(πολιτέια)

斯多亚派创始人芝诺（前333—前261年），是居住在塞浦路斯的希腊城市西第昂的腓尼基商人的儿子。据说芝诺在从腓尼基出发的旅途中由于货船失事，便来到雅典。他在雅典的一家书店待了下来，那时他约22岁。有一次他求神谕告诉他，为了得到最好的生活该做些什么。得到的答复是，他应该承担起已死者的事业。为了理解神谕的用意，他从此钻研古代作家。他在读了塞诺封的《回忆录》后非常兴奋，就到处打听在哪里能找到像苏格拉底那样的人。这时著名的犬儒派人物克内特从书店路过，书商对他说，你就跟着那人吧！从此他就成了克内特的学生。在追随克内特的时期，年轻的芝诺写过一篇题为 πολιτέια 的著作，这篇著作十分引人注目。后来他还听过麦加拉派和柏拉图派的斯第尔波和塞诺克拉底的课。在向克内特和上述老师学习了20年之后，他离开了他们，创立了自己的学派。由于他和他的弟子们在一条有绘画的柱廊里讲演或讨论问题，这个学派便得到了画廊派的称号。希腊语叫有柱子

的长廊为 στοά 或 στοιά，音译就是斯多亚了，他于72岁时去世。

芝诺的经历预示着斯多亚学派的一些最为重要的特点。让我们先从他所写的 πολιτεία 说起。前面我们已经说过，自从智者和苏格拉底把哲学关注的重点转移到人事方面之后，哲学的主题就不再只是"论自然"，而"论城邦（实际上就是论人事）"倒显得是更为突出的主题。所以柏拉图把自己最重要的作品叫作 πολιτική（现译成《理想国》或《国家篇》），亚里士多德也把自己论人事的主要著作取名为 πολιτική（现译成《政治学》）。但是在原来的希腊城邦已不复存在的新情况下，芝诺还继续写作"论城邦"，用这种方式表述自己的理想和哲学，用意何在？

他的这篇著作没能留存下来。但是由于其中有一些极其引人注目的论点，并且受到很多人的批评和讨论，这样在古代文献中就留下了不少有关资料。此外芝诺的继承人克里西普也写过一篇同名作品，留下若干佚文。因此我们可以知道其中的主要观点，并由此了解斯多亚派最初的某些重要新观念。

据普鲁塔克说，芝诺的这部备受称赞的著作的目的，在于这样一个要点：我们的家务安排不可建立在城市或地区的基础之上，因为那是以各自的立法系统作标志的。我们应当认为一切人都是我们的公民伙伴（fellow citizens），正如一群羊在一起吃草那样，受一个共同法的照看。芝诺写下这一点，把它描绘成一个梦，一个按哲学家的理想规范得很好的社会图景。①

拉尔修报道说，有些人，包括怀疑派的人内，对芝诺进行了广泛的抨击。因为他在《论城邦》的开头就说，通行的对孩子的教育是无用的。他还称一切没有美德的人为仇敌和奴隶：因为他们彼

---

① Plutarch, On the fortune of Alexander 329 A-B.

此之间,父母与子女、兄弟与兄弟、朋友与朋友,都是陌生异己的人。照斯多亚派的这种说法,没有智慧的父母和孩子之间都是敌人。人们还指责他在《论城邦》里主张公妻,主张禁止在城市中修建庙宇、法庭和运动场。他还认为不需要货币,在买卖和外出旅行时也无须。他要男人和女人穿同样的衣服,不要把全身都遮住。克里西普在其同名著作中证实这篇 πολιτέια 是芝诺本人的作品。[①]

芝诺在其《论城邦》里还说,性爱之神（Eros）是为城市安全做贡献的神,他是友爱、自由与和谐之神。[②]

据公元2世纪的基督教哲学家、主教克莱门说,斯多亚派在教他们的学生读书时,芝诺写的某些东西使他们感到窘困[③]。

据说在克里西普的《论城邦》中还有更令人惊骇的意见。他说如果从活人身上割下一块肉是可吃的,就别埋掉或作别的处理,而要吃掉,这样我们身上就会长出新的部分。父母死了,也别简单地埋葬,他们的身体上的指甲牙齿没用,但是肉是可吃的。克里西普还说,没有理由认为同母亲们、女儿们、姐妹们性交,吃某些食物,从死者床边直接去庙宇是丢脸的事。我们应当看看野兽和低等的动物的行为,就可知道这没有什么不自然。[④] 如此等等。

现在我们要问,以严格讲道德闻名的斯多亚派,其创始人何以说出这些令人惊骇的,看来完全是非道德的甚至是丑恶的意见和主张? 他们想的究竟是什么?

看来唯一可能的解释只能是：他们同犬儒派一样是反传

---

① D.L. 7.32.
② Athenaeus 561 C,转引自 A. A. Long & D. N. Sedley, *The Hellenistic Philosophers*（以下简称 THP）67.D。
③ THP, 67.E.
④ THP, 67.G, F.

统的。

对于以往希腊人在城邦中的传统习俗,包括对儿童的教育,衣食习惯,家庭人伦关系,男女关系和婚姻制度,传统宗教中对神的看法,他们都提出了异议。他们同犬儒一样,主张人应当回归自然地生活。因此他们会认为人的生活像野兽也无妨,甚至应当向动物学习。一切行为只要遵循自然,即是智慧和善。

上述这些观念的转变,归结到一点,可以说就是共同体观念的改变。因为斯多亚派提出的关于 πολιτέια 的新说,其中作为核心的"城邦"观念,其实还是关于共同体的观念;人依然是城邦的动物,因为人永远只能在共同体中才有其存在,才有家园感,才可能有好的或善的生活。问题是,在新的时期,(1)原先希腊那种小型、狭隘和夜郎自大的城邦形态已经过时。不仅是回不去了,而且在犬儒派和斯多亚派眼中已不再可能是理想的共同体了;(2)它也不能是家族和民族的共同体形态,因为希腊人早已超越了这一水平;最后,(3)新的希腊化帝国当然也绝不是人们能认可的共同体形态,它的大一统是靠军事、政治和行政的力量造成,从来不曾给其统治下的各民族以家园感。但是人终究是"城邦"即共同体的动物,那么在新时期,各族人民的家园或共同体究竟是什么又在哪里呢? 这就是斯多亚派认为最需要关注和研究的主题。

斯多亚派就是从这一主题开始新的哲学研究的。当芝诺说"我们应当认为一切人都是我们的公民伙伴 …… 受一个共同法的照看"时,一个由自然法来支配的、全体人类平等相处的共同体的理想,或一个全新的城邦观念,就产生了。因此斯多亚派给"城邦"一词重新定义。公元前1世纪末亚历山大里亚文献学家 Arius Didymus 记述说:斯多亚派称世界是众神灵和人们的居住地,也是为他们所创造的。有两种意义上的城邦,世界也像一个城邦,由众神灵和人们组成,神是治理者,人是臣民。由于人和神灵一样分有理性和自然法,他们便成为这一共同体的成员。^①后来塞内卡更明确地说,事实上有两个共同体,一个是有着伟大、真实共同性的共同体,它由一切神灵和人组成。我们看待他们,是不管他们生活在哪个角落的,只用太阳所照耀的范围来衡量。而另一个城邦,则以我们偶然出生的地方来作为标志的。^②

斯多亚派提出来的这个新的城邦概念影响极其深远,后来奥古斯丁写了一部著名的书就叫作《上帝之城》(*City of God*),这个理念要表达的也是一个新的人类共同体,它是普世性的由神创造和治理的世界。

因此,芝诺和克里西普的《论城邦》要研究的就是关于新的人类共同体及其生活和治理的法则。共同体观念的根本改变,使人对人自身的观念也发生了根本改变。人不再只是雅典人、希腊人、埃及人、犹太人等等按其出生的城邦、地域、国家的特殊性来规定的人了;现在他们都被认作一个统一的世界城邦的公民。使他们分开的特殊性不再被视为规定人的本质,唯有那使他们统一起来的共同性,才能规定他们作为人的本质和本性。人是什么,总是和他们的共同体及其观念一致的。人只能从自己的生活来认识他自己,而共同体永远是他的生活的决定性的范围。

所以,芝诺作为斯多亚派的创始人在其《论城邦》中,提出来的是一种新的人学。它也以苏格拉底为其思想的起源,并把犬儒派作为自己的先驱,却与亚里士多德和柏拉图眼中的人及其共同体城邦的哲学异趣。与之相应他们对自然、神和理性也提出了新的解

---

① THP, 67.L、H、I、J.
② THP, 67.K.

说,进行了新的研究。斯多亚学派作为希腊哲学中又一重大的变革和发展,就以对 πολιτέια 进行一场新探讨的方式揭开了它的序幕。

2.同怀疑派、伊壁鸠鲁派的对立

斯多亚派和皮浪怀疑派、伊壁鸠鲁派几乎同时出现在哲学史舞台上。他们都对希腊城邦时代的古典哲学进行了根本性的批判,也都力图给希腊化时代深感痛苦的人们开出使心灵得到安宁的药方。但是三种哲学在原则上彼此对立,也进行着尖锐激烈的竞争。

同皮浪派悬疑一切的消极世界观相反,斯多亚派和伊壁鸠鲁派都肯定自然和人终究有其真实本性和规律,人的生活应当坚持和遵循真理和知识。但这两派分歧很大：斯多亚派的主要论敌不是别人,首先就是伊壁鸠鲁派。

同伊壁鸠鲁派以原子作本体,以原子式的个人的快乐和自由为追求的目标相反,斯多亚派强调的是作为整体的自然,和作为人类整体的世界城邦；因此斯多亚派对自然和人的本性,对自然的法则或逻各斯(νους,也即心灵、理性)的寻求和发现,都与伊壁鸠鲁派不同。斯多亚派认为在考察自然与人的任何部分或个体时都不能脱离整体,重要的是要研究整体和部分、共同体和个人之间的自然关联,在这些联系中规定整体和其中的每一个。人只有遵循自然(即符合逻各斯)生活才是善,才有自由和幸福。对自然整体性和全人类共同体的坚定信念,使他们断然否定了孤立的个人存在和这种个人的幸福和自由的可能性。简言之,这两派一个发展了个体性原则,另一个发展了整体性原则。就此而言两派是水火不容的。

但这只是事情的一方面。另一方面是,两派的每一个都在自己的思想体系和生活实践中包含着对方的要素。证据是：伊壁鸠鲁也重视友爱，表明他实际上依然承认了人与人需要联系和一体感，并非真的只主张做纯孤立的个人；他还是最明确地提出社会契约学说的先驱者，认为人和人必须建立社会契约关系才能保证每个成员的安全、幸福和自由；他的学派团体也实践了彼此的平等友爱。可见他所主张的个人主义也不排斥他人及社会和谐。而从斯多亚派方面说，他们的哲学也是以个人的心灵自由安宁为宗旨的。斯多亚派也把自保自爱自利当作神赋予每个动物和每个人的本性，认为神特别赋予人以理性，才使每一个人能保持其真实的自我，这是美德和自由幸福的根据。可见斯多亚派尽管以整体主义为基础，也没有否认个人的利益、理性、自主和自由，有高度的个性要素。所以我们对这两派的对立和各方的相关观点，在理解上也都不可简单化绝对化。本来人的生活都有个体性和整体性，哲学家可以偏重有别，实际上不可能只要其一而完全抛弃另一方面。

差别只在于，在处理个人的快乐幸福问题上和人与人的相互关系上，伊壁鸠鲁走了一条最短的捷径，直接用个人的独立性作根据解决个人生存困境中的精神危机；而斯多亚派则走了一条看似非常迂回曲折的路：他们清楚地认识到个人终究不是原子式的存在，而是自然和社会生命整体中的一个有机的组成部分，所以每个人何以自处的问题是不可能仅从个人的基础上获得解决的。首先要明白自然和人类社会的整体性的本性，明白作为个人的我在其中的自然本性、地位和结构，然后才能求得个人问题的解决。因此，两派哲学就显示出了巨大差别和对立。

在希腊化罗马时期两派都有长达数百年之久的存在。但是伊壁鸠鲁派的学说似乎一建立就一劳永逸了，后来再也没有什么发展；但相比之下斯多亚派却很不相同，经历了早期、中期和晚期的很多曲折和发展，直至爱比克泰德才达到了比较完满的高度。这个情况，同它要研究的问题远比伊壁鸠鲁派的多和困难是很有关系的。

3. 斯多亚派发展的几个阶段和研究资料的来源

芝诺思想的由来说明，斯多亚派的精神方向是接着苏格拉底和犬儒派来的，这就是要把哲学的目的规定在寻求真善上面，而善的生活就是遵循自然。但如前所说，（1）亚里士多德对苏格拉底的"美德即知识"的质疑不可轻视；而（2）犬儒派虽然主张遵循自然，但他们有惊世骇俗的行为却缺乏理论建树；因此继承苏格拉底和犬儒派的路线的芝诺，就把自己的工作重点放到理论上来，研究和阐明什么是自然，什么是人和人性，以及什么是宇宙和人的真正的善。因此，他除了追随过犬儒派克内特，后来也努力地向麦加拉派和柏拉图派学习过；这对斯多亚派在逻辑上和理论上的建树是有重要关系的。芝诺提出了斯多亚派的基本思想，首先是关于自然的学说；他的继承人克里安特加以发展，重点强调了神学；而克里西普是早期斯多亚派中理论建树最大的一位，著作最多，在逻辑方面贡献尤大。他是斯多亚后学引证的主要来源。中期斯多亚派以 Panaetius 和 Posidonius 为主要代表，他们把斯多亚哲学介绍给罗马人。早期和中期斯多亚派的著作都没有流传下来，只有一些从有关文献中收集得来的辑佚。近年来 A.A.Long 和 D.N.Sedley 将这些原始资料编辑起来，出了一部名为《希腊化时期哲学家》（*The Hellenistic Philosophers*）的资料集，就现在来说，使用起来还比较方便可靠。

斯多亚哲学在罗马时期得到了重大的发展,塞内卡、爱比克泰德和罗马皇帝奥勒留是最著名的三位代表人物。塞内卡著作很多,还有奥勒留的《沉思录》,都流传下来了。他们的文著对斯多亚哲学有重要阐述,不过这两位一个是道德上言行不一的权贵大臣,一位是皇帝,因此要指望他们真的做到斯多亚派的哲学和生活,就不免有些难了。唯有爱比克泰德这位亲身经历了奴隶的苦难生活的人,才以其深刻体验把从苏格拉底到犬儒和斯多亚前辈的实践和理论都给予了贯通的理解和深入钻研,他使斯多亚哲学达到了高峰。他本人虽然没有写作,但由他的学生,后来成为著名历史学家和雅典执政官的阿利安,把他的许多言论记录下来汇集成《爱比克泰德论说集》,给我们留下了一份珍贵的思想遗产。因此同前期中期相比,晚期的史料要齐全得多。而从重要性上考虑,我们的评述将以前期和晚期为主,对晚期也只打算集中谈谈爱比克泰德。

第二节　斯多亚派的自然哲学

1. 斯多亚哲学体系

斯多亚派认为他们的哲学体系是一个有机整体,它的三个部分,自然学、逻辑学、伦理学,有着紧密的内在联系。他们用几种比喻来形容这种联系:其一是把哲学比作一个动物,逻辑学像骨头和筋腱,伦理学像肌肉,自然学像灵魂。另一个比喻是把它比作一个蛋,逻辑学是蛋壳,伦理学是蛋白,自然学是最核心的蛋黄。或者再比作一片丰饶的田园,逻辑学是围着它的篱笆,伦理学是结出的果实,自然学是土地和树木。或与之类似地比作一个有坚固设防的由理性来治理的城市。^①这些都表示:整个体系以自然学为核心和基础,目的全在伦理学的应用,而逻辑学则是全部体系正确性的保证。三者各司其职,彼此有别,却又密切不可分离。

认真研究他们学说的人可以见到,这种有机联系从根本上说,是由于斯多亚派学说中自然、人和理性三者原本是相通甚至在某种意义上可说是三位一体的,只是表现和作用有别而已。而这正是最可注意的一个枢纽之点。

简要地说,斯多亚哲学的宗旨是"与自然一致地生活"。伦理学要研究的如何使生活好(善)的关键在"与自然一致",因此研究和认识自然就成为最根本的任务。而这"一致"之所以可能,在斯多亚派看来这全是由于自然和人都是由理性(νους,亦即逻各斯)支配和贯通的。自然、神、和神赋予人的最重要的东西,就是理性,或者说,自然和神本来就是理性,同质料结合的理性,而人是自然的一部分。所以,所谓人应"与自然相一致地生活",也就等于说要"与理性(逻各斯)一致地生活"。人要"与自然相一致地生活"的命题,在斯多亚派看来既是伦理学的,也是自然学的,也是逻辑学的。在每一部分的研究中,都渗透着另两方面的成分。

这种三统一的哲学,其实正是对于苏格拉底所提出的怎样使求真求善统一的问题的一个解答方案。亚里士多德从求真知的角度已经把本体论和逻辑学一致起来了,但是他把实践和理论分成两截,把伦理学只当作实践的学问而置于低于理论学科的地位。这是斯多亚哲学不赞成的。他们采取了把自然学(本体论)、伦理学和逻辑学三者统一的新的哲学形态。

---

① D.L. 7.39-40.

2.自然是一整体的生命：整体性原则

斯多亚派自然观的最显著的特征之一，是把自然视为一个整体，一个有生命的活着的整体。这使它同伊壁鸠鲁派鲜明地区别开来。按照古代文献的记述，他们对自然有相当明确的看法和规定。

芝诺和克里西普说，整个世界是神的实体。他们有时用"自然"一词来指把世界维系在一起的东西，有时用来指使地上万物生长的动因。他们把自然定义为一种自我运动的力量。它用有生殖力的本原，按照一定的时间，产生和维护它的造物，并使之与其创生者保持一致。①

克里西普认为世界是一个活物（a living being），有理性、生命和理智。所谓自然是一个活物，是说它作为一个活的实体是有感觉的，因为动物比非动物好，而没有任何东西比世界更好，因此世界是一个活物。②

他们还说，世界是单一的、有限定的，有一个球形的形状，那是最适合于运动的。在它外面是无限的虚空。世界里没有虚空，从而形成为一个联系在一起的整体。③

他们认为"整体"（whole）与"全部"（all）不同。世界是个整体，加上在它之外的虚空才是全部。根据这个理由他们说世界是有限的，而全部由于加上了虚空就成为无限。④

按照斯多亚派的看法，世界是有限的、单一的、整体性的和实

---

① D.L. 7.148-149.

② D.L. 7.142-143.

③ D.L. 7.140.

④ Sextus Empiricus, *Against the Professors*, 9.332.

体性的。它是整体性的,因为它不缺少任何部分;它是单一的,因为它的各部分是不可分离的并互相贯通着;它是实体性的,因为它是一切物体的原初质料,并由普遍的理性贯穿渗透着。①

从以上几条的说法中,我们可以清楚地分辨出斯多亚派的自然观同伊壁鸠鲁派之间的原则差别。他们所说的自然,决不是什么彼此绝对分离的存在(如原子),而是一个整体的存在和生命。整个自然是一个大活物,用中国传统的语言来说,就是一生生不已的大化流行。一切事物,包括无机物、植物、动物和人都是其中的有机组成部分,不能孤立存在。为此他们还否认自然里有虚空,即使是一块石头也是靠它的连续性使其各部分结合来保证其自身的存在的;所以,整体性和连续性是自然之为自然的根本规定性。注重整体性连续性还是注重个体性分离性,是斯多亚派区别于伊壁鸠鲁派的首要标志。

3.斯多亚派的自然本原:被动者和主动者。斯多亚派的神观念

斯多亚派不把元素作为自然的本原,因为他们认为水、土、气、火在世界大火中也有产生和消灭,而本原应是独立自存,没有生灭的。他们说这样的本原只有两个:一个是作用者即主动者,另一个则是接受作用者即被动者。这被动的本原是无规定性的质料,而主动的本原就是使质料运动起来,并获得它们的性质的理性。这个自

---

① Calcidius 293,参见 HP 44.E.

然的理性,即是逻各斯,也就是神。① 斯多亚派这个说法显然来自亚里士多德的 ontology。他们说自然本原归根到底只有主动者和被动者,同亚里士多德的形式质料说相当,这二者实际上不能分离；但唯有主动者理性或形式, νους,一事物之为该事物的"是",才是第一本原；因而最终的主动者,即最高的目的因(善)、第一推动者、万物的创造者和主宰者"神",才是自然整体的第一本原；第一哲学即是神学。这些都同亚里士多德的本体论神学类似。斯多亚派把神当作自然的本体,并没有什么不好理解的地方。

在此基础上,斯多亚派有一些他们自己的发挥和讲法。人们常说斯多亚派是唯物主义者,但他们同时又称自然是神。因为对于他们,从高层次的意义上说神和自然原是同义语,神既是两个本原中的主动者,也是两个本原的统一。因此斯多亚派的自然哲学也就是他们的神学。自然就是神。这一观点是斯多亚自然哲学和整个学说体系的中心。这种神观念有如下特点：(1)斯多亚派的神即是理性、逻各斯,二者同一,所以它是一个理性神。(2)这个神和它的理性就是整体的自然,也是贯穿于自然中一切事物和过程的主宰和支配者。所以它是自然神,或自然理性的神。这种神观念可以追溯到赫拉克利特。因为他早就说过：神是日和夜,冬和夏,战争与和平,满足与渴求。这就是说,神即是自然及其法则和过程,他还把这个自然的神称作逻各斯。可见斯多亚的神观念既吸取了亚里士多德,也返回于赫拉克利特的原创观念。爱比克泰德说,我们要学习万事万物都按其所是地发生着。如何发生？是按照它们的指定者所指定的那样发生的。神指定要有夏与冬、盛和衰、善与恶,以及其他的对立,以便使宇宙和谐,并给我们身体和它的各个部分,财

---

① D.L. 7.134.

产和同伴。① 这个说法来自赫拉克利特是显然的,连用语都几乎完全相同。

但是,(3)斯多亚派对神赋予了更多的人格性,他是有思想和意志的世界主宰。因此自然的必然性就同神的自由意志同一或统一起来了。这是他们的新意所在。

要注意的是,这种必然和自由的完全同一性,只是在整体自然或单一的至上神(god,即宙斯)那里才是绝对的、原初的、完全如此的。对于众神灵(gods)和人来说,情况就非常不同了。他们是自然整体的一些部分,所分有的理性只有局部的和派生的性质,所以必须服从整体自然的逻各斯,听从神意,才可能有其自由。所以人的自由绝非单凭自身可以得到和确立的。不过这还是可能的,原因就在于有一个神,在他那里必然和自由是统一的。

与之相关,(4)在斯多亚派的神学观念中虽然保留着多神,已经突出了一神。

希腊神话和宗教的传统原来是多神的,宙斯虽为主神但其权能和品德并不具有绝对性。但在哲学中通过突出理性和逻各斯所发展的一神观念,却显然带有至上的性质,像赫拉克利特的逻各斯神,塞诺芬尼的一神,亚里士多德的作为第一推动者、最高的善的神,都有这种特点。斯多亚派综合继承了上述哲学传统,保留多神但突出了一个主神的至上地位,并赋予他以人格性质。对于这个主神,他们虽沿用宙斯的称呼,但已把他变成了表示整体自然和(或)逻各斯的神,理性化的人格神,同先前神话中的宙斯已经大不相同了。

斯多亚派突出一个主神,显然同他们把自然视为整体的存在

① Epictetus, *Discourses*, or *Disserationes*(爱比克泰德:《论说集》)1.12.15-16.

和生命的观念不可分。整体性即是统一性,因此其生命原则只能靠一个神来表达。

（5）这个一神作为自然的整体和逻各斯,贯穿地存在于它的一切部分之中,因此,斯多亚神学也是泛神论的。正如动物的肢体必然要服从它的整体和意志一样,万事万物作为整体自然的各个部分都要靠整体才能存在,都要受神的意志支配。实现这种支配的途径是,神把自己的意志和理性贯注到这些部分,使这些部分各自得到神分配给它们的那部分叫作普纽玛的理性性质,从而形成自然阶梯上的各种存在物及其本性,并使它们彼此联系在一起,共同遵从神,构成一个统一和谐的整体的世界。因此,自然中的万事万物都在不同程度上分有了逻各斯或神性。所以斯多亚派的一个主神的学说又是同泛神论的观念统一的。

4. 自然阶梯和人在自然中的位置

按照斯多亚派的看法,人是自然万物中的一个部分,人的本性（＝人的自然）便是逻各斯或神性的一个特殊部分。因此人和人性正是自然学要研究的主要对象之一,这种研究是自然学分内之事；于是自然学同伦理学就联结贯通了。

斯多亚派同亚里士多德一样,都按照阶梯的方式来看待人在自然的中位置。在自然阶梯中人是高于一切动物的,但在人之上还有神。这样就从上下两头限定了人的本性。

传统希腊见解认为人和神的差别在人会死而神不朽。但哲学家关注的有所不同,主要在如何看待人有理性而类似神的问题：要说明唯有神的理性、智慧和道德上才完善,人的理性则很不完善；因此人必须信神和服从神。苏格拉底、柏拉图和亚里士多德的说法都符合这个格式，斯多亚派也继承了这个模式。他们都认为由于人分有了神的理性，人神之间才能交通。

亚里士多德已经分析描述过自然阶梯上的各个等级。首先，他以是否有生命来划分生物和无生物，再用是否有灵魂以及灵魂能力的水平进一步划分生物和它的等级。指出：A.生命首先是生长或营养自己的能力，植物有了这种能力，因此植物不同于石头之类无生命的东西；B.动物有了灵魂和位移的能力。灵魂最不可少的初级能力是感觉和知觉，其中最基础的是触觉。最低级的动物只有触觉，凭此它就成为动物，而同植物区别开来了；C.感官的数目和水平，以及在此基础上形成的灵魂的其他能力，如欲求的能力，思想的能力，等等，使动物形成高低不同的等级。人就在这个自然阶梯的顶上，仅次于神。

他说关于这阶梯的一个重要的事实是，凡是在上层的都保有在它下面等级所具有的特性，但这绝不是说，高等动物（如人）灵魂里还并列着那些低级的灵魂。他很小心地指出，它们只是在人的理性灵魂的统率下以潜能或功能的形式表现出来，不能有独立分离的存在。例如我们有理性和思想，同时也有营养、感知、位移的能力，等等。

他还指出，动物推动自己运动的原因是它必定要追求某种东西，这个追求存在于它的灵魂的知觉力和欲望之中，是通过这些能力变成它的行动的。人既有欲求又有理性，所以人能按理性来行动；但是人也可能按未加反思的欲求来行动（如那些在理性上无能的人那样）。所以亚里士多德认为人的行为可以有不同的动因，它们彼此竞争。而植物和其余的动物的自己运动的动因只有一个。①

斯多亚派吸取了亚里士多德的上述成果，对自然阶梯提出了自己的学说。对人的行为动因，他们更在大量深入研究基础上提出了新的系统学说，对此后面再详谈。

由于斯多亚派自然观首重整体性，关于自然阶梯就提出了一种特别的说法，即关于普纽玛（πλευμα，pneuma，原义指生命的气息）的学说。他们说，由于普纽玛存在和贯穿于不同等级的自然物中，它们才各各得到其自身的存在和本性；并且正是靠着普纽玛，这些不同等级的事物才得以衔接贯通，构成一个统一的自然整体。这个普纽玛就是自然的理性或逻各斯、神意。它在自然各个事物中有其不同的表现形式。

A. 在诸如木石这类东西上，普纽玛只表现为"贯通连续的能力"（ἕξις，写成拉丁形式为 hexis，英译为 the power of coherence）。有了这种能力，一块石头或木头，才能形成和保持其为一块石头木头的存在。但它还不能使事物自己运动，因此这些东西只能靠外力推动。

B. 在动物、植物和火、泉水等等被认为是能自己运动的东西里，则除了赋有"贯通连续力"外，还有"自然力"（phusis）和"灵魂"（soul），这是普纽玛的较高形式，因此这些东西能自己运动。其中，

C. 植物只有"自然力"，能使自己得到营养和生长。

D. 动物在"自然力"上又加上了"灵魂"，就能获得表象，并在表象刺激下，使自己的欲求成为行为驱动力，从而产生自己的行动。

E. 在人的灵魂中，不仅有欲求能力、表象能力、驱动能力，而且

---

① 亚里士多德：《论灵魂》413a-415b；432b-433b。

在这些能力之上，又加上了"理性"的能力。

请注意，自然或神所赋予人的这个"理性"能力，同一般的普纽玛（理性）既有关联又不相同。人的理性有其特定含义，它来自普纽玛却又是其中的一个特定的高级形式。因为它直接来自神的赐予，同神的理性处于几乎同样等级的水平上，因此人能凭此理性同神直接相通。而其他无机物和其他植物、动物中的普纽玛虽然也是自然的理性的一些形式，却只有较低级的性质。所以这些事物都只能单纯地服从自然对它们的安排，而人则有可能既服从自然又有自由。简言之，人有理性，能用理性统率他所具有的其他较低等级的普纽玛因素；因此，人能支配自己的行为。[①]

由此可见，这个遍及一切的普纽玛学说是斯多亚派说明自然阶梯存在及其本性的理论依据，并由此形成了一整套的系统解释。

第三节 论人和人性

在上述自然观基础上，斯多亚派提出了他们关于人和人性的学说。人是整体自然的一部分，在自然阶梯中处于一个特殊的地位。所谓人的本性就是人的自然，即人自身的自然结构和由此而来的性质，所以关于人性的研讨，原是自然学的一个部分。而人该如何正确地认识自己，从而用理性指导自己的生活和行为，又是伦理学所要研究的问题。所以人性论既是伦理学的基础，而它本身又总是以自然学为基础的。

---

① 参见 Brad Inwood, *Ethics and Human Action in Early Stoicism*, Clareden Press, Oxford, 1985, pp.21-27。

这意思,同我们中国古代经典《中庸》里的"天命之谓性,率性之谓道,修道之谓教"三句教意思相同。此语中的"天命"即指神意或自然法则,对它的研究便是天学或道学,和希腊的自然学相当;"性"即人的本性或其根源自然,对它的研究就叫人性论,而斯多亚派主张按照自然生活即是主张按天人之"道"或"率性"而行;最后,中国人讲究的修道之谓教在斯多亚派即是他们的伦理学教导。可见中外道理是一样的,差别只在中国的主流哲学儒家以为天道远人道迩,所以一直以谈人道人性为主,对于天命就不加深究了。

斯多亚派对人性作了相当深入的思考研究,提出了一些重要规定。其中有些规定无论从希腊哲学自身的发展还是从中西比较的角度来看,都很有新意,值得注意。

1. 人的第一驱动力是自我保存

首先值得我们注意的是,他们认为"一切动物的第一驱动力是自我保存（an animal's first impulse is to self-preservation）"。照斯多亚派奠基人之一克里西普的说法就是:

> 对每一个动物来说,从它一出生,第一件事情就是要适合它自己的结构并保持对自己结构的意识,因为自然不会让动物把自己看作是陌生异己的东西,不会使它对自己的结构和感受漠不关心。我们必须承认自然构成动物是让它接近和亲近它自己,因而它要排斥一切对自己有害的,趋向对自己有益的。[①]

---

① D.L.7.85.

人也是动物,因此斯多亚派认为人性或每一个人的本性,首先便是"自我保存、趋利避害"。这是自然对每个动物从一开始就赋予它的本性。

这一点和我们中国人的伦理思想有很大差异。我们总是从"人之异于禽兽者几希"来讲人性,但是希腊人西方人并不羞于承认自己也是一个动物,总是先讲人和动物的共性,然后再谈差别。因此他们把人性的第一条说成就是人和动物一样的自保、自爱、自利的本性。这在中国人听起来好像就是主张个人主义,而个人主义在中国文化中总是个贬义词。我们很容易由此认为西方个人主义盛行,必不如中国人讲道德。但是他们则不作如是想。

大家知道,在西方伦理学史上最重道德的学派恐怕莫过于斯多亚学派了。并且,他们也最讲究整体主义,同突出个人主义的伊壁鸠鲁派是根本对立的,可是就连这样的学派都把自保、自爱、自利当作人的原初本性的第一条。这是怎么一回事? 他们难道也宣扬个人主义?

关于个人主义的问题,我想我们最好不要先有一个过于固定的定见。那是比较容易的,却不能给我们以多大收益,并且会立即堵住我们的思路。我们不妨先看看人家讲的有没有一些道理,然后再下结论也不算晚。

其实,把自保作为人的本性不过是说出了一个基本事实:一切有生命的都以保持它自己的生存、生活、生命为前提,否则它就不是一个生命。在这点上人确实和动物并无二致。中国古代圣人同样强调"生生之为大德"。不过儒家圣贤特别注重人兽差异,对这个共同点讲得少些而已。希腊人西方人既讲共性也讲差别,承认自保是人的本性;当然从这种承认中是可以引出坏思想的,可是难道就不能引出好的作用吗? 而无论如何,总得先承认这是一个事实。斯多亚派是特别注重道德的哲学,但他们认为讲道德就必须从人的实际需要和生活事实出发来提出问题,其中首先就应当认真对待人有自保本性这个基本事实。

爱比克泰德有一段重要的议论是与此直接有关的。他说,一个缺少教养的人很容易自夸,尤其是有点权力的。一个暴君会动不动就说:我最有权力。—— 好,但是你能把我怎么样?—— 我能砍你的头,锁你的腿。—— 那是在你的权力之内的,随你的便。但是你让我听你的,那就是另一回事了。—— 我要叫你知道我是你的主人。—— 你?你怎么可能?宙斯已经给了我自由,你以为他会让他自己的儿子去当奴隶?—— 你是说你可以不注意我,不听我的话?—— 不,我注意的只是我自己,只听我自己的话。如果你要我注意你,那么我可以告诉你,我也会注意你的,正如我也注意我那个水罐子那样。①

按照希腊人的传统,爱比克泰德把威武不能屈、富贵不能淫的道德品质,作为自由的定义。这是他的道德哲学的中心概念。而在这里,他把这种追求自由的道德品质的根源,就归之于神和自然所赋予人的自保本性。在接下去的一段话里,他更加明白和透彻地说:

> 这不仅是自爱,因为每个动物都是这样构成的,它们做任何事情都是为了它们自己。即使太阳也是为了它自己,宙斯也是为了他自己。他愿意被称作水和果实的赐予者,众神灵和人们之父。你们看到,如果他不有益于人,有益于公共的利益,造就人这种理性动物的本性,得到自己的善,他就不能得到这些名。在这个意义上和方式上说,一个人做一切事都是为着他自己,并不是不能和社会一

———————
① 爱比克泰德:《论说集》1.19.8-10。

致的。此外,你还期待什么? 一个人会忽视他自己和他的个人的利益? 要是那样,支配一切行为的原则 —— 行为和自己的本性一致、和自己的需要适合 —— 还如何可能? ①

这就是说,人的自由本性,不仅来自与动物一样的自爱,而且直接是仿效神的自爱本性。因为就是神宙斯,也同样把他自己的利益作为他的行为的根本准则。

"善"本来的意思就是"好",就是利益。生活好,行为好,都指有好处和益处。只不过"好"或利益有高低之分而已。人都是需要"好"和"善"的。所以在爱比克泰德看来神宙斯也不能不如此。当然,神的利益同人有所不同,神为自己也就是为他所创造的全部自然,为他所特别创造的所有人,所以他的自爱也就等于纯道德的善,最高的意义和价值。因此作为神的儿女,人也应当仿效神,把自保、自爱、自利提高到这种道德水平,协助神来为别人、为整个自然的好或善而工作。

人们会说,只有舍己为人,否定了个人的自利,才能为他人,为社会和世界的利益工作。这在一个层面上说无疑是对的。但若从更深的层次或根源上问:一个人为什么要舍己为人? 那岂不是他认识到这才是他做人中最有意义和价值的所在吗? 而所谓意义和价值,说到底不也就是一个人所认为的"好"吗? 如果一个人不认为过有道德的生活对他是真正的好或善,他何须为此努力? 可见,道德其实也是一种利益和"好",不过是提升了的利益或"好",它使一个人的自己的利益能够同他人的、世界的利益统一起来,达到和谐,这样他就会努力实现自我即他的最大的利益,也就是道德生活的"好"和"善"了。所以在这个层次上的自爱自保自利,正是

_____

① 爱比克泰德:《论说集》1.19.11-15。

一个人有道德的根据,并且是任何人(包括圣人在内)的道德都必须由以出发的原动力。

可见肯定人性自保、自爱、自利绝不等于肯定不道德,而不过是照事实谈问题,认为道德不可能离开人的这一原初本性,只是要大力加以提高。用斯多亚派或爱比克泰德的话来说,就是人的自保自爱要以神的自保自爱做标准;因为人是神的儿女,就有可能通过努力达到这个水平。所以,做适合自己利益的事,并不是坏事,而是自然、神和人都必然如此的普遍法则。

在这里人同神的差别,是各自的结构不同,各自的"自我"有别。

就神而言,他是一个整体的自然生命,所以他的个体也就是自然整体。他的自保自爱必定和维护自然和人类的整体利益一致和爱所有的人一致。

与之相反,个体的人只是自然中的一个极渺小的部分。就此而言他的自保、自爱也极渺小和局限;不过他又分有了神的理性,因而他能仿效神协助神,使人作为自然的一个部分的自保、自爱本性突破其局限,提高到与整个自然和社会共同体的自保利益相一致,与关爱他人相一致。

这种一致,既是道德的原义,也是自由的原义。就此而论,虽然人和其余的动物都以自保为本性,但动物的自保只是对自然法则的顺从,人却能在顺从此法则的同时认识神并按照神意来生活和行动,这样人也就同神一样有了自由。所谓"自由"原是一切思想行为都"由自己"而出的意思。人的自保、自爱、自利的本性可以与神一致,而神的自保即是他的自由,那么,人岂不也就有了自由的本性?

爱比克泰德正是这样看问题和进行论证的。所以他说人从自己的利益出发,模仿神的自保自利就可以赢得自由,对一切非正义的奴役人的势力能够进行坚定的抵制和反抗。

前面我们就说过：尽管斯多亚派突出整体性反对伊壁鸠鲁派的个人主义，但对这点却不宜过于简单化。现在当我们知道斯多亚派把自保作为每个人的第一驱动力时，就可以更具体深入讨论这个问题了。斯多亚派的自然整体性原则，绝不对事物和人的个体性否定轻视，因为首先，他们明确说自然作为一整体生命，此整体本身就是一个个体，他们称之为神。宙斯神作为一个自在自为的个体，其本性也是自我保存。其二，作为自然的各个部分，如一块石头、一个植物、一个动物和人，其存在的形式也是具有自保能力和本性的个体。一块石头也有自保的能力，靠的是其内在的连续贯通力；每一植物的自保是它能营养和生长自己。每个动物又加上了灵魂，能以自己的感觉表象力、驱动力和位移力来自保其生命。而每个人则因又加上了理性力，使其自保能力上升到自然万物之上、仅次于神的高度。简言之，"自保"就是个体得以存在的本性和能力。可见斯多亚派强调整体性，并没有否定个体性。

那么他们同伊壁鸠鲁派观点的差别究竟在哪里？差别在于伊壁鸠鲁是以分离的个体、原子状的存在作基础，来论证解说人的个体性及其个人主义的；因此自然的整体性和人作为共同体的存在物本性，就从理论基础上被排斥掉了。但斯多亚派则是从整体性的自然出发来谈个体的，包括那个既是整体又是个体的神，和自然中作为部分存在物的个体。这样，他们对什么是个体的看法，以及相关的伦理结论就大为不同。

例如，伊壁鸠鲁的神也是原子式的，他只管自己快乐自由自在，不管人间的事；因此模仿神的每个人也应如此。但在斯多亚派，神这个个体就是自然整体，所以他必定要保持整体自然和其中所有事物的存在和秩序，使之各得其所，并特别关怀人和人间事务使之为善。而人则只能是自然整体的一部分,个人更是其中很渺小的一部分,他同整体的关系就像各个肢体、器官同整个人体的关系那样,决不可能孤立地独立自存,也不可能仅靠自己实现什么完善和自由。只有当他运用了神特别赋予他的理性与自然一致的生活时,他才能超出其狭小局限而得到善和自由。可见,两派所肯定的个体性和自保、自爱、自利的根据不同,内涵不同,实现途径不同。

就两派都肯定个人的自保本性来说,也许都可称之为个人主义。但是,即使伊壁鸠鲁的个人主义也不赞同侵犯别人的利益,他提出的社会契约学说和关于友爱的强调就是证明。更何况斯多亚派? 所以,那种认为一讲个人主义就是反道德的说法并没有充分的证据。这种说法或流行的见解从来不曾有过认真的论证,只是一种流俗的意见罢了。只有一种个人主义是非道德、反道德的:这就是以侵犯他人的正当权益来满足自己利益的行为。但是对这种个人主义的否定,并不是否定一切个人主义的充足理由。如果连个人的自保本性也否定了,个人的正当权利也否定了,那么人还怎样能够生存、发展和进而成为一个有道德的人呢? 就统统不可能了。

所以斯多亚派毫不犹豫地断言:自我保存是人的第一驱动力。在这一点上,强调整体利益是道德标准的他们,毫不逊色于伊壁鸠鲁对个人利益的强调。正如爱比克泰德所说,必须记住:除非虔敬和自我利益结合,任何人就保持不住虔敬。[1] 因为我很自然地倾向于我自己的利益。[2] 善恶不在于是否承认我有自己的利益,而在于究竟什么是我自己的真正的利益或好(善)。如果我把它看作是一个农场,要从我的邻居那里夺来;如果我把它看作是一件外

---

[1] 爱比克泰德:《论说集》1.27.14。

[2] 爱比克泰德:《论说集》1.22.13及其上下文。

衣，要把它偷来；就产生了战争、专制、动乱、阴谋。而如果我正确认识到我自己的利益在于听从神，那就完全不同，就有了平安、自由和真正的幸福。①

可见斯多亚派不仅肯定了人有个体性和自我利益，而且比伊壁鸠鲁说得还要透彻。例如针对伊壁鸠鲁派把快乐作为人的根本驱动力的观点，他们强调快乐只是副产品，只要自然本身所寻求的适合于人维持其生存和结构的东西还没有得到之前，快乐就不会到来。②

通过上述资料和讨论，可以澄清如下几点：

（1）尽管斯多亚派突出了整体自然观，但并没有因此否定自然中的个体性和个人。恰恰相反，他们是肯定个体性和个人主义的，只不过是从整体性的前提来肯定的。在他们看来，正确理解的（即在整体性前提下的）个体性和个人主义，同样是自然学的一个基本原则。它同整体性原则并不矛盾，而是相辅相成，甚至是同一的。

（2）因此斯多亚派的真正观点毋宁说是同时肯定了整体性和个体性两极，并在此对立两极之间的巨大张力中展开的辩证法研究。这是他们的学说的一个巨大的优点。

伊壁鸠鲁由于只从个人出发，有意无意地抹杀了整体性原则，使他所主张的个人孤立起来，对他人、社会和世界取漠不关心的态度。这固然使他能比斯多亚派更直截了当地肯定了个人的自由和快乐，却也使他所主张的个人主义观点片面化。伊壁鸠鲁总是说，善是容易得到的，"一个献身哲学的人，不须长期等待，他立即就

---

① 爱比克泰德：《论说集》1.22.13及其上下文。

② D.L.7.86.

会变得自由。"① "走向自由的道路到处都是开放着的,这些道路是很多的,是很短的,容易走的。因此,谢天谢地,在生活中没有人可以被束缚着。"② 但是对斯多亚派,这条路就不那么轻易可走,没有严格的努力和训练就不可能达到目的。因此,斯多亚派在哲学的内容和发展上,要比伊壁鸠鲁派丰富、深入得多。从上述分歧来说,此种差异就无足惊异了。

2. 人的自然本性是结成群体和共同体

许多文献记述了斯多亚派这方面的观点,如克里西普说,即使野兽也有一种出于自己本性的对其幼仔所需的关怀。③ 斯多亚派的 Hierocles 说,对每个人来说,与自己相适合的本性是仁爱,是关怀他的亲属,我们爱我们的孩子,爱我们的财产,爱对我们的需要有益的东西。我们是动物,不过是群居性的,我们需要别人,需要友爱,需要城邦。④ 斯多亚派的 Cato 更有一段很长的论说。他说:自然让父母爱自己的孩子,人类共同体就由此而起。首先把自己身体的形状再生产出来,是自然的原理。在动物生育、抚养中,我们可以听到自然的实在声音。人对别人有责任而不是漠然对待,正如一个人肢体的各部分分工又互相服务,每个蚂蚁、蜜蜂要为别的蚂蚁、

① 塞内卡:《书信集》第8封信,转引自《马克思恩格斯全集》第40卷,人民出版社1982年版,第153页。
② 塞内卡:《书信集》12.24,转引自马克思《博士论文》附录,人民出版社1962年版,第60页。
③ Plutarch, *On Stoic self-contradictions*, 1038b.
④ Hierocles 9.3-10, 11.14-18, THP 57D.

蜜蜂做工一样。因此我们按本性适于形成联合、社会交往和国家。[①]

这个论点我们听来会感到比较亲切，因为它同中国人一贯强调的人伦之道一致。也是斯多亚派批评伊壁鸠鲁派的主要论点依据之一。

爱比克泰德说，我们不可能想象一个由伊壁鸠鲁派组成和管理的城市。因为照他的学说人人不参与公众事务，不结婚不要孩子，那么公民从哪里来，谁教育他们，谁来关心青年？家庭、社会就毁掉了。他也要人别偷盗，但理由只是这样做要受到惩罚，无法保证不被发现。也就是说他是以个人利益作为善恶是非的标准，并不认为偷盗是恶。但是如果手脚灵巧和小心地偷不就可以逃脱被人发现吗？此外，你若在罗马的朋友有权势，一般人又胆小怕事不敢申诉，那你为什么还要限制对你有好处的事，岂不是愚蠢？如果你说你能克制自己，那我是不会相信你的。因为人不可能拒绝一个显然的善（好），如果有钱是一个善，而且是得到快乐的主要手段，为什么你要克制自己，不去获得它呢？我们为何不去同邻居的妻行淫，只要能秘密进行？如果她的丈夫要说什么废话，为什么不拧断他的脖子？这就是你应该做的事，如果你要同你的学说一致的话。[②]

他还指出伊壁鸠鲁的言行自相矛盾。因为既说一个人只要自己得到快乐就好，人与人没有什么自然的伙伴关系，那你为什么还要说服我们？为什么要一清早起来点灯写你那些大著作，关心我们如何生活，唤醒我们？你就躺下睡大觉好了，过你认为是值得过的蛆虫般的生活好了，吃、喝、性交、排泄、打呼噜好了。对你来说，

---

① Cicero, On ends 3.62-8, THP 57F.

② 爱比克泰德：《论说集》第3卷，第7章。

别人在想什么,做得对不对,有什么关系? 你一方面教导只为自己,但你也向你的团体的人们讲友爱。这岂不暴露出你向他们隐藏了最重要的一点,即我们生来就有一种同伴的天然感觉,自制是一种善,所以他们应当彼此友爱,对你保持友爱? 可是,有谁对天然的同伴感的损害能够超过你伊壁鸠鲁,因为正是你提出了这些论点论证? 由此爱比克泰德得出结论说,这种自相矛盾恰恰证明着人的本性是多么强大,不可征服。伊壁鸠鲁要割去使一个人成为人的一切:家庭、公民、朋友,但这是不可能的,因为人的本性是割不断的。① 这些批判在理论上确实切中了伊壁鸠鲁派的要害。

斯多亚派主张的这种人性,同中国人讲的人伦之道很有接近之处,但是二者的差别也不容忽视。

大家知道,我们的传统人性论,特别是孔孟儒家正统的人性论,总是以人伦之道作为根本和核心的。孟子让人思考"人之异于禽兽者几希"的大问题,他认为,这"几希"就在唯人有人伦,能明白人伦之道:父子有亲、君臣有义、夫妇有别、长幼有序、朋友有信。这人伦之道即人道原出于天,极其自然。所以是天经地义。中国人常称之为天伦,也是这个意思。所以中国人讲伦理道德中心就是"明伦"二字,意思就是明白人皆有之的本性本心,良知良能。由此,当我们读到希腊、犹太等其他文明的古典中有关人伦之道的论说,总有一种亲切感,因为它印证了中国文化和道德有其普遍意义。我认为人伦之道不仅是中国文化的核心,而且发扬了人性中最不可少的东西,因此古今中外一切民族优秀文化中都有这内容。中国人在这方面得到了特殊的发展,形成了深厚悠远的传统,又是我们特别的优长,这是一笔宝贵的文化遗产。但毋庸讳言,以往的中国人

---

① 爱比克泰德:《论说集》2.20.

伦文化中也有它的负面。因此清理这种人伦文化，是我们的责任。我们现在处于同世界上各民族文明进行广泛深入的交流融合时代，有了比过去丰富得多的精神资源，能开阔视野，帮助我们更好地进行这种清理的工作。这也同样是个我们应当特别加以关注的大问题。所以，当我发现斯多亚派有这类论述时，自然特别有一种兴趣。因此，我们对斯多亚派关于人有社会的、人伦的本性的观点，很有必要作更仔细一些的考察。

他们说每个人生来就有同他人不可分割的联系，就有结为共同体的本性，并且他们也总是从父子兄弟间的慈孝和敬让的道理说起，然后由近及远，一圈一圈地扩展来说。但他们的说法也有些特点，Hierocles 是这样说的：

> 我们每个人都是被许多圈子包围着的，有些小些，有些大些。第一个最紧密的圈子是他自己的心灵。他围着这个中心，这个圈子也包括了自己的身体，和为了身体的其他东西。第二个圈子是从这个中心推出又包括了这第一个圈子的，就是自己的父母、血亲、妻子儿女。第三个是叔、婶、舅、姨，祖父母，侄、甥。然后是同一地方居民的关系，再就是同族关系，再就是公民同伴，再就是邻近的城市和同一个国家的圈子。最大的圈子，包括了所有其余的人，就是全人类。
>
> 一旦我们观察到所有这一切，有教养的人就该适当地对待每个这样的圈子，把它们都指向中心，并联系起来。我们有责任尊重人，把第三个圈子的看作是第二个圈子的，然后又把其他人看作好像是第三个圈子的。虽然从血缘说距离更远，减少了亲近感，我们仍要努力同样地看待他们。①

---

① Hierocles（Stobaeus 4.671，7-673，11），THP 57 G.

从他所说的几层圈子可知,斯多亚派看法从第二圈起的中间各圈都同我们中国人的说法相近,但是在两端上却全然不同。首先,"第一个圈子"的说法是我们所没有的,因为它指的就是"个人本身",对它的肯定也就是"个人主义"。我们中国人也讲"自处"的问题,但那是从道德伦理的意义上说的,从来没说过那是什么圈子,更不用说是什么第一个圈子。我们讲一个人何以自处,是从人伦之道上去规定其内涵的,比如说做一个人就是指要当好一个"孝子"、"忠臣"、"贤妻"、"好爸爸"之类。很少说什么此外还有一个什么独立的个人,也就不会有什么自己就是一个圈子的说法想法。但是希腊化时代的哲学家却特别强调"个人",斯多亚派和伊壁鸠鲁派都一样。

在中国哲学中,大概唯有庄子略沾一点独立的"个人主义"的边。他对宗法性的人伦关系持否定态度,连带着对所有的人际关系和人伦之道都抱着一种消极的尽量隐退的态度。所谓"逍遥游"就是主张这个个人独立自主。在这点上他同伊壁鸠鲁有点相似但还是不同,因为伊壁鸠鲁不仅力图肯定个人的精神自由,也力图肯定个人在现实中能争取自由。斯多亚派对个人的肯定就带有更多的积极态度,并且是同肯定人伦之道和社会性相关联的。

所以,斯多亚派的第一个圈子和我们的传统完全不同。他们把个人和个人主义放在人性的中心和"第一"地位。不是人伦决定它,而是由它来支配个人对人伦和社会的态度。它有一个自己的内容,那就是一个人自己的心灵和理性,包括自保及在此基础上发展到道德理性的自主判断和由它所支配的行为。简言之,自身的心灵是圈中之圈,是一个核心。这是第一点。

第二个重要的区别是,他们在个人与别人的关系上往外推出层层关系时,固然也是从最亲密的父子等等人伦关系出发,但并不像我们那样始终强调亲疏远近,相反是强调要同样看待,或者说,是强调要把外层的、疏远的看作是亲近的。我们认为区别亲疏远近是适当的,他们却认为一视同仁是适当的。所谓适当,根据在自然。但为什么我们认为最自然的,他们却不以为然?

这就涉及第三个重大的区别,即同他们所说的最后最大的圈子有关了。前面已经提到他们有一种凡人皆是世界公民的全人类整体观,"最大的圈子"就是这个世界主义。这与中国人讲的大同,四海之内皆兄弟,是否类似? 张载《西铭》说民吾同胞,物吾与也;这也是一种普遍之爱。不过这里还是有重大差异:我们的大同理想还是人伦性的,而斯多亚派的世界共同体观念则是从神说的,或从人皆神的儿女说的,不是仅从人与人的人伦关系说的。正因如此,他们就把普世的人,不分民族和地域,无论有无人伦关系,也无论亲疏远近,都要当兄弟对待。可见,中西的人类一家观念,虽然说来相似,根据却不同。

正是这个观点使他们虽谈人伦,却并未把它当作人性的终极依据。在我们把人伦之道当作终极依据的地方,他们把神当作终极的依据。因此尽管他们很看重人伦之道,却也只能视为一种非常相对性的因素。神和神对世界城邦的治理法则,才是支配人有种种人伦关系、社会关系的根源。这就同中国传统观念大相径庭了。

以上几点说明他们在人与人关系上的人性观虽同我们有一致之处,可仔细看去却有原则分别。我们的人性论和伦理观始终以人伦之道为中心,再论及个人和人类两头;但他们则以个人和神(神即自然和人类整体)这两极及其互相贯通为中心,再论及中间的人伦关系和社会伦理道德。中国文化突出的是中间环节,由此面向两端;而斯多亚派和后来的西方文化传统则相反,从神出发,其次是个人(他的理性直接来自神),最后才是各种人伦和社会的关系。

根据不同,轻重缓急次序也就大不相同。

由此可见,中西伦理既有深刻一致,也有深层差异和原则对立。

3.有理性是人高于其他动物的根本特点

照斯多亚派的看法,上述两点虽然重要,但还没有说出人异于动物的特征。因为自保是所有动物都有的本性,人只是也不能例外而已;而人有同别人结成共同体的本性,有些动物如蜜蜂蚂蚁也是有的。这和中国人的说法不大一样,孟子把人伦之道作为人异于禽兽的标准,但斯多亚派说这还属于人的动物性质,和其他动物关爱幼仔的本能类似,不能算是人异于动物的所在。因此他们认为人除了上面两点本性,作为一种特殊的最高级的动物必定还有自己的特别的人性。按照希腊传统,他们认为这就是理性,而这是直接来自神的赐予,是人能够通神的依据。

爱比克泰德说,神给动物以运用感官印象的能力和需要,而要我们理解这个运用。对它们来说,吃喝、休息、生仔,完成属于它们的功能就够了;但对我们,神还赐予了理解力。人和其余动物的结构、作用和目的不同。加上了理解力的,光运用其本能的能力是不够的。若不充分运用其理解力,将达不到他的目的。①

这个话表述了斯多亚派人性论的一个基本见解:理性是在人性中起支配、主宰和决定作用的部分。动物有生命又有灵魂,但其灵魂中只有自保欲求、感觉表象和这种水平的驱动力,还没有理

---

① 爱比克泰德:《论说集》1.6.10;13-17。

性。唯有人又在此之上加上了理性,这个理性使人能理解他自己的行为,把自己的一切其余的能力都置于其统治之下,有如一个王国中有了国君,一个军队有了一个司令部,就能在其治理统率下去实现人的愿望和目的。一句话,人有理性,才高于其他动物。

人的理性,从一方面说远不如神的,因为神是自然的整体而人只是部分;但另一方面又远比其他自然物所分有的那些普纽玛高级,因为它是动物的普纽玛又加上了一种特别的唯有神自己才有的最高的普纽玛。所以人能用理性统率其灵魂和身体中一切低级的普纽玛,并有可能使之上升到神的理性的高度(当然还要极大的努力)。

人有理性是神的特别赐予,因此人性中有神性成分,人便能学习和接近神那样的善和智慧;但人也是一个局部性的动物,其理性不能不受到这种制约,所以又和神的理性有天渊之别。

没有理性的动物就没有善恶智愚两重性可言,可见人有理性是人有这些二重性的原因。人生的使命是求善去恶,使人能实现这使命的力量也在他有理性。

在斯多亚派看来,亚里士多德和许多人总把理性只看作是求知能力,是一种影响力很大却是非常片面的观念。因为知识,作为一种对事物的原因和分辨真假的认识成果虽然对人很重要,但还不是第一重要的。有知识并不能保证生活好和道德善,而知识不多的人却可能过善良幸福的生活。对人来说,第一重要的还是他的生活,是要生活好,道德善良。这才是人心中挂帅的东西,或神给予人以理性的第一要义。苏格拉底突出了这个看法,因此他所强调的理性,中心是实践的或道德的理性。这并不排斥理性作为求知能力的含义,但强调的是:知识(逻辑上确定原因和分辨真假)必须同求善结合。因此求真的最重要的内容应是关于人自己和各种人事的真实、真相、真理,好为求善服务。反之,求生活好道德善,若无知识也决不可能达到目的,不辨真假的求善就必定会把伪善看作真善,岂不是南辕北辙事与愿违? 所以他提出了"美德是知识"的考虑。

斯多亚派的理性概念是接着苏格拉底来讲的,所以特别注重求善和求真的联系结合,在两方面都取得了重大成就。斯多亚派很重视逻辑研究,其成就在逻辑史上有显著地位;但他们更强调的还是道德理性或实践理性。我们知道亚里士多德看重的只是求知的理性,或叫作理论理性、思辨理性,他不赞成苏格拉底把求真和求善结合的想法;因此斯多亚派对亚里士多德和柏拉图哲学虽然也有很多具体的吸取,但在大方向上却是对立的,对他们取批判态度。

与此相关,他们同柏拉图、亚里士多德的学派还有另一原则分歧。后者认为人的行为除了受理性支配,情感也常常能起决定作用。斯多亚派认为这种观点主张了人的行为动因的二元论,是对唯有理性才能充当人的心灵和行为最高主宰的原则的重大背离,所以对此他们也作了认真的分析批判。

斯多亚派特别重视对情感问题的研讨,是因为它对行为影响极大。如果说人的高贵之处在于有理性,能自己决定其行为的善恶是非,那首先就要表现在他能用理性来支配自己的情感好恶。如果同情感问题分开来谈人的理性,就会成为空谈。因此他们坚持认为,人的情感是随着人有理性而来的,决定人的行为的不是情感而只是理性。当然这不仅是个理论问题,更是一个需要严格训练才能做到的实践的问题。可见,这一分歧也具有原则性的意义。它在斯多亚伦理学中,是一个举足轻重的重大问题。

从这些分歧我们可以发现,斯多亚派人性论中所说的人的"理性"在内涵和诠释上比前人有了极其重要的发展。这种关于理性的新诠释,对于我们理解他们的哲学和人性论、行为心理学和伦理学,都是一把钥匙。

第四节　斯多亚派的心学 —— 行为心理学

　　斯多亚学说的以上诸方面是根基,但是距离他们所欲达到的目的,即"人与自然一致",赢得善生活和善行为,在任何情况下都能得到心的平安,还有许多重大的问题和难题横在前进的路上有待解决。其中最突出的有自由与必然的问题,如何保持真实的自我的问题,理论与实践的问题。我们在这一章最后部分要专门讲一讲爱比克泰德的贡献,就是因为他对这几个重大而又困难的问题有了一个系统透彻的解答。但是要想真正理解爱比克泰德,还必须对斯多亚派的心学作一些了解和研究。

　　20世纪中后期西方对斯多亚哲学的研究,出现了一个突出的重点,就是对其心学的重新发现和发掘,我以为这是很有意义的工作。1985年, Brad Inwood 出版了一部名为《早期斯多亚主义中的伦理学和人的行为》的大作,其主题就是认为斯多亚派有一个极富特色的行为理论,他称之为"行为心理学", psychology of action。1991年, A.A.Long 也发表了一篇题为《斯多亚主义中的表象和自我》的论文,对他称作斯多亚派的"心灵哲学", philosophy of mind,作了有一定深度的探讨。两人用词不同,所指一样,用我们中国人熟悉的用语,我想简称为"心学"就可以了。因为斯多亚派的这套学说和中国人讲的心学,研究的对象都是人心问题,都以伦理道德为指归。用这个词还有一个好处,那就是可以提醒我们注意,这里正是一个中西文化与学问对比的关键之处。它能告诉我们,心性之学并非中国一家的专利,实在说来西方也古已有之。人家在精研道德问题时也特别注重心性,斯多亚派尤其达到了相当精深的地步。这里可以见到中西学问智慧的门当户对之处,在这种地方比较同异,对理解双方都会有深切的启示。

不过由于对斯多亚的心学作认真研究,就是在西方学者中也还是新近的事情,因而无论在资料的收集分析整理上,或思想概念的澄清和诠释上,问题都还不少,需要花相当的气力。我们只能根据可靠资料,吸取和参照西方学者的有关研究成果,对它作一个扼要的说明。

1. 亚里士多德:动物行为心理研究

斯多亚派虽然对亚里士多德的伦理学很不满意,但对他研究动物行为的科学成果还是看重和吸取了的,这是斯多亚派心学理论赖以建立的基地或初阶。因此我们在研究斯多亚心学时还得先从亚里士多德的有关看法说起。亚里士多德认为,动物因为有灵魂,它的运动就同无生命事物的运动不同。其特点是:动物能按照自己的需要对外部事物作出选择性的反应,推动自己的身体去做位移的行动;此即动物的行为。对此他作了如下分析和规定:

> 一切动物都是为了某个目的而运动或被推动……我们发现,推动动物的东西是理智、想象、目的、意愿和欲望,而所有这些都可以归结为思想和欲望。因为感觉、想象和思想属于共同的一

类,三者都是分辨的能力,虽然彼此有别。而意愿、驱动力、欲望乃是三种意欲的形式,目的则属于理智和意欲二者。①

当人们为了某种由感觉、表象和思想所确认的目的而进行活动时,他们直接做想做的事。愿望的实现取代了探究或思索。欲望说,我想喝水;感觉、想象或思想说,这是饮料。那么我就直接去喝。动物就是按照这种方式所驱使而运动和行动的,愿望是运动的最终原因,而愿望又是通过感觉、想象或思想产生的。②

这个分析论述奠定了动物行为理论的基础,并成为人的行为心理学得以发展的最初出发点。我们可以将其要点分述如下:

（1）动物能自己运动,这是它自身的有目的的行为。这是由于动物有灵魂,灵魂的活动对它的身体的运动有支配性的作用。

（2）这种有目的的行为是动物自身结构和外部事物发生关联的结果。表现在动物本身,则是两个因素的关联:一个是欲望、意愿等等,可概括为"意欲",它来自动物自身结构的需要;另一个

---

① 亚里士多德:《论动物的运动》700b18-23.这一段中涉及诸多术语,有些中文翻译起来不易,为了避免容易的混淆,需了解其原文和英译。如"理智"——διανόια,intellect,"表象"——φαντασία,imagination,or presentation,representation等,都需要下些功夫才能了解得确切些。还有如"意愿"、"欲望"这些词更难翻译,原意更需查对,如英语用 desire 翻译希腊文的 ὄρεξις 也不尽适当,因为这个词在希腊作者中还有更多的含义;而 βαύλησις,指经过思考后的意愿,英文译为 wish 也不足以表达其含义;ἐπιθυμια 则多指较为低级的或直接本能的欲望,英文译为 appetite。

　　亚里士多德在研究中使用了许多名词术语,斯多亚派沿用之外又增加了若干,此外他们在运用中又演变出一些含义。因此弄清这些术语是很复杂的专门研究工作,西方专家也感到理解和翻译的艰难,中文表达就更有困难。我在本书中无法一一予以说明,只能对其中若干重要的又容易混淆的词语作最必要的说明。详见杨适:《爱比克泰德》,台北三民书局东大图书公司2000年版。

② 亚里士多德:《论动物的运动》701a30-35.

是动物对外部事物的感知、思虑等等,亚里士多德把它们概括为分辨的能力,即动物都有能够分辨某事物是否适合自己的需要,对自己有利还是有害,因而决定自己的好恶（欲求或拒绝）的能力。这种能力所产生的心理东西就是"表象",即信息方面的因素。

这两个因素结合起来,即意欲加上表象,就产生了心的决定或"驱动力";接着就是行动了。例如我想喝水,是一个欲望或意愿;我见到某处有水,这是一个适合我的意欲的表象（信息）;于是我就决定走向水（驱动力）,产生了喝水的行动。这个心理过程可用如下公式表示:

意欲 + 表象→驱动力（行为的直接动因）（公式1）

（3）上述公式对于动物来说是必然性的。亚里士多德说,行为过程虽然同认知有别,但也是一种"从两个前提产生的结果是一个结论"的逻辑三段论过程,其结论就是"某个行动"。"例如,当一个人想到每个人都应当行走,而他自己是一个人,那么他就直接行走;或者,在他想到在当下场合没有人应当行走,他是一个人,那么他直接就保持静止。"[1] 这当然并不等于是一个有意识的推理过程,因为动物的行为并没有理性指导,而即便是有理性的人的行为,也不总是有意识地通过推理来进行的。在许多情况下行为者对自己的意欲视为理所当然,不加反思,甚至毫无觉察,他只注意到外物所给予的刺激就行动了。但是,这些都不妨碍整个过程仍然是一个合乎逻辑必然性的三段论进程。发现这一点并把它确定下来,是亚里士多德的功绩。

---

① 亚里士多德:《论动物的运动》701a9-15.

对于这种行为逻辑的模式,人们称之为"实践的三段论"（practical syllogism）。它是行为者有目的性的行为三段论。在这种三段论式中,行动者被设想成自己对自己说:"我欲吃甜东西",这是大前提,表示他的欲望;"这东西是甜的"则是一个小前提,它是个表象或信息的成分,既与环境有关又同行为者的欲望有关;于是结论便是必然的:只要没干扰,就有了我的行动（去吃它）。

（4）在这种三段论式中,表象激活了欲望,而那被激活了的欲望就是驱动力,它是行为最切近的原因。驱动力（ὁρμη）作为行为的最切近的原因,不是单纯的欲求,也不是单纯的信息,而是二者的结合所产生的被激活了的欲望。

由于驱动力里包含了欲望,因而这两个术语有时可以替代使用。但在驱动力中除了欲望还有表象,这是必须注意到的,所以我认为把ὁρμη（英译 impulse）这个词只译为"动机"并不妥当,译作"驱动力"要恰当些。因为中文"动机"是指主观意图,而亚里士多德和斯多亚派所说的ὁρμη乃是"欲望＋表象"综合而成的决定。

（5）信息性的因素对于说明行为显然十分重要。它是激活欲望使之转化为驱动力的关键性因素。亚里士多德认为感觉、知觉和思想等都属于这种要素,用φαντασία这个词来概括地指称它们。这个术语在英文中有几种译法,impression, presentation, representation 等,其中 impression（印象）是会引起误解的,西方学者已经有所讨论。采纳他们的意见①,我们认为译作"表象"比较妥当,理由后面再说。

---

① 近人 Nussbaum 和 Inwood 都特别指出了"表象"的"解释性"的哲学意义。参见 Brad Inwood, *Ethics and Human Action in Early Stoicism*（以下简称 EHAES）, Clareden Press, Oxford, 1985, pp.11-13。

"表象"是行为者从事物得到的一个信息,但它也同行为者的意欲相关。因为行为者是按照自己的意欲来对事物感知和思考的,即按是否适合自己需要对事物所作的分辨、解释和评价。因此表象不仅是对外部信息,也是动物内在意欲对该信息的评判。

亚里士多德发现的"实践三段论"为研究动物的行为心理提供了科学基础。但对解释人的行为心理机制就绝对不够了。为了给人的伦理道德奠定一个行为心理学的可靠依据,斯多亚派在这一方面付出了巨大的努力。

2. 有理性是人的行为心理结构的根本特点

欲望 + 表象→驱动力的实践三段论式,只是一般动物的行为心理模式。对没有理性的动物来说,其欲望是本能的,其表象只限于感官知觉,因此其行为的心理学模式只处于"刺激 — 反应"的水平。例如让一条狗注意到它所欲的一块肉,它就会行动去得到这块肉。人的行为不能只用这样粗陋的理论模式来解释,不过它也还是一个初阶。应该在这个基础上再加上人所特有的心理因素,作进一步的深入研究。

人的灵魂是由心灵或理性(νους,音译"努斯")支配的,斯多亚心学的真正基础就在于研究理性灵魂的自然结构和本性。有资料说,斯多亚派认为人的灵魂可分为八个部分:眼、耳、鼻、舌、身五感官,加上控制语言的部分,控制生殖力的部分,最后就是心灵①，据说这种区分可追溯到芝诺本人。其中最高的能支配、控制和规整所有其余部分的那个最高的部分，就是"心灵"或"理性"。

对斯多亚派有研究的柏拉图派哲学家扬布里科（3—4世纪）在其《论灵魂》中说："芝诺的门人教导说灵魂有八个部分，而在灵魂中有着这样一些能力，例如在心灵中有表象、同意、驱动力和理性。"②他还把这八个部分分为两组，一组是有形的普纽玛，指五官的功能；另一组是有质的特点的能力，δύναμις（dunamis）。他打比方说，就像苹果在它的同一个形体中还有甜味和芳香那样，心灵在它的同一躯体内还有表象力、同意的能力、驱动力、理性的能力。可见它们同五官的能力有其质的区别。扬布里科提供的资料，对我们认识斯多亚的行为心理学很有帮助。

这里所说的心的能力，dunamis，是指一种张力，τόνος（tension），它能引起许多事件并控制从属于它的各种活动，因为它是能够把自己结构中的许多东西联系在一起并加以支配的力量。例如克里西普就说过记忆是心灵中的一个能力，它是表象的储存库，能在自己结构中把各种表象保持住，可以长时间不活动直到被激发。他们还说驱动力是心灵的一种张力或能力。这种强调心灵或理性是一种张力的观念，同斯多亚自然学中强调整体性、贯通性有紧密的关系。因为他们把连贯性（ἕξις，hexis）当作自然界中连石头也必须具有的能力或普纽玛，唯其如此，有差别的自然才能联系和统一而成为整体，每个有内在差异的事物才能保持其存在。这种张力就来自自然的理性、逻各斯、神。人的心灵因为有来自神的最高的理性，其灵魂便具有这种最高级的能力，就能支配自己的各种

---

① 见 Aetius 4.4.4；D. L. 7.110；Galen，On the Doctrines of Hippocratesand Plato，5.3.7；等等。新柏拉图派文献中也对斯多亚派的这个理论有报道。

② 见 Stobaeus，Eclogae 1.369。

性能和行为。

爱比克泰德指明：在人的一切权能中，唯有理性的能力才能既对它自身又对其他一切进行思考、认识、审查和评判。这是灵魂中的其他能力都做不到的。例如你要写信给一个朋友，就需要有语言知识的能力；但是你若问这封信你该不该写，你的语言能力就不能回答了。唯有你的理性才能作出这个回答，因为它才是作出评判和选择的主宰能力。① 理性有治理和支配一切其他能力的能力，因为唯有它具有自我反思的能力。爱比克泰德肯定人能够有自由（它同自然或神规定的必然性一致），人能够保持自己的真实自我，都是从人有理性这一点出发的。A.A.Long 从爱比克泰德的这些阐述受到启发，认为斯多亚派的心灵哲学早已突出了人的"自我"。而 Inwood 着重指明斯多亚行为心理学的一元论性质，也是因为他们把理性安置在足以控制行为心理一切过程的最高地位，不给灵魂中留下任何反对理性的能力独立发挥作用的余地。而柏拉图和亚里士多德却认为感情是能同理性分庭抗礼的力量，所以 Inwood 认为他们的行为心理学是二元论的②，为此遭到了斯多亚派的批评。

3.人的行为心理公式

人由于有了理性，就引起了一系列的深刻改变。

首先，同动物只有"欲望"、"表象"和由此产生的"驱动力"

---

① 爱比克泰德：《论说集》1.1.1-4。

② EHAES, p.33.

相比,人的行为心理增添了"理性"和由理性而来的"同意"的能力两项,那是一般动物所不具备的。所谓"同意(的能力)",是指行为主体用理性对自己的欲望和表象实施控制评估、从而对自己行为的驱动力实施最后把关的心理机制;所以它既包括同意也包括不同意,简言之,即作出抉择和决定的心理行为。

因此,第二,与一般动物的实践三段论形式欲望(本能的)+表象(对刺激物的感知)→驱动力(公式1)不同。人的行为心理过程采取了如下形式:

意欲 + 表象 + 同意→驱动力(公式2)。

这是一个新公式。其中诸因素的每一个所表示的心理内涵之丰富和深广,都绝非一般动物所能比拟。人的意欲,包括了从本能的欲望直至高尚道德水平的对善恶的好恶;人的表象,从感觉可以达到用命题表示的是非善恶判断的知识;而人所特有的"同意",则是他的理性能起关键作用的明确显示;这些都是其余动物根本不可能有的。所以人的"驱动力"和由此产生的实际行为,才能同动物有原则的区别;它是经过理性审查表示同意或拒绝之后的驱动力和行为。可见在这个公式中,经过理性的主宰作用,意欲、表象、驱动力诸环节或因素都发生了决定性的改变。

另外,由于在通常表述中的"表象"里已经包含了"意欲"这一初始因素,因此人的行为心理模式或实践三段论式,也可更简略地表述为:

表象 + 同意→驱动力(公式3)。

它的含义和公式2相同。由于这个用法更经常,所以斯多亚的心学理论框架,常常就成为主要是分析上述三要素(即表象、同意和驱动力)和对三者相互关系的研究。

4.斯多亚派面对的主要挑战:
自由和必然、道德责任与决定论的悖论

斯多亚派建立的整体主义自然观和关于人的世界城邦观念,从根基上比伊壁鸠鲁派原子论个人主义宽广深厚;但是后者通过承认偶然性直接论证了个人的自由福乐,却比斯多亚派优越了许多。强调整体性必然性的斯多亚派要想为人赢得自由,必须走困难的路,必须把自由和必然、道德责任和决定论统一起来。这是不容易的,因为这似乎是不可能统一的矛盾或悖论。前期斯多亚派已经试图解答这个难题,但尚未取得重大进展。[①] 爱比克泰德才解答了这个大问题,给斯多亚哲学以巨大的生命力。这也是苏格拉底 — 犬儒派 — 斯多亚派400年发展的一个成果和高峰。他的前辈的成果(在自然学、逻辑学、人的心性学说等各方面)是我们理解爱比克泰德的基础和必要准备,下面我们就来重点阐述爱比克泰德的学说,以此作为对斯多亚哲学论述的完成。

---

① Inwood 对此作了许多研究分析,包括克里西普关于这些问题的重要答辩。我在《爱比克泰德》一书(台北东大图书公司2000年版)中对此作了介绍,参见该著第六章有关评述。

第五节　爱比克泰德：从奴隶生活体验到的对自由的理解和追求

在斯多亚派和西方古代哲学家的璀璨星空中,爱比克泰德虽是著名的一位,人们对他的生平所知却很少。这同他本人的苦难命运有关：他很小就被卖到远离家乡的罗马当奴隶了。人们只知道他出生在罗马帝国东方边远省份弗吕基亚(Phrygia)的希拉波立(Hierapolis),他的父母是谁,出生年代,为何幼年就被卖为奴,是父母太穷还是没有保护自己孩子的能力,这些都无法查明了。人们只能大致估计他出生在公元1世纪50年代。更有甚者,他本来的姓名也无法知道,而所谓"爱比克泰德"其实只是他那受奴役身份的表示,因为Επικτητος(英文写成 Epictetus)这个希腊词的原义就是"买来的"、"获得的",不过表示他是他主人买来的一个奴隶。

因此他生平材料极少这件事本身,正凸显了他生命和生活中一个最重要的基本事实。就像一块石头突然被扔到大地上,一个绝对孤立无靠的赤裸裸的个人被扔进这个世界。他被扔进的是一个毫无人性的奴隶境地。在这个世界上,他没有任何亲人和关爱,没有做人的权利和尊严。他被斩断了人生来应有的一切亲情和人伦联系,其彻底程度到了连自己的父母是谁都不知道,并且再也没有可能回到他所出生的家乡。这里面肯定有无数的故事,一连串的血和泪。当一个人终究长大并且逐渐了解世界的时候,会怎样想这些事情,想自己的命运,想这个世界同他的关系？ 人人都会从自己的生活来猜想人生之谜；但是爱比克泰德这个谜蕴涵的深度是常人难以测量的。这对他的生活和精神追寻起着最深层的作用。

以后的生活史,我们所知也非常简单：他从一个儿童直到长大成人,都在一个名叫埃巴普罗迪托的罗马权贵的家里当家奴。后来他有机会跟从一位当时在罗马有名的斯多亚哲学家穆梭留斯·罗夫斯学习。在获得释放成为自由人后,爱比克泰德开始了他自己的哲学事业。在他34岁时,被罗马皇帝放逐到尼科波利斯,并一直生活在这里,没有再回罗马。他也很少旅行,只去过一次雅典,也可能去过奥林匹亚。在尼科波利斯,他建立了一所学校,向前来向他学习的青年和其他人讲述哲学,训练他们。他从不写什么用来发表的著作,而是像他所尊敬的苏格拉底和犬儒第欧根尼那样,只关心同人谈话,教人在生活实践中求善。

这时期,有一个名叫阿利安的年轻人到这里来学习。他把他所听到的他的老师爱比克泰德的教导和同人们的谈话,都详细地记录了下来。阿利安后来成了一位著名历史学家,并且当过雅典的行政长官。他把这份记录整理为《爱比克泰德论说集》,还有一篇选辑叫《手册》。靠了这份记录,爱比克泰德的思想才得以保存下来、流传于世。

大体上说,他的生活是很简单的:他的腿是跛的。他长期过独身生活,到晚年为了收养一个被人所弃的婴儿才娶了妻。他从不敲别人的门。他的全部家私就是一个地铺和一张草席,还有一盏供神的小油灯。这盏灯原来是铁制的,后来被人偷了,他就以一盏土灯为满足。卒于公元135年,享年80岁。

爱比克泰德当过奴隶的亲身经验使他永远追求自由,寻求做一个自由人的含义。这种精神生活成为一条贯穿于他的学说和实践中的红线,使之具有极强的生命力。他说过这样一段话:

> 一个奴隶祈祷立即获得自由。为什么? 你以为是由于他渴望把钱付给收取发放释奴证书的税吏吗? 不!只是由于他想到迄今

还不曾得到自由的现状,他一直生活在枷锁和悲惨之中。他说,"如果我能得到自由,一切都会是幸福的。我将不必听从任何人。我对一切人说话的时候,就能像平等的伙伴,像同一个阶层的人们那样。我可以去我乐意去的地方,随意来去。"——可是,当他一旦被释放,就去找可以讨好的人弄顿饭吃。于是,他就把自己的生活卖给了饮食,而重新陷入了烦恼之中。他甚至会到牲口槽里取食,沦于比先前更糟的境地。如果他有机会富裕起来,成为一个暴发户,或得到一个姑娘的垂青,就会渴望成为这个女人的奴隶。——"这对我有什么不好呢? 有人给我衣服鞋子,有人给我饭吃,生病时有人关照我,而我给他或她的效劳只是件小事。不过,我现在还是个悲惨的奴隶,我得服务于那么多的主人,而不像以前只是一个主人! 要是我手指上能套上一枚当官的金戒指[①],那我就能生活在最有前景的幸福之中了。"——于是,为了得到这些,他就去钻营,而当他得到的时候,同样的情形又会重复地发生,一直到他进了元老院,终于成了一个最高贵和奢华的奴隶为止。[②]

　　这段话刻画出他和他的奴隶伙伴们在这个世界上如何为摆脱奴役、争取做一个自由人的种种历程和切身经验。当奴隶的都渴望自由,但是一旦被释放成了所谓的"自由人",他是否真的就赢得了自由而不再是个奴隶了呢? 做一个自由的人究竟意味着什么呢? 究竟什么是奴役什么是自由? ——这就是贯穿在爱比克泰德全部哲学思考中的主线。加以展开和论证,就成为爱比克泰德的全部学说。他之所以需要哲学和献身哲学,都是为了使人能够挣脱奴役,做一个真正的人,一个自由的人。

----

① 指一种给释奴身份的自由人的金戒指,表示他有资格得到相当于骑士的官职。见 Matheson 英译本《爱比克泰德论说集》注, W.J. Oates, The Stoic & Epicurean Philosophers, Random House, 1940, p.487。

② 爱比克泰德:《论说集》4.1.33-40。

　　罗马的奴隶是主人手心里的一个单纯工具,没有做人的资格,不允许有自己的生存目的,并且永远生活在主人规定的劳役和恐惧之中。但是他难道真的不是一个人吗? 他真的没有自己的意志和判断能力吗? 为了恢复自己做人的权利,奴隶们起来争取自己的自由。斯巴达克大起义显示了奴隶们所具有的争取自由的人的本性的伟大力量。但是这场斗争失败了。一个世纪后,在爱比克泰德的年代,罗马帝国处在它的繁荣稳定时期,奴隶主们安然享用着他们的奴隶的服役。① 但是奴隶要做人的自由意志是不会泯灭的,在实际的历史还无法否定奴隶制时,它就必然要通过人类的精神来表现。

　　这种争自由的精神创造由来久远。在希腊可以追溯至氏族制瓦解,人最初分裂为贵族和平民、自由人和奴隶时期所出现的奥尔菲神秘教义,以及反波斯侵略奴役时期的赫拉克利特哲学之中,从此它一直在希腊人的生活和哲学中得到发展。到了希腊化罗马时代,由于各族人民生活在帝国的统治和高压之下,失去了原先城邦共同体国家的独立自主,成了统一帝国的臣民,人们追求自由的愿望就更加强烈和深化了;同时,自由的观念也清洗了它原先狭隘自大的希腊偏见,更新着它自身。人们普遍认为,只要在阳光普照所能达到的一切地方和角落,只要是人,每个人就应当平等而自由。于是哲学对人性和自由的探讨上升到了一个大大超出城邦希腊时代的新水平。希腊化各派哲学重新研讨了什么是自由,与伊壁鸠鲁派主张的原子式个人自由不同,爱比克泰德的斯多亚前辈坚持了“人是城邦(共同体)的动物”这个古老而正确的信念,提

────────────────

① 塞内卡在其《书信集》第47封信中曾有细致的描写和评论。参见赵又春译:《幸福
　　而短促的人生 —— 塞涅卡书简》,上海三联书店1989年版。

出了崭新的"世界城邦"的理念,把所有人都看作神的儿女,论证了人人本来平等自由。

这两种学说一直进行着激烈的竞争,爱比克泰德时代依然如此。斯多亚派坚持自然和人的整体观虽然比伊壁鸠鲁派正确,但为此他们就必须从理论和实践上处理必然和自由、道德自律和决定论对立怎样才能统一的难题。他们早就致力于这种研究和解答,却一直没有成功。因此在很长时间里斯多亚哲学给人的印象都是:它只要人服从,根本否定了人有自由。它还给人一种印象,似乎是一种官方哲学;因为所谓服从必然性,似乎就是服从现存的统治秩序;把这说成就是神意和必然性,让人心甘情愿地顺从,岂非为官方祝福效劳?

这种情况直到爱比克泰德才有了决定性的转变。是他给斯多亚哲学注入了新的生命力。因为他最看重自由,对什么是自由作了最深入和激动人心的阐释与高扬。W.A.Oldfather说:"他的青年时代一定被自由的情绪吸引了自己全部的注意,我不知道还有谁对这个观念会比他说过的更多。"据他统计,"自由"一词在他的《论说集》里出现了130次。比用这词较多的《新约圣经》要多六倍,比马尔库斯·奥勒留也多出两倍[①]。自由和必然,道德选择和决定论的深刻一致,是到他这里才获得了正确和切实阐发的。正是在这一深厚的基础上,他才能够把自由精神的旗帜前所未有地高扬在斯多亚哲学堡垒上。这是他对斯多亚哲学乃至全部希腊哲学的伟大贡献。

---

① W.A.Oldfather,见其英译 Epictetus 中所写的 Introduction,Willimn Heinemann Ltd.,London,1929,p.XVII.

第六节　再一次从头说起：什么是哲学

斯多亚派把生活的善（好）当作他们哲学的宗旨。但是，即使在他们的有名人物中真正能做到的也不多。爱比克泰德最注重的是这种哲学的实践而不仅是口说，他有自己的体验，所以他最尊重的是像苏格拉底和犬儒第欧根尼这样的榜样，从这个深度思考和实践了什么是哲学和哲学家的意义。

对于什么是哲学和哲学家，学者们似乎都认为自己已经了解得很清楚了。其实大不然，多数人对哲学的看法不能说是正确的，更不能说是抓住实质的。例如把哲学只看成一套形上理论，或一套能自圆其说的学说体系，就是相当流行的观念。这种理解虽有些道理，因为哲学总需要一套根本理论，但却不能说它抓住了哲学本身。因为理论只有在它具有生命和灵魂的时候，才有意义，才有价值；它的生命和灵魂才是哲学本身。如苏格拉底所说，哲学其实是神赋予人的使命，要人活出真正的善。这样的人才是原创性的哲学家，他们的学说才配称作原创性的哲学。因此爱比克泰德讲哲学同苏格拉底一样，一再要从什么是哲学和哲学家这件根本事情讲起。这些论述是在具体场景中发生的，有极强的针对性。

有个名叫纳梭的罗马人带着儿子到爱比克泰德这里来，听了一堂课。这人请他再谈谈，意在求教什么是哲学。爱比克泰德回答说，任何技艺，对初学而没有经验的人来说，总是乏味和累人的。产品才会显出它的吸引力。制鞋、木工、音乐如此，哲学也一样。哲学是什么呢？它能使人的意愿同发生的一切和谐，不致有任何不如意的事情发生。学习哲学的人，在其能力范围内对自己所求的决不会失望，决不会落到他想避免的境地。这样，他的生活就摆脱了烦恼和畏惧而得到了自由,并且在社会中能保持他所有的自然的和获得的人际关系,当好一个儿子,一个父亲,一个兄弟,一个丈夫,一个妻子,一个邻居,一个同伴,一个公民,一个统治者,一个臣民。[①] 这些话表明他的哲学向人应许的是多么大。孔夫子说他也要到七十岁才能做到"从心所欲不逾矩",而爱比克泰德则认为无论是谁只要学到他的哲学就能达到这一目的,并能得到人伦和谐,其应许岂不更大?

接着他说,要研究如何能达到这个目的。就像做个木匠或舵手要学有关知识那样,只有愿望是不够的,必须学习。第一要学的就是:有一个神。他的意旨指导着自然整体,什么都瞒不过他,不仅我们的行为,我们的思想和意图也一样。再就是要学习和模仿神,如果神是信实的,他也必须信实;如果神性是自由、恩惠和高尚的,他也必定是自由、恩惠和高尚的;总之在他的一切言行上都要模仿神。[②] 按照斯多亚学说,人是整体自然的一个部分,因此人要求得自己的幸福和自由必须顺从自然,人要认识他自己必须认识自然。先要认识和模仿整体,才能认识作为其中一个部分的人在自然中所处的位置和具有的心性。而斯多亚派的整体自然就是神和神治理的世界,所以爱比克泰德的哲学的第一要义是承认有一个神,要处处模仿神。

那么,要从何入手? 他说,首先要弄懂名词概念。纳梭问:我现在不懂它们吗? —— 是的,你还不懂。—— 那我如何使用着它们? —— 正像牛也运用它的表象,写作不好的人也写那样。使用是一回事,理解则是另一回事。要是你以为懂了,请以任一个词为例,

---

① 爱比克泰德:《论说集》3.14。
② 爱比克泰德:《论说集》3.14。

让我们来检验一下,看看究竟如何。纳梭说,这对于一个像我这把年纪,又经历过三次战役的人来说,要遵从这种检验是不愉快的。

按照罗马皇帝颁布的法令,有过三次战役经历的人有资格当市元老院成员。可见纳梭是个有上层地位的人,他觉得要在基本知识上接受检验是难堪的。

这时爱比克泰德就对他说:我很知道你到我这里来像是个一无所求的人。你还要什么呢?你富有,有妻子儿女,有一群奴仆。皇上知道你,你有许多朋友在罗马。你知道如何得到好处,又能对反对你的人加以报复。你还缺什么?如果我证明了你缺少对幸福最为必需和要紧的东西,你虽然努力于各种事情,却没有做你本应做的,一句话,你还不知道神是什么,人是什么,善是什么,恶是什么,那可以?如果我说你对别的无知,你还能忍耐着听,但若我向你证明你对你自己的自我无知,你如何能忍受,如何能有耐心接受我的质问,还同我谈下去?那就完全不行了。你就会立即抗议,并且离开。那么,——爱比克泰德接着说,——我做了什么伤害你的事了吗?没有。除非我们能说镜子伤害了人,因为它照出了你有丑;一个医生伤害了病人,因为说出了人有病。我只是对人说,你的意欲在发烧,你想避开的是天理,你的意图不一贯,你的行为动机与自然不和谐,你的意见混乱和谬误。你就受不了了,说是我伤害了你。[①]

这里他重点指明:虽然哲学对一个人来说是最要紧的,但对他也是最难做到的,因为这里有巨大的障碍,它不在别处,就在这个人自身。每个人都向往幸福和自由,可是实际上他不仅对什么是自由和幸福无知,还总自以为是,总爱自以为是,不承认自己无知。

---

① 爱比克泰德:《论说集》3.14。

这就保护了他的妄见,使他看不见真和善。

因此那对一切人都开放着的真和善的大门,对不能承认自己无知的人来说,又是一个太窄的门了。不是真理不让人进它的门,而是他自己害怕真理,因为对人的第一条最根本的真理,就是要承认自己无知的事实或真实,这一点不承认,如何能进入智慧和哲学的大门? 正是为了这一点,苏格拉底一再教导人要"自知其无知"。这句话中的 "知"不是通常所谓的知识,而是如何做人、人该怎样生活和行为才好(善)的知识。用爱比克泰德所发展了的学说的术语来说,就是 προληψις。这个词虽然在希腊文里同伊壁鸠鲁所用的一样,但诠释不同含义不同。重感觉经验的伊壁鸠鲁派用它表示"原先储存的观念",而在斯多亚派则是指人生来就有的由神赋予的理性、善的本性。用中国人熟悉的语词说,就是"良知良能"。苏格拉底把这个意义上的"自知无知"当作哲学的眼,而爱比克泰德则更明确地把人应自知对自己的良知无知当作哲学的入门处。

它最关键,但是人要迈出这一步也最难。所以爱比克泰德和苏格拉底一样,把学习哲学看作人生和心灵深处的一场真正的生死斗争。

所以在爱比克泰德看来,哲学就不是只讲理论的事情,更不是装潢和谈资,它是为己之学,要紧的是实践。理论必须能正确解答人在复杂尖锐的生活处境中的行为心理问题(如何处理自己的意欲、表象和抉择等等),否则就不能算是学到了哲学。对于学哲学中言行不一的人和风气,爱比克泰德批评得最多最尖锐。他说:你会三段论,为什么遇事还心烦意乱? 你说的道德格言和教训一点用也没有。你是在给谁说? 只是讲给别人听,让别人去用吗? [1] 你们

---

① 见爱比克泰德:《论说集》3.12.17-25。

会"主人"论证①,但是你在船上遇到风暴时是怎样做的? 你在恺撒面前的行为是怎样的? 在你面对死亡、监禁、剧痛、流放、羞辱和危险时怎样做? 这时你知道什么是善和恶吗? 如果不,你还有什么可骄傲的? 你为什么自称是一个斯多亚派? 他十分感叹地说:

> 凭神灵的名义,让我看到我所渴望见到的一个斯多亚派的人!②

我们知道斯多亚派有一位哲学家塞内卡十分著名,但是按这个标准衡量就很有问题了。所以爱比克泰德从来不提此人。他谈到斯多亚派最早奠基人芝诺、克里安特和克里西普多些,但主要是在理论建树方面,而在实践上引为典范处也很少提到他们。爱比克泰德心中的哲学榜样只是苏格拉底和犬儒第欧根尼。可见,他实际上是向他自己这一派人提出了一个最尖锐的问题:你们真的在实践上下过足够的功夫,去实现你们自己在理论和言辞上的许诺了吗? 你们自己真的是一个斯多亚派吗?

以道德实践为关注焦点,绝不意味着爱比克泰德不重视理论。但是在他看来,因为哲学只是为人生活得善和自由服务的,所以唯有实践,自己生活确实得到了善,讲哲学和理论才有意义。爱比克泰德对斯多亚哲学的所有新贡献,就是从这个根本点上生发出来的。

---

① 斯多亚派逻辑学中的一个著名论证。
② 爱比克泰德:《论说集》2.19;3.1;4.8;3.23;等等。

第七节 爱比克泰德学说的中心命题和心学提要

在他的全部学说中有三个提法最要紧。第一,人的权能是什么,其运用范围如何确定? 这是他对人有自由和道德的本体论说明和论证。第二,他用"正确运用表象"一语概括了人为赢得自由和高尚所应有的全部努力,也是他对斯多亚派心学的新的总提法。第三,他提出了训练理性正确运用表象的三个要点,我将称之为"爱比克泰德心学三题"。

这三个提法,第一条是根本,第二、三条是运用和落实。三条彼此贯通,构成了一个系统的纲要。

1.人的权能的本性和界限: 做一个道德而自由的人的真正根据

在他的《论说集》和《手册》的开头就指出:

> 有些东西是在我们权能之内的,而其他的则不在其内。在我们权能之内的,是理知、驱动力、好恶的意欲,等等,一句话,我们自己的行为所能达到的一切。不在我们权能之内的,是身体、财产、名望、官职等等,一句话,我们的行为不能达到的一切东西。①

Christopher Gill 评论说,对于爱比克泰德,再没有什么主题比"我们的行为是'在我们权能之内'"更被强调的了。从这点出发,

---

① *The Encheiridion of Epictetus*(《手册》),第1条。同样内容见《论说集》1.1。

爱比克泰德引出了人的行为心理学的模式。[①]

先解释一下"在我们权能之内",ἐφ' ἡμῖν,这个希腊词语的含义。希腊文中前置词 ἐπι=ἐφ' 用在第三格名词前表示依靠该事物的意思,ἡμῖν 是代词"我们"的第三格,因此 ἐφ' ἡμῖν 的意思就是"依靠我们的"、"我们能力所及的"。英文有几种译法,一种是 up to us,从语文说最类似原文;另一种译法是 in our power,或 in our control,即"在我们能力范围之内的"、"在我们支配力之下的",是意译,表述很准确。我把它译为"在我们权能之内的",是想到西文中的 power 也有权力、权利的含义。现代人爱说人权,而爱比克泰德用 ἐφ' ἡμῖν 要说的,正是人最根本的权力或权利。它不是靠别人或政府给予的,而是自然或神赋予每个人的能力和权力。人人生来就有它,只待自己认识,并实践地发挥其应有的作用。

爱比克泰德指明:对于某些事情我们能完全自己作主,但对一些事情就没有自己作主的能力和权力。只有分清这二者,我们作为一个人的根本权能才能得到澄清,才可能有正确的发挥而得到自由。因为人若把自己的生活和行为放在自己不能作主的东西上,那样去谈论或争取什么自由,岂不是缘木求鱼追虚逐妄?可是一般人恰恰对此不加考察,因而总是处于混乱之中,种种错误便由此而起。这是一个做人的总问题,生活行为的本体的问题。

在爱比克泰德看来,人之为人的根本就在他有自己的这份权能。凭着它每个人就能努力争得做人的权利,成为道德的人,赢得自己的自由。

---

① 见 Robin Hard 英译本 *Epictetus* 中 Christopher Gill 所作的导言,Everyman,1995,p.XIX。

2. 人的权能的真实根据和主宰只是他的理性

希腊哲学早已把人定义为理性动物,斯多亚前辈也认为理性是道德责任和自由的依据,但多停留在理论上。爱比克泰德把重点放到理性的实践运用上,展现了理性的权能,使原先比较抽象的理性行动起来,起到了点化作用。

首先,他论证了理性是使人有权主宰他自己的生活和行为的根据。因为在人的各种能力中,唯有理性是能反思它自身并能反思和支配其他一切能力的一种特别的能力。例如语法能力只能评判语言,音乐技艺只评判旋律,都不评判它自身,也不能支配你是否去运用它们。写信时语法能告诉你写的方式,但不能告诉你是否应当写;你在某场合该不该唱歌弹琴,音乐知识也不能告诉你。能告诉你这些的只有你的理性,因为唯有它才既能反思和评价它自身,又能支配所有其他的能力,从而能主宰你的一切行为。[①]

所以,人之所以有价值,能正确地生活和行动,就因为他有理性的权能作主宰。而讲人有理性,最要紧的也是为了人自己的生活和行动合乎理性,即得到善,而并非只是在知识,真和善必须结合。必须把理性运用到具体行为中去,来实现人自己理所应得的权利(自由、幸福,也即道德)。实现人的理性权能既然主要是在行为之中,那么我们应当关注的当然就是如何用理性来支配我们的行为心理要素。而这种关注和运用也即是理性权能本身的意义和存在形式。

---

① 爱比克泰德:《论说集》1.1。

3.爱比克泰德对人有自由的论证

伊壁鸠鲁派肯定人有自由的办法和论证是：自然中虽有必然性，但也有偶然性，也容许有偏斜和自由。他们是在必然的缝隙中讲人有自由的，但是斯多亚派是在肯定自然和人类的整体性和必然性的基础上来论证人有自由的，不认为在自然秩序的必然性中有什么缝隙可言。所以他们完全不能用伊壁鸠鲁的那种办法来讲自由，并且必须反对这类讲法。他们必须论证同必然性联系在一起的自由。

这个论证如果可能，其终极根据只能在自然或神本身。在斯多亚哲学里，神既是整体又是个体，既是必然存在也是自由存在。或者说，这些在人说来是对立的东西，在神那里却原来是同一的。这就奠定了自由和必然一致的本体论理论基础。

然后，再来谈人的自由问题。人不同于神，只是自然中的一个部分，所以对人而言服从必然和得到自由常常是尖锐对立的。但人又是神的儿女，特别分有了神自身的理性，这就给人以享有自由的可能。对此加以研究和论证，就产生了斯多亚派关于人性和行为心理的学说。其基本思路是：人作为自然的部分，虽要服从整体，但他又是一种特殊的理性动物，因此他能凭自己的理性来模仿神，在努力与自然的整体必然性求得一致中，超越自身局限，赢得同神类似的善和自由。

但是，具体阐明自由和必然的对立统一关系还是不容易。克里西普曾用分别根本原因和切近原因的办法，试图解决这个困难。但仍然相当勉强无力。[①] 总的说来，在爱比克泰德之前的整个斯多亚

---

① 参见杨适：《爱比克泰德》，台北东大图书公司2000年版，第138—140页。

派给人的印象,是突出了必然,压抑了自由。

爱比克泰德扭转了我们的印象。在斯多亚派众多的哲学明星中,唯有他真正回答了伊壁鸠鲁派的挑战,解决了建立斯多亚派自由观的大问题。他是希腊化罗马时代论证和高扬了自由的最重要、最有贡献的人物之一。在深度和正确性上,比伊壁鸠鲁的贡献更大。

他论证人有自由的全部根据就是人人都有的理性权能;其最终的根源是神,即自然的法则或神的理性。为了严格规定这个自由,他给人的权能所能达到的范围作了明确的限定,指明它不在身体、财产这类事物,因此人对这些事情不能有自由,只能服从必然性。确实,对我们来说,身体健康如何,乃至自己的出生和死亡,是你自己所能主宰的吗? 一个人的财产状况,更无可避免地要受周围自然界和人世各种事情的严重影响,是自己能支配的吗? 个人的身体和财产都无法由自己决定,何况更无限广大自然界和人世间的事情? 它们对个人来说,有的有益有的有害,但无论愿意不愿意,我们都得承认它们的存在和各种作用是必然的事实。我们只能从神的角度看待它们,既然这是神的主宰或自然的过程,人就应当欣然接受和顺从。

那么,我们还有什么自由可言呢? 难道我们能离开这个身体、财产和实际的自然与人世来谈生活吗? 难道在一个到处都由必然性统治的世界中,能谈什么自由?

爱比克泰德说:能!我们有这个权能。只是你必须划清我们所具有的权能是对什么说的,它究竟是什么。如果你抓住了你所具有的理性,知道它来自神或整个自然的法则,并且学会运用到它所适用的范围,你就会看到自己是完全有权能的,你也就有了自由。它是任何人不能剥夺的,连神也不能剥夺,因为神也是按照自然规律的,他给予你以理性的权能时,已经给予你以不可剥夺的自由;而你的身体、财产之类只是暂时给你使用的,它们按自然法则有生有灭,自然和神到时候会收回。所以想要在这些东西上你有支配的权能和自由,是虚妄;可是在你的一生中按照理性来生活和行动,那是你的权能之内的事,在这个领域,你是完全自由的。

那么人难道就没有改造物质事物的权能和自由吗?在近现代人看来,自由必定要包括改变我们的物质环境。我们同意这个看法。但是人对自己改造自然的权能是不可过分夸张的,而我们对古人的处境和知识境况更需要谅解。至少,爱比克泰德为人发现了最终不可动摇、不可剥夺的权能和自由的核心,那是至今并且永远有效的。他所主张的"服从"决不是要人服从罪恶,做罪的奴仆。恰恰相反,他总是教导人要用自己的理性对于罪恶坚定地给予抵抗。

既要服从自然的必然性,又要运用自己的理性来赢得正义、得到自由,是不是自相矛盾?用爱比克泰德经常举的例子,当一个正直的人面对囚禁、流放和处死时,他能坚定地坚持正义和道德,仍然是自由的。这同他勇敢地接受这个命运的安排是完全一致的,并不矛盾。他不会抱怨神和命运,而是感谢神给他以理性的权能,使他生活得同自然一致,有道德,能做一个自由人而不是奴隶。

他说,自由是伟大、高尚、有价值的。当你看见一个人跪在别人面前讨好和违心地说话做事,就可以确定地说他是不自由的。为了一顿饭或为了一个统治权力、一个官爵,为了一份财产,这样的人再有权势也不幸福。那些称王的和王的朋友,都不能生活得如其所愿。[①]

没有自由的人就是奴隶。爱比克泰德认为人间权势并不能给皇帝和达官贵人以自由,他们和那些屈从讨好他们的人一样,都是

---

① 爱比克泰德:《论说集》4.1.54-55。

奴隶；与此同时他一再宣说，人应当像公牛那样勇敢地为了善，为了高尚而斗争，去争取每个人应有的自由。

是什么使人能成为他自己的主人？　是知识，如何生活的知识。

这里所说的"知识"就是生活和美德的知识。他用"美德即知识"作为人能自由的依据，而这个知识或理性是

神已经给了我的，是我自己的，让我服从我自己的权能。神还保留了什么？　——他已给我以在选择范围内的一切，使我自由，摆脱了限制和阻碍。而身体是用土造的，神如何能使它自由，摆脱阻碍？　因为他使我的财产、家私、房屋、妻子儿女服从宇宙普遍的循环。①

可见他的自由观虽然同近现代的观念有差别，但其核心仍然完全正确，直到今天仍有其深刻和积极的意义。

4. 人有自由的本体论证明：每个人都是神的儿子，有最高贵的出身

他强调人首先应当明白的一点是：他是神的儿子，有神所特别赐予的理性，因而他身上具有神性。这是人能战胜自身和世上的各种限制和罪恶，赢得善、高贵和自由平等的根据。

他说，植物和非理性动物虽也是神的造物，但神没有给它们理

---

① 爱比克泰德：《论说集》4.1.62-63；4.1.99-100。

性的能力,所以它们生来只为别的服务而没有自己的目的。"但你是一个主要的造物,你是神自己的一个片段,在你自身中有他的一部分。为什么你对自己高贵的出身这样无知?"如果一个人认识到他和我们大家都是神的孩子,他就决不会把自己视为一个被抛弃的和卑贱的人。但如果你以为皇上看中了你而傲慢,也没有人能忍受你。我们应当以自己是宙斯的儿子而感到骄傲,可是事实上许多人却不这样看。这是由于我们生来就有两种因素混合在我们之中,一个是身体,同动物一样,另一个是理性,同神一样。许多人倾向于同前者的联系,这是可悲的,只有少数人倾向神,是可祝福的。"我算什么? 一个穷困悲惨的人!"是的,如果你只是从你那低贱的肉体方面来看自己的话。但是你还有比这更好的东西。你为什么扔到一边,只抓住那可朽的东西?①

可是人们却总把恺撒当作自己的主人。爱比克泰德说,你若对一个当过两次执政官的人讲这样一个真理:他同一个被卖过三次的人一样,仍然是个奴隶;那他就会打你一顿。因为这个人会神气十足地说:"除了一切人的主子恺撒以外,还有谁能驱使我?"但这样的人不承认自己是个奴隶,在逻辑上是不通的。因为你自己已经同意,你有了一个主人,恺撒。你想当皇帝和达官贵人的朋友就安全,就生活得好,就没人敢伤害你。但是难道皇上就不抢夺你,鞭打你吗? 难道你不是首先就要忍受和屈从他吗? 何况皇上也会死,有时也会成为我们的敌人!

其实人们并不是怕皇上也不是爱他本人,怕的只是自己遭受死亡、放逐、囚禁、失去财产和公民权,爱的只是财富、地位和名誉。因此那些有权处置这些让我们爱、恨、害怕的事物的人,就必定是

---

① 爱比克泰德:《论说集》1.3.1—3 ff;2.8.11—12。

我们的主人；因此我们才向这些人弯腰,敬之如神灵,当他们的奴隶。这是虚妄。①

人只应以自己是神的儿女而骄傲,不该以世俗的权势骄傲。这是两个根本不同的标准和原则。按照前者,所有的人都是平等而自由的；按照后者,人就分别为高低贵贱,或以权势压迫欺凌别人,或献媚于人,或受制于人而陷于悲惨境地,这些都是人受其肉体物欲的奴役的表现,既不高贵也不自由。

5.什么是人的"真实自我"

正确认识我们的理性及其权能范围,规定了我们行为所能达到的自由,这也就是正确地认识了我们人自身。"认识你自己！"这个德尔菲神庙中的铭言,苏格拉底的哲学核心,在爱比克泰德的新提法中获得了新的更深刻的意义。

在一切境况中,一个人如何能保持自己的真面目？ 他认为这是一个你给自己以什么价值的事情。当尼禄皇帝要举行一个典礼时, Florus 考虑自己是否该去参加以表现自己,这时他征求 Agrippinus 的意见。"你去。"——"那为什么你自己不去？"——"因为我从没想要这样做。"爱比克泰德评论说,只要一个人想到这类事情,要衡量计算外物的价值,他就被拖进了失去其本来面目的状态。你若问我,要死还是要活？ 我的答复是要活。要苦还是要乐？要乐。你若不扮演某个剧中角色就要杀头,你就去扮演。但是,我有我的角色,我不去。为什么？ 因为你把你自己当成造袍子的许多线

————
① 爱比克泰德：《论说集》4.1.6ff。

里的一根线,你就要想,你如何能像其他人,就如一根线不会愿意
与别的线不同那样。但是我要当一根紫色的、虽微小却有着光彩的
纹带,它会给所有其他的以美,为什么你要我像其他多数的那样?

另一个例子是 Helvidius Priscus。维斯帕乡皇帝让他不要出席
元老院会议,威胁他至少在会上不要发言时,他平静地回答说:
"难道我对你说过我是不会死的吗? 你做你的事,而我做我的事。
你的权能是杀人,我的权能是无畏惧地去死;你的权能是放逐我,
我的权能是无忧地离去。"爱比克泰德说,Priscus 不过是一个人。
但他同紫色的线对衣服所做的一样,给其余的立了个好的范例。别
人在皇上让他不要出席时会说:"我顺从你,好让你原谅我。"而
皇上也不会阻止这样的人去出席,知道他在那里坐着像一只瓦罐,
他要说话,也只会说皇上要他说的话。

从这些事例爱比克泰德评说了什么是一个人的真实自我。他
说,做一个人,不过是去奥林匹克赛会宣称自己是个胜利者。他努
力了,不仅是在训练学校里抹了些油膏。这就是我所说的尊重一个
人自己的真品格真面目的意思。

有人问,我们各人如何知道什么是适合于自己真面目的行
为? 爱比克泰德回答道:那岂不就像一头公牛在独自面对狮子的
攻击时,觉察到自己的力量,使自己冲上前去,保护整群? 同样清
楚的是,那具有力量的,也就伴有对自己力量的觉察? 我们也是如
此。那有这种力量的就不会不觉察到它。而那没有公牛的高贵精神
的人也马上就会表现出他是什么。

人要在各种处境下保持自己的真品格,就要自尊、自制,进行
自我斗争,因此爱比克泰德特别强调严格训练的必要性和重要性。
就像运动员要经受严酷的冬季训练那样,做好自己的一切准备,不
可鲁莽地使自己陷于不能作出正确回应的境地。关于这种自我的

斗争和训练,他有许多论述,这是我们后面会着重谈到的一个重要问题。

从人的真实自我,爱比克泰德看到了人的伟大和高尚所在。"人啊,若没有别的理由,就别低价出卖。"人要像苏格拉底和那些像他的人那样伟大卓越,我爱比克泰德虽然比不上苏格拉底,但是只要我不低劣,我努力,我锻炼自己,那对我就足够了。[①]他一再评说苏格拉底和犬儒第欧根尼,就是因为他认为这正是一个人应当何以自处,锻炼自己,显示其真实自我的高贵、善和自由的典范。

爱比克泰德深刻体验到什么是人的真实、自我、本性和自由,这些不同的词说的其实是一个东西。总之人的生命最有价值的一切,都是由他自己的权能所规定的。这权能就是他的理性,来自神所特别赐予的理性。而这个理性是属于一个人自己的,它直接面对神,因而一个人可以直接模仿神而获得他自己的善、高贵和自由。他的身体、财产、亲友关系等等,对他来说是外物,是他权能范围之外的。人只应面对神,管好他自己的行为,回到他自己的真实的自我。在这方面,人是完全、绝对地自由的存在物。

总结起来,我认为可以这样说:在斯多亚派一般哲学家的世界观中,只有一个中心,那就是神;爱比克泰德完全同意这一点。但他同时也把人,我们每一个人,当作一个中心;因为我们分有了神的理性的一部分,有了属于自己的理性和由它支配自己行为的权能。这样,对于面对自然和世界而生活和行动着的我们来说,就有了两个因果系列由以出发的中心:神的理性(主宰整个世界)和我自己的理性(主宰我的行为)。所以对我们个人来说,生活的世界就成了一个由两个中心所形成的椭圆,而不仅是单纯的由一

---

① 爱比克泰德:《论说集》1.2.33。

个圆心所形成的圆。这是不是一种二元论？不，不是。因为，我们的理性不过是一个神的理性的一个片段，它要服从神；它不是可以脱离神或整体自然的东西。我们的理性和它所支配的行为是同神的理性或自然法贯通的，是协助神来完成他的善的目的的。两个圆心彼此内在联结为一，所以不是二元论。但是正如爱比克泰德所说，神在给予我们理性和自由自主之后，就连他也不能剥夺我们的这个权能。因此，就我对待世界而言，我所具有的自我、自由和道德的权能，也有其独立的价值，是我可能同自然和神相贯通的一个决定性的阿基米德式的支点。我是由于它才能使自我有意义的。所以我自己的这个支点或中心，又成为关键。我是这样来协助神的，这是我们做人的使命。在这方面，爱比克泰德胜过了其余的斯多亚哲学家。他使斯多亚哲学获得了生命的巨大活力，达到了一个光辉的顶点。

6. 理性权能的意义和检验全在于"运用表象"

通过划分我们权能的范围，他指明了理性对于我们每个人行为所具有的决定作用，这种作用是通过理性心灵对自己的各种行为心理要素的支配进行的。他把这作用概括为"正确运用表象"，或更简捷地说"运用表象"。我们的理性及其权能，是在运用表象中得到发挥落实，才实现了我们的真实自我和赢得自由的。因此"我们的权能"也就是"运用表象"。

前面我们在解说斯多亚派的行为心理学诸因素时已经指出，由于在一般情况下"表象"已经包含了"意欲"，所以人的行为心理模式可以简要表述为"表象＋同意→驱动力"的公式。这样，只要我们的"表象"正确、"同意"也正确,按照两个前提正确、结论必定正确的实践三段论,我们的"驱动力"和行为的正确性就得到了保证。随之而来的,便是我们得到了道德和自由。

在表象和同意两者中,"同意"是我们的意欲和表象的守门人,我们的理性在行为心理过程中的主宰或决定作用最后都集中在这里。但是爱比克泰德强调说,我们不能只注意"同意";如果我们以为只要靠它把关就能保证行为正确,那就完全错了。他着重指出,"同意"虽然重要,可也是最后的防线。要是我们只注意它而不先在意欲和表象上下功夫,"同意"就是空的。如果我们的意欲不端正,对表象缺少正确的认识,理性的作用还没有贯彻到它们里面去,或平时缺乏严格训练,那么,当我们面临着具体事件和重大考验时,就根本不可能作出正确的"同意"与否的决定。理性不可平时偷懒,它必须把注意力放到正确运用表象的全部经常工作中来。简言之,心学的全部功夫就在正确运用表象。

7. 在"运用表象"中的理性

对于什么是理性,人们虽然谈论很多,但如前所述,其实是有不同理解的,亚里士多德就不赞成苏格拉底。爱比克泰德把理性规定为正确运用表象的权能,提供了一个重要的观察新视角:理性有认识功能,求知求真与之相关,这是理性的无可置疑的根本特征;但是亚里士多德在这方面作出伟大贡献的时候,攻击苏格拉底把"真"和"善"结合起来的"美德即知识"主张,也是有很大问题的。因为人对事物的表象或认识,从根本上说不可能离开人自身的意欲,因此在表象中好坏善恶的感受、思考、评价必永远处于第一重要的地位,并提供着表象的动力。认识涉及的一切对象,不可能没有人的意欲的参与,差别只是大小不同、直接和间接的程度不同,而最重要的是对人的好坏意义不同。要说有什么绝对客观的认识,关于对象的表象和意欲无关,那是根本不可能有的事情。因此,人的理性的认识功能从根本上说必定要和意欲关联,求真必与求善一致。这并非主张把两种功能混为一谈,但也决不能完全分家。

亚里士多德主要从理论上讨论什么是理性,但苏格拉底原来却是从人的生活实践考察理性的。爱比克泰德走的是苏格拉底的路线,他认为认识本身不是目的,生活行为好才是目的,因此他所说的运用表象的理性,中心是道德实践理性而不是知识理性,是目的理性而不是工具理性,这是我们第一个应当注意的要点。这并不是说可以忽视知识理性,但位置要放对,要使它和道德理性结合,在"运用表象"中发挥其应有的作用。

其次,人的行为和道德是在实际生活中进行和实现的,人总要吃喝穿住,过物质性的和日常性的生活,其中也需要理性的指导才能得当。这样,指导生活行为的理性除了严格的道德理性,还有实用的理性。斯多亚派认为对这二者也必须严加区别,并且也要把实用理性置于道德理性的统率之下。因为人固然缺不了为物质需要而进行的活动,但必以做人的根本为指导。所以,运用表象的理性作为道德理性,必须同实用理性严格划分开来,这是第二个需要注意之点。这两种理性在生活和行为中都不可少又经常发生对立,因此摆正二者的位置,使实用理性的判断能够与道德理性的择善结合和统一起来,保证道德理性在运用中贯彻到底,是爱比克泰德的心学和伦理学关心的另一重大问题。

再次,既然运用表象的理性主要是同生活行为相关的道德理性,那么它就内在地同人的欲望、情感有着深刻的联系,而不能是纯思辨的。如何正确处理情感方面的问题，显然是它的最重大的任务之一。

在这点上，斯多亚派同包括柏拉图和亚里士多德在内的许多哲学家观点不同。他们大多把情感视为一种能与理性相抗衡的、也能主宰人的行为的巨大力量。这是一种行为心理学的二元论观点。斯多亚派拒绝了这种观点而坚持理性一元论。他们认为若是情感也决定了行为，而情感又不受道德理性的支配而常常是不由自主地发生的，那么，说人应对自己的行为负有道德责任的观点，就必定要落空了。所以他们坚决主张理性对情感有支配的能力和作用。爱比克泰德特别发挥了这个观点，这是他所说的运用表象的理性的又一重要含义。

最后，这个"运用表象"的理性本身，有一个自然和自己努力的成长和训练过程，也是它的一个重要特点。这个特点来自人的理性同神的有区别。

罗马法律规定，儿童要到14岁才能对自己的行为负责，理由是这时他才具备了成人的理性。斯多亚派采取了这个看法。他们认为，知识或认识的理性能力，和日常生活中实用理性的能力，需要培养、教育和训练；道德理性使一个人行为高尚、品格优良，更需要严格的教育，特别是哲学的训练才能成长起来。

对每个人来说，他的道德理性赖以成长的原点是自然赋予他的"良知"。不过，同苏格拉底一样，斯多亚派认为，一个人在没有学习哲学之前，对自己的良知还没有真知，因而在面对种种具体情境时，不知道应当怎样行为才好，总是陷于混乱和无穷的错误之中。他不能正确运用自己的表象，这个事实就证明了他对自己的良知（也即是理性）其实是无知的。不解决这个问题，就谈不到正确运用自己的理性于表象和行为。所以爱比克泰德和苏格拉底一样，把"自知其（对自己的良知、理性）无知"当作一个人学会如何做人的开端，当作哲学的入门处。当一个人开始认识到原来对自己的良知无知时，他就可以学习如何端正自己的理性和良知，并在实际生活和行为中通过不断的运用和严格的检验，来使良知或理性获得训练，成长起来。

因此，这个"运用表象"的"理性"本身，不是静态的，而是在生活实践和哲学实践中，从良知开始通过不断检验，成长为道德理性真知的活生生的理性。

8. "运用表象"中的"表象"

和对"理性"的诠释相一致，爱比克泰德所说的"表象"也有比通常所指要广泛和深刻得多的含义。它决不限于感知、观念、知识等认识的层面，也指好恶的意欲和情感；而最重要的是：它是我们的行为理性要对之工作的一切对象。——这里所说的一切对象，指的是一切心理的东西。它不是外物，然而与之密切相关，因为心理东西就来自事物和自我的相互关联作用。我们是通过心的活动而走向行为的，所以对表象做工，才能对世界和自我做工，使自己同自然保持一致。

上面提到理性的一个最根本的特点，就是能对自己反思。反思就是做工，对自己也做工。那能对自己做工的，才能对一切其他的能力或心理因素做工，产生出理性支配下的行为。所以，对爱比克泰德来说，"表象"也包括理性自身，因为所谓理性反思自身，就是要把理性自己当作第一要紧的考察对象、运用对象。当我们把自己的理性的某个表现确定下来，比如以一个命题的形式确定下来的时候,我们再加以反思,检查它是否正确和善,就是把它当作一个对象在考察,这时我们就是在"运用表象"。

一个愿意努力真正为善的人,要学习哲学的人,无论在生活的不断遭遇还是在自我理性的完善中,其进步是没有止境的。他的理性总在模仿神的理性,追求神的至善,所以他的"运用表象"的努力没有止境。要使行为进步,行为的心理进步,核心还在他自己的理性本身的进步,所以对它本身更要抓紧训练加工。

可见爱比克泰德所说的"表象"一词具有最广和最深的含义:它也包括理性自身,当然也就包括了意欲和情感,包括通常所说的表象,还包括我们的"同意"能力和驱动力。例如,对隐含不明的"同意"要加以澄清,对已作出的错误的"同意"给予反思批判,这些也都属于我们的理性的工作对象:"表象"。

简言之,只要我们的理性在起着作用,所面对的一切加工对象都是我们的表象。"运用表象"就是要对这一切都加以反思评判,使我们的理性在不断的加工训练中正确起来,我们的生活和行为才能高尚起来,并赢得自由。

我们的表象和理性,都是在这个"运用表象"的活动中发展、走向正确和获得各自的意义和价值的。同样"运用"一词也在其中获得了它的含义和意义,它指人的理性权能对这些表象所能做的一切:反思、检验、评价、选择、重新解释。一句话,去正确支配和主宰我们的表象,使我们的行为能做到善。

9.爱比克泰德讲解"正确运用表象"的意义

他说,各种伟大的和可怕的行为,都以表象为来源,而不是别的东西。荷马史诗的全部内容都不过是些表象和对于表象的运用。一个表象驱使帕里斯抢走了墨涅拉俄斯的妻,一个表象驱使海伦跟他走。故事就由此而起。如果我们设想墨涅拉俄斯有另一个表象,使他认为如此这般的一个妻子被人抢走并非坏事而是件好事,情形就完全不同了。不只没有《伊利亚特》,也没有《奥德修斯》了。[①]

这就是说,人的全部生活和行为,对我们来说,无非都是一些表象。生活是一个表象的世界,因为一切生活和行为都由表象引起,都是对表象的运用。所以,人的行为和相关心理的全部问题,就在表象和如何对待表象上。

当爱比克泰德说荷马史诗所说的全部内容都是表象和运用表象时,有人问,难道这样的大事,其原因如此渺小吗? 爱比克泰德反问道,你所说的大事是什么呢? 岂不是战争、煽动叛乱、死了很多人、毁灭了一些城邦? 这有什么伟大呢? 其实都是很渺小的。它同鸟的巢被毁有什么两样? 在自然中,人的身体、财产、妻子儿女、世上的城邦,等等,和鸟的巢有什么两样,岂不都是很渺小的吗? 人能和鸟不同的地方不在这些,只在人有善的信念和羞耻心,有理智,有良知,那才是人可以成为伟大的地方。[②] 就像医生和按摩师以人体、农民以土地为其加工对象那样,好人,高尚的人的主宰能力的特殊加工对象就是表象,加工就是使自己的表象与自然相一致。

每个灵魂的本性(自然)是同意真的,不同意虚假的,对不确定的持悬疑态度。同样,它的本性是欲求善的东西,厌恶恶的,中性地对待非善非恶。当善的东西出现时必趋向它,决不会拒绝一个

---

① 爱比克泰德:《论说集》1.28.llff.
② 爱比克泰德:《论说集》1.28.llff.

清楚的善的表象。神和人的一切行为驱动力都靠这个原则。一个人要进行的训练,最重要的就是按照这个原则行动。你要黎明即起,从早到晚,检验你所见到、听到的任何人和事,询问自己的表象和自己是如何对待这些表象的。这样就能在道德上不断进步。[①]

为此,他把我们的表象分为四种,指出它是按照四种方式得来的:一、事物之所是,向我们显现为是;二、事物之所不是,向我们显现为不是;三、事物之所是,却向我们显现为不是;四、事物之所不是,却向我们显现为是。这就是说,我们的表象有真假之分,因为有些能同事物的真实面貌一致,有些则不容易一致,有假象。因此,爱比克泰德说,受过教育的人的工作,就是要对所有这些情况作出一个正确的判断。

他分析说,这个工作有许多困难。首先,在哲学上有皮浪派和学园派的怀疑主义,他们论证说作出正确判断是不可能的。其次,如果环境似是而非,它会使有些事情显得善而其实并非如此。还有习俗和习惯也会困扰我们。我们需要得到帮助来对付这些困扰着我们的困难,才能得到进步。[②]因此,在爱比克泰德看来,"正确运用表象"不是一个简单的工作,而是一个求善的人所必须从许多方面认真持久地进行的斗争,包括哲学上的斗争,同周围环境及其种种假象和伪善的斗争,同自己的习惯的斗争。因此需要学习、需要严格的训练。

这种训练,爱比克泰德认为应当在三个领域中进行。对于他的表述,我称之为爱比克泰德的心学三题。

---

① 爱比克泰德:《论说集》3.3.1-4。
② 爱比克泰德:《论说集》1.27.1-3。

10. 爱比克泰德心学三题

他说,对每个要成为善的和高尚的人来说,有三个领域是他必须受到训练的 :

第一个是关于意欲 (τὰς ὀρέξεις) 和厌恶 (τὰς ἐκκλίσεις) 的 ;对这个问题的研究学习,能使一个人在他得到所意欲的东西上不致失败,不致陷入他所厌恶的事情。

第二个是关于做和不做 (τὰς ὁρμὰς καὶ τὰς ἀφορμὰς) 什么,即行为的驱动力是否合适 ; 对这个问题的研究学习,能使一个人的行为有适当的方式,是经过思考的谨慎的行为。

第三个是关于怎样避免错误和匆忙的判断, 一般说来也就是关于运用 "同意" 的问题。[①]

在第一题中我们译成"意欲"的那个词,原文是 ὀρέξεις(orexis)。Inwood 认为这类术语是不容易翻译的,最好不要译成英文。[②] 我们看到几种英译文本,多数译为 desire (欲望),有的用 moral will (道德意志)。重要的是要弄清爱比克泰德的原意。第一题说的是善恶选择,用了 ὀρέξεις (orexis)。第二题说的是行为合适与否,用的是 ὁρμη(horme,它就是我在前面一直译为 "驱动力" 的那个希腊词),它在和 ὀφορμη (aphorme) 并列时,一正一反就指适当的和不适当的驱动力。由此可见,爱比克泰德所使用的 orexis,是为了表达同驱动力不同的另一概念。把它译为 "意欲" 虽然可以,却显得过于宽

[①] 爱比克泰德 :《论说集》3.2.1-2.这个表述,同《论说集》中另外两处的完全相同,所用的术语也一样,这表明爱比克泰德提出这三个命题是经过深思熟虑的。见 Brad Inwood, *Ethics and Human Action in Early Stoicism*, Appendix 2。

[②] Brad Inwood, *Ethics and Human Action in Early Stoicism*, p.114.

泛和中性化,为了避免误解还是应当指明:它指的只是"选择善恶的意欲"。为了简明起见我将常用"择善"一词来翻译它。第一命题讨论的是道德上选择善恶的问题,它是一种特殊的意欲或驱动力;而第二命题要讨论的 ὁρμη 和 αφορμη 则是日常生活行为中行为适当与否的问题,涉及的乃是一般性的"驱动力"或选择力问题。这是需要分别清楚的。澄清了关键术语,我们就来分别地扼要谈谈这三个命题的意义和作用。

在表述了心学三题后,爱比克泰德接着就来指明它们各自针对的是哪种实际的或表象方面的问题。这就涉及三者各自的意义和作用。

他说,在上述这些方面中,首要的和最为迫切的是如何对待我们的错误情感的问题。这是因为,错误的情感是由于我们得不到所意欲的,陷入了我们所厌恶的境况而产生的。它给人带来的是烦恼、不幸和敌意,使人不能听从理性。

其次是必须行为适当。我应当保持我的自然的和获得的种种关系。如作为一个敬神的人,作为一个儿子、一个兄弟、一个父亲、一个公民,就要在处理这些关系中行为适当。

最后是对已经在道德上有所进步,要使自己的思想行为在上述方面的事情中获得确定性的人说的。一个人要是能正确地运用自己的"同意"于表象,就能使自己不致成为未经检验的表象的俘虏。①

他认为这三者都重要,并且必须有一个次序。他批评说,我们现在的哲学家们忽视了前两个领域,只忙于第三个。他们只关心某些逻辑论证方面的问题,强调要辨别疑点以避免上当受骗。但是,

---

① 见其《论说集》1.4.11;3.12。

你说的是谁必须避免受骗？—— 当然是指已经有了美德和善良的人。—— 那么,你在这方面是否没有缺点了呢? 除了逻辑论证,你对别的问题就能主宰了吗? 你现在缺少的只是判断能力的保证吗? 糟糕的人啊! 就是在你研究这些逻辑论证的事情的同时,你就在害怕和焦虑有人说你的坏话,听到这些你的脸色就发白。你从你的行为能看出什么呢?[①]

从这段议论可知,他批评的正是他自己所属的斯多亚派大多数人。这些人以为只要从逻辑上注意理性,即抓住了"同意"这个最后的环节,就能由此行为正确和得到美德。他们看不到在此之前首先必须具备的前提和训练,结果事与愿违全部落空了。

爱比克泰德指出一个要使自己生活和行为善良有美德的人,必须先在前两方面下功夫,要训练自己选择善恶的意欲使之正确,学会在日常生活关系中如何行为适当,学会如何在情感汹涌而至时能作出正确的分辨选择,然后才能谈到第三方面:"如何运用'同意'。"同意是使表象得到最后的决定性的审查和确定,当然重要,但它如果没有前两方面的努力和训练作基础,到它该出场的时候它就不能起任何应有的作用。

你说你读了克里西普的《论驱动力》,那不是我期待的,我要看的是你的运用,你的准备,如何与自然一致,还是不一致。如果你行为与自然一致,我才承认你进步了;否则读了也无用。你岂不知道这本书只卖五块钱? 一个运动员、一个练声的早起就练,不要空谈。要学习如何摆脱悲叹、抱怨、失望,对死、流放、囚禁、毒药的畏惧,这样在囚禁中你就可以像苏格拉底那样说:"我亲爱的克利托,这是神所喜悦的,让它如此吧。"而不是像俄狄甫斯那样说:

---

① 见其《论说集》3.2.6—11。

"像我这样可怜的老人,满头白发,还要受这样的罪吗?"①

第一个领域的心学训练,特别是针对错误的情感,如种种的烦恼、焦虑和恐惧这些表象方面的问题而发的。斯多亚派伦理学要达到的目的,是与自然一致地道德高尚地生活,实现心灵的平安、宁静和幸福。它的敌人就是错误的情感。因此,人应当如何运用自己的理性来支配自己的情感表象,战胜错误的即背离理性的情感,就成为爱比克泰德的行为心理学和伦理学的一个重点。

第二题是关于我们做什么和不做什么适当的问题。它也是理性对表象进行选择处理的一个领域,但与第一题所关注的领域不同。简要地说,第一题直接教导和训练人关注其道德理性的运用,而第二题则是要人研究和训练如何运用其实用的理性,如何处理自己的实用理性同他的道德理性的关系。这同样是一个重要的基本问题。

人在生活中时刻会遇到种种实际问题,人际关系中充满着实际的利害关系问题,这是每个人必须认真对待和处理的。斯多亚派从不否认每个人都有自保自利的本性,认为这是合理正当的。因此他们主张的道德决没有否定人有其利益,只是认为每个人应当完善他自己的利益和幸福。所谓完善,就是要叫自保自利自爱达到与整个自然和社会他人相一致的水平。而这即是道德和真正的幸福。

因此人不仅需要道德理性也需要运用其实用的理性,并使它和道德理性一致。我们在涉及自己利益的事情上,在涉及人我利益发生矛盾的各种场合,必须行为适当,这同样是如何"运用表象"的重要问题。

先讲要学会正确运用择善力,再讲日常关系中要学会行为驱

---

① 爱比克泰德:《论说集》1.4。

动力适当,最后爱比克泰德才讲第三题"同意"的问题。因为在对日常行为中的种种问题学会做得适当的基础上,道德择善就比较容易分辨和训练了;在两者都得到训练的基础上,当重大问题和考验时刻到来的时候,"同意"与否作为最后的关键环节就能比较有效。三者密切联系彼此互动,中心是为了保证人学会正确地择善,能在实践中得以落实。

第八节 如何在生活行为中实践善

爱比克泰德用人的权能何在,正确运用表象和心学三题,综合提炼了斯多亚派的哲学。这不单是理论,更是一个哲学实践的纲领:目的只是为了教人实践善,活出一个真实的自我,在生活行为中与自然一致。阿利安汇集的一部《论说集》全是这样的教导。在注重行为实践上,他同苏格拉底和孔子是同样的。在谈过他的理论要点之后,让我们从他对学生和愿意来求教的人们所作的具体教导来认识他的哲学。这方面内容非常丰富和精彩,是其心学三题的落实,读来使人感到亲切,使我们看到了一种活的哲学。

1. 日常生活的道德实践:对人伦和利益的表象

如前所述,斯多亚派和爱比克泰德认为人有社会本性,在种种社会关系中,父子兄弟、亲属、朋友、城市、民族、国家到全人类,是从里到外一层层扩展的圈子。因此人伦关系就成为爱比克泰德道德实践教导中最切近的一个题目。这个想法同中国的传统最接近,所以是我们很可关注的地方。他教导他的学生说："要记住,你是一个儿子,什么是做儿子的职责和品德。你的一切是属于你父亲的,不可指责他,不可说和做伤害他的事,在一切事情上要听从他协助他。要记住,你是一个兄弟,要尊重你的兄弟。要尽到责任,说话和气,除了择善,你不应同他有任何争执。"① 这些说法和我们的孝悌之道一样。但是如何才能做到这一点？ 人为什么会发生违背人伦之道的行为？

爱比克泰德说,这就要看你如何运用你的有关表象了。当你看见一条小狗摇着尾巴同另一个小狗玩耍,你会说它们多么友爱。可是让我们看看这友爱是什么吧,扔一小块肉到它们中间,你就明白了。同样,扔一块土地在你和你的儿子中间,你就会看到他多么快地变得希望你早点死,而你也因此同样对他如此。然后你就哭喊：我养了一个什么儿子! 你一心巴望着我被埋葬! 难道不是人人都爱自己的小孩吗？ 他发烧的时候你很痛苦,恨不得代替他发烧才好。但是考验到来的时候,这个爱就结束了。

这类事情大家都熟悉。但爱比克泰德的分析是从每个人的利益开始的,而不是从所谓义利之辨来讲的：

> 这是一个普遍的法则,绝不会骗人的：每个动物都固有的本性是它自己的利益,没有什么比它更强有力。任何显得是对这个利益成为阻碍的,无论是一个兄弟,还是你的父亲或孩子,都会成为可恨的、可诅咒的。
>
> 所以,当任何一个人把自己的利益同神圣、美德、他的国家、父母、朋友放在同等的地位联系在一起时,所有这些都是安全的。但如果他把自己的利益同朋友、国家、家庭、正义分离开来,所有这些

① 爱比克泰德:《论说集》2.10.7-8。

就被自私自利所压倒而丧失。

> 把"我"和"我的"放在哪里,我就必倾向那里。若放在肉体和外物那边,决定的力量就在那里;若在择善一边,我也必在那里。只要我是在我的善的选择那里,我就必如我应当所是的那样,是一个朋友,一个儿子或一个父亲。因为在这种情况下,我的利益就在于保守住我的信实、节制、耐心、合作的品质,保持我与他人不冲突。①

这就是说,每个人的"我"的利益必支配他的爱、他的表象和行为,最亲密的父子兄弟朋友也没有例外。但是,我的利益究竟是什么,它究竟在哪里,应当有正确的表象。我有我的利益,而我只是自然、社会和家庭亲友中的一个部分,所以我的利益应当同整体的利益一致。我和你一致,和整体一致,并不是否认了我的利益,而恰恰是正确理解了我的利益,正确地运用了我的利益的表象。因为部分必在与别人、与整体之中才有生命,才有其真实可靠的利益。

因此对我的利益或"好"就有两种意义和规定,一种只是我作为部分的局部利益,一种是我作为部分同整体相一致的利益。前者使我的表象和运用限于我的身体,我的财产,等等,它使我同别人、同整体及其利益分开和对立;后者使我超出这种局限性,正确地尊重别人的利益,甚至把别人的、整体的利益看得比我自己的身体和财产更重。但这并不是否定了我的利益,恰恰是实现了我的真正的利益,因为我作为部分,就像脚是人体的一部分,其真正的利益就在于同整体一致。这才是我对自己利益的正确表象,真实的好或善。

这就涉及利益是在身体财产还是在理性的问题。把前者视为

---

① 本节引文均见爱比克泰德《论说集》2.22。

我的利益的根本,我就要同别人争吵,彼此诅咒,像野兽一样厮打,
丧失人性的高尚和尊贵。把择善视为我的利益的根本,我就能孝慈
友爱,同别人和整体和谐,实现我的高贵的人性。正因如此,他会说
出在我们中国人听来会非常吃惊的话:

> 善比一切形式的人伦关系更为可取。我的父亲对我来说算不
> 得什么,重要的只是善。——"难道你的心肠这样硬?"——是的,
> 这是我的本性,它(善)是神给的。因为这个理由,如果善(好)
> 是某种不同于高尚和正义的东西,那么父子兄弟和国家以及一切
> 关系就简单地消失了。但是,我应当忽视我的善,让你得到它,我应
> 当为你让路? 为了什么我应当这样做? 只因为你是我的父亲和
> 兄弟吗? 不。你不等于善,我应做的只是为了我自己的善。但是,如
> 果我们把善(好)安置在正确的意欲中,这些人伦关系的保持就
> 在自身成为一个善,而那放弃其外在所有物的人就得到了善。①

可见,重视人伦道德的爱比克泰德,还是把善本身同人伦严格
分开了。善只属于神,而人伦是属于人的。在人伦关系里有两种利
益或善(好),一种是身体健康和财产富裕等等的,一种是符合自
然整体即神的法则和理性。前者并非真正的善,它会使一切人伦关
系瓦解;唯有后者才是真正的好,才能使人伦之爱得到维护。所以
他说,不可笼统地讲要我让着我的父亲和兄弟:我只是在外在的
东西如财产等等上应当让着他们,而在善恶选择上不能让着任何
人,包括我的父母兄弟在内,我始终要保持自己的择善权能。

但是,难道任何人真的能不顾自己的身体和物质需要? 那岂
不是道德空谈? 其实爱比克泰德一点也不空谈,他的教导很务实。
因为他和斯多亚派认为理性和质料是结合的,主动的和被动的本

---

① 爱比克泰德:《论说集》3.3.5-8。

原不能分开；神和自然如此，每个人也如此，结合起来才会有活着的人和他的生活。所以他把身体财产等排除在人的权能范围之外，并不是说它们对人就不重要了，不，他的意思只在于强调：必须分清主宰者和受支配者的关系，这对人的生活和行为是头等重要的事情。我对自己的身体财产等事物的表象必须听从理性，这个关系决不能颠倒。如果让这些东西成为能支配我的因素，那么我的理性就会陷于被动、混乱、歪曲，以致泯灭，导致行为错误，使我成为一个外物的奴隶。划分权能范围，能使我们每个人分清什么是我的行为心理中应当起主宰作用的要素，什么是只应顺从的因素，以实现理性主宰一切的应有作用。

所以，理性运用表象的工作，最实际的就是如何对待身体、财产，和人际关系中的种种利益的问题。这是落实择善最经常遇到的事情，首先需要训练。

在有关实际生活和利益的问题上，斯多亚派提出了"保留"的学说。爱比克泰德吸取了这个观点，作为其心学三题的第二题中的成分。在心学三题中，他对行为选择提出了全面的观点和论述，其中对什么是应当"无保留"和什么是应当"有保留"的作了明确划分。这种划分对我们考察这个问题有重要关系。

2. 选择问题："无保留"、"保留"、"暂时搁置"

斯多亚派行为心理学中，"保留"是一个重要的概念。这是由以下情况引起的：一切人都追求他们认为是好（善）的东西。但人们以为是好的大多数事情，在严格的意义上说算不上是真正的好。世俗的好，像健康和财富等等，可以运用得好，但也可以是坏的运用,所以它们不是真正的善,也不是人的生活的根本目的。不过这些东西还是值得我们花费大多数的时间的,斯多亚派不否认这一点。但指明普通人由于没有严格区别两种不同的好,常把次等的好当作追求的主要目标,也就不明白真正的善,在生活行动中就会发生错误,陷入烦恼和焦虑,得不到心灵的平安和自由。针对这个问题,斯多亚派教导人要明白,那些次等的好只是在弱的意义上有价值,所以,在选择这类"好"的时候,必须持"保留"态度。

克里西普这样说过:当以后的事情还不清楚时,我总要选择更适合于和自然相一致的事。因为神自己让我倾向于选择它。但是如果我知道了我命定要生病,我甚至就会乐意生病。因为脚也是这样,如果它有心灵,也乐于走泥泞的路。① 这就是说,神对一切有安排,但人却不能知道在每个场合神会给他准备着什么命运。因为神是整体,我是部分,就像脚是人的身体的一部分那样。如果脚有知,它也喜欢清洁和休息,这是很自然的想法,因为这合乎脚本身的利益。但是当人(整体)要脚走泥泞的路时,它就应当立即放弃这个想法,无条件地服从命令并高高兴兴地走向泥泞,因为这才是作为局部东西的脚自身的真正的善。

塞内卡对"保留"问题也作了讨论。他说,在你做你认为是适当的事情时,你要准备好可能发生你所没想到的事情,这样你就不会受挫和悔恨。一个人最平安的路是少企望幸运,总念着她而决不相信她的许诺。总要这样说:我要扬帆航行,如果没有什么突发事件中断它;我要成为执政官,如果没有什么阻碍我的话;我的事业将要成功,如果没有什么干扰的话;等等。我们认为对于一个有智慧的人来说,没有什么是同他的期望相反的事情,其理由就在

---

① 爱比克泰德:《论说集》2.6.9-10。

于此。①

　　人虽有理性和知识,但他不能像神那样知道和支配一切。那么,面对不确定的未来,我该如何行动? 择善永远是合乎神意的。身体健康,财产和名利,是对我好的事情,追求这些是我作为一个生物的本性,也是自然的、神赐的。但是我必须明白,这类欲求只是作为自然的一个部分的我的欲求,因而是极有局限性的表象,我对它们就只能持一种"有保留"的态度,以便随时准备好听从神的另一种安排。这就同喜欢干净的脚要随时准备好十分乐意地去踩泥泞那样,同自然保持一致。

　　在这个问题上,爱比克泰德的新贡献是在心学三题的基础上,明确提出了"保留"、"无保留"和"暂时搁置"等一套明确的学说,改造了并大大加强加深了原先斯多亚派哲学家们有关的思考;反之这种深入,也是对心学三题的落实和训练的要点。

　　在其心学第一题中他提出了辨别和选择善恶的能力的问题,把这一点当作道德的关键;这样他就把一般行为的驱动力,即日常生活实用的选择力,与之分开,只用于第二个命题。因此,在每个人面前同时有两类利益和价值就分清了,它们的意义和分量不同:择善是根本,它是无条件的,因此我对这类表象的态度必须"无保留"地遵循;而那些涉及身体、财产和与此相关的人际关系中的事情,既不能都由我作主,在价值上又是次等,因此它只是适当与否的事情,对这类表象和选择我必须有"保留"。这样他就把"保留"的问题放到它所应有的位置上了。

　　爱比克泰德和斯多亚派常常教导人分别三类事物,善的,恶的,非善非恶的。对非善非恶的东西,他又称之为"无所谓的"

————————

① Seneca, *On Tranquility* 13.2 ff.

（indifferent）。他认为第二命题所涉及的身体、财富之类东西，就是非善非恶的、无所谓的东西。说这些东西"无所谓"，只是同择善是生活的根本目的相比而言；虽然我们也需要它，但这类追求和选取只有适当与否的次等价值和意义。

更重要的一点是，当他说我们对身体和外物应当"无所谓"时，绝非指可以对这些事情采取消极不管马马虎虎的态度，如中外许多遁世的和混世的哲学所主张的那样。恰恰相反，他要求的是一种最积极的态度。这一点集中表现在爱比克泰德的如下论点中：

> 行为的材料是无所谓的；但是我们对它们的运用不是无所谓的。[1]

他强调，就像一个假言命题是无所谓的，但你对它的判断却不是无所谓的那样；生活是无所谓的，但是运用它就决不是无所谓的事情。当你被告知有些东西是无所谓的时候，你不能因此不谨慎。[2]

中国人常常爱说"难得糊涂"，和爱比克泰德所说的"无所谓"相似，对那些世事和外物，我应当无所谓，不在乎、不计较，"糊涂"些是明智的；但这同我对这类事情行为谨慎适当，涉及善恶时决不含糊，正是相反相成的。如果我在后一方面也糊涂了事，高尚和卑劣不分，乱搞一通，还讲什么做人？离开这些实践，你的择善，你的心安理得，不就全部落空了吗？本来郑板桥讲这句话，是分别了这两种情况的。但人们却把他的这句话当作混世的哲学名言到处流行，岂不成了东施效颦？我想爱比克泰德的话，会有助于重新诠

---

① 爱比克泰德：《论说集》2.5.1。
② 爱比克泰德：《论说集》2.6.1-5。

释他这个话的真义。

话是这么说,但是爱比克泰德很明白,要他的学生和人们实际做到择善,即那个绝对无保留的选择很不容易。因此他又说:

> 但是现在,先完全搁置你的善恶意欲吧。因为你若意欲任何不在我们权能之内的东西,你必不幸;因为你对在我们权能之内的是正确的意欲,还什么都没有抓住。你先只运用适当的驱动力选择做或不做,但对这类选择,你要看轻些,要有保留,不可看得太重。①

善恶选择是做人的根本。但是欲善的人,开始并不懂得什么是真正的善,也分不清自己权能的内外。这时他只是凭自己的利益行事。对于这样的情况,爱比克泰德教人先搁置选择善恶的意欲问题。这就是说:你要明白现在你还没有能力对善恶有明白正确的表象;切不可以为你这时看为"好"的就是真正的"好"。你要时时记住真正能认识和做到"择善"不易,你就应当对自己这方面的能力先持一种谨慎的悬疑态度②,这意思仍然是提醒人要"自知无知"。简言之,请你把择善的问题始终放在心中,但在开始的时候,你不要过于自信,那么先从哪里做起? 你要从日常生活中行为和表象能否做到适当做起。但是他提醒说,在这方面你不要看得太重,要有保留。原因也是你在这时还没具备真正的择善力。

一个"暂时搁置",一个"保留",都是为了给人在实际生活中学会"择善"留下足够的时间和空间来训练自己。因为择善虽然最重要,可又最不容易。人首先要生活,还是先在日常生活中学会

---

① 爱比克泰德:《手册》第二条。

② 这同怀疑派有意否认善恶的那种悬疑是完全相反的,斯多亚派是在肯定有关于善恶的正确答案(有自然法、神、理性作基础和保证)的前提下,为了训练和确保自己求真善的成功做准备,所持的谨慎态度和具体做法。

适当。不过这时你对自己的选择能力和抉择还必须有"保留",以便在发现它和自然必然性和神意有不一致的时候,可以立即改正,放弃原有的选择,遵循要我作出的"无保留"的抉择。这是一套符合人们实际情况的,让人通过自己的经验和反思来逐步训练、解决心中暂且搁置却始终是中心的择善问题。

这个意思,他也常作另一种表述:人人都有良知,它是生来就有的趋善本性;但是它还需要训练,在实践中得到检验和反思,才能逐渐走向正确,发展成正确的择善的"同意"能力。自觉求善的人,都要经历这一实践过程,才能由一个普通人成长为有道德理性品格的、高尚而自由的人。

上面所说的这些,都属于学习正确运用表象。运用就是检验,也是通过检验重新解释表象。因此"同意"这个行为心理最后的环节和决定性要素,也不仅是在最后才有意义,它也一直贯穿在前面的训练过程之中。正如爱比克泰德的一句名言所说:

> 表象,等我一会儿,让我看看你是什么,你表象的是什么。让我检验你。[①]

愿意求善的人随时都要注意检查自己的表象。在他专门说到心学第三题时,他更着重强调了这一点。他说"同意"与否,是分辨那些似是而非而有吸引力的表象,从而作出行为前的最终决定。苏格拉底经常嘱咐人,不可过未经检验的生活。我们不能接受未经检验的表象,而要对它说:"停一停,让我看看你是什么,你是从哪儿来的。"就像守夜的更夫所说:"请把你的证件拿来给我看。"

---

① 爱比克泰德:《论说集》2.18.24。

你有来自自然的证件吗？ 那能被我们接受的表象岂不必须有这样的证件吗？ [1]

因此心学三题是在运用、检验表象的实践中彼此相关的。第一题是关于择善的问题，择善第一重要。但开始时我们的表象和择善能力（良知）还没有得到检验和训练，因此实际入手需从日常生活中做起，日常生活行为的问题主要是适当，你要在行事适当中学习择善；这时由于还没有学会择善，你对自己认为是"适当"的必须持"有保留"的态度。第一题和第二题就这样联系起来了。这时我虽然时时关注择善，却同时也常常要对它暂时搁置，直到我通过检验能够形成正确的表象和善恶抉择时，再作同意与否的决定。因此"同意"的问题，爱比克泰德是放到最后，即第三题才讲的。它既同第一题有关，也同第二题有关，是择善的最后步骤、看门者和落实。总之，"择善"是根本，"适当"是择善的具体实践处，"同意"是择善的关口。三者在密切联系中互动，使择善在实践中得以落实。

3. 爱比克泰德的情感学说

上面的论述从具体内容说主要是心学第二题的落实和训练问题。日常行为的适当与否主要涉及的是人我间实际利益的关系，它同讲择善的第一题密切相关；但是同择善有关的还有一个重大的心学问题，那就是如何对待"错误的情感"的问题。它是在第一命题本身里讨论的，可见它同善恶选择的关系更直接和重要。爱比克

---

[1] 爱比克泰德：《论说集》3.12.14-15。

泰德在分别阐述心学三题所针对的问题时,首先就指出：

> 首要的,最为迫切的,是如何对待错误情感的问题。因为这些
> 错误的情感只是由于我们不能得到所意欲的和陷入所厌恶的而激
> 起。它给我们带来的是混乱、烦恼、不幸和灾难,叹息和悲伤,敌意
> 和嫉恨,使我们甚至不可能听从理性。①

　　为什么他把情感方面的问题放在"首要的、最为迫切的"地
位？ 难道它比利益问题还要重要、还要迫切？ 爱比克泰德显然是
这样看的。我们也应当同意,因为利益纵然是善恶的物质基础,但
我们是人,是有情感的动物,不是机器。说白一点,只讲利益关系处
理是否适当,那是连银行或事务所里的计算机也可以做的事。而
我们是人,不仅有理智,更是一个有情的活物。人的理智或理性从
来不是单独存在或像一部机器那样运转着的东西,它总是同我们
的情感联系为一体的统一的心灵活动。因此我们的行为从来都不
是由纯智性的能力和知识作决定的,而是同情感结合作出决定的
产物。

　　不仅如此,事实上人在日常生活中和遇到重大事件的时刻,情
感作用常常远胜于理智的计算。人们常说"他感情一冲动就干了
这事",说的就是这种情形。确实,在许多时候,我们还来不及对事
情的利害轻重加以斟酌衡量,就凭自己的直觉和情感决定了如何
行动的选择。

　　再者,情感这东西固然从根本上同人的利益相关,但造成它的
还有更多的复杂因素,会形成一个人的性格和素质。"江山易改,
禀性难移",凝结着深刻情感因素的脾性一旦形成,就有其相当稳

---

① 爱比克泰德：《论说集》3.2.3。

定的存在。所以当人情感冲动时，大多数情形下是自己难以控制的，并且会影响到对事情真相的认识分辨，剪不断理还乱，造成错误。而利益问题只要事实明白，一般是容易弄清楚是非的。所以情感问题比利益更复杂，不都是一回事，需要专门研究。

最后，也是最重要的一点是：对于一个人来说，做人做事是否得当，善恶选择是否正确，最终还是要看他是否能落实到"心安"。所谓心安也就是情感能保持平安和宁静。心安虽并非总是理得，但真正理得的人必总是心安的。

我们都知道，人的情感无论对错都具有相当强烈的性质。一个人若被错误的情感控制，心中充满着恐惧、焦虑、不安和敌意，他如何还能静下心来听理性的话，做到行为适当和正确择善？那就全成为不可能的了。并且，更要紧的是他就得不到平安和幸福。每个人企求的真正的好（善）只在幸福，若能保证自己内心的情感总处于和平宁静之中，他就必是一个真正幸福和自由的人。因此，情感的问题同人的终极关怀有本质性的直接的关联。可见，情感如何同道德理性的正确与否有最深切的关联，或者可以说，二者几乎是同一件事情。

中国人讲伦理道德特别注重一个"情"字，总是把讲道德同培养情感联系在一起，这是很对的。一个人若没有人伦之爱的情感，能说他明白了人伦之道吗？可是希腊和西方哲学给我们的印象似乎相反，因为他们总是强调理性，其道德学说突出的也是理性，似乎没有对情感问题给予足够的重视。斯多亚派给人的印象尤其如此，因为他们总是要人"不动心"。这种印象不能说事出无因，但其实并不正确。事出有因，是因为他们强调理性确实比我们更突出。中国人讲伦理道德主要就是人伦之道，同人伦情感天然融贯。但对希腊和西方人，由于他们的社会结构很早就突破了氏族和家族以至小城邦的范围,成了世界公民,人伦关系的道德和情感对他们就不够用了。为了寻求能解答种种复杂得多的人际关系的道德原理,理性分辨必然要成为首要的工作,但我们能否认为这就表明他们轻忽了情感在道德中的作用和意义?

可以断然地说,希腊和西方人决没有轻视情感,那是不合人性的说法。西方人也是人,他们的情感决不比别的民族差些。不必列举文学作品如荷马史诗、希腊悲剧中各种深刻的情感冲突描写,就是哲学家也没有不重视情感的,他们讲道德并没有同情感分开。但由于突出了理性,在如何对待情感问题上就出现了巨大的张力。不可能如我们古人那样把人伦之爱直接等同于人伦道德的实践理性和行为,而要有新的处理方式。

苏格拉底是在希腊提出新道德观念和实践的第一人。斯多亚派和爱比克泰德在如何处理理性和情感的关系问题上,继承的是苏格拉底。大家知道,人的情感无论对错都有相当强烈的性质,而理智的道德说教与之相比通常都被认为是苍白无力的。实际上情感也很难用理性作分析,多数人也不去作这种分析。他们在生活中经常听凭自己的好恶和情绪来支配自己的言行,爱得发狂,恨得发狂,并且很容易愈陷愈深,被恐惧和焦虑所完全控制。这样就丧失了自己理性的正确运用能力。如何对待这个大问题,在苏格拉底和智者之间有鲜明的争论。

智者高尔吉亚写的《海伦颂》是一篇为海伦翻案的文章。她的美貌是全希腊的骄傲,但她的行为却受到普遍指责。故事说她是宙斯和斯巴达王后涅墨西斯的女儿,年轻时她被雅典的忒修斯劫持到阿提卡,后来被她哥哥救回到斯巴达,嫁给了斯巴达国王墨涅拉俄斯。但海伦同特洛伊王子帕里斯相恋,就一起跑到特洛伊了。这件事便成为特洛伊战争的导火线。在帕里斯战死后,她又嫁给他的弟弟伊福玻；而在特洛伊城陷落时,她又把伊福玻出卖给她的前夫斯巴达王墨涅拉俄斯,同他一起回到斯巴达。希腊人称赞她的美貌,但认为她的作为很不道德,高尔吉亚认为这是一种传统的偏见,为她辩护。其一是说她的行为有当时的环境,那是神的安排,命运使然。其二是说她受到种种言辞的诱惑,这也不能由她自己负责。最后是说,她的行为是受爱情驱使。高尔吉亚说,情欲是人的本性,每个人看到迷人的对象,灵魂就为之骚动,因而海伦就跟着帕里斯走了。这是本性使然,不是她自己可选择的,所以她也不能对此负责。因此,她对自己的行为没有道德的责任。这篇文章表达了智者的哲学道德观,他们把人看作凭好恶的感觉和情欲行动的动物,而理性不过是人人都按各自利益情欲发表意见进行判断的能力。因此他们认为人的行为并没有什么普遍和客观的善恶是非标准可言。这是他们的道德观。

苏格拉底用一种理性主义道德论与之对立,进行斗争。他认为人虽然有身体物欲,但这不是人的本质。使人成为人的是他有灵魂,有来自神赐予的理性,所以人应当净化自己的灵魂,把理性提到首位,对一切事情的善恶是非只应由理性和智慧来判断,他特别指出错误的情感对我们认识真理和择善的危害:

> 每个快乐和痛苦的情感就像一颗铆钉那样,把我们的灵魂钉牢在身体上,并且使我们的灵魂把肉体认作真实的,就当作真理接受下来。①

苏格拉底用"铆钉"这个词来形容错误情感同身体物欲联系

---

① 柏拉图:《斐多篇》83 d. 这一篇记述了苏格拉底临终前关于生死、灵魂、哲学和道德的最重要的教导,是可信的(虽然其中的相论是柏拉图本人的)。

之紧密,生动而确切。他看到错误情感对人如何看待事物的善恶是非污染作用极大,若不用理性给予检验和批判,一切思想言行必定会发生错误,还有什么道德可言?所以他主张了一种严格运用理性的道德哲学。之所以主张"美德即知识"也与之有直接关系。但是亚里士多德却拒绝了这个意见,他认为在人的行为和心理中理性固然重要,情感也同样重要,它属于实践范围,并不必然要归理性管辖,两种力量可以竞争。

斯多亚派认为这是一场原则性的争论,他们认为应当坚持苏格拉底的路线而不同意亚里士多德。在希腊化时代人们陷于空前精神危机的处境下,斯多亚派更加突出了理性对错误情感进行制约的必要性和重要性。他们把人会感到的痛苦、焦虑和恐惧,等等,都归结为情感中产生了错误表象,强调唯有理性才能治疗它们。因此斯多亚派给人以这样的印象,似乎他们主张了一种抹杀一切情感的、极其冷漠无情的人生态度。

其实这印象并不那么正确。因为事实上他们并没有否定一切情感。文献表明,斯多亚派把情感分成了两类:有错误的情感,也有正确的情感。他们认为道德善良的意愿、喜悦、谨慎和对神的虔敬,是正确的情感,因为它们是同自然一致的。而与之相反的才是错误的情感。其中可以划分为两类四种:欲望和恐惧,快乐和痛苦。它们都是由于没有正确运用理性造成,都违反了自然,因此治疗都得依靠理性,来自神的正确和善的理性。①

---

① Inwood,EHAS第五章。他认为人们应当注意斯多亚派讲到了情感有好的和不好的两方面。他还认为,对于他们用的 πάθος 一词是不该译成 emotion 的,因为这个英文词可泛指所有的情感,用它来译就容易误导,使人以为斯多亚派反对了所有的情感,连正确的情感也不要了。他们用的 πάθος 这个希腊词,指的只是错误的情感。为了分清,应当用另一个词 passion 来译才合适。

斯多亚派坚持道德理性在处理情感表象问题中有决定性的作用。它同主张情感能独立于理性,或主张理性、情感两者都能起决定作用的观点,是对立的。行为动因论上的一元和二元之争,指的就是这种原则分歧。

斯多亚派前人已经有了理论的论说,但真正要做到很难。他们也承认即使斯多亚派中很有智慧的贤人在遇到突如其来的打击时,也不免会情绪激动,脸色发白。既然如此,要用自己都做不到的理论要求学生和一般人,能有多大的说服力呢?

爱比克泰德和他的斯多亚派前人不同而同狱中的苏格拉底和犬儒第欧根尼一样的地方,是在坚持理性对情感的一元论中,为它注入了生气勃勃的活力。这是他的伦理学和行为心理学中最为精彩的一个部分。

首先,他在谈情感表象及理性对其运用时,是从利益问题谈起的。由于错误情感的实际根源是不能正确表象自己的利益,从这里谈起就比较切实和有说服力。他总是强调,如果人认识到自己的真实利益只在于和自然相一致,他就能明白自己生就的好恶之情原属良知,同理性的择善并不矛盾。同时也就应明白错误的情感并非如人常常以为的那样是什么自然的,而正是对他自己的真正利益与良知的违背。因此,道德理性对情感表象的支配作用,并不是一种外来的强制和压抑,如人们经常认为的那样;恰恰相反,理性只是帮助人通过检验认识到自己还对此无知后,自觉到自己的良知,所以它正是人使自己的利益与良知得到实现所最迫切需要的正确指导和保证。

然后,我们再来专门讨论他对情感问题的实践教导。这就是:在实践中如何分辨和选择情感表象?

伊壁鸠鲁给人们的情感病即心病已经开了药方,神不可怕,死无可畏,痛苦易除,快乐易得。并且还倡导了伊壁鸠鲁团体的友爱。他们对斯多亚派的竞争有某种优势,就是因为在个人怎样获得情感的安宁上给人以简明易行的答案。而斯多亚派却总要人绝对服从命运,使人感到压抑。他们叫人"不动心",显得只是对有情世界的冷漠。不过斯多亚派的主张从根基上要比伊壁鸠鲁优越,因为人的生存和自由安宁是不可能靠从社会隐退的个人作根基的,情感归根到底也同样如此。例如伊壁鸠鲁所说的"友爱"就无法自圆其说。虽然旧的城邦已经消逝,但人依然需要共同生存,需要共同体和社会性的生活,因此斯多亚派关于人是神的儿女,世界城邦的公民,只有听神的话才能有道德和安宁之说,从理论基础上说是更正确的。不过要想战胜伊壁鸠鲁派,光靠正确是远远不够的。这里更重要的是自己首先要有足以感动人的力量。

　　只是到了爱比克泰德,斯多亚派的主张本身才展示出比伊壁鸠鲁派更加动人的力量,其正确性也同时得到了发展和深化。这里作点扼要的介绍评述。

4. 如何理解"爱"或"友谊"的情感

　　爱比克泰德对这个情感表象所作的分析反思是最多的,都很实际而不抽象。父子兄弟朋友关系是人人都有的自然本性。人伦之爱,与人保持和谐的情感,是每个人都会有的良知良能。但是一旦有一个美丽的姑娘或一块土地放在我和别人之间,放在父子兄弟之间,是我和他们都喜爱欲求的对象,那我应该怎么办? 我该如何处理这个利益表象和由此而生的强烈的好恶情感表象? 在这时,爱比克泰德说,你就要好好分辨、检验和选择什么是真正的善了。

通常的情形是,我把得到这个女人、这块土地,当作我的"好(善)",渴望和"爱"的对象。这样,我就必定要同我的父亲、儿子和兄弟争夺;而在他们同我争夺时,我就必定会憎恨他们。于是得到的必然是憎恨、嫉妒、焦虑、畏惧和不幸。现在要问:这就是我要求的善,这就是我的真正的利益吗? 我呼天喊地,怨恨我的儿子没良心,咒骂我的父亲老不死,我的心还会有片刻的平安和幸福吗? 我的人伦之爱,我的良知在哪里,它还有吗? 丧失完了,没有了。对于这类对我关系重大的情感和利益的表象,难道我不应该从开始起就对它们作一番认真的检验选择?

运用你的理性检验这些表象吧,你就能发现它从头起就是错误的。因为我若把自己的利益、好恶情感只放在某个姑娘、一块土地、一份钱财上,我就不仅会同别人发生争夺和损害别人,而且是首先就会损害了我自己:损害了我的良知,我的人伦之爱的情感,我的高尚和自由。因为我把自己的这些最宝贵的价值,都押在那些"无所谓"的外物上,把自己卖给了外物,当了它的奴隶,成了比它还低贱的东西。当你分辨了这点时,难道你还愿意自己是这样的一个奴隶、一只狼,而不再愿意选择做一个人,一个高贵的自由的人吗? 可见,当你"爱"某个东西、某个人的时候,你对这个情感表象必须先认真检验一番,凭你自己的理性来运用这个表象。看重外物,必使你是非颠倒爱恶混淆,你必见不到何处是你的真正的善、正确的爱。因此,爱比克泰德谆谆教诲他的学生说,你必须努力,在每天遇到的每件事情中去训练你自己。

其他的各种情感表象也一样。你要学会随时检验,训练自己。人们时时容易产生的焦虑、发怒、怨天尤人、敌意和恐惧,等等,都是些错误的情感。你要学会认识它们的原因,给予检验辨别,给予重新解释。你同别人在一起的时候感到厌烦,一个人的时候又怕孤独。这些表象对不对？ 你若同别人一起时，你应当把它视为参与庆典或宴会；你独自一人时，你可以感到平安清静如同宙斯曾经也是一个人那样。这都应当由你自己作主，因为你的表象是属于你自己的。你的种种烦恼，究其原因都是来自外物，来自本来你应视为无所谓和持保留态度的东西。可你却看得那么重，那你就不可能正确地择善。

> 人们产生畏惧的原因是某些东西，它是由别人给予而可以从你那里取走的东西，这人也就成为你畏惧的原因。堡垒的摧毁不是靠火与剑，而是判断。专制君王的堡垒可以摧毁。 我们丢开身体和它的每个部分，丢开影响身体的东西如财产、名誉、官职、孩子、兄弟、朋友，等等，把这些都不当作是属于自己的，那我就决不会在我所意愿的事情上受到任何阻碍。我把自己的选择服从神，神所愿的就是我所愿的，他所不愿的就是我所不愿。我怎么还会畏惧，怎么可能被摧毁？ [1]
> 在使心灵喜欢的，或有用的，或以情感爱着的一切东西上，要记住告诉你自己它们是属于哪一类的，从最细小的东西开始。如果你喜欢一个瓦罐子，你就要说，我现在喜欢的只是个瓦罐子，那么当它破碎时，你就不会烦恼了。如果你亲吻你的孩子或妻子，要对自己说你亲吻的只是一个有死的人，那么当他们死亡的时候，你就不致悲伤了。[2]

这里说到对"畏惧"和"悲伤"的看法，适用于一切错误情感表象。爱比克泰德要人认识，每个人的真正的利益或善全不在这些心外之物上。使我们中国人读来会感到别扭的可能是这样一点，他要人把自己的亲人也列入外物范围，要人在爱他们的同时有保

---

① 爱比克泰德：《论说集》4.1.85-89。
② 爱比克泰德：《手册》第三条。

留,以便在失去他们时自己能够不悲伤。他还说当你远行时你妈妈感到悲伤,你也不要悲伤,因为她悲伤是在我权能范围之外的事,而我不悲伤是在我权能之内的事。——我承认,在这里他那种斯多亚派不动心的哲学,真的很不能让我或一般中国人(除了鼓盆而歌的庄子之外)接受。我还认为,这确实是他的一个不小的缺陷,基督教之所以终究要扬弃包括斯多亚派在内的希腊和希腊化罗马哲学,与此有重要关系。但是我还是愿意指出,爱比克泰德对人其实是很有情感的。不过他认为要想保持人伦和谐和正确情感,必须冷静地只照着神的意愿和善的理性来生活和行为。

5. 如何对待别人的错误和错误的情感

爱比克泰德始终把学问和道德看作"为己之学",上面谈到的也是"我应当如何有正确的情感表象和行为"。现在还要问:如果看到别人有错误的情感表象和错误行为,我应当怎样对待? 这需要具体分析,爱比克泰德对此有很具体的解说运用。

我们已经看到他教导人在外物问题上取不在乎的态度。这既指要让着别人,也指大无畏的勇敢。我可以在涉及外物的利益的问题上让我的亲人、朋友和公民伙伴。当着暴君要流放、囚禁和处死我的时候,让他去这样做好了,因为他有这个权势。不过他的权势只能涉及我的身体,并不能涉及我的判断。所以我在保持自己的善的方面,永远是最勇敢的。这是对权势者的错误情感和行为的态度。

但是,对于我们的伙伴、作为世界城邦公民的别人的错误或恶,只讲我不在乎,我让着他,还是不够的。如果只是那样,那么斯多亚派何必还要教人择善,岂不是"独善其心"就够了,正如爱比克泰德批评伊壁鸠鲁时所说的一样?

当然不是如此。爱比克泰德以苏格拉底、第欧根尼为榜样,认为真正的哲学家都是神派遣到人间来的使者,目的是要帮助人为善。教人善的当然自己先要做好,但若说自己善却不能教别人,你自己的善也没了意义。因为你没做神要你做的,你自己的善又在何处?

一个人在外物事情上让着别人,虽不容易,也还是不够的,因为你虽没和别人争吵,但这只是你当做的一部分,因此你更应当做的是使他也学会择善。但是这件事情比要求自己还难。因为这是在他的权能之内的事情,不在自己的权能之内。因此,这样的善是否可能,如何可能,怎样做才适当,就成了一个大问题。道德教育的关键就在如何看待和处理这个难题。

爱比克泰德经验丰富,非常明白其中的困难曲折,他建议人钻研苏格拉底的榜样,运用高度的艺术来做这件重大的工作,并提出了他自己的劝导。

首先是"怜悯"人。当别人做了对你的错事,你不应对他发怒。因为他做了错事如偷了我或某人的钱财,这对我有什么损失呢?钱财不过是无所谓的东西,为什么他拿走就不行? 只是这对他倒是一个真正的损失,良知和善的损失,他甚至没有能运用他最可贵的理性。因此我对他只能怜悯。

对于深陷错误情感难于自拔的人也要怜悯。爱比克泰德几次说到有关美狄亚的故事。她是希腊传说中的一个女巫或女神,关于她的故事被几位著名作家写成了戏剧。美狄亚帮助她的丈夫阿尔戈人的英雄伊阿宋取得了金羊毛,但后来丈夫抛弃了她,同科林斯国王克瑞翁的女儿相爱。美狄亚为了报复,杀死克瑞翁和他的女儿,也杀了她自己同伊阿宋所生的两个儿子。欧里庇得斯在其悲剧《美狄亚》中描写了后面这段故事。爱比克泰德评论说，美狄亚不能忍受她遭到的不幸，杀死了自己的孩子。她的行为至少在一点上是一颗高尚心灵的行为，因为她有一个正当的表象，那就是一个人意欲的并不一定是真的。她说，"我要对伤害我、错待我的人复仇。可是，我能从置他于如此悲惨境地中得到什么？这是如何做到的？我要杀掉孩子们。但这也是惩罚我自己。可我还在乎什么呢？"这是一个灵魂中巨大力量的爆发和偏差。因为她不知道我们所意欲善的力量该用到何处。一个人不会选取自己认为是无益的行为，美狄亚是怎么想的？她说："是的，我知道我所取的是恶，但我的情感支配了我的决定。"① 她不能忍受这种不幸，对丈夫的怒气和复仇心使她认为这样做才是更有益的，她受这个感情表象的欺骗了。但如果你不要他做你的丈夫，不想保持你同他的关系，只听神的话，你岂不就能保持你自己的自由和善，又有谁能阻碍你强迫你？然而只要你不能做到这一点，除了按照认为那对她说是更好一些的选择去做，她还能怎样呢？

所以爱比克泰德说：你为什么对这可怜的女人生气？她在最重要之点上陷于错误，为什么你不怜悯她，如同怜悯瞎子、跛子那样，而那些人是心灵上的支配部分瞎了跛了，更应当怜悯？②

6. 哲学家的神圣使命 —— 教人为善的根据和正确方法

怜悯有错误的世人是重要的一步，但是不够，因为这还只是消

---

① Euripides, *Media*, 1078-1079.

② 爱比克泰德：《论说集》1.28.6-10；2.17.19-25。

极的。怜悯他,是因为人原来都有理性和择善的良知良能,他是由于缺乏教育训练不会正确运用,而使自己的心灵荒废了,所以陷于错误的情感和罪恶。所以,尽力教人学会正确地择善,使人能摆脱错误和罪恶而得到他本来应有的幸福和自由,才是积极的。这是哲学家更重要的神圣使命。

因此爱比克泰德批评另外一些哲学家和导师,包括柏拉图和亚里士多德。他说那些想过安宁、闲暇、旅游和学习研究日子的人,同想得到财富和权势的一样,都是把价值放在外物。因为这同样会使人受制于他人。你想读书,可书是为什么的呢? 苏格拉底是个一心想在吕克昂和学园里,有闲暇每天同青年人谈论理论的人吗? ①

爱比克泰德以苏格拉底和第欧根尼为榜样,把教人学习择善当作自己的工作和生活中最重要的事情。他最仔细地研究、思考和实践了这项使命的意义、可能性和适当的方式。他是一个苏格拉底类型的哲学家,一个生活的导师。在这方面他同孔子、耶稣和佛陀的精神与实践也是一致的。

这最崇高也最困难。因为一个人自己择善虽不容易,毕竟可以自己作主,但别人是否愿意择善和实践却是唯有他自己才能决定的事。任何别人,就是神也不能强制一个人为善。因此教人为善是否可能,本身就是一个很大的问题。

我们希望人们成为高尚自由的真正的人,但人们做不到,是否应当失望或者斥责他们? 不。要看到人的本性中有良知,那是神平等地给予每个人的。不会正确加以运用的人,是由于缺乏教育,不都是他们自己的过错。因此对错误和罪恶虽要指明,却不可责备人,首先只应怜悯他们,在有可能时更要帮助和教育他们。当人愿

---

① 爱比克泰德:《论说集》4.4.之1、4、21。

意求教以求善的时候,问题就在教育本身如何了。

他对学生说,在这里,我是你们的老师,你们来受教于我。我的任务是要确保你们得自由、盼望幸福,不受任何限制和阻碍;而你们则要同我一起学习和实践这些事情。如果这目的正确,你们和我就要各自承担起这个工作。那为什么你们不去努力? 看看一个工匠如何把手头的材料变成一个产品吧;只要有适当的材料,完成这个工作还缺什么呢? 这个材料是不可教育的吗? 不,它是可教育的。

> 它是在我们的权能范围之外的吗? 不,在一切事情中唯有它是在我们权能之内的。财富、健康、名誉都不在我们的权能之内,除了正确运用表象之外,一切都不在我们的权能之内。唯有这按本性不屈从于任何限制和阻碍。

那么,你们为什么不完成这个工作? 告诉我,你们有什么理由。它必定或者在我,或者在你们,或者在这项工作的性质。这项工作是可行的,是全然在我们权能之内的事情。毛病必定或者在我,或在你们,或者更正确地说,在双方。那么该怎么办? 你是否终于愿意让我们开始做如我所说的这项工作? 那就让我们把过去放到一边。那就让我们开始,照我的话去做,你就会看到你的进步。①

不愿受教的人,是在哲学和老师的权能之外的,再有智慧的人对他也没有任何办法。对这些陷于错误和不幸的人我只能怜悯。但对愿意到我这里来受教为善的,情况就完全不同了,这件事就在我们的权能之内了。

我们的权能在这个事情上是什么? 是你自己的意愿和在实

---

① 爱比克泰德:《论说集》2.19.29-34。

践中认真学习和训练正确地运用表象,是作为老师的我自己如何,以及有正确的教导内容与方法;是我们对择善的本性有正确的认识,能按照它做有步骤的训练。这些都要严格。

所以他对学生的要求是严格的;所以他对自己要求更严格,不仅要有明确的正确的哲学理论,更要能贯彻在一切行为之中;所以他要以苏格拉底教导人的方式为榜样:先要教导人自知无知,从检验每天生活行为中的表象开始,对自己的良知是否有真知检验训练。

凡是当过老师的人都知道这些困难和道理。但是有种种不同的学生,更有种种不同的老师。当我们读到爱比克泰德的这些话时,会自然地想到孔子、苏格拉底、耶稣和佛陀,想到我们所见过的各色各样的老师和学生,反思我们自己。世上号称哲学家和老师的不算少,当学生的更不计其数,谁个能懂得其中的真滋味,按照这些做人的真理去切实实践? 而离开了这种切实的实践,我们讲哲学岂不是只是为了外物而讲给别人的东西,有什么资格自命为学得了哲学? 所以让我们在结束本书对希腊哲学最要紧之处的阐述时,再一次引用爱比克泰德的话并记在心头:凭神灵的名义,让我看到我所渴望见到的一个斯多亚派的人!这个“斯多亚派的人”是他用的词,用不同的语言来说,指的就是一位真正的善良人,一位真正的哲学家,或者一位真正的基督徒、佛教徒或孔孟仁爱之道的实践者。让我们为此努力。

附录一 地图

图1 东地中海：希腊人活动的中心地带和周围环境

图2 希腊和小亚细亚西部

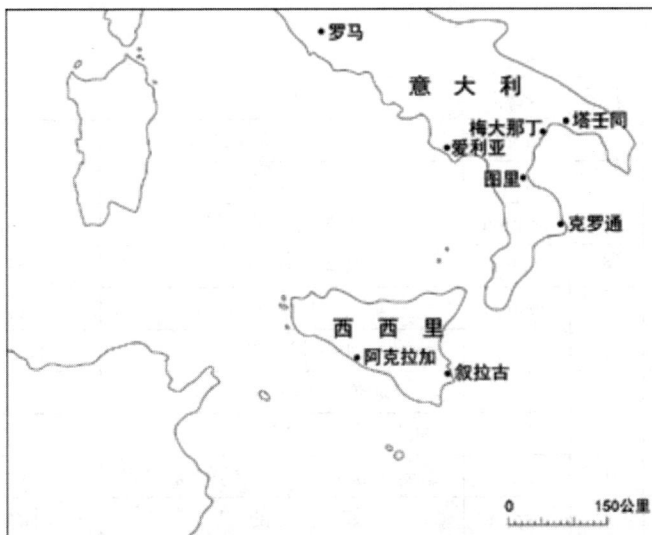

意大利

·罗马

梅大那丁· ·塔壬同
爱利亚·
图里·
·克罗通

西西里

·阿克拉加 ·叙拉古

0   150公里

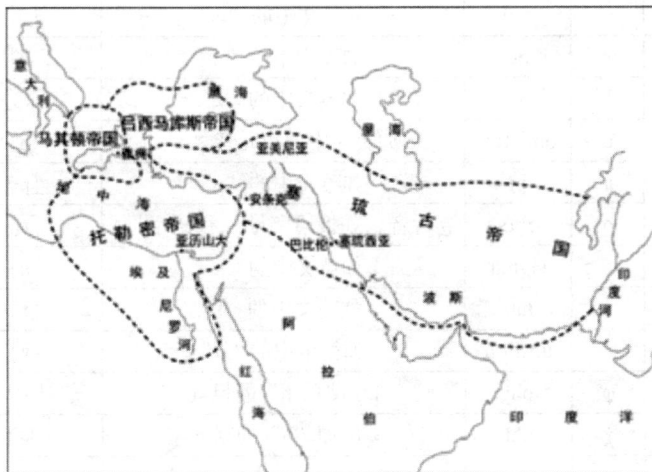

意大利

马其顿帝国

吕西马库斯帝国

色雷斯

亚美尼亚

安条克

托勒密帝国

亚历山大

塞琉古帝国

巴比伦·海琉西亚

埃及

尼罗河

波斯

印度河

红海

阿拉伯

印度洋

附录二 希腊语字母及其发音

大写	小写	名称	发音	音标
Α	α	alpha	如英文词 calm 中的 "a"	[a]
Β	β	beta	如英文中的 "b"	[b]
Γ	γ	gamma	如英文中的 "g"	[g] [ŋ]
Δ	δ	delta	如英文中的 "d"	[d]
Ε	ε	epsilon	如英文中的短音 "e"	[ɛ]
Ζ	ζ	zeta	如英文中的 "z"	[ds]
Η	η	eta	如英文 hair 中的 "ai"	[e:]
Θ	θ	theta	如英文 "t" 加上 "h" 的粗音	[t']
Ι	ι	iōta	如英文 bead，bin 中的 "ea" "i"	[i]
Κ	κ	kappa	如英文中的 "k"	[k]
Λ	λ	lambda	如英文中的 "l"	[l]
Μ	μ	mü	如英文中的 "m"	[m]
Ν	ν	nü	如英文中的 "n"	[n]
Ξ	ξ	xi	如英文中的 "x"	[ks]
Ο	ο	omicron	如英文中的短元音 "o"	[ɔ]
Π	π	pī	如英文中的 "p"	[p]
Ρ	ρ	rhō	卷舌音 r,如俄语字母 p,德语字母 r	[r]
Σ	σ, ς	sigma	如英文中的 "s"	[s]
Τ	τ	tau	如英文中的 "t"	[t]
Υ	υ	upsilon	如德语中的 "ü"	[y]
Φ	φ	phī	P 后加 "h" 的粗气	[p']
Χ	χ	khī	k 后加 "h" 的粗气	[k']
Ψ	ψ	psī	如英文 lapse 中的 "ps"	[ps]
Ω	ω	ōmega	如英文中的长元音 "o"	[o:]

几点说明：

1.最常用的复合原音和重叠辅音：

αι	发音如英文词 high	[ai]
αυ	发音如英文词 how	[au]
ει	发音如英文词 fiancèe	[ei]
ευ	要分别发 ε 和 υ	
οι	发音如英文词 boy	[oi]
ου	发音如英文词 too	[u:]
γγ	如英文 finger 中的"g"	[ŋ]

2. Σ 的小写在词末尾为 ς，但在一个词里面则写作 σ，如 ὅσος="hosos"。

3. ι 有时可以写在它前面的元音的下方，组成复合元音。如 ᾳ=αι，ῃ=ηι，ῳ=ωι。

4. 呼气号有两种：'表示某元音带"h"的音，而'则表示没有"h"的音。如：

ὅσος 的发音 = "hosos"；

ὀσος 的发音 = "oios"。

5. 希腊文标点符号：逗号"，"和句号"。"与英文同。但分号为"·"，问号为"；"，则很不一样。

6. 在多音节词中的某个音节上会标记声调。声调有三种：

尖锐调（acute）" ′ "如 λέγω；

低沉调（grave）" ` "如 καὶ；

转折调（circumflex）" ^ "或" ~ "如 τῶν。

附录三　参考文献

A. 本书《绪论》所涉及的文献

1. 汪子嵩、王太庆编：《陈康：论希腊哲学》，商务印书馆1990年版。

2. 陈康译注：《柏拉图巴曼尼得斯篇》，商务印书馆民国33年11月初版，1981年重印。

3. 王太庆：《我们怎样认识西方人的"是"？》，《学人》第四辑，江苏文艺出版社1993年版。

4. 汪子嵩、王太庆：《关于"存在"和"是"》，《复旦学报》2000年第1期。

5. 亚里士多德：《形而上学》，吴寿彭译，商务印书馆1962年版。

6. Russell, *The Principles of Mathematics*, London（著于1902年）.

7. Russell, *Introduction to mathematical Philosophy*, London, 1919.

8. E. C. Luschei, *The Logical System of Lesniewski*, Amsterdam, 1962.

9. C. Lejewski, *On Lesniewski's Ontology*, 1958.

10. 海德格尔：《存在与时间》，生活·读书·新知三联书店1986年版；或 Martin Heidergger, Sein und Zeit, Max Niemeyer Verlag tubingen, 1979。

11. Gilson, *L'etre et l'essence*, Paris, 1948.

12. Charles H. Kahn, *The Verb 'Be' In Ancient Greek*, D. Reidel Publishing Company, 1973.

13．布龙菲尔德：《语言论》，商务印书馆1997年版。

14．金克木：《梵佛探》，河北教育出版社1996年版。

15．王力：《王力文集》第二、八、十六卷。

16．许慎撰、段玉裁注：《说文解字注》，上海古籍出版社1998年重印本。

17．《金文大字典》，学林出版社1995年版。

18．《甲骨金文字典》，巴蜀书社1993年版。

19．《简明金文辞典》，上海辞书出版社1998年版。

20．A.A.Long, *Hellenistic Philosophy*, Duckworth, 1974, 1986.

21．方豪：《中国天主教史人物传》，中华书局1988年版。

B. 本书正文论述所依据的原著、原始资料及其版本

1．Hesiod, *Theogony*, *Works and Days*, The University of Michigan Press, 1959.

2．希罗多德：《历史》，商务印书馆1985年版。

3．修昔底德：《伯罗奔尼撒战争史》，商务印书馆1985年版。

4．H. Diels, *Die Fragmente Der Vorsokratiker*, W. Kranz 修订本（简称 DK），Weidermann, 1992.

5．S. Kirk & J. E. Raven, *The Presocratic Philosophers*（简称 P.P.），Cambridge, 1962.

6．Kirk, Heraclitus, *The Cosmic Fragments*, Cambridge, 1954.

7．Charles H. Kahn, *The Art and Thought of Heraclitus*（An edition of the fragments with translation and commentary），Cambridge, 1981.

8．Tr.by R.D. Hicks, *Diogenes*（简称 D.L.），a Greek-English

version, London, 1938.

9.Plato（Vol.1－12）, *The Loeb Classical Library*, Harvard & Heinemann.

10.*The Collected Dialogues of Plato*（including the letters）, Princeton University Press, 1987.

11.陈康译注：《柏拉图巴曼尼得斯篇》,商务印书馆1981年版。

12.*The Complete Works of Aristotle*（简称 CWA）, Princeton University Press, 1985.

13.亚里士多德：《形而上学》,吴寿彭译,商务印书馆1962年版。

14.苗力田主编翻译：《亚里士多德全集》,中国人民大学出版社。

15.A. A. Long & D. N. Sedley, *The Hellenistic philosophers*（简称 THP）, Cambridge University Press, 1990.

16.Tr. by R. G. Bury, *Sextus Empiricus, a Greek-English version*, Harvard University Press, 1936.

17.杨适等译：《悬疑与宁静：塞克斯都·恩披里科〈皮浪主义概述〉》,上海三联书店1989年版。

18.Tr. by Cyril Bailey, *Epicurus*, Clarenden Press, 1926.

19.Edited by Whitney J. Oates, *The Stoic and Epicurean Philosophers*, The Complete Writings of Epicurus, Epictetus, Lucrecius, Marcus Aurelius, Random House, 1940.

20.Tr. by Russel M. Geer, Letters, *Principal Doctrines, and Vatican Sayings of Epicurus*, Bobbs－Merril Educational Publishing, Indianapolis, 1964.

21．卢克莱修：《物性论》，方书春译，商务印书馆1962年版。

22．Tr. by H. A. J. Munro，*Lucretius:On the Nature of Things*，Encyclopaedia Britannica INC.，1980．

23．Tr. by R. E. Latham，*On the Nature of the Universe*，Penguin，Books Ltd.，England，1951．

24．Epictetus，*The Discourse as reported by Arrian*，*The Manual and Fragments*，（Greek-English version，Tr. by W. A. Oldfather），Harvard University Press，1985．

25．*The Discourse of Epictetus*，ed. by C. Gill & Tr. by Robin Hard，Everyman，1995．

C. 本书论述所参考的若干文献

1．汤姆逊：《古代哲学家》，三联书店1963年版。

2．Guthrie，W.K.C.，*The History of Greek*（简称 HGP），London．

3．J. Burnet，*Early Greek Philosophy*，London，1930．

4．R. D. McKiraham，*Philosophy Before Socrates*，Hackett Publishing Company，Cambridge，1994．

5．S. Kirk & J. E. Raven，*The Presocratic Philosophers*（简称 p.p.），Cambridge，1962．

6．Charles H. Kahn，*The Art and Thought of Heraclitus*（An edition of the fragments with translation and commentary），Cambridge，1981．

7．黑格尔：《哲学史讲演录》，三联书店。

8．罗素：《西方哲学史》，商务印书馆1982年版。

9．Frederick Copleston，S. J.，*A History of Philosophy*，Doubleday，1977．

10.W. Windelband，*A History of Philosophy*，The Macmillan Company，1931.

11.W.D.Ross，*Plato's Theory of Ideas*，Greenwood Press，1951.

12.Barker E.，*The Political Thought of Plato and Aristotle*，New York，1959.

13.W.D.Ross，*Aristotle's Prior and Posterior Analytics*，Oxford，1959.

14.W.D.Ross，*Introduction of Aristotle's Metaphysics*，Oxford，1953.

15.陈康译注：《柏拉图巴曼尼得斯篇》，商务印书馆1982年版。

16.汪子嵩、王太庆编：《陈康：论希腊哲学》，商务印书馆1990年版。

17.汪子嵩等：《希腊哲学史》（第1、2卷），人民出版社1988年版、1993年版。

18.E. Zeller，*The Stoics*，*Epicureans*，*and Sceptics*，Oswald J. Reichel，London，1870.

19.A.A.Long，*The Hellenistic Philosophy*，Duckworth，1986.

20.马克思：《博士论文》，人民出版社1962年版。

21.George A. Panichas，*Epicurus*，Twayne Publishers，1967.

22.Brad Inwood，*Ethics and Human Action in Early Stoicism*（简称 EHAES），Clarenden Press，1985.

23.J.M.Rist，*Stoic Philosophy*，Cambridge University Press，1969.

24.A.A.Long，*Problems in Stoicism*，ed.The Athlone Press，

1971.

25.A.A.Long，*Representation and the Self in Stoicism*，Ch.6 of Pschology，Companions to Acient Thought，No.2，ed.by Everson，2，Cambridge，1991.

26.Christopher Gill，Ancient Psychotherapy，*Journal of the History of Ideas*，Vol. XLYI，No. 3，July–Sept. 1985.

27.杨适：《哲学的童年》,中国社会科学出版社1987年版；《中西人伦的冲突》,中国人民大学出版社1991年版;《伊壁鸠鲁》,东大图书公司1996年版;《爱比克泰德》,东大图书公司2000年版。

附录四　哲学及其相关学术的研究对象和学科称谓（希、英、中对照 ①）

1.σοφία；wisdom；智慧。

φιλοσοφία（爱智慧）；philosophy；哲学。

2.φύσις（φύω）；nature；自然、本性（生长、产生、生生不已、自然而然）。

περί φύσεως, φυσική；physics，on nature，natural philosophy；论自然（关于自然的研究），自然学，自然哲学，"物理学"。

3.number；数。

μαθημαικός（研究派）②；Mathematics；数学（哲学与科学尚未区分的数研究），数哲学。

4.ἐστίν③, τό όν, εἶναι；Being；存在（在、有、实在）/是（真、真实）。

τό ὄν ἦ όν, ούσία；being as being，being as such；存在之为存在/是之为是，存在本身/是本身，本体/本质。

---

① 中译名中似可商榷者用引号标出。

② 该词源于毕达哥拉斯派偏重研究的一派，Mathematikoi。它来自表示"研究"含义的一词。仅因毕达哥拉斯派里的这一派人所研究的对象就是数，Mathematics 一词才成了"数学"的意思。而这个数学当初并没有区别其数研究的哲学和科学方面。

③ ἐστίν，动词第三人称单数。巴门尼德最初用这个词表示哲学上的"求真理之路"，见巴门尼德残篇，DK 28 B 2，9。因而在这个运用中，ἐστίν（it is）为希腊语特有的用一个动词构成的句子，表示的是一个重大的哲学命题，其意为"事物存在（持存不变，不能不持存不变）"和"'事物是如此'（它不能是不如此）"的一种思考途径。因此，τό όν, εἶναι，以及英文中的 being，都不仅是从动词 ἐστίν 来的名词，在哲学上乃是从作为上述句子或命题的名词化的。故中译"存在/是"比较恰当，双读法指明这两种含义原来是紧密相关的。

των μετα φυσικα（研究自然之后）；Metaphysics，ontology；第一哲学[1]，本体论，"形而上学"、"存在论"。

5.πόλις；city（city state）；城邦、共同体，城市。

πολιτεία，πολιτική；republic[2]，politics；论城邦（关于城邦的学术）[3]，"政治学"、"国家篇/理想国"。

6.λόγος（λέγω）；word；言说，道（理性、法则、规律），逻各斯。

λογική；logic；逻辑学。

7.ἦθος；习俗，性格。

τά ἠθικά；ethics；伦理学（关于道德的研究、学术）。

8.ψυχή（生命、呼吸、灵魂）；soul，anima；灵魂。

ψυχικός（关于生命、灵魂）；psychology；心理学、心学。

9.θεός；god；神。

theology；神学。

---

① 亚里士多德在 *Metaphysics*，Γ 1-2中指出，有一门学术，它研究"存在/是之所以为存在/是"及其本性。这门学术就是第一哲学。

② 从拉丁文译柏拉图著作起用这个译法到如今。

③ πόλις 指希腊人的城邦。但它也就是希腊人的最高的生活共同体形式。从苏格拉底、柏拉图、亚里士多德，直到希腊化时期的斯多亚派，以及希腊化罗马时期基督教的教父神哲学，都把"城邦"一词作为人类最高的、根本的共同体的代词。研究人类根本的共同体或人自身的根本学问的论著，都用 πολιτεία 或 πολιτική 为题，包括研究人在共同体生活中的各种事务，经济、政治、伦理等。它当然包括了政治学，但着眼点要高一个层次，这是同现代"政治学"有所不同的。